海の近代中国

福建人の活動とイギリス・清朝

Ei Murakami
村上 衛……【著】

名古屋大学出版会

海の近代中国　目　次

凡　例

一、漢字については、特に必要のある場合を除き、常用漢字表を用いた。
二、元号を冠した年月日は旧暦に、それ以外は西暦による。
三、引用文中の〈　〉は原文の括弧、［　］は引用者による挿入、（　）は引用者の説明、□は欠字である。本文中で漢文の原語を引用する場合には（「　」）を用いた。
四、文語文の日本語史料を引用する場合には、適宜、句読点・濁点・ふりがなを補った。
五、文書の日付は発信された日付を用いたが、上奏文などのように発信日が不明な場合は中央政府・上級官庁において受理された年月日を用いた。
六、漢文史料の章程などの引用に際しては、第何条といった便宜上の番号を付した。
七、欧米人の人名および英籍華人の人名にはそれに続く（　）内で原語名ないし英語名を記した。
八、本書の註は、章ごとに番号を振った。ただし、「前掲書」「前掲論文」などは本書全体を範囲とした。

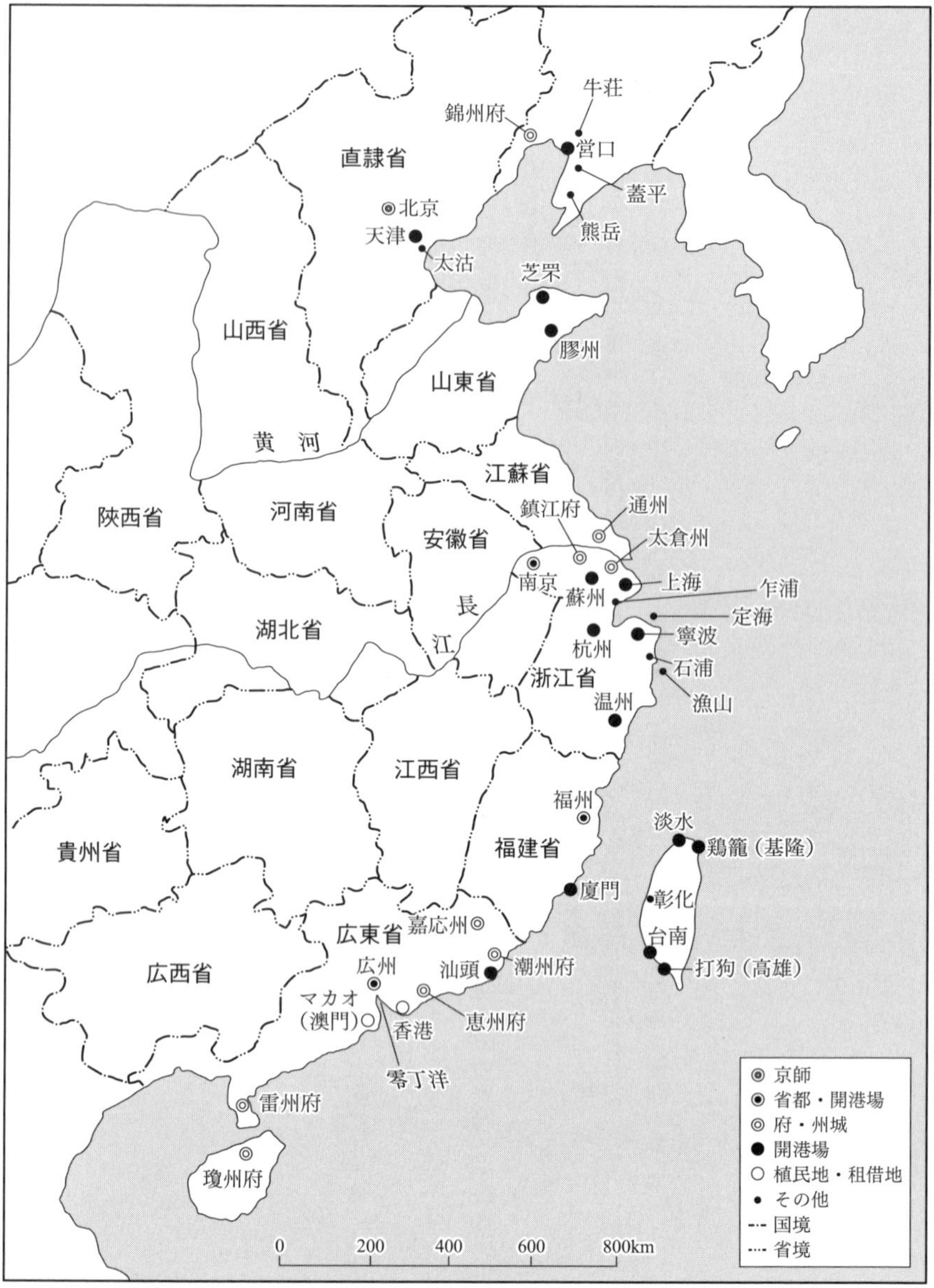

地図 1　中国沿海

出典）譚其驤主編『中国歴史地図集 8 清時期』中国地図出版社，1987 年，5–6 頁。

地図２　福建省と閩南

出典）譚其驤主編前掲書，42-43 頁。

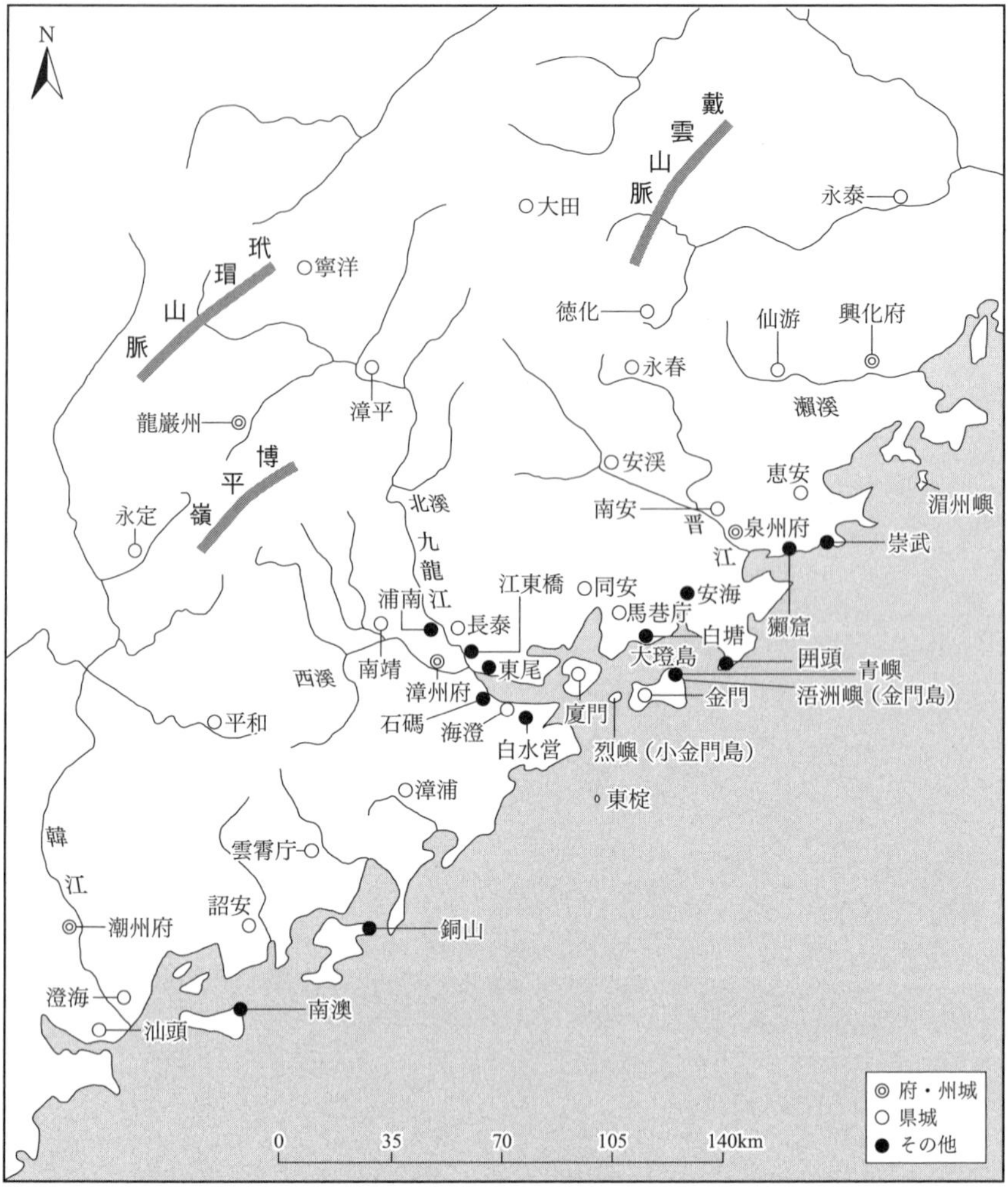

地図 3　閩南の地形

出典）譚其驤主編前掲書，42-43 頁，福建省地方志編纂委員会・福建省地図出版社編製『福建省地図集』福建省地図出版社，1999 年，3-4 頁。

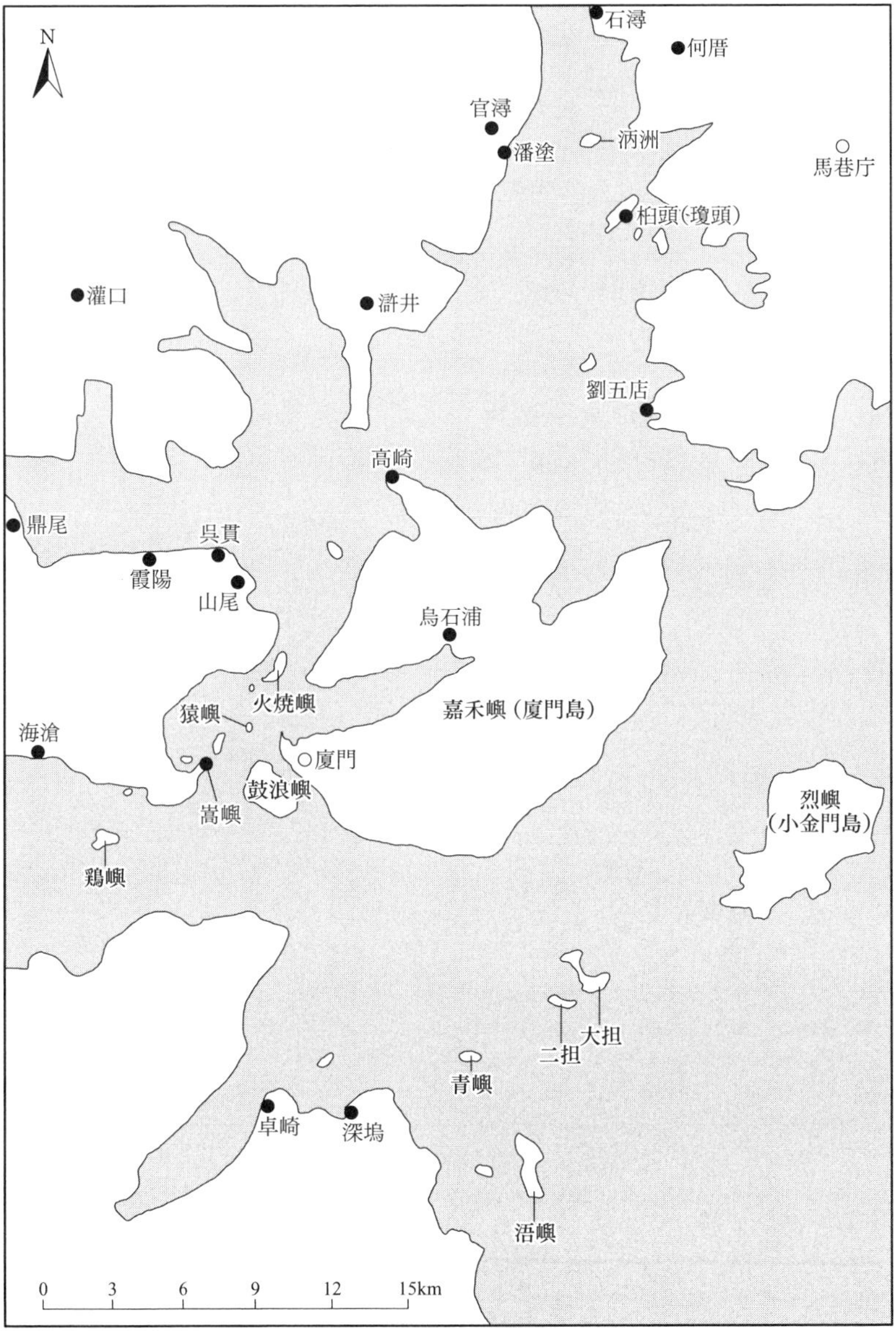

地図 4　廈門外港

出典）福建省地方志編纂委員会編『福建省歴史地図集』福建省地図出版社，2004 年，154–155 頁。

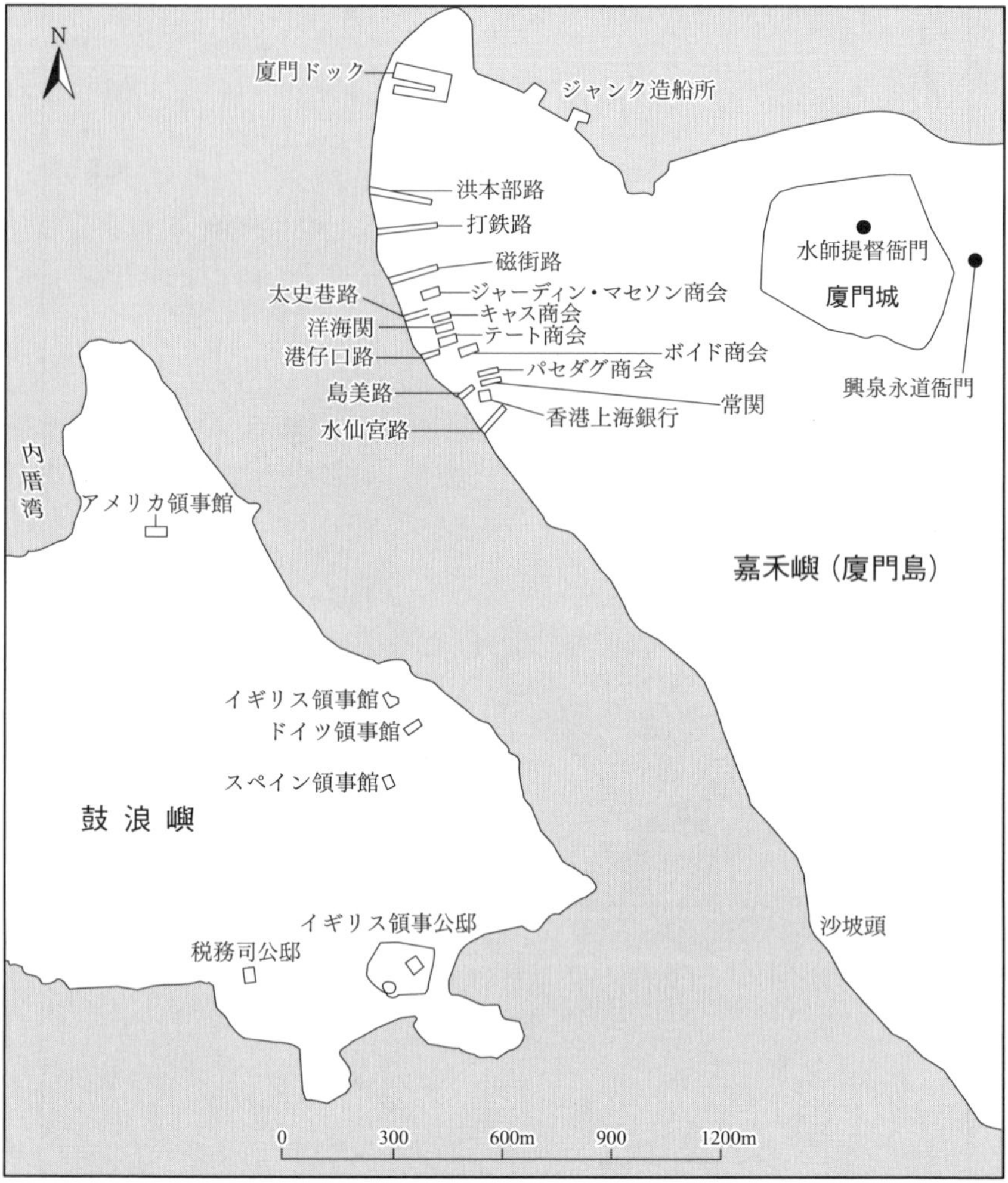

地図5　廈門内港（1892年）

出典）Amoy, Inner Harbour, Surveyed by Harbour Master W. C. Howard, Amoy, December 1892；福建省地方志編纂委員会編前掲書，199頁。

緒　論

一　本書の課題

一八八五年五月六日午前九時頃、福建省南部の漳浦県銅山沖合において、その前夜に座礁したイギリス船ザフィーロ（*Zaffiro*）号の着岸に取り組んでいたトールボット（R. M. Talbot）船長らは、船がおよそ一〇〇隻あまりの大型漁船に取り囲まれているのに気づいた。ザフィーロ号が着岸するや、漁船からは三〇〇〜四〇〇人もの人々がわらわらと乗り込んできて略奪を始め、手にもった斧で手当たり次第に船体を破壊して部品をはぎ取っていった。トールボット船長らはライフルや拳銃などの銃器を用いて抵抗したが、この略奪者の集団に圧倒され、アヘンなどの「貴重品」のみを守るにとどまり、略奪は昼まで続くことになる。(1)

清末の中国沿海の海難事故に際しては、これと同じような光景が幾度となく繰り返されてきた（本書第4章）。こうした多数の漁民は、誰かの指示の下、一斉に難破船を襲撃したのではない。漁民それぞれが難破船の情報を得て、砂鉄が磁石に吸い付くように、難破船に押し寄せてきたのである。同様の、利益に向かってバラバラの人々が群がる光景は、アヘン貿易船に群がる小型船舶など（本書第1章）、経済行為においてもしばしばみられる現象である。

そして、その対象が磁力（魅力）を失えば、人々はまたバラバラになるのである。[2]

こうした無数の中国人のバラバラな行動、離合集散が肯定的にみられることはほとんどない。清末民国期以来、中国人は散沙（バラバラの砂）のようであるといわれ、[3]それが中国の国家統合を遅らせ、列強に圧倒される原因となったと考えられてきた。それゆえ、そうしたバラバラな特性は、「近代国民国家」形成への苦闘を描く傾向にある中国近代史研究においては否定的にとらえられ、克服すべきものとみなされがちであった。[4]

しかし、本書では無数の人々のバラバラな行動こそが、中国を新たな時代へと突き動かし、列強の中国国内への影響を最小限にとどめたのみならず、列強をも翻弄することになったことを、清末（一八三〇年代〜二〇世紀初頭）の華南における「海の歴史」から証明したい。

一九世紀、とりわけ一九世紀中葉における華南の「海の歴史」は、中国近代史研究の焦点となる可能性をもっていた。それは中国史研究者の多くが、長らく中国の近代を「西洋の衝撃」とそれに対する「中国の反応」と考え、アヘン戦争を中国近代史の画期、すなわち「近代の始まり」としてきたからである。そのため、フェアバンクの古典的大著に代表されるように、[5]開港前後の時期の中国沿海における貿易や外交は、第二次世界大戦後の中国近代史研究において注目されてきた。[6]しかし、その後の「海の歴史」は、本書の各章で述べるように、研究対象の広がりや前後の時代への目配りに欠け、新たな史料の開拓も進まず、アヘン貿易・アヘン戦争関係といった特定のテーマを除いて進展はあまりなかった。

さらに一九八〇年代以降になると、アメリカの中国史研究は、中国の内発的な変動を重視するようになり、[7]日本においても、中国の前近代からの連続面を強調し、西洋の影響を相対化することが提起され、[8]アヘン戦争は中国近代史上の「画期」ではなくなった。その後の日本の中国近代史研究が主たる対象としてきたのは一八六〇年代以降であり、一九世紀前半の研究は手薄なまま残された。[9]一九九〇年代以降、アメリカ・日本において中国近代史研究の中心が清末から中華民国期、さらには中華人民共和国初期に移るにしたがい、一九世紀の歴史そのものが関心の対象から外れていった。

一方、日本のアジア前近代史研究においては、近年、活発な海域史研究が進められ、豊富な成果を生み出している[10]。この背景には、英語圏をはじめとする地中海・大西洋・インド洋海事史研究の発展、日本における明清史・東南アジア史研究の蓄積があるが、何よりも大きな変化は日本史研究における海域史研究の活性化である[11]。しかしながら、こうした研究は、日本の歴史研究における前近代史と近代史の断絶が原因で、近代史研究とほとんど交錯しないで進められている。だが、清代に海上貿易が発展したとはいえ、清朝は本来的に「陸の帝国」であった。一七〜一八世紀の他の東アジア国家（日本・朝鮮・琉球）も「鎖国」ではなかったとしても、世界的にみれば非常に閉鎖的であり、ヒト・モノ・カネの動きを著しく制限していた。東アジアにおける海域の重要性は、海上交通の発達により、むしろ一九世紀に入ってから飛躍的に高まったのであるから、こうした断絶は克服しなければならない。

そこで本書では、宋代以降一貫して中国の「海の歴史」の主たる舞台であった華南沿海、とりわけ福建省南部（閩《びん》南）における主役たる福建人の活動に注目する。そして、漢文史料だけではなく、「海の歴史」に関しては圧倒的に情報量の豊富な英文一次史料をフルに利用することで、貿易、海賊・海難、移民といった「海の歴史」の主たるテーマに対して、多面的な検討を加える。これによって本書は、清末中国の「海の歴史」を全体的に描く最初の書物となろう。そして、華南沿海にとっての清末とはいかなる時代であったのかを、長期の「海の歴史」の中に位置づけていきたい。こうした作業により、「近代の始まり」とされたアヘン戦争を再定義することも可能になるだろう。

本書は、上記のように、各章において「海の歴史」の多様なテーマを扱い、それぞれの課題を解決していくスタイルをとるが、同時に、本書全体を通じて、「海の歴史」に関わる課題に取り組むこととする。当該期の「海の歴史」を描くにあたって焦点となるのは、アヘン貿易・開港場貿易をはじめとする取引、海賊・海難といった沿海の社会のあり方に関わる問題、そして真の「海の帝国」たるイギリスであろう。そこで本書においては、(1) 取引の特性と仲介者の機能、(2)沿海社会の管理、(3)中国近代におけるイギリスの役割の再検討という三つの課題を取り上げる。以上の課題は、先に示したバラバラな人間の行動及びその歴史的意義と深く関わるものであり、同時に、近三〇年の関連する歴史研究、とりわけ明清時代から近代にかけての中国史研究から導き出されたものでもある。[12]その理由について、以下で示したい。

(1) 取引の特性と仲介者の機能——経済史研究

①アジア交易圏論とグローバル・ヒストリー

一九八〇年代の日本のアジア経済史研究における最大の変化が、アジア交易圏論の登場であることはいうまでもない。その中心となったのは、アジア間競争を提起した川勝平太、朝貢貿易システムを提起して前近代からの連続性に注目した濱下武志、アジア間貿易の成長の高さに注目した杉原薫の研究である。[13]かかる研究の転換を受け、中国経済史においても開港場を中心とする研究が進められてきた。[14]この動きは、従来否定的にとらえられてきたアジア経済を積極的にとらえた点、また国家という枠組みや国民経済を前提としていた既存の経済史研究を乗り越えていった点で貢献は大きく、近年の英語圏における前近代アジア経済に対する評価の転換に先行するものであった。[15]

しかしながら、こうした開港場を中心とする研究は、海関統計が利用可能な一八六〇年代以降、主として一九世紀末以降が議論の中心となり、一九世紀半ばの開港場体制成立期についての議論が少なく、開港前の状況の検討も不十分であった。それゆえ、アジア交易圏論の重要なテーマであるはずの前近代からの連続—断絶や、開港場体制の歴史的な意義についても十分検討できていない。

さらに問題なのは、開港場での経済活動における中国人商人の外国人商人に対する優位が強調されたことにより、[16]国内流通網や金融機構、生産分野の掌握といったものが、工業化への十分条件ではないことが明らかになったものの、[17]逆に、一九世紀後半以降における日本と中国の工業化のあり方が異なった原因を十分に説明できなくなってしまったことである[18]。

一方、一九九〇年代後半に至り、英語圏においてもグローバル・ヒストリー研究の中で、欧米を経済発展の基準としない比較史が進展した。まず、ウォンが西欧と中国の歴史的経路について経済的な類似性と政治的な相違点を描き、西欧を基準とする発想からの離脱を主張した[19]。さらにポメランツは、競争的市場や私有財産権の有無などから西欧の優位を説明してきた制度学派的な観点を批判し、一九世紀初頭までの西欧と中国の中核地域の経済発展の水準が同等であり、両者がともに同様の環境的制約に直面していたとし、その後の分岐が新大陸と石炭資源へのアクセスにあったと主張して大きな反響をよんだ[20]。彼ら「カリフォルニア学派」の影響を受けつつ、明清期中国経済の再評価が進められるとともに[21]、比較経済史研究は活性化し、アジアと西欧の経済指標や発展経路の比較研究が進められている[22]。

これらの研究が、英語圏で根強い西欧中心史観に衝撃を与えた点は重要である。しかし、アジア交易圏論によって近代アジア経済の再評価を行い、西欧を基準としない中国史研究が進められてきた日本において、アジア経済の歴史的再評価を英語圏と共有するだけでは不十分であろう。そのうえ、これらの議論では「中国」を代表しているものが、史料の残存状況から最先進地域であった江南に偏る問題がある。さらに、近代的統計どころか利用可能な数量データが極度に少ない漢文史料の限界により、得られた数値の信頼性にも相当疑問があるし[23]、また数値の扱い方もより慎重になるべきである[24]。そして、一九世紀以降の経済指標の急速な変動を考えれば、経済指標を追求することの意味も問われなければならないし[25]、さらにいえば、そもそも異なる経路をたどって発展してきた地域が「分岐」したという見方についても、再考する必要がある。

そのうえ、これらの議論では西欧と中国の比較が中心となり、アジア内の比較は未だ十分ではない。とりわけ、一九世紀中葉にはほぼ同じ経済水準にあったはずの日中の一九世紀後半における経済発展の相違については、こうした議論ではほとんど説明できない[26]。

②制度の研究

以上のようなアジア交易圏論とグローバル・ヒストリーがともに抱えている課題を解決するためには、中国の経済的な「制度」を探究し、他と比較することが必要である。もっとも、「制度」が指すものは論者によって異なるから、[27]ここで、本書における「制度」を定義する必要がある。

本書では、「制度」という語を、「規範」・「ルール」[28]、あるいは「常識」[29]といった言葉で表現される、人々が意識・無意識のうちに従ったり、指針としたりしているものと、[30]それによって生み出される「秩序」ないし「行動様式」を指す広い範囲で用いる。そして、それらの制度が有する機能についても注目していきたい。

かかる定義をふまえ、現在の中国の経済発展に関連させて問題を立てるとするならば、「一八世紀まで、あるいは近代において中国でなぜ産業革命が起こらず、経済発展に失敗したか」でも、一九世紀初頭において「中国も西欧も生活水準があまり違わなかった」でもなく、「なぜ中国は一八世紀には経済成長し、一九世紀に危機に至り、二〇世紀末以降、経済発展に成功しているのか」という問題を制度的に検討する方が有意義であろう。[31]その点においても、長期的な視野をもった制度史的な検討は重要である。

また、グローバル・ヒストリー研究は関係性を重視するために、世界的な連動を強調する傾向にある。[32]もちろん、従来の西欧中心史観とは異なり、グローバル・ヒストリー研究はアジア諸国、アジア商人などの役割を強調している。だが、世界の一体化の流れの中に世界各地の歴史を位置づけ、各地域の個性を軽視しがちという点で、西欧中心の世界の一体化の議論と同一の問題をはらむ。したがって、世界規模での表層的な変動と、それに影響されつつも各地域に根強く残る制度についての深い考察が必要となる。

日本においてかかる制度を措定するアプローチがこれまでになかったわけではない。特に戦前までの調査・研究蓄積に基づき、中国の経済態制を論じた村松祐次、中国経済社会の「包」的論理規律に注目した柏祐賢の研究は大きな成果であった。[33]しかしながら、戦後歴史学において戦前の日本の中国社会停滞論に対する批判が高まる中で、その後の中国近代史研究においてはかかるアプローチが主流とはならなかった。これが再評価されるようになったのは、一九八〇年代以降の日本の明清社会経済史研究の進展の中においてである[34]。

近三〇年あまり、日本の明清史研究は「制度」的側面に注目してきた。例えば、岸本美緒による中国の市場経済構造モデルの提起[35]や、黒田明伸による中国の貨幣制度と市場構造の特質[36]・岩井茂樹による中国の財政的特質[37]・寺田浩明による中国の契約社会の特質[38]の解明などがあげられる[39]。これらの研究はいずれも、明清時代から近代、あるいは現代に至る中国の特質、ないし広義の経済的制度を浮かび上がらせている[40]。

かかる明清史研究の影響を受けつつ、アジア交易圏論の課題を踏まえ、より長期的な視野から、取引と徴税の関係に着目しつつ、近代中国の経済制度の検討が進められている。代表的なものとしては、海上貿易に対する徴税機関である海関について明末~近代の長期にわたる分析を行い、国家による取引への課税のあり方を論じた岡本隆司の研究[41]、上海における外国人商人と中国人商人のあいだのミクロな商業紛争から、既存の商業秩序の崩壊を論じた本野英一の研究がある[42]。

このような日本の中国史研究における制度史研究は、経済史研究における新制度学派と類似性をもつものの、異なる性格を有している。新制度学派的経済史研究は、ノースとトマスの『西欧世界の勃興』にみられるように、西欧の経済発展を重視し、効率的な経済組織を考察することから発展してきた[43]。これに対し、日本の中国史研究は経済発展と制度の因果関係よりも、長期的な制度そのものを史料に基づいて探求してきた。それゆえ、日本の中国経済史研究において、制度自体が当時の経済発展にとって効率的かどうかはあまり重視されていない。もっとも、一九世紀~二〇世紀前半における局面において、中国が中央集権的国民国家を創造したり、急速な工業化を達成しようとしたりした場合には、そうした制度が「非効率的」で不利に働くこともあっただろう[44]。もちろん、二一世紀初頭の別の局面において同じ制度がより有効になることもあるから、その時々の制度の「効率性」が時代の制約を受けることは間違いない[45]。したがって、検討対象時代の中国経済に制度が与えていたプラス・マイナスの影響にかかわらず、経済史研究における制度史研究の重要性は変わらないだろうし、その成果は現代中国経済研究にも示唆を与えるであろう(46)。

そこで本書では、経済的な制度として、取引のありかたとそれを秩序立てる仕組みの変遷を明らかにすることを課題とし、それを沿海における人々の経済的営為から検討する。

中国における取引の特徴はその零細性にあるが(47)、それを秩序づけていたのが仲介者である。牙行をはじめとするこうした仲介者については、中国経済史研究において注目されて久しい(48)。また、最近では情報の経済学と関連して、仲介者の、取引にともなう不確実性を減らし、情報の非対称性を緩和するという機能も注目されている(49)。

同時に、牙行をはじめとする仲介者は、岡本・本野らの研究が明らかにしてきた中国独自の官僚と商人の関係あるいは取引＝徴税の関係を考える際に決定的に重要である。一九世紀後半以降、政治と経済の関係は財政的事情によりいっそう深まっていくから、本書でも、やはり徴税の問題とあわせて仲介者について考えていきたい。

そこで本書では、第Ⅰ・Ⅲ部を中心に、こうした仲介者によって形成されてきた経済構造及び徴税機構を長期的な視野をもちつつ検討し、一定程度の抽象化、モデル化も試みる(50)。そのうえで、かかる制度が一九世紀後半以降において直面した課題や、欧米のヒトや制度の中国への浸透を防いだ機能を展望してみたい。

このような課題を考察する際に、宋代以来商業が発展しており、一九世紀以降、激しい経済的変動を経験し、かつ流動性の高い閩南の沿海部における福建人の活動は、適切な素材を提供してくれるであろう。

もっとも、こうした福建人の活動から導き出された制度を中国全体に敷衍することについては疑問があるかもしれない。しかし、中国社会が流動性の高さという点で相当程度共通していることを考慮すれば、少なくとも一定の条件が満たされれば、こうした制度は中国のかなりの部分に適用できると考えられる。そして、こうした制度を取り上げるのは地域の多様性を捨象することではなく、多様な地域があるからこそ、それぞれの地域の事象からみえてくる制度があり、それを抽出するのだと考えたい。

（2）沿海社会の管理——社会史研究

一九八〇年代以降、日本の中国史研究において社会史研究が進展したのは、明清史研究における地域社会論と総称される研究が大きく影響している。[51] そこでは、人々の行動のミクロな事例から人々の行動様式、選択の論理、社会像などを整合的な概念的モデルとして把握し、より一般的な脈絡の中でとらえようとする傾向をもっており、[52] 江南を中心とした研究が進められてきた。[53]

かかる明末清初期の研究は、清代中期以降の内陸移民社会史研究、[54] 近代史研究における都市社会史研究、清末民初期の地方政治研究[55] などに大きな影響を与えた。

その中で、都市社会史は、一九八〇〜一九九〇年代に日本の中国近代社会史研究の主たる舞台となり、上海・天津を中心とした研究が進められた。[56] この都市社会史における一つの関心の中心は、社会秩序の維持、とりわけ都市に集まってくるバラバラな人々をどのようにまとめ、統制するかであった。清末についてみると、例えば吉澤誠一郎は、天津における都市下層民の管理のための様々な団体・組織・制度に注目し、[57] 帆刈浩之は上海において下層の寧波人が結集する同郷団体の機能を明らかにしている。[58] また日本に先行して都市社会史が盛んであった英語圏においては、ロウが漢口における秩序維持のあり方について検討し、エリート・有力商人の主導する都市自治体の役割を強調した。[59] また、衛生史の立場からは、飯島渉が衛生の「制度化」に注目しているが、[60] これも開港場都市を中心とする社会管理の一端とみることができる。

これ以外にも、一八世紀以降、開発がいっそう進展した広東省の珠江デルタについては、[61] 一九世紀中葉の珠江デルタの混乱に注目したウェイクマン、[62] より長期にわたる珠江デルタの変動と地域社会の国家への統合における宗族の役割を考察したフォールの研究があり、[63] 華南沿海部における地域秩序のあり方について示唆を与えてくれる。

しかしながら、上記の研究でも、多様な中国社会に対する管理のあり方を十分に明らかにしてきたとはいえない。流動性が高く、選択肢が多い地域において、厚みのある有力エリート層が存在しない場合に、果たしてどのように社会管理が進められたのか。本書では、そうした地域として、閩南の沿海を取り上げたい。ここは、長期的、かつ広範な対外的関係をもち、かつ中国の中でも最も流動性が高い地域であり、内陸部に比べれば選択肢（逃げ道）の多い地域であったといえよう。一方で、閩南は上海・漢口・天津などの大都市とその周辺と比較して、一九世紀末以降貿易が停滞したこともあり、清末において富の集中やエリート層の成長が顕著にみられなかった。[64] 本書では、かかる地域において福建人たちが引き起こしていた多様でミクロな紛争を手掛かりとしつつ、いかに社会が安定していったのかを検討することを課題とし、そのあり方を他の地域と比較してみたい。

（3）イギリスの役割——帝国史研究・植民地史研究

一九九〇年代以降、ソ連崩壊後のアメリカの単独覇権を一つの背景として、世界的に「帝国」研究が活性化し、歴史研究においては世界最初のグローバルな帝国であるイギリス帝国が主たる対象となった。しかしながら、イギリス帝国史研究は、本国やヨーロッパに加えて植民地や影響を与えた広大な地域を対象としつつも、英文の一次史料、二次文献に基づき、あくまでもイギリスを中心にしたものとなっている。[65] そしてイギリス帝国史の側からみて、アヘン戦争以降、中国にはある種のイギリスの「非公式帝国（informal empire）」が存在したという見方や、[66] さらには一九世紀に中国がラテンアメリカ諸国やオスマン帝国とならんで「非公式帝国」の中に包摂されたという見方すらなされている。[67]

もちろん、中国史研究からは、同じイギリスが残した史料を使用するとしても、イギリス史とは異なる独自の方向からの検討が求められており、実体の曖昧な「非公式帝国」を、その内実を明らかにすることによって相対化することが必要であろう。その際には、「帝国史」が、ヘゲモニー国家であるイギリスが世界的規模の通商のために提供していた「国際公共財（international public goods）」の意義を強調してきたのに対し、[68] それを各地域の側から受け止めて、「帝国」を逆から照射していかなくてはならない。

また、帝国史研究においては、ヨーロッパの帝国支配を支える「協力者（collaborators）」が注目されてきたが、植民地支配を受けていない中国においては、むしろ仲介者の役割が重要である。[69] もっとも、本野の研究における買辦や不平等条約体制を利用する中国人商人の活動が示すように、[70] 仲介者は帝国の支配に協力するとは限らない。本書でも、買辦らと類似した行動パターンをとる英籍華人（イギリス籍をもつ華人）の活動を取り上げ、協力者とは別の側面を検討し、彼らを日本の影響下の台湾籍民と比較してみたい。

一方、一九八〇年代以降のアメリカにおける「中国に即した」研究が西洋と中国との関係を後景に押しやっていくという問題性が指摘されている。[71] 日本においても同様の傾向に対する批判がみられる。[72] とはいえ、ヘヴィアのように、「脱領土化（deterritorialization）」・「再領土化（reterritorialization）」といったポストコロニアル理論をそのまま、植民地化されていない中国に当てはめれば、イギリスなどの西洋列強の役割を過度に強調することになり、[73] やはり西洋中心主義の轍を踏んでいるといえる。そのうえ、中国側の主体的な動きを受動的にとらえてしまう点も「西洋の衝撃」と「中国の反応」という形でとらえてきた近代化論と変わらない。

そこで本書では欧米の影響を中国に即して考えるという方法をとる。そして中国が植民地化しなかった以上、欧米と中国どちらも「主体的」・「受動的」な面をもっていたと考え、どちらか一方のみを強調することはしない。具体的には、第Ⅱ・Ⅲ部において、主として在華イギリス領事の果たしていた役割を検討することで、ミクロな視点から、中国近代史におけるイギリスの役割をとらえ直すことを課題とする。それによって、「中国」・「イギリス」といった国家間関係を基本に組み立てられてきた中国政治外交史ないし中英関係史からはとらえることのできないイギリスの役割を見出したい。[74] イギリス海軍の関与した海賊・海難といった海事に関係する紛争が多い閩南は、この問題を考えるのには最も適した地域の一つである。また、本書は、英籍華人の清末中国における活動についての初めての全面的研究となるが、これはイギリスの役割をいっそう明確にするだろう。さらに、当該地域は、日清戦争の結果、一八九五年に日本が台湾を領有したことにより、一九世紀末以降は日本の影響力が強くなった地域でもある。したがって東アジアにおける日本（帝国）の特性を、イギリスとの比較から示すことも可能になるだろう。

二　本書の対象・構成・史料

（1）対　象

以上の三つの課題について、本書ではいくつかのテーマを取り上げ、具体的かつ多面的に検討することを目指す。時期としては、一八三〇年代〜二〇世紀初頭を扱う。中国近代史における画期となる時期についての見解は研究者によってそれぞれ異なるが、本書では時代幅を長く取ることで、より長期的に変動を考えたい。その際には、表面的な日常的変動に加えて、一九世紀初頭からの変動・一九世紀末の変動といった、より下層における大きな変動など、いくつかの変化が重層的に重なっていることを意識し[75]、表層における変動の繰り返しが、より下層にある基層を動かしていくというように理解する。かかる変動をとらえるために、本書ではアヘン戦争そのものだけではなく、アヘン戦争に至る過程にも着目し、アヘン貿易対策が沿海全域で本格化する一八三〇年代末から論じ、二〇世紀初頭で議論を終えたい。清朝末期を一つの区切りとするのは、清朝の終焉という王朝の区分であるだけでなく、第一次世界大戦による、最初のグローバリゼーションの終焉という世界的な転換期とほぼ重なっているからである。そして第一次世界大戦は、イギリスをはじめとする欧州諸国の東アジアにおける影響力が衰えていく転換点でもあった[76]。

本書では「福建人」の活動する世界の変容を検討する。ここでいう「福建人」とは、福建南部の人々、すなわち閩南人で、閩南語を話す人々を指す。これは、本書で用いる漢文史料において「閩人」の大部分が閩南人を指していること、東南アジアにおいては、福建人とは事実上閩南人を指すことによる。したがって福建系東南アジア華人や台湾住民の多くをその対象とする一方で、日本における「福建人」の主流である福州人・福清人などの福建省東北部の人々、いわゆる閩東人などは含まない。

また、本書で取り上げる「福建人の世界」とは、福建を中心として東シナ海・南シナ海海域世界に広がる福建人の商人・船員・漁民・労働者の世界を指す。したがって、閩南の人口の圧倒的多数を占めていた農民については、農業に専従している限り、本書の舞台にはほとんど現れないだろう。

本書では廈門の都市そのものは分析の対象としない。後述するように、香港や広州、あるいは上海・天津と比較して、廈門は都市としての規模が極めて小さく、また都市社会史研究に利用できる史料も豊富ではない。また、都市廈門の「発展」に注目した研究はすでに行われている。(77) したがって、本書では廈門という都市を拠点としつつ活動する「ヒト」の分析に重点をおく。

本書の一つの主役は福建人だが、もう一つの主役は、「官」の側であり、清朝の官僚としては、第Ⅰ部では総督・巡撫(督撫)、第Ⅱ部以降は地方官僚となる。これに第Ⅱ部以降は在中国イギリス外交官、とりわけ駐廈門イギリス領事が加わる。イギリス領事の役割を重視することにより、イギリスの影響力を過度に強調する恐れがある。しかし、開港前から第一次世界大戦に至るまで、列強の中でもイギリスが東アジア、中国にとって最も重要な貿易相手であり、(78) 一九世紀末までは政治的・軍事的にも圧倒的に重要であったことから、当該期に関する限り適切と判断する。

(2) 構　成

本書の構成は、以下の通りである。

第Ⅰ部「清朝の沿海秩序の崩壊——開港前」では、開港前の清朝による沿海秩序崩壊の過程を示す。

第1章では、アヘン戦争前の福建・広東沿海民のアヘン貿易活動とそれに対する清朝の対応を検討し、清朝がアヘン貿易取締りに失敗した原因を清朝の貿易管理体制のあり方から明らかにする。また、補論では、カントンにおけるアヘン貿易の利権構造の規模とその変容を検討する。

第2章では、これまで中英の衝突としてとらえられてきたアヘン戦争を、清朝対漢奸（福建・広東沿海民）という枠組みで再検討し、アヘン戦争を中国沿海の歴史の中に組み込む。

第Ⅱ部「華南沿海秩序の再編——一九世紀中葉」では、開港以降に進められた華南沿海の秩序再編を治安とヒトの移動の点から検討する。その際には清朝地方官僚とイギリスの果たした役割に注目する。

華南沿海の治安の問題のうち、第3章では、一九世紀中葉に海賊活動が活性化した背景を検討したうえで、その鎮圧におけるイギリス海軍の役割と、海賊活動鎮圧の歴史的意義を考察する。

第4章では、一九世紀中葉以降の海難事件から海難救助体制の再編を検討し、海賊問題との関係を明らかにするとともに、清代における「漂流民送還体制」の意味も再検討する。

次いで、ヒトの移動から生じた問題を取り上げる。第5章では、東南アジアのイギリス植民地でイギリス籍を得て、中国に渡来した英籍華人が引き起こした問題をふまえ、小刀会の結成の背景と反乱の影響を検討する。

第6章では、東南アジア以外の地域への移民を「苦力貿易」とみなし、それがなぜ紛争となったのか、そしていかにこの問題が解決されていったのかを考察する。

第Ⅲ部「貿易の変動と華人の行動——世紀転換期」では、一九世紀中葉に再編された秩序が一八八〇年代〜二〇世紀初頭にかけて動揺したことを、貿易の変動と華人の行動の点から検討する。

第7章では、一八六〇年代〜二〇世紀初頭までの廈門の貿易の変動を概観する。その際には廈門の輸移出商品の多様性や台湾との関係に注目する。

第8章では、主として一八八〇年代以降のアヘンに対する課税問題を手掛かりにして、アヘン貿易とアヘン税の変動が各種商人及び官僚—商人の関係に与えた影響について検討する。

第9章では、一八六〇年代以降の英籍華人をめぐる紛争を検討し、それに対する清朝地方官僚とイギリス外交官・イギリス政府の対応について明らかにする。

以上の検討のために使用する史料であるが、本書では漢文・英文・日文の多様な史料を使用している。ただし、開港前の第Ⅰ部は漢文史料を主に用い、開港後の第Ⅱ・Ⅲ部は主としてイギリス外交文書を中心とする英文史料を用いた。

（3）史　料

開港前の漢文史料は、編纂された刊行史料のほか、檔案類を利用したが、註記に際しては参照が容易なように、刊行史料がある場合はそれを典拠とした。なお、開港前について漢文史料を利用したのは、清朝の本格的なアヘン貿易対策及びアヘン戦争が原因で、当該期は清代においては例外的に、「海の歴史」に関して記述する漢文史料が多いからである。

開港後についても、漢文史料の利用は可能であるが、閩南に関して記述した上奏文等の多くは、福州に駐在する閩浙総督・福建巡撫・福州将軍によるものである。彼らは廈門などに赴いた時期を除き、閩南現地の状況についてはあまり把握せず、また様々な事情から清朝中央に報告しなかった事柄も多い[79]。また、それ以下のレベルの地方官が残した記録はほとんどない。地方志等も、清末に編纂されたものの大半が、清代中期に編纂された地方志に若干の増補を加えたものであり、清末当時の具体的記述は極めて少ない。したがって、一八四三年一一月に駐廈門領事館が開かれて以降、廈門現地において継続的に記録された唯一の史料であることにより、イギリス公使[80]に対するイギリス領事[81]の報告を中心とするイギリス外交文書を主要史料とした[82]。

このイギリス領事の交渉相手であるが、アヘン戦争後、清朝は新たに外交機関を設置せず、また督撫などは夷務（外交）を避け、より低い官位の者に担当させる傾向にあった。そのため、福建では、福建布政使の徐継畬が当初は夷務を担当しており、彼の引退後に興化府・泉州府・永春州を管轄とする興泉永道（廈門道台）の役割が重要になったとされてきた[83]。

しかし、福建布政使は福州に駐在しており、現実には開港直後から駐廈門イギリス領事の交渉相手は、基本的に廈門の文官の最高位にある興泉永道及び督理廈門税務協鎮（廈門海関）、海防同知（廈防同知）であった[84]。その他の交渉相手としては、廈門に駐在する福建水師提督や、漳州に駐在する汀州府・漳州府・龍巌州を管轄する汀漳龍道（漳州道台）・漳州知府・泉州知府、同安知県・海澄知県等がある。

一八六〇年以降については、イギリス公使が香港から北京に移り、総理衙門が設立されるなどの変化が生じている。また、閩浙総督ら督撫が外交に積極的に関わることも増え、駐廈門外国領事が直接閩浙総督に対して交渉を行っていくようになる。

次にイギリス外交文書の形態・内容についてみると、二〇世紀初頭に至るまで、当該期のイギリス外交文書は全て領事館別、日付順に整理されており、イギリス領事に義務づけられていた事務的業務に関する記録も多い。これらの史料は内容別の整理が行われていないため、当該期の廈門の状況を領事の視線から知るうえで非常に貴重であるが、次のような問題点を抱えている。

まず、領事報告は領事及び領事館員の知る範囲での情報しか含まれていない。したがって、イギリス人ないし外国人の関与した、開港場とその周辺に関する記述が圧倒的に多く、内陸部の状況はほとんど伝聞と清朝地方官、欧米人商人・宣教師などからの情報に依存しているなど、情報源は限定されていた。また、廈門の場合は開港当初は領事が次々と転任・死亡したこともあり[85]、領事自身の廈門当地の事情についての理解にも限界があった。そして、当然ながら当時すでに「国民国家」としてのイギリスが成立していたこともあり、イギリスの立場・「イギリス人」の視点で書かれており、相当の偏見や無理解も存在する[86]。

とはいえ、残存する漢文史料にあまり現れてこない地域の側面を照射するというメリットは、以上の欠点を補って余りある。特に、当該期のイギリスが貿易大国・海軍大国であったこともあり、「海の歴史」に関しては、質・

量ともに漢文史料と比較した場合のイギリス外交文書の有効性は圧倒的である。そこで本書では、以上の問題点を念頭に置きつつ、イギリス外交文書を補完するために、漢文史料・日本文史料及びその他の英文史料を積極的に使用した。

そして本書では、一つの事件に着目するよりも、主として史料に残された日常の細々した案件とそれをめぐる交渉から問題を立てることにする。これは、当時のイギリス領事・清朝地方官僚にとって、何が対処すべき「問題」であったかという視点を重視するからである。もちろん、かかる些細な「紛争」を取り上げることは、一部の例外的な事件や人々の行動を強調するという批判もあるかもしれない。しかし、小さな事件も事例を集めれば一定の傾向性を示すことはできる。また、歴史上、一部の人々の行動が、予想もしないような大きな影響を与えることは多いし、それは一握りの英籍華人の活動がもたらした影響だけでも証明できる。

それでは、本書の扱う福建人の基盤である閩南と廈門は、どのような地域であり、一九世紀までどのような道を歩んできたのか、以下、本書の基礎となる部分について、幾分頁を費やしてみていきたい。

三　閩南と廈門——地域と歴史

（1）閩南という地域

閩南すなわち福建省南部は閩南語の使用区域であることによって、隣接地域と区別され、清代の行政区画では、泉州府・漳州府・龍巌州・永春州一帯を指す（地図2）。[87]

気候面では、閩南は温暖であり、年平均気温は二〇度以上で、冬季平均気温も内陸の龍巌州、永春州の一部を除き一〇度を下らない。湿度は高く年平均七八～八〇％であり、また降水量も中国の中では多く、沿岸部で年間一〇

〇〇～一四〇〇ミリ、内陸部では一四〇〇～一八〇〇ミリに達する。(88)

地形的には、山地・丘陵が全省の八二％を占めており、海抜二〇〇メートル以下の地域は一二％前後である。主要な山地は福建省の西部と中部にあり、北西の内陸部から南東の海岸部にかけて低くなっていく傾向にある。(89)平地が少ないため、福建省の可耕地は全省面積の約一二％で、一人あたりの耕地も狭小であり、とりわけ閩南の泉州府・漳州府では耕地不足が深刻であった。(90)したがって、泉州府・漳州府では米の二毛作が行われるとともに、(91)甘薯の栽培も盛んに行われた。もっとも、閩南の土壌は大半が赤土であり、肥沃ではなかった。(92)そのうえ、明末以来の商品作物栽培の進展もあり、甘薯を米穀とあわせても食糧は全く不足しており、清代においても、省外・海外からの食糧の輸移入は恒常的であった。(93)

福建省は温暖な気候と降水量の多さもあり、森林資源が豊富であり、(94)その中心は馬尾松（タイワンアカマツ）、杉木（コウヨウザン）などの常緑針葉樹である。(95)しかし、明清時代の人口増大と開発の進展にともない、森林破壊が進み、民国初期には東南沿海や閩江沿いの森林は消滅する事態に至っており、(96)閩南沿海の森林資源は枯渇しつつあった。

降水量と山地の多さゆえに、福建省の河川密度は高い。閩南の主要河川としては、龍巌州・漳州府には九龍江、泉州府には晋江が流れている（地図3）。九龍江は全長二四四キロメートルの北渓と一五六キロメートルの西渓から成り、龍巌県城盆地、漳平県城盆地等と漳州盆地を形成した。晋江は全長一八二キロメートルで、永春州と安渓県から発して、泉州平原を形成した。(97)

閩南は降水量が多く、かつ中国の他の地域と比較すると河川が急流であった。そのうえ、水源地の山林が乱伐され、河川の改修や堤防の築造も行われず、さらに風位と高潮の影響もあって水害は頻発していた。特に九龍江下流の漳州は二〇世紀初頭においても平均三年に二回の水害を被っており、(98)なかでも一九〇八年の水害は犠牲者五〇〇〇人に達する大惨事となった。(99)

福建省の海岸線は、直線にして五三五キロメートルであるのに対し、全長が三〇五一キロメートルと、中国随一の湾曲があり、多くの港湾が存在する。また、島嶼も多く、面積一〇〇平方メートル以上のものでも一二〇〇を数え、船舶の安全な停泊にとって都合の良い地域となっている。[100] 特に廈門港は良港であり、港湾の面積は二三〇平方キロメートル、水域面積は一五四平方キロメートルに及び、大部分の水深は五～二〇メートルで最大水深は三一メートルに達した。廈門港は外側が金門（大金門）・小金門・大担・二担・青嶼・浯嶼などの島々に囲まれており、さらにその内側では鼓浪嶼・鶏嶼・火焼嶼などが最も水深の深いところを取り巻いていたため、水域は平静であった[101]（地図4）。二〇世紀初頭、イギリス領事は、廈門は潮汐に関係なく大型汽船が出入港できる水深があり、悪天候でも安全で、同時に数百隻の船舶を収容可能な、香港から中国北部にかけての随一の良港とみなしていた。[102]

交通面では、閩南の西側は、玳瑁山脈により福建省西部の汀州府と隔てられ、汀州府は韓江により、下流の広東省の潮州・汕頭等と結ばれていた。清末の調査によれば、北の福州方面とのあいだは、海岸沿いは比較的平坦だが、道路は十分整備されておらず、南部の広東省への陸路も同様に不便であった。[103] 陸路を補っていたのが海運で、沿岸諸港をジャンクが結んでいた。また、閩南の河川は急流で大半の河川の航行は困難であったが、九龍江は内陸の漳州・南靖・漳平・龍巌等を沿岸部と結びつけていた。[104]

次に人口をみると、清末における閩南の人口は、『嘉慶重修一統志』によれば、一八二〇年に泉州府二四五万人、漳州府三四〇万人、龍巌州三三万人、永春州四八万人で、総計約六六六万人である。また道光『福建通志』によると、一八二九年に泉州府二五二万人、漳州府三六〇万人、龍巌州三四万人、永春州五〇万人で合計六九六万人であるが、中華人民共和国成立直後の一九五三年の統計では、泉州府二七五万人、漳州府一七四万人、龍巌州二六万人、永春州四四万人、合計五一九万人となっている。このうち漳州府の人口減少について、曹樹基は一八六四年の太平天国による漳州占領を原因とみなしている。[105] だが、漳州占領から九〇年を経ても人口が未回復であることについては、海外移民など、その他の要因も考慮する必要がある。[106] また一八二〇年代の統計の信頼性にも問題はある。とはいえ、当該期の閩南の人口は五〇〇～七〇〇万人のあいだで推移していたといってよい。

廈門の人口も正確には不明である。道光『廈門志』によれば、開港前の道光一二年（一八三二）に僧侶・尼・道士らを除き居民は一四万四八九三人であるとしており[107]、島民は一五万人程度と推測される。しかし、開港直後に廈門を訪れた宣教師は市内に一五万人、島内に四〇万人とみなしたほか[108]、一八五四年頃に島の人口二五万人、廈門市内一五万人[109]、一八九〇年頃に廈門島内四〇万人、廈門市内六～一〇万人[110]という宣教師の推計があり、一八九二～一九〇一年の海関十年報告も島の人口を約四〇万人としている[111]。したがって当該期の人口は、廈門島が一五～四〇万人であり、廈門市街地は六～一五万人、恐らく二〇世紀初頭で一〇万人程度の人口であったと推計される[112]。これは五港の中では最も小規模な部類に属している[113]。

このような閩南において、住民が全体として強固なまとまりを形成していたわけではない。特に、泉州人と漳州人は、明確に分かれて対立することが多く、台湾でも対立する両者が分類械闘を繰り返した[114]。現在の方言も主に廈門・龍巌・漳州・泉州の四つに分かれている[115]。また、沿海部の人々が冒険進取の精神をもっていたのに対して山間部の人々は敦朴で保守的であったともされ、同じ閩南ではあったが地域によって人々の性格は異なっていた[116]。

また華南は全体としても宗族結合の強さでも知られ、また宗族同士の械闘も激しかったが[117]、閩南も同様であり、清末においても宗族の衝突する械闘は廈門とその周辺地域（特に恵安・同安・漳浦県）において頻発しており[118]、同じ地域内における対立も激しかった。

（2）閩南の開発と廈門の海上貿易

福建、特に閩南の開発は唐代以降に進展するが、北方からの移民数も少なく、開発は限定的であった。移民が急増するのは、唐末に中原が混乱して以降になる。その結果、記録上でも唐代の開元年間（七一三～七四一年）に五万七五四戸、元和年間（八〇六～八二〇年）に三万五五七一戸であった泉州の戸数は宋初には九万六五八一戸に、それぞれ一六九〇戸・一三四三戸であった漳州は二万四〇〇七戸に増大し、人口稠密地域へと変わっていった。(119) 以後、閩南の人口は記録上、南宋期には泉州は二五万五七五八戸、三五万八八七四口、漳州は一一万二〇一四戸、一六万五六六口に至るまで激増し、人口の過剰が問題となった。(120)

かかる人口増大に対して、閩南は耕地が狭小であることもあり、宋代には商業の発展とあわせて、農産物の商品化や手工業が発達した。海上貿易は宋代・モンゴル時代を通じて泉州を中心として発展し、中国沿海や南シナ海における福建人商人の活動も活性化した。(121) 以後、閩南は東シナ海と南シナ海を仲介する港市を擁し、閩南人は海上貿易で活動し、東南アジア方面に多くの商業移民を送り出すことになる。

明代になると、朝貢制度の重視と海禁の実行により、泉州の海上貿易は衰退する。(122) しかし、こうした海禁はかえって一六世紀には後期倭寇といわれる密貿易集団の活動を活性化させ、閩南の海澄月港は浙江の双嶼とならんで倭寇の活動の中心となる。この倭寇の活動をどうにか抑えこんだ明朝は、一五六七年に海禁を緩和し、月港において対外貿易を認めることになる。(123)

一七世紀初頭、この月港に代わり重要な港となったのが廈門である。宋代に嘉禾嶼、元代には千戸所といわれていた廈門は明初において倭寇対策として軍事的な要衝となり、洪武二七年（一三九四）に中・左所が永寧衛から移駐して築城が行われた。(124) さらに、遅くとも弘治二年（一四八九）までには、明代初期に設置された兵船の基地である浯嶼水塞も浯嶼島から廈門に移動してきている。(125)

その廈門が重要な貿易港になったのは、鄭氏が一七世紀に廈門を根拠地としたことが影響している。一六二〇年代、すでに大艦隊を保有し、福建沿海を制圧していた鄭芝龍は一六二六年と一六二七年に廈門に侵入して、ここを占領した。以後、廈門は安海とともに鄭氏の商業と人員補給の基地となり、鄭氏の発展にともなって政治・貿易の中心地となっていった。一六四六年に清朝が福建に侵攻すると、鄭芝龍は清朝に降ったが、その子の鄭成功は廈門沖合の鼓浪嶼を基盤に抵抗を開始、一六五〇年には廈門と金門の旧鄭芝龍配下の勢力を吸収し、廈門を根拠地とした。一六六一年に鄭成功が台湾に本拠地を移してからも、廈門は鄭氏の拠点となり、清軍との争奪戦が繰り返された。廈門が最終的に清朝の手に落ちるのは一六八〇年、鄭氏が清朝に降伏するのはその三年後の一六八三年であった。[126]

廈門における対外貿易をみると、鄭氏時代から廈門においては中国船が日本や東南アジアとの貿易を行っていた。一方、欧米船の来航は、鄭氏政権が廈門を支配している一六七六年に、イギリス東インド会社が廈門に商館を開いたことにより進展し、鄭氏降服後もオランダやイギリスの廈門における貿易は続いた。[127] しかし、廈門と比較して、後背地の広い広州はより貿易の条件に恵まれており、欧米船は次第に広州に集中するようになったため、[128] 廈門の有力商人も広州に移動した。[129]

したがって、以後の廈門の対外海上貿易は中国船のみによって行われることになったが、廈門はその東南アジアとの貿易を維持した。[130] さらに、かかる東南アジア貿易を背景に、廈門は対外貿易と沿岸貿易の結節点となり、そのネットワークを上海・天津などの北方と台湾諸港に広げた。[131] こうした廈門の貿易は乾隆年間（一七三六～一七九五年）に最盛期を迎えることになる。[132]

かかる交易関係、そして何より閩南の人口が稠密であったことにより、清代中期以降、東南アジアや台湾に移住する人々も多く、台湾における漢族の祖先の大半は、閩南から渡来した人々である。[133]

以上に述べてきたような閩南人の海上への展開の背景には、船舶・航海技術面でも閩南人が優位にあったことがある。すでに南宋からモンゴル時代においても、泉州をはじめとする閩南は造船業が最も発達した地域であり、その船舶の性能も大型かつ堅牢で優れていた。[134] 清代においても、閩南は造船業の中心の一つであった。また、中国における木材資源の不足による価格高騰のため、一八世紀中葉からシャムなどの東南アジアで華人による造船が行われるようになったが、そこでも閩南人が活躍していた。[135] さらに、航海技術を習得した閩南人は、その操船技術において優れており、それは清代に江蘇・浙江船といった福建船以外の航海においても、福建人が重要な役割を果たし

ていたことからもうかがえる。(136)

つまり、閩南は平地が少なく人口稠密であるという環境を背景としつつ、海上交易と海路によって移民を生み出していたという点で華南沿海諸地域の中でも、潮州とならんで他地域とは異なる特色をもつ地域であった。(137) 以下では、このような背景をもつ閩南と廈門を中心として活動する福建人の世界の一九世紀以降における変動を、つぶさにみていくこととしたい。

第Ⅰ部　清朝の沿海秩序の崩壊——開港前

第1章　閩粵沿海民の活動と清朝

――アヘン戦争前夜におけるアヘン貿易活動を中心に

はじめに

一八世紀末から一九世紀にかけて、清朝は主として内陸と沿海という二つの方面からの危機に直面した。内陸では一八世紀の人口増大がもたらした内陸への移民とそれによる摩擦が一因となって諸反乱が発生し、清朝支配に多大な影響を与えた。一方で、沿海部においても一八世紀末以降のアヘン貿易拡大の中で、清朝の支配体制が動揺し、アヘン戦争以降の一連の対外的な危機へと繋がっていく。一九世紀から二〇世紀初頭に至る東アジア・中国の変動は、この両側面からの検討が必要であろう。

緒論で述べたように、近年、西洋の衝撃、殊にアヘン戦争の衝撃については、相対化が進み、むしろ中国の内発的な変化が注目されてきた。しかしながら、中国東南沿海部とそこに生きていた人々にとって、アヘン戦争に至る時期は一つの変動期であり、アヘン戦争への過程が、その後の沿海部の状況にも大きな影響を与えたことは間違いない(1)。本章では、近年あまり考慮されてこなかった一九世紀前半の沿海の状況について、福建・広東沿海民(2)のアヘン貿易活動を軸に再考を試みる。

一九世紀前半の中国沿海の状況については、アヘン貿易・アヘン戦争関係を中心に多くの研究がなされてきた。アヘン貿易に関しては、中英貿易関係に焦点をあてて地方貿易商人（country traders）の活動を取り上げた研究が進められてきたほか、[3] 中国におけるアヘン貿易全般に関する研究も行われた。[4] アヘン貿易をめぐる議論に関しても、林則徐に焦点をあてた研究[5]や、清朝中央の政策決定過程と知識人グループの関連に注目した研究が行われた。[6] さらに、弛禁論・厳禁論について広州やその周辺の地域と関連させた研究、[7] 中国国産アヘン（中国アヘン）の問題に注目した研究、[8] 内陸部のアヘン取締り問題を取り上げた研究もあり、[9] 多様な側面から議論がなされてきた。

アヘン貿易以外の面でも、広州に関しては、行商や海関をめぐる研究[10]や、広州貿易及び広州の周辺地域を含めた社会状況についての研究[11]が進められた。[12] 総じて、アヘン貿易を中心とする沿海の状況は、広州附近については多面的に検討されてきたといえるだろう。

本章で扱う福建・広東沿海民に関わる研究としては、アヘン戦争前の漢奸に関するものや、[13] 福建における沿海アヘン貿易に注目したものもある。[14] なお、これらの研究に加えて、次章で扱うアヘン戦争に関しての研究も多い。

しかし、依然として残されている課題はある。第一に、従来の研究の多くが「中国」対「西洋」または「清朝」対「イギリス」という枠組みで行われてきたため、その枠組みでは捉えきれない部分については、ほとんど正面から取り上げられなかったという問題がある。特に、アヘン貿易を実際に担っていた人々については、地方貿易商人ないし私貿易商人（private traders）のみが注目され、福建・広東の沿海の人々は副次的に扱われるにすぎなかった。西洋の衝撃を重視しない研究でも、清朝中央のアヘン政策をめぐる議論や広州におけるアヘン貿易対策などに関心が集中しており、福建・広東沿海民の中国沿海部における広範な活動について等閑視している点では同様の問題を抱える。

第二に、沿海でのアヘン貿易の拡大の原因として、清朝の沿海管理能力が低かったことは多くの研究で指摘され、[15] また取締りにあたるべき官僚・胥吏・兵隊らの腐敗や無能も強調されてきた。もちろん、これは重要な原因である。

もっとも、中国における腐敗の問題は時代と地域を問わないものであるから、腐敗の問題を指摘するならば、その腐敗が生じた当時の構造的背景を解明すべきだろう[16]。

しかしながら、一九世紀前半におけるアヘン貿易の構造的な背景、特に清朝の沿海支配のあり方については、広州周辺を除きほとんど検討されてこなかった。広州周辺を扱った研究も、広州の貿易のみに注目する傾向にある[17]。また、沿海住民のアヘン貿易に関する研究も、それ以外の諸事象と切り離してアヘン貿易を単独で取り上げているため、アヘン貿易の構造的説明ができていない点では同様である。それゆえ、アヘン戦争前の中国沿海部におけるアヘン貿易の歴史的な位置づけが明確にできず、アヘン貿易の拡大と取締りの失敗の原因も十分に明らかにされてこなかったように思われる。

なお、近年の貨幣史の議論では、林満紅が中国からの銀流出の原因について、世界的な不況や、銀の産出量の減少を主張したのに対して[18]、フォン・グラーンはアメリカの貨幣政策の変更にともなうアメリカから中国への銀貨輸出の減少を主張し[19]、イリゴインは独立後のラテンアメリカにおいて銀貨鋳造は減少しなかったが、多様な品位の貨幣の鋳造が中国における南米産銀貨に対する需要を減少させたことを主張する[20]。そして、いずれもアヘン貿易のみが銀の流出の原因ではないことを強調している。とはいえ、アヘンの代価は大部分がドル銀貨や馬蹄銀であったから[21]、沿海部における銀需要には変化がなく、また全国的な銀貴の状況からみても銀貨需要の減少はありえないし、銀の流出はかかる形での貴金属の輸出入統制ができなかったことが原因である。したがって、貴金属を含む貿易の統制ができなかった原因についても、アヘン貿易を考慮しながら検討していく必要があるだろう。

本章は、以上の課題をふまえて、一九世紀前半、特にアヘン戦争直前の時期を中心に、福建・広東沿海民のアヘン貿易活動とそれに対する清朝の対応に注目し、開港直前期の中国沿海の状況を歴史的に位置づけ直すことを目的とする。

そこで、第一節では本章の議論の前提として、まず清代中期の沿海支配について海上交易とその統制のあり方を概観し、続いて一九世紀初頭の沿海支配体制の動揺について検討したい。ついで、第二節ではアヘン戦争直前における福建・広東沿海民によるアヘン貿易活動の状況をみた後、第三節では、それに対する清朝の対応から福建・広東沿海民のアヘン貿易活動が活発化した原因について考察したい。なお、広州周辺に関しては、アヘン問題を中心としてこれまでの研究蓄積も多いことに鑑み、本章では中国人による対外・内国貿易の主要港であった廈門とその周辺の閩南及び内国貿易の中心であった上海・天津などの沿海地域を中心に扱うこととする。[22]

一　清朝の沿海支配の動揺

(1) 清代中期における海上交易と治安

本章の議論の前提として、清朝統治下の沿海支配について簡単にふれておきたい。清朝の統治における沿海秩序の中心は貿易管理と治安維持にあると考えられるが、これは一六八三年に台湾を本拠として海上から清朝に脅威を与えていた鄭氏が降伏したことによりはじめて実現することになった。

鄭氏降伏の翌年、清朝は海禁を解除し、江蘇・浙江・福建・広東にそれぞれ江海関・浙海関・閩海関・粤海関を設置した。当初は中国人の出海貿易を管理するにすぎなかった海関は、のちに朝貢貿易、外国から来航する船舶との貿易を含む海上交易全体を統括し、管理するようになる。そして、各海関では必ずその下に仲介商人たる牙行を指定して、取引と課税を請け負わせて交易を管理していた。[23] かかる貿易管理体制は、朝貢貿易以外の民間貿易を禁止していた明代とは大きく異なって管理対象が広がっており、基本的には明代後期の変動に対応した体制といってよいだろう。[24]

清朝の海上交易を統制する規定としては、主として(1)船隻・人員・渡航手続きに関する取締り規定、(2)商船の往航地の制限、(3)商船回航の期限、(4)武器搭載の規定、(5)金・銀・硝・硫黄・銅・鉄・釘・樟板・馬など搭載の規定、(6)米穀類に関する規定、(7)生糸・綢緞・絹・綿に関する規定、(8)貿易港の限定、(9)朝貢についての定例などがあった[25]。

このうち(1)についてみると、商船の場合、当該の州県で里甲などの保証人を立ててから造船し、完成した際には乗船者の身元を確認して船体に登録番号をつけ、乗船者の年齢、容貌、姓名、籍貫（本籍地）、生業などを記した船照が発給され、これは毎年更新する必要があった。出港の際には、乗務員及び乗船客の名簿と積み荷目録を牙行を通じて海関に提出し、出港許可を得た[26]。対日貿易を行う乍浦の事例でも、牙行には海関税口への唐船（中国船）の出入港の許可を求める諸手続を行うという役割があった[27]。(4)の武器の携帯については、対外貿易のみに認められていたが、携帯する武器の数目も牙人（牙行）が海関に報告するように定められていた[28]。したがって、内国・対外交易を問わず、出入港の際には主として牙行が上記の取締り規定を保証する形になっていたといってよいだろう。

また、広州貿易の場合には、拡大を続けていたうえ、欧米船が来航するという形態をとっていたため、牙行以外にも、マカオ（澳門）・黄埔間の水先案内を行う澳門引水、船舶や商館に食料を供給する買辦、通事なども貿易管理において重要な役割を果たしていた。とはいえ、幅広い業務は実質的に粤海関などから請負う形で行われており[29]、その業務には様々な仲介業務が含まれていた[30]。したがって、根岸佶が指摘しているように、これらも牙行の制度と変わらないとみてよい[31]。後述する天津の客店・桟行の事例にみられるように、貿易が拡大する港においては、牙行以外にも実質的に牙行の役割を果たすものが、存在したのだろう。

このようなゆるやかな管理体制の下、朝貢にとらわれることのない貿易への「参入の自由」も存在したことにより[32]、海上交易は拡大した。対外貿易に関してみると、日中貿易は一八世紀前半に江戸幕府による中国船隻数・貿易額の制限もあって衰退した。一方、対東南アジア貿易は、一八世紀半ばには廈門を出港地とする中国帆船による交易が盛んに行われた。一八世紀後半になると、欧米船の来航する広州の貿易が急速に拡大し、対外貿易におけるその比重が大きくなる。そしてかかる海上貿易による中国への銀の流入が、都市のみならず、農村にまで至る好況をもたらしていく[33]。

貿易の担い手についていえば、日中貿易は交易の主体が福建人から江蘇人・浙江人に変わったが[34]、中国と東南アジアとの交易は福建人・広東人を中心に行われた[35]。また、広州において西洋人と取引を行ったのも、主として広東人と福建人であった[36]。

一八世紀における好況の中で、内国海上貿易も拡大した。福建・広東と江南のあいだには福建・広東産の砂糖と江南産の綿花を取引する交易が行われていた。また、福建・広東と東北・華北のあいだでは福建・広東産の砂糖と東北・華北産の大豆・大豆粕を取引する交易が行われた。これらの貿易では福建・広東の船舶（鳥船）が使用され、その担い手は福建人・広東人であった。江南と華北・東北とは江南産の綿布・綿花と華北・東北産の大豆・大豆粕が取引され、江南の沙船が中心となっていた。その規模もアヘン戦争直前までに、鳥船が百数十隻、沙船は二千数百〜三千数百隻になっていた[37]。そして基本的に、福建人・広東人によって特に遠距離の内国貿易が担われていた。その中で、広州・廈門ともに対外・内国貿易の結節点となっていた。

以上のように、清代中期において海上交易は海関が牙行を通じて管理を行った。対外貿易と内国貿易は広州と廈門において結びつき、遠距離交易は対外交易、内国貿易を問わず主として福建人・広東人が担っていた。

一方、治安の側面をみると、鄭氏のような反清武装集団は消滅したものの、沿海部においては恒常的な海賊活動が福建人・広東人を中心として行われていた[38]。これは間接的に清朝水師の治安維持活動が限定的であることを示している。

清朝の目指す沿海における貿易管理と治安維持は、一定の税を確保し、沿海で清朝支配を脅かす勢力を発生させないことが重要であり、その他の面についてはゆるやかな統治が行われていた。この支配のあり方が、一八世紀末から動揺していく。

（2）沿海支配の動揺

一八世紀末から一九世紀中頃にかけての清朝の沿海支配の動揺は、貿易管理と治安の動揺という二つの側面から指摘できる。まず、貿易管理体制についてみていきたい。

① 廈門における貿易管理体制の崩壊

広州においては、一八世紀後半に「福潮船」（福建・潮州船）の交易の比重が増大した[39]。これは、中国沿岸部の交易を担っていた福建人・潮州人が、一八世紀後半以降、対欧米貿易の発展によって拡大した広州貿易に引きつけられていったことを示していると思われる。そして、この事態が廈門における貿易にも変化をもたらす。

廈門では、先述したように欧米船の貿易が広州に移動すると、有力商人も広州に移動した。その後は広州などと同様に、有力な牙行が洋行・商行としてそれぞれ対外・内国貿易の取引と徴税を請け負っていた[40]。そして一八三九年に刊行された道光『廈門志』によれば、廈門の貿易と洋行・商行の状況は、以下のように変化した。

> 按ずるに、廈門の対外貿易船は、雍正五年（一七二七）に始まり、乾隆初年が盛んでした。当時は各省の洋船が商品を積んで入港し、牙行に頼って貿易・徴税を行い、あわせて呂宋などの夷船が入港して貿易を行うのを許可し、そのために商品が多く集まり、関税は満ち足りておりました。嘉慶元年（一七九六）に至っても、なお洋行が八家、大小の商行が三〇余家、洋船や商船は一〇〇〇余隻あり、廈門は外国と交易する正式の港でありました。これまで南北に向かう商船は商行が保証して出航しましたが、後に蚶江と五虎門と合わせて三つの港が開かれたことにより、[1]奸商は勝手に商船を洋駁（洋船よりも小型の船舶）とし、商品を載せて広東の虎門などのところに赴き、また別に大きな船に積み換えて夷人に販売し、あるいは直接夷人に販売しました。帰航の際には、貴重な商品は陸路で運び込み、安価な商品は洋駁に積載して運びこみ、商行に頼って隠匿しているので、関税はわずかに日税を納めるだけで洋税は逃れています。そのために洋船は利益を失い、洋行はなくな

り、関税も次第に不足するようになりました。嘉慶一八年（一八一三）には、わずかに和合成洋行[41]一家が存在しているのみで、洋駁が洋行の保証を受けることを申請しました。嘉慶二二年（一八一七）に広郊[42]の金広和が「［和合成が］独占して搾取している」と閩浙総督董教増に訴え、総督が調査して［和合成洋行の独占を］禁止することを命じますと、奸商はほしいままに横行するようになりました。道光元年（一八二一）、洋行は全部倒れ、商行金源豊などの一四家が共同して洋行を引き受けることを請願し[43]、この時当地で商船を洋船とするものが依然として一〇余隻ありました。しかし、各省の洋船や呂宋の夷船は来航せず[44]、この後、洋船、洋駁もまた次第に減少し、(2)勝手に詔安などの各小港に赴いて出発するようになったので、商行もまた次第に衰退・倒産しました。道光一二、一三年に至って、廈門の商行はわずかに五、六家が残存するのみで、関税は滞納され、毎年地方官に命令して呼びかけ勧告させて、やっと洋駁一、二隻が外国と商売するのです。(3)燕の巣や黒鉛といった輸入品は、それゆえ広東で購入しなければならず、また上納せねばならない手当などの各費用はいずれも期日通りに納めることができません。関税は日に日に減少するうえに[45]、商行で［洋行の役目を］引き受けたものももちこたえられなくなっています[46]。

このように、廈門においては乾隆初年を頂点として、貿易が衰退し、それゆえに徴税の負担の重い洋行がまず一八二〇年代までに負担に耐えられず倒れ、さらに一八三〇年代になると、洋行の代わりに徴税を請け負った商行が衰退している[47]。負担の中には、正規の税に加え、傍線部(3)にあるような燕の巣と黒鉛買い付けや[48]、総督や巡撫への上納を含む陋規も存在し[49]、洋行・商行をいっそう困難に陥らせていたのだろう。廈門における洋行・商行の衰退は、その貿易管理体制の破綻を意味しているが、広州において、拡大する貿易を扱うための資本を十分得られない外洋行が倒産し、形骸化が進んでいったのとは事情が異なる[50]。

廈門の交易の衰退については、上記の『廈門志』などに基づき、漳州府詔安などの小港を利用した小型船舶の貿易の増大、税などの負担、高コスト、海賊の猖獗が原因として指摘されてきた[51]。また、政府による台湾から福建（厦門）への米穀供給である台運についてもその義務の回避が進み[52]、台湾米は江蘇・浙江などへも移出されるようになったため、厦門にも打撃を与えていた[53]。では、厦門の衰退は何を意味していたのだろうか。

ここで、嘉慶年間における急速な廈門貿易の衰退に留意する必要がある。この背景には嘉慶年間の海賊の横行があり、その活動が中国沿海の商業流通に深刻な打撃を与えていたことは、閩海関収入の減少からもみてとることができる[54]。ただし、嘉慶一四年（一八〇九）には福建沿海の海賊の中心人物である蔡牽が没落し、嘉慶一五年中には広東の海賊も招撫を受け入れている[55]。したがって、その後の廈門の衰退を海賊問題のみに結びつけるのは困難である。また、アジア域内における貿易は一九世紀初頭以降も拡大傾向にあり[56]、広州の貿易も増大していたから、廈門の貿易衰退はアジア間貿易の全体的な動向では説明がつかない。

そこで問題になるのは、傍線部(1)にあるように、小型の船舶が虎門などの広州近辺で外国船との貿易を行って商品を廈門に運び込んでいることと、傍線部(2)にあるような詔安などの港における貿易が活発になっていることの意味である。広州近郊及び詔安における貿易にはアヘン貿易も含まれると思われるが[57]、いずれにせよ福建人が広州またはその近郊における対欧米（インド）貿易に引きつけられていることになる。傍線部(3)にあるように燕の巣などの東南アジア産品も広州で入手しなければならないことも[58]、従来廈門で行われていた中国船による対東南アジア貿易が、広州貿易の活発化にともない詔安などの小港—広州附近—東南アジアというルートで行われるようになったことを示している[59]。道光一一年において、広東のマカオや江門に来航したジャンク数は漳州府からが一五〇隻であったのに対して、廈門からは八〇隻であったとされるのも[60]、華南沿海貿易における詔安をはじめとする漳州府の諸港の役割が大きくなっていることを示しているのだろう。これは、台湾において、清代中期以降に対岸との貿易を行う五つの正式の港（正口）以外の小規模の港湾が次第に発達していったのと対応している[61]。

中国と東南アジアの交易についてみれば、表1-1のように[62]、一八三〇年代のシンガポールの中国帆船出港の記

表 1-1　シンガポールにおける中国帆船の貿易

	船籍	船種	船数	アヘン積載船数	総トン数	目的地	輸出アヘン明細	備考
1831 年	中国	ジャンク	7	0	1,075	広州		
	中国	ジャンク	3	0	760	樟林		
	中国	ジャンク	2	0	370	上海		
	中国・コーチシナ	ジャンク	2	2	340	海南	2 箱	
	中国	ジャンク	1	0	300	廈門		
	中国	ジャンク，トープ	4	1	1,263	中国	ベナレス 1 箱	
1832 年	中国	ジャンク	5	1	1,130	上海	ボンベイ 7 箱，ベンガル 1 箱	
	中国	ジャンク	3	1	575	広州	ボンベイ 2 箱	
	中国	ジャンク	2	1	505	樟林	ベンガル 5 箱，パトナ 5 箱	
	中国	ジャンク	2	0	375	廈門		
1833 年		ジャンク等	3	1		広州	53balls	3 隻以上
		トープ等	2			海南	ボンベイ 2 箱，ベンガル 54balls	2 隻以上
						樟林	ベンガル 15 箱，ボンベイ 6 ピクル	
						上海	ベンガル 9 ピクル	
1834 年		ジャンク	8			樟林	ベンガル 62 箱，	
		ジャンク，トープ	5	2〜3		広州	ベンガル 25 箱，ボンベイ 70 カティー	
		ジャンク	3	0		廈門		
		ジャンク	2			上海	ベンガル 11 箱，ボンベイ 6 ピクル	
		トープ	1	1		海南	ベナレス 3.5 箱	
1835 年		ジャンク	7			海南	ベンガル 40 箱，22 balls, 不定 130balls	
			5	0		広州		
			2	1		上海	ベンガル 15 箱	
			2	1		廈門	ベンガル 1 箱	
1836 年			1	0		広州		
			1	1		海南	ボンベイ 1 ピクル	
			1	1		上海	ボンベイ 8 ピクル	

注）トープは小型ジャンク。

出典）*Singapore Chronicle and the Commercial Register.* 1833 年の 8，9，12，26，35，40-42，49 号，1834 年の 7，8，15，38，45-48 号，1835 年の 16，17，19，23，27，34，36，47-52 号，1836 年の 32 号は未入手。また，船隻データは時期によるばらつきがあり，網羅的とはいえない。特に 1836，1837 年は少なく，1837 年についてはデータ不足により省略した。

録からも、廈門よりも広州、潮州近郊の樟林、海南島周辺の重要性が高まっていることがうかがえる。

また、廈門を朝貢ルートとしていたスールーとの貿易においても、一八三〇年代からスールー―廈門間の直接の貿易が減少し、中国―スールー間の貿易がスペイン船によりマニラ経由で行われるようになりつつあった[63]。また、フィリピンと中国の間の貿易についても、マニラ―廈門間における中国帆船による貿易から、マニラ―広州・マカオ間におけるスペイン船・イギリス船による貿易へと移行し、一八世紀後半に中国帆船の貿易は衰退した[64]。このように、中国―東南アジア間の交易において中国帆船の活動が低下して、欧米船の役割が大きくなっていたことも、結果として欧米船の集中する広州の活発化と廈門の衰退を導いたであろう。一八世紀末まで保たれていた広州と廈門の棲み分けが崩れたのである。

そのうえ、福建人商人自体が廈門を離れて交易を行うようになっていた。先述のように一八世紀初頭にも福建人商人の広州への移動は行われていたが、この時期は移動先は多様であった。一八三二年にイギリス東インド会社の ロード・アマースト（*Lord Amherst*）号で廈門を訪れた東インド会社社員のリンゼイ（Hugh H. Lindsay）は、近年の重い徴求のため、廈門の主な商人は廈門を避け、広州・上海などに移動し、廈門との交易を行っていたとする[65]。また、同じ航海で訪れた寧波では、寧波とシンガポールの交易は福建人所有の船舶によって行われていると述べている[66]。一八三一年に寧波を訪れた宣教師のギュツラフ（Charles Gutzlaff）も、上海では寧波と同様に福建人が主に交易を行い、一部の福建人所有のジャンクは東インド諸島と交易していると記している[67]。さらに、先述したように、広州においても福建人は対東南アジア・欧米貿易に参与していた。

福建人の移動は東南アジアにも及んだ。一八世紀の東南アジアは「華人の世紀」とされるように[68]、華人の活動が活性化し、一八世紀中葉以降は東南アジアへの華人労働者の移動が始まっていた[69]。一九世紀初頭の東南アジアにおいても華人の活動は衰えず、むしろ一八〇〇～一八三〇年代は、ヨーロッパのアジアへの通商の拡大にともなうジャンク貿易の発展期と中国系移民の増大期と捉えられている[70]。一八三〇年代でも、中国人はシャムに移動して対中

表 1-2　東南アジアにおける福建人の展開（19 世紀）

	創建（年）	再建・修築（年）
マラッカ青雲亭	1673	1801 重興，1845/46 修築，1867 重修，1894 重修
ホイアン閩商会館	1757	1849 増築，1895 増築
ペナン広福宮	1800	1824 重建，1862/63 重建
ペナン福建義塚		1805 重増，1841 拡張，1856 拡張，1886/87 修築，1890 重修，1892 重修
ハノイ福建会館	1817	
シンガポール恒山亭	1828 以前	
シンガポール天福宮	1839	
ラングーン慶福宮	1861-64	1897 再建
バンコク順興宮（福建公所）	1871	

出典）山本達郎「ハノイの華僑に関する史料」『南方史研究』1 号，1959 年，今堀誠二『中国封建社会の構成』勁草書房，1991 年，内田直作『東南アジア華僑の社会と経済』千倉書房，1982 年，Wolfang Franke and Chen Tieh Fan eds., *Chinese Epigraphic Materials in Malaysia,* Vol. 1, Kuala Lumpur : University of Malaya Press, 1982.

国貿易を行っており、上海や寧波との貿易が廈門よりも利潤があるとみなしていた[71]。表1-2のように東南アジアにおける福建人の会館・義塚などが一九世紀前半に相次いで再建・拡張しているのも、かかる福建人の東南アジアへの拠点移動を示しているだろう（図1-1）。

以上から推測できるように、廈門の衰退は、福建人の交易活動の衰退を意味しない。つまり、福建人はより高い利潤と税負担の軽減を求めて廈門を離れ、広州、閩南の小港、中国沿海諸港及び東南アジアなどで活動し、交易も廈門を迂回して行ったため、廈門の利用が減少したのである。そしてそれこそが、清朝の廈門における貿易統制の破綻をもたらした原因であった。これは、従来廈門を中心にして行われていた福建人の海上交易を清朝が把握できなくなることを意味していた。

このように、一九世紀初頭において、広州貿易の活性化などを要因として、それまで廈門において行われていた福建人を中心とする中国人商人の海上交易が廈門を離れ、洋行・商行という牙行による対外貿易・内国貿易に対する清朝の統制が崩壊していた。これにともない福建人による海上交易に関しては、清朝の統制できない部分が拡大していた。しかし、閩海関全体としては税収が減少したものの[72]、おおむね定額を満たしていた[73]。さらに、圧倒的な規模の欧米船が広州に来航を続けることによって広州に中国船も集中していた。それゆえ、広州で貿易がある程度把握されて税収が減少しない限り、廈門から広州への

図 1-1　シンガポールの天福宮

天福宮（Thian Hock Keng Temple）はシンガポールの福建人集団が創設し，福建会館もここに置かれていた。現在の福建会館はこの寺院の正面に位置する（2002 年 4 月筆者撮影）。

貿易の移行自体は、清朝全体にとっては大きな問題とはならなかったともいえる。[74] 実際にも、少なくとも行商の申告した輸入税は、一八二八～一八二九年の七八万五八両から一八三二～一八三三年の一二五万七八二八両へと増大し続けている。[75] 嘉慶二二年（一八一七）に福建北西部で生産される茶の海路（福州など）による輸出が禁止されて広州への茶貿易の集中が図られたことは、[76] 清朝の広州重視を如実に示している。逆にいえば、対欧米貿易の中心であり、かつ内国貿易及び対東南アジア貿易においても重要性を増しつつある広州における貿易管理体制が動揺した場合、清朝は対外交易と内国貿易の結節点をほとんど把握できなくなる状況にあった。そして、先述のように広州貿易の拡大によって外洋行の形骸化が進み、広州貿易の管理に重要な役割を果たしていた引水・買辦の機能も低下していた。[77] そのうえ、欧米船が広州を離れて零丁洋でアヘン貿易を行うようになったとき、この危険は現実のものとなる。

② 嘉慶海寇の乱

貿易管理体制の動揺に加えて、清朝の沿海支配の動揺を示すのが、嘉慶海寇の乱である。中国東南沿海域では鄭氏の降伏以降、大規模な海賊が出現することはなかった。しかし、一七九三～一八一〇年に大規模な、嘉慶海寇の乱が起こる。これは、ベトナムにおいてタイソン（西山）朝が広東人を中心とする中国人海賊を庇護し、それを利用したことが契機ともされているが、原因はいまなお不明な点が多い[78]。一八〇二年以降になると、タイソン朝の没落と阮朝による海賊鎮圧が行われる中で、海賊の活動はベトナムを離れ、福建人・広東人によって福建・広東沿海を中心にして浙江に至る東南沿海全域で行われるようになる。これに対し清朝は、福建沿海では武力を用いて主要な海賊のリーダーを掃討し、広東沿海ではポルトガル人などの手を借りつつ、結局は海賊を招撫して水師に繰り入れることにより、反乱を抑え込んでいく[79]。

嘉慶海寇の乱からは、清初の鄭成功以来の大規模な沿海勢力の成長がうかがえる。だが、この海賊勢力の中心は広東、閩南の勢力いずれにおいても漁民であった[80]。一方で、商人層についてみると、海賊への食糧・資金・船舶の提供などの協力関係は存在したものの[81]、直接反乱に参加する事例は少なかった。逆に東南アジアなどと交易を行う洋船が海賊の攻撃対象となっており[82]、蔡牽などは福建の主要港に出入港する船舶に出港時に四〇〇ドル、入港時に八〇〇ドルの課税を行っていたとされる[83]。こうした保障料の支払いによる安全保障というシステムは長期的で安定したものにはならなかった[84]。したがって、廈門などの主要な商人たちはむしろ鎮圧する清朝側に協力した可能性が高い。そして、清朝側も商人たちの寄付に依存せざるを得ず[85]、例えば廈門島の沖合にある大担・二担島に築かれた砲台にも、廈門の洋行・商行などは寄付を行っている[86]。これは、清朝が民間商人による海上貿易を認めていたため、海賊勢力が海上交易の主体たり得ることはなかったことを示しているのだろう。

広州で貿易を行う欧米商人もこの海賊を貿易の阻害要因ととらえており[87]、一八〇七年にはイギリス東インド会社が清朝側と協同での鎮圧を提案し[88]、一八〇九年にはマカオのポルトガル当局が実際に鎮圧に加わったことも、それを示している。また、清朝が水師の実力で鎮圧する手段をとることができず、招撫という形で海賊の活動をひとまず押さえこんでいるという状況は、当時の清朝の軍事・警察力による治安維持能力の水準を如実に示している。

以上のように、一八世紀末から一九世紀初頭にかけて、清朝の沿海支配は貿易管理と治安維持の二つの側面から動揺していた。これを背景に進行したのが、アヘン貿易の拡大であった。

二　アヘン貿易の拡大と閩粤沿海民

清朝は嘉慶海寇の乱を収拾したものの、その貿易管理体制はアヘン貿易によっていっそう動揺する。このアヘン貿易の中心となった珠江河口附近は、嘉慶期の海賊活動地域と重なっており[89]、アヘン貿易参加者の職業も漁業関係者などは海賊と共通している。一八二六年の広東巡撫の布告によれば、珠江河口の沖合にある零丁洋でアヘン貿易を行う「快蟹」と呼ばれる多数の櫂をもつ小型の快速船は、武装していて常に海賊活動に回帰する可能性があり[90]、この種の快速船による海賊活動も広く行われていた[91]。さらに、海賊船がアヘンなどの密輸を取り締る官船を偽装して貿易船を襲うなど[92]の海賊活動も続いていた。

また、福建においては、嘉慶一五年（一八一〇）に両広総督百齢に投降した張保が嘉慶二五年には福建省澎湖協水師副将となっていたが、アヘン貿易に精通しており、泉州・廈門附近でアヘン密輸船を取り締まって利益を得ようとしていた[93]。廈門周辺の密輸船は珠江の「快蟹」に類似した武装快速船であり[94]、そうした武装快速船はアヘン密輸と同時に略奪も行っていた[95]。したがって、沿海住民の一部は海賊活動から、アヘン貿易活動によって利益を獲得する方向に転換したとみなすことができる。

それでは、沿海のアヘン貿易はどのように展開していったのだろうか。以下では、当時アヘン貿易の中心とみなされていた広州周辺と廈門周辺（閩南）、天津、上海[96]のアヘン貿易の状況について一八三〇年代末を中心に検討したい。

（1）カントン・閩南沿海でのアヘン貿易

アヘン貿易の中心となったのはカントン（広州・マカオ及び珠江河口域）[97]であり、次いで閩南である。内陸へは広州を起点として広西・福建・湖南・江西へ、広東東部と閩南からは福建北部、さらには江西へとアヘン貿易は拡大し[98]、沿海では両地から沿海部一帯に拡大した。以下では、広州近郊と閩南の状況について概観していきたい。

①カントン

カントンにおいては一八世紀前半からアヘン貿易が始まり、早くも一七五〇年代～一七六〇年代にはアヘン市場が確立し、当初はマカオを中心に取引が行われていた[99]。これに対して清朝は雍正七年（一七二九）にアヘン禁令を出していたが、当時は輸入量も少なく、本格的なアヘン対策とはいえなかった[100]。

しかし、茶の代価としての銀が中国に流出することを批判されたイギリス東インド会社が、本格的にアヘンの中国への輸出を行うようになると[101]、状況は変化した。一七九九年一二月には広東巡撫の命令を受けた粤海関監督がアヘン貿易禁止の遵守と、それを各国の主要な管貨人（supercargo）に連絡することを行商に命じ、清朝は初めて明確にアヘン輸入禁止の具体的措置を講じた[102]。そのため、東インド会社はあらためてその船舶と使用人がアヘンを中国に持ち込むことを禁止したが、東インド会社に代わり地方貿易商人がアヘン貿易を担うようになった。

一八一五年になるとマカオにおけるアヘン業者摘発を契機として「査禁鴉片煙章程」が制定されてマカオでの取引に対する圧力が加わった。さらにポルトガル当局がアヘンのマカオ陸揚げを禁じた旧例を復活させたこともあり、イギリス人商人によるアヘン取引は広州郊外の黄埔に集中した。一八二一年になると、葉恒澍事件を契機に両広総督阮元は行商に対してアヘン取引取締りを強く命じたため、アヘン取引は主として黄埔から零丁洋に浮かぶ躉船(hulk)へ移動したが、その後さらに活発化した[103]。

ただし、従来は零丁洋への移動のみが注目されてきたが、補論で後述するように官僚に黙許料を支払うことにより、広州や黄埔におけるアヘン取引も続いていたことにも注意が必要である[104]。マカオでのアヘン貿易も依然として存在したから、アヘン取引の場というよりもアヘン貯蔵の中心が零丁洋に移ったとみるべきだろう。

カントンにおける、アヘン貿易の担い手は現地の広東人を中心としていたが、潮州人・福建人も参入していた。例えば、道光二年（一八二二）三月二八日の両広総督阮元の上奏は、具体的にアヘン貿易のあり方を伝える比較的早期の官側文献であり、道光元年の八〜一二月にマカオ附近において、福建詔安県人呉亜昂など、漳浦県人郭亜団など、広東潮陽県人鄭阿照など、澄海県人陳亜眉などがアヘン貿易に参与していたとする。このうち、呉亜昂は商船の水手で商船に搭乗してマカオ沖合に赴いており、郭亜団は漳浦県で船舶を借りて広東電白県水東で、鄭阿照も新会県江門でそれぞれ貿易を行ってからマカオに赴いていた。また、陳亜眉はマカオで小規模な砂糖商店を開いて商業を営んでいた[105]。ここからも、広州及びその周辺の貿易へ引き寄せられた福建人・潮州人が、アヘン貿易にも参入していたことがうかがえる。

アヘン貿易従事者の職業は行商から小規模な商人などの各種商人、下級官吏、兵卒、漁民、海運・水運関係者（船戸・舵手・水手）、手工業者などであり、農民はほとんどみられないとされる[106]。

もっともアヘン貿易の中心となった商人は行商ではない。アヘン貿易について一八三六年五月二一日の『カントン・プレス（*Canton Press*）』は、次のように述べている。

行商のメンバーはアヘンの売買にほとんど参加していない。この貿易は主としてアヘン貿易を専門とするブローカーと、何人かの outside merchants によって行われている。それが違法な貿易であるという事情により、ヨーロッパあるいはインドからの輸入の大半が中国製品とのバーターで行われているのとは異なり、アヘン取引は現金のみで行われている[107]。

ここで出てくる outside merchants は行商以外の商人で、中国側で店戸・舗戸・洋貨店などといわれる商人であり、地方貿易商人やアメリカ人商人との貿易の発展にともなって、勢力を拡大し、行商を規模的にも上回っていった商人たちである。[108] ジャーディン・マセソン商会（Jardine, Matheson & Co.）の取引先の中国人商人も、アヘン貿易に関しては行商以外の商人であったとされているのも、[109] こうした記述を裏づける。

アヘン貿易に関与する広東人の多くが香山県を中心とした珠江デルタ出身者であり、マカオなどに居住して「夷語（外国語）」を習得して外国人商人とのアヘン取引を仲介していると清朝側はみなしていた。[110] 事実、一八二八年頃の広州における事例でも、ブローカーは英語を話し、外国との商売に通暁していて、一箱ごとに二ドルの手数料を得ていた。[111]

アヘン貿易の形態としては、先行研究では、数十人の出資者からなる窰口というアヘンの卸売りと仲介の商業組織を形成していたことが指摘されている。窰口は二～三万ドル、多い場合には一〇〇万ドルの資本を有していた。アヘンを購入する場合、広州省城内にある大窰口において取引を行い、取引成立後に快速船を利用して零丁洋の躉船から内地にアヘンを持ち込んだ。これらの大窰口からは、さらに各地の城郷・市鎮に散在する小窰口へアヘンが供給されていた。[112] 窰口の形態は、資金の必要な事業の際に行われていた合同出資の合股と同様であり、小窰口への出資者を含めれば、極めて多数の人々が参加していることがうかがえる。

一方、摘発された事例からみると、先述した潮陽県人鄭阿照が一二三ドル[113]を集めて直接マカオの外国船からアヘンを二六塊入手しているように、直接外国船からアヘンを入手する小規模取引の場合もある。[114] 廈門、天津、広東省雷州府・瓊州府から来航する船舶も窰口を経ないで取引しており、[115] 窰口を経由せず直接外国船・躉船と取引した事例も多いとみてよい。こうした取引は、より大規模に行われていた。例えば、一八三四年一二月六日に香港附近で清朝の兵船四隻と交戦して撃破された泉州ジャンクから二六〇箱のアヘンが押収された事件があるが、その原因は賄賂をめぐるトラブルといわれている。[116]

逆にいえば、補論で述べるように、黙許料を支払っていた大規模な取引は見逃されていたということになる。事実、このような大規模な取引の摘発は例外的であり、摘発された取引は、取引規模の小さい事例が多数を占める。

その理由としては、他にも富戸が漁業・水運関係者に取引を委託してリスクを回避、分散しているという面や、[117]通常の商取引が零細な取引を基盤としていたことがあると考えられる。以上のようなアヘン貿易の形態からは、多様な背景をもつ個々人が、それぞれ可能な規模・方法でアヘンを求めて外国船・躉船に群がってきていることがうかがえる。

②閩　南

アヘン貿易はカントンだけにとどまらなかった。そもそも、吸飲を目的としたアヘンの使用はオランダ領東インドから台湾に伝わり、台湾や福建において中国で最も早くから普及していた。[118]さらに前述のように、廈門における貿易管理体制はすでに崩壊していた。そして、発展しつつある広州から閩南・潮州への交易ルートを利用して、アヘン貿易もカントンから閩南・潮州に拡大した。[119]清朝側によれば、廈門周辺で小港を有する、晋江県衙口郷、恵安県崇武・獺窟郷、同安県潸井・潯尾・高崎郷、馬巷庁の柏頭郷がその拠点となっていたとみなされており、[120]通常の貿易における小港の発展とアヘン貿易の発展が連動していたことがうかがえる。

しかも、アヘン貿易は従来からの広州―閩南間の貿易を活用しただけではなかった。すでに嘉慶海寇の最中に、ポルトガル船は海賊鎮圧に乗じてアヘン貿易を泉州などの東南沿海にまで拡大していた。[121]そして周知のように、地方貿易商人は船舶を広州以北の泉州湾などに北上させるアヘン貿易を一八二〇年代に試行していた。[122]一八三二年以降には、ジャーディン・マセソン商会やイギリス船以外の船舶も福建から奉天に至るアヘン貿易を本格的に開始した。[123]北上する外国船によるアヘン貿易は拡大し、[124]ジャメシナ号の事例にみられるように、閩南に来航した外国船にはアヘン貿易を求める人々が群がることになった。[125]さらに先述のように、外国船に群がる船舶の中にはカントンと同じような武装した快速船もあった。では、これら地方貿易商人の船舶はいかにして北上するようになったのか。

道光一四年（一八三四）一月二一日、閩浙総督程祖洛は次のように上奏する。

以前よりアヘンの禁令は非常に弛緩しており、内地の奸民はひそかに小舟を出して［アヘンを］受け取り、互いに大きな利益を得ています。夷船（外国船）の来航はいよいよ多くなり、奸民はすでに［夷船と］取引して一儲けしようと考え、ついにはそれぞれが不正に船舶を建造して、［夷船と］結託して商売を行うことができるようになっています。ひどい場合には、奸民で、広東において取引し、蕃語（外国語）を学び、マカオで夷人と交際して、福建まで連れてくる者がいます。(126)

ここからは、福建人の広東での取引→外国語の習得→福建への誘引というパターンをみてとることができる。

ここで、より具体的な事例として、道光二〇年（一八四〇）一月の閩浙総督桂良の上奏で晋江県人林牙美の案件をみると、

道光四年（一八二四）、林因はアヘンを買い込んで販売しようとし、林牙美及び林干・林梨春を合股の仲間にいれ、合計銀七〇〇〇ドルあまりを出資し、広東のマカオで煙土（未精製アヘン）一八箱を買い、運んできて転売しました。以後毎年［アヘンを］仕入れて運輸販売し、その回数は数え切れません。また、道光八年から、林因は［それとは］別に、よく夷語（外国語）に通じた現在逃亡中の蔡能などを雇い、前後してマカオに赴き、夷船を誘って福建に来させ、アヘンを仕入れて運び、毎年得る利益はおよそ番銀一万ドルあまりで、三〇股として配当し、該犯林牙美は［その］配当の五分の一を得ております。一三年九月、林因はまた林牙美らに命じて銀を携帯してマカオに行かせ、すでに逮捕されて審理・裁判がすんでおります王略に依頼して、ともにカラパの夷船（オランダ船？）の船上でアヘンの価格を相談の上で決め、まず手付け金を渡し、夷船を誘って福建に来航させ、購入した未精製アヘンは三〇箱、価格は番銀一万余ドルをかぞえ、分散して売却し、利益は均分しました。（中略）［道光一九年］六月初旬、林牙美は広東省のアヘンの値段が安いのを知り、夷船を誘ってアヘンを運ばせて福建に来させ、買いだめを可能にし、あわせて他人を誘って販売させて、仲買の仲介で利益を

得ることを思い立ちました。［現在］逃亡中でもとから知り合いの晋江県人の林投はよく蕃語に通じているので、彼を雇って広東省の零丁洋沖合に赴かせ、夷船一隻を誘い、［夷船は］七月初旬に林投とともに福建省に来て、恵安県管轄の按頭沖合に停泊しました。(127)

とある。この事例でも晋江県人の林牙美らが道光四年以降、マカオで毎年アヘンを購入していたことが背景となり、道光八年以降、広東のマカオに赴いて外国人と取引を行い、外国船を閩南に誘引したとしており、先の記述を裏づける。

もちろん、地方貿易商人自らの戦略により、供給過剰によって価格が下落している零丁洋よりも高価な値段で販売可能なことから北上しているのであるが(128)、カントンでのアヘン貿易への福建人の参与が外国船の閩南来航に影響を与えていることは間違いない(129)。実際、一八三五年には、零丁洋のジャーディン・マセソン商会の船舶に対して、Hoysay という廈門人と関係のある Akun という男性が、船を福州まで北上させる場合、約二〇〇箱に対して一〇〇〇ドルの前金と、二ヶ月分の運賃三〇〇〇ドル、一日超過するごとに五〇ドルを支払うという商談を持ちかけている(130)。

カントンまたは閩南で外国人と直接接触するのが、外国語に通じた人々である。例えば道光二〇年七月に晋江県人施鳥慈が恵安県の大墜沖で外国船に赴いた際には、通事の広東人にアヘン価格の説明をうけたとあるように、広東人を通訳として利用していた(131)。彼ら広東人は多くがマカオにおいて外国語を習得していた。また福建人もマカオで習得している事例が多いが、東南アジアで習得した事例もみられる(132)。こうした人々がマカオで外国人と接触して福建に誘引することがうかがえる(133)。清朝側はこれら外国語を話す人々をとりわけ警戒することになる。

以上のような地方貿易商人との交易を含め、閩南沿海部におけるアヘン貿易の担い手は福建人と広東人であった。福建人はカントンまたは閩南の外国船からアヘンを購入し、広東人は外国船または広東船で閩南の沖合まで来航した。仲介者としては、閩南においても広東人の役割が拡大していることが注目される。また、アヘン貿易に従事する人々の職業もやはり商人、漁民、海運関係者が多数を占めており、これもカントンと共通する。

次に、アヘン取引の形態をみると、比較的大規模なケースでも合資の相手やアヘンの購入先・購入地も一定していない。ここで一例として、泉州府同安県人の張潘の事例をみてみたい。張潘は同安県潽井郷に居住して質屋を開き、道光七年（一八二七）に張秉の名を用いて捐納により監生になっていた人物である。しかし、後に質屋が欠損を出して休業し、道光一三年からアヘン貿易に携わっている。

図 1-2　福建省金門県大担島

廈門港の入り口に位置し，廈門島からは最短で4キロメートルの距離にある。現在は台湾の実効支配下にあり，金門島防衛の最前線として緊張をはらんだ時期もあった（2002年12月筆者撮影）。

彼の活動を次頁の表1-3からみると、資金は四〇〜四五〇〇ドルに及び、合資の相手は族人を中心にしているが、族人以外も含み、取引ごとに変化している。またアヘン購入地も廈門附近の大担島・金門島・高崎・大嶝島から広州附近にまで広がり、さらに購入先は広東人及び外国船、漁船など、一様でない（図1-2）。多くの場合、林挙を使用するか、他人に依託してアヘンを購入しており、アヘンの販売も林挙に代行させ、張潘自らが貿易を行うことは少ない[134]。ここからは、特定の取引経路をもたず、あらゆる人間関係を利用し、機会をとらえてアヘン取引を行っている状況がうかがえる。

全体としても、摘発例からみると、小規模かつ合資を行い、小型船舶を使用している事例が多い。閩南では宗族による大規模な交易も存在するのが特徴とされるが[135]、それも以上の事例からみて、個々人の族人や知り合いの合資による取引の集積とみなすことができる[136]。また、大規模に行われる地方貿易商人の船

表 1-3　同安県人張潘のアヘン貿易

年　月	総出資額	アヘン購入量	購入地	購入先	出資者	備　考
道光 13 年 1 月	番銀 2,400 ドル	3 箱	大担沖合	広東人船	張潘，張潘の族人張哲，張南山	草烏船 1 隻私造，林挙等が実行
道光 13 年 2 月上旬	銀 800 ドル	70 塊	大担仙尾沖合	広東人李姓船	張潘，張哲	林挙等が実行
道光 13 年 2 月中旬	銀 800 ドル	70 塊	金門塔仔脚洋上	広東人王姓船	張潘	林挙等が実行
道光 13 年 3 月	銀 1,600 ドル	130 塊	広東山頭郷	益昌号行	張潘，魏旋，林石	林挙等が実行
道光 13 年 3 月中旬	銀 1,600 ドル	120 塊	大担洋上	広東紅頭船	張潘，張哲，張南山	林挙等が実行
道光 13 年 3 月末	銀 40 ドル	2 塊	高崎渡	施姓	張潘	
道光 13 年 9 月	銀 800 ドル	60 塊	広東		張潘	魏旋・林石に依託
道光 13 年 10 月	銀 2,000 ドル	160 塊	広東		張潘	林青に依託
道光 15 年 10 月	銀 4,500 ドル	4 箱	晋江県衙口沖合	夷船	張潘，林樣，林青，張榜	
道光 16 年 12 月 14 日	大小元宝 19 錠，番銀 718 ドル		大嶝洋上	広東紅頭船	張潘，張青，張謙，張坂，洪有臨	金門左営の追撃により張潘逃亡
道光 17 年 2 月	銀 2,400 ドル	3 箱	金門地方	漁船	張潘，李兌，張儒	

出典）『鴉片戦争檔案史料』第 1 冊，436-437 頁，閩浙総督鍾祥の道光 18 年 11 月 23 日の上奏。なお，広東山頭郷は汕頭を指すのであろう。

船との取引の場合も、多数の商人と取引することが前提となっていた。例えば先述したジャメシナ号の場合、泉州湾に到着した日に二人の中国人に二八人のアヘン商人の名前を載せたリストを持たせて上陸させ、取引に来るように要請させている[137]。

このように閩南においても、個々人があらゆる機会・関係を利用してアヘン貿易に参加していたとみられ、広州附近の形態と同様であるといってよいだろう。

以上から、広東人、福建人は職業・貧富を問わず機会があれば小型の快速船舶に乗り、零丁洋や閩南沖合に浮かぶ躉船、外国船または中国船まで赴いてアヘンを購入していることがわかる。むろん、逮捕された人々の事例で小規模な取引が圧倒的に多いのには、官側の史料上の問題があるかもしれない。黙許料を支払ったある程度大規模な商人や、現地に勢力を有する宗族集団の主要メンバーなどの場合、直接の逮捕が困難であったことは予想され、かつ張潘の事例にみられるように代理人に購入させていた事例も多いだろう[138]。また、供述にある取引規模は実際よりも小さく述べている可能性も高い。それゆえ、官に摘発された事例が完全にアヘン貿易の傾向を表しているとはいいがたい。

しかしながら、たとえ代理人の形であれ、無数の人々が広州以外の地域で外国船に群がっていく状況は変わらない。彼らと外国人を仲介したのは、夷語を解する広東人・福建人であり、特に前者の役割が大きくなっていた。彼らの活動により地方貿易商人と広東人・福建人が結びついた結果、対外貿易と内国貿易が広州以外の地でリンクしたのである。

もっとも、広州におけるアヘン貿易が完全に移動したわけではない。先述のように広州における貿易管理体制が形骸化していく中で、すでに黄埔や広州における黙許料を支払った密輸は完全に常態化していた[139]。

そしてこうした密貿易は黙許料という形をとって広州における海関機構の維持には寄与していた。また、アヘン貿易も茶貿易の資金調達としての意味はもっていた。[140] したがって、アヘン貿易は広州の貿易の発展に貢献していたといえる。つまり、従来の牙行を中心とする利権構造の外側に、outside merchants らの非正規の利権構造が形成されていたのであるが、その外側に新たなアヘン貿易の利権構造が形成されたといってよいだろう。さらにその外側には零丁洋の利権構造があった。そして、当初はその利権の規模は問題にならないものであったのだろう（後掲表1-5参照）。

しかし零丁洋の場合、官僚側の統制が及ばないという問題があった。一八三二年一二月二〇日の『カントン・レジスター（*Canton Register*）』によると、

密輸船を二つのボートの間の台に浮かぶ形で造船するという試みが、ここ二〜三ヶ月のあいだに成功裏に行われ、最近また繰り返された。聞くところによると、現在は三隻目が同じように建造されている。このような方式で建造される理由は、河川（珠江）の官僚が、〈広州から一ないし二マイル以内にある〉以前の［造船］場所における黙認と保護に対して途方もない要求をしたため、造船者たちは「彼らに知られない」ことが必要だと気づき、官僚が干渉する意思も能力もないと造船者たちがよく知っている「外部の船隊（outside fleet）」によって零丁で提供される保護を頼りにした。[141]

とある。ここから、まず官僚への黙許料支払いを回避するために、零丁洋の洋上の船台で快速船が建造されていることがうかがえる。つまり、零丁洋の洋上にある限り、船舶建造であっても官側の取締りが極めて困難になっていることがわかる。これは既存の権益に損害を与えていたであろう。先述のように清朝は造船から完成時における船舶の取締り規則を定めていたが、これではほとんど意味がなくなってしまう。つまり、零丁洋での outside fleet と呼ばれる蔓船などの船団の活動が、貿易以外の側面でも清朝の貿易管理に重大な影響を与えていたことになる。

そして、アヘン以外の商品が零丁洋で大規模に取引されるようになってきたことは深刻な事態であった。[142] 清朝は

廈門に続いて広州でも貿易管理体制の維持に失敗し、対外海上交易に対する統制能力をほとんど喪失したのである。そして、これは非正規の利権構造にも組み込まれていなかったであろうから、カントンのほとんど全ての官僚にとって脅威となったであろう。

なお、欧米船舶と比較すれば規模は極めて小規模であったが、東南アジアから中国帆船によって直接、広東沿岸、廈門、上海などの中国沿海各地にアヘンが持ち込まれていた[143]。これは、前掲表1-1にあるように、一八三〇年代のシンガポールにおける中国帆船の輸出状況からもわかる。したがって中国へのアヘン流入の原因が、地方貿易商人に限定されなかったことにも留意する必要がある。

では、内国海上交易において最も重要であった天津と上海においてアヘン貿易はいかなる状況にあったのだろうか。

（2）天津・上海におけるアヘン貿易

福建・広東から華中・華北に至る中国沿海貿易ルートを福建人・広東人が掌握していたことから、アヘン貿易は上海・定海・寧波・乍浦などの華中沿海各地、天津・蓋平などの華北沿海各地に拡大した[144]。

沿海におけるアヘン貿易ルートは主として二つ存在した。一つは広東・福建から洋船によって天津を経由して、北京・直隷・河南・山西・陝西へと運ばれるルートであり[145]、もう一つは広東・福建から洋舡（洋船）によって上海を経由して、蘇州・太倉・通州へ、蘇州からさらに江蘇・安徽・山東・浙江へと運ばれるルートであった[146]。つまり、天津と上海が海上交易ルートの主要な中継点となっていたのである。以下、この二つの海港を中心に検討したい。

①天　津

天津のアヘン貿易が活発化した背景には、従来からの砂糖・大豆交易に基づく福建・広東の洋船[147]の来航があった。一八三〇年代後半、天津への洋船の来航は多く、署直隷総督琦善は、洋船来航数を毎年八〇～九〇隻から一〇〇余隻とみなしていた[148]。そして実際には道光一八年（一八三八）には一四七隻が来航し[149]、道光一九年にも一六七隻が来航、水手（水夫）などは総計一万人以上にのぼったとみられる[150]。

かかる洋船の活動は天津だけに止まらなかった。逮捕された福建船の出海（船長）[151]の供述では、福建省の廈門船と広東の各船は毎年まず天津で貨物をおろした後、ついで奉天の錦州に赴き、西錦、南錦、三目島、牛荘の四ヶ所で大豆を買い付けており、天津から奉天まで、わずか二昼夜で到達可能であるとしていた[152]。

この供述は事実であった。道光一八年九月九日、天津鎮総兵・天津兵備道らによって広東の洋船金広興が摘発され、未精製アヘン一二袋、計一三万一五三六両及び多数の煙具と武器が押収された。署直隷総督琦善の上奏は次のように述べている。

鄧然すなわち鄧繕を尋問した供述によりますと、彼は広東の三水県人で、南海県人の佘暉、順徳県人の崔四、福建龍渓県人の郭有観すなわち郭壬酉と各々出資して、広州府城外水西街にある万益号の香山県人李四の仲買で外国船から未精製アヘン八三担を買い付け、一担につき約一五〇〇～一六〇〇両かかりました。天津に来航したものの、ちょうど捜査・逮捕が厳しく行われていたので、上陸できず、ただ砂糖だけをおろしました。天津に来航したものの、ちょうど捜査・逮捕が厳しく行われていたので、上陸できず、ただ砂糖だけをおろしました。相談して奉天の西錦州、南錦州方面に航行して販売することにし、大沽に着いて風待ちをして停泊していたところを捕まりました。郭吞の供述によれば、彼は福建龍渓県人で、金広興洋船で水手をつとめ、族兄の郭有観に銀五〇両を渡し、合同で未精製アヘンを販売しました。その他の者の供述は鄧然とほぼ同じです。「所持するアヘンが非常に多いが、もし奉天で完売できなかったら、またどこに行くつもりだったのか、広東省に持ち帰るつもりだったのか」と詰問しました。供述によると、これらの犯人たちは資本を借りていて、利益を得て返済しようと目論んでいて、もし奉天で売却できなかったら、ただちに江蘇省の上海に行って販売するつもりだったとのことです。（中略）臣が金安発つまり金広興洋船の照票（通航証）[153]を調べたところ、広東省恵州府海豊県の船戸のもので、［道光］一五年から、いずれも天津から奉天に赴いております[154]。

このように、広東の洋船は広州の商人を通じて外国船からアヘンを購入している。この事件について両広総督鄧廷楨の上奏では、郭有観の依頼によって李四（李亜彦）が莫亜三を通じて広州の商館の西洋人から契約書を入手して郭に渡し、郭は沖合で外国船からアヘンを購入するという形をとっていたことを明らかにしており[155]、広州で決済されていたとみてよい。その後は、広東から天津、天津から奉天（東北）という従来の砂糖・大豆貿易のルートを利用しているが、奉天から上海などへの販路変更は容易であった。むろん、福建・広東→上海→天津という従来の貿易ルートの利用も考えられる[156]。そして、広東恵州府の船隻の中に広東人と福建人が共同で出資している例があるように、多様な福建人・広東人が参加していることがうかがえる。では、沿海におけるアヘン貿易の中心となっていたこれらの洋船と天津居住の人々はどのように結びついていたのだろうか。

琦善は道光一八年八月二日の上奏で、

天津府城には会館[157]と洋貨を販売する鋪戸（商店）が設けられていますが、その半ばは福建・広東の居留民のものであり、互いに結託して、［アヘンを］密かに運び込んで密売します。嶺南桟の広盛号、針市街の潮義店・大有店・福広店はいずれも［アヘンの］代理販売の場となっています[158]。

と述べて、洋船と洋貨鋪の間を会館・桟行が結びつけていることを指摘している。客店・桟行は洋船に代わり関税を代納していたとされ[159]、牙行の役割を果たしていたといえる。つまり、洋船―客店・桟行（牙行）―洋貨鋪というルートを経由する取引形態であったとみてよい。

ここで、琦善の上奏から、天津において摘発されたアヘン取引について、より具体的に示されている事例を整理すると、表1-4のようになる[160]。逮捕された人々の職業は水手などの洋船関係者、または天津の洋貨鋪などの店舗経営者、またはその使用人などが圧倒的に多かった。アヘンの入手先は洋船・洋船乗員または洋貨鋪であり、洋船関係者は福建人・広東人、洋貨鋪経営者の大部分は福建人である[161]。また、上海から天津に来航する沙船が上海―天

表 1-4　天津におけるアヘン貿易

番号	奏摺の日付	逮捕者	逮捕者の籍貫	逮捕者の職業など	アヘン購入年月	購入相手	購入地	購入量	売却相手または売却地	備　考
1	道光 18 年 9 月 19 日	鄧然等 3 名	広東三水県，福建龍渓県	客人，水手		夷船	広東	83 担		金広興洋船，大沽で捕獲
2	道光 18 年 10 月 23 日	曾錫等 4 名	福建詔安県	洋船に乗り砂糖を販売，水手	道光 18 年		福建詔安県	60 包	沈三発，合発号，長淮頭幇旗丁	
3	同上	陳対等 3 名	福建同安県，天津	小洋貨鋪を開設。洋貨鋪幇夥（使用人）	道光 17 年～18 年 7 月	林茂財洋船出海，洋貨鋪経営者，金恒発洋船広客	天津	10～127 包		陳水は陳対の堂弟。天津県のおとり捜査により逮捕
4	同上	徐狗児等 3 名	天津県	小商人。煙販鋪幇夥（経理）	道光 18 年 8 月	福建人呉粵観，沈三発	天津	10～11 包		県役王立然のおとり捜査により逮捕
5	同上	呉粵観	福建漳浦県	天津に洋貨鋪を開設		蘇瑞観，金広安洋船，嶺南桟開義記張三鋪	天津	5～12 包		徐狗児の代わりに購入
6	同上	蘇瑞観	福建同安県	天津に洋貨鋪を開設，アヘンを販売		金長順・沈万瀧洋船，沈三発鋪内	天津	5 包～	呉粵観	潘双翠の代わりに購入
7	同上	陳瑣観，紀樹春	福建海澄県，天津県	天津に洋貨鋪を開設，アヘンを販売。監生	道光 18 年	金広順・金恒発洋船の洪充観・洪燕観	天津	147 包		
8	同上	王四等 12 名	天津，広東嘉応州，新寧県，大埔県，博羅県，福建同安県，江西南豊県	歇店を開設。雑貨鋪を開設。洋貨鋪幇夥	道光 17～18 年	鄭徳興等洋船，嶺南桟陳倡，福建人葉幅蘭，金広泰洋船黄槐観	広東，天津，江西，湖北漢口	40 余包～1 箱	河南省城（開封），湖北樊城	楊禹九が購入し，金順長洋船で天津に至る。天津の価格が安いため，河南省城で販売
9	同上	潘双翠	安徽懐寧県	天津で唱戯	道光 18 年 6 月	蘇瑞観，翁洛照		10 包		塩政衙門眼線のおとり捜査により逮捕
10	同上	馮長清等 5 名	天津県	酒鋪を開設。酒鋪幇夥	道光 16 年～18 年 8 月	金元合等洋船，徳合号徐用観		10～11 包		
11	同上	孫東	天津県	挑脚（運搬夫）	道光 18 年 7 月	東門に店をもつ山西人彭姓				彭姓に知らないままアヘンの輸送を委託され，途中で逮捕される

12	道光 18 年 11 月 15 日	施泳成，施水	福建同安県	洋貨鋪を開設	道光 15 年 5 月～18年6月22日	金広順・金近順洋船水手，金広興洋船，金福安洋船水手	天津	2～11 包	江淮三幇糧船水手	
13	同上	黄淩，陳小衛等 3 名	福建安渓県，詔安県	洋貨鋪幇夥		詔安の金順安・金幅升・游広利・陳幗盛洋船，黄万瀠洋船出海	天津		淮安・楊州等幇糧船水手	沈小衛は叔父沈三発の指示で黄万瀠洋船出海連観からアヘン 30 包入手
14	同上	蘇汶詳等 3 名	天津県	雑貨鋪開設	道光 17 年 4 月～18 年 7 月	益源号田三	天津	2～38 包		病気により吸煙開始。広東人に依頼されて代買
15	同上	田士英等 3 名	天津県	田三と益源号銭鋪開設。益源号の管帳夥計	道光 17 年間	洋船，徳合号徐用観，金幅升洋船水手	天津		蘇汶詳，従添発	
16	同上	従添発等 4 名	天津県回民，天津県	蠟燭羊肉鋪開設。鋪内幇夥。羊肉の担ぎ行商	道光 10 年～18 年 8 月	金元合・金大興・金復興・金万興・沈栄発洋船出海，嶺南桟生生号，広東人恒昌号梁洛見，田士英	天津	7～66 包	寧津県人，井陘県人，祁州人，山西人，江淮四幇糧船水手等	
17	道光 18 年 11 月 29 日	邱洛九，許二	天津県	小洋貨鋪を開設。雑貨の担ぎ行商	道光 17 年～道光 18 年 7 月	洋船，林茂財洋船水手	天津	2 包，煙具		
18	同上	張老	天津県	酒鋪を開設	道光 17 年 6 月～18 年 6 月	金元号・金広順洋船水手	天津	数包	于三，李洛均	
19	同上	王鳴九	天津県	洋貨鋪を開設，露天で材木販売	道光 18 年 3 月，閏 4 月	義和号洋貨鋪開設者	天津	6 包		
20	同上	何瑞	天津県	料理人見習い	道光 18 年 3 月	興瀠号洋貨鋪掌櫃人	天津	2 包		兄が切麵鋪開設，兄の代理でアヘン購入
21	同上	呉九，蘇四	天津県，福建同安県	桶屋。鏡の担ぎ行商，糖鋪幇夥	道光 18 年 7 月	順利号の蘇尋糖鋪の蘇四，金広太洋船，福建漳州人	天津	3 包	信源号洋貨鋪鋪夥	蘇四の兄蘇尋が蘇四に代売させる
22	道光 18 年 12 月 14 日	張有恩等 5 名	山西介休県，福建同安県等	御者・野菜売り，金貸し，洋貨鋪幇夥	道光 18 年 7 月～8 月	福建人洪正観洋貨鋪内夥計	天津	7～10 包	山西：江西の陶磁器商人	山西省平定州固関，天津で逮捕

番号	奏摺の日付	逮捕者	逮捕者の籍貫	逮捕者の職業など	アヘン購入年月	購入相手	購入地	購入量	売却相手または売却地	備　考
23	道光 19 年 3 月 20 日	孫兆淋等 6 名	天津県，奉天錦県	奉天で雑貨鋪開設。食料販売。雑貨鋪幇夥・傭工	道光 18 年閏 4 月	王名観海船	奉天	180 両		大豆取引での欠損補塡のためにアヘン取引。天津と奉天で逮捕
24	同上	劉老，于三	天津県	ござ・雨傘販売	道光 17 年～18 年 5 月	洋船水手	天津		高玉山，張鶴年	北京で逮捕
25	同上	高通，王五	湖北黄陂県，天津県	天津で商売			天津	8両5銭		県営の眼線のおとり捜査で逮捕，両者は別件
26	同上	崔照等 6 名	江西南城県，山西介休県，福建海澄県，直隷井陘県，天津県	山西介休県・徐溝県人と洋貨鋪開設。洋貨鋪幇夥。見習い・庸工						アヘンを販売，眼線のおとり捜査で逮捕
27	同上	楊佩等 5 名	天津県	福建人徐東貴洋貨鋪幇夥		洋貨鋪	天津			元来徐東貴がアヘンを販売。道光 18 年 8 月に逮捕を恐れ閉店帰郷，アヘン50両を給与に充当する
28	同上	李光賜等 2 名	天津県		道光 18 年 7 月	金泳和洋船馮老耀	天津		山東：海豊県人，場信県人	アヘン取引上の紛争
29	道光 19 年 4 月 29 日	黄儆，蔣庭	福建竜渓県，同安県	福建海澄県人の洋貨鋪幇夥・洋布販売，福建龍渓県人の鋪内幇夥						両店ではアヘン，煙具を販売。洋船水手がアヘン 2 包を黄儆への借金の返済にあてる
30	同上	蘇素，蘇臘	福建同安県	天津で点心鋪開設		金復泰洋船水手	天津			蘇素の族兄は鋪内に借住して煙具販売，18 年 7 月に回籍し，煙具を依託。蘇素は病気で吸飲開始
31	同上	林功	福建同安県	天津で幇夥						同安県人許新が店の鋪東でアヘンを精製・販売，18 年 7 月に取締りが厳しいので閉店・回籍，林功が店番をしたが，店内に煙膏，煙具があり逮捕

32	道光19年4月29日	王閑観，許存任	福建同安県	王青洋貨鋪外で雑貨の露天商。薬店開設						洋貨鋪ではアヘンを販売。王青は道光18年9月に取締りを恐れて回籍。王閑観が店番
33	同上	楊科	福建同安県	幇夥	道光18年6月	金恒泰洋船水手	天津	2包		山西人に販売を委託された際に逮捕される
34	同上	張進幅等5名	雄県，天津県，容城県	綿花販売	道光18年8月～19年2月	安啓升，雄県人	天津	1包～1包44両		
35	同上	安貴等3名	天津，容城県		道光18年6月	不識姓名人船	天津	数両		容城で病人らに販売
36	同上	郭得，黄亨映	天津県		道光18年4月～18年6月	不識姓名人，陳瑣観鋪内		21両		郭が病気で購入
37	道光19年12月15日	孟大・李洛双等4名	天津県		道光18年6月～	福建人徳順号・興隆号洋貨鋪	天津	半包		孟大は李洛双から購入

出典）1は『鴉片戦争檔案史料』第1巻，391-393頁。2～11は『宮中檔道光朝奏摺』第5輯，21-25頁。12～16は同，第5輯，207-211頁。17～21は同，第5輯，423-425頁。22は同，第5輯，556-560頁。23～28は同，第6輯，68-74頁。29～36は同，第6輯，284-291頁。37は同，第7輯，490-495頁。取引が複数回にわたる場合，購入年月は取引の最初と最後の年月を，購入量は最小と最大取引事例における量を記した。なお，13の「幅」，5，13，20，27の「瀧」は避諱によるものであり，本来は「福」「隆」である。

津間のアヘン貿易に参加していないことは，福建人・広東人が沿海のアヘン貿易を独占していることを示唆している。本地人が洋貨鋪などからアヘンを入手する場合も多く，洋貨鋪が洋船と本地人の間を仲介していることがみてとれる。その他に逮捕者や売却相手などには山西人などがみられ[162]，彼ら客商が天津から華北各地のアヘン移出を担っていた可能性が高い。これらの事例をみる限り，大規模な取引は少なく，零細な取引が大半を占めていることがうかがえる。なお，この表には客店・桟行が関わっている事例がほとんどみられないが，これについては第三節において検討したい。

②上　海

上海のアヘン貿易も従来からの砂糖・綿花貿易の沿海貿易ルートを利用して洋船によって行われた。例えば，道光一八年一一月二八日に山東萊州府膠州において潮州人王万順が船戸をする鳥船からアヘンが押収された。この貿易船は砂糖を積載して江蘇・浙江に向かい、途中で南海県の船舶を介して外国船からアヘンを入手した。その後、風に乗って山東の膠州に至ったが、取締りが厳しいために入港できず、江蘇・浙江でアヘンを販売しようとして、山東で風待ちをしていて拿捕されている[163]。この船の場合、目的地は上海とは限らないが、潮州と江浙とのあいだの砂糖・綿花貿易を利用する形態であるとみてよい。

上海の貿易は、広東・福建から上海までは福建人・広東人が担った。上海に運ばれたアヘンは東関外の牙行が蓄積しているとされ、道光一八年八月には、上海の亨吉号糖行や永利号店でアヘンを販売していた福建人が逮捕され、永利号では未精製アヘン一万五〇〇〇余両が押収されている[164]。したがって、上海においても福建人・広東人や牙行が洋船と本地人の間の仲介をしていたとみてよいだろう。上海から各地へは本地人と外地からの客商が行った。これも天津と形態的には同様といえる。

一方で、福建・広東の洋船で黄浦江の河口附近までアヘンを運搬し、そこから上海までは小型船舶を利用して搬入する事例もみられた。例えば、道光一八年一一月二三日に、黄浦江河口に停泊していた広東省の金開倉商船に知県らが乗り込んで船員二六名を逮捕し、船内から七〇〇〇余両、水中に投棄された三二〇〇余両の未精製アヘンを押収したが[165]、この船舶も上海沖合で小型船舶を待ち受けていたとみられる。黄浦江河口で大型船から小型船舶へ積み替える手法は、私塩搬入の手法と共通しており[166]、「密輸」問題がアヘンに限定されていないことを示唆する。

以上から、福建人・広東人は在来の沿海貿易ルートを利用しつつアヘン貿易を北上・拡大したことがわかる。洋船の販路の変更などは容易に行われたうえ、洋船同士が洋上でアヘン貿易を行うケースもあり[167]、アヘン貿易を官側が把握することは困難であったといえるだろう。そして、天津・上海などの地で洋船と本地人・客商を結びつけたのが牙行を含む福建人・広東人であった。

さらに、沿海部に居住する福建人・広東人及び本地人などは洋船乗組員と直接接触したり、小型船舶を利用したりすることにより福建・広東船からアヘンを入手しており、零細な取引も多かった。この形態は、広東・閩南において地方貿易商人の船舶及び蔑船に小型船が群がる状況と類似している。天津・上海など中国北・中部の沿海各地では、福建・広東の洋船が地方貿易商人の船舶ないし蔑船の代替機能を果たしていたといえよう。その中でも、直接欧米船と接触する広東の洋船の果たす役割は拡大していた。そして、こうしたアヘン貿易の中で洋船とともに清朝側に注目されてくるのがアヘン貿易を仲介する沿海部に居留する福建人・広東人であった。

（3）沿海部に居留する閩粤人

交易活動や沿海漁業での優位性を背景に、中国の沿海部には多数の福建人・広東人が居住しており、商業・海運業・漁業などに従事していた。例えば、盛京将軍耆英は奉天居住の福建人について、乾隆五六年（一七九一）に原籍に戻ることを希望した者は全員福建船で帰らせ、残留者を保甲に編入したことをふまえて調査した結果を述べている。それによると、道光一九年（一八三九）には以下のように変化していた。

牛荘：福建人四四名、女性二名→死亡ないし原籍に戻る。
蓋州：福建人九六五名、女性五九名→死亡ないし原籍に戻った者を除き、現在保甲に男女四二五名。
熊岳：福建人三二〇名、女性一名→死亡ないし原籍に戻った者を除き、現在保甲に男女一八九名。
錦州府天橋廠：現在保甲に入った福建人五八九名、流寓の福建人二四七名。[168]

ここからは、乾隆期よりは減少しているものの、蓋州・熊岳・天橋廠などの奉天沿海各地に多数の福建人が居住していることがうかがえる。彼らの多くは海運業などに従事していたのであろう。[169]

先述したように、天津城外にも多数の福建人・広東人が居住しており、そのうえ毎年多数の洋船乗組員が訪れた。上海においても、大東門・小東門外で行桟を所有し、商業に従事しているのは、福建の漳州・泉州府、広東の恵州・潮州府、嘉応州の五府州の人々が大半を占めるとされている[170]。また、アヘン戦争時の浙江巡撫劉韻珂によれば、浙江沿海の温州府・台州府などには漁業に従事する福建・広東人が在住していた[171]。そしてこれまで述べてきたように、これらの沿海各地に居留する福建人・広東人の多くがアヘン貿易に関与していた。

アヘン貿易が拡大する中で、居留する福建人・広東人に対する清朝官僚のイメージは悪化した。道光一九年一月、盛京将軍耆英は次のように述べている。

赴任して三ヶ月いたしまして、初めて奉天沿海一帯には、無業の福建人が比較的多く、[彼らからアヘン吸飲の]悪習が伝染して久しく、そのために商人や愚民が次第に[アヘンを]吸食するようになり、甚だしくは宗室・覚羅[172]、官員や兵丁の中に至るまで、吸食する者がやはり存在するのを知りました[173]。

ここでは、アヘン吸飲の悪習が奉天沿海に居留する無業の福建人から拡大するとみなされているし、金州では無業の福建人五名が逮捕され、アヘンやアヘン吸飲具が没収されている[174]。

しかも、福建人・広東人らに対する否定的なイメージはアヘン貿易に限らなかった。例えば道光一九年においても、直隷では福建の海賊が活動しており[175]、奉天の天橋廠と猪島でそれぞれ捕獲された福建省同安県の鳥船は、奉天だけでなく山東の海上でも海賊行為を行っていた[176]。

また琦善は、道光一八年一月の上奏で、天津の海岸や川沿いは五方雑処の地（各方面の人々が雑居する地）であって、悪党が紛れ込みやすく、以前は海上も陸路も治安が良好であったが、近頃は強盗事件がしばしば発生し、道光一七年冬に天津で発生したある強盗事件の犯人は多くが福建人であったと述べる。その上で、天津に来航する人々が玉石混淆であるので検査が必要であるとしている[177]。これも、外来の福建人などへの不信を示している。

このような、海賊行為や居留先における犯罪行為などにより、福建人・広東人に対する総督・巡撫らの印象は元来良いものではなかった。これにアヘン貿易が加わったことにより、督撫らが自らの任地に居留する彼らに向ける眼は厳しくなったといえよう。清朝側はアヘン貿易に従事する彼ら福建人・広東人を「奸民」そして「漢奸」として敵視し、その取締りを図っていくことになる。

以上のように、福建・広東沿海民はアヘン貿易に積極的に参与することにより広東・閩南沿海において対外貿易と内国貿易をリンクさせて広州の貿易管理体制に打撃を与え、洋船による貿易によりアヘン貿易を華中・華北に拡大した。そして、沿海部各地で外国船・蔑船あるいは洋船に人々や大小様々の船舶が群がる無数の零細な取引が生じることになる。この貿易で外国船と中国人、洋船と本地人を仲介したのも、福建・広東沿海民が中心であった。その結果、沿海に居住する福建・広東沿海民はそのアヘン貿易活動により清朝官僚に敵視されるようになった。それゆえ、清朝督撫たちの主要な課題は、西洋人と清朝官僚が間接的に接触していた広州を除き、福建・広東沿海民を主体とする沿海アヘン貿易及び沿海に居留する福建人・広東人の取締りとなる。次節では、このような福建・広東沿海民の活動がいかにして可能になったのかを、主として清朝、特に沿海の督撫たちの対応を通して考察してみたい。

三　清朝の対応

一八二〇年代末まで、沿海部におけるアヘン貿易問題は広東ないし広州を中心に議論されていた。[178]その後、銀貴が引き起こす財政問題への関心が高まったことから、[179]銀の流出の原因と考えられたアヘン貿易についての議論が活発化していく。実際に銀が流出していく時期については諸説があるが、[180]恐らく一八二〇年代後半であろう。そしてそれにやや遅れて、全国的にアヘンに関する官僚らの議論が活性化していく。

道光一〇年（一八三〇）になると、六月二四日の江南道御史邵正笏の上奏を契機に各省にアヘンの生産・流通（種売）を禁じる章程の起草を命じる上諭が出され、各省からは「種売」を禁じる章程が上奏されたが、アヘン生産禁止の具体策が大半を占めた。(181) 一方、広東では翌年、両広総督李鴻賓が沿海一帯の問題として広東以北の諸省から出港した船隻への対策を講ずる必要を提起しているが、実施されることはなかった。(182) また、同年七月、山東巡撫訥爾経額は「査禁鴉片章程」を策定しており、これは沿海におけるアヘン貿易を意識していたが、(183) 沿海各省に影響を与えてはいない。

道光一二年以降は、沿海部においては地方貿易商人の来航に注意が払われるようになる。道光一四年になると、二月の閩浙総督程祖洛のイギリス船が福建沿海に来航しているという上奏に対し、同年三月二七日に程祖洛への上諭で福建省海上の外国船によるアヘン取引の取締りが命じられているように、(184) 閩浙総督が福建において対応を開始した。事実、一八三五年三月のジャーディン・マセソン商会の報告でも、泉州湾や深滬湾などではアヘン貿易が停止していた。しかし、さらに南方の港ではアヘン取引は続いていた。(185) また、前述のようにアヘン貿易が閩南で拡大していることからみて、この取締りが継続したとは考えられない。

以上のように、沿海におけるアヘン対策は、それぞれの地域において問題が生じた場合にいわば場当たり的に上諭で取締りが命じられているにすぎず、一貫して重視されたのは広東だけであったといえる。この状況が変わってくるのは一八三〇年代後半に至ってからである。

まず、北京における知識人層のアヘン貿易に対する批判は強まってきていた。道光一五年に鴻臚寺卿となった黄爵滋は同年九月九日の上奏でアヘン貿易に関与する外国人と漢奸の両方を死刑にすることを主張し、翌一〇日の附奏ではカントンの貿易にも詳しく言及して踏み込んだ対策を提案するに至っている。(186)

これに対して弛禁論を主張する太常寺少卿許乃済の道光一六年四月二七日の上奏が行われ、両広総督鄧廷楨もそれを支持する上奏を行った。しかしこうした弛禁論は、内閣学士兼礼部侍郎朱嶟・兵科給事中許球らの批判を受けて否定された。そして、道光一八年閏四月一〇日にはアヘン厳禁論でアヘン吸飲者の死刑を主張する黄爵滋の上奏がなされ、それに対する各督撫らの意見をふまえた後、湖広総督林則徐らの主張する厳禁策が採用されることになる[187]。

厳禁策の採用へと進みつつあった道光一八年七月一九日、各地の将軍・督撫に対してアヘン吸飲者と煙館開設者を厳しく取り締ることが上諭で命じられた[188]。以後、沿海部での取締りが本格的に開始される。沿海部においては、両広総督・閩浙総督・浙江巡撫・両江総督・山東巡撫・直隷総督・盛京将軍らの督撫らを中心として、それぞれ個別にアヘン貿易に対処した。ただし、上奏と上諭を通じて一定程度の地域間連携も試みられている。この沿海部全地域における対応策の重点は、沿海部で活動する福建・広東沿海民及びその船舶対策におかれた。以下では、主に天津・上海の状況を中心に、清朝官僚の対応策をたどりながら、従来からの沿海の貿易統制の問題を検討し、それと関連する広東・福建の状況についても概観し、最後に沿海居留民の取締りについてみていきたい。

(1) 天津・上海における取締り

①天　津

天津は、北京へのアヘンの供給ルートに当たり、アヘン対策でも北京及び広東・福建とならんで重視されることになる。この天津において、積極的にアヘン対策を行ったのが署直隷総督琦善である。琦善については、後にアヘン戦争において林則徐と対立したことから、アヘン問題についての取り組みについて低い評価が与えられてきた[189]。しかし、琦善を含む当時の地方大官はいずれもみな「弛禁」論に反対していた[190]。そして先述のように琦善は天津のアヘン問題について深い認識をもっており、琦善がアヘン対策において積極的であったことは林則徐と変わりはない[191]。彼は道光一八年（一八三八）五月二六日に、福建・広東の洋船によって銀が天津から流出しているかもしれないと上奏しており[192]、その原因が福建・広東船のアヘン貿易であることも十分認識していた。

同年七月二七日になると、江西道監察御史狄聴は天津から華北へのアヘン流入について、

洋船が入港するときには官吏による検査は全くなく、［海］関に到着してから委員が貨物を調べるのも、ただざっと眺めることができるだけで、もし船倉に入ってアヘンを捜査しようとしても、その船戸や水手およそ数十人が、抵抗しようという状況であるため、委員たちはもめ事が起きるのを恐れ、おおむね皆大目に見てしまいます。調べますに、洋船の船戸と洋貨鋪はいずれも福建人・広東人であり、もともと当地（天津）の無頼とぐるになっており、衆をたのんでほしいままにしています。[193]

と述べて、天津における洋船取締りの不備を指摘し、直隷総督にアヘン販売人の逮捕と章程の策定による洋船取締り強化を命じるよう求めた。翌日にはこの上奏を受けて、琦善に対して厳格な取締りを命ずる上諭が下される。[194] これに応じて、同年八月二日に琦善は上奏し、

商船が天津に到着すると、船長からまず検査を行う役人に賄賂を送り、各船がみな東門に到着するのを待って、協力して深夜の短時間に、アヘンを陸揚げし、［船から］店までは非常に近いので、アヘンはたちまちのうちに到着し、そのうえ刃物で護衛し、日時も決まっておりません。これらの奸商はまた、あちこちを賄賂で買収し、役人がもし捕らえに行くと、［役人の］人数が少なければ抵抗し、人数が多ければその噂を聞きつけて隠れます。これがこれまでの状況です。[195]

と述べてそれまでの問題点を認めている。そして、この上奏以降、天津でもアヘン貿易従事者の逮捕についてはたびたび上奏されることになる。しかしながら、天津における洋船の統制が困難であったのは、従来から指摘されてきたような官僚の腐敗や無力が主要な原因であったのだろうか。

道光一八年八月五日の、章程を策定して厳しく捜査・逮捕し、絶対にアヘンの上陸を許すなという上諭[196]を受けた

琦善は、同年九月三〇日「稽査天津海口偸漏鴉片煙土章程」七条を上奏した[197]。以下、この章程を手がかりに従前からの問題点とそれへの対策をみていきたい。

章程では、いずれも福建・広東の洋船対策が中心となっている。このうち第一・二条では、洋船が出港する際の問題についてふれている。第一条では、『大清会典事例』の規定[198]を引いた後に、

一、（中略）ところが近年、洋船の携帯している船照の中には、ずっと昔に下付を願い出たものを更新していないものまである。現在、捜索してアヘンを押収した金安発つまり金広興洋船は、道光一五年（一八三五）に下付した船照を用いており、出海や水手の大半は変わっていて、積載している貨物も船照には全く注記していないので、検査するすべがなく、厳密に［検査を］行うには極めて不十分である。

と述べている。第二条では、

二、福建・広東の商船が兵器を携帯する場合には、所属の省の当該の庁・州・県の検査を受けるべきであり、法令に違反して携帯することは許さず、また入港の時にも、兵器を提出して保管させるようにし、それによって海防を重視するのである。法例では、外国に赴く洋船には火砲・武器の携帯を許しているが、内地の南北両洋で貿易をする商船には武器の携帯を許していない[199]。（中略）ところが、現在捜査している金安発つまり金広興一隻は兵器多数を保有している。

とする。第一条からは前述した金広興の事例から、洋船を統制する手段であり、毎年更新されるはずの船照が長期間更新されず、無効かつ有名無実であったことから、出入港時に船照のチェックが行われていなかったことがわかる[200]。第二条も金広興の事例から、規定では内国貿易において積載が禁止されているはずの武器についての統制が全くなされていなかったことを示す。

そこで対策としては第一条では福建・広東の商船の出港については当該の地方官が検査を行って船舶の所有者、積載貨物の内容、客商・出海の人数と姓名・年齢・要望を注記した船照を該船に給与するとした。一方でアヘンを隠し持たないという証文を当該の省の上官に報告し、ついで当該の省から先に咨文で直隷省に照会して審査するという方式が示された。第二条では、福建・広東の洋船が武器を携帯する場合、原籍の省の当該の地方官が検査を行い、例に違反すること（内国貿易船の武器携帯）を許さず、天津入港の際には武器を大沽営守備衙門に引き渡すことを挙げている。

これらは主として福建・広東またはその他の地における、出港の際の当該地方官の対応が要求され、天津だけでは対応できない条項である。また、第一条にあるように洋船到着前に当該の省から事前に直隷に伝えることは、当時の情報伝達状況では到底不可能であった[201]。

続く第三条と、第五条においては、天津に入港する福建・広東船に対する天津関[202]の検査の問題について、以下のように述べている。

三、（中略）従来は、洋船が天津に到着すると、まず海口の攔江沙に停泊し、漁船を雇って水先案内をさせた。［海河に］入った後には、海口営、大沽営及び葛沽巡検の検査はあるが、文武官は決して協同で検査しないし、おそらく見落としが生じる。大沽海関に着くと、天津関は印条を発給して船倉を封印し、当該の商船は［天津府城の］東門外に赴いて停泊し、［そこで］初めて行店に命じて船照を持参して登録し、貨物のリストを送付させ、検査を請願させている。［その］間の時間が遅延して、その隙に乗じて密輸しないとはいえない。そのうえ、洋船は天津と［福建・広東などの間を］行き来していて、ルートを熟知しており、たとえ新しく来た船であっても、きっとよく知っている水手がいて、海口の潮汐に深く通じているから、漁船が先導する必要もないのである。［しかし］これを口実にして［洋船と漁船が］結託し、検査が行われる前に密かにアヘンが持ち込まれるかもしれない。（中略）［海河の］河口まで三岔河（天津城外）からは、水路は一九〇余里、陸路は一〇五余里で、支流や分岐はないけれども、陸地は広々としており、以前、鎮・道から文武官・兵役を派遣して巡察させたが、恐らく有名無実である。（中略）

五、（中略）従来、福建・広東商船が［大沽関と天津関に］至ると、行店が貨物のリストを送り、両関は期日を決めて検査したが、包みや箱の計量をしただけで、厳密に［検査を］行うのには不十分である。

第三条では、武官だけが検査をしていたこと、検査に隙が生じていることを示し、また漁船の水先案内と洋船の結託を問題視している。さらに海河の河口から天津府城までの海河沿いの巡査が機能していないこともわかる。第五条は海関による検査が厳密でなかったことを示す。いずれも官側の検査が不十分な分、手続きを代行する行店（牙行）の役割が重要であることを示している。

対応としては、第三条ではまず、福建・広東船が海河の河口から海河に入る際に漁船による水先案内を許さず、必要な場合は大沽営守備と葛沽巡検が漁船を用意し、厳密な検査を行った上で大沽から海河を進むことを許可し、海河沿いに停泊することを許可しないとした。その上で天津関到着後には行店に当該船舶の出海とともに船照を持たせて各衙門で手続きさせ、長蘆塩政と天津鎮・道は人員を派遣して共同で迅速に捜査し、天津到着から検査を経て積み荷を降ろして出港するまで一五日以内とすると定めている。さらに海河一帯で附近の居民と小船が洋船と接触するのを絶つことも狙っている。第五条では、福建・広東商船の貨物については逐一検査することが対応策としてあげられている。

ここでは、牙行のみによる入港手続き代行から、手続きに牙行とともに洋船の出海が加わる方式に変えることにより、牙行による独占防止を狙っている点が重要だろう。第二節で述べたように、牙行が洋船と洋貨鋪の仲介をしている以上、牙行への取締り強化は必須であった。しかし、海河一帯での取締りなど、牙行への取締り以外の部分が存在することは、牙行に対する取締りだけでは限界があることも示している。

第四・六・七条をみると、出入港の手続き以外にも問題が生じていることがうかがえる。

四、（中略）従来、福建・広東商船は天津に到着すると、直ちに東門外に停泊したが、河面が狭く、両岸は民家・商店であり、かつ川に臨んでいる民家は、各々裏口から洋船の商品を受け取ることは、非常に容易である。

（中略）

六、（中略）海河は非常に長く、両岸の村荘には住民の店舗が林立し、それらは玉石混淆で、あるいは洋船に代わって貨物を密輸し、あるいはアヘンを隠匿貯蔵していて、その行動は隠密であり、調査が行き届かない。城外の行桟・店舗の大半は福建人・広東人の居留民のものであり、その多くには二重壁や地下室があってアヘンを隠匿・販売する場としている。旅店や客寓（旅館）は往々にしてアヘン販売人を受け入れている。多くの月日を経ながら、もし手段を講じて検査しなければ、日が経つにつれて悪習となってしまうだろう。

七、（中略）ただ恐らくは［福建・広東の商船が］海口に入る前に、上海から天津に来航する沙船及び当地の穀物を販売する商船と結託し、［アヘンを］持ち込んで販売することを根絶するのは不可能である。かつ現在、捜査・捕獲した金広興洋船は奉天や上海に赴いて販売するという供述があった。該地（奉天・上海）のアヘン集積・販売はすでに多く、また必ず転々と人手を経て仕入れ、輸送されるが、天津の商船は時に奉天に赴いて貿易をしており、上海の沙船も毎年天津に数回来航するので、最も力を入れて検査すべきである。

第四条は天津における停泊位置の問題から本地人との密貿易の可能性を指摘する。とりわけ、東門外には多数の小規模な商店が集中しており、(203)取締りは困難が予想されただろう。第六条は福建・広東の洋船と結託する福建人、広東人の居留民の問題、第七条は天津に来航する沙船や天津の商船による洋船との結託及び他所でのアヘン貿易の問題である。いずれも洋船と天津居住者の結びつきが問題視されており、いわば出入港の取締りの間隙ともいうべき部分が深刻な問題になっていることを示す。

対策としては、第四条では福建・広東商船を人気のないところに停泊させて民家・商店及び天津の漁船と上海の沙船から引き離し、天津の人々と洋船の接触を絶つとする。第六条では海河両岸の居民の舗戸と天津府城外の行桟・店舗、旅店・客寓は保甲をたてて厳しく吟味すること、第七条では沙船と商船を一様に検査することが対応策としてあげられている。いずれも洋船関係者と天津在住者との直接取引の防止に主眼がおかれている。

以上をみると、章程が福建・広東の洋船を重点的に対象としたものであるとみなすことができる。そして、福建・広東などにおける出港及び天津における入港の際の福建・広東洋船への検査態勢が骨抜きになっており、アヘンに限らず清朝の貿易に関する規定が全く無視されていたことがわかる。そこで、入港、出港の際の統制を立て直すとともに、出入港の間隙ともいうべき部分への対策が重視されているのである。つまり、天津の貿易管理体制の課題は、ⓐ出港、ⓑ入港、ⓒ出入港の間隙に分けて考えることができるだろう。以下では、このうち天津に関わるⓑ、ⓒの部分についてみていきたい。

ⓑ入港の部分については、道光一七年五月一六日の福建道監察御史陶澐の上奏によれば、天津関だけが、他の海関とは異なり紅単（出港許可証）がなかった。そして陶は、海関が設立されて以来、商人が納税する際に、自ら帳簿に記入することも、よるべき紅単もないと指摘している。[204]したがって、アヘン問題に限らず、天津関はとりわけ統制がゆるかったとみなされている。これは、天津関は海関ではなく常関であり、常関全般における統制が弛緩していたことを意味しているのだろう。[205]また、税の徴収額が定額を満たしているため、[206]徴収額の不足などが問題視されることがなかったことも、統制が問題にならなかった原因かもしれない。つまり、清朝は一貫して拡大してきた天津における貿易をほとんど把握せず、それに対応した課税もしていなかった。それは後述する上海を含め、内国貿易一般にもあてはまるといえよう。

さらに、道光一九年八月一日における署直隷総督琦善の上奏によると、従来、洋船が天津に着くと、わずかに塩政衙門が税を受領するのにとどまり、地方官は決して乗船して検査せず、天津関へ赴いて納税するにあたっても、行戸が代わりに申告しており、手抜かりや遅延はともに免れがたいです。[207]

としている。これは、入港の際の納税手続きを行戸に依存して、天津関が検査をほとんど行っていなかったことを示し、前述の章程（第三・五条）で示されている状況よりも実際はさらに杜撰であったといえる。

琦善はこの状況に対し、本年は、洋船が海河に入った後、上陸や小舟の接近を許さず天津関到着後に文武官を派遣して船倉を開いて検査し、行戸の独占を排除しているとする。[208] つまり検査については牙行の介入を減らすことに主眼が置かれている。

しかしながら、前述の章程でⓒ出入港の間隙に対する統制部分が多いことは、ⓑ入港の際の牙行による統制が機能していないことを逆に示しているともいえる。

では、なぜⓑ入港部分での牙行が機能せず、ⓒ出入港の間隙が問題視されるようになったのか。もし、アヘンの流通経路が第二節で述べたような洋船—客店・桟行（牙行）—洋貨鋪という形ならば、牙行の取締りで十分なはずであった。しかし、同時に客店・桟行を通さない取引が多くみられたことも事実である（前掲表1-4参照）。これは何を意味しているのか。

ここで、道光一八年八月一八日の琦善の上奏をみると、アヘン取引について次のように述べている。

今年、当該の二省（福建・広東）から天津に来航した洋船は一四〇余隻、所持している未精製アヘンをまるまる箱や籠ごと大規模に陸揚げして運び込むようなことは決してなく、昔の状況とは全く異なっています。たとえば、福建・広東の客民の開設した嶺南・大有などの桟行は、建物の奥行きは深く、多いものでは数百間（室？）をもつものがありますが、現在はまたあえて未精製アヘンを貯蔵したりはしません。以前は天津［に来航した］船から取り集めて、荷揚げして桟行に持ち込み、［桟行が］代理で各店に分売しました。いまは洋船から少しずつ携帯して販売し、あるいは各店が自ら洋船に出向いて価格を交渉して購入し、箱ごとまるまる荷揚げして運送するようなことはなく、水手が少量の包みを身につけて携帯して上陸したり、あるいはもともと知り合いで結託している者が夜に乗じて密かに店舗に送ったりして、少しずつ集積しています。(209)

と述べる。つまり従来は洋船と洋貨鋪の間にあった桟行（牙行）がアヘンを集積していたが、取締りによって大規模取引が困難になり、リスク軽減のために桟行を介さずに洋船・洋船乗員と洋貨鋪・本地人が直接結びつく小規模取引が増大したのである。第二節で述べたような天津における取引規模の零細化はここから生じていた（前掲表1-4参照）。つまり、清朝は、官側がⓑ入港の部分で従来の牙行に対する取締りを強化すればするほど、ⓒ出入港の間隙が拡大するというパラドックスに陥っていたといえよう。

さらに、天津における洋船取締りの強化は、洋船の行動にも影響を与えた。道光一九年八月の琦善の上奏でも、

申し立てるところによりますと、従来、アヘンを持ち込むのは広州府の船隻が最も多く、本年は該府の船隻でまだ来航していません。彼らが遠方に出かけて取引を行うのは、もとよりわずかでも利益に与ることを望んでいるだけです。昨年、金広興船隻が捕獲されて以後、当地の取締りが厳しいのを知り、ただ元手も利益も全くなくなるばかりでなく、しかもまた自身は法の網に捕らえられてしまうという前人の失敗を目にして、実際にあえてまた危険をおかそうとはいたしません。(210)

とあり、前年における金広興洋船の捕獲が天津における洋船の密貿易を抑制していることを述べる。これは洋船が利益とリスクを比較して、天津でのアヘン貿易から撤退していることを示している。しかし、これは洋船のアヘン貿易からの撤退を意味しない。天津における洋船取締りの強化は、単に奉天などの他地域へのアヘン貿易の移動・

拡散につながっただけであった。すでに、道光一八年九月の上奏でも、福建・広東船が例年よりも早く出港していることから、天津を避けて東北に向かっていることを警戒しているし、[211]金広興洋船も天津から奉天に目的地を変えていた。そこで、官僚相互の連携が重要になってくる。

琦善は道光一八年九月四日にはすでに洋船の奉天などへの移動を警戒する上奏を行っており、[212]これに応じて九月七日に盛京将軍耆英らに対して上諭が下されている。[213]しかしながら、耆英がこれに応じて上奏したのは上諭から二ヶ月を経た一一月一二日であった。[214]その後も上奏・上諭を通じた連携はあるが、迅速な伝達手段に欠けているためか、効果のほどは明らかではない。

一方、官僚相互の直接の連絡も試みられている。例えば道光一八年一一月には、天津で逮捕したアヘン販売人の供述から、琦善が耆英へ文書を送り、それに基づいて奉天の牛荘・錦州でアヘン貿易関係者の逮捕が行われて天津に護送されている。[215]ここからは、清朝中央を介した連携よりも、より迅速な官僚間の直接の連携が行われていることがわかる。しかし、これは二地域の官僚の間に限定されており、洋船を拿捕できたわけではない。本来洋船の活動範囲からみて沿海部全域にわたる対策が必至であったが、当時の情報伝達状況の下では有効ではなかっただろう。

以上、天津からうかがえる清朝の交易統制の課題をみてきた。次に天津にはアヘン供給地ともなりうる上海について検討したい。

②上　海

上海は、長江流域一帯へのアヘンの供給地であり、重点的な対策が必要であった。そして、両江総督陶澍も道光一一年八月の上奏にみられるように、アヘンの流入の多くは洋船によるものであると早くから認識していた。[216]道光一八年一〇月の陶澍の上奏によると、上海において松江知府文康らが福建・広東人商人に対して九月一七・一八日の二日間の間にアヘンを提出すればその罪を免じるとしたところ、福建・広東の洋船及び黄浦江沿いの牙行・客桟が提出し、その重量は四万一〇〇〇余両に達したという。[217]

同じ上奏の附奏によると、江蘇においては、「江蘇省現辦査禁海口販売鴉片煙土章程」六条が施行されており[218]、そこからは、上海においても、福建・広東の洋船に対する以下のような対策が提起されていたことがわかる。以下では、天津におけるアヘン貿易取締りの課題にならい、ⓐ出港、ⓑ入港、ⓒ出入港の間隙、の三点にわけてみていきたい。

まず、ⓐについては、第一・二条で以下の対策が出されている。

一、出港する洋船の船照にアヘンの密輸を許さないと注記し、それに反して検査でアヘンがみつかった場合、船照を取り消し、例に照らして処罰し、船舶と貨物は押収する。

二、出航する船舶に「厳禁鴉片私帯」と大きく書かれた旗と牌を支給する。

第一条、二条はともに江蘇から出港する船舶を対象にしているが、アヘン貿易が禁止されていることを確認させるにすぎず、アヘン貿易に対する有効な対応とは考えられない。

ⓑと関連して、牙行については第三・五・六条で以下のように述べている。

三、福建・広東の洋船が入港するときには、船商と牙行に命じてアヘンを持ち込んでいないという保証書を提出させる。調べたところ、洋船が上海に入るとき、牙行が代わりに関税を申告し[219]、船照もまた牙行が検査のために送付している。洋船の各商人についてはみな行戸がよく知っているので、当然検査に責任を持たせるべきである。以後は福建・広東の各船が入港して船照を検査する際に、最初に船照ならびにアヘンを持ち込んでいないという誓約書を受け取り、あわせて牙行にも誓約書に一筆書かせて送らせる、もし違反することがあれば、船商・牙行は同様に処罰する。（中略）

五、行戸などで「アヘンを」預けて販売する者については、随時厳しく捕らえて取り調べるべきである。調べるに、洋船がアヘンを持ち込んで入港する場合、必ず行戸が代わりに預かり、各地の奸商が出向くのを待って販売する。もし［アヘンを］預けることを禁絶すれば、すぐに販売手段を失い、自然と再び持ち込むことはないだろう。当該の道・県に責任を負わせて随時行戸人を厳しく探訪調査し、もし調査して不法の行戸及び商売を行う不法の輩で、あえて［アヘンを］隠匿して販売するものがあれば、直ちに捕らえて厳しく処罰し、それによって根源を絶つべきである。

六、員弁、兵役が賄賂を得て［アヘン取引を］庇護した場合は、厳しく弾劾し、取り調べて処分すべきである。調べてみると、行戸人にアヘンを預けて転売するのは、常に兵役や地保が庇護して野放しにしていることが原因であり、それによってほしいままにしてはばかることがない。ひどいことに守口の員弁の中にも、賄賂を得て庇護・放置する者がおり、私服を肥やして法をねじ曲げており、実に痛恨にたえない。

第三・五条は牙行が洋船と結託してアヘン取引を仲介することを明確に意識したものであり、第六条は牙行によるアヘン取引を見逃す員弁などを問題視している。これには、第三条では入港手続きの問題を牙行と船商に連帯責任を負わせることで対応している。また、第五条では洋船と牙行とが結託し、牙行がアヘンの依託販売を行っていることに対し、牙行を取り締まることで対応しようとしている。また、第六条では、庇護する下役人を厳しく取り締まることを決めている。

ⓑについては、第四条でも、牙行に加えて会館の利用が考慮されている。

四、福建・広東船の水手には腰牌を給与して、検査が容易なようにすべきである。調べたところ、福建・広東の洋船の水手は、多いものは一〇〇人あまり、少ないものでも数十人いるが、多くの船が入港するごとに、別に一種のサンパン、小船が近寄って来て、ひそかに上陸してアヘンを代理販売するだけではなく、別の匪徒が［その中に］紛れ込むかもしれない。以後は、福建・広東の洋船が入港するときには、各当該の会館司事が責任をもって、船ごとに調べて明らかにし、水手一人ひとりに腰牌を与え、船舶名と水手の姓名を明記させ、かならず腰牌をつけさせたうえで、はじめて上陸を許可する。

ここでは、牙行では対応できない多数の洋船水手に対する統制を会館に依存しており、またⓑの部分では対応できないⓒの部分の拡大を意識しているといえよう。

以上の上海における状況と対策は、洋船を対象としていること、ⓑの部分の牙行が重視されていることをはじめとして、いずれも天津と非常に類似している。また、ⓐの部分が江蘇からの出港を対象としているのは、上海が他地域への積み替え地となる可能性があったからだろう。さらに、ⓑの部分では捉えきれないⓒの部分の拡大も意識されて、それに対応する条項があるのも天津と同様であり、上海でも牙行中心の管理体制が困難に直面していることがうかがえる。

それは、この次に策定された章程でもいっそう明確になっている。同年一〇月一六日、天津の場合と同様に、江西道監察御史である狄聴が、上海における洋船によるアヘン貿易取締りを要請して上奏し[220]、同日と翌日の上諭で上海での取締りと章程の策定が命じられている[221]。これをうけて道光一九年二月には「呉淞海口厳査商舡夾帯鴉片章程」が作られる。これは次のような内容であった[222]。

一、福建・広東の商船が入港する際には、呉淞口で船照をチェックして登録した後、海関の印条を用いて船舶の各船倉を逐一封印した後に、海関に赴いてチェックを受け、封印した印条がもし損傷していなければ、それから船倉に入って検査を行う。

二、呉淞口を監視する人員を増派し、検査を厳重にする。

三、内水路の小型船舶が外洋に出ることを厳禁する。

四、呉淞口では委員は絶えずパトロールし、洋船が停泊している場合には、ただちに委員が兵を帯同して当該の船舶に赴いて牌・照を検査し、呉淞口から上海に入る場合には、船倉を封印して上海の海関で検査させ、他港に向かう船舶は出発を督促し、海上を往来して投錨することを禁止する。

第一条はⓑとⓒの問題、第二・三・四条はⓒの問題であるが、「呉淞海口」を対象にしていることでも明らかなように、いずれも上海入港前の福建・広東船に対する取締りの強化を図っている。そして、福建・広東船と結びつく小型船舶への注意が強く意識されている。一方で、この章程が呉淞河口を対象とし、牙行の果たす役割がないことは、ⓑの部分において海関の検査や牙行・会館を通じて取り締まることができないⓒの範囲が、呉淞口と上海のあいだで拡大しており、そこを集中的に取り締まる必要に迫られていることがうかがえる。これは、天津の海河沿岸と同様の状況といえる。

この章程は道光一九年五月二日の上諭で批准され、沿海各省にも状況を観察して、同様の章程を議論して上奏することが命じられた[223]。その結果、各省で章程が策定されることになる。

このうち、浙江省では水師や沿海の官吏による検査の厳重化を定めている[224]。また、山東省では「海口防緝鴉片煙章程」が作られていたが、この章程でも山東半島南岸の港湾において当地の行戸と江蘇・浙江・福建・広東商船との結託によるアヘン貿易が問題視され、行戸五家ごとに連帯責任を負わせることを定めていた。しかし、その他の条項は主として沿岸の小港や小型船舶への取締り・監視の強化を狙っている[225]。ここからも、牙行による取締りを重視しつつ、それだけではアヘン貿易に対応できない状況が天津や上海に限らず沿海部一帯に拡がっていることがうかがえる。

以上のように、天津・上海の事例からは、督撫らのアヘン貿易取締りの重点は、当初は福建・広東の洋船のⓑの部分の牙行による貿易管理体制の強化にあったことがわかる。牙行がアヘン貿易仲介者となっていたことから、官僚の関与する部分を拡大して牙行への取締りを強化することは必至であったといえよう。しかし、こうした取締りはかえって牙行を回避したⓒの部分における零細な取引部分を拡大させることになった。そこでⓒの部分に対する対策に迫られたのである。

ここで重要となってくるのは、そもそもⓒの部分を縮小するためには、洋船のⓑの部分の取締りだけではなく、洋船のⓐの部分に相当する広東・福建における取締り、特に船照の発給の厳格化と連動させる必要があるということである。では、その対策は、広東・福建においてどの程度なされたのであろうか。

(2) 広東・福建における取締り

① カントン

前述のように、アヘン対策ではカントンのみが一貫して重視されてきた。清朝が厳禁策を打ち出す以前の道光一六年（一八三六）からは、両広総督鄧廷楨の下で広州近郊を中心として、中国人のアヘン貿易従事者に対する統制が強化され、アヘン貿易に打撃を与えつつあった。[226]

道光一八年一一月、道光帝は欽差大臣として林則徐を広州に派遣し、アヘン貿易の取締りを強化させることを決定した。広州に到着した林則徐は取締りを強化するとともに、外国人商人とイギリスの貿易監督官チャールズ・エリオット（Charles Elliot）に圧力をかけて二万箱にのぼる外国アヘンを没収し、虎門で廃棄した。[227]これがアヘン戦争の直接の契機となったことは周知の事実である。

この取締り強化の結果として、カントンでは膨大な数のアヘンが押収され、多数の逮捕者を出すに至る。では、こうした中で、洋船のⓐの部分についてはどのような対策が講じられたのだろうか。

広州のアヘン取締りの方策も牙行に依存していたことは、[228]天津・上海などと同様である。しかし、先述のように、一八二一年から零丁洋のアヘン貿易が開始されると、アヘン貿易の中心が広州を離れたため、行商（牙行）を通じた外国船への統制が困難になった。[229]

では、中国船についてはどうであったのか。道光一八年九月、天津で金広興洋船が捕獲されたことにより両広総督鄧廷楨らに犯人逮捕と厳重な追及が命じられる。[230]それに応じた鄧廷楨の上奏では、金広興を保証して税の納付を代行した福潮行の林致和は、金広興が広州にいた際には商品を買い付けただけで、金広興が広州を離れてから行われたアヘン貿易については全く知らなかったとしている[231]。そして、鄧廷楨も、広州では福潮行が保証するので違反物を積載することはないが、出港してから外国船と接触することが問題であるとみなしていた[232]。そこで以後の対策としては、広州出港時に福潮行が保証人になることには変更はないが、広州出港時の検査と出港後の広東沿海各地の水師鎮・協・営における検査の厳格化が重視されている[233]。つまり、ⓐの部分ではなく、出航後のⓒの部分の問題が重視されており、ⓐの部分の取締り機能の回復についての代替案はない。もちろん、広州の当局が出港後を重視するのは広州の官僚たちの責任を回避するためであり、この対応はⓐの部分での牙行の管理機能低下を如実に示している。

そのうえ、ⓐの部分における牙行の機能は、対外・内国交易を問わずⓒの部分の拡大により意味を失いつつあった。広州に入港しない船舶については、牙行を通じて取締りができないことは、外国船も中国船も変わりはなかった。先述のように広州や黄埔でも黙許料を支払うアヘン貿易は続いていたが、その主役は行商ではなく、outside merchants であり、彼らを通じた取締りは困難であった。

さらに、清朝による取締り強化にともない、広州近郊に集中した取引にも変化が生じていた。補論で述べるように、一八三七年には取締り強化の中で黙許料の協定は成立しなくなった。そのため、アヘンブローカーや outside merchants に集まっていた取引が減少し、広州を離れて無数の小規模なアヘン取引が生じることになる。第二節で述べた外国船や蔞船に群がって行われた零細な取引はその表れであろう。

そして、零丁洋の蔞船の船団は、香港島附近に移動した[234]。道光一八年一一月には、両広総督鄧廷楨は恵州府・潮州府の港にも窰口が設置されてアヘンを集積・販売していると述べており[235]、欽差大臣として翌年広州に赴いた林則徐もアヘン貿易が潮州・南澳に移ることを警戒していた[236]。

事実、広東・福建の省境に位置する南澳はアヘン貿易の拠点となっており[237]、外国船が清朝官僚に黙許料を支払うアヘン貿易もすでに南澳で行われていた。[238] そして広州での外国人所有アヘン没収後の道光一九年三月五日には、南澳附近に外国船が出現したことから、林則徐らは広州附近からアヘン貿易が移動しているとみなし、南澳鎮に対して外国船の撃退を命じている。[239] これは、カントンにおける取締り強化の中で、取引の中心がカントンから広東部の潮州府・恵州府にも拡散しており、[240] それを清朝が把握しつつあったことを示す。こうした販路の拡大・拡散の状況は天津と類似しているといえよう。それでは、潮州府に隣接する福建はいかなる状況にあったのだろうか。

②福　建

福建においても、先述のカントンと同様に、一八三七年頃の同時期に取締りの強化が行われていた。[241] そして広東への林則徐の取締り強化の後、福建の取締りがゆるやかである場合に、アヘン貿易がカントンから福建に移動することが指摘された。[242] そこで道光一九年一二月には福建にも祁寯藻・黄爵滋が派遣され、閩浙総督鄧廷楨とともにアヘン貿易取締りに従事することが命じられた。[243] また、それに先だって、道光一九年八月二二日に福州将軍嵩溥らが「査禁閩省鴉片章程」四条を策定しているが、その内容は以下の通りであった。

第一条では、沿海住民がアヘンを外洋に停泊させた船から小船で運び込み、あえて港に入らないこと及び福建への外国船の来航を問題視し、水師によるパトロールを定めている。ついで第二条では、廈門・蚶江・五虎門（福州）は正口であり、文武の官員による検査が容易であるが、それ以外では漁船の出入りする小港が名のあるもので数百以上あり、名のないものは無数にあった。そういった港で「奸民」によるアヘン貿易が行われていることと、商船が海上でアヘンを取引することが警戒され、それぞれに対する検査の厳格化が定められている。第三条は水陸の文武官に厳重な検査の責任を負わせること、第四条は海関では委員に自ら検査させることを述べる。[244] ここで注目すべきは、出入港を取り締まるべき牙行についての記述がないことである。その背景には第一節で述べたように、廈門における牙行を中心とした貿易統制がすでに崩壊していたことがあっただろう。では、その他の福建沿岸各港における牙行の役割はどのようになっていたのだろうか。

欽差兵部尚書祁寯藻は道光二〇年三月二七日の上奏で次のように述べている。

また調べますに、漢奸の船隻とは商船・漁船の二つにほかならず、きちんした検査は最も周到に行うのが困難です。福建商人が貨物を積載して出航する場合、盛京・天津・上海・寧波などの地に赴くのを許されるだけではなく、ポンティアナク・シンガポール・シャム諸国という外国の港に［赴くことに］ついても禁令がなく、その船舶はみな沿海の地方官が船照を発給して出航します。奸徒は往々にして貨物を積載することを名目に、外洋に出て、外国船からアヘンを購入し、分かれて華北沿海各地に赴いて販売します。福建に帰航するものも、またアヘンを満載して帰ってきます。州・県で船照発給の多いところは毎年七〇〜八〇隻ほどであり、たった一枚の書類に基づき申請し、すぐに官印を用いて発給し、ひとたび出航すれば、行き先はほしいままです。船照を発給する官吏は船ごとに検査することができませんし、また行家（牙行）が保証して責任を負うことができるものもありません。このため商船を徹底的に調べることが困難なのです。[245]

ここからは、商船・漁船または内国・対外貿易を問わず沿海での船照発給は事実上無制限であり、行き先も限定されないことがわかる。そして、本来責任を負うはずの牙行が機能していないことを示す。第二節で述べたように福建において外国船や中国船に群がって零細な取引が行われたのは、これを背景としている。

以上からみて、牙行を中心に行われてきた貿易管理体制が、広東・福建のⓐの部分でも機能しなくなったため、ⓒの部分の肥大化を招いていたといえる。この状況では、ⓐとⓑの連動も困難であったといえよう。

広東・福建における取締りで大量の逮捕者を出したのは、ⓒというⓐとⓑの間隙の肥大化の結果であった。しかも、清朝の軍事・警察力は広東・福建水師の本拠地であり、水師提督の駐在する広州（虎門）・廈門近辺に集中していた。そのため軍事・警察力が及ばない沿海の小港に対する統制は弱かったといえる。

以上のように沿海部各地においてアヘン取引が零細化した場合、洋船だけではなく、個々人に対する取締りが重要になってくる。そこで本章の最後では、中国沿海部に居留する人々への統制について考えたい。

（3）居留民取締りと会館

地方の督撫らは、アヘン貿易取締りとともに、福建・広東の居留民の取締りを行った。盛京将軍耆英は、沿海一帯の無業の福建人で密かに居住する者の駆逐を命じており[246]、蓋州・牛荘ではアヘンを販売・吸飲していた福建人を逮捕したほか、無業の福建人を福建船に乗せて原籍の福建に送還する方策もとられている[247]。さらに各地において保甲の再編も何度か行われている。ここでは、そうした督撫らの直接的な取締りから離れて、従来から居留民を管理する任を負っていた会館を介した統制についてみていきたい。

天津では、閩粤会館を通じた統制が試みられた。道光一八年一月、署直隷総督琦善は、

調べますに、福建・広東の商人が北方に来て貿易する場合、もともと会館があって［そこに］もっぱら董事を招聘し、［天津に来る］海船の舵工・水手を統制し、一切を管理しておりました。同省（福建・広東省）の天津に来る民人が分に安んじているかどうかは、［董事が］全員についてわからないはずはありません。そこで、天津鎮・道に命じて知府・知県を集めて、章程を適宜相談し、当該会館の董事に命じて、従来から営業していた者を詳しく調べて、姓名・年齢・容貌・籍貫の台帳を作成し、保証書を提出させて記録を保存させておきます。もし、来歴のわからない者がいれば、地方官が随時追及して追い払って帰郷させます[248]。

と述べている。

しかしながら、閩粤会館を通じた居留民の統制は困難であった。そもそも前述のように、会館と密接な関係にある桟行及び福建・広東人居留民が洋船と結託してアヘン貿易に関与していることは、琦善自身が認識していたことであった。

そのうえ、閩粤会館の責任者である董事の廖炳奎は、全く信頼できない人物であった。廖の本籍は福建省順昌県で、抜貢によって教習に採用され、さらに山東省昌楽知県に選任されている。その後、道光九年二月に、弾劾されて解任され、在任時に公金を流用したことにより、徒刑四年となり、道光一五年五月に山東省の徳州に流された。ところが、流刑地で貧窮して家族を養うことができなくなったため、天津の閩粤会館の董事に充当する人がいないのを聞いて脱走を思いついた。そこで廖は道光一六年一月二六日に密かに逃走、二月一日に天津にたどり着き、同郷の人々の公選で董事となっていた。[249]

董事となった廖は客商が船に乗って故郷に戻る際の保証人となっていたが、道光一八年九月二二日に山東に赴くために代理人に会館業務を委任した際には、商民が保単（保証書）を申請すれば、来歴を調べて直ちに出港の際の保単を発給するように言いわたしていた。[250] さらに、会館の所有する家屋にある嶺南・双峰という客桟に居住してアヘン販売と吸飲を行っている者が逮捕されたが、廖炳奎はそれを知っていながら同郷のよしみから報告しなかった。[251] このように、閩粤会館董事自身が犯罪者であり、かつ居留民の取締りに積極的でなく、アヘン取引・吸飲を黙認していた以上、会館を通じた統制は困難であったといえる。[252]

上海でも、一八世紀中葉以来、福建・広東出身者の会館が設立されていた。[253] 塩務においても、私塩の取締りに際しては会館が統制の中心となっており、会館に私塩が貯蔵されていないことを確認するとともに、会館により居留民の統制が図られていた。[254] 同様にアヘン貿易に関しても、第二節において「江蘇省現辦査禁海口販売鴉片煙土章程」第四条でみたように、会館を通じた水手などの取締りが求められることになる。

しかし、一九世紀初頭以来、上海では福建・広東の居留民が増大していた。道光一一年（一八三一）の泉漳会館の碑文では、現在泉州・漳州の両府から上海に来て商売をする者は非常に多く、玉石混交で、その中で会館が所有する地産の原契を隠匿し、不正に横流しをして情実取引を行う者がいる可能性を述べている。[255] ここからも、上海において居留民が増大する中で会館が居留民を統制できなくなっている可能性がうかがえる。さらに、潮恵会館の場合、道光一九年にアヘン取締りが厳しくなり、潮州・恵州幇がアヘン貿易に関与していたことが他幇から疑われていたときに設立されている。[256] 後のアヘン貿易への関与を考えても、潮恵会館自体がアヘン貿易に関与していた可能性は高い。

また、蘇州においても、道光一八年に胥門外にある広東嘉応会館でアヘンを販売していた広東人七名が逮捕されて未精製アヘン一六〇〇余両が押収されており、会館自体がアヘン取引の拠点となっていた。[257] こうした福建・広東出身者の会館を通じたアヘン取引・吸飲は、商業的性格の薄い北京の会館における事例からもうかがうことができ、[258] 全国の会館で一般的にみられたとみてよいだろう。

アヘンが禁制品である以上、牙行に対する場合と同様に、会館に対する徴税権付与によって、会館に独占的にアヘンを扱わせて貿易統制を行うという手段を用いることができない。[259] それゆえに、会館にアヘン貿易従事者の統制を強制することは困難であった。また、そもそも会館の居留民に対する統制力も十分ではなく、会館を通じた福建・広東居留民の統制も有効ではなかった。

沿海アヘン貿易に対する統制開始後に明確になったのは、出入港の際の牙行による貿易管理体制が沿海部全域にわたり非常にゆるく、福建・広東沿海民の交易活動に対する統制がほとんどなされていないことであった。これに対して清朝官僚は、まず天津・上海ではともに福建・広東からの船舶と本地人を結びつける牙行に対する取締りを行ったが、これは取引のいっそうの零細化や分散を招いたため、さらに洋船に群がる人々や小型船舶の取締りに集中せざるをえなかった。

広東・福建においては、広州・廈門における牙行の貿易統制は外国船・中国船を問わず崩壊していた。そこで、ⓐ・ⓑの部分における牙行による取締りには期待できず、結果として軍事・警察力を動員して沿海部で多数のアヘン貿易従事者を逮捕することになる。

この沿海各地におけるアヘン貿易従事者の大量摘発は、ⓐとⓑの間隙で肥大化してきたⓒの部分についての大々的な取締りであったといえる。そして、アヘン貿易が全体として減少していることから考えても、一定の効果をあげたと思われる[260]。

しかし、これは問題の解決にはほど遠いものであった。旧来の貿易管理体制はⓐとⓑの地点を絞った上で牙行に徴税権を与えることによって取引を集中させて管理させ、ⓒの部分を極小化することを狙っていた。だが、アヘン貿易拡大以前から小港の利用増大により、ⓐとⓑの地点は増大していた。そのうえ、禁制品であるアヘンについては、牙行や会館に徴税権を賦与することによって販路を集中させることはできなかった。つまり牙行がⓐとⓑの管理で機能不全に陥っており、それを締め付けることはⓒの部分を拡大させ、いっそう牙行の機能を低下させた。

しかも、拡大したⓒの部分については、水師などの軍事・警察力が集中している主要な地域[261]（広州・廈門・上海・天津周辺）以外の沿海部全域における統制は不可能であり、それはアヘン貿易摘発地域の偏りからも推測できる。そのうえ、軍事・警察力についても、清朝の官兵に腐敗・アヘン吸飲など様々な問題があることはしばしば指摘されており[262]、長期間動員し続けることにも無理があったであろう。

欧米貿易商人及びイギリス側がアヘン貿易を放棄する意志がなく、かつ中国沿海における貿易を続け、さらには中国人商人や東南アジア華人が東南アジアから中国沿岸への直行船を出している以上、貿易を広州・廈門などへ集中させ、ⓐ、ⓑの部分の取締りによってⓒの部分を極小化することは不可能であった。

さらに、沿海部でアヘン貿易に携わる福建人・広東人居留民の統制も、牙行の場合と同様に会館にアヘン利権を付与できないことや、会館が人々を把握していないことにより困難であった。

貿易に対する統制も、居留民に対する統制も、従来の牙行・会館を用いたシステムに基づいていた清朝は、アヘンを禁制品としている以上、沿岸部の福建・広東沿海民とその活動を統制する手段をもたなかったといえよう。一時的にアヘン貿易を強制的に抑えたとはいえ、それは清朝の交易体制が抱えている問題の根本的解決ではなかった。

おわりに

本章を要約すれば、以下のようになる。清代の海上交易は、海関が牙行を通じて管理し、主として福建人と広東人によって行われた。また、対外貿易と内国貿易は広州と廈門の両港で結びついた。しかし、アヘン貿易が増大する以前から、広州における貿易が発展したことにより、廈門における交易は衰退し、洋行・商行という牙行による貿易管理体制は崩壊していた。その結果、清朝は広州における貿易を除き海上交易をほとんど掌握できなくなりつつあった。

このような状況下で地方貿易商人と結びついて拡大した福建・広東沿海民によるアヘン貿易は、広州以外の地域における交易の比重を増大させ、広州の貿易管理体制に打撃を与えた。さらに、福建人・広東人は外国人貿易商人を閩南などへ誘引し、洋船の貿易によって、アヘン貿易を天津・上海などの華北・華中に拡大した。それゆえ清朝官僚の課題は、これら福建・広東沿海民のアヘン貿易及び沿海部に居留する福建人・広東人の取締りとなった。

アヘン厳禁策の採用以降、清朝は牙行を中心としてアヘン貿易対策に取り組むものの、アヘンを禁制品にし、弛禁論を主張する許乃済の上奏を否定した以上、徴税権を賦与することにより牙行・会館を利用した従前の貿易管理体制を再編することはできなかった。そのうえ、出入港時における牙行に対する取締り強化は、かえって牙行を介さない零細な取引を増大させた。また会館を通じた居留民の統制についても同様の理由から有効ではなかった。そこで軍事・警察力を動員して零細なアヘン取引を行う多数の人々を拘束したが、交易を把握するという根本的な問題の解決策にはならなかった。

つまり、一九世紀前半のアヘン貿易の拡大の原因は、一面では地方貿易商人の活動にあったが、もう一面では清朝の沿海部全域における貿易管理体制のあり方に乗じた福建・広東沿海民の活動拡大にあったといえよう。従来から指摘されてきたような、アヘン貿易を取り締まるべき官僚の腐敗などは主たる要因ではなかった。むしろ、従来の牙行と官僚が結びついた利権構造の中にアヘン貿易を組み入れることができなかったために、その構造の外側に黙許料を通じた官僚・兵士らと福建・広東沿海民によるアヘン貿易をめぐる、いわば非公式の利権構造が生まれ、それが官僚らの腐敗を助長したとみなすことができる。そして財政的に硬直した構造が、非公式の利権構造の方を有利にし、官僚らの腐敗をさらに助長することになった[263]。この点では、清末にみられる他の腐敗問題と原理は同じであった[264]。そして取締り強化は、こうした非公式の利権構造も破壊し、さらに事態を混沌とさせたのである。

こうしてみれば、アヘン貿易統制の最終的な失敗は、まさに許乃済の上奏を否定して、厳禁策を採用したことにある。アヘン貿易を合法化して課税することは、当時の清朝の体制の下で採用できる唯一の対応策であった。そして、これを最も恐れていたのは、ほかならぬ外国人商人たちであった。許乃済の上奏を受け、広州における外国人商人の意向を反映している[265]『カントン・プレス』は一八三六年五月二一日に次のような記事を掲載した。

アヘン輸入が合法化されるやいなや、アヘン消費者は個人的なリスクなしに自分のパイプで現在よりも恐らくより安く吸飲できるようになるため、アヘンの消費は相当増大し、アヘンの価格は現在より下がるであろう。しかし、［行商以外の］outside merchants はもはやその貿易を許されず、貿易全体は行商に独占され、行商の権力は限りなく増大するだろう。これはもちろん中国における外交貿易全般を改善することにはならないし、反対に行商の独占をいっそう排他的なものにするだろう。アヘン輸入者はもはや銀を入手できず、バーターで商品を受け取らなければならず、アヘン販売に際して即時の支払いもなされず、代わりに行商が茶ないし絹を分割払いで引き渡すときまで行商の都合を待たなければならないだろう。

アヘン貿易の合法化と同時に、従来外国人社会にとって甚だ有益であり、中国当局との深刻な争いの状況における外国人社会の「最後の手段」としての我々の零丁洋における出荷も廃止されるだろう。莫大な額の価値

［のアヘン］は広州にもたらされて中国の統制下で所蔵され、外国貿易も結果としてそれだけ移動し、広州の総督（両広総督）の思うがままになるだろう。[266]

その後も、七月一六日の『カントン・プレス』は、アヘン貿易が特定の徴税請負を行う商人によって独占されることを懸念しており、[267]以後、合法化を警戒する記事が何度も掲載されている。[268]ここからみても、清朝の弛禁論の否定と厳禁策の採用は、実はアヘン貿易に従事する外国人商人たちを利してしまったということがわかる。

この問題をより長期的な視点からみれば、清朝にとって、一七世紀末以来、沿海部では海上交易が安定して行われて税収が確保され、政府に反抗する集団が存在しない限り、問題は存在しなかった。それゆえ、海上交易の管理については、牙行や会館に船舶の出入港時における貿易管理業務を委任することによって長年ゆるやかな状態で放置し、廈門の衰退にも対処しなかったのである。そうした管理の間隙から outside merchants や地方貿易商人と結びつき、その媒介となってアヘン貿易を中国沿岸部に拡大したのが福建・広東沿海民であった。そして、彼らが旧来の貿易管理体制を崩壊させたとき、清朝は牙行を中心とした従来の交易管理の手段を用いて、アヘンのような禁制品の禁輸を徹底することができなかったのである。清朝にとっては、この沿海で無制限に拡大してきた交易を再びどのように把握し、沿海部に居住する福建・広東沿海民をいかに統制するかがアヘン戦争以後の課題となった。

このような、一九世紀前半に清朝の抱えていた課題は、ある意味で明末清初に明朝・清朝が抱えていた問題（後期倭寇・鄭氏）と類似している。[269]違いは、銀の代わりにアヘンが流入していることであったが、これは後にアヘンが貨幣の役割を果たしていくことを考慮すると、大きな相違とはいえないのかもしれない。[270]ただし明朝と異なり、清朝は民間の海外貿易自体を禁止しておらず、明末清初におけるヨーロッパ勢力の東アジアにおける影響力が限定的であったのに対し、一九世紀のイギリスの影響力はそれとは比較にならないほど強大であった。

アヘン戦争開始以降、イギリス軍との戦闘により、沿海部における清朝の支配がさらに動揺する中で、福建・広東沿海民と清朝の関係も大きな変化を迫られる。一方で、開港後には、上海以南における中国沿海の貿易にイギリス船などが直接進出する。その結果、これまで中国沿海における貿易を、アヘン貿易を含めてほぼ独占していた福建・広東沿海民は、沿海部に本格的に進出してきたイギリスを中心とする列強及びその商人たちと、直接向き合うことになる。そして、本章においてすでにその兆候がみられた、広東人の台頭という新たな問題も生じてくる。このアヘン戦争勃発以後の問題については、第2章以降で論じたい。

補論　零丁洋と広州のあいだ
——一八三〇年代カントンアヘン貿易の利権

はじめに

元イギリス東インド会社社員で長い中国滞在経験を有する人物が著した、アヘン戦争前の広州の行商に関するパンフレットである『カントンの保商とその負債（*Chinese Security Merchants in Canton, and their Debts*）』は、一八三八年にロンドンで出版された。その内容の一部は同年三月二九日、マカオにいたイギリス貿易監督官チャールズ・エリオットからイギリス外相パーマストン（3rd Viscount Palmerston）宛の、行商の破産を伝え、行商による独占の緩和を主張する報告の添付文書となり、後にブルーブックに収録されることになった(1)。その中には以下のような記述がみられる。

中国のイギリスからの輸入全体の約四分の三を占めるこの麻薬は、これまで行商による支配を回避しており、自由商人（私貿易商人）が合法的な貿易の負担に耐えるための主たる手段となっている。この商品の中国への輸入の急速な拡大は、中国の一部の緊急の需要に応えたものではなく、我々のインド財政のために促されたものである。しかしこれは中国政府をその忍耐の限界を越えてしまうほど悩ませ、警戒させる恐れがある。中国政府の最近のアヘン貿易に対する取締りはその麻薬の密輸をある場所から別の場所に移動させることになったにすぎない。その結果、一〇年前はたまに一隻の船が出現するだけだった中国東海岸において、最近は一度に一六〜一八隻もの船舶が現れ、そのうちの何隻かはそこに停泊し続けている。

黄埔における密輸貿易も同様に、政府が一八年前にやめさせることに成功したが、そのころの輸入は五〇〇〇箱であった。現在はそれが再開し、輸入は三万箱、あるいはそれ以上になっている。(2)

この記述で注目されるのは、外国商船によるアヘン貿易のカントン以外の中国沿岸への拡大と黄埔におけるアヘン貿易再開である。

カントンにおけるアヘン貿易や清朝の貿易管理体制とアヘン貿易の関係については、第1章で述べたが、広州やその近郊の黄埔などにおけるアヘン貿易については、未だ不明な部分は多い。ヴァンダイクによれば、一八一〇〜一八二〇年代に広州におけるアヘン取引は安全で安定していた。そして、マカオと広州において、仲介業者の設立とそこでの販売・黙許料の調整が行われていたとしている。(3)

さらにモリソン（J. R. Morrison）によると、一八三〇年代には主として零丁洋附近でアヘン取引が行われ、マカオではポルトガル船とスペイン船によるアヘン貿易が行われなくなっていたものの、黄埔においては非合法貿易（アヘン貿易）が相当な規模で行われていた。(4)そして冒頭の史料が示すように、一八三〇年代後半には黄埔で大規模なアヘン取引が復活していたことになる。

しかし、広州附近のアヘン貿易を取り上げた先行研究では、そのアヘン貿易の時期的な変動に踏み込まず、また、カントン全体のアヘン貿易の構造的な把握を試みてはいない。

一方で、零丁洋取引については、例えば井上裕正は、中国側のアヘン輸入業者は「夷館（ファクトリー）」の区域にある外国アヘン商会でアヘン代金を支払って領収書をもらい、輸入業者に雇われた無頼漢はその領収書を持って武装快速船で躉船に赴き、支払い済みアヘンを受け取ったとしている[5]。

また新村容子は、湖広道監察御史馮贊勲の一八三一年七月三日の上奏文に基づき、以下のように広州のアヘン貿易を描写する。すなわち広州の中国人アヘン商人の営業体である窰口で各地のアヘン商人がアヘン代価を支払い、これを「立券」と呼んだ。取引が成立すると、窰口が雇っている快速船が躉船までアヘンを取りに行き、アヘンを内地に運んだ。湾内の巡視船は密輸に出資して分け前にあずかっているので密輸を庇護していた。福建省の廈門、直隷省の天津、広東省の雷州府・瓊州府からの商船は、快速船を媒介とせず、「立券」ののち直接躉船からアヘンを仕入れ、そのまま海路を戻った[6]。

これらの研究では、アヘン代金の支払場所についてはファクトリーと広州城内という食い違いがみられるが、基本的に零丁洋での取引に関心がある点では一致し、黄埔などの広州近郊における取引には注目していない。また、零丁洋時期においても、官僚や兵丁のアヘン貿易への関与は確かであるが、それがどの地点において官僚が関与し、どの程度の規模の利権であったのかについても検討されていない。しかし、「内禁」「外禁」をめぐる論争や[7]、カントンにおける弛禁論の形成をめぐる議論[8]を行うのであれば、零丁洋から黄埔などの広州近郊に至る中国人業者によるアヘン取引の実態と、それにともなう官の利権構造とその規模を解明しなくてはならないだろう。

そこでここでは、一八三〇年代の広州近郊におけるアヘン取引と零丁洋貿易の利権構造とその規模の解明を進めたい。その際には、時期的な変化にも注目する。史料としては、広州で刊行されていた英文定期刊行物を利用したい。

一八二〇年代末～一八三〇年代にかけて、広州においては中国で初めての英文定期刊行物が刊行されつつあった。その中にはアメリカ人のウッド（William W. Wood）が創刊・編集し、一八三二年にジャーディン・マセソン商会を創設することになるジェームズ・マセソン（James Matheson）が発行していた『カントン・レジスター』（一八二七～一八四三年）、ウッドが創刊・編集していた『チャイニーズ・クーリエ（*Chinese Courier*）』（一八三一～一八三三年）、イギリス系デント商会（Dent & Co.）がスポンサーとなっていた『カントン・プレス』（一八三五〜一八四四年）などがあった[9]。このうち、ここでは主としてアヘン貿易に関連する記事を多く掲載する『カントン・レジスター』、『カントン・プレス』の記事を利用していきたい。

一　一八三〇年代前半の取引

中国のアヘン輸入量は一八二〇年代後半に一万箱を超え、一八三〇年代前半に二万箱に達し、一八三九年の四万箱がアヘン戦争前のピークとなる[10]。このうちの大半の取引が、まず零丁洋で行われていたことは確かだろう。

零丁洋から広州にかけてのアヘン貿易について、一八三二年一二月二〇日の『カントン・レジスター』は次のように記している。

アヘンを零丁洋から広州まで輸送するビジネス全体は、一定の規模で実に見事に運営されているので、自由商人たちが官僚に対して、官僚がその義務を果たすために政府が支払う額よりもずっと多くの額を、［官との］戦いを回避するために支払う余裕がある限り、ボートは滅多に妨害されず、妨害されそうになることもない。小競り合いは時折起こり、彼らが警戒していることのアリバイとして、友好的にわずかな投石が交わされるが、長期間にわたりいかなる攻撃も試みられたことはない。また、密輸人が人数の面で勝り十分な強さをもっていることから、争いが軽率にも危険な状況になるということもない。アヘンを積載するボートは、その種のボートは存在してはならないという特別な命令を無視し、白昼、ファクトリーの前を行き来し、貴重な麻薬は広州の郊外でまったく安全に陸揚げされる。時折、そのうちの一部は密輸人に対抗するために派遣されるボートそのもので運搬され、彼らにとって硝石の密輸はほとんど独占物である[11]。河川（珠江）の官僚に対して支払われる［黙許料の］正確な額はわからない。零丁洋における割当額は一箱一ドルであると我々は考えている。密輸人の要求によってこれらは彼らが麻薬を持ち出すときに彼らによって支払われる。したがって、外国人は政府の役人のための収益管理人となっている[12]。

ここからは、一八三〇年代において広州近郊においてもアヘン貿易への取締りがなく、取引が行われていることがわかる。つまり、第1章で述べたように、アヘンを貯蔵しておく場所が黄埔から零丁洋に変化しただけで、主たるアヘンの取引の場は広州近郊であったことに変わりはない。そして、零丁洋での官僚への黙許料は一箱あたり一ドルであったとされる。しかも、この黙許料は外国人商人が預かっており、外国人商人から官側に支払われたということになる。

零丁洋での黙許料については、モリソンも清朝のアヘン貿易を取り締まる船隊の指揮官に対して毎箱一ドルを黙許料として支払うとしている[13]。したがって、一八三〇年代前半、零丁洋における清朝水師の武官に対して支払う黙許料が毎箱一ドルであったことは間違いないだろう。一八三二年当時のアヘンの市場価格は一箱あたり、ベンガル・アヘンが六二五〜九四〇ドル、マルワ・アヘンが四九〇〜七二〇ドル、トルコ・アヘンが六〇〇ドルほどであったから[14]、黙許料はその割には低額であったとみることもできる。また、同年に出荷されたアヘンは二万四〇〇〇箱であったから[15]、出荷されたアヘンのすべてに黙許料が支払われたとしても二万四〇〇〇ドル程度であり、一八三二年当時、総額で一五五六万ドルに達していたと推定されているアヘン貿易の規模から考えれば[16]、それほど大規模な利権とはいえない。

しかしながら、モリソンによれば、密輸を行うボートから清朝官僚に支払われる手数料もあり、ボートの賃貸料は、五〇箱以下のアヘンの場合は、一箱二〇ドルであったとされるから[17]、その相当部分が実質的に黙許料となっていた可能性が高い。

さらに、すでに一八〇三年において、マカオにおける買辦は毎箱二〇スペインドルを受け取っていたが、そのうち一五ドルを清朝官僚側への黙許料としたという。[18]その後、清朝側のマカオにおけるアヘン貿易に対する取締りが強化された一八一五年には、[19]マカオにおける黙許料の額は一箱四〇ドルになり、その総額は一〇万ドルにも達していたという推定もある。[20]また、一八三六年の福建南部の廈門における黙許料も毎箱二〇ドルに達していた。[21]モリソンは、一八三〇年代において黄埔では監視が厳しいとしており、[22]黙許料もそれに応じて高騰していた可能性は高い。一八三七年に広州近郊の黙許料は、旧来は五〇～六〇ドルであったとされることから、[23]一八三二年当時の広州近郊における黙許料も数十ドルに達していたことは確かであろう。

ここで、零丁洋での黙許料と広州近郊の黙許料の額が大きく異なるのが注目される。少なくとも、蠆船から出荷される場合の黙許料は一ドルに過ぎなかった。これに対し、マカオ、廈門といった場所では、それをはるかに上回る黙許料が支払われており、恐らく広州近郊でも同様であったと思われる。輸入量の半分が、広州近郊で消費されたとしても、その額は零丁洋をはるかに上回っており、官僚の利権の規模から考える限り、問題は零丁洋ではなく、広州近郊にあったとみることができる。つまり、第1章で述べたように、開けた海域である零丁洋においては官側の取締りが困難であり、それゆえにその利権は限定的であった。一方、広州近郊などは市場に近いうえ、取締りが強化された分、黙許料が高騰し、その利権が拡大していたとみることができる。事実、イギリス庶民院特別委員会におけるジャーディン（W. Jardine）の証言によれば、当局の側は一八三八年以前にアヘン貿易関与者全てのリストを有していたとされ、[24]官側がアヘン貿易を把握していたことが黙許料高騰の背景にあったのだろう。

以上のように一八三〇年代前半には、卸売り地点の零丁洋と、広州・廈門などの消費地近くという、二つの利権構造が形成されていた。[25]では、こうした黙許料のあり方は、アヘン貿易に対する規制が強化される一八三〇年代後半において、どのような変化をみせたのであろうか。以下、広州近郊に重点をおいてみていきたい。

二　広州近郊の利権構造の崩壊

右記のような黙許料を決めていたのは outside merchants などのアヘン商人と官側であった。一八三一年九月一五日の『カントン・レジスター』によると、

アヘン：官側とアヘン卸売業者のあいだの協定は未だ結ばれていない。その結果として、貿易はしばらく前から安定しない状況にあり、ブローカーの多くは彼らの安全のためには取引の現場から退くことが必要であると依然として考えている。――しかし、我々が聞いたところでは、［協定のための交渉は］決着に向かって進んでいて、まもなく決着するという。[26]

とあり、官とのあいだで協定が結ばれない限り、安定した取引が行われなかったことがわかる。

一八三六年三月一三日になると、両広総督鄧廷楨らに対して、外国のアヘン貿易船の駆逐を命じる上諭が下される。[27]これに対し、先述のように同年六月一〇日には太常寺少卿許乃済の「弛禁」上奏も行われたが、厳しい批判を受けて葬り去られていく。[28]一方で、アヘン取引の取締りと対策の策定を命じる上諭は次々と下されていた。[29]そこで、以後三年間にわたり、両広総督鄧廷楨の下で、広州近郊において中国人アヘン貿易業者に対する取締りが行われていくことになる。[30]これが、従来の協定による取引に変化を与えていく。

一八三七年三月の段階で、旧来の一箱あたり五〇～六〇ドルの黙許料を支払うシステムを継続しようという試みは成功していなかった。[31]六月一七日の『カントン・プレス』の記事は、密輸人と官僚の協定が結ばれると報じられているが、官側が多額の黙許料に固執しているとし、それが協定によるいかなる利益も台無しにしてしまうだろうとしている。[32]ここでは、取締り強化を口実として官側が旧来の額で満足しなくなっていることがうかがえる。そし

て六月二四日の記事になると、協定は七〇～七五ドルで妥協しそうであるが、一方で珠江の密輸船に対する取締りが厳しくなっており、それが協定によってあまり改善されない可能性が指摘されている(33)。八月一九日の記事も、官側の取締りが予想よりも厳しく、一部の官僚が厳しい手段を講じていることへの不安から、アヘン業者が自らのボートを焼却していると伝えている(34)。

この間、七月一三日には礼科給事中黎攀鏐が珠江河口附近の金星門にイギリスの躉船が十数隻入り込んでおり、快速船がアヘンを密輸していることや、洋貨鋪には窰口と同様に密輸を行っているものがあること、窰口がひとまとめにして取引を行っていることを指摘した。そして躉船の停泊を禁止し、窰口と快速船を取り締まることを上奏した(35)。これを受けて両広総督鄧廷楨らに対して、躉船の帰国と窰口取締りを命じる上諭が下されている(36)。さらに八月一八日には、給事中姚慶元が、広州城内において番禺県人や南海県人ら四名が、窰口を開設し、アヘン取引で巨万の富を得ており、官兵や差役と通じていると具体的に上奏した(37)。それに応じて鄧廷楨らに対して犯人逮捕と兵役らの取締りを命じる上諭が出されており(38)、両広総督側はいっそうの取締りを迫られていくことになる。

その結果、九月になっても、密輸業者と官側の協定はまだ成立していなかった。アヘン貿易取締りの強化はマカオにも拡大していた(39)。結局、一八三七年の協定は成立しなかったのである。こうなると、アヘン貿易の状況の悪化は止まらない。九月九日の『カントン・プレス』は、

アヘン貿易の状況においていかなる変化もない――すべてのブローカーは広州とマカオから逃亡し、大量のアヘンを積載したジャンクと少数の箱を積んだ輸送ボートの拿捕が報じられている。そのため、地方当局は将来どのようにするつもりなのかはともかく、常ならぬ行動を示す必要があると考えている。東部沿岸から受けとった布告によれば、福建の官僚も同様に警戒を怠らなくなっている。このような状況の中で、八月の零丁洋における引き渡しは予想より多くなったが、先週は、我々はいかなる取引も耳にしていない(40)。

と述べており、アヘン貿易船が取締りを受け[41]、広州近郊のブローカーが逃亡したことによって、広州のブローカーを通じた取引が衰退していることを示唆している。

こうした取締りの結果、取引の場所は、外洋でのジャンクへと変わっていく[42]。一〇月七日の『カントン・プレス』は、広州とその近郊において消費されるためのアヘンは一箱も入り込むことができなかったと記し、貿易の場所は東部沿岸とマカオの西側へと移ったとする[43]。かくして、アヘン貿易は中国東南沿海に拡大していくことになる。

もっとも、一八三七年一二月にはすでに珠江で大規模な取引が行われ、それは地位の低からぬ官僚のめこぼしを受けているともされ[44]、その後、一二月末には黄埔での大規模な取引が行われていることが報じられている[45]。したがって、黄埔での取引も再開していたことになる。

一八三八年六月の記事では、黄埔での取引は停止したが、珠江上における官船へのアヘン引き渡しは自由に行われているとされ[46]、その後、一〇月頃になると、ブローカーの活動はより自由になり、アヘンの引き渡しは黄埔やその西側でも行われていたとあるから[47]、再び取引が活性化していることがわかる。

だが、同年六月二日には鴻臚寺卿黄爵滋の厳禁論が上奏されており、清朝中央政府がアヘン厳禁の方向へと進んでいた。九月七日には、各省の将軍・督撫に対して、アヘン貿易を厳しく取り締まる上諭が下された[48]。同月、カントンにおける取締りは強化されてアヘン商人はパニックに陥ったともされ[49]、一〇月九日には、両広総督鄧廷楨らによって、アヘン販売者らが三四五名逮捕されたという上奏もなされている[50]。

しかし、上述のように同時期に、広州近郊でアヘン取引が活性化しているのだから、この時期の取締りの実効性には限界があったのだろう。しかし、一〇月二五日には再び各省の将軍・督撫らにアヘン販売人の取締りの上諭が下されており[51]、少なくとも一一月になると、上諭にともなう取締りの強化によって、黄埔でのアヘンの陸揚げができなかったため、ジャンクが引き返すような状況に陥り[52]、さらに一二月中旬頃には、広州附近からアヘンを北方に運んでいたジャンクの所有者である泉州人商人が何人か逮捕されている[53]。同年末、林則徐を欽差大臣として広東に派遣することが決定され、以後、カントンにおけるアヘン貿易取締りは一貫して強化されていることになる。

　このように、広州近郊のアヘン貿易は一八三八年末に本格的な取締りが行われるまで、完全に途絶えたわけではない。しかし、一八三六～一八三七年にかけて、黙許料の協定といった利権構造が失われ、断続的に取締りが繰返されるために、アヘン貿易は不安定になっており、一八三八年にはカントンの文武官らの恒常的なアヘン貿易利権が失われたのは間違いないだろう。

三　カントンのアヘン利権の規模と構造の変容

　以上の黙許料をめぐる情報をもとに、その利権の規模をみてみたい。まず、その前提として、カントン貿易全体の利権の規模を推定する必要がある。

　粤海関の関税以外の様々な「税」については、モースなども広州貿易の初期から存在したことを指摘しているが[54]、先駆的な研究としては佐々木正哉が雍正年間（一七二三～一七三五年）の陋規を検討したものがある。そこでは、粤海関の正額が四万三〇〇〇両、盈余銀四万八〇〇〇両に対して帰公した陋規銀が三万八〇〇〇両であったことから、陋規が正規の関税の三分の一以上を占めており、一八世紀前半から行商の負担が大きかったことを強調している[55]。もっとも、雍正年間における広州貿易の規模は限定されていたから、利権の規模はさほど大きくはなかった。

　しかし、一八世紀後半になると、広州貿易は拡大し、その後一九世紀になると来航する欧米船の数は年平均一八三〇年代に一八〇隻、一八四〇年代に三〇〇隻にまで増大する[56]。澳門引水や通事、買辦への手数料は五〇〇～六〇〇トンの船で六〇〇～一〇〇〇ドルであったとされるから[57]、その手数料の総額は、一八三〇年代には一〇万～一八万ドルに達した可能性がある。

こうした貿易の拡大にともない、粤海関の関税収入（正額＋盈余額）も、一七五三年の約五一万五〇〇〇両から一八一二年の約一三四万八〇〇〇両[58]、一八二一年には約一四八万五〇〇〇両にまで増加した[59]。貿易の拡大にともなって行商の負担も拡大した。モースによれば嘉慶一二〜二一年（一八〇七〜一八一六）にかけて、行商は毎年朝廷に五万五〇〇〇両を贈答するほか、臨時に河工（三万七五〇〇〜六万両）や海賊鎮圧（二万〜一四万九八〇〇両）及び反乱鎮圧のための軍事費などを負担していた[60]。その後も、一八二五年の新疆での叛乱鎮圧の軍事費として、行商には六〇万両が要求されるなど[61]、巨額の要求がなされる場合もあった。また、冒頭のパンフレットによれば、そもそも保商になるためのライセンスの取得のためだけに、粤海関監督には三〜五万ドル、さらにその下僚に三万ドル支払う必要があった[62]。

陳国棟は、このような行商に対する官僚の搾取が一七八四〜一八四三年に年間約三〇万両であったと推計している[63]。陳の推計は、貿易額の増大に比して、陋規がその比率で増大してないために、過少に見積もっている可能性はある。しかし、いずれにしても、澳門引水、通事、買辦らの手数料を合わせれば、正規外の収入が五〇万ドル以上であったことは確実であろう。

一方、広州附近における黙許料の規模はどの程度であったのだろうか。中国のアヘン輸入量についてはモースの推計では、一八三四〜一八三五年に二万一八八五箱、一八三五〜一八三六年に三万二〇二箱、一八三六〜一八三七年に三万四七七六箱、一八三七〜一八三八年に三万四三七三箱とされており[64]、当該期は一貫して増大している時期に相当する。黙許料の協定がシーズンの最後まで完全に機能していたのを一八三五〜一八三六年のシーズンとし、その額を一箱五〇〜六〇ドルとする。そして輸入された三万二〇二箱のアヘンのうち、一八二八〜一八三五年の七年間の輸入量に対する消費の割合が九四・八％であることから[65]、その割合から判断して消費量を二万八六〇〇箱とする。そして、当時のジャーディン・マセソン商会が中国沿岸で行っていた貿易額が数量で二三％にのぼっていたことなどを考慮し、消費量の七割近くの約二万箱が広州周辺で消費されたと仮定する[66]。これに黙許料が一箱あたり

表補-1　カントンの貿易と利権

貿易	時期	貿易関係者		
		零丁洋	珠江	広州近郊
広州貿易Ⅰ	～18 世紀末	——	澳門引水	行商，通事，買辦
広州貿易Ⅱ	18 世紀末～1840 年	——	澳門引水	outside merchants, 通事, 買辦,（行商）
アヘン貿易Ⅰ	18 世紀後半～1836 年	ブローカー，アヘン商人	——	outside merchants, ブローカー
アヘン貿易Ⅱ	1836～1840 年	ブローカー，アヘン商人	——	小規模アヘン商人
利権に関与するカントン官僚	——	武官・兵丁	武官・兵丁	文武官・兵丁

五〇～六〇ドル支払われるとすると、黙許料の総額は一〇〇万ドル以上となっていた可能性もある。さらにジャーディンの証言によれば一八三八年頃にアヘン貿易を行う総督のボート（Viceroy's boats）はそれぞれ毎月一万三〇〇〇両を両広総督に納めていたという。これを年額に直すと一隻あたり二〇万ドルに達する。[67] ここからみると、一八三六年頃には少なくとも、数十万ドルに相当する広州貿易の利権に匹敵ないし、それを凌駕する規模の利権が生まれ、急速に拡大していた可能性が高い。アヘン貿易の規模は優に一〇〇〇万ドルを超えていたから、その利権はさして貿易の障害とはならなかっただろう。そしてかかる大規模な利権構造と広州の多くの官僚たちが無縁であったことは考えられない。

ここで、カントンの貿易の利権の推移を整理すると、表補-1のようになる。つまり、零丁洋から広州近郊におけるアヘン貿易は、黄埔における一時的な取締りなどはあったが、官とブローカーの協定の下で一八三六年頃まで安定して継続していた。高額のアヘン貿易黙許料によって、カントンにおいて、広州貿易に匹敵する規模の利権は維持されていたといってよい。しかし、一八三六年以降のカントンの取締り強化によりその利権構造は大きく変容する。

零丁洋の場合、官側（水師）の監視能力にはもともと限界があり、おそらくそれが原因で黙許料が低額であったから、その状況が変化したとは考えがたい。一方で、広州の官僚たちとアヘン商人をつなぐ太いパイプは失われ、個々の取引がバラバラに行われていたから、陸揚げ現場周辺での場当たり的な黙許料の支払いでは、既存のアヘン貿易利権を代替できなかった可能性は高い。つまり、カントンにおけるアヘン貿易の利権構造は、この一八三六～一八三七年にかけて崩壊したとみればよいだろう。

おわりに

以上のように、零丁洋から黄埔などの広州近郊にかけてのアヘン貿易は、その高額な黙許料と貿易の増大により、巨大な利権構造が出現しつつあった。その利権の規模は、広州の通常の貿易から得られるものと匹敵、ないしそれを凌駕するものになりつつあった。この巨大な利権構造に、広州を中心とする文武官たちが深く関与していたことは間違いないだろう。零丁洋貿易の発展は、広州貿易に危機を与えていたが、利権の規模からみれば、アヘン貿易は十分に広州貿易衰退の損失を補うものであったと考えられる。カントンにおける貿易による官僚・兵丁らの利権そのものだけをみれば、その体制は一八三六年前後まで生き残ることになる。

ここまでの考察によれば、アヘン貿易をめぐる論争とその結果についても、再考が求められよう。許乃済の「弛禁」上奏であるが、この背景について、村尾進は、そのもととなった呉蘭修の「弭害」が行商と関係の深いカントン知識人の中から生まれてきたものであることを指摘した(68)。さらに井上裕正は、弛禁論は崩壊しつつあったカントン体制の再建、特に行商の経営の立て直しを図ったものであり、両広総督鄧廷楨らもそれに全面的に賛成したとしている(69)。

確かに、行商はアヘン貿易の主役たりえなかったから、こうした弛禁論を主張するのは理解できる。しかし、同時期、広州とその近郊の官僚たちの多くが、アヘン貿易の利権を享受していたことは明らかである。

一方で、弛禁論で提起されていたアヘンに対する税額は一〇〇斤あたり多くて五両四銭五分であり、賄賂の額より少ないことから外国人も受け入れやすいとされており、チャールズ・エリオットも、想定される課税額は七ドルで、陸揚げのための賄賂四〇ドルより安価であったとしている[70]。一〇〇斤（六〇キロ）はアヘン一箱に相当するから、数十ドル単位の黙許料よりも、弛禁論で想定されていた課税額の方が非常に安価であることがわかる。

このようにみれば、この利権を失いかねない弛禁論を、果たしてカントンの社会が全面的に支持していたかは疑問である。そして、アヘン貿易を担っていた outside merchants なども、アヘン貿易から排除される可能性が高いことから[71]、これに反対したであろうし、彼らと関係する官僚も多かったと予想される。またジャーディンの証言が事実ならば両広総督鄧廷楨自身もアヘン貿易に直接関与していたことになる。それゆえ広州の総督・海関監督クラスの高官たちは弛禁論を少なくとも上奏の上では支持していたが、彼らがアヘン貿易の利権と無関係であったとは考えられない。彼らの弛禁論に対する態度については、北京向けの顔と現地での利害関係者向けの顔、さらには現実的利害といった多面性を考慮して考える必要がある。さらに北京の官僚たちもこの利権構造の一翼を担っていた可能性もある[72]。したがって、こうした点を踏まえた上での弛禁論を再考することが必要であろう。

なお、先述のように弛禁論は失敗に終わり、鄧廷楨の下でアヘン貿易取締りが強化される。これはカントンの貿易の利権を激減させることになった。結果的にアヘンの取引量を把握できなくなったのだから、これはアヘン貿易を統制する力を、官側が失ったということをも示す。アヘン戦争直前の一八三七年頃、カントンの貿易管理は、アヘン貿易を含め、名実ともに崩壊することになったといってよい。かかる事態は、恐らくカントンのほとんどの官僚・商人にとっての打撃となったであろう。広州近郊のアヘン関連業者のみならず、広州の官僚たちにとってみても、これこそが本当の危機であった。これは前章で述べたように、アヘン貿易取締りがかえって貿易統制を困難にしたことと、平行する出来事であった。

第2章　清朝と漢奸

――アヘン戦争時の福建・広東沿海民対策を中心に

はじめに

かつて「近代中国」のはじまりとみなされたアヘン戦争については、極めて高い関心が寄せられ、多くの研究が進められてきた。(1) しかし、先述のように近年は全体的にアヘン戦争に対する関心は低下する傾向にあり、アヘン戦争は清朝にとっては地域的な紛争であり、中国人に与えた影響は限定的であったとみなされるようになってきた。(2)

だが、それはアヘン戦争の衝撃が小さかったことを意味するわけではない。しかも、当時の知識人が戦中から戦後にかけて、アヘン戦争を意図的に過小評価するようになった可能性がある。(3) それゆえ、アヘン戦争が清朝に与えた影響については、戦争当時の史料そのものから分析する必要がある。また、中国の内発的な変動を意識するならば、アヘン戦争を外部からの衝撃として軽視するのではなく、むしろ長期的な沿海の変動の中にアヘン戦争を位置づけるべきだろう。

かかる問題意識をもちつつアヘン戦争を再考する場合、従来の研究枠組みは有効であろうか。先行研究におけるアヘン戦争の分析枠組みはほぼ二つに分けることができる。第一には、「イギリス」対「清朝（中国）」、「西洋」対

「中国」、「近代」対「伝統」というように、アヘン戦争を基本的に異なる二つの国家ないし文明などの対立ととらえるものがある。第二には、中国内部の問題、とりわけ清朝内部の対立に注目するものがある。こうした研究では、アヘン戦争勃発前の「弛禁論」対「厳禁論」、戦争開始後の「和平派」対「主戦派」という主張の違いによる対立や、「清朝中央（北京）」対「カントン」などの地域利害に基づく対立が注目されてきた(4)。

以上の枠組みによって行われた研究が、豊富な成果を生み出してきたことはいうまでもない。しかしながら、国家などの枠組みを前提とした分析や高級官僚・知識人相互の論争の重視は、アヘン貿易を担っていた沿海の人々への視点を欠如させることになり、それだけでは当時の沿海への理解を深めるには十分ではない。また、全体としてアヘン戦争勃発前の時期に研究が偏り、戦争時については検討すべき課題が残されていると思われる。

そこで本章では、「清朝」対「漢奸（沿海でイギリス軍に協力する人々）」という枠組みによってアヘン戦争の再検討を試みる。むろん、従来アヘン戦争期の「漢奸」に注目した研究がなかったわけではない(5)。しかし、従来の研究では、漢文史料に書かれた漢奸の活動をそのまま事実とみなしたり、漢奸を経済的に窮迫した受動的な存在として描いたりする傾向が強かった。また、アヘン戦争期のみに注目したために、清朝による漢奸対策の歴史的位置づけが不明確になっているという問題がある。

以上の諸点に鑑みて、本章では、第一節で漢奸登場の背景を提示したうえで、アヘン戦争当時の清朝の漢奸対策として、第二節で地域的武装自衛集団である団練・郷勇の編成、第三節で封港（船舶の出入港禁止）について検討する。それによって中国沿海史の文脈にアヘン戦争を位置づけるとともに、清朝による沿海支配が抱えていた問題を提示し、アヘン戦争後の沿海への理解につなげていきたい。

検討の対象とする地域は、アヘン戦争の戦場となった広東・福建・浙江・江蘇を中心とし、特に研究が十分に行われていない広東以外の地域に注目する。史料としては、主としてアヘン戦争当時の沿海の欽差大臣、総督・巡撫・将軍などの上奏文を用いる。なお、アヘン戦争時の沿海の大官たちによる上奏文は平時にまして誇張・歪曲などが多いため、イギリス側の記述とつきあわせることで、内容には留意したい。

一　アヘン戦争の展開と漢奸問題

(1) アヘン戦争の勃発

前章で述べたように、清朝によるアヘン貿易対策は効果をあげなかった。その中で、道光一九年(一八三九)、欽差大臣に任命された林則徐が、広州において外国人商人のアヘン没収を行ったことを契機にアヘン戦争が勃発する[6]。

アヘン戦争の展開についてはすでに多くの研究があり、周知の事実も多い。以下、先行研究に基づき、本論に関わる点を中心に概観したい。

アヘン戦争は道光二〇年(一八四〇)五月末、イギリス艦隊が珠江河口に到着し、ここを封鎖したことにより勃発したとされ[7]、実際の本格的戦闘は同年六月二七日のイギリス軍による浙江舟山の定海攻略に始まる。しかし、同年七月にイギリス艦隊が天津に近い大沽沖に来航したことが、北京の清朝中央に衝撃を与えた結果、交渉が広州附近で行われることになったため、戦闘は一時中断する。しかし、翌年初頭に広州周辺で戦闘は再開、その後、広東から江蘇にかけての東南沿海にイギリス軍が侵攻する。そして道光二二年(一八四二)六月一四日のイギリス軍による江蘇の鎮江攻略で大規模な戦闘は終結、同年七月二四日に南京条約が締結されて、戦争は終結する。

アヘン戦争は約二年間続き、比較的長期間とみなされることもある。ただし、これは当時の交通・通信技術が未発達であったうえに、当初イギリスが中国を重視せず大規模な軍事力を派遣しなかったことや[8]、外交交渉が行われたために戦闘が断続的に展開したことなどが原因であり、清朝側の抵抗が激しかったからではない。

中国に派遣されたイギリス陸軍も当初は四〇〇〇人程度と小規模であり[9]、イギリス海軍も主力は本国・地中海方面にあり、中国には旧式かつ小型艦主体の艦隊を派遣していた[10]。それにもかかわらず、実際の戦闘は戦術を含めた軍事技術の格差により陸上・海上を問わず一方的に展開した[11]。イギリス軍の目標となった砲台などの清朝側防衛拠点は、イギリス軍が目標に対して軍事行動を開始した日のうちにほとんど全てが陥落しており、個々の戦闘が短期間で終結し、イギリス側の損害が極めて軽微であったことは注目される。

アヘン戦争の主要な戦場は広東の広州周辺（珠江デルタ）、福建の廈門、浙江の定海・鎮海・乍浦、江蘇の呉淞・鎮江である。いずれも交通の要衝で、清朝の主要な対外貿易港ないしその周辺地域が全て含まれている。そして、後に南京条約によって開港される港は、福州を除きいずれも一時的にイギリス軍に占領された。さらに直隷の大沽（天津附近）や奉天沿海にまでイギリス艦隊が行動しており、広東から盛京に至る沿海各省において海防体制の整備が進められるなど、沿海部全体に影響を与えている。こうした沿海の広大な地域におけるイギリス軍による圧倒的な衝撃が、「漢奸」を生み出すことになる。

（2）漢奸の登場

アヘン戦争における一方的な敗北の連続は沿海の総督・巡撫たちにとって衝撃であった。戦場となった沿海の要衝は、イギリス軍の出現を予期していなかった道光二〇年六月の定海を除き、すべて多大の費用と時間を費やして防禦工事が行われていた。しかし、その防禦施設はほとんど効果を発揮しないまま、瞬く間に陥落した。そこで、沿海において軍事的責任を負う沿海の大官たちは敗戦の責任を何かに転嫁する必要性が生じた。そのうえ、清朝側はイギリス軍の艦船と大砲の能力は認識していたが、陸上における戦闘能力を認めていなかったため、陸戦における敗戦の原因をイギリスの軍事力以外に求めなければならなかった[12]。ここに「漢奸の活躍」が始まる。

この「漢奸の活躍」の「場」は主として沿海の大官の上奏文の中であった。漢奸は、道光二〇年六月のイギリス軍による定海占領の時から活動を開始し[13]、その後、道光二二年六月の鎮江占領までのほとんど全ての戦闘で活躍、その規模も次第に拡大していった。

漢奸の活動内容は主として以下の五つにわけることができる[14]。

(1)イギリス軍と協同して軍事行動。

(2)イギリス軍に砲台内・城内から内応。

(3)イギリス軍への情報提供・先導。

(4)イギリス軍への補給（＝接済）。

(5)放火、略奪。

このうち、(1)は、例えば道光二一年八月一七日のイギリス軍による定海再占領に際して欽差大臣裕謙はその上奏で、身に黒衣・黒袴をまとった福建・広東の命知らずが一万人あまり上陸したと述べている[15]。しかし、このような事はイギリス側の記録では皆無であり[16]、全くの虚構であるとみられる。(2)は、攻城戦においては内応によって城門を打ち破るという清朝官僚の軍事的常識からきたものとされ[17]、これも事実とは考えられない。(3)は一部が事実である。背景としては、沿海住民が夷語（外国語）を話して外国人と交わっていたことと、従来から沿海住民が海賊の耳目となっていたことがあるだろう[18]。(4)は、後述するように事実ではあるが、これも嘉慶海寇などにおいて沿海住民の海賊への補給が問題視されてきたことが背景にある[19]。(5)は、清軍・郷勇ないしは中国人略奪者などの行為を漢奸に転嫁した可能性が高い。したがって、「漢奸の活躍」は特に軍事面に関してはほとんどが捏造とみてよく、その他についても従来から沿海民が海賊に協力していたことなどから連想した可能性が高い。

沿海の大官によって、上記のような「漢奸の活躍」が敗戦をもたらしたという上奏が次々になされると、それは清朝中央に衝撃を与えた。結果として、清朝中央において漢奸対策が重視されることになる。道光二〇年六月二八日には、定海陥落を漢奸の手引きによるとみなして、盛京・直隷・山東・江蘇・広東・福建の将軍や督撫に漢奸の逮捕が命じられ[20]、それを皮切りとして、以後、「漢奸の活躍」に応じて次々と漢奸対策を命じる上諭が下される。

かくしてアヘン戦争は、清朝とイギリスとの戦争であると同時に、清朝と「漢奸」との闘争となった。清朝政府はイギリス軍対策と同時に漢奸対策を極めて重視し、沿海の大官もそれに狂奔することになる。これは大官たちが、現実的に対抗不能なイギリス軍よりも、自分たちが対処可能な漢奸への対応を優先したともいえるだろう。それは、アヘン貿易対策において沿海の大官たちが外国人商人よりも中国人のアヘン貿易に対する取締りを重視したのと同様であった。

それでは、沿海の大官に漢奸とみなされたのは、具体的にどのような人々であったのだろうか。漢奸の出身について、沿海の大官たちは以下のような見方をしていた。

華北・東北については、盛京将軍耆英は奉天で頼りにすることができるのは、北洋は漢奸が比較的少なく、味方の実情を敵に知られず、敵を引き入れる者がいないことであると述べている[21]。また、欽差大臣裕謙も「北方人は海上活動に慣れていないので、決して漢奸はいない[22]」と述べており、基本的に中国北部の人々の中に漢奸は存在しないとみなされている。

一方、江蘇・浙江については、揚威将軍奕経は、江蘇は「浙江からやや離れているので漢奸は少ない[23]」とみなしている。浙江についても両江総督牛鑑は陸上戦闘が苦手なイギリス軍を導く「奸人は福建、広東、浙東の無業の輩[24]」であると述べている。また、欽差大臣裕謙は漢奸には浙江・江蘇人は少ないとしている[25]。ここから、少なくとも道光二一年前半くらいまでは、江浙においては福建人・広東人、場合によって浙江人が漢奸とみなされていることがわかる[26]。

また、福建・広東についてみると、福建では閩浙総督怡良が漳州・泉州の漢奸が多く、機密事項が漏れやすいとみなし[27]、福建南部に漢奸が多いと認識している。広東においても、林則徐に代わり欽差大臣として広州に赴任した琦善が、広州には漢奸があふれていて、全ての言動が外国人に筒抜けになっているとしているように[28]、現地の人々を漢奸とみなしてほとんど信用していない事例は多い。

以上から、漢奸は福建人・広東人が中心とされており、福建・広東では現地の人々、江浙以北では主として「よそ者」が漢奸とみなされることになる。

漢奸の職業については、漁民、水手・舵工などの海運関係者、脚夫などの港湾労働者、商人、失業したアヘン貿易従事者が指摘されている。基本的にアヘン貿易参加者とみてよいだろう。[29] つまり漢奸はアヘン貿易に参加していた福建人・広東人を中心とする沿海民となり、彼らが漢奸対策の対象となった。

福建・広東沿海民が漢奸とされた背景には、彼らが中国沿海各地における不法行為、とりわけ先述したアヘン貿易活動の中心になっていたことがある。前章でみたように、彼らが外国語を話して外国船からアヘンを購入することは、清朝督撫たちの嫌悪するところであり、アヘン戦争前から福建・広東沿海民に対する敵視が強まっていた。督撫たちはアヘン貿易を行う彼らを「奸民」・「漢奸」と呼んでいたが[30]、それは容易にイギリス軍に協力する「漢奸」へと転化したのである。

この福建・広東沿海民から成る漢奸への対策としては、軍事面では戦闘によって漢奸を殺害または捕虜にすることが主張された。そして、イギリス軍に対してほとんど戦果をあげることが不可能な状況下で、「漢奸」を多数殺害したという「戦果」もしばしば上奏されていく[31]。また、イギリス軍の船舶を捕獲した場合や、将校・兵卒を捕虜または殺害した場合に賞金を与えることによって、漢奸を清朝側に離反させることも試行されている[32]。

同時に漢奸対策では、沿海民が漢奸になることと、漢奸による(1)～(5)の行為を防止することが重要であった。そこで行われたのが、各地における団練・郷勇の編成と、船舶に対する統制、とりわけ封港である。以下では、団練・郷勇と封港について概観したうえで、漢奸対策に際して行われたこれらの政策の目的と、その影響及び課題についてそれぞれ検討していきたい。

二　団練・郷勇

（1）団練・郷勇の編成

アヘン戦争時の団練・郷勇の編成については、すでに先行研究が広州附近の状況を中心に明らかにしている。[33] 以下では、まず沿海全体における編成状況を概観したい。

団練・郷勇の編成は道光一九年（一八三九）に広州近郊で林則徐が蛋民を水勇に編成にしたことに始まるが、[34] これは広州周辺に限定され、他地域には及ばなかった。沿海部における全面的な団練・郷勇の編成には主として二つの契機があった。第一は、道光二〇年（一八四〇）六月の定海陥落である。これに対して七月二日に礼科掌印給事中沈鑅は上奏を行い、福建・広東における水勇の活躍をふまえつつ、海辺の無業の游民を漢奸にしないために、沿海の督撫に命じて団練・郷勇を編成させることを主張した。[35] この上奏に応じて沿海の将軍・督撫に対し、団練・水勇について地方の状況を考慮し、協議して上奏せよという上諭が下され、[36] 沿海部全域において団練・郷勇（水勇）の編成が進められることになる。

第二の契機は翌二一年七〜八月に廈門・定海・鎮海・寧波が次々と陥落したことである。同年九月一〇日に浙江道御史殷徳泰は上奏し、漁戸・蜑戸を招集して団練・水勇を編成することを主張し、水勇が増えれば漢奸がそれだけ減少するとみなした。[37] これを契機に盛京から両広に至る沿海の将軍・督撫に団練・郷勇編成を命ずる上諭が下されている。[38]

なお、翌二二年四月九日の乍浦陥落以降のイギリス軍の江蘇進攻を受けて、同年六月一二日に両江総督牛鑑らに団練の編成を命じる上諭が下されるなど、[39] そのほかにも地域的な団練編成の契機はあるが、これらは沿海全域に及ぶものではない。

以上の契機を中心として編成された団練・郷勇の構成は地域によって様々であった。広東では、正規の武官の指揮下の「勇」、紳士が創設して官の統制をうけるもの、真正の団練の三種類があるとみなされている[40]。一方、福建では政府または紳士の寄付から費用を支出する召募（水勇・壮勇）と郷村の壮丁から選ばれて地域防衛に当たり他郷に移動しない団練が存在した[41]。

また、その構成員の職業をみると、当初、広東において林則徐が募集した水勇は、漁民・蛋民などの沿海居民であったとされる[42]。福建において募集された水勇の半ばは漁民であり[43]、浙江の水勇は漁民及び福建人の船戸、商船の舵工・水手から構成されていた[44]。

したがって、地域によって差異はあるものの、団練は各地域の住民から編成されて地域防衛に当たり、水勇・壮勇を含む郷勇は福建人・広東人を中心とする沿海民、とりわけ水上戦闘能力への期待から漁民を雇募し、他郷に移動させることができたとみてよい。

では、団練・郷勇の目的は何であったのか。まず、軍事面では、護理浙江巡撫宋其沅が広く水勇を募集するよう命令することを要請し、「そうして我々の用いる者が一人でも多ければ、賊に従って反逆する者を一人少なくすることができる[45]」と述べているように、漢奸となる者を減らすことが目的とされた。さらに、イギリス軍との戦闘の際には、先述のように水勇などに褒賞を与えることで、漢奸をイギリス側から離反させるという目的もあった[46]。また、閩浙総督顔伯燾が、福建省の兵士の定員が多数の港湾に分派させるには不足しているため、郷勇を募集することで補助とすると述べているように[47]、沿海の兵力補塡も狙っていた。

しかし、団練の目的は軍事面に限定されない。奉天では地方官が管轄の各港において港の運搬労働者を郷勇としてその素性を調査しており[48]、郷勇の編成が沿海民把握を目的としていることがうかがえる。そして、編成当初からの主張通り、郷勇へ游民、とりわけ失業者が吸収されていた。そもそも、最初に林則徐が広州附近で編成した水勇も、失業したアヘン貿易従事者から構成されていた可能性が高かった。その後に靖逆将軍奕山が広州附近で編成した水勇も同様であった[49]。また、道光二〇年七月頃に乍浦においても郷勇一五〇〇名が募集されていたが[50]、そのうち現地の住民は一、二割に満たず、大半は港湾封鎖で失業した福建人・広東人の漁民・水手、港湾労働者であるとみなされ、封港によって生計を立てられなくなった人々を雇用して郷勇としたとされる[51]。以上の事例からも、水勇・郷勇は失業者などの囲い込みによる治安維持の目的が重要であったとみなすことができ、これは天津の事例にみられる団練の目的と同様である[52]。江浙以南が天津と異なっていたのは、アヘン貿易の停滞や後述する封港などにより失業した福建・広東沿海民という「漢奸」とみなされた人々そのものを募集して囲い込んだ点である。

かかる政策が行われたのは、二つの歴史的経験を背景としている。一つは嘉慶白蓮教徒の乱における団練・郷勇の編成による鎮圧の成功であり、アヘン戦争時の知識人もそれを意識していた[53]。もう一つは、嘉慶海寇の際に両広総督百齢が団練編成によって海寇を撃退したことである[54]。つまり、清朝はアヘン戦争においても内乱鎮圧と同様の政策をとっていた。

また、この政策は前章でみたような、戦争直前のアヘン貿易対策における沿海民統制を受け継ぐものであった。アヘン貿易対策においても保甲の再編や会館による居留民統制といった沿海民統制が行われており、アヘン戦争に際してより強力な政策がとられたのだろう。したがって、団練・郷勇の編成はアヘン貿易対策に続く清朝による沿海支配回復の試みとして位置づけることができる。そして、沿海全域で行われたことが、嘉慶海寇時とは異なる当該期の特徴であった。それでは、この団練・郷勇の編成はいかなる効果をあげたのだろうか。

(2) 団練神話

アヘン戦争は団練・郷勇の「活躍」で知られる。その端緒は、水勇を初めて編成した林則徐が、その「活躍」を上奏したことにある[55]。道光二〇年六月にアヘン戦争が始まるが、廈門ではすでに廈防同知顧教忠の雇募した水勇三八〇名が民船一二隻に配備されており、早くも五月二二日には、水師提標左営守備楊靖江などの武官に率いられて外国船に対する攻撃で活躍したと閩浙総督鄧廷楨は上奏している[56]。さらに鄧廷楨は、同年七月二四〜二七日にも水師と水勇によってイギリス船が撃退されたと上奏した[57]。また、署同安知県胡国栄の募集した水勇もイギリス船を撃退したとされている[58]。水勇の活躍は対イギリス軍艦だけではなく、馬巷通判兪益が二〇〇名の水勇を募集し、その水勇が武官に率いられ、囲頭沖で敵に通じた匪船を拿捕し、アヘンを没収したと上奏されている[59]。そして同年一一月の上諭によってこうした活躍に対して褒賞が行われている[60]。

江蘇の崇明でも、道光二〇年八月三〇日に丹徒知県王徳茂の率いる郷勇が弁兵及び居民と協力して夷船を撃退し、弁兵と民衆はみな「衆志可以成城（みなが心を合わせれば城のように堅固になることができること）」を知ったとされる[61]。

これらはいずれも「戦果」の捏造ないし大幅な誇張によるものであったが、「団練神話」の端緒となり、後の団練・郷勇編成に影響を与えることになる。また、「衆志成城」という言葉の使用されていることも注目され、さらに団練・郷勇がアヘン貿易対策にもなっていたことも重要であろう。

「団練神話」では、広州郊外三元里の事件が最もよく知られている。イギリス軍に対する憤激ないし清朝側の提示した褒賞が動機となり、道光二一年四月一〇日、武装した民衆は三元里においてイギリス軍と衝突した。この衝突におけるイギリス側の損害は戦死者五名、負傷者二二名程度にすぎなかったが、英軍の戦死者が一〇〜一〇〇名というように戦果が大幅に誇張されたうえ、民衆がイギリス軍を広州から撤退させたという見方が流布し、団練編成の拡大と珠江デルタ地域の排外運動の契機になった[62]。また、この伝説は士大夫によってただちに北京や沿海各地に伝播し、各地の団練編成の根拠にもなった[63]。

かかる伝説は広州周辺においてのみ形成されたのではない。道光二一年七月、廈門を占領したイギリス軍は、廈門沖合の鼓浪嶼に兵力を残して撤退したが、それは清軍と団練による攻撃を恐れて廈門を撤退したというように解釈された[64]。さらに後には、郷勇がイギリス軍の所有する淡水をすべてばらまいてしまったために、イギリス軍が廈門から撤退したとみなされており、[65]郷勇の役割がいっそう強調され、それが廈門周辺における団練・郷勇編成の拡大へとつながっていく。[66]

また、浙江の寧波は道光二一年八月から翌年三月までイギリス軍に占領されたが、イギリス側では、褒賞目当ての「ならずもの」がイギリス兵を拉致することが問題となっていた。[67]これは後の光緒『鄞県志』において、劇賊の黒水党が、寧波で褒賞目当てにイギリス軍を数百人捕虜にするか殺害し、イギリス軍はこれを恐れて寧波・鎮海から撤退したというように解釈された。[68]黒水党の活動は団練・郷勇の活躍とはいえないが、沿海民衆の抵抗神話という点では団練神話と共通する。

浙江ではこのほか、揚威将軍奕経などが、総司船勇委員鄭鼎臣の水勇が道光二二年三月二三日に定海附近の海上でイギリス船を撃破したことが、[69]寧波からのイギリス軍撤退の原因となったとしている。[70]定海附近における水師・水勇の活躍はその後四月二三日にも奕経によって上奏されており、[71]寧波附近だけでも各地において団練神話が同時並行的に成立しつつあったこともわかる。

以上からみて、戦闘の行われた沿海の多くの地域において団練神話・抵抗神話が形成され、広められたといってよい。イギリス軍が沿海の要衝の大半を長期間占領することなく、一部に兵を残して撤退したため、イギリス軍を撃退したという神話形成は容易であった。

こうした神話形成の背景には、主戦派の士大夫が伝説を広めて自らを正当化し、また郷紳が団練編成の口実としたことがあるとされる。[72]同時に、沿海の大官は、地方の官界と郷紳を団練編成の称揚や戦闘で活躍した人々の推挙を通じて取り込むことにより支持を獲得していたとみられる。[73]また、沿海の有力商人は捐納で団練編成を含む沿海防衛の経費を負担して清朝への貢献を示した。[74]

この神話形成によって、沿海の大官や地方官、郷紳または商人の協力ないし郷紳の宣伝により、アヘン貿易を行う「奸民」・「漢奸」から外敵に抵抗する「団練」への沿海におけるイメージ転換が行われていくこととなる。同時に清朝権力は沿海部の郷紳ないし有力商人を清朝の側につなぎとめることに成功したといえるかもしれない[75]。そして、神話が沿海部全域に広まったことは、その後に大きな影響を与えた[76]。しかし、団練・郷勇によって郷紳や有力商人を除く沿海民統制は可能であったのだろうか。

（3）郷勇・団練の問題

アヘン戦争時の郷勇・団練は伝説化によって、そのイメージは実態とは大きくかけ離れたものになっていったが、実際にはその本質的な問題は当初から指摘されていた。

それはまさに軍事・治安上の問題であった。広東では、そもそも最初に水勇募集を始めた林則徐が、水勇は戦力の増強には役立たないと考え、匪徒となるのを防止するために水勇として雇募しており[77]、その戦力としての素質が当初から問題視されていた。そして実戦に際しては、靖逆将軍奕山が広州附近で集めた水勇は頼りにならず、砲声を聞いて逃走したとしているように[78]、ほとんど役に立たなかった。

福建においては団練を編成すること自体に問題があった。福建巡撫劉鴻翺が、

調べますに、［福建］下游（南部）の興化・泉州・漳州の各府は、風紀は平素より強悍で、その腕力をたのみにし、勇ましさを好んで激しく争い、往々にして口げんかなどの些細なことから、人々を糾合して械闘を行います。地方官は普段は［人々を］心から信服させているので、まだ解散させて［械闘を］停止するように命令することができますが、さもなければ重大な事件を引き起こしてしまいます。この凶暴な習慣は普段からすでにこのような状況であるのに、もしまた団練が加われば、その勢いは必ずや、さらに抑えがたいものになるでしょう[79]。

と述べているように、平時より械闘の盛んな閩南では、かえって団練による械闘激化の危険性すら存在した。

また、福州将軍保昌は、水勇・壮勇は多くが無籍の徒であり、統制する手段がなくて有名無実となることや、匪徒が水勇・壮勇の名をかたって騒擾を引き起こす可能性を指摘し、厳しい統制を加え、たえず検査・訓練を行うことを主張している[80]。実際にも、道光二一年七月九日のイギリス軍の廈門占領の際には、イギリス側が民間財産の略奪を強く禁止されていたのに対し[81]、清朝側の記録によれば壮勇が衙門、塩倉、船舶に放火しており[82]、またイギリス側の記録では中国人による激しい略奪が記録されている[83]。したがって、壮勇が略奪を行っていた可能性は高いし、また解散した兵士も略奪に参加していた[84]。

浙江でも欽差大臣裕謙は、福建・広東の命知らずを水勇に募集すれば、それは漢奸と区別できないとみなしていたが[85]、前述のように浙江の水勇の主力はまさに福建人・広東人であった。しかも、浙江人の郷勇にも問題があった。揚威将軍奕経らは、

当該の省（浙江）の人々にいたってはもとよりみな軟弱で、募集した郷勇はすでに多くが無業の游民でありますが、官が調査しないので、偽って名目の人数を埋めることは免れがたい状況です。郷勇の中でやや壮健で自衛に耐える者もまた皆、気勢をそえるのにとどまり、敵と戦うのが不可能であるのは明らかです。郷勇は九万余人という多数になりますが、賊を見ればただちに逃亡し、やはりだれもいないのと変わりません[86]。

と述べ、郷勇が有名無実なうえ、実戦で無益であることを強調する。浙江提督余歩雲も、浙江の民衆は広東・福建の民衆のように強悍ではなくて軟弱で、郷勇も希望者は少なく、応募した者も敵が来ると潰散すると同様のことを述べている[87]。

そのうえ、浙江においても、実戦に際して郷勇は無益なだけでなく有害であった。例えば乍浦は道光二二年四月九日に陥落するが、その際には八旗兵が激しく抵抗し、アヘン戦争において最初の激戦となり、乍浦の満営（旗人の集住する地区）に居住する旗人の女性・子供も多くが陥落時に自殺するに至っている[88]。ところが同じく乍浦を守

備していた郷勇について揚威将軍奕経は、

なお、福建の郷勇がおりますが、彼らはもともと福建の同安県人で、家族を連れ乍浦に寄居してすでに長年になり、全体で五〇〇〇～六〇〇〇人いますが、ほとんど土着と同じであります。［彼らは］これまで外国品を買い付けることを生計としていたので、逆夷と秘かに結託しないと確実に保証することはできません。ただ、人数が多すぎ、また逆夷と結託したという形跡がないので、当然いったん遠方に追いやっておくようなことはできません。去年乍浦に駐兵して防備を固めたときに、その中から強壮な者七〇〇余名を選んで募集して郷勇とし、それによってひそかに寝返りの心を消し去り、次第に我が兵と知り合うようになり、多少でも統制できると期待しました。［しかし、彼らの］凶暴な野心はいかんともしがたく、官兵が迎撃するときにあたり、逆夷を導き、町を破壊して放火したのはこの輩たちです。(89)

と述べる。また、参賛大臣特依順によれば、乍浦の福建人及び杭州人・寧波人は玉石混淆で、中にはアヘン貿易参加者もいたという。そして彼らと旗人はもともと不仲で、イギリス軍撤退の際に漢奸・土匪が略奪のために満営の家屋を破壊し店舗に放火したとする。(90)若干の記述の差異はあるものの、いずれにせよ郷勇に応募した福建人らによって略奪・放火が行われたことがうかがえる。(91)つまり彼ら福建人は、乍浦を防衛する「郷勇」から乍浦を略奪する「漢奸」に変じたのである。

江蘇においても署両江総督裕謙が、上海でアヘン貿易に参加していたような福建人・広東人の舵工・水手・游匪を郷勇に充てた場合、烏合の匪類で、統制が困難であると述べている。(92)鎮江陥落の際にも略奪が生じていることをみると、(93)郷勇が略奪者に転じる可能性は高かったといえる。

以上から、いずれの地域においても福建・広東沿海民からなる郷勇・団練の評価は極めて低いことがわかる。沿海の大官は郷勇、なかでも水勇を軍事・治安上有害無益とみなしており、(94)団練についても問題視していた。とりわけ沿海地域が戦闘に巻き込まれた際、郷勇らが軍事的に無能力で直ちに潰散するだけでなく、清朝の地方権力の崩壊に乗じて略奪・放火を行ったことは、戦禍を被らなかった地域と比べて事態は深刻であった。清朝地方権力の存在を背景に成り立つ郷勇というまとまりは、一旦権力が崩壊すると、たちまち潰散して無法者の群れと化したのである。(95)

そのうえ、郷勇・団練は財政的な負担となった。アヘン戦争は莫大な軍事費を要して清朝の負担となっていたが、(96)郷勇・団練の経費も決して少なくなかった。例えば、広東では水勇に対して、家からの出発時に留守宅の手当として銀三両、日給銀二銭を支給し、浙江ではこの額が手当一〇両、日給銭三〇〇文になったように、(97)水勇に人々を引きつけるためには比較的高い給与が必要とされていた。(98)そして、団練・郷勇の規模は大幅に拡大していたから、(99)その負担も膨大なものになっていただろう。それゆえ、緊張緩和時ないし戦争終結後すぐに郷勇は解散されている。

この団練・郷勇の解散は失業者の増大、ひいては治安の悪化に直結した。道光二二年二月、浙江において募集された各省の壮勇が帰郷することになったときに、隣省の江蘇巡撫程矞采は、壮勇は性格が凶暴で、多くが塩の密売人や盗人などの素行の不逞な輩であるとしており、武装を解除したうえで帰郷させることを要請している。(100)そして、掌広東道監察御史高人鑑によれば、浙江では水勇が解散後に鎮海の村落で略奪を行っていた。(101)そもそも失業者を吸収して治安の悪化を防止するという意義があった団練・郷勇は、その存在自体が、解散後も大きな問題となったのである。

以上のように、治安を維持するために沿海民から編成された団練・郷勇は、郷紳や商人などの有力層を把握するためには機能し、また各地における神話の形成によって広範な地域に後々まで大きな影響を与えた。一方で、敗戦によって清朝地方権力が崩壊すると、沿海民を囲い込んだ団練・郷勇はたちまちバラバラになって不法行為を行う「漢奸」になってしまったのである。したがって、団練・郷勇は本来の目的である治安維持の面では機能したとはいいがたい。有力者を中心に沿海の人々を団練・郷勇にまとめるという清朝の沿海支配回復の試みは、戦場となった沿海地域においては失敗に終わったのである。かくして、清朝による沿海民支配という課題は戦後に残された。では、同時期に行われた封港はいかなる効果があったのだろうか。

三　封港

(1) 封港＝出入港禁止

道光二〇年（一八四〇）五月二九日、中国に到着したイギリス艦隊は珠江の封鎖を宣言し、以後、中国沿岸の海上封鎖を開始する。しかし、その効果がないためにイギリス側の海上封鎖は中止される[102]。

一方、それにやや遅れてイギリス側の海上封鎖とは無関係に、清朝側の封港も始まっていた。この封港は、以下のように、主として四つの時期に分けることができる。

①道光二〇年

道光二〇年、イギリス艦隊が中国沿岸での行動を開始すると、封港は沿海各地で行われた。江蘇でも封港が行われたが、署両江総督裕謙は同年九月の上奏で、開港後は水手が乗船して立ち去り、遊民が減少したと述べており[103]、九月には開港していることがわかる。また、浙江でも七～一一月に封港が行われたが、浙江での緊張が緩和されると開港している[104]。このように、封港の実施は省によって異なり、一様ではなかった。

②道光二一年前半「封港論争」

封港について江浙の地方大官のあいだで論争が行われたのが道光二一年前半である。前年の一二月一五日にイギリス軍が珠江河口附近の大角・沙角砲台を攻撃して占領したことから、清朝は翌二一年一月五日に戦争布告の上諭を下し、広州附近で戦闘が再開された。そして同年二月一二日、京口副都統海齢は沿海各港の暫時封港を提議し[105]、それをうけて欽差大臣裕謙・両江総督伊里布・浙江巡撫劉韻珂らに是非を問う上諭が下されたことにより[106]、江蘇・浙江における封港の論争が始まった。

封港を推進したのは、伊里布であった。彼は道光二一年三月四日に上奏し、イギリス軍への補給を遮断するために江蘇省の各港を一律封港したと述べている[107]。一方、裕謙・署江蘇巡撫程矞采・劉韻珂らは封港に反対した[108]。彼らの反対意見が次々と上奏された結果、三月二二日には伊里布に対して封鎖解除を命じる上諭が下されている[109]。

③道光二一年後半

道光二一年七月二八日にイギリス軍が廈門を占領すると、②の時期には封港に反対していた裕謙が、鎮海・定海・呉淞などの港湾における福建・広東船の出入港の禁止を命じ、すでに入港している船舶は牙行が保証するとした[110]。その後、裕謙が同年八月二六日に敗死したことも影響したのか、道光二一年九月までに江蘇がまず開港した[111]。そして一一月に劉韻珂は浙江における開港を求める上奏を行い[112]、それが認められている[113]。

④道光二二年

道光二二年にも浙江・江蘇の封港が行われている[114]。ただし、イギリス軍が侵攻して乍浦や上海などの沿海の要衝を占領したことにより、ほとんど意味がなくなったとみてよいだろう。

以上のように、二年間のあいだに少なくとも四回にわたって封港は繰り返されるが、江浙などの地域における一時的な実施にとどまり、沿海全体で実施されることはなかった。

では、この封港の目的は何であったのか。江蘇における封港の根拠について伊里布は以下のように上奏している。

当該の外国船の中にいる漢奸は非常に多く、おおよそみな福建・広東の匪徒です[115]。江蘇の商船は多くが上海に集まりますが、［商船の］舵工・水手などもまた本籍は福建・広東で、その善悪はまちまちで、もしそれらの

［船舶の］出入を許せば、秘かに［イギリス側と］互いに結託し、外と内で相呼応して悪事をなさないとは限りません。本省の漁船は利益をむさぼるので、その［イギリスの］商品を売買し、［イギリス船への］食糧の補給を行うことも、また恐らく避けがたいでしょう。ここに、各港を封鎖して堅壁清野の計をなすことを奏請いたします。(116)

と述べる。また、③の時期に裕謙は漢奸の侵入による騒擾防止のために封港すると述べている。(117) 以上からみて、封港の狙いは漁民などによる接済を防ぐことと、漢奸の大半が福建人・広東人であることから、彼らが侵入することによる内応や騒擾を防止することにあった。つまり沿海民とその船舶を港に封じ込めることによってイギリス軍への補給遮断と治安維持を狙っていた。また、ここで現れる「堅壁清野（城壁の守りをかため、野にあるものを一物残らず片づけて敵の補給を困難にさせるという戦法）」という発想は、これが従来の反乱鎮圧の発想と類似していることを示す。(118) 封港とは、嘉慶白蓮教徒の乱の際のような山塞ではなく、沿海の主要な港湾に沿海民を囲い込むことで統制しようという試みといえよう。団練と同様に、封港は清朝が沿海民に対する統制回復を狙ったものであった。

こうした清朝側の封港の背景には、嘉慶白蓮教徒の乱以外にも、清初の海禁によって鄭氏を制圧したという経験や、(119) 嘉慶海寇において広東の海禁が海賊に打撃を与えたことがあるだろう。(120) さらには、前章でみたように、アヘン戦争前において、各港における牙行を通じた貿易管理が崩壊していたことも背景にあると思われる。つまり、牙行による出入港時の統制が機能せず出入港の間隙が拡大していた以上、一切の船舶の出入港を許さない封港以外に船舶統制の手段がないということである。これは、アヘン貿易対策や道光一九年一一月における広州における林則徐の対イギリス貿易停止よりもいっそう踏み込んだ沿海民対策と位置づけることができる。(121) それでは、封港はなぜ、清初のように長期間維持できず、また沿海全域に及ばなかったのだろうか。次に、道光二一年の二回の封港（②③）をめぐる議論を中心に検討したい。

（2）封港の課題

先述したように、②の時期において、両江総督伊里布が主導した封港に対しては他の大官が強く反対しており、ここから封港が引き起こす問題をみることができる。

道光二一年三月一五日、欽差大臣裕謙は、江蘇・浙江の両省では海にその生活を頼っている人々が十数万人以上おり、貿易の恩恵にあずかっているものは無数である。そして、福建・広東の二省で貿易に従事する者はさらに多く、封港を行うと、有力者は持ちこたえることができるが、力のない者は流浪して盗賊となると述べて、封港に反対する上奏を行っている[122]。

この上奏は、治安維持を目的とする封港が逆に治安を悪化させることを示唆する。では、封港になると持ちこたえることのできない人々とはどのような人々が想定されていたのか。裕謙は同年閏三月三日の上奏で主として江蘇について次のように述べる。

また、江蘇以北の内地では、各省の必要とする砂糖や南方の商品は、ことごとく福建・広東の商船が上海に運んできた物を転運したものです。この風が弱く波が穏やかなときにあたり、南北両洋の貨物船が雲集していますが、急に出入港の禁止が行われれば、商人は往来できず、商品は滞ってしまい、貧民で労働により手足の皮が厚くなっている者は、年中まめまめしく働くものの、綿布や綿花を抱えて販売するところはなく、米と交換して口に糊することもできないでしょうから、［封港は］みずから商民を困らせるものではないでしょうか。各船の水手や荷担ぎ人夫・荷物運搬夫[123]は、おおむね多くが強悍で無業の輩であり、ひとたび封港を行えば、生業がなくなり、さらに落ち着かせるのは困難です。

また漁船は、毎年清明節から夏至までが漁期で、頭水・二水・三水の区分があり、一年の生計はすべてこの時期に基づいていて、昨年の封港が六月以降であったのとは、状況が全く異なっております。蘇州・松江・常州・淮安・揚州の五府と太倉州・通州・海州の三州、海門庁一庁の沿海、沿江の貧民で、漁業によって生計をなす者は数万をもって数え、もしたまたま水揚げが少ない年にあたれば、彼らが盗賊となってしまうおそれがあります。今漁期にあたってその漁獲を禁じれば、これらの漁戸は日々の食事の望みを失い、父母に仕え妻子を養うにもその資金がなくなってしまい、たとえ分に安んじて法を守り、座してその死をまつとしても、民の上に立つ治者は、みずから反省すれば、心中また忍びがたいところがあります。攘外（外敵を討つ）にはまず安内（国内より治めよ）といいますが、国内を治める方法は民の利益によって民の生計を立てさせてやることにすぎません。[124]

と述べる。ここでは具体的に沿海貿易に従事する船舶の水手や港湾労働者、漁期にあたっている漁民などの生計が困難になることを予想している。長江河口附近の水域における漁期は旧暦の一〜五月頃とされており、[125]この時期に封港が重なることで、まさに漢奸とみなされた貧しい沿海民がただちに収入源を失って不安定になることが危険視されていたのである。

また裕謙は、攘外よりも安内を優先すべきだと主張しているが、同様の「安内攘外」の主張は署江蘇巡撫程矞采の上奏にもみられる。[126]したがって、彼ら封港反対派にとって、国内の安定つまり治安維持こそが、イギリスとの戦争よりも優先されるということになり、[127]そのためには封港は不適切な政策であった。

それでは、先述した団練・郷勇などへの失業者吸収によって問題は解決できなかったのであろうか。例えば①の時期に護理浙江巡撫宋其沅は、封港により商船・漁船が失業して、舵工・水手らがイギリスと通じるのを回避するために水勇を募集すべきだとしている。[128]しかし、②の時期において裕謙と同様の立場をとる浙江巡撫劉韻珂は、浙江について、沿海の貿易、漁業に関連する人々は多く、封港した場合にそのすべてを募集して郷勇とすることは困難であり、失業者によってもめ事が起こり、安内を欲して攘内になってしまうと述べて封港に反対している。[129]

実際に③の時期に封港が行われると、劉韻珂は、

臣めはさきの封港のときには、管轄の各官に命じて舵工・水手などを郷勇に選抜して充当し、それによって［事態を］落ち着かせました。しかし、［舵工・水手の］人数は非常に多く、経費には規定［額］があり、ただ、強悍で壮健な者を斟酌して選び用いることができるだけで、引き取って養うのに耐えない者の数はなお多いです。(130)

として、郷勇への編入に限界があることを示す。封港と団練は連動していたが、財政的な制約と沿海民の素質の悪さのために、団練によって封港による失業者を吸収することは不可能であった。とりわけ、港湾労働者などは水勇に編成することもできず、利用が困難であったことが予想できる。それゆえ、封港による治安悪化は避けがたいものであった。

むろん、封港の悪影響を受けるのは船員、漁民や労働者に限定されるわけではない。署両江総督梁章鉅は道光二一年九月二四日の上奏で、同年八月に福建・広東船の入港を禁止した後の状況について、次のように述べる。

その後、上海と福建・広東の商人・民衆や牙行がわたくしめの行館に赴き、次々に上申書を差し出して哀求し、［彼らは］入港を許可されなければ、たちまち海の彼方に漂い、必ずや人と船を保持できなくなると考えており、その申し立ては切迫しておりました。文書を送って検討するのでそれまで待てと指示したところ、前欽差大臣（裕謙）の咨文を受け取り、［その咨文では］本籍と外藉を問わず、一律に一隻の船、一人の入港も許さないということでありました。世間の民心は不安でびくびくし、ほとんどストライキのような状況になりました。（中略）現在、防備の切迫しているときにあたっては、まさに衆志成城に頼り、当然臨機応変にして、それによって民への思いやりを示すべきです。

そして、封港の解除により状況が落ち着いた、としている[131]。ここからは、労働者や漁民だけではなく、有力者である商人や牙行が封港に反対しており、封港の対象が福建・広東船以外に拡大すると、いっそうの混乱と反発を招いていることがうかがえる。督撫にとって商人や牙行は沿海支配で重要な役割を果たしており、彼らの反発をおさえ、人々の心をまとめて「衆志成城」とすることが重要であり、封港を停止するのは必然であった。

また、浙江においても、劉韻珂によれば、一〇月以来、舵工・水手、脚夫などがしばしば多くの人々を集め、乍浦に駐防する杭嘉湖道および乍浦副都統のところに来て開港を求め、舵工・水手・脚夫・牙行の連名で、共同で保証人を立てることを請願していた。また、温処道に対しても、玉環庁及び永嘉・瑞安などの県が窮迫した漁民の騒動を恐れて開港を要請していた。そして劉韻珂は、杭嘉湖道宋国経らが開港を願い出るのは、「安内靖外」の一端であるとしている[132]。

ここでも、舵工・水手・脚夫・牙行という船員・労働者と商人らが一体になって封港の解除を道台に要請し、また地方官も道台に封鎖解除を訴えている。つまり、封港は沿海の貿易に関わる人々すべての強い反対を受けていたことがわかる。こうした広範な封港への反対意見を道台経由で集約した劉韻珂もやはり「安内靖外」のために封港解除を主張し、結果的にそれは実現する。

以上のように、イギリス軍の補給を絶ち、治安を維持するための封港は、失業者増大を招き、逆に治安を悪化させる可能性があった。封港による失業者増大に対し、経費の不足ゆえに団練への吸収は不可能であった。さらに、沿海支配の頼みとなる有力者の反発も強く、沿海の大官のめざす「安内攘外」や「衆志成城」と矛盾することになった。それゆえ、封港は繰り返されたが、長期間維持されることなく解除されたのである。

また、このように長期間の封港ができなかったのは、清代における内国海上貿易の成長があったとみてよい[133]。劉韻珂は浙江における封港の影響について、八月に夷船が集結してきて後、裕謙は漢奸が紛れ込むのを恐れ、再び管轄下の各官にこの月一一日に封港することを命じ、今に至るまで三ヶ月になります。商人は行き来できず、本省の商品も長いあいだ停滞し、虫に食われて憂慮すべき状態になり、他省の商品は日に日に欠乏して、物価の上昇は甚だしいものがあります(134)。

と述べ、貿易の停滞による経済状況の悪化を訴えている。当時の沿海貿易は、沿海部の経済において、清初と比してはるかに大きな位置を占めており、それを完全に封鎖することは、貿易に依存する沿海社会を不安定にする、時代錯誤の政策であったといってよい。それゆえ、清朝中央も沿海部の一律の封港といった政策を行うことはなかったのであろう。そして以後、二度と封港が行われることはなかった。

（3）船舶統制と牙行

沿海において、封港を貫徹できず、江浙と他地域の封港が連動して行われていなかった以上、イギリス軍への海上補給を防止するためには、他の船舶統制の手段が必須となった。そこで、③の時期の封鎖解除後、両江総督牛鑑らの上奏によれば、江蘇の上海では次のような措置がとられていた。

調べますに上海の各項の船隻には、南洋・北洋の区分があります。北洋の沙船はもともと官が印照を発給し、それに船戸と水手の年齢・顔つき・姓名を明記し、地方の文武官の検査を経て印章を押し、通行を許可しますが、保証人を引き受けている行戸（牙行）は多くが挙人や生員、監生ならびに官職のある家の富裕な人物で、互いにみなよく知っています。［一方］南洋の福建・広東の各船もまた行戸が専管し、また各会館の董事がそれを手伝い、紛れ込んで出入することはできません。現在、船照の検査を委任された者に対して、禁令に違反する者と身元不詳の者をまじめに捜査することを厳しく命じました。もし形跡に少しでも疑いがあったり、あるいは人数が船照［に記された］数よりも多かったりした場合は、直ちに行戸を呼びつけて調べ、実情を追及し、それぞれ取り調べて処分します。さらに皆一緒に連帯保証をさせて、何重にも検査して、それによって漢奸の侵入を防止します。[135]

ここからは、北方との貿易を行う沙船も、南方との貿易を行う福建・広東船もともに有力者たる牙行が管理責任を負っていることがわかる。江蘇では封港に代わり、牙行・会館を中心とした従来の体制に船舶統制を依存することになったのである。

浙江でも、封港解除後には牙行が出港する商船の商人・舵工・水手や漁船をともに連帯保証することになっていた。[136]山東においても、富裕な行戸が保証しない船舶は港への接近を禁止している。[137]いずれの地域においても、牙行を基幹とする船舶統制に変わりはない。結局、封港が機能しない以上、平時の貿易管理やアヘン貿易対策と同様に、沿海の船舶統制は牙行に依存せざるをえなかったのである。

また、アヘン流通の主要ルートとして問題視されていた天津と福建・広東のあいだの貿易については、道光二一年二月、直隷総督訥爾経額からの取締要請を受けて、天津へ向かう船舶（洋船）の乗組員数・積載食料の制限を福建・広東の督撫に命令する上諭が出された。[138]

さらに翌二二年二月にも訥爾経額は、多数の福建・広東船の管理について、

調べますに福建省の福州・廈門、広東省の潮州などでは、みな天津に字号（商号）を開設する商人がいて、いずれも富裕な家であり、なお信頼できる者です。広東の広州、福建の詔安の両所は、商人が臨時に商品を購入して船とともに往来し、天津に字号を開設する者は全くおりません。以後は、福州・廈門・潮州の洋船で出港する者は、天津で字号を開いている商人を選ばせて、決して奸匪を隠していないという保証書を提出させ、天津に着いたときにその字号の商人に命じて先に確実に調査し、もし来歴が不明の者がいれば、直ちに届け出て、調査して明らかにした後に重ねて保証書をとることを奏請いたします。以後、もし［違反が］発覚することが

あれば、両所の商人は同じように、罪に問います。広州・詔安の洋船が出港する場合は、保船や税行に保証書を提出させ、各処で照を発給して［広州・詔安の］衙門が捺印し、[139]［それを］船牌（船の登録証明書）の後ろに貼り、それによって天津に到着したときの検査の頼みとします。もし保証書が貼られていなければ、入港を許可しません。[140]

と述べる。そして、天津入港後も、牙行と取引する商人以外の水手の上陸は許可しないとし、最後に福建・広東の督撫への福建・広東船に対する取締りを命令するように要請している。[141]これを受けて直隷と福建・広東の督撫に福建・広東船の取締りを命じる上諭が下されることになる。[142]

ここでは、アヘン貿易対策の際には直隷総督が要請しながら実行されなかった天津と福建・広東などとの連携が命じられていることが、福建・広東側における取締りの実効性はともかくとして注目される。また、この福建・広東船が天津に着いた際の貨物検査は閩粤会館の会館董事が保証人となる商店とともに行うことになっていた。[143]ここからも、従来の牙行・会館を基幹とした沿海支配体制への回帰とその再建がめざされていることがうかがえる。

また、この上奏で重要なのは、広州・詔安において天津に字号を開設する有力商人が全くいなかったという問題である。広州の商人が天津に字号を開設していないとは考えられないので、ここでいわれる広州は珠江河口附近を指すと思われるが、ここで、この両地域がアヘン貿易の中心であったことが想起される。商品とともに往来する商人とは、荷主と船主が分離していない経営規模の小さい商人のことを指すのであろう。[144]すなわち、主要な港を避けて小さな港で貿易を行ったり、牙行を介さずに零細な取引を行ったりするという、アヘン貿易と同じ貿易の零細化という問題が指摘されているのである。

ここに、漢奸対策の一つの根本的な問題があった。道光二一年三月の上奏で、伊里布の封港論に対して裕謙が次のように指摘している。

すなわち不法の商人・漁民で［イギリス軍と］結託して補給することがある場合は、必ず人の来ないような辺鄙な入り組んだ港に停泊するのであって、断じて衆目に明かな通商の正式な港に出入するのではありません。この封港の意見は、いたずらに、まっとうな商人・漁民の妨げとなり、しかも補給を途絶する方法はなおその要領をえないのです(145)。

つまり、沿海の辺鄙な地域において接済が行われることは防止できなかったのである。また、封港の対象は主要港の商船や漁船であり、基本的に牙行の統制する範囲と共通し、小港を取り締まる術はなかった。アヘン戦争時の漢奸対策は、小港において小型船舶を利用して行われる零細化したアヘン貿易によって清朝の貿易統制が崩壊したことと同様の問題を抱えていた。封港も、牙行による取締りも、基本的に通商の正式な港が対象であり、それ以外の統制は不可能であったのである。そして、牙行を介さない取引についても取締りは不可能であった。そのうえ、封港と牙行を利用した取締りは、ともにこうした正式な港をはずれた小港における貿易ないし牙行を介さない零細な取引を増大させるという、アヘン貿易と同じ分散化・零細化の問題を抱えていた可能性が高い。

（4）接済と海盗

以上のような船舶統制の効果については、もはや論じるまでもないが、簡単にふれておきたい。

まず、「接済」の問題、つまりイギリス軍への補給の面からみよう。広東では道光二一年一月にイギリス軍によって占領された香港が補給基地として機能したことはいうまでもないが、イギリス軍に対する補給は他の地域でも行われた。例えば、廈門においては、イギリス側は占領後の住民に対するポティンジャー（Sir Henry Pottinger）らの暁諭で、米商店らに商店を開いて取引を再開することを命じていた(146)。そしてイギリス軍が廈門撤退後に占領を続けた廈門沖合の鼓浪嶼では、イギリス側が高い価格で家畜を購入し、また「奸民」や貧しい人々が鼓浪嶼の海岸において高値で果物や野菜などをイギリス軍に売却していると上奏されている[147]。イギリス人の記述でも、鼓浪嶼と廈門のあいだの交通は妨害されず、廈門も無秩序な状態にあったとしており[148]、イギリス軍の補給を清朝側が阻止する状況にはなかった。

また、イギリス軍に再占領された定海附近でも各国との交易が行われており[149]、清側も「奸民」と外国船のあいだで交易が行われていたことを認めている[150]。イギリス側の史料にも、補給に困難をきたしたという事例はほとんどみられない。したがって、イギリス軍への補給遮断の目的は完全に失敗していた。つまり、封港も、牙行を基幹とした貿易統制も、機能しなかったのである。

そのうえ、中国沿海でイギリス軍が制海権を確立するとともに沿海におけるアヘン貿易も復活した[151]。署江蘇巡撫程矞采は道光二一年六月、厳しい取締りの中でもアヘンの吸飲や福建・広東の奸民らによるアヘン取引がやまず、上海を中心として各州県においてもアヘン密売・吸飲者が多数逮捕されていると述べる[152]。また、広州でも密輸は増大しており、靖逆将軍奕山を含む広州の多くの官僚がそれに関与していたとされる[153]。したがって、清朝による沿海の統制が主要港においてさえ不十分であったことがわかる。ましてや、廈門近郊の深滬湾などには統制が及ばず、戦争中も清朝官僚を無視して外国人のアヘン貿易が続いていたという[154]。

以上のように、清朝による船舶統制は機能しなかった。沿海においてイギリス海軍が制海権を握っている以上、沿海の船舶を清朝側の牙行の下にまとめて管理することはアヘン戦争勃発前よりもいっそう困難であったともいえる。

さらに大きな問題として、アヘン戦争中に海賊の猖獗が始まっていた。むろん、アヘン戦争が始まる前から沿海部には常時海賊が存在していた。そして、イギリス軍の侵攻はこの海盗の活動を活性化させた。例えば戦争中、福建南部においても海賊の活動は活発であったが[155]、道光二二年にはイギリス軍が台湾に来攻するという情報から同安県人らが台湾沿海で略奪行為を行うなど[156]、戦争の混乱に乗じて海賊行為を図る者が出現した。

浙江でも、舟山附近は戦前から福建人の海賊行為が行われていたところであったが[157]、戦争中にも定海附近においても盗船の活動がみられ、清軍がそれを捕獲している[158]。これらの海賊の猖獗からは団練に吸収されず、牙行を含む有力商人層の統制を離れた海上勢力の存在をみてとることができる。

一方で、こうした海賊とイギリスとの衝突が始まっていた。廈門ではイギリス軍の占領にともなう清朝当局の支配の弱体化に乗じて、海賊が廈門周辺の村落を略奪していたが、イギリス軍艦ドルイド（*Druid*）号が海賊の船隊を掃討し、何隻かを撃沈している[159]。これについて清朝側も、住民の保護を口実に人心を買うためであるとしながらも、イギリス船が洋盗を砲撃していることを確認している[160]。また、定海においてもイギリス船が福建人・広東人からなる海賊船を攻撃して撃沈または駆逐し、商船を護衛していた[161]。ここに海賊行為に乗り出した福建・広東沿海民はイギリス海軍との対決の時を迎えたのである。

おわりに

アヘン戦争の衝撃がもたらした「漢奸」の出現に対して、清朝側は漢奸対策、すなわち「漢奸」とされた福建・広東沿海民の統制を行った。ここで採用された政策が団練・郷勇の編成と封港である。これは福建・広東沿海民という「人」とその「船舶」の管理強化をめざした政策であった。かかる政策が行われた背景には、清初の鄭氏対策、嘉慶白蓮教徒の乱、嘉慶海寇の乱、アヘン貿易政策という清朝の経験があった。

中国東南沿海の住民をいかに統制するかは宋代以降の王朝にとって大きな課題であった。前章で述べたように、清朝のゆるやかな沿海支配は、一八世紀末からの貿易の変動と嘉慶海寇の乱によって動揺し、アヘン貿易活動とアヘン戦争で崩壊の危機に瀕していた。その中で行われた漢奸対策は、アヘン貿易対策に次ぐ、第二次福建・広東沿海民対策といえるものであった。つまり、清朝にとってのアヘン戦争は、イギリス軍への対応を含めて、アヘン貿易対策以来の沿海支配回復の試みの中に位置づけられるだろう。

漢奸対策を従来の政策と比較すると次のようになる。清初の鄭氏対策と比較した場合、同じように遷界令・海禁は提起されるが、前者は実行されず[162]、後者も貫徹できなかった。これは、清代における沿海貿易の拡大が背景にあると考えられる。また、嘉慶海寇対策が広東から浙江までの東南沿海に限られていたのに対し、漢奸対策は中国沿海全域に及び、その影響ははるかに大きいものであった。そして直前のアヘン貿易対策と比較すれば、沿海部の連携が試みられ、封港と団練・郷勇といったより強力な政策が連動して行われたことが異なる。全体としてみれば、漢奸対策は清初以来の大規模かつ強力な沿海民対策であったといえる。この漢奸対策に加えて、沿海一帯において海防体制の整備及びイギリス軍との戦闘が行われたのであるから、清朝にとってのアヘン戦争は、少なくとも戦争当時は決して一地方の事件ではなかった。

漢奸対策では、団練・郷勇も封港も、福建・広東の人々とその船舶を武装集団内ないし港内に囲い込んで、治安維持すなわち地域の安定をめざしていた。上奏文に度々現れる「安内攘外」「衆志成城」といった言葉がそれを示している。それゆえに、封港のような失業者を増大させて地域の安定を乱す政策は、逆に貫徹することができなかったのである。

結果的に、清朝は清代を通じて発展してきた、流通の掌握のための牙行と地域防衛のための団練・郷勇ならびにその指導者といったものに著しく依存することになる。この二つへの依存は偶然ではない。バラバラになりがちな取引や人々を有力者のもとにまとめて、それを通じて貿易や人々を管理するという点で両者は共通する機能をもつ。団練と封港が連動していたように、沿海において貿易管理・徴税及び治安は一体で取り扱うべきものであり、団練・郷勇や牙行によって人々とその行動をまとめ上げることによる「衆志成城」がめざされたのである。

しかし、沿海においてはすでにアヘン戦争以前から、牙行による統制は崩壊しつつあり、漢奸対策においても、分散化した取引を束ねたり、人々を結集させたりすることには失敗した。さらに、沿海における清朝の度重なる敗北は、団練・郷勇といったものへの結集を不可能にさせ、「衆志成城」は実現できなかった。結果として、アヘン戦争は清朝単独の沿海支配の最後の試みとなり、そしてそれは挫折した。

つまるところ沿海の課題、つまり清朝による福建・広東沿海民の把握という問題は何ら解決していなかった。アヘン貿易拡大以来、分散化した沿海民の活動の把握は牙行・有力商人・会館や郷紳といった有力者を利用した旧来のシステムだけでは困難であった。[163] このように、沿海民とその船舶の把握が困難であったことが、開港後の密輸問題・海賊問題につながった。[164] また団練・郷勇に吸収されない沿海民の存在と戦後の団練・郷勇解散により、沿海民を吸収するものがなくなったことも戦後の海賊問題や一八五〇年代の諸反乱の原因となったとみてよいだろう。南京条約による開港後の沿海の混乱は、まさにアヘン戦争期から継続していたものであり、開港がもたらしたものではなかった。そして、アヘン戦争で無力を露呈した清朝水師に代わり、イギリス海軍が海賊活動を行う沿海民と対決することになる。

また、アヘン戦争時の「漢奸の活躍」によって、清朝の沿海民への警戒感はさらに高まったが、とりわけ、外国人と結託する者たちへの敵視は強まっていく。

すでに劉韻珂はイギリスとの条約交渉を行っていた乍浦副都統伊里布・欽差大臣耆英・両江総督牛鑑宛の書簡で、イギリス人が法を犯した漢人を保護することによって生じる紛争を警戒している。[165] また、南京においても、耆英・伊里布・牛鑑らもイギリス側全権のポティンジャーに対する道光二二年七月二七日の照会で、奸民が法を犯してイギリス船に逃亡することを懸念していた。[166] しかし、南京条約第九条では「対英協力者」の赦免が定められることになった。[167]

そして耆英らの懸念は、アヘン戦争後に現実となった。第5・8・9章で述べるように中国に来た東南アジア華人がイギリス臣民であることを主張する問題や、イギリス商人と手を結んだ買辦などが不平等条約特権を利用する問題へと発展した。[168] 優位にある外国勢力と結託して不平等条約特権を享受する、新たなタイプの「漢奸」が誕生したのである。

第Ⅱ部　華南沿海秩序の再編——一九世紀中葉

第3章　閩粤海盗とイギリス海軍

——一九世紀中葉、福建沿海における海賊問題

はじめに

一八四二年七月二四日、南京条約の締結により、アヘン戦争は終結した。しかし、その戦火の最中、南シナ海沿海地域では、福建人・広東人を中心とする海賊が勃興し、南京条約によって開始された開港場貿易に対する大きな脅威となった。一八四四年に駐廈門イギリス領事として中国に赴任して以後、福州・上海・広州領事を歴任し、一八五八年に初代駐日イギリス公使となったオールコック（R. Alcock）も一八六三年に著した『大君の都』の中で中華帝国の二つの大敵として、海賊と密輸を挙げているほどである(1)。

しかしながら開港後の海賊に対する研究者の関心は乏しく、その研究も明末清初期（後期倭寇・鄭氏）や嘉慶海寇と比較して極めて少ない。当該期における海賊問題について本格的に先鞭をつけたのはフォックスの研究であり、海賊鎮圧におけるイギリス海軍の役割を強調した(2)。その後は、フェアバンクが開港直後を扱った古典的名著の中で、開港後における沿海部の混乱の事例として寧波附近の海賊を詳細に取り上げたほか(3)、概説書などで一部当該期にふれる研究はあるものの(4)、正面から当該期の海賊問題を取り上げた専論はほとんど存在しない。一九世紀中葉の中国

沿海部と列強海軍の役割については、むしろアロー戦争に至る中英関係を中心とする政治外交史の中で議論されてきた[5]。

これらの研究の抱える問題としては、「前近代史」と「近代史」の断絶がある。ほとんどの研究が、開港直前の沿海の状況を理解していないため、開港後の海賊の歴史的位置づけができず、当該期の変動の意義も明らかでない。また、当該期におけるイギリス海軍の役割についても、外交史的アプローチから「イギリス」対「中国」という枠組みを前提として、海軍力の威嚇を用いた「砲艦外交（Gunboat Diplomacy）」が強調される傾向にあり、その他の側面が捉えられていない。

史料の面でも、イギリスまたは清朝中央のどちらか一方のみの史料を使用することが多く、視点が限定されている。そのうえ、当該期の史料の記述が断片的であるため、海賊活動の全体的な変遷を把握できない傾向にある。

以上の問題を考慮して、本章では研究の大幅な空白を補うとともに、沿海の長期的な歴史の中に一九世紀中葉の海賊を位置づけることを目指す。具体的には、第一節では一九世紀中葉の海賊の勃興の過程を解明し、第二節では海賊に対する清朝とイギリス海軍の対応とその影響、第三節ではイギリス海軍による掃討開始後の福建人海賊と広東人海賊の状況の相違、第四節では清朝地方官僚とイギリス領事・イギリス海軍による地域的な秩序回復への試みを、二〇世紀初頭までを視野に入れて検討する。対象となる福建南部（閩南）は、歴史的に中国沿海の海賊活動の中心であり、かつ先行研究がほとんど扱っていない地域である。

一　開港と海賊の勃興

アヘン戦争後に沿海部は海賊が勃興するが、ここでは、福建海域における海賊の構成を概観したうえで、当該期において海賊が生まれた原因について考えてみたい。

まず、海賊の構成員であるが、福建水師提督竇振彪は、漳州・泉州・興化府などの沿海居民はおおむね漁業を職業としていて、利益を得ていればみな良民であるが、利益を失えば盗賊になるとしており[6]、不漁の際に漁民が海賊化しているとしている。

また、一八四六年五月二三日の上奏で閩浙総督劉韻珂は次のように述べる。

思うに福建省の漳州・泉州などの府は沿海に位置し、風俗は凶暴で頑迷なことをたっとび、その中で無業の輩は往々にして海に出て盗賊となります。そして泉州府馬巷庁に属する陳頭・柏頭などの郷は、とりわけ盗賊の集結場所となっています。当該の匪徒はいつも春夏の変わり目になると、往々にして魚を捕るという名目で無頼を集めて、船舶と武器をととのえ、分かれて福建・浙江の各洋に赴き、いたるところで略奪を行い、冬になると、おのおの秘かに巣窟に帰ります。［こうしたことは］久しく受け継がれており、ほとんど習慣と同様になっています[7]。

これらの史料から清朝側が、閩南沿海の漁民は夏から秋にかけて季節的に海賊行為を働いているとみなしていたことがわかる。

海賊の季節性については、マレは広東の事例から、不漁と漁に出ることの危険性から、陰暦の三〜四月に激増すると指摘している[8]。これに対し、豊岡康史は、一八世紀末から一九世紀初頭にかけての広東省内の海賊案件発生数を分析し、季節風に乗って移動する安南海賊以外は、海賊活動には季節性がみられないとしている[9]。

一方、福建についてみると、当時の廈門近郊では、漁期は春、夏、冬の三期に分けられ、それぞれ陰暦の正月から五月半ば、五月半ば頃〜九月中旬、九月中旬頃〜年末であるとされ[10]、春夏の漁期に間隔はない。ただし、全体的に夏期に獲れる魚の種類は少ない[11]。したがって、春夏のあいだに海賊行為を行うのは、やはり春期と比べて夏期が不漁であることが一因であろう。また、福建南部と福建北部・浙江のあいだの移動に季節風を利用していることも要因と考えられる。また、福建水師提督鄭高祥は利益のあがらない漁民に加え、失業した水手も盗賊になるとみなしている[12]。

以上から、漁民・船員などの低い階層に属する沿海民たちが海賊化していることがわかる[13]。こうした構成はやはり漁民・船員が中心であった嘉慶海寇と同様であり[14]、第Ⅰ部で述べたような開港前のアヘン貿易に積極的に参加し、かつアヘン戦争中に漢奸とみなされて取締り対象になった人々とも重なる。

海賊の出身地をみると、例えば、一八四七年七月一日に福建沿海で逮捕された海賊の籍貫が福建の同安・晋江・南安・福清・恵安県、馬巷庁（柏頭郷）、広東の嘉応州に及んでいたように[15]、閩南を中心とした福建人と広東人からなる集団が海賊を形成していた。さらに後述するように海賊集団にはポルトガル・イギリス・アメリカ人などの欧米人も参加しており、福建人・広東人及び欧米人から構成される多様な集団であったことがわかる。このような欧米人の参加は、アヘン貿易以来の福建人・広東人と欧米人の関係をうかがわせる。

それでは、なぜこうした人々から構成される海賊が当該期に勃興したのであろうか。その背景としては貿易の担い手の変化が考えられる。特に開港にともない、従来は福建人・広東人が担ってきた中国沿海貿易に、上海以南に限られていたとはいえ欧米船が参入し、中国―東南アジア航路においても欧米船の役割が増大していたことが重要である[16]。これに加え、銀の流出にともなう中国全体の不景気もあり[17]、開港当初は貿易量が拡大しなかったことも影響しているだろう。実際にも、廈門に入港するジャンクは、一八三三年には大型ジャンク一〇隻、小型ジャンク二九三隻であったのに対し、一八四九年頃には八三隻に減少していたとされる[18]。したがって、福建・広東船の役割が相対的に低下し、失業した船員が海賊活動を行った可能性は高く、同様の事態が沿海部各地で生じていた可能性が高い[19]。

しかしながら、より重要なのは、貿易形態の変化であろう。一八四四年三月二六日、閩浙総督劉韻珂は廈門附近の密輸に関して、以下のように上奏している。

該司（布政使）の調べたところによりますと、何厝郷・卓崎・深塢などの場所（地図４）はみな廈門港の外にあり、水陸に通じていて、以前は内地の商船が商品を販売するために廈門に赴いたとき、それらの場所は時に結託して密輸を行うことがありました。そのうち何厝郷は人口・戸数が多く、民情も粗野であることは、卓崎などの所と比べて最も甚だしいです。夷人（外国人）が廈門に来て通商し始めてから、該郷の奸民は商売になると考え、ただちにヤミ牙行を開設し、船隻を購入・建造して、夷船（外国船）と結託して廈門港外で荷下ろしをして密輸することをもくろみました。開港してまもなく、各夷船はみな［廈門に］直接入港し、該郷の奸民はいまだに各夷人と結託することができず、まだ密輸もありません。(20)

この劉韻珂の上奏とは異なり、実際には開港後、開港場の周辺では「密輸」が横行していたが、(21)貿易が開港場ないしその附近の「密輸」、及び後述するような特定の地域におけるアヘン貿易に集中したことは間違いない。これは一九世紀初頭以来、廈門などの主要港に代わって貿易量を増やし、アヘン戦争直前期にはアヘン貿易が盛んであった小港の機能を低下させた。とりわけ開港場から離れた位置にあり、欧米船相手の「密輸」にも参加できず、また外国船によるアヘンの取引場所としても選択されなかった小港の打撃は大きかっただろう。事実、廈門と広州のほぼ中間に位置し、第１章で述べたようにアヘン戦争以前には沿海の重要な港となっていた潮州附近の樟林などは、廈門への外国船による直航が始まって貿易量が大幅に減少していた。(22)こうした事態は他の小港でも発生したと思われる。

それゆえ、従来のように貿易の利益を享受できなくなった小港を拠点とする沿海の住民は貿易の行われる地域に惹きつけられ、そこで貿易を行うか、さもなければ海賊行為を行ったと思われる。第２章で述べたように、そもそも海賊がアヘン貿易に参与し、アヘン貿易船も武装していたから、容易に海賊行為に転じることが可能であった。

また、海賊の構成員は如上のようにアヘン貿易従事者と共通する漁民や船員であった。そして、海賊の艦隊がしばしば小規模な港湾に展開したのも、イギリス軍艦による捜索の眼を逃れるのと同時に、こうした小港こそが彼らの根拠地であったからである。

当該期における海賊の船舶の大きさについては記録が少ないが、例えば一八五五年に湄州附近に現れた広艇が四〇〜五〇トン程度であったともされる(23)。嘉慶海寇の際の海賊船も大型で二〇〇トン、最小が一五〇トン程度であったというが(24)、当該期はイギリス海軍などの活動もあり、大型船は低速であるうえ、発見される可能性が高いことから、小型化した可能性がある。そして小港はこうした小型船の活動に適していたであろう。

さらに福建南部は従来から械闘が活発であったが、開港後には外国人による火砲のレンタルも行われるなど(25)、沿海住民の武装化も進んでおり、彼らの海賊への転換も容易であった。

このような背景から勃興してきた海賊は、鄭氏や嘉慶期の海賊とは異なり、安定的な海域の支配を行うことはなかったため、商船から保障料を徴収しても、貿易の安全を常に保障するという能力はなかった。そのため、海賊は商船と遭遇した場において安全保障のための保障料を取り立て、拒否した船舶は捕獲するという行動に出ていた(26)。これはその場限りの安全保障にすぎないといえる。したがって、これらの海賊は、沿海を安定してコントロールする実力がない以上、交易を阻害する存在でしかなかった。また、海賊による秩序を、海賊と関係していた一部のポルトガル官僚などの例外を除けば、イギリスをはじめとする欧米諸国とその外交官が認めることもあり得なかった。そのため、これらの海賊を統制することが課題となった。

二　海賊への対応——清朝とイギリス海軍

（1）清朝の対応

当該期における海賊に対する清朝の対策であるが、清朝中央としてはアヘン貿易対策やアヘン戦争時のような沿海部全域に対する明確な対応はなかった。一方、各省においては水師による掃討や招撫に加え、一八五二年二月に閩浙総督季芝昌が上奏しているように、保甲制にならって船舶を一〇隻一甲として編成して澳保人に保証させたり[27]、団練・郷勇を編成する[28]などの従来と同様の手段が講じられている。ただし、後二者はアヘン貿易対策やアヘン戦争での漢奸対策と同様の手段であり、その効果は疑わしい。

それでは、当時、水師による海賊掃討は可能であったのか。まず、清朝水師の中でも最大の規模をもち[29]、海賊掃討にあたるべき福建水師の開港時の状況をみてみたい。

すでにアヘン戦争前から、福建水師は規定では厳格に定められていた船舶の建造・補修などが十分に行われていない状況にあり、アヘン戦争直前期の上奏によると、道光六～二〇年（一八二六～一八四〇）にかけて、福建船廠で放置されたまま完成していない船舶は三〇隻に達していたという[30]。そして一八三三年六月八日の『チャイニーズ・クーリエ』には台湾海峡には福建人海賊が出没して危険地帯になっていたが、清朝水師は臆病で非効率的で文字通り無力であり、目前で海賊行為が行われても海賊を懲罰しようとしないとまで書かれており[31]、すでにアヘン戦争前から海賊鎮圧機能を喪失していた可能性が高い。

また、アヘン戦争における廈門陥落（一八四一年八月二六日）の後に汀漳龍道として漳州に赴任した張集馨は次のように述べている。

漳州府城外に軍功廠（造船所）があり、毎月道台を派遣して監督して戦船一隻を建造させ、海上をパトロールして［海賊などを］逮捕するのに用いるとしている。実際には、水師が戦船を受領すると、商人が商品を販売して米を運搬するのに賃貸したり、あるいは台湾を往来する役人に賃貸し、たまたま海上に出ても、ただ海浜に碇を降ろしているのみであり、いまだかつて洋盗多数を逮捕したことはない。洋盗と水師は同じようなものであり、その父が洋盗であり、その子が水師であるのはいつものことである。水師の兵丁は仕事をしくじって解雇されれば、たちまち洋盗となり、水師営で水師の兵丁を招募すれば、洋盗がただちにやって来て入隊する。ほんとうに海岸線や潮の状況を熟知した者でなければ［水師の兵丁に］補充することはできないのである。[32]

ここからは福建水師が船舶賃貸などの事業を本業にして海賊を鎮圧せず、そもそも水師と海賊がほとんど同じであることがわかる。そのうえ、福建水師提督竇振彪その人が海賊あがりであり、近頃はもうろくし、廈門陥落の際にはなりふり構わず同安に逃亡したという。[33] もっとも、この竇振彪は一八三二年に台湾の張丙の乱鎮圧のために金門鎮総兵として派遣された際も、反乱が終わるまで船にとどまって他の船長たちと昼夜賭博にふけっていて、その後一年分の給与剝奪という処罰を受けているから、[34] アヘン戦争よりもはるか以前から、その任務に忠実でなかったことになる。

また、一八四一年一〇月、イギリス軍が浙江の定海・鎮海を陥落させた後に寧波の救援を命じられた閩浙総督顔伯燾が上奏したところによると、

福建全省の海港で一、二番に重要なところは六〇、七〇ヶ所以上で、いたるところに兵の防守が必要でありますが、本省の兵員数は多くなく、陸路は分派するには足りません。そこで多くは郷勇を徴募して加勢とし、水路は哨船が盗賊を攻撃することが可能なのみで、夷船（イギリス艦）の砲火にはとうてい対抗できません。臣が建造した船舶四〇余隻は、逆夷（イギリス軍）が廈門に闖入した後に、ことごとく焼かれ、大小の各大砲も

海中に投げ入れられ、いまや船や大砲がともになく、水師もまた［寧波に］赴くのは困難です。[35]

とある。イギリス側でも、廈門において合計一二八門以上の大砲を積載した二六隻の戦闘ジャンクを拿捕したとしており、また鹵獲した大砲の総数は五〇〇門を超えたとされる。[36]また、イギリス軍は廈門の造船所において西洋船をモデルにした二重甲板で砲架のある火砲を装備したジャンクが進水間近であるのを発見しているが、[37]これも失われたと考えられる。

ここからは、元来船舶も不足し、治安維持が中心で対外戦争には適さなかった福建水師が、戦時に拡張を図ったが、イギリス軍の廈門占領の際に壊滅的な損害をうけたことがうかがえる。戦後も水師の戦力回復は進まず、一八五〇年に至っても、水師の船隻で実働可能なのは一一隻にすぎなかった。[38]

当然、水師と海賊の力関係は逆転した。一八四七年七月の駐廈門イギリス領事レイトン（T. H. Layton）の報告によれば、福建人海賊林坎はここ三年間に数回にわたって福建水師提督（竇振彪）に挑戦状を送っていた。さらに同七月、イギリス軍艦に捕えられる一〇日前にも提督座乗の船舶を攻撃して自ら焼夷弾を投げ込んでおり、[39]水師の権威は地に落ちていたといえよう。

また、広東人海賊張十五（十五仔）は福建・浙江沿岸の略奪、破壊を差し控える代わりに欽差大臣徐広縉に対して二〇万両を要求した。[40]張十五の海賊行為に対しては廈門の武官も住民も恐怖心を抱いており、もし張十五が現れればアヘン戦争時と同様に城内に避難するとみられていた。[41]事実、張十五に限らず海賊が廈門周辺の村落はもちろん、廈門の城壁のすぐ外側で活動しており、海賊の危険は極めて身近であったが、[42]水師はそれすら抑制できなかった。

水師と海賊が戦闘を交えた場合、水師が敗北する可能性が高かった。レイトン領事の報告によれば、一八四九年に水師は同安県人から構成される海賊の根拠地となっていた浙江の漁山で海賊に敗北していた。[43]また、一八五二年九月には閩安営に所属する水師の哨船が竿塘（馬祖）附近で広艇[44]の船隊に敗北して大砲や銃を奪われている[45]。したがって、水師の実力による海賊掃討は困難であったといえよう。

そこで、招撫策が重要となり、海賊の水師への編入が試みられる。例えば、閩浙総督劉韻珂は降伏した福建籍の海賊を福建・浙江の水師に編入することを要請していた。これに対し一八四七年一月七日の上諭では、弊害が多いことから水師編入は却下され、嘉慶一八年（一八一三）の事例にならい福建・浙江から離れた遠方の諸省の各営に編入することが命じられた。しかし同年五月一日、劉韻珂は水師編入の有効性を説いて再び福建・浙江水師への編入を強く要請する上奏を行い[46]、それが認められている[47]。ここからは、海賊の帰順が現地における水師編入を前提としていたことがうかがえ、嘉慶海寇時と比較して清朝側の立場の弱体化を表しているといえる。そして、後述の広艇の事例が示すように、清朝水師の実力がない以上、招撫策が海賊をコントロールして機能した可能性は低い。結局のところ、清朝水師を中心とした沿海の治安回復は期待できなかったのである。

そして、海賊の横行は特にジャンクによる貿易に大打撃を与えつつあった[48]。その結果、廈門における海峡植民地との貿易は、外国船に依存せざるを得なくなるほどであった[49]。そこで清朝水師以外の対応が求められることになる。

（2）イギリス海軍の登場

ここに登場するのがイギリス海軍である。第2章で述べたように、アヘン戦争中からイギリス海軍は海賊掃討を行っていた。しかし、一八四二年一二月にポティンジャー公使は廈門で閩浙総督と会見して海賊の識別が困難であることを指摘され、パーカー（Sir W. Parker）海軍中将に対して、海賊であるという証拠があったり、命令を受けたりしない限り海賊に関与しないことを命じた。その後一八四三〜一八四四年に廈門でイギリス海軍が海賊ジャンクを拿捕したことから、イギリス領事は海軍に対して海賊掃討を要請していた。しかし、閩江においてイギリス軍艦が海賊を攻撃した際に民間人を殺傷する事件が発生したため、一八四五年三月八日には、明確な根拠なしにいかなる中国船に干渉することも禁止された[50]。事実、海賊船は多くが商船を偽装しており、清朝水師も識別が困難であったとされるから[51]、イギリス海軍はいっそう識別が困難であっただろう。

イギリス海軍がこうした不介入政策を転換する契機となったのが、海賊の外国船貿易襲撃、とりわけアヘン貿易の取引現場への攻撃であった。開港後、アヘン貿易は開港場の港外で行われるようになっており、廈門附近では、泉州湾、深滬湾、南澳などで取引が行われていた[52]。こうした開港場外での取引について清朝側が抗議することもあったが、実際にはあまり効果をあげず[53]、清朝側が実質的に黙認している場合もあった[54]。こうした場所で行われるアヘン貿易に対する海賊の襲撃はしばしば行われたが、これは小港を拠点とする沿海民たちが、外国船によるアヘン貿易を襲撃して、貿易の利潤奪回を企図したとみなすことができるかもしれない。そして、開港場と異なり、アヘンの取引場所には外国軍艦が停泊していなかったことも、アヘン貿易に対する攻撃が頻発した理由であろう。

一八四七年、そうしたアヘン貿易襲撃事件の中でも最悪の事件が発生する。二月七日夜八時半頃、泉州府の深滬湾においてアヘン貿易を行っていたイギリス商社所有のスクーナー、キャロライン（*Caroline*）号とオメガ（*Omega*）号が同時に広東人海賊（マカオの漁船）の襲撃を受け、積み荷のアヘンと売上代金が奪われ、船員三〇人以上が殺害された。この事件の結果、一時的ではあるが廈門港のすぐ外側にアヘン貿易が移動していくことになる[55]。

この事件に対する清朝側の対応であるが、二月八日には清朝の武官がキャロライン号とオメガ号の船主の代理人をともなって金門島に向かい、深滬湾事件に関与したとみられるマカオの漁船を発見している。しかし、その船の船主は両広総督によって海賊逮捕の功績により白頂を与えられた翁姓の人物であり、船内には略奪品はなかったが、三〇人が乗り組み多数の兵器を装備していた。廈門の武官はこの船を拿捕することを拒否したが、イギリス領事は、それは船主の翁が武官に手出ししないようにさせたためだとみなしていた[56]。

二月一二日になると、福建水師提督は瓊州鎮や温州鎮から海賊討伐に功績を挙げて軍功を賞された広東商船の船戸黄富興が海賊の捜索と捕縛を申し出たのに対して、執照を与えてそれを認可している[57]。だが、後述のように黄富興自身も深滬湾事件に関与していた可能性がある人物であった。

その後、広東省では珠江デルタ附近で捜索が行われ、番禺・順徳・新安県などの漁民である郭亜万・周就之・黄亜得ら七名が逮捕された。郭亜万・黄亜得ら三名は収監中に病死し、三名が処刑され、一名が新疆へ流刑となった。[58]そして広東で処罰が行われたことはイギリス領事にも伝えられた。[59]

だが、香港の裁判では、海賊船に清朝官僚が搭乗していたことが明らかになっており、[60]イギリス側は清朝官僚の関与を確信していた。しかし、広東における清朝側の調査では、郭らと梁興聴らがそれぞれ新安県で仕立てた漁船二隻は暴風で漂流して福建省に流されて偶然出会い、その後、たまたまオメガ号とキャロライン号の前に停泊したとしていた。そして収監中に病死した黄亜得は以前オメガ号の買辦であったため、オメガ号が貨物を運搬しており、資本に富んでいることを郭らに告げ、不漁と漂流で窮迫していた郭らが、近隣の漁民四七人を糾合して二隻に対する襲撃を行ったというものであった。[61]手引きをしたと思われる黄亜得の役割は興味深いが、事件が偶然に発生したということをイギリス側が信用したとは思われない。

このように、清朝官僚の事件への関与が疑われる中で、清朝側の事件への対応に不満を抱いたイギリス側は、事件の翌月から自国の軍艦を用いて廈門近郊における海賊掃討を開始した。一八四七年三月一一、一五、一七日に、イギリス海軍のスループ型艦スカウト（*Scout*）号は海賊掃討を実施し、三隻の海賊船を拿捕し、八九名を捕らえた。捕虜のうち八六名は廈門のイギリス領事館においてイギリス領事と清朝地方官僚の審問を経たうえで清朝側に引き渡され、約八〇名が斬首を宣告された。また、解放した商業ジャンク（三〇〇〇ドル相当）とその積み荷（四二九五・一七ドル）はスカウト号艦長ローリング（W. Loring）から中国人商人によって三六〇〇ドルで買い戻されることになり、それがスカウト号の報奨金となった。この海賊掃討は廈門の商民の歓迎を受けており、駐廈門イギリス領事レイトンはその領事報告において、廈門の商人と市民は我々の海賊に対する戦闘の開始を喜び、海上の交通路が彼らの商業的事業とその合法的な営みに開かれることを期待している。[62]

と述べている。このイギリス海軍の活動に対しては、興泉永道恒昌もイギリス領事に対してイギリス海軍の官兵への謝意を伝えるように要請しており、[63]その後、翌年まで続いたスカウト号の活動に対しても繰り返し謝意を示していた。[64]したがって、イギリス海軍の活動は廈門の地方官憲にとっても有益な行為であったことがわかる。

さらに七月一二日には、レイトン領事は海賊の情報を海軍軍艦に連絡した。そこでスカウト号は直ちに泉州湾に向かい、海賊のジャンクを拿捕して海賊八二人を捕虜として清朝側に引き渡し、商船乗員一五人を解放したが、捕虜の中には先述の福建人海賊林坎がいた。[65]スカウト号はその後も海賊掃討を続けて大きな成果をあげており（表3-1）、イギリス海軍艦艇が積極的な海賊掃討を展開し始めたことがわかる。

海賊林坎の逮捕に対しては、廈門の官民を喜ばせて興泉永道をはじめとする廈門の清朝官僚がローリング艦長に感謝の意を示しただけでなく、[66]同年八月一三日、寧紹台道（寧波道台）鹿沢長は駐福州イギリス領事ジャクソン(R. B. Jackson)に対して感謝の意を示しており、[67]署閩浙総督徐継畬も、同年八月一五日にイギリス軍艦の三度にわたる海賊掃討とそれによる貿易の安全確保への満足の意をジャクソン領事に伝えている。[68]したがって、福建・浙江沿海の清朝官僚のあいだでも、イギリス海軍の有効性は広く認識され始めたといえる。

一八四八年になるとイギリス海軍省も中国沿岸における海賊の猖獗を認識して方針を転換し、領事や清朝側の官僚と協力して「海賊」掃討を進めることを推奨するようになり、[69]海賊掃討に際しては、イギリスの大蔵省から報奨金が支給されることになった。[70]この海軍省の方針については、ボナム(Sir S. G. Bonham)公使から駐廈門イギリス領事レイトンを含む各港のイギリス領事に伝えられた。[71]レイトン領事も交易の安全確保、イギリスの軍事力示威という目的から、[72]これを積極的に支持した。以後、福建沿海における海賊掃討は続いていくことになる（表3-1）。

表3-1　福建海域におけるイギリス海軍の海賊掃討活動

年　月	イギリス軍艦名	捕虜数	解放者数	海賊船隻数	破壊船隻数	拿捕船隻数	場所，海賊の所属等	出　典
1847年3月	*Scout*	86				3	南日島附近など	FO228/70；FO663/52
1847年7月	*Scout*	82	15			2	泉州府	FO228/70；FO663/52
1847年8月	*Scout*	22	7	7		1	平海沖	FO228/70；FO663/52
1847年12月	*Scout*	85	13	6				FO228/70；FO663/52
1848年6月	*Scout*	62	4	2	1	1	泉州沖	FO228/84；FO663/52
1849年5月13日	*Pilot*	8	45	5	1		浙江披山？	FO228/98；FO663/7；FO663/52
1849年5月25，27日	*Pilot*	48		11	2		湄州沖・台湾沖	FO228/98；FO663/52
1849年6月2日	*Pilot*	67		5		3	台湾西岸五指港	FO228/98；FO663/52
1849年6月11日	*Pilot*	8		5	1			FO228/98
1849年6月20～21日	*Pilot*	39	8	2			深滬湾附近	FO228/98；FO663/52
1849年10月	*Medea*						南澳附近，広東海賊	FO228/98
1849年10月	*Fury, Columbine*						張十五の船隊	FO228/98
1852年2月	*Lily*							FO228/141
1853年5月11日	*Rattler*	51		7？		4	南関。広艇・ポルトガルローチャ	FO663/12
1853年11月	*Hermes*	7		40～45	19	3	湄州附近。福建・広東海賊，廈門小刀会残党を含む	FO228/155；FO663/61
1853年12月	*Hermes*	23			16		虎頭山，広東海賊	FO228/155；FO663/12；FO663/62
1854年3月	*Bittern*					6	拿捕した船隻は海賊ではないと判明	FO228/171；FO663/12；FO663/13
1854年6月	*Bittern*				1		湄州附近，福建海賊，廈門小刀会残党	FO228/171；FO663/61
1855年1月	*Bittern*			9	2		主に広東海賊	FO228/188
1855年3月	*Bittern*				8		南澳附近。広艇と大型泉州ジャンク。清朝水師と共同で掃討	ADM1/5657
1855年6月	*Racehorse*	58		15	2	2	広艇	FO228/188；FO663/61
1856年2月1日	*Bittern*		20	2	2	1	銅山沖，広艇	FO228/211；FO663/61
1856年4月		8					湄州沖	FO663/61

年　月	イギリス軍艦名	捕虜数	解放者数	海賊船隻数	破壊船隻数	拿捕船隻数	場所，海賊の所属等	出　典
1856年8～9月	*Comus*				7	1	湄州附近	FO228/211；ADM125/1
1856年12月29日	*Sampson*	20		2		2	恵安県崇武沖，香港ジャンク	FO228/233；FO663/64
1857年4月	*Camilla*			4	1		囲頭澳	FO228/233
1857年4月	*Camilla*	28	3		1	1	尚書，広艇	FO228/233；FO663/64
1857年4月	*Sampson, Camilla*	24			15	5	湄州など，広艇など	ADM125/1
1858年4月	*Elk*	22	150	1		1	廈門大担外，広艇	FO228/251；FO663/64；FO663/65
1858年9月	*Magicienne, Algerine*						イギリス船員殺傷に対する囲頭への報復攻撃	FO228/251
1858年9月	*Banterer*			8	9		興化湾	ADM125/3
1858年9～10月	*Magicienne, Algerine*		53	22	18	2	湄州	ADM125/3
1858年10月	*Banterer*		1		1	3	南関島附近	ADM125/3
1859年5月	*Kestrel, Janus*						小金門島附近捜索	FO228/265
1859年12月	*Bustard*	2	3		6		定海湾・黄岐湾	ADM125/5
1860年3月	*Scorn*	1					湄州附近，海賊行為を行う村落を攻撃	ADM125/5
1860年7月	Gunboat No.73						湄州附近	FO228/285
1861年4月	*Grasshopper*	56		12	9	3	福州附近・三沙	ADM1/5762
1865年1月	*Pelorus*				1		同安県	FO228/382
1866年6月	*Perseus*				1		涵口，誤認の可能性あり	FO228/405

この海賊掃討を行ったイギリス軍艦であるが、スカウト号は一八三二年にイギリスのチャタム造船所で進水した載貨容積四八八トン、全長約三五メートル、全幅九メートルの小型艦で建造当初は三二ポンドカロネード砲一六門、九ポンド砲二門を装備し、一二〇～一二五名が乗り組んでいた。また、その他の海賊掃討を行ったイギリス艦の多くも一〇〇〇トン以下の小型艦であった[73]。しかしながら、乗員の練度、技術的優位もあり、海賊掃討にはこうした小型艦艇は圧倒的な力を発揮していくことになる。

こうしたイギリス海軍の活動に対し、福建人海賊側もスパイを駐廈門イギリス領事館の苦力として送り込み、イギリス艦スカウト号とブリッグ型スループ艦パイロット（*Pilot*）号の移動情報を海賊に伝達させていたとイギリス領事は推測している[74]。海賊側にとってもイギリス海軍の脅威は高まりつつあったのである。

その中で、イギリス海軍は広東から福建沿海で活動していた五〇隻の艦隊をもつ前述の広東人海賊張十五の艦隊を福建海域から撃退した[75]。さらにイギリス海軍の小艦隊は清朝武官とその艦艇の協力を得つつ、一八四九年一〇月に香港に近いバイアス湾で張と同じく広東人海賊の徐亜保の艦隊を撃破し、トンキン湾で張の艦隊の大部分を破壊した（カバー図版）。この張十五と徐亜保の掃討の成功は、沿海の清朝官僚や水師提督にイギリス海軍の有用性と協力の重要性を認識させることになる[76]。

廈門においても、清朝地方官僚とイギリス海軍の協力体制の構築が進展していた。まず、イギリス領事の要請に応じ、福建省当局はイギリス軍艦が捕獲した海賊船とその貨物所有者がない場合は、これを現金化して報奨としてイギリス軍艦の官兵に与えることを定めた[77]。一八四九年六月にはパイロット号の活動に清朝側の官僚は感謝を示すと同時に[78]、いっそうの協力と海賊の名前と出没地域などの情報提供の意志があることを示し、また清朝戦闘ジャンクとの信号交換も成立した[79]。また、領事の名前（Layton）を合い言葉として舩門に掲げることにより、イギリス船と清朝水師が相互の識別を図った[80]。清朝が国旗を定め、軍艦へのその掲揚を規定していない段階では[81]、こうした暫定的な措置も必要であった。

一方、イギリス海軍と廈門の中国人商人との協力体制の構築も進展した。イギリス商船からの情報提供は当初より存在したが、中国商船からの情報提供による海賊掃討も進んだ。一八四九年六月、台湾西岸で海賊掃討を行っていた英艦パイロット号は商業ジャンクからの情報を受けて掃討を進め[82]、一八五一年にはイギリス領事が金門島附近で四隻の海賊船によってジャンク二隻が捕獲されたという情報を中国人商人から入手して、ブリッグ型艦リリー（*Lily*）号に出動を要請し、リリー号には海賊に捕獲されたジャンクの船主が搭乗して掃討が行われた[83]。

このようなイギリス海軍の海賊掃討の進展は、海賊を福建海域から排除し[84]、廈門をはじめとする閩南諸港の交易にも影響を与えた。例えば一八四八年六月のスカウト号の海賊掃討は、砂糖移出のシーズン中に連日のように北方に向かっていた砂糖輸送ジャンクに対する脅威を取り除いた(85)。また一八四九年にはパイロット号が台湾の港口から福建人海賊を駆逐したことにより、寧波や上海に米穀が移出されたにもかかわらず廈門は米価が下落しており(86)、廈門・台湾間の米貿易の安全も確保されつつあった。そして、廈門の交易を阻害していた海賊の排除は、廈門の商人たちにとって利益になり、しばしば商人たちがイギリス側に感謝を示すようになる(87)。

以上から、地方の文官や水師の武官などの廈門の官僚及び商人とイギリス海軍が結びついて、福建人・広東人海賊に対抗するという図式が成立していたことがわかる。海賊が官僚・商人と対立する図式は、一七世紀末以来の傾向であり、ここに至り官僚・商人側にイギリス海軍が加わったのである。かかる地域的協力関係が生まれていった背景には、アヘン戦争の衝撃が廈門の官僚・商人にイギリス海軍の実力を認識させていたことがあるかもしれない。

こうした図式の下でのイギリス海軍による廈門を基地とした海賊掃討作戦の進展は、福建沿海の海賊勢力には大打撃となり、とりわけ海賊の集団形成に大きな影響を与えた。当時の海賊の正確な人数は不明であるが、駐廈門イギリス領事は一八四七年一二月に廈門—福州間に二〇〇〇人、一八四九年六月にも廈門・台湾西岸・閩江河口のあいだに三〇〇〇人の海賊がいるという報告を行っており(88)、福建沿海では合計でも数千人程度であったと推定される。掃討の対象となった海賊も前掲表3-1に示したように比較的小規模である。大規模な事例を取り上げてみても、一八五三年一一月に湄州附近で確認された海賊は、広東ジャンク一五隻と福建ジャンク二五〜三〇隻から構成されていたとされ(89)、また一八五四年六月には福州附近で五〇隻の福建海賊ジャンクによる襲撃が行われている(90)。したがって、個々の集団は最大でも五〇隻程度とみられる。

このように、当該期の海賊の規模は、広東の海賊連合だけでも一〇〇〇隻以上、数万人に達した嘉慶海寇などと比較すれば小規模であったといえよう(91)。従来の海賊は海賊の小集団が連合する形をとって大集団を形成していたが(92)、イギリス海軍の活動は、こうした小集団の形成すら困難にしたため、大規模な集団に発展する可能性が失われたのである。先述の張十五の艦隊はイギリス海軍にトンキン湾で撃破された際に、六四隻の艦艇を擁し、約一二〇〇門の火砲、約三〇〇〇人の乗組員を擁していたと推測されているが[93]、そのような規模の艦隊が形成されることは二度となかった。さらに海賊は交易の中心となりつつあった開港場からも排除されており、交易の利潤を確保して清朝に対抗する集団の形成は不可能になった。それどころか、場合によっては弱体化した清朝水師によって海賊が掃討される可能性もでてきた。実際に一八四九年六月頃には、南澳において水師提督の率いる福建水師は何年かぶりに、はじめて海賊の艦隊に対する勝利を収めている[94]。一八五〇年代前半においても、清朝水師による掃討は小規模な海賊船団を対象とする事例が多い。

結局、イギリス海軍は廈門を拠点として一八四〇年代末までに福建沿海部で大規模な海賊掃討に成功し、海賊集団は抑え込まれた。それでは、上記のようなイギリス海軍の活動の中で、一八五〇年代に福建人海賊と広東人海賊はどのように対応したのだろうか。

三　福建人海賊の衰退と広東人海賊の台頭

(1) 閩粤沿海民の反乱と福建人海賊の退場

一八五〇年代前半、沿海部では一八五三年五月に勃発した廈門小刀会の乱を皮切りに、上海、広東などで福建・広東沿海民の反乱が多発する。これらの反乱には沿海の海賊が関与し、いずれも開港場周辺で発生していることから、貿易から排除された沿海の勢力が、貿易の集中する開港場奪取を図ったとみてもよいかもしれない。ここではそうした反乱の中から廈門小刀会の乱を取り上げ、福建人・広東人海賊の動向をみていきたい。

第5章で述べるように、廈門小刀会の乱は東南アジア華人が中心となったものであり、小刀会勢力が奪取した廈門を中心に展開する。[95] この反乱ではシンガポールから人員・物資の補給が行われたうえ、海賊も小刀会を支援していたとされ、[96] 福建人海賊を中心とした海上勢力に依存した面が大きいと考えられる。

このように廈門島を根拠地として補給を行う小刀会勢力に対し、清朝側は海上を封鎖し、海上から攻撃する必要があった。そこで福建水師提督はイギリス領事に対して、軍艦と陸上兵力の派遣を要請して、共同で小刀会を攻撃して廈門を奪回することを提案した。[97] 興泉永道も同様に小刀会がイギリス人の商業を阻害していることを口実にして、イギリス軍艦二隻の出動と共同作戦を要請した。[98] しかしこの際には、イギリス領事は清軍との連絡ができず、[99] その後も要求に応じていない。また、一〇月一〇日には清軍兵士の給与を福州から運送することが反乱によって困難になっているため、水師提督はイギリス領事にイギリスの汽走軍艦で運搬することを要請しているが、イギリス領事は、イギリスは中立の立場であるとして、この要請を拒否している。[100] 結局、イギリス側は中立を維持しつづけたため、清朝側はイギリス海軍を利用することができなかった。

そのような中で、清軍は五月二九日、七月七日の二度にわたる海陸からの廈門攻撃に失敗していた。五月二九日に失敗したのは小刀会側の実力を軽視したことが原因であったが、[101] 七月七日の場合は小刀会側の二〇〜二五隻の艦隊に対して清朝水師側は約四二隻を擁していたにもかかわらず、攻撃に失敗した。[102] したがって、何らかの手段で水師を増強しない限り、小刀会勢力を廈門から駆逐することは困難であった。

そこで、清朝水師は広東ジャンクを雇用することになり、八月上旬頃には広東ジャンクの大規模な艦隊が水師提督に合流するために移動しているのが確認されている。[103] その後、清朝水師の規模は九〇隻に達したという噂もあり、[104] 清朝水師の主力が広東ジャンクになったとみてよい。この広東ジャンクについて駐廈門イギリス領事バックハウス(J. Backhouse)は八月末の報告で次のように記している。

帝国の船隊(清朝水師)の中で最も有力な部隊はこの軍務(小刀会鎮圧)のために雇われた、海賊にほかならないと思われている広東［艇］または通称「広艇」によって構成されている。これらはよく武装されて人員も配置されているが、広く伝えられまた信じられていることには、大多数は叛徒（小刀会）と結託しており、彼らの戦闘の結果はこうした見方を支持させる傾向にある。(105)

ここからは、広東人海賊である「広艇」が雇用され、清軍水師で最も有力でありながら、小刀会と結託している可能性が指摘されている。実際にも、清朝側のジャンクは一部を除いて小刀会側の艦隊とまともに戦闘を行わない状況がその後も続いており、両者が共謀していた可能性は高いとみられている。(106)

もっとも、清朝側はこうした広東方面からの船隊の増強を受けることによって九月初め頃には廈門の封鎖の体制を整えつつあり(107)、広艇は戦闘においては重要な役割を果たし始めていた。

これらの広艇は本来は対太平天国戦に使用する予定のものであったが、廈門小刀会鎮圧に転用されていた。閩浙総督王懿徳は広東の紅単船（広艇）について、

思うに前項の船（紅単船）は、以前六、七月の両月に福建を通過し、上諭に従いまして水師と協力して賊匪（小刀会）を攻撃しています。該艇は船も大砲も頑丈で、弁兵も勇敢であり、前任の［浙江］提督の李廷鈺が自ら率いてきた部隊とともに(108)、水陸の犄角の勢いとなり、いずれも逆匪の恐れるところとなっています。今、江南の軍務は緊急かつ重要で、雇った艇船はもともと粤逆（太平天国）を討伐するためのものでありますが、もちろん命じて応援に急派させるべきです。ただ、廈門の逆匪討伐はちょうどうまくいっており、逆匪の中堅を撃破し、要害を占拠し、すでに［敵は］重囲に陥り、この［水陸］両路から挟み撃ちにすれば、頭目を捕らえることも期待できます。もし急に艇船を撤退させれば、逆匪の勢いがまた拡大し、兵の士気が次第にゆるみ、全体の局面に大いに影響するでしょう。

と述べ、紅単船の廈門駐留期間の延長を求めた(109)。その後も王懿徳は紅単船の修理の必要性などを口実にして江南への移動を引き延ばし(110)、結果として廈門奪回まで使用した(111)。結局のところ、清朝側はもともと向背すら定かでなかった紅単船＝広艇すなわち広東人海賊に依存しなければ、小刀会勢力に対する海上封鎖を実行できなかったのである。

また、広東人海賊とあわせて重要であった団練であるが、王懿徳は八月二一日の上奏文で軍事費に充当する捐（寄付）を募集し、その費用の一部は団練の経費にまわすと述べている(112)。しかし、九月二五日の署閩浙総督有鳳の上奏文では福建省では紳士・庶民が窮乏しているため、捐は二、三万両しか集まっていないと述べており(113)、捐の募集が困難であることをうかがわせる。

さらに、団練募集にも問題があった。団練が械闘を悪化させる危険性についてはアヘン戦争時についてはすでに述べたが、小刀会鎮圧に当たった有鳳らも、

団練の件になると、さらに困難であります。福建人は利益を追求して義を軽んじ、法律や規律を知りません。都市で郷勇を募集し、寄付金から［給与を］支出しても、各郷の住民はおおむねみな頑迷であり、官が勝てば官に従い、賊が勝てば賊に従い、ただ機会を捉えて掠奪を企てるのみで、真面目に官を助けようとはしません。もし進んで応募し、期日通りに集団で訓練しても、支払いがやや遅れると、すぐにばらばらに立ち去ります。ひどい者になると、利益の多寡で、去るか留まるかを決め、賊に従うか官に従うかは、ただ利益のみをみます。漳州府や永春州で義民が賊を殺害したのも、一時的憤激あるいは個人的な恨みによるのです(114)。

と述べており、小刀会の際にも機能しないことがわかる。また、義民の働きも評価されていない。ここからは、清側と小刀会側のいずれもが人々を十分惹きつける秩序を形成できていない状況もうかがえる。したがって、廈門周辺に展開する小刀会への攻撃に利用できるのは、広東人海賊に加えて、福建の軍隊と廈門近郊で募集された義民(115)及び広東、浙江等の隣省から派遣された軍隊であった(116)。そして、この軍隊であるが、英汽走スループ型艦ラトラー

(*Rattler*) 号艦長の報告書によれば、広東人海賊に加えて山賊よりやや ましな程度の集団が清軍に随行していたとあり[117]、清朝側が海上だけでなく陸上兵力も、山賊のような集団に依存していたことがうかがえる。

その後、九月一二日の清側の敗北をうけて九月一五日には清朝水師の指揮官が辞職して指揮権が広東の船隊の提督に移されるなど[118]、清軍の体制立て直しが図られた。一〇月になると、清軍は七〇隻以上のジャンクからなる船隊と四〇〇〇人の陸上兵力を擁するに至って海陸からの廈門攻囲を強化し[119]、一八五三年一一月一一日早朝、小刀会の艦隊は廈門を脱出、廈門は清軍の手に落ちた[120]。この小刀会の敗北は福建人海賊に対する広東人海賊の勝利とみなしてよいだろう。以後、小刀会勢力は廈門を離れて上海、台湾、東南アジア方面に展開していくことになる。

小刀会後の反乱鎮圧後も、イギリス側は中立を保ち、一八五四年四月に統領兵勇李廷鈺が合同で小刀会の匪船の掃討を行うことを提案したが[121]、イギリス領事ロバートソン (D. B. Robertson) は自らの権限を超えるとしてこれを断っており[122]、これについてはバウリング (Sir J. Bowring) 公使も中立の立場を強調していた[123]。

ところが、廈門を離れて根拠地を失った小刀会勢力は沿海で略奪活動を行わざるを得なかったため、従来中立の立場をとっていたイギリス海軍による海賊掃討の対象となった。一八五三年一一月、イギリス船捕獲の情報に対応して行われた外輪スループ型艦ハーミス (*Hermes*) 号の海賊掃討活動では一九隻のジャンクが破壊されたほか、三隻のジャンクが拿捕されたが、そのうち二隻は廈門を脱出した小刀会艦隊に属していたものであり[124]、廈門脱出直後にイギリス海軍の掃討を受けたことがわかる。さらに翌一二月に英艦ハーミス号は海賊のジャンク一六隻を破壊したが、それも小刀会の艦隊とみられていた[125]。

翌一八五四年二月に銅山附近に集結した小刀会勢力が広艇と合同で廈門に対する攻撃を行うという噂が流れた際にも、イギリス領事ロバートソンは、彼らを海賊と同様にみなして、廈門に危害を及ぼしそうな場合はイギリス軍艦による攻撃を主張しており[126]、ボナム公使もイギリス軍艦による廈門防衛を認めていた[127]。また同年六月にイギリス人所有のローチャ船を襲撃してブリッグ型艦ビターン (*Bittern*) 号の掃討を受けた船舶も小刀会の艦隊と関連があるとされている。[128] 結果的に、イギリスは海賊化した小刀会残党の掃討に貢献していたのである。

一方で、こうしたイギリス海軍の福建沿海での活動の結果、小刀会の残存勢力を率いる黄位は福建沿海で活動することが不可能になり、事態はいっそう清朝側に有利になった。黄位の勢力は以後、台湾周辺海域での活動を行い、鶏籠（後の基隆）を襲撃して船舶を奪取するものの、清軍や郷勇によって撃退され、[129] 台湾の内陸に入り込むことはできなかった。[130] その後、黄位は廈門再占領を狙っていたが、駐廈門イギリス領事パークス（H. S. Parkes）が廈門の安全はイギリス軍艦の存在に依存していると述べているように、[131] イギリス軍艦の存在が黄位の根拠地奪回の障害になった。結局一八五四年一一月に黄位は澎湖島を撤退し、海南・コーチシナへ移動したとみなされている。[132] 小刀会の反乱中に「逆匪」に奪われた船舶に乗って小刀会残党がシンガポールに逃亡したこともあり、[133] 総じて、小刀会残存勢力は東南アジア方面に向かったとみてよいだろう。

以上のように、開港後にイギリス海軍の海賊掃討が進んだうえ、小刀会の乱において清朝と広東人海賊の連合勢力に敗北し、さらに後述するような広東人勢力拡大のなかで、福建人海賊は弱体化し、開港場附近から排除されていく。以後、黄位のように清朝地方権力に挑戦する大規模な福建人海賊が登場することはなかった。ここに宋代以来中国沿海部で主要な役割を果たしてきた福建人の影響力は大幅に低下することになる。

（2）広東人海賊の台頭

福建人海賊の退潮とは対照的に、勢力を拡大してきたのが広東人海賊である。ここでは、広東人海賊がいかにして勢力を拡大してきたのかを検討したい。

開港後に広東人海賊が勢力を拡大した背景には、欧米人との関係がある。開港前から欧米人と接触していた広東人は、その優れた技術や装備を導入していた。例えば、前述した広東人海賊張十五の座乗する船舶は広東風に艤装され、三六門の火砲を装備し、イギリス船に類似した方式で銅板を張っていたという。[134] また、一八五八年九月に湄州で捕獲された広艇などの船舶が装備していた一二ポンドないし一八ポンド砲はイギリス製であった[135]。当時の中国沿海における中国人海賊の武装は刀槍や投擲用の悪臭弾（stink pot）・焼夷弾と火砲であり、火砲の優劣が他集団との競争で重要であったから、装備の面で広東人海賊が他集団よりも優位に立ったことは間違いない。

欧米人は広東人に技術や装備を提供するだけでなく、広東人海賊船に搭乗する場合もあった。一八六〇年七月に涠州附近で掃討された海賊船にもイギリス人とドイツ人が乗り組んでいたとされ[136]、欧米人の海賊船搭乗の事例は多い。これは、失業中の欧米人が海賊化していたことが大きいだろうし[137]、外国商社に雇用されている人物でさえ、場合によっては海賊行為を働くこともあった[138]。

また、ポルトガル船が広艇と共同で海賊活動を行う場合もあり[139]、一八五三年四月に浙江省温州府平陽県の北関で六隻の広艇と一隻のポルトガル国旗を掲げたローチャ船がイギリス船などを襲撃しており[140]、一八五七年にイギリス海軍フリゲート艦サンプソン（*Sampson*）号は涠州附近で広艇とともに海賊活動を行っていたポルトガル国旗を掲げたローチャ船を捕獲したが、これはポルトガル船籍であった[141]。

さらに、広東人海賊が欧米船籍を偽装する場合もあった。海賊船によるイギリス国旗の利用はしばしば指摘されているが[142]、一八五四年には、福建省福寧府の三都澳でイギリスのローチャ船を六隻の広艇が襲撃したが、ローチャ船の船長の証言によれば、そのうち一隻の広艇にはアメリカ人が乗り組み、アメリカ国旗を掲げていたとされる[143]。なお、広東人海賊の偽装は欧米船舶に限らず、官僚と無関係な広東人海賊が中国の官船や軍船を偽装する場合もあった。例えば一八四六年に香港で拿捕された海賊船からは、官船の旗や提督の旗もみつかっている[144]。こうした船籍偽装により、ある程度はイギリス海軍の掃討を回避することが可能であっただろう[145]。

また、広東人海賊が西洋人の服装をして威嚇する場合もあり[146]、乗員の偽装も行われていた。

以上のような外国人との関係は、広東人海賊にとっての安全な根拠地確保につながった。浙江巡撫常大淳は一八五一年一〇月七日の、沿海の広東人・福建人海賊掃討について報告した上奏で、海賊の根拠地について以下のよう

図 3-1　福建省莆田市莆田県湄州島

後方の山手には航海の女神媽祖の本廟がある（2001 年 1 月筆者撮影）。

に述べている。

あわせて聞くところによりますと、当該の盗匪らが盗品を売買するために集まるのは、いずれも広東香山県のマカオ、香港および浙江の石浦・温州などです。その船内では多くの密輸品を所持し、偽って商船として各処の港に赴いて販売しないとは保証できません(147)。

このうち、マカオと香港は広東人海賊の根拠地として広く知られており、先述の欧米人と広東人の接触の多くも、この両地で行われていた(148)。同時に注目されるのが浙江省の石浦や温州であり、これらは寧波と福州という開港場のあいだに位置し、開港場を基地とするイギリス海軍の掃討が及びにくかった地域とみてよい(149)。また、現地の清朝当局の実力がないことも海賊の根拠地となった原因であろう(150)。そして、開港場である寧波も広東人海賊の拠点となっていた(151)。

同様に、閩浙総督である裕瑞が自らの責任回避のために意図的に述べていない可能性のある福州―廈門間に位置する湄州島周辺も、海賊の重要な根拠地であった（図 3-1）。そして、これらの地域における海賊活動の活性化は、海賊の根拠地としての閩南の地位の低下を示している。

以上のような要因に加えて、広東人海賊の勢力拡大の重要な要因は清朝官僚との関係の利用である。先述したように、深滬湾の海賊と船主の翁が搭乗していたマカオ船との関係については、イギリス領事レイトンは事件当初から疑っていた。そして一八四九年一〇月にレイトンは、両広総督から海賊討伐を命じられ、福建水師提督から海賊討伐を委任されていた黄富興は深滬湾事件の海賊行為に荷担した可能性が高く、イギリス側が拘束したが、廈門当局は彼が海賊であると知りながら釈放するであろうと述べ[152]、広東人海賊と官僚の癒着を指摘している。

こうした癒着の背景には、当該期において福建水師提督という水師のトップが広東人であったことがあると思われる[153]。先述した海賊出身の竇振彪は一八四一年から約九年間にわたって福建水師提督をつとめたが、彼も広東省高州府呉川県人であり[154]、一八五〇年にその職を引き継いだ鄭高祥も潮州人であった[155]。彼らが広東人海賊と関係をもっていた可能性は高く、一八五八年八月にもイギリス代理副領事モリソン（M. C. Morrison）は、福建水師提督は広東人で広艇の艦隊指揮官と関係があると指摘している[156]。逆にいえば、福建水師への広東人進出と福建沿海における広東人海賊の拡大は連動していた可能性が高い。さらに、一八五九年四月に興泉永道として廈門に赴任した陳維漢も広東人であり、以前は福州で茶のブローカーをし、その後、福建に進入した太平天国軍に対抗して郷勇を組織、廈門にも郷勇を引き連れてきている[157]。これも偶然ではないかもしれない。

これらの広東人海賊は、先述したような廈門小刀会や太平天国などの反乱鎮圧の際に活躍した。さらに、海賊対策として一八五〇年代初頭までは各地で広艇の雇用が行われており[158]、福建においても、一八五四年頃から福州で四隻の重武装の広艇の雇用が開始された[159]。

廈門では、福建水師の能力低下から小刀会鎮圧後も台湾海峡における海賊（小刀会の残党勢力）鎮圧のために、広艇雇用が始まった。一八五四年九月一八日、興泉永道延はイギリス領事パークスに、海上が不穏であるのに対し、水師の修理が完成しないので、洋商職員盧広宏に命じて広東艇船一隻を廈門に来航させて巡洋・掃討にあたらせるが、イギリス軍艦はこれを誤って攻撃しないようにと連絡している[160]。

かかる広艇の活動は広東人商人と無関係ではなかった。パークス領事は、廈門で雇用された広艇は在廈門イギリス商社の通訳ないし買辦を通じて広州で雇用されて派遣されたとみなしていた[161]。そしてイギリス領事館の通訳官ウィンチェスター（C. A. Winchester）は広艇雇用の背景について、以下のように述べている。

よく知られていることには、興泉永道によって雇用された広艇はAwoonによって地方政府に貸し出された。Awoonは自ら相当な規模の商業を営んでいるのに加え、サイム商会（F. D. Syme & Co.）公認の両替商でもあった。[162]

ここから、イギリス商社の買辦であるAwoonを通じて広艇が雇用されていることがわかり、開港後に広東人が沿海地域に買辦として勢力を拡大したことが、広東人海賊の拡大をもたらしていることを示す。このように雇用された広艇は公的任務につくことで貿易ルートを拡大することが目的であったとされており、[163]広東人商人と利害が一致していた可能性が高い。彼ら商人を通じて広東人海賊は開港場にまで進出することが可能になったのである。これは開港場で活動する福建人商人と対立し続けた福建人海賊との大きな違いである。さらに広東人海賊は、もっぱら泉州ジャンクを襲撃しているといわれ、[164]これによって福建人商人を華南沿海航路から排除していった可能性は高い。かかる広東人海賊の活動が、開港後に沿海部の開港場において広東人が福建人に対して優位に立った一因とも考えられる。

以上のような外国人や清朝地方官僚との関係を利用しつつ、安全な根拠地を確保した広東人海賊は、開港場をも基盤としつつ、沿海部全域にわたる広範な地域での活動を行うようになった。[165]とりわけ、広東人海賊の福建海域への全面的進出は、アヘン戦争以前では想定しがたい事態であった。そして福建に進出した広東人海賊は現地の福建人海賊と同盟を結んだ。[166]さらには福州においては、水師の戦闘ジャンクによる商船の護衛請負などは従来から行われていたが、[167]広艇も護衛を請け負い、[168]それによって勢力を拡大していった。廈門において清朝の官僚はイギリス領事ロバートソンに対して、広艇の艦隊は通過する全てのジャンクに対して課税しており、捕獲を試みることもあると述べており、[169]広東人海賊による福建沿海支配が図られていたこともうかがえる。

それでは、こうした広東人海賊の拡大はどのような事態を引き起こしたのだろうか。

（3）広東人海賊の問題

広東人海賊を雇用したものの、当時、廈門の清朝当局に財政的余裕はなかった。一八五三年一一月、清朝は小刀会の乱鎮圧に成功したが、小刀会鎮圧に協力した広艇の艦隊指揮官は、給与が支払われなければ太平天国討伐に向けて移動せずに広州に戻ることを主張しており、窮した廈門の地方官僚（廈防同知）はイギリス領事を訪れて三〇〇〇両の資金援助を要請して拒否されている。[170]

一八五四年三月には、イギリス商人ジャクソン（R. Jackson）が金門島の沖合で広艇の船隊に追跡されたことを知ったイギリス領事は、英艦ビターン号艦長ヴァンシッタート（E. W. Vansittart）に連絡して海賊の捜索を依頼した。そこでビターン号は金門島沖合で重武装した広艇六隻を拿捕したものの、清朝官員を主張する者が搭乗しており、海賊でないことを主張したため、領事は福建水師提督に検査を依頼した。その後、廈防同知は江南狼山鎮総兵の要請によって広東香山県から太平天国鎮圧に向かう林新和の船舶であるとして広艇の解放を要求したため、これらの広艇は解放されている。[171]しかしながら、ヴァンシッタートはこれらの広艇がヨーロッパ船を追跡していたことから疑念を抱いていており、[172]これらの船舶が太平天国鎮圧に向かっていたとしても、移動中に海賊行為を行っていた可能性は高い。

同年三月には台湾から泉州に向かっていたジャンクが海賊の艦隊に襲われたが、その艦隊は小刀会の残党と三隻の広艇から構成されていたとされ、[173]小刀会鎮圧に寄与する広艇がある一方で、小刀会と協調する広艇も存在したということになる。

廈門において広艇が雇用されたことも問題であり、水師提督なども興泉永道による雇用には弊害が多いとして反対していた。[174]また、同年一二月にイギリス領事パークスは次のように述べている。

小刀会の黄位だけが、廈門の現地商人が不平をいう略奪者であったのではない。彼ら（廈門現地商人ら）の山東ジャンク（山東省向けジャンク）が最近、この海域で海賊行為を行っている広艇の手に落ちたものの、すぐに水師と政府に雇われた広艇の混成部隊に救出されたが、彼らは以前、前者（広艇）が要求したのと同じぐらい多額の救助の代償を後者（水師・広艇）に要求された。現在二隻の戦闘ジャンクがこの港（廈門）の水師の常備に相当しているが、一隻は航海に耐えず、もう一隻も恐らくほとんど役に立たない。[175]

当時、海賊から救助された場合に救助された側が謝金を支払うことはあったが[176]、海賊の広艇と雇用された広艇がほとんど同額の金額を商人たちに要求していることから、武力を用いて保護の代償を求めている点で両者はほとんど変わらないといってよいだろう。そして、水師も海賊と同様の行為を行っていたうえ、水師の側はほとんど戦力がなかった。

このように、広艇と海賊が判別しがたい状況の中で、パークス領事は一八五四年一〇月、一一隻の広艇に与えていた証明書を取り消し[177]、イギリス公使バウリングもこれを追認した[178]。

一八五五年一月、英艦ハーミス号によって捕獲された広艇が売却された後、テート商会（Tait & Co.）にチャーターされていたが、興泉永道が雇用した広艇関係者に拿捕されて金門に回航される事件が発生した。通訳官ウィンチェスターの広艇返還の要請に対し、興泉永道は広艇を解雇したので影響力を及ぼすことができないとし、福建水師提督は麾下の優れたジャンクが廈門にないので、船舶の奪回にはイギリス側の協力が必要とした。結局イギリス領事はポルトガル領事を介して Awoon に圧力をかけることで船舶を返還させている[179]。ここからは、広艇を解雇した結果、実力のない清朝側は広艇への影響力を失い、対処もできなくなったことがうかがえる。

そして同年二月一三日にウィンチェスターは以前、興泉永道に雇用されていた広艇が八日前に廈門を出港し、数日後にそれぞれ二隻の台湾・泉州ジャンクを捕獲したと伝えられたとしている[180]。つまり広艇は解雇と同時に海賊稼業に復帰したのである。

このような広艇の活動は、開港場周辺の交易の大きな障害となりつつあった。泉州湾のジャーディン・マセソン商会のハークニム(*Harkqnim*)号の船長ミラー(Millar)からの報告によれば、一八五三年一一月一七日にイギリスのブリグ型船の護衛の下、泉州を発して寧波に向かった船団と同日にローチャ船の護衛の下で泉州を発した漁船の船団がともに湄州附近で、八隻の重武装の広艇と一四隻の泉州ジャンクからなる海賊船団に全て捕獲されてしまう事件が起こっている[181]。さらに寧波附近における広艇の活動は、福建南部の交易を阻害していた。例えば一八五四年一一月頃には、寧波の泉州人商人の代理人たちが二万ドルを支払って汽船を雇用し、一〇〇隻を超える福建の砂糖輸送ジャンクの護衛船団を派遣しようとしたが、寧波附近で広艇の艦隊に抑留され、泉州の交易が大打撃をうけている[182]。このように、護衛船団の形態をとったとしても、ジャンク貿易は安全が確保できない状況になっていた。

一八五五年六月二七日、イギリス領事バックハウスは次のように述べる。

多くが広艇から構成される尋常ではない数の海賊船が、現在、この省の沿岸に横行している。当地(廈門)と台湾のあいだの貿易を行う現地の船舶は、[海賊に]捕獲される大きなリスクを負い、また一方で、当地と福州及び福州以北の地との交通も、現地船舶に関するかぎり完全に停止している[183]。

かくして一八五〇年代中葉、広艇の活動は最盛期を迎えつつあった。自らこれに対応できない清朝は別の手段を講じる必要があった。

四　イギリス海軍と地域秩序の回復

（1）清朝地方官とイギリスの地域的提携

咸豊帝の即位（一八五〇年三月）以降、清朝中央は排外的傾向が強まり、清朝とイギリスの関係は再び悪化していた。そうした中でイギリス海軍との協調は少なくとも表向きには総督・巡撫レベルでは進展しなかった。バウリング公使の意を受け[184]、パークス領事は、イギリス公使及びイギリス海軍指揮官には海賊鎮圧への支援と協力の意志があるということを閩浙総督に伝えるように、興泉永道に対して正式に打診した。これに対し、興泉永道はイギリス海軍の援助を望んではいたものの、総督への伝達を躊躇していたとみられており[185]、省当局の否定的反応をうかがわせる。

一八五六年八月七日の閩浙総督王懿徳の上奏でも、

イギリスのバウリング［公使］の照会文によりますと、「海盗は五港が通商する中で海上を往来し、ほしいままに掠奪を行い、［これに対して］軍艦を派遣して徹底的に掃討したが、なおいまだ十分に完全な効果を収めたとはいえない。現在、毎年冬と春の両季に、江蘇省の呉淞から軍艦一隻を南に派遣し、海岸沿いに寧波・福州・廈門・香港・黄埔の各処を経由させ、夏秋の両季には広東省の黄埔から海岸沿いに香港・廈門・福州・寧波・呉淞の各港を経由させる。当該の軍艦に命じて、およそ盗匪で潜んでいて、商船を害するものがあれば厳しく討伐し殲滅し、よって粛清を期する」ということでありました。わたくし王懿徳は、福建・浙江両省の水師をもって各海上を管轄し、［福建・浙江の海が］広々として長く続き、盗匪で機会に乗じてほしいままに略奪をはたらいているものも少しはいますが、すでに当該の管理の責任のある鎮将に、おのおの水師を率い、常に哨戒し、力をあわせて掃討することを命じました。福建・浙江の水陸路の各文武官によれば、前後して洋上で各件の洋盗多数を攻撃して捕らえたということであり、該夷（イギリス）と助け合って掃討、逮捕するには及びません。[186]

とあり、清朝水師が無力であることを報告せず、あくまでも清朝水師単独による掃討を主張し、福建省当局が清朝中央に対して、イギリス海軍との協力を公式には認めることができなかったことがわかる。

しかしながら、先述のように、実際には福州の清朝当局も海賊鎮圧についてはイギリスの貢献を認識していた。そして廈門においても、清朝地方官僚と商人及びイギリス領事・イギリス海軍が結びついて海賊勢力に対抗する図式が成立しており、一八五〇年代は、この図式が強化されていく。とりわけ広艇に対応できない清朝地方官僚たちが、むしろ積極的にイギリス領事・イギリス海軍の要請に応じていくことになる。

一八五五年六月には福建水師提督李廷鈺はイギリス領事に対し、海賊船が横行しているため、イギリスの軍艦と金門鎮の兵船七～八隻が合同で期日を定めて、湄州一帯に至るまでの海域で海賊掃討を行うことを提案し、[187]イギリス領事はこれに合意した。これは海賊の出没によってイギリス軍艦が急派されたことにより実現しなかったものの、[188]画期的な動きであった。

また、従来から海賊船と漁船・商船の識別は困難な問題であったが、[189]一八五六年二月に福建水師は英艦ビターン号艦長の要請に応じて海賊船識別のための委員派遣に同意し、[190]一八五九年五月の廈門近郊におけるイギリス砲艦ケストレル（*Kestrel*）号と外輪スループ型艦ジェイナス（*Janus*）号による海賊掃討の際にも、清朝側は水先案内人と海賊船識別のための人員を派遣している。[191]

一八五七年三月三〇日、興泉永道は台湾からの米輸送ジャンクを廈門近郊で広艇が捕獲したという情報を伝え、イギリス軍艦の出動を要請した。イギリス代理副領事モリソンはこれに応じ、スループ型艦カミーラ（*Camilla*）号が出動して海賊の捜索・掃討にあたった。[192] ここから中国人商人→清朝地方官僚→イギリス領事→イギリス軍艦という情報伝達回路が成立していたことがうかがえる。この際には、カミーラ号はジャンクを解放するには至らず、モリソン領事は中国官僚からより早く情報を得ることができればジャンク解放は可能であったとみなした。これに対して主な住民から構成される「防衛委員会（Committee of Defense）」は、海賊についての情報は直接領事に伝達すると約束した。[193]

その直後の四月九日、「防衛委員会」はモリソン領事に台湾からの米輸送ジャンクの船団の広艇による捕獲を伝え、領事から連絡を受けたカミーラ号が出動して広艇一隻を撃沈し、商船を解放して海賊二五人を清朝側に引き渡している。[194] また、同年七月二〇日にもやはり「防衛委員会」のメンバーと商人がイギリス領事を訪れて廈門と泉州附近における海賊による船舶捕獲と台湾海峡の航行の危険性を伝えてイギリス軍艦に支援を要請し、イギリス領事もそれに応えてコーモス（*Comus*）号艦長に対応を要請している。[195] ここから、清朝側住民からイギリス側へ直接情報が伝達されるなど、情報の伝達の迅速化も進められていたといえる。

逆に、清朝側が海賊を掃討して西洋人を保護する場合もあった。一八五六年二月に銅山営が艇匪など五五名を捕らえた際に、海賊の捕虜となっていた西洋人二名を解放し、銅山営、雲霄分府、漳浦県、海澄県を経て廈門に護送され、廈防分府李廷泰からイギリス領事に引き渡された。[196]

こうしたイギリス海軍と清朝地方官僚の実質的な協力体制構築は、広艇にも打撃を与えた。同じ一八五〇年代半ばの広東沿海においても、香港近郊を中心にイギリス海軍と清朝の協力による海賊掃討が進んでいた。[197]

また、当時、太平天国の乱等の影響で漕運が海路を使用するようになる中で、[198] 沿海部の治安確保はより重要になっていた。一八五四年には、海賊行為が浙江海上で多発したことにより、寧波の商人らが広東で西洋式蒸気船を購入した。[199] この汽船は、一八五五年に奉天の復州・山東の蓬萊の海上や、浙江の石浦などにおいて海賊船に大きな打撃を与えた。さらに上海の商人も蒸気船を一隻購入し、その蒸気船により、翌年は江浙での海賊鎮圧活動も活発になった。[200]

一八五〇年代後半になると、アロー戦争に際してイギリス海軍が中国沿海に大規模に展開する中で、一八五八年二月二八日の中国沿海の安全確保のために中国政府を援助してもよいというイギリス海軍省の訓令を受け、イギリス中国艦隊の司令官ホープ（J. Hope）もイギリス領事を通じたうえでの海賊掃討を部下に認めており、[201] 海賊の掃討はいっそう進展した。以上の要因が重なって、広東人海賊の拡大は阻止された。一八五〇年代後半における広東人海賊の活動減少はそれを示しているのだろう。

一八五九年に至っても依然として海賊掃討に広艇が使用されることもあったが、[202] 翌年には福州での福建人との騒擾を契機として広艇が福州附近からも排除された。[203] 排除された広艇が同年七月には温州附近で活動していることから、広艇は福建海域から排除されつつあったとみなしてよい。[204] そして一八六〇年一一月一九日、広艇の船隊一八隻、人員二〇〇〇～三〇〇〇人が福州に侵入を試みて撃破され、大きな損害を出した。[205] ここに福建沿海における広東人海賊の全盛期は終わったのである。

その後、広東人海賊は広東省と浙江省沿岸を中心に活動したが、イギリス海軍の掃討は拡大した。一八六二年一〇月には、英艦エンカウンター（*Encounter*）号が他のイギリス軍艦やフランス軍艦及び清軍兵士と共同で舟山に集結していた広東海賊を攻撃し、二〇〇隻のジャンクを炎上させている。[206] そして一八六〇年代前半には、浙江省における広東海賊の活動も抑え込まれたとみてよいだろう。以後も広東を中心として広東人海賊の活動は続くが、大規模な広東人海賊が沿海で活動することはなかった。

（2）開港場秩序の確立

イギリス海軍の活動は地域の秩序に大きな影響を与えた。とりわけ、廈門に軍艦が停泊していることは、決定的に重要であった。イギリス軍艦の廈門停泊の必要性については、一八五一年に廈門に海賊が接近した際に、駐廈門イギリス領事サリヴァン（G. G. Sullivan）が福州から廈門への軍艦回航を主張したように[207]、各港のイギリス領事には強く意識されていた[208]。一八五三年にもイギリス領事ロバートソンは、廈門では可能ならばイギリス軍艦の保護がない日が一日たりともないようにすべきだと主張している[209]。むろん、イギリス海軍が中国の開港場に展開している軍艦数は限定されていたことから、各開港場の要求に応えられるわけではなく、各開港場に駐在するイギリス領事がそれぞれ軍艦の停泊を要求しあうということになっていた[210]。

一方、清朝地方官僚の側でも、イギリス軍艦の重要性を認識していた。一八五四年四月に廈防同知李廷泰はロバートソン領事に対して、外港に洋匪が出没して略奪の機会をうかがっているため、イギリス軍艦を廈門港の入り口に当たる沙坡頭（地図5）に停泊させることを要請している[211]。また、興泉永道も自らの管轄内で反乱が起こった際にはイギリス軍艦の援助に期待していた[212]。一八五八年一〇月には、水師提督と興泉永道がイギリス領事を訪れ、廈門周辺の村落が五〇〇〇人の兵力を集めて反乱を起こし、廈門を攻撃する可能性があるため、ブリグ型艦エイコーン（*Acorn*）号を廈門内港に停泊させることを要請した。イギリス領事はこれに応じて軍艦を移動させ、その後事態は沈静化に向かっている[213]。

さらに一八六〇年に興泉永道はイギリス領事に対して、海賊の艦隊が廈門を攻撃するという威嚇によって相当な恐慌が引き起こされているが、港内のイギリス海軍のブリグ型艦と多くの外国船が廈門の安全を十分保証していると考えていると述べている[214]。

もちろん、イギリス海軍による海賊掃討の効果を理解していた廈門の商人の認識も同様であった。広艇の活動が活発な中で、一八五七年一月三一日には廈門の主要な商人二〇～三〇人がテート商会を訪れ、イギリス軍艦が廈門を離れた場合に騒擾が起きることを恐れていると伝えている。そして、これら商人の不安を根拠に、イギリス領事モリソンも英艦サンプソン号艦長ハンド（G. S. Hand）に対して廈門を離れないように要請している[215]。

ここから、廈門にイギリス軍艦が停泊していることが海賊などから廈門を防衛するために必要であることが、イギリス領事、清朝地方官僚及び廈門の商人によって認識されていたことがわかる。実際、イギリス軍艦の存在する廈門を海賊が海上から攻撃することは不可能であり、そうした試みすら行われていない。

この結果、廈門という開港場の安全が確保され、開港場における外国船貿易に海賊が影響を与えることはなくった。先述のようにアヘン貿易船も開港場附近に移動したこともあり、外国船貿易の開港場への集中は確立した。ここに、一九世紀初頭以来の閩南における貿易の分散化は終わりを告げたのである。

とはいえ、廈門周辺地域において中国ジャンクを襲撃する海賊が消滅したわけではない。イギリス海軍は公海での海賊掃討活動は行ったが、原則的には他国の領海内での活動はできなかったため[216]、領海内での治安は清朝が維持しなければならなかった。

しかし、一八五〇年代前半、清朝の廈門周辺における軍事力は近隣の海賊鎮圧にすら不足していた。一八五四年七月一七日、同安県沿海の官潯・柏頭・潘塗（地図4）などの村民が廈門と周辺のジャンク貿易に対して海賊行為を行い、廈門と漳州・泉州の交通を阻害しているため、パークス領事は村落の鎮圧を福建水師提督李廷鈺に要請した[217]。これは、パークスが、開港場である廈門と後背地のあいだの交通の安全確保を重視していたことを示す。

これに対して李廷鈺は、以前は討伐に失敗したが、再度水陸の文武官に鎮圧命令を出したとパークスに返答している[218]。しかしパークスは同年七月三一日の報告で、水師提督は同安の反乱に荷担した村落は鎮圧したが、名目上の兵力は五〇〇〇人であるが実際は二〇〇〇人で、そのうち船上で勤務可能なのは数百人といった清朝側の軍事力の不足から、海賊の村落に対する討伐の効果はないとみなしていた[219]。

実際に清軍にとって、武装した閩南の村落に対する軍事介入は困難であった。開港直後には、深滬湾附近の住民が外国船から大砲を四～五門借りて徴税に来た地方官僚を撃退するようなことも行われていた[220]。一八五四年には、七月に徴税に抵抗して漳浦知県を殺害した村人らが籠城する要害を官兵らで包囲したものの、要害を突破する火器が不足しているために、九月になって廈門の官僚を通じてイギリス領事に兵員と大砲の提供を要請し、拒否された

図 3-2　福建省漳州市漳浦県深土鎮の錦江楼

三重の円楼であり，極めて堅固な構造。一番外側の外壁は 1803 年，嘉慶海寇の時期に完成している（2002 年 12 月筆者撮影）。

ことから広艇の利用を図っている。[221] また一八五五年には、南安県の廬内郷で匪賊の掃討にあたっていた興泉永道は土楼が堅固で破壊できないため、イギリス領事に大砲二門と砲弾及び砲手を借用することを要請している。[222] 閩南における土楼建築が堅固であったとはいえ[223]（図3-2）、ここからは、当時の清朝側の軍事力、とりわけ火力が決定的に不足していたことがうかがえる。

一八五八年にモリソン領事は廈門から金門島のある湾沿岸の一〇ヶ村は長期にわたり海賊行為を習慣としており、多数の多種の船籍が拿捕されて抑留されているという情報を得ている。[224] 一八五九年二月にもモリソン領事は、廈門港の近くで海賊行為が行われ、廈門周囲の村落や廈門市内でも身代金のために拉致が行われていると報告している。[225] さらに同年には廈門島内においても海賊行為を契機として大規模な宗族連合間の械闘が発生し、械闘は一〇週間にわたって続き、二〇〇名が死亡するという事態に陥った。[226]

また、同年の閩浙総督慶端の上奏でも、馬巷庁柏頭郷の住民が海賊を繰り返し、柏頭郷に水師が逮捕に向かった隙をみて廈門の内港で略奪を行ったとされた。これに対して水師が廈門に集結して柏頭郷の鎮圧を計画しているが、水師提標中軍参将薛師儀が鎮圧に積極的でないとされて処罰が要請されており、[227] 地方の武官たちが鎮圧に不熱心であったことがうかがえる。その後、同年一〇月には薛師儀も参加して柏頭郷の掃討は行われたとされているが、[228] 同年四月にも、委員が広勇を率いて海上で海賊船一隻を拿捕し、盗犯三一名を捕虜としたと述べているように[229]、清朝側の活動がみられないわけではない。そして廈門島の械闘についても、興泉永道が武力を用いて戦闘を停止させて調停を行っており[230]、廈門島内における混乱は回避されたといえる。

だが、一八六〇年五月のモリソン領事の報告でも、依然として海賊の村落の活動が続き、清朝地方官側はイギリス側に共同での鎮圧を求めて内海での活動は認められていないとして断られており[231]、海賊根絶にはほど遠い状況であったことがわかる。

それでは、なぜ清朝地方官僚は小刀会の乱の際のように、自ら廈門周辺の海賊を根絶しようとしなかったのだろうか。それは開港場の貿易が安定してそこに貿易が集中し、反乱勢力を鎮圧して広艇の活動を抑制した現在、廈門の清朝地方官僚にとって小規模な海賊活動は大きな問題ではなかったからだろう。結局のところ一八五〇年代末には閩南において、貿易の廈門への集中と大規模な海賊集団の消滅により、一七世紀末に確立された秩序とある意味同様な沿海の秩序をほぼ回復することができたのである。地方の官僚たちにとって、それ以上の地域への介入は地方の軍事力の不足ゆえに困難が予想されるうえ、他の地域の諸反乱の鎮圧という重要な課題を抱えている時期には優先順位が低くなったであろう。清朝地方官僚の統治が及ばない地域があったとしても、それは従来も同様であり[232]、全体としての秩序回復には影響しなかった。そして、多少の時間差はあるものの、こうした秩序回復は一八五〇年代末以降、他の開港場でも達成されていったとみてよい。

(3) イギリス海軍の活動範囲拡大の危険性

もっとも、これまで述べてきたような清朝地方官僚のイギリス海軍への依存は、イギリス側に利用されることもあった。例えばイギリスは開港場ではない台湾における石炭購買を狙っており、すでに一八五〇年にイギリス公使ボナムは、イギリス軍艦が海賊掃討の際に消耗した石炭を台湾の鶏籠で購入することを、両広総督徐広縉らに要求していた[233]。一八五五年一月、イギリス領事パークスは清朝側がイギリス船の鶏籠での石炭購買を条約違反であるとしたのに対して、水師提督への照会で鶏籠で石炭を購入したのはアメリカ船であると指摘しつつも、

貴国でもし地方官が、蒸気船が台湾で石炭を購買するのを禁じることによって軍艦の巡遊を阻害するならば、それは、海賊を剿滅する意思がなく、海賊を勧誘し、そのうえイギリスを憎むということである。（中略）現在、海賊は海上に蜂の如く集まり、ほしいままに横行して人々を怒らせ、神と人間はともに怒りが頂点に達し、これらの凶悪な者たちは徹底的に掃討して、禍根を残さないようにすべきである。しかしながら、貴国はすでに［これらの海賊を］誅滅する力はなく、我が国の汽走軍艦の軍人は、我が国の商船がこのようなむごい強奪に遭うのをみて、座視して我慢することができるだろうか[234]。

と清朝水師の弱体ぶりとイギリス軍艦の必要性を主張したうえで、台湾の鶏籠においてイギリスの軍艦が石炭を購入することを正当化している。かかる強硬な照会文は多分にパークスの性格によるものであったとはいえ、清朝水師の無力さは開港場でない台湾におけるイギリス船の活動を既成事実化する恐れもあった。

その後も一八五七年七月には湄州附近の海賊を追跡していた英艦コーモス号が鶏籠港に入港して石炭を購入している[235]。当時、淡水などでは外国船の貿易が行われており[236]、非開港場であることは有名無実化していたが[237]、イギリス軍艦の寄港はこれをさらに進展させるものであったといってよいだろう。

一方、同じく非開港場である汕頭において、一八五七年一〇月二五日にテート商会の銀号がGo-Swaの強盗団に拘束され、一万二〇〇〇ドルを強奪される事件が発生し、コーモス号艦長ジェンキンス（R. Jenkins）に対して汕頭に向かうことを要請している[238]。もっとも、ジェンキンスから連絡を受けたイギリス領事ペダー（W. H. Pedder）は、軍艦の派遣の必要性はないと返答し[239]、この問題は終わっており、イギリス側が常に行動の拡大を求めていたわけではない。

とはいえ、このような清朝水師の無力さや沿海の治安悪化は、イギリスなどの列強の方針次第によっては、なし崩し的な開港など、中国の権利侵害につながった可能性もある。

しかしながら、実際にはそのように事態は進まなかった。天津条約・北京協約によって汕頭及び台湾諸港（鶏籠・淡水・安平・打狗）は開港し、台湾の開港問題そのものが意味をなさなくなってしまっただけでなく、一八六一年の西太后と恭親王のクーデターによる政権奪取以降、イギリス政府及びその他の列強は清朝を支持する「協力政策」を選択したのである。(240)

（4）後背地の秩序の回復と動揺

一八六〇年代になると、廈門の後背地の秩序回復が重要になる。清朝側にとって最大の問題は一八六四年七月の天京（南京）攻略後に李世賢率いる太平天国の残存勢力が福建省に侵入し、同年一〇月に漳州を占領したことであった。この際には、イギリスのコルベット艦ペローラス（*Pelorus*）号と砲艦三隻が派遣されて一二月上旬に廈門港に到着した。(241) ペダー領事はこれによって太平天国軍の廈門への上陸が困難になったとみなす一方で、軍艦の削減をしないようにイギリス公使ウェード（T. T. Wade）に要請している。(242) そして翌一八六五年五月に閩浙総督左宗棠率いる清軍が漳州を奪回し、六月には福建省内の太平天国軍は完全に掃討され、(243) この問題は解決した。

反乱鎮圧が重要な課題であった同時期、清朝側に沿海を統治する余力はなかった。一八六四年九月二二日に水師提督はペダー領事に対し広東のローチャ船三隻が外国船を捕獲したとし、その根拠地が涵口であると伝えた。同時に、提督は廈門には戦闘ジャンクが一隻もないとしていた。そこで、領事はイギリス海軍が出動する際には提督側が武官と水先案内人を派遣し、必要ならさらに武装したボートも派遣するだろうとしている。(244) これも間接的にイギリス海軍の出動を促していたとみてよい。そして広東人海賊が内地の村落を根拠地として依然として海賊活動を続けていることもうかがえる。

さらに清朝側はイギリス領事にイギリス砲艦による同安県にある反抗的な村落への砲撃をたびたび要請した。ペダー領事はこれを拒否していたが、イギリス砲艦ペローラス号が廈門に入港すると清朝武官はペローラス号艦長と直接連絡をとった。そして一八六五年一月にはペローラス号が清朝官僚をともなって内地に入り、海賊活動をしていたとされる村落を攻撃して海賊のジャンクとされるものを焼却する事件が発生している。しかし、これはイギリス領事の要請を受けたものではなく、また当該の村落は外国船貿易に影響を与えていなかったことから、この砲艦の行為はペダー領事の批判を受けている[245]。

翌年六月にも、沈没したイギリス船パール（*Pearl*）号（後掲表4-1【27】参照）を捜索していたイギリス汽走スループ型艦ペルセウス（*Perseus*）号が **Kan kou ou**（涵口澳?）で海賊と目されたジャンクを撃沈している。これについては、清朝側からペルセウス号が中国人の財産を破壊したとの連絡を受けたイギリス領事スウィンホウ（R. Swinhoe）は、これは領事との連絡なしに行われ、通訳を引率しなかったために、海賊との識別が困難であったためだとペルセウス号艦長を批判し、オールコック公使に対してイギリス中国艦隊司令官キング（G. St. B. King）に連絡するように要請した[246]。そしてキングも艦長の行為が不適切であったことを認めている[247]。

ここからは内地の海賊については、イギリス領事は介入を抑制する方向で動いており、清朝側が自ら対応をせざるを得なくなっていることがわかる。実際に、一八六六年、署水師提督に李成謀が着任すると、興泉永道曾憲徳との協力の下、廈門と金門島のあいだに小規模な戦闘ジャンクの艦隊が展開し、南澳島のあいだを遊弋させるようになった。そして、一八六七年にはその艦隊は澎湖島と台湾にまで遊弋するようになり[248]、次第に海賊に対する影響力を強めていったとみてよい。

清朝側の影響力の強化は、近代海軍の整備にともなっていっそう進み、海賊側が優位に立つことはなくなっていく。ただし、中国近代海軍は清朝水師から継承した様々な問題を抱えており[249]、本来の業務に専従できていたわけではない。また、清朝地方官僚が沿海の地域社会のコントロールができない以上、海賊の根絶は事実上不可能であったことは事実であろう。[250] 一八八二年の時点において、浙江省及び福州府や興化府附近における海賊の活動が伝えられていることからも、[251] それがうかがえる。
そして、一九世紀末になると海賊活動は、やや復活の気配を見せる。これには、清仏戦争・日清戦争において中国の近代海軍が大打撃を受けたことがあるだろう。一八九三年には廈門周辺における海賊活動が報告されるようになっ[252]ただけではなく、『申報』でも沿海の大きな問題として議論されるようになった。[253] また一八九八年には、廈門周辺の渡船が襲撃される事例も多くみられるようになった。[254]
さらに海賊はイギリス人商人にも被害を与え始めた。[255] 一九〇〇年には英籍華人商人錦興行（Ewe Boon & Co.）の貨物が二回にわたり被害に遭う事件を受け、海賊の根絶のためにはイギリス海軍の展開が必要であるとイギリス領事は報告している。[256] 一九〇一年には海賊が復興しているとみなされ、外国砲艦による沿岸と河川の警備が必要になる可能性も領事の報告書でふれられている。[257] このように外国海軍の対応が必要とされてきたのは、清朝地方官側がこうした海賊に十分に対応できないと外国人側にみなされていたためであろう。
もちろん、清朝側が海賊に全く対応していなかったわけではなく、一八九六年には海賊の巣窟とされる官潯郷に廈防同知自らが赴いて一名を逮捕している。[258] 一九〇一年には廈防同知が漁民の編査を行い、[259] 汽走軍艦によるパトロールも行われていたとされる。[260] そしてその成果として、水師提標後営遊撃の李がパトロールを行って一九〇一年七月に海盗を四名、九月に海盗を三名逮捕したことが『申報』で報じられている。[261]
しかし、これらの「戦果」はあまりにも小規模であった。一九〇二年に英籍華人薛有文（See Ewe Boon）のジャンクが白塘社附近で略奪された事件では、名前も住居も判明していたにもかかわらず、海賊逮捕は行われなかったとされるなど、[262] イギリス側にとっては不十分なものであった。とりわけ、第9章で述べるように、海峡植民地などから出稼ぎ中に貯めた貯金を携帯して帰国する人々は、かかる海賊や盗賊の標的となったため、自衛する必要に迫られていた。そのような状況の中で、一九〇一年九月頃に同安県の洒洲社では陳姓の宗族集団が盗船七隻を拿捕し

表 3-2　世紀転換期の廈門周辺の海賊活動

遭難時期	船舶所有者	船種	出港地	目的地	襲撃地点	被害	備考	出典
1897 年 12 月 4 日		渡船	石碼	漳州		携帯金強奪と乗客 1 名負傷		『申報』1898 年 1 月 10 日
1898 年 3 月 7 日		渡船	泉州東石	廈門	金門附近	船員と乗客の負傷	盗船 2 隻，海賊 2～30 人	『申報』1898 年 3 月 15 日
1899 年 11 月 15 日		渡船	白水営	廈門	鼓浪嶼後港	乗客の所持する 300～400 ドルと衣服	盗船 1 隻，10 余人	『申報』1899 年 12 月 12 日
	L. Pel Jim & Co.	ジャンク	廈門	泉州		436 ドルの現金，米 200 袋		FO228/1357
1900 年	Ewe Boon Ewe Siew & Co.	ジャンク					Ewe Boon Ewe Siew & Co. の貨物のみ被害	FO228/1402
1901 年 1 月	漳州啓洽号		廈門	漳州	海澄県大塗洲	貨物 49 件，積荷監督者名負傷	盗船数隻	『申報』1901 年 2 月 11 日
1901 年 4 月頃			白水営	金門	金玉浮宮	500 ドル余	盗船 1 隻，4～5 人	『申報』1901 年 4 月 4 日
1901 年 8 月		渡船	漳州五福	廈門	海門	600 ドル余	1 漁船	『申報』1901 年 9 月 1 日
1902 年	薛有輝	ジャンク			白塘社附近	1,500 ドル相当		FO228/1452
1902 年	シンガポールからの帰国華人				廈門附近		海賊を撃退	FO228/1497
1903 年 8 月	Douglas, Lapraik & Co.	貨物ジャンク			泉州附近	4,000 ドル, 石油・小麦粉・米	1904 年 1 月に 600 ドル相当の貨物と 2,800 ドルが返還	FO228/1545

海賊一〇人あまりを挿えて官に引き渡しており、[263]各地域における自衛が重要であったことがうかがえる。

その後、一九〇三年七月頃になると、水師提督楊岐珍による巡船の遊弋や華人商人護送用の船舶派遣などの海賊対策が効果をあげていると『鷺江報』では伝えられている。[264]しかし、こうした対策が継続的に効果をあげ続けることはなく、海賊活動はその後も続いていくことになる。[265]

とはいえ、かかる海賊の復興も、表3-2に示すように被害はジャンクに集中しており、開港場と後背地の交易を阻害する程度であって、開港場交易そのものの脅威とはなっていなかったことは重要であろう。そして開港場交易全体からすれば、海賊の被害は微々たるものであった。貿易全体に影響を与えるような大規模な海賊の時代はやはり一九世紀中葉に終わっていたといってよい。

おわりに

本章を要約すると、次のようになる。開港後における貿易の開港場への集中は、沿海部の小港などでアヘン貿易などに従事していた者たちに打撃を与え、海賊の増大を招いた。海賊活動の活発化は、イギリスの不介入政策を転換させ、イギリス海軍は開港場を起点として海賊の掃討を開始した。その結果、大規模な海賊の編成は不可能になり、一八四〇年代末までに海賊集団は抑え込まれた。

イギリス海軍の出現の中で、福建人海賊は、イギリス海軍による海賊掃討、広東人勢力の拡大、小刀会などの反乱における敗北によりその宋代以来の中国沿海における影響力を失った。一方、広東人海賊は欧米人との関係、安全な根拠地の活用、清朝水師への参入、広東人商人の利用により勢力を沿海部全域に拡大し、一八五〇年代中頃にその勢力は最大となった。

これに対し、イギリス海軍は廈門のように地方官僚との協力関係の成立していた開港場を拠点として広東人海賊を抑え込み、開港場間の欧米船の貿易の安全を確保し、分散化していた貿易の開港場への集中を導いた。そしてこれは他の開港場にも拡大していくことになる。結果として清朝は、イギリス海軍の力を利用することによって福建人海賊を掃討し、後には広東人海賊をも抑制して沿海秩序の再編を成し遂げた。清朝は、いわばイギリス海軍を「招撫」することによって中国人海賊を招撫するよりも軽い財政負担で確実に沿海秩序を回復したといえる。

アロー戦争の結果、一八五八・一八六〇年に締結された天津条約・北京協約によって、清朝は海賊掃討において正式にイギリスとの協調関係を構築することになるが[266]、これは開港後に各地で行われてきた地域的な清朝とイギリスの協調の追認及び全開港場への拡大といえる。

そして一八六〇年代、海賊掃討の進展によって一八世紀末からの華南沿海一帯における海賊の時代は終焉を迎える[267]。開港場に貿易が集中し、外国人税務司制度が開港場に広がるのとあいまって、中国沿海は開港場を中心とする新たな時代に入ったのである。

同時期、イギリス海軍の活動は実質的に抑制され始めていた。さらに、一八六八年以降には、イギリスが中国における軍事力行使を抑制していく方針をとり、中国・日本ステーションのイギリス艦船が約四〇隻から二五隻にまで削減されることになった[268]。一方で、同年、中国最初の汽走砲艦恬吉が江南製造局で建造され、中国近代海軍が勃興し[269]、近代海軍の海賊に対する優位は決定的となった。結果として清朝は、自らの下で沿海秩序再編を完成した。こうして形成された秩序は近代海軍の技術的優位と海関システムの整備によって、ある意味で清初よりも強固であったといえよう。

一九世紀初頭以降、イギリスは南シナ海沿海で海賊の掃討を進めてきたが、それは単にイギリス帝国による通商ルートの安全確保などの国際公共財の提供といったことだけではなく、清朝などの現地政権の代わりにその沿海支配を強化し、一方で従来の沿海の人々の役割を変化させてきたことに注意が払われるべきであろう。

それでは、この過程で排除された沿海の人々はどのように対応したのだろうか。また、回復した沿海秩序はどの程度厳格なものであったのか。海賊の問題と深く関連しながら本章では扱わなかった海難の問題については、次章で取り上げたい。

第4章　難破した「夷狄」
——一九世紀後半、華南における海難対策の変容

はじめに

一八四一年一〇月、イギリスとの戦争で連戦連敗の清朝側に、台湾から勝利の報がもたらされた。台湾鎮総兵達洪阿・台湾道姚瑩の上奏によると、一八四一年九月三〇日に鶏籠の官兵・郷勇が夷船（イギリス船）一隻とサンパン船二隻を撃沈、白夷五人・紅夷五人・黒夷二二人を殺害、黒夷一三三人を捕虜にし、大砲一〇門を鹵獲するという戦果をあげたのである。(1) このまれにみる勝利に対して清朝中央は一一月四日の上諭で達洪阿らを褒賞している。(2) だが、この「勝利」の真相はイギリス船ネルブッダ（*Nerbudda*）号が座礁し、インド人水夫や従軍者らを捕虜にしたものであった。しかも、ネルブッダ号はイギリス政府がチャーターし、英軍を支援するインド人水夫などを運送するために香港から舟山に向かっていた輸送船で、台風に遭って漂着したのであり、台湾侵攻を意図した軍艦ではなかった。

その後、一八四二年三月にも台湾の淡水庁と彰化庁の境界にある大安港に侵入しようとしたイギリス船を官兵と壮勇が撃破し、白夷一人と紅黒夷数十人を殺害、白夷一八人・紅夷一人・黒夷三〇人・広東漢奸五人を捕虜にし、

大砲一〇門などを鹵獲したと上奏された。[3] しかしこれも、舟山からマカオに向かっていたイギリスのブリグ型帆船アン（*Ann*）号が三月一一日に漂着したため、乗員を捕虜にしたものであった。そしてネルブッダ号とアン号に乗船していて捕虜となった一八七名のうち、二三名が病死し、インド人水夫を中心として一三九名が処刑されたことから、アヘン戦争の講和交渉でイギリス側は清朝側に抗議し、総兵達洪阿らの解任に至った。[4]

この事件は、海難事件に関する中英間における初めての本格的交渉となった。そして海難事件は、アヘン戦争後の中国沿海においても、中英間の大きな問題となって立ち現れることになる。

東アジアにおける海難の分野に関しては、近年、一七〜一八世紀の漂流民に関する研究が大幅な進展をみせた。その中では、日本の対外関係史の視点から、日本を中心として東アジアの漂流民送還体制を論じた荒野泰典の研究が先駆的である。[5] その後、春名徹によって中国の漂流民送還体制についての研究が本格的に始まり、[6] 日本・朝鮮・琉球とのあいだにおける漂流民をめぐる問題の具体的検討が行われた。[7] さらには渡辺美季が、漂流民問題を鍵として東アジア各地域の支配秩序の問題にまで議論を進めている。[8]

このように漂流をめぐる研究の進展は著しいが、依然として残されている問題はある。まず、従来の研究は中国・日本・朝鮮・琉球といった国家の枠組みを重視したため、国家によるヒトの送還に関心が集中してきたが、財産の保護といった海難をめぐるその他の重要な側面に関してはあまり注意を払ってこなかった。

また、政治的変動と比べて、沿海の社会経済的変動と海難問題との関連性の検討は十分に行われず、沿海の秩序に関わる治安・海賊問題との関連についても不明な点は多い。

さらに、かかる研究が前近代史研究者を中心に進められてきたため、使用史料が漢文・日本語を中心とした東アジア諸地域の史料に偏り、欧文一次史料をほとんど使用しないという問題がある。そのため、東アジアにおける「漂流民送還体制」の特性といったものも十分に把握されていない。そのうえ、一九世紀後半以降への視野は限られ、[9] イギリスをはじめとする欧米諸国の役割も軽視されてきた。

そこで本章では、海難対策として、生命や財産の保護といった、遭難者の送還以外の側面にも注意を払うことにより、「漂流民送還制度」の性格の再考を試みる。

また、一九世紀中葉における沿海の秩序回復との関係も本章の重要な論点となる。前章で述べたように、一九世紀中葉、イギリス海軍の影響もあり、中国東南沿海における海賊問題は大きな転機を迎えていた。本章では、かかる事態が海難の問題とどのように関係していたのか、また海難問題ではイギリスはいかなる役割を果たしていたのか、といった点について考えてみたい。同時に、海難問題に対する中英の力点の違いを明らかにすることも課題とする。

以上を考慮して、本章は開港後、主として一九世紀後半を対象とし、第一節では外国船の海難事件における清朝側の役割、第二節では海難事件におけるイギリスの対応、第三節では沿海の秩序回復が進んだ一八六〇年代以降の海難問題について検討する。

地域としては、主として福建南部を中心とする駐廈門イギリス領事館の管轄範囲を取り上げる。当該地域は海難に関わる紛争が頻発し、また広東と同様に沿海の治安が課題となっており、海難問題を検討するのに最も適した地域である。

一　清朝の海難対策

（1）清朝による「保護」と「送還」

先行研究が明らかにしてきたように、清朝は康熙二三年（一六八四）に海禁を解除するとともに、冊封国に対して中国人漂着民の保護・送還を求めた。そして、雍正七年（一七二九）・乾隆二年（一七三七）の上諭では、中国に漂着した乗組員を保護・送還するだけでなく、貨物も調べて返還し、外国船も修理して送還することが規定されることになった[10]。欧米船が難破した場合にも、通常、清朝当局は難破船の乗組員に関しては非常に丁重に扱っていたとされる[11]。モリソン（J. R. Morrison）も中国の法律には困窮している外国人に対する慈悲の義務があるとし、その具体例として、難破船の船員を挙げている[12]。したがって、清朝側の遭難者に対する保護の制度は開港前から欧米人側にも認識されていたとみてよい。

南京条約による開港後にも、かかる規定を背景として、遭難者の保護・送還が行われており、欧米人の場合も例外ではなかった。例えば一八四三年一一月二日の廈門開港から時を経ずして一八四四年一月二七日にイギリス船エライザ・スチュアート（*Eliza Stewart*）号が廈門港の入り口の金門島青嶼港附近で遭難した【2】（以下、【　】内の番号は表4-1の番号に対応）。その際、難破船の漂着した浜辺には三〇〇〇名以上の武装した中国人が現れたが、エライザ・スチュアート号の船荷監督は清朝の武官（署金門右営守備鄭全栄）と遭遇し、武官は部下と船舶の保護のために急遽現場に駆けつけている。一方、遭難の情報を入手した駐廈門イギリス領事サリヴァンも英ブリグ型スループ艦サーペント（*Serpent*）号の派遣を要請するとともに、興泉永道・廈防同知にも奸民による刧掠のおそれがあるので官兵の派遣と保護を要請している。そしてこの事件の際には人員・積荷の保護に成功することになる[13]。この保護に際しては、駐華イギリス公使ポティンジャーも両広総督程矞采に対し感謝の意を示しており[14]、中英間の海難問題処理は極めて順調な滑り出しをみせたといえる。

また、一八四九年九月に澎湖島附近の吉貝嶼道爺礁で難破したイギリス船サラ・トラットマン（*Sarah Trotman*）号の場合【3】、その船員はボートでたどりついた澎湖島の村落の長老に丁寧な取り扱いを受けた後、署澎湖海防通判張啓瑄[15]によって保護され、アメリカ船ダート（*Dart*）号によって廈門に送られている[16]。このとき、サラ・トラットマン号の船員は島民が大陸側より清潔で、全く盗癖がなく、官僚が非常に親切であると証言している[17]。

これらの保護・送還の制度を支える費用であるが、漂着民については公費での衣服・食糧などの支給が定められ

表 4-1 駐廈門イギリス領事館取扱海難事件

番号	遭難時期	難破船名	船籍	船種	出港地	目的地	遭難地点	船員・船舶の損害など	略奪などの人為的被害	イギリス側の対処	清側の対処	出典
【1】	1843 年 5 月 5 日		イギリス	軍艦	廈門鼓浪嶼		金門島附近			金門鎮に火器引き揚げを要請	イギリス側の要請に応じて火器を引き揚げ	FO682/1976/86
【2】	1844 年 1 月 27 日	*Eliza Stewart*	イギリス		舟山	廈門	金門島青嶼港	船体放棄。積み荷は保護		軍艦派遣	官僚を派遣して乗員・貨物保護	FO228/31; FO663/50
【3】	1848 年 9 月 19 日	*Sarah Trotman*	イギリス（リヴァプール）	バーク	上海		澎湖吉貝嶼道爺礁	船舶放棄。船員は無事		道台を通じて澎湖の官僚に謝意	澎湖の海防通判が保護	FO228/98; FO663/52
【4】	1849 年 11 月 11 日	*Industry*	シンガポール	ブリグ			銅山附近	船舶・積み荷放棄，船長・船員は無事	武装した住民による積み荷略奪	軍艦派遣。福州領事が船員を救出した漁民に謝礼	船員を銅山の武官が保護，廈門に移送	FO228/98; FO663/52; FO663/57A
【5】	1850 年 9 月 12～13 日	*Larpent*	イギリス（リヴァプール）	バーク	リヴァプール		台湾南端		先住民によって 23 名中 20 名殺害	軍艦派遣・捜索	台湾の官僚は協力	FO228/125; FO228/130; FO663/8
【6】	1851 年 10 月 21 日	*Bintang*	シンガポール	バーク	黄埔	上海	澎湖島の西嶼龍鼻尾沖		住民による船長らの所持品強奪	廈防庁に官僚の保護に対する感謝の手紙送付	馬港の官僚は生存者を保護，廈門にジャンクで移送	FO228/125; FO663/52; FO663/56
【7】	1852 年 4 月 8 日	*Robert Bowne*	アメリカ		廈門	サンフランシスコ	石垣島		苦力の暴動	軍艦派遣		FO228/141
【8】	1852 年 10 月 8 日	*Gitana*	イギリス（アバディーン）	バーク			台湾西岸	船舶放棄。船員は全員無事			澎湖島の官吏による手厚い保護。官吏と兵士の乗るジャンクで廈門に送還	FO228/141
【9】	1853 年 12 月	英艦 *Hermes* のボート	イギリス	ボート			銅山		兵器・船具・衣服を強奪	略奪者の処罰と賠償要求		FO228/171; FO228/907; FO663/12; FO663/61

【10】	1854年8月6日	*Grenade*	イギリス人所有	艇船	台湾鶏籠港	香港	鶏籠港		他の中国船の出海・水手らによる略奪	出海らの逮捕と賠償要求		FO228/188; FO663/61
【11】	1854年12月	第五号商船邦拝				廈門		座礁。積み荷の半分を現地に預ける		預けた積み荷を積載して再入港する際の海関へのトン税免除要請		FO663/61
【12】	1855年7月23日			サンパン船			台湾国賽港	炎上			生存者救助	FO663/62
【13】	1855年	西洋第十七号划艇			福州		廈門	錨が滑落して漂流	現地の人々による略奪と船舶の破壊	逮捕と賠償		FO663/62
【14】	1856年4月5日	*New Packet*	イギリス	ローチャ			恵安県獺窟		船員拘束，積み荷（大豆・大豆粕等）と火砲掠奪	火砲の回収。砲撃により村民1名死亡	現地への派兵	FO228/211; FO663/62; FO663/64
【15】	1856年6月15日		イギリス		シンガポール		東錠(島)沖合	貨物投棄	廈門到着後に船客が船主拘束	船主解放要請		FO663/64; FO663/65
【16】	1856年6月16日	*Ben Avon*	イギリス（アバディーン）		ロンドン	上海	晋江県囲頭郷	完全に破壊，船員5名死亡	船員拘束，衣服等掠奪	略奪品の返還要求		FO228/211; FO663/64
【17】	1856年11月頃		イギリス	2本マスト貨物船			南澳沖合	座礁		兵船の派遣要請		FO663/64
【18】	1858年8月30日	*Richard Battersby*	イギリス（リヴァプール）		上海	廈門	晋江県囲頭		船員3名殺害，4名負傷，略奪	囲頭澳に対する報復攻撃		FO228/251; FO663/64
【19】	1858年10月頃		シンガポール				台湾五叉港				廈門へ移送	FO663/65

番号	遭難時期	難破船名	船籍	船種	出港地	目的地	遭難地点	船員・船舶の損害など	略奪などの人為的被害	イギリス側の対処	清側の対処	出典
【20】	1858年12月27日	*Siam*			廈門	マカオ・シンガポール	Cresent Reef, コーチシナ沿海		漂着地に停泊していたジャンク 7〜8 隻に乗り込んでいた中国人による略奪，そのジャンクによる救助		ジャンクで廈門・汕頭に移送	FO228/265
【21】	1859年8月29日	*Chieftain*			呉淞	廈門						FO228/265
【22】	1859年8月29日						台湾鳳山県旂後港	座礁	住民による略奪，相互で衝突，乗員2名殺害，船員の報復で村落に放火，住民1名殺害		略奪者の逮捕・尋問	FO663/65
【23】	1859年10月23日	*Cockatrice*			福州	香港	澎湖島の西嶼北西		住民が所持品略奪，中国人1名殺害，積み荷もすべて略奪			FO228/265
【24】	1859年12月17日	*Ena*	イギリス	ブリグ	廈門	台湾	台湾鶏籠附近の中港		略奪	軍艦派遣		FO228/285; FO663/19
【25】	1860年5月17日	*I sere*	フランス	軍艦			廈門港内	完全に破壊				FO228/285
【26】	1862年12月	*Soberana*	スペイン				台湾東岸		略奪			FO228/584
【27】	1866年6月12日	*Pearl*	イギリス(香港)	スクーナー	打狗	廈門	廈門港入り口附近	沈没。船員・乗客27名中1名のみ生存		軍艦派遣。福州領事が船員を救出した漁民に謝礼		FO228/405

【28】	1867 年 7 月 14 日	*Elizabeth*	イギリス	バーク			澳角湾の宮仔前		住民により所持品全て略奪	イギリス商人→汕頭領事→廈門領事で対処		FO228/450
【29】	1868 年 ？	*Niphon*		汽船			漳浦県佛曇白石附近	プロテスタントの教民による漂流物保全		漳浦知県らによる教民迫害に抗議	教民への賠償	FO228/469
【30】	1871 年 2 月 13 日	*Don*	イギリス	汽船	香港	上海	興化府の烏坵嶼		漁民による略奪	軍艦派遣	軍艦派遣	FO228/501; FO228/521
【31】	1873 年	*Azof*		汽船			廈門港内				軍艦派遣	FO228/565 FO228/565; FO228/623
【32】	1873 年 3 月 26 または 27 日	*Mandarin*	イギリス	ローチャ船	廈門	香港	霞浦県三沙鎮烽火島附近	船長殺害後に貨物を販売し，その後遭難		軍艦派遣		FO228/565
【33】	1876 年 4 月	*Kwang-tung*	イギリス	汽船			興化府湄州島附近の烏坵嶼			解体作業監視人が略奪を行う住民に発砲，2 名が死亡，軍艦派遣		FO656/47
【34】	1878 年 7 月 31 日	*Emma*	ドイツ	バーク			廈門南方 40 マイル	沈没		衝突した船舶抑留		
【35】	1880 年 11 月 14 日	*Douglas*	イギリス	汽船			海壇海峡		漁民などによる略奪	軍艦派遣	清朝側による略奪者掃討	FO228/671
【36】	1882 年 9 月	*Yorkshire*	イギリス	汽船			囲頭澳		陳淇郁らによる積み荷の茶葉略奪	清側に軍艦派遣要請	軍艦派遣	FO228/696; FO228/742; 総[1)]01-16-21-4
【37】	1885 年 4 月 6 日	*Zafiro*	イギリス	汽船	香港	廈門	漳浦県銅山		住民による携行品など略奪		汀漳竜道が兵士を派遣して保護，賠償	FO228/788; FO228/848
【38】	1887 年 2 月 25～ 26 日	*Hang chow*	イギリス	汽船			青嶼		住民による盗難	アメリカ領事に依頼して米艦による救助		FO228/848

番号	遭難時期	難破船名	船籍	船種	出港地	目的地	遭難地点	船員・船舶の損害など	略奪などの人為的被害	イギリス側の対処	清側の対処	出典
【39】	1887年8月25日	*Tientsin*	イギリス	汽船			漳浦県銅山湾古雷塞				住民の手厚い保護	FO228/848
【40】	1895年5月5日	*Peking*	イギリス	汽船	福州	廈門	古雷頭	座礁	住民による略奪		財産の一部保護	FO228/1189
【41】	1896年5月28日	*Cheang Hock Kian*	イギリス	汽船	廈門	海峡植民地	廈門港	座礁，中国人数人溺死，船体は廈門へ				FO228/1222
【42】	1897年10月3日	*Namoa*	イギリス・ダグラス社	汽船			海壇海峡	完全に喪失		清朝側に保護要請	官兵をイギリス船で派遣	FO228/1281
【43】	1907年	*Kong-ning*	(イギリス・テート商会)[2]	汽艇			安海	転覆，乗客の死亡		領事裁判でテートに罰金		FO228/1659
【44】	1907年12月1日	中国ジャンク	漳浦・Ch'en Hsing-t' ai所有	ジャンク				イギリス船*Haitan*と衝突，沈没，乗員7名のうち4名救助		ジャンクが点灯していなかったために問題視せず		FO228/1724
【45】	1910年4月23日	*Kweiyang*	イギリス・太古輪船有限公司	汽船			烏坵嶼	完全に喪失		軍艦派遣，略奪防止		FO228/1757

注1）総は総理各国事務衙門清檔の略，以下の表も同様。
注2）中国商社の負債の抵当としてテート商会が登録，中国商社が運行。

ており、福建省でも康熙末年から乾隆初期頃のあいだにその数量的な施行基準が整備され、財源も定められていった[18]。そのほか、外国船の遭難事件に際しては、特別に金銭が給付されることもあった[19]。

開港後においても、一八四九年一一月に銅山附近でインダストリー（*Industry*）号は貨物ごと沈没したが【4】、その船員は銅山営の武官である邵が保護して廈門に移送した。その際、船員については十分保護がなされ、官僚は友好的であり、食料購入用に漳浦県の官憲から銅銭一〇〇〇文、海澄県の官憲からも銅銭二〇〇〇文が提供されている。これに対してイギリス領事レイトンも、興泉永道に対して銅山の武官の行為に感謝するという旨の書簡を送付している[20]。

また、一八五一年一〇月、澎湖島に漂着したビンタン（*Bintang*）号の場合【6】、澎湖島の清朝側官僚はイギリス人船員二〇人を保護し、食料購入に毎日必要な経費を支給し、規定に基づき二隻のジャンクで廈門へ移送した[21]。ここからも、従来の規定が機能していることがうかがえる。

一方で、イギリス側の経費負担もなされていた。このビンタン号の遭難に関しては、ビンタン号の船主代理人が駐廈イギリス領事サリヴァンに一〇〇ドルを支払い、サリヴァン領事は廈門に船員を送還したジャンク乗組員と彼らを世話した武官たちの功労に酬いるために、それぞれに対してその半分ずつ支払うことにしている[22]。

また、一八五二年に台湾西岸でヒターナ（*Gitana*）号が遭難した際にも【8】、船員はボートでたどり着いた澎湖島で手厚い保護を受けた[23]。そこでイギリス領事は清側が澎湖からヒターナ号の乗組員をジャンクで送還した際に、彼らを送還した清朝側官員、兵士及びジャンク乗組員に一〇〇ドルを支払っている[24]。

同様に一八五九年一〇月に澎湖島附近で遭難したコカトリス（*Cockatrice*）号の場合【23】、船員たちは中国ジャンクを調達し、三〇〇ドルを支払って澎湖から廈門に輸送してもらっている[25]。

ここからは、遭難者の移送経費については従来の規定に基づいて清朝が負担するだけでなく、遭難者の所属する国家が支払うようになっていることがわかる。また後述するように、中国沿岸の遭難者移送の際に外国船が利用されるようになりつつあるのも大きな変化であった。

以上のように、開港後の欧米人のケースでも、海難によって漂着して清朝の官僚のもとにたどり着いたときには、その身体の保護については「漂流民送還制度」が機能していたといえる。ただし、費用負担の多元化や外国船による送還によって、清朝側の果たす役割は減少し、外国あるいは開港場の役割が増していた。そして、先行研究が指摘するように、海難事故における遭難者及び船舶に対する保護の範囲は限定されたものであった。

(2)「財産」と「生命」の危機

春名徹は、中国に漂着した日本人漂流民はあらかじめ「親切な取扱い」をされたわけではなく、公的権力の下に入ってはじめて行き届いた手配を受けるに至ったとしている[26]。また赤嶺守も漂流民の救助に関して、官吏には保護規制及び撫恤義務が課されているが、一般人民にはそれは及ばす、一般人民は漂流民を保護しなくてもよいとしていたとする[27]。

もっとも、漂着した船舶や漂着者に対する略奪行為については明確に禁止規定が存在した。清律でも、難破船から財物を奪い、船舶に損傷を与える者は、白昼に強盗を行うことにならい、丈一百、徒三年、人を傷つけた場合、首謀者は斬刑などと規定されており[28]、例ではさらに罪一等を加えると規定されていた[29]。

はたして、この規定で略奪を防止することは可能であったのだろうか。乾隆三一年(一七六六)、福建巡撫荘有恭は、

福建省沿海の愚民はしばしば危難に乗じて強奪を行うことがある。ひとたび商船が強風で岩礁に衝突して擱座すれば、奇貨と見なさない者はなく、群れて[現場に]赴き、あるいは代わりに運ぶといっておびき寄せ、騒ぎに乗じて奪い去り、あるいは無理に謝礼を主張して、ついには大半を[奪い取ろうと]ねらい、あるいは水

に潜って［船を］持ち上げて転覆させ、あるいは乗船してどやどやと強奪する。ひどい場合は貨物がなくなると船舶を焼き払い、その形跡を消してしまう。残酷で道理を顧みないことで、これほどひどいものはない[30]。

と述べ、厳しく取り締まることを命じている。

だが、その後も海難船舶に対する略奪は続いた。これは欧米船も例外ではなかった。開港前であるために、欧米船の航行が集中していた広東沿海の事例になるが、一八〇二年にはマニラから広州に向かったスペイン船ウルカ（*Urca*）号が広東省の碣石湾で遭難した際には、船員は助かったものの、村民に連日略奪され、積載していた八五万ドルの銀のうち、残ったのは六万六五〇〇ドルであったという[31]。また、アヘン貿易船も例外ではなく、一八三三年八月、零丁洋附近でジャーディン・マセソン商会のアヘン貯蔵船サマラン（*Samarang*）号が強風で岸に乗り上げた際、大勢の村人の襲撃に遭っている[32]。そして先述したアヘン戦争時の台湾におけるアン号の事件の際にも、難破船に官兵を含む多くの人々が群がって略奪していたとされる[33]。

表4-1が示すように、開港後に漂着した欧米船も例外ではなかった。欧米船の海難は座礁などの事例も多く、船体が完全に破壊されて積み荷が流出してしまうことは稀であったため、逆に略奪者にとっても格好の標的となった。

例えば、一八四六年九月一六日に泉州湾附近でジャーディン・マセソン商会のスクーナーのワーロック（*Warlock*）号が座礁した際にも、六〇〇〇～七〇〇〇人の武装した人々が争って略奪を行い、救援に来た商会の水夫たちは手出しができなかったという[34]。

先述した一八四九年のインダストリー号遭難の場合【4】、銅山附近の漂着地には一〇〇人近くの長槍で武装した船乗りが現れたため、船員は現地の官署に駆け込んで保護を求めた。そこで船舶と貨物保護のために兵士が派遣されたが、兵士らは恐れて手出しができず、船舶は住民により洗いざらい略奪されてしまっている[35]。同じ銅山では一八五三年一二月に海賊掃討にあたっていた英艦ハーミス号のボートが遭難した際も、武器をもった住民が群れて現れ、兵士の衣服や兵器・船具などをことごとく略奪している【9】[36]。

つまり、ひとたび遭難が発生すれば、武装した地域の住民が難破船に群がってくるため、その地域住民の武力に地方の官兵は圧倒されていたとみてよい。同様の遭難時における略奪は、すでに多くの事例が指摘されている台湾以外の華南沿海でも広く見受けられた現象であった。

例えば広東省東部の汕頭においては、開港前から外国船による貿易が行われ、多数の貿易船が停泊していたが、一八五八年九月二一～二二日に襲来した嵐によって二〇隻の船舶のうち一八隻が遭難した。その際、周辺住民はそれらの船舶の何隻かを略奪し、汕頭の外国人社会に脅威を与えていた[37]。

かかる略奪を行うのは沿海の居民だけではなかった。一八五四年八月には【10】のように遭難して台湾の鶏籠港内で修理中の、イギリス領事館巡捕シルヴァ（John da Silva）の所有するグレネード（*Grenade*）号が、同港に停泊していた中国船三隻の出海と水手によって船内の全物品を略奪される事件も発生しており[38]、職業を問わず人々は機会さえあれば常に略奪を行う可能性があった。

では、なぜ住民らは漂着した船舶を略奪したのだろうか。一八五九年一二月に台湾淡水附近へ漂着したイギリス船イーナ（*Ena*）号についてみると【24】、一二月一七日に住民の頭目（headman）は船を包囲する住民を立ち去らせるために船長に対して五〇ドルを要求している。そして船長に金銭の手持ちがなく、支払いができない中で、長は兵士に護衛されて輿に乗った官僚を連れて来た。しかし、彼らとの交渉を行っている最中に住民による襲撃・略奪が行われ、文字通り身ぐるみはがされることになる。そして官僚と兵士は略奪をみていながら制止しようともしなかったとされる[39]。

ここからは、難破船の漂着物は現地住民の所有物であるかのようにみなされており、略奪回避のためには代価が必要であったことがうかがえる[40]。そして、現地の地方官僚はそれを黙認することもあった。

そもそも、中国においては、海難事件が起きた場合の「財産」の補償制度などは存在しなかった。海難事件が起きた場合、「財産」所有者はあきらめるか、時には実力で「財産」の補償を求めることになった。例えば【15】の事件では、一八五六年六月にイギリス船が遭難した際に乗客の荷物を海上投棄したため、乗客陳騰らが船主黄陽を陳騰の家に拘束して身代金を要求したうえ、廈防庁に誣告を行っている。[41] したがって、清朝の官僚が海難に際して「財産」保護に無関心であったのも当然であろう。

さらに住民側による襲撃は「財産」に対するものだけではなかった。一八五六年四月には恵安県獺窟においてローチャ船ニュー・パケット（*New Packet*）号が漂流して積み荷が略奪される事件が発生したが【14】、その際には船に残っていた船長ら七人が住民に身代金のための人質として拘束された。[42]

また、一八五六年六月に晋江県囲頭に漂着したベン・エイボン（*Ben Avon*）号の場合【16】、船員二七名のうち、二二名は生き残って漂着したが、住民は船荷をすべて略奪し、船員による船荷確保を妨害した。しかもそれにとどまらず、船員を八日間監禁して情報漏れを防ぎ、さらには現地の武官が泉州と金門に報告するのを妨害している。[43]

そして、「生命」の保護も確保できなかった。とりわけ台湾の場合は、台湾南部で遭難したラペント（*Larpent*）号の事例【5】のように、漂着した二三人のうち二〇人が先住民によって殺害されるという事件も発生するなど、[44] その後も長期間にわたり生命の危険にさらされることになった。日本の台湾出兵（一八七四年）の契機となる、宮古島島民が台湾南部に漂着して先住民に殺害された事件（一八七一年）も、そうした状況の中で発生した事件の一つであると理解すべきだろう。

しかし、台湾以外の漢族居住地域に漂着した場合にも身の危険はあった。例えば一八五八年八月に同じく晋江県囲頭に漂着したリチャード・バターズビー（*Richard Battersby*）号の場合【18】、船を二〇〇～三〇〇人を乗せた二〇隻のボートが取り囲んで攻撃し、船員三名が殺害され、四名が負傷させられて船舶が奪われ、生き残った船員がボートで廈門に逃走するという事件が発生するに至った。[45]

以上の事例から、欧米船の場合、船体が全壊したり、それにともなう積荷の喪失が少ないために略奪の格好の目標となっているにもかかわらず、難破した場合、ボートなどで脱出するために船員の生存率も高いため、住民によって襲われた際に抵抗し、逆に船員の生命の危険が生じていたともみることができる。

かかる事件に対して、清朝側はどのように対応したのだろうか。まず、外国人の生命の安全確保については、事件後に関しては機能していた面もある。例えば、ニュー・パケット号の事件【14】の場合、イギリス領事は泉州知府陶に現地の人々に拘束された人々の保護を要求しており、(46)泉州知府は恵安県に兵を派遣して難民を保護し、略奪犯を拘束・追及するように命じ、(47)実際に武官と兵二〇〇名が派遣されて獺窟を制圧し、拘束されていた人々を解放している。(48)

一方、賠償についてみると、グレネード号の事例【10】の場合には、イギリス側が略奪を行った船舶とその出海を把握して清朝側に連絡したため、清朝地方官側の追及が行われ、出海三人と船舶三隻を拘束することによって、賠償六一〇〇ドルの請求に対して、五九〇〇ドルまでは短期間のうちに賠償金が集められた。(49)

しかし、地域住民による略奪の場合は事情が異なっていた。一八五九年の台湾淡水のイーナ号漂着事件の場合【24】、船長側の主張では、略奪による損害は一万四〇〇〇ドルに達していた。これに対し、淡水同知ら、現地の清朝官僚は略奪品の回収を約束するとともに、略奪を行った住民の頭目三人を捕らえて処刑することにし、イギリス船船長に対して二〇〇〇ドルを支払っている。(50)しかし、略奪の責任者処罰も常に行われるとはかぎらず、(51)イーナ号船長に対する補償は制度的なものではなく、また船長側がこの補償金を賠償金の一部と解釈したのに対し、現地の地方官僚は難破した船舶を現金化したものであり、補償の全額とみなしており、清朝側の認識は異なっていた。(52)

その他の事件においても清朝地方官側から略奪に対する補償が制度的に行われることはなく、(53)インダストリー号の事件【4】のように、清朝官兵の目前で略奪が行われた場合、責任問題になるため清朝側にそれを認めさせることは困難でもあり、(54)また略奪品の返還が十分に行われることはなかった。(55)また、同じ銅山におけるハーミス号のボート遭難事件【9】でも、イギリス領事は興泉永道に対して犯人処罰と賠償要求を行ったが、銅山が興泉永道の管轄下にないこと理由にいずれも行われていない[56]。

以上のように、海難に関する清朝の規定では略奪の禁止についても定められていたが、規定はあまり機能していなかった。難破船に武装した地域住民が群がってくる中で[57]、とりわけ財産（乗員及び乗客の所持品・積み荷）の保護についてはほとんど注意が払われず、生命の保護についても不確実な状況であった。これは中国船遭難の際も同様であった可能性が高い[58]。しかも、当時は海賊が横行していたために、難民を送還する船が被害に遭う場合もあった[59]。

こうした状況は海賊の横行とあわせて、開港後の貿易にとって対処すべき大きな課題となっていく。それでは、イギリス側は海難に対していかなる対応をとったのだろうか。

二　イギリスの対応

まず、当時のイギリスの海難対策をみておこう。イギリスにおいて海難救助法が規定されたのは一二七五年にまで遡るが、一八世紀末までの海難対策は漂着した「財」の保全のみを規定し、「人」の救助を含まず、船主・荷主の保護を重視してきた。ただし、実際には漂着物の取得をめぐって当局と地方の沿岸共同体が対立するなど、財産保全においても不完全であった。これが一八二〇年代になると、海難対策は民間が主導して人命救助へ向けて押し進められ、一九世紀後半には難破船略奪の慣行も聞かれなくなったとされる[60]。

したがって、海難対策に関する当時のイギリス側の重点は生命と財産の保護両方にあり、財産保護については歴史的に人命より重視されてきたという特徴がある。これは外国人漂流民送還を重視する清朝の制度とは根本的に異なっていた。

ただし、イギリス外交官の生命の保護に対する関心はイギリス船乗員の全てに及んだとは限らない。例えばビンタン号の遭難の際【6】、遭難時に中国人船員によってボートから海中に投げ込まれた四名を含むインド人水夫五人が死亡したにもかかわらず、イギリス領事は五人を除き船員全員が無事であったことを伝えることは喜ばしいと報告している。(61) したがって、イギリス外交官の生命の保護についての関心は、イギリス人（白人）に限定されていた可能性があることに留意する必要がある。

（1）イギリス海軍の出動

この海難対策において重要な役割をはたすのが、開港場に駐在し、イギリス人とその船舶の保護を義務づけられているイギリス領事であった。(62) イギリス領事の下に海難の情報が入ると、領事は清朝側に保護を要請するとともに、開港場に停泊しているイギリス軍艦に要請して遭難・漂着地点に急行させ、イギリス人の生命と財産の保護を図り、次いで略奪が行われた場合には、清朝側に対して賠償と略奪者の処罰の要求を行った。

例えば一八五一年五月九日、駐廈イギリス領事バックハウスの下に、一八五〇年九月一七日に台湾において外国船が難破し、漂着者の大半が殺害されたという情報が入った【5】。バックハウスはただちに閩江（福州近郊）に停泊する英汽走スループ型艦レナード（*Reynard*）号に生存者救出のための出動を要請し、(63) また興泉永道にも連絡した。(64) その後、生存者がアメリカ船で上海に送られたことから、駐上海イギリス領事オールコックの報告により、この外国船はイギリス船のラペント号であることが判明した。(65) そこで結局レナード号の代わりに英外輪スループ型艦サラマンダー（*Salamander*）号が捜索のために台湾に派遣され、(66) 現地に赴いた領事館員のパークスは台湾南部での交渉について詳細な報告を行っている。(67)

また、一八五六年一二月にも、駐廈イギリス領事モリソンは、台湾において外国人が抑留されているという情報から、台湾道や興泉永道に対して情報提供を求めていたが、(68) はかばかしい返答がなかったため、一八五八年四月に再度情報提供を求め[69]、ついには中国側の官僚に通知したうえで[70]、一八五八年六月七日に英外輪スループ型艦インフレクシブル（*Inflexible*）号を派遣した[71]。

ここからは、外国船の中でイギリス船が占める割合が高かったことから、外国船遭難の情報が入ると、その船籍が判明しなくても、イギリス領事が行動を開始していることがわかる。

そして、海難に関する情報の多くは商人から提供された。一八五九年一二月の台湾におけるイーナ号の遭難と略奪事件の際にも【24】、翌年一月三日に中国人から情報を得たサイム商会が駐廈イギリス領事ジンジェル（W. R. Gingell）に情報を伝え、ジンジェルの要請によって翌日には英ブリグ型艦エイコーン号が台湾に派遣されている[72]。さらに三月には賠償と略奪者の処罰を要求するため、エイコーン号に加えて英砲艦オポッサム（*Opossum*）号も派遣されている[73]。

台湾以外でも、先述した一八五八年九月の汕頭港の嵐の際には、ジャーディン・マセソン商会の代理人から情報を受けた駐廈イギリス領事モリソンは、イギリス臣民の財産の保護と回復のためにエイコーン号に出動を要請している[74]。

したがってイギリス領事にイギリス商人などから情報が集まり、開港場である廈門を起点として、外国船の保護のために当時は未開港地であった台湾や汕頭周辺などへイギリス軍艦が派遣される体制が整っていたといえる[75]。これは、前章で述べたように、同時期の廈門においてイギリス領事の下に集まった情報をもとに、開港場を起点として英軍艦による海賊掃討が行われていたことと類似しており、イギリス領事とイギリス海軍は海難事件においても海賊事件と同様の機能を果たしていたとみてよい。

むろん、こうした介入を清朝側は避けようとしていた。とりわけ、開港場でない台湾へのイギリス軍艦の派遣には抵抗が強かった。例えば先述の一八五八年におけるモリソンの台湾への軍艦派遣の要求に対しては台湾道が、外国人が漂着すれば現地の地方官が保護して送還すると述べている[76]。また、閩浙総督王懿徳らの一八五八年七月一九日の上奏でも、同様の理由を挙げ、また福州と廈門は華・夷のあいだでトラブルは生じていないものの、「広東省の夷務（アロー戦争）」が落ち着いていないことから、台湾を捜索する必要はないとして反対している。(77)

またイーナ号の遭難の場合【24】、船長のスミス（H. R. J. Smith）の領事館における宣誓証言によれば、台湾の地方官僚は先述した対応の他に、通訳や船長の従者にも略奪の補償金を支払った。そして地方官は船長に対して、廈門ないし香港に戻った際にこの事件をあまり追求しないでほしいとし、もし可能ならばイギリス海軍の介入を防止してほしいとも要請している。(78)

したがって、台湾については福州の省当局及び台湾現地の地方官僚は、海難を口実にイギリス軍艦の圧力を被ることを警戒していた。前章で述べたように海賊問題も口実にしつつ、石炭購買を求めるイギリス船の台湾寄港が止むことはなかったから、これは当然の態度といえよう。

（2）地方における協力

それでは、清朝地方官僚はイギリス側と対立し、イギリス海軍の軍事介入の回避を求めただけであったのだろうか。廈門の地方官僚の場合、必ずしもそうではなかった。例えば、一八五六年の英艦インフレクシブル号の台湾派遣の際には、福建水師提督は台湾の水師に可能な限り協力をさせると約束し、興泉永道も台湾道に書簡で連絡するとしていた。(79)したがって、イギリス側との関係は福建省当局や台湾の官僚とは異なっていたことがわかる。

これは、以下に述べる事件においてより明確な形で現れる。

①獺窟事件

福建南部における海難に関する紛争としては、獺窟におけるニュー・パケット号の遭難【14】をめぐる事件がある。事件後、一八五六年五月八〜一一日にかけてイギリス士官・イギリス人商人と恵安知県顧宝瑚、委員汪籛らが獺窟において共同で大砲や船舶の部品などを回収した。

一方、略奪問題については、イギリス代理領事ペダーは略奪品のリストを送付し、その返還を求めていた[80]。しかし、事件後の清朝地方官側の調査において住民側は、貨物は沈没するか、岩礁に浮いているために一物も取得していないと述べており[81]、清朝側は略奪を明確に認めていなかった。

その後、イギリスのローチャ船カントン・パケット（*Canton Packet*）号は大砲の回収に向かった。カントン・パケット号の船長の証言によると、五月一七日に泉州に到着して大砲九門と錨二丁などを回収した後、水先案内人がまだ獺窟に錨二丁と大砲一門が残されていると知らせたため、一九日に獺窟に到着し、略奪品を求めたところ、現地住民や附近に停泊していたジャンクが発砲し、交戦するという事件が発生した。翌日、清朝官僚が到着し、略奪者が貧困であることを理由に、イギリス側が略奪品回収を断念すれば、代わりに二〇〇〇ドルの賠償を支払うことを約束して交戦は停止し、カントン・パケット号は撤収している[82]。

これに対して泉州知府は、獺窟の住民はニュー・パケット号から取得した箱を返却する予定であったが、現地の奸人が領事にでたらめなことをいい、突如として軍艦二隻が侵入し、その砲撃によって無数の家屋が破壊され、多くの住民が負傷し、うち二名が死亡したとして、イギリス領事に抗議している[83]。

ただし、これは偶発的事件であり、略奪事件についての認識は異なっていたとはいえ、イギリス領事と清朝地方官は現地において共同で調査するなど協力関係にあり、カントン・パケット号が現地の官僚に連絡しないで単独で軍事行動を行ったところに問題があったといえる。ここからは、現地の官僚との連絡が重要になっていることがわかる。

②第一次囲頭事件

先述のベン・エイボン号の事件【16】に際して、駐廈門副領事モリソンは興泉永道趙、福建水師提督李廷鈺に対して、次のように述べている。

これ［ベン・エイボン号船長の申し立て］によって調べたところ、貴国の従来の法規（例）では、およそ外国の難破船の難民がいれば、みな附近の当該国の官員に引き渡して処理するとしている。今、囲頭郷民があろうことか大胆にも貨物を搶奪し、難民を引き留めているのは、実に法規に従わないことである。もし厳しく罪状を調べて処罰しなければ、将来各地において［このような］長いあいだの習慣が一般的になることをただ恐れるばかりである。当然、貴道に対し、地方官に命令して、営弁と一緒に、当該の郷に布告を出して奪い取った貨物をこの領事に引き渡し、それによって貨物を失った荷主にそれを返却して褒賞を斟酌するのに役立て、また沿海各処に布告してその通りに実行することを要請する。あわせて、将来イギリス船で難破した船舶については、必ず遭難者を本領事館に送り、もし引き上げた貨物があれば、ただちに地方官に送付して領事館に引き渡して査収すべきであり、これを受けとれば［領事は］ただちにその価値に応じて褒賞を与えるであろう。(84)

そして、搶奪に加わった晋江県の囲頭郷・塘東郷・湖厝郷・南沙崗・寮東郷の人々の姓を清朝側に連絡している。(85) ここからは、イギリス領事側が、清朝側の規定を理解したうえで、それが実際には有名無実となっていることを理解していることがうかがえる。そのうえで、地方官側の協力を得つつ、報酬によって難破船の船員と貨物の安全を確保することを狙っている。しかしながら、同じ囲頭郷で再度事件が発生したため、軍事介入へとつながっていく。

③ 第二次囲頭事件

先述のように、一八五八年に囲頭郷でリチャード・バターズビー号遭難【18】の際において住民の略奪と船員殺傷事件が発生したため、イギリス海軍の本格的な軍事介入を引き起こした。この事件に対し、イギリス領事モリソンは興泉永道に連絡して犯人逮捕と賠償を要求し、(86) 興泉永道は現地地方官僚に対して犯人の逮捕を命じたが、一〇日あまりが経過しても犯人は逮捕されなかった。(87) 一方、連絡を受けた香港からはイギリス外輪フリゲート艦マジシェンヌ（*Magicienne*）号が派遣され、バウリング公使は地方官と協調して対処することと、犯人の厳罰を期待していた[88]。そこでマジシェンヌ号と英汽走砲艦アルジェリン（*Algerine*）号が出動することになる。その経過は、イギリス領事モリソン及びマジシェンヌ号艦長ヴァンシッタート（N. Vansittart）の報告によると[89]、次のようなものであった。

一八五八年九月一六日、モリソン領事は略奪を行ったとみなされる囲頭の揚塘と洆潯の住民に対する下記の布告を起草した。

布告

揚塘／洆潯の住民へ

上記の町・村からの一団の男たちが八月三一日にイギリス船リチャード・バターズビー号を攻撃・掠奪し、その乗員三名を殺害した。下記に署名した我々は、その上官であるイギリス全権大使と艦隊司令長官によって、中国の地方当局と協議し、処罰のためにこの不法行為の殺人犯と首謀者を逮捕し、掠奪され・破壊された財産を賠償させるように命じられた。

それゆえ、我々は本日の指定時間〈午後四時／昼〉以前に、当地にいるであろうリチャード・バターズビー号を攻撃した首謀者ないしこの事件で殺人に関与した者が、本艦に乗船し、そして同じ期限内にこの〈町／村〉の主立った住民本人が当船にきて指定された額の賠償の支払いに関して満足のいく誓約を行うように要求する。もし上記の要求に従わなければ、この〈町／村〉は上記の期限満了と同時に完全に破壊されるであろう。

ヴァンシッタート　艦長

モリソン　駐廈イギリス領事

揚塘　一八五八年九月一七日

洳潯　一八五八年九月一八日[90]

水師提督と興泉永道はこの布告の内容に同意したが、布告に興泉永道と金門鎮総兵の名を列記することは断っている。また、水師提督はイギリス海軍の指揮官らに馬巷通判や南安知県らが十分な兵力を集めることができないことを伝え、現地の官僚にイギリス側と現地で合流することを命じることには同意した。

その後、英艦マジシェンヌ号とアルジェリン号はイギリス領事を乗せて出港し、一七日に揚塘に布告の手交に向かったが、攻撃を受けたために水兵を上陸させて抵抗を排除し、揚塘を焼き払った。

翌一八日には洳潯に布告が手交された。洳潯からは町の長二名がアルジェリン号に乗船して無実を訴えた。彼らに対してイギリス側は一万ドルの賠償を要求し、犯人を引き渡せば六〇〇〇ドルに減額するとしたが、結局洳潯側はイギリス側の要求を受け入れず、一九日にイギリス軍は攻撃を開始し、洳潯は完全に破壊された。同日、金門鎮総兵が六隻のジャンクを引き連れて現れ、イギリス側の行為に責任を負うことを表明している。

なおこれらの攻撃の際に、揚塘や洳潯ではリチャード・バターズビー号の機材や備品が隠されているのが発見されており、両地の略奪事件への関与が裏づけられている。

攻撃終了後モリソンは、この揚塘と洳潯が政府を無視して納税を拒否したうえ、弱体な隣人を抑圧していたため、この両地の鎮圧は全ての廈門とその周辺の中国人に歓迎されるだろうと述べ、バウリング公使への報告を終えている[91]。

この事件からうかがえるのは、海難をめぐる略奪・殺傷事件を理由に、軍事・警察力の不足する清朝地方官僚側がイギリス海軍に、政府に反抗的な沿海の地域を鎮圧させていることである。揚塘と洳潯はその海賊行為で名高く[92]、清朝側が両地の掃討をイギリス側に代行させているともいえ、かかる手法は前章で述べた海賊対策と重なるものである。そして、清朝地方官が協力姿勢をみせながらも布告への署名を断ったのは、これがより上級の官署の許可を得ずに進められた現地における解決方式であり、証拠が残るのを恐れたからだろう。この鎮圧の後に興泉永道司徒緒はイギリス領事に対して、南安県が「水師」と馬巷庁と共同で匪徒を調査・逮捕したと報告してきたという九月二一日付の照会文を送付しているが[93]、これも地方的解決の隠蔽といえる。

この事件にみられるように廈門においては、イギリスとの協調の下で海賊を含めて政府に反抗する勢力が鎮圧されていくことになる。イギリスの砲艦は従来、清朝政府に圧力を加えたとみなされてきたが、華南沿海においては、沿海の住民も砲艦の攻撃対象であった。かかるイギリスの圧力を利用しつつ、清朝は沿海住民の活動を抑え込み、地域秩序を回復していった。これが一八六〇年代以降の海難事件における外国人の「生命」の安全確保につながっていった可能性は高い。

もっとも、前章で述べたように、一八六〇年代以降、イギリス海軍の中国沿海部における活動は抑制されていく[94]。一方で、開港場における貿易は一貫して拡大しており[95]、海難事件における安全確保もいっそう求められていくことになる。そこで重要になるのがイギリス領事及び清朝地方官僚の役割である。

三　秩序回復と海難問題

(1) 領事の機能とその限界

一八五八年の中英天津条約の第一八条では、イギリス人の身体・財産の被害に対する保護と回復及び犯人の逮捕・処罰が定められ、第二〇条ではイギリス船の難破・座礁の際には清朝官僚が救助・安全の措置を講じ、必要な場合には船中の人々を領事館に送還することが明確に規定された[96]。

しかしながら、この規定や沿海の秩序回復によって海難問題が解決したわけではない。その後も依然として、難破船に対する略奪は止まなかった。そこでイギリス船の船長らは、領事館を通じて被害の賠償を求めた。一八六七年七月一四日に漳州府銅山の澳角湾で遭難したイギリスのバーク型船エリザベス（*Elizabeth*）号の漂着者たちが宮仔前という村落の住民から略奪を受け【28】、汕頭に戻った船長のダーク（F. M. Darke）は、在汕頭イギリス領事館を通じて、廈門領事ペダーに連絡し、清朝側に対する損害賠償二六〇〇ドルの請求を試みている[97]。

一八七一年二月には興化府の烏坵嶼附近でイギリス蒸気船ドン（*Don*）号が難破したが【30】、その際には、難破した船から脱出した乗組員の搭乗したボートが、海賊化した漁民に襲撃されて一部が略奪される事件も発生している。この事件では乗組員が廈門領事館にたどり着き、イギリス領事が清朝当局と交渉に入っている[98]。

このドン号に対しては附近の住民や漁民も略奪を始めた。それに対して清朝側は軍艦凌風を派遣し、イギリス商人らはドン号から商品回収を開始することが可能になった。しかし、軍艦が立ち去ると、人々は商人らに商品回収を委託された人々を追い払い、略奪を再開している。そのため、ロイズの代理人テンプラー（C. B. Templer）が回収作業を再開する際に、烏坵嶼現地の漁民からドン号を保護するために清朝側による軍艦の派遣を領事に要請し[99]、四月二五日、領事の要求に清朝側は応じた[100]。ロイズの代理人ボイド商会（Boyd & Co.）[101]に委託されて商品の回収の契約を結んでいたウィルソン（W. Wilson）は清朝側の保証を得たうえで二八日に出港し烏坵嶼に向かった。しかし、現地ではジャンクから発砲されて追い払われ、実際には軍艦が派遣されていないことが確認された[102]。五月三日に烏坵嶼を通過したダグラス（*Douglas*）号船長は保護する者がだれも存在せず、近辺の漁民らがドン号に群がって解体を試みていたとしている[103]。そのためロイズ側は回収を行うことができず、領事を通じて清朝側に賠償を請求する事態が生じている[104]。

また、略奪事件の調査においても、イギリス領事は重要な役割を果たした。例えば一八七六年に、以前ローチャ船マンダリン（*Mandarin*）号に対する海賊行為【32】を行った者が泉州府で逮捕されたことから、犯人から直接訊問するために清朝官僚と交渉し、清側の反対を説得して泉州府に英外輪砲艦フラリック（*Frolic*）号と領事館の通訳官を派遣している[105]。

しかし、こうしたイギリス領事の行為には限界があった。例えば右記の一八六七年のエリザベス号の事件【28】では、ペダー領事はダーク船長の請求に対し、略奪の証拠が十分でないと公使に報告している[106]。その後も、証拠の収集は困難であった。その原因は、事件の発生地の住民、すなわち漁民の習性にあった。廈防同知がペダー領事に対し、

澳角湾周辺の人々は漁民からなる移動性の高い人々で、沿海をあちこち遠距離移動し、同業者たちでその停泊地を交換し合う。こうしてその村の居住者は〈少数の老人を除き〉一年のあいだに三～四回も転居する。そして今や宮仔前の村において、ほとんど二年前のダークの宝石類盗難に関係した人々を見つけられる可能性は極めて低い。

と述べているように[107]、移動性の高い漁民による略奪である場合、事件の証拠を集めるのはそもそも困難で、賠償に向けた領事の対応にも限界があった。

また、賠償を請求した場合にも、イギリス側の主張が容易に認められるわけではなく、またイギリス政府が賠償請求を支持するとも限らなかった。ドン号の事件【30】では、在華イギリス公使ウェードは結局、イギリス政府は、ドン号が回収ができなかったことに関するウィルソンらの清朝側に対する損害賠償請求を支持しないとしている[108]。一方で、ドン号の略奪事件を通じて駐廈イギリス領事ペダーは、中国政府がその国民の無法な行為とその官僚の無気力と共犯に責任を負うまで、同様な事件は続くとみなした[109]。さらに、中国人によるイギリス船の生命・財産の救助に対してイギリス領事が報酬を与えるなどの体制整備の必要性を訴えている[110]。

以上のように、海上に存在する海賊を掃討するのとは異なり、陸上にいる人々を相手とするイギリス領事側の海難対策には限界があり、地域の秩序が回復する中で、その中心となるべき清朝地方政府側の取り組みが求められる

ようになってきていた。

(2)「保護中外船隻遭風遇険章程」の成立

一八七五年、廈門から砂糖を積載して天津に向かっていたドイツ船アンナ（*Anna*）号が、福建北部の連江県の西洋山附近で難破し、附近の漁船によって約三万八〇〇〇ドル相当の貨物が略奪される事件が発生した(111)。この事件を契機に福建省当局は海難対策に本格的に乗り出し、福建船政局に所属する外国製砲艦が海難と海賊の監視のために巡航し始めた。さらに木造輸送艦の済安も配備され、廈門の水師提督から独立して海難救助などの援助を行う特別な任務を与えられていた(112)。

同時に、ドイツ領事との協議を経て(113)、一八七六年七月、福建巡撫丁日昌は、以前に江蘇省で制定して有効であった遭難船隻の規定を改定して「保護中外船隻遭風遇険章程」を制定し、福建省全体で施行し(114)、これは廈防同知を通じて駐廈門イギリス領事にも伝えられた(115)。その内容は次のようなものであった。

一、沿海を十里を一段というように区分して地甲・頭目に責任を負わせ、難破の報告があれば、文武官は兵丁を率いて急行し、救護する。

二、救援に尽力しなかったり財物を奪った者は処罰し、遭難した船舶の船主から基準に基づく救助の報奨金を提供させるなど、賞罰を明確にして責任逃れを回避する。

三、難破船の船主が積み荷の処置を指揮し、救援者がほしいままに運び出さないよう、章程を定めて混乱を回避する。

四、外国人を一名救護すれば通商局が一〇ドル支払うなど、報酬を定めて救助を奨励する。

五、救護した者に賞を与え、救護しなかった者は有罪という規定を広く諭告することで戒めとする(116)。

六月一八日に閩浙総督文煜と丁日昌らはこの章程を沿海地方に拡大することを上奏しており[117]、その後、総理衙門の指示でこの章程にならって各章で章程が制定されることになり、この章程はその他の省にも拡大することになった[118]。

この章程について湯熙勇は、遭難した船舶の船主と救援者及び文武官の責任を明確に定め、救護観念の伝播を重視したことから、中国の海難救助実施の上で先駆的な意義をもつとする。そして、台湾において効果はあったが、送還制度が旧来の状態で地方の負担になったことや、海難事件を統括する組織がなく、船舶を略奪した場合の責任の帰属鑑定や賠償を処理する方法がなかったことが問題であったと指摘している[119]。

それでは、この章程によって福建沿海で発生する海難事件において変化は生じたのだろうか。また、章程の問題はどこにあったのか。主に、章程に前後する二つの海難事件（【33】・【37】）から考えてみることにしたい。

(3) 烏坵嶼事件

① 事件の発生

一八七六年四月に興化府の烏坵嶼においてイギリス汽船カントン（*Kwangtung*）号が難破した【33】。これに際しては福州の清朝当局は、直ちにアメリカ製汽走軍艦海東雲を派遣し、保護にあたらせた[120]。その後、軍艦が引き揚げた後の六月一一日未明に、船体と機械類を搬出するためにカントン号を解体していたエレス商会（Elles & Co.）の、シンガポールのマレー系英籍民アフザイ（Mahomed Ahsai）らが接近した小型漁船に対して発砲し、二名の死者が生じるという事件が発生した[121]。烏坵嶼は湄州島東方の島嶼であり、射殺された王小加・荘薄も湄州島の北頭郷・白石郷の漁民であった[122]。前章で述べたように、湄州島は一九世紀中葉に海賊の拠点であったうえ、烏坵嶼では一八七一年にも先述のドン号に対する略奪事件【30】が発生しており、当該地域は地域秩序にとっても課題となる地域であった[123]。

事件は六月一五日、エレス商会から在廈イギリス領事アラバスター（C. Alabaster）に伝えられた。エレス商会は死傷者については触れず、領事に対して清朝当局を動かして略奪品の返還と略奪者の処罰をさせるように要請した[124]。エレス商会から連絡を受けたアラバスター領事は汽走砲艦シスル（*Thistle*）号を派遣するとともに[125]、興泉永道章卓標に対して略奪品の返還と略奪者の処罰を要請した[126]。これに対し章道台は二二日のアラバスター領事への照会文で、すでに兵員・軍艦も派遣されて保護にあたっているが、さらに近隣の官憲に保護と秩序維持と犯人逮捕のための措置を命じたとしていた[127]。

また、アラバスター領事は一九日、福建水師提督彭楚漢に対し、至急兵士を派遣して暴力行為の拡大を防ぐことを要請した[128]。彭提督は二〇日、アラバスター領事に対し、難破時に湄州営の遊撃が巡船と兵士を派遣していることを伝えている[129]。実際にも、清朝のジャンク二隻が派遣され、興泉永道の代理である通商分局委員頼紹杰らが兵勇六〇名を率いて六月二〇日には湄州島、六月二一日には烏坵嶼に到着している。また、イギリスの砲艦シスル号も二〇日には烏坵嶼に到着していた[130]。

この時点までは中英の協力は順調に進んでおり、イギリス側の要請前に、清朝側自らの意思で軍艦が派遣されて保護が行われていた。この点、清朝側の対応は著しく改善しているといえるだろう[131]。そこで争点は清朝側の保護の期間及び略奪品の返還と略奪者の処罰になるはずであった。

ところが、発砲事件により漁民に死者が生じたことがわかり、発砲事件の責任が問題となり、略奪問題の解決も困難となる。

② 略奪問題

略奪の問題については、イギリス領事は略奪により一〇〇ピクルの金属類や機械類など一〇〇〇ドル相当の被害が生じており、武官の保護が不十分であると彭水師提督に伝えた[132]。これに対し水師提督はエレス商会が主張するような量の略奪の証拠が示されていないとしている[133]。また、イギリス、中国及びその他のいかなる国の船舶でも兵士を派遣するのは義務であるとし、また武官は発砲後に秩序を維持しており、保護の義務を果たさなかったという領事側の見方には反論している[134]。

章道台は七月一一日の照会で領事に対し、もし略奪があったのであれば、地方官が犯人を逮捕して略奪された財産を回復するとしながらも、中英両国の軍艦や兵士が派遣される中での略奪行為にも疑問を呈している[135]。

以上のように、清朝官僚側は略奪が発生したこと自体を疑問視し、保護は十分に行ったと主張していた。だが、現地に派遣された兵力はわずか二〇名であり、湄州営から烏坵嶼に派遣された清朝側官兵を指揮する外委の李逢忠は、漁民は一〇〇名以上おり、略奪品を引き渡すことはできないと漁民側にいわれていた[136]。つまり現地において、官兵は漁民らに圧倒されており、略奪品の回収は困難であった。

また彭提督は、イギリス領事に対し、難破船保護のために長期間兵士を派遣し続ける余裕はなく、中国ではこうした事態の処理に要するのは通常一～二日間、長くても一〇日間であるとしている[137]。したがって、通常は難破船の保護期間も著しく限定されていたことがわかる。

つまり、清朝側の主張とはうらはらに、清朝官僚が難破船の財産保護のために現地をコントロールする力は極めて限られていたといえよう。

③発砲事件をめぐって

発砲事件については、まず、事態の収拾が重要になった。事件後、アフザイは村民に死者の棺用の木材を提供し、一四日には清朝側の官僚（恐らく外委李逢忠）を通じて五ドルを死者の親族にそれぞれ支払っている。一方、事件の翌日には一隻に五人ほどを乗せた三〇隻以上のボートが烏坵嶼に到着して人々が上陸、その一部はナイフや槍、マスケット銃で武装していた。彼らは死者に対する補償として、報復として殺害するためにマレー人二人を引き渡すことと、難破船を彼らに引き渡すことを官僚に要求した。これについて官僚の相談を受けた烏坵嶼の二等灯台守グリーン（J. H. Green）は、群衆が不法行為を行った場合、砲艦が派遣されるであろうと助言したため、官僚が群衆を説得して引き上げさせている[138]。

その後も湄州附近の人々は憤激していたが、莆田知県呉は六月一六日に布告を出し、王小加らは盗みによって命を失っており、その死は自らまねいたこと（「死由自取」）であるとし、これを口実にして騒動を起こすことのないようにきつく警告した[139]。

六月二〇日に官兵をともなって湄州に到着した通商分局委員頼紹杰らは、二二日には各郷の耆老（名士）や村人など六〇人ほどを集めて子弟らが本業に安んじて、騒動を起こさないように警告し[140]、彼らもこれ以上の騒擾を防ぐことで合意した。

頼らはさらに布告を出し、その布告では中国船あるいは外国船が漂着した場合、漁民がそれを保護するのは義務であり、略奪は例によって禁じられているとし、発砲を受けた漁民は材木を盗もうとしていたとみなした。そして、かかる行為を知りながら、死亡した漁民の仲間が死亡した者の補償を求めるのは法をも恐れぬ行為であるとした。その上で、各郷の耆老たちに船舶から何も盗まず、外国人と紛争を起こさないように命じている[141]。

以上から、清朝地方官が現地の有力者である耆老などを通じて事態の収拾を図っていることがわかる。

一方で、発砲をめぐる中英間の交渉が始まった。イギリス側は清朝側が発砲を是認していたことを主張した。烏坵嶼の灯台守グリーンは、外委李逢忠がアフザイに対して略奪を行っている二隻のボートに発砲するようにいったためにその通りにしたのだと証言した[142]。外委李逢忠も漁民たちによる略奪を認識しており、カントン号側の射撃を適切とみなすと発言していた[143]。本土から派遣されたより高位の清朝官僚（恐らく通商分局委員頼紹杰）も調査を行ってマレー人の（発砲の）正当化を決定し、ボートが再び近づいたら再び発砲するようにと告げていたとされる[144]。さらには、莆田知県の布告にある「死由自取」も[145]、イギリス領事側の主張を裏づけていくことになる。

これに対し、廈門の清朝官僚は発砲の不当性を訴えた。彭提督は、六月二六日のイギリス領事への照会で、中国は慈悲深い統治を行っており、犯罪者は法によって裁かれ、罪の大小を問わず、射殺は許されないとした。また沿海では多数の漁民が小型船舶で漁をしており、判別も困難であったから十分に識別すべきであったとする。さらには「中国は人命を軽視しようとすることはなく、貴国の人命に対する扱いも我国と同じであろう」とまで述べている[146]。また布告で「死由自取」としたのは、事態の沈静化を図るものであると領事に説明している[147]。さらに、武官が発砲の許可をしたことはないとしていた[148]。

また興泉永道も同じ立場に立っていた。七月一一日の照会文では、すでに保護を命じていたうえ、解体作業従事者の人数の方が発砲を受けた二隻のサンパン船の搭乗者五人にまさっていたのであるから略奪者を逮捕できたであろうし、漁船との識別が困難であったにもかかわらず発砲したとして批判した。さらに武官が監視者に接近する船舶への発砲を命じたということに関しては、武官が発砲するのは海賊が難破船を襲撃している場合に限られるとして否定した。そして莆田知県の布告で略奪をしていたために発砲されたとしているのも、人々が興奮している中で、地方官が騒擾を鎮静化するためであったとする[149]。

ここで問題になるのは、現地の官僚や地方官（知県）のレベルでは、官兵が現地の沿海住民をコントロールできないことから発砲が推奨ないし黙認され[150]、また地域の安定の必要性から発砲を正当化する布告を出していたが、廈門に駐在する興泉永道や福建水師提督といったより高位の官僚のレベルではもはやイギリス側による発砲を認めることはできなくなっているということである。そのため、地方は十分にコントロールされていると主張したのである。

これは一九世紀中葉のように、興泉永道や水師提督が外国側に地域秩序の回復を依存していくような状況から、彼ら清朝地方官僚が自ら秩序の中心となっていく際の変化とみてよい。ひとたび秩序が安定してくれば、外国人による武力行使は不必要であり、かえって秩序の攪乱要因となるおそれがあった。ただし、地方官僚による秩序が回復しても、現実には地域を隅々まで統制できていない状況に変化はなかった。また、略奪が発砲に値するかどうかについても、清朝側とイギリス側では見解に相違がみられ、財産保護に対する見方に違いがあることもうかがえる。

④ 発砲者の逮捕

さらに発砲者の確定と逮捕も問題となった。イギリス領事側が実際の発砲者と考えていたのはエレス商会のアントニオ（本名 Augustine Pereyra）であった。六月二九日に廈門に到着したアントニオはマニラ生まれのスペイン臣民を主張してスペイン領事に引き渡されたが、パラグアイ人であることが判明したため、再びイギリス領事に引き渡された。アントニオは保護を求めたがイギリス領事はこれを拒否し、アントニオを釈放してその処理を興泉永道側にゆだねると伝達したが、興泉永道は行動を起こさなかった。(151)

七月五日になってから水師提督彭は中英が共同でこの件を捜査するために、アントニオが廈門を離れられないようにすることを主張した。(152) これに対し、領事は、アントニオはイギリス臣民ではないために領事裁判の管轄外であるとしながらも、逮捕するためには直ちに行動を起こすことが必要だと助言した。(153) しかし水師提督はいかなる措置もとらなかった。(154)

七月一八日になって、水師提督彭はアントニオがイギリス人ではないとしても雇用者に命令して彼の引き渡しを命令することは容易だとした。また提督の見方ではアフザイが発砲したとして、彼を拘束して処罰すべきだとしている。そして領事が犯人を拘束していないことは義務を果たしていないと非難した。(155) これに対し、領事は提督の照会文が無礼であるとして批判し、(156) またアントニオについては、彼を拘束する機会があったのに拘束しなかったのは、現地と廈門の清朝官僚側に責任があると提督に対して反論している。(157) また興泉永道も、イギリスが「各国の領袖」であるがゆえにイギリス領事が無条約国との事件を処理しているのであるし、アフザイを逮捕すべきであるとした。(158)

ここに至り、イギリス領事と廈門の地方官僚は略奪・発砲・犯人逮捕の三点において真っ向から対立することになった。アントニオのような中英双方にとって把握できない人物の存在も事態を複雑にし、また双方の法意識が異なっていることも、対立を深める原因となった。(159)

アフザイは八月四日まで領事館に拘束するので、それまでに証人を用意するように興泉永道に伝えられていたが、(160)

八月四日の領事裁判における審問でも、興泉永道側の証人は用意されず、審問ではアフザイ本人や灯台守のグリーン、及びスラバヤ生まれのマレー人が証言し、彼らの証言によれば、アントニオは清朝官僚にいわれて発砲し、アフザイは発砲時に発砲現場から三〇〇ヤードも離れたところにいたということであった(161)。この審問の後、八月一一日までのアフザイの再抑留が決まった(162)。しかし、清朝側は証人を全てそろえて共同で審問することを主張するのみであり(163)、八月一一日になっても清朝側からアフザイが有罪であるという証拠が示されないため、彼は釈放された(164)。

アフザイ釈放後に、福州の通商局がアラバスター領事にアントニオとアフザイを裁判に出頭させるように要求し(165)、また章道台もアントニオの逮捕を要求した(166)。しかし、やはりアフザイに関する証拠はなく(167)、またアントニオを中国側に引き渡す法的根拠がないことも明らかであった(168)。その後、アフザイの責任を証言する証人である外委李逢忠や漁民の蔡佐の証言が興泉永道側から領事に送付されたが(169)、イギリス領事が審問に立ち会わず、また審問もできなかったため、アラバスター領事はそれを信用せず(170)、興泉永道側が、アフザイを有罪にするために作成したのではないかという疑いをもった(171)。

一一月になり福州の閩浙総督らは領事に両人の拘束の責任がないことを理解し、興泉永道を事件の担当から外すことも可能だとしたが(172)、交渉は進展しなかった。その後、一八七七年二月に領事は、この問題は自分の手を離れ、駐華イギリス公使と総理衙門のあいだの、より高いレベルで行われることになると興泉永道に伝えた(173)。ところが、領事が高いレベルでの交渉を要求したのに対し、閩浙総督などは興泉永道と駐廈門領事のあいだでの解決を意図したため、交渉は断続的に続くことになる(174)。

この交渉過程において注目されるのが、清朝側が海難事件や発砲事件発生直後には事態の沈静化に動くものの、発砲事件の調査においては、アラバスター領事から情報を得ながらも容疑者の拘束などの具体的な行動に積極的でなく、証人を確保するのも遅れ、イギリス人以外の人物への対処も、基本的にイギリス領事任せにしていることである。これについて、アラバスター領事は実のところ、照会文の書面のうえでは精力的であるのとはうらはらに、清朝側地方官は積極的な行動をとっていないと報告している。そして清朝側が発砲事件について補償がないことを非難するのは、難破船から略奪された一〇〇〇ドル以上の価値のある金属を回収する責任を回避するためであるとみなしていた[175]。事実、途中から交渉内容はほとんどが発砲事件に関することになり、翌一八七七年二月には、略奪問題についてはアラバスター領事も財産の回復や略奪者の逮捕の見込みがないことを認めるに至った[176]。

実際に清朝地方官僚にとっては犯人の処罰によって地方の騒擾を沈静化し、地方官権力の威厳を保つこと以外には、この問題に対する関心は低かったのであろう。閩浙総督文煜らはアラバスター領事に対して以下のように述べている。

本官（福州将軍兼署閩浙総督）と巡撫は、現在、「救護中外船隻章程」を処理しており、どれほど多くの心血を注ぎ、どれほど多くの文書を費やしてきたかわからないが、十全なものとまではいえず、従来と比較してややよくなった程度にすぎない。しかし、私と巡撫は、船舶の救護を真剣に行う必要があり、すなわち海辺の人民に厳禁して、物を略奪するのを許さず、命を奪うことを許さないようにすべきである。現在、外国人が夜間に漁師二名を射殺したことがあって、本署総督・巡撫が提起して無実の罪を取り除くことができなければ、海辺の人民は、総督・巡撫が強き（イギリス）を恐れて弱きを欺いたとし、法を執行するのに一律に行うことができず、そのために近日中に告示を発布しても、人民はあまり信用せず、また人民が心中に恨みを抱くようにさせてしまうだろう[177]。

一八七八年一二月になると、ロンドンにおける出使英国大臣郭嵩燾とイギリス外相ソールズベリー（Lord Salisbury）の交渉を受けて、ソールズベリー外相が、エレス商会による犠牲者親族への補償金支払いによって解決を図ることを駐華イギリス公使フレイザー（H. Fraser）に指示したことがアラバスター領事に伝えられ、フレイザーはアラバスターにエレス商会の説得を行うように命じた[178]。アラバスター領事はこの解決策に不満ではあったが[179]、公使の指示に従い、エレス商会も犠牲者に親族がいた場合は補償金支払いに応じることになった[180]。結局一八七九年八月にエレス商会がアントニオによって射殺された被害者の親族に一〇〇ドルの補償金を支払うことに合意し、問題は解決に向かった[181]。しかし清朝側の被害者の親族に関する公的情報は限られていた[182]。結局、イギリス領事の側では直接親族に渡そうとしたが、親族を捜し当てることができず、事態はうやむやのまま終わっている[183]。ここからも、清朝側が被害者である漁民については、実はほとんど無関心であったことがうかがえる。

結局、この事件では、イギリス側の財産保護（略奪防止）重視と清朝側の海難事件の略奪問題に対する無関心という視点の違いが明確になった。この時期は清朝地方官が自らの下で秩序を回復していく過程にあったために、清朝側も自らの権威を損なうような妥協はできず、そのために強硬に発砲者の処罰だけを主張し続けた[184]。一方で、アラバスター領事も譲歩しなかったため、中英双方が交渉を主導できず問題は長期化し、解決も不明瞭なものになった。また、清朝側による秩序が回復しつつあったとはいえ、略奪防止はできず、また秩序回復も現地の耆老に依存していたように、清朝地方官が沿海住民を把握して統制することができないという清朝の沿海統治の問題が露呈していた。

では、この交渉の中でも言及されていた「保護中外船隻遭風遇険章程」の制定は問題の解決になったのだろうか。次に、章程公布後に発生した海難事件を考えてみたい。

（4）ザフィーロ号遭難事件

一八八五年四月五日、マニラから香港を経由し、五五名の船員と、一五七名の中国人乗客を乗せて廈門へと向かっていた中国マニラ汽船会社（China and Manila Steamship Company Ltd.）所有のイギリス汽船ザフィーロ号は霧の中、漳浦県銅山の井仔埯沖合で座礁した。船員は乗客全員を無事にボートに乗せて上陸させるとともに、船長と一部の船員は翌日蒸気エンジンを起動してザフィーロ号を移動させ、銅山に着岸した。本書の冒頭で述べたように船長トールボットの証言などによれば、六日の朝、周辺の村落から三〇〇～四〇〇人の武装した漁民が約一〇〇隻の漁船に乗って押し寄せてザフィーロ号に乗り込んだ。ザフィーロ号にいた一部の船員は抵抗し、アヘンなどの積み荷は守ったものの、スチームパイプなどの船舶の装備が破壊ないし略奪され、乗客の所持品や船員の船室も略奪された。その日の昼になり、大部分の船員が戻って漁民らを撃退し、翌七日早朝の襲来も撃退した【37】。午後になって、地方官が派遣した官兵四〇～五〇人が到着して船舶を保護するとし、その夜の来襲は船員と兵士が撃退したという。七日にトールボット船長が銅山島の村落を訪れたところ、村人の家屋がザフィーロ号からの略奪品で満ちているのを発見し、その後も井戸などに船舶の装備が隠されているのを見かけ、地方官に対して略奪された装備の返還を要求した。しかし、地方官は船員に対して親切であったが、その後船長らが二ヶ月にわたって現地に滞在していたあいだ、略奪に関しては何ら対策を講じなかった(185)。

漳浦知県の対応がないため、イギリス領事フォレスト（R. J. Forrest）はイギリス公使オコーナー（N. R. O'Conor）に事件を連絡し(186)、オコーナー公使は総理衙門を通じて略奪品の回復と略奪者の逮捕を要求した(187)。さらに領事は、汀漳龍道聯興に対し、「海賊」による略奪事件の概略とイギリス保険会社の保家行（The North China Insurance & Co.）のザフィーロ号乗客の所持品の一部などについての約一万二五〇〇ドルにのぼる請求を伝えた(188)。

この船には、多数の中国人乗客が乗り込んでおり、彼らは、貴重品の運送費支払いを回避するために携行品として貴重品を持ち込んでおり(189)、トールボット船長の証言によれば、持ち込み制限はなかった(190)。これは従来から、東南アジアから帰国する移民は銀以外にも商品を携帯して帰国後に販売していたことが背景にある(191)。当時、乗客は二〇～三〇人ごとに客頭（headman）に率いられており、この客頭の荷物も実際には商品であり、廈門の海関で課税されることもあったという(192)。ただし、保険の契約があり請求が行われたのは、乗客の三〇〇～四〇〇件にのぼる携行品のうち一五件のみであった(193)。そして、この事件で請求が行われた品は、香港の悦隆桟が、マニラ向けに発送したものであった(194)。

これに対し汀漳龍道聯は漳浦知県施錫衛の報告を領事に伝えた。施知県は自ら銅山に赴き、当地での調査に基づいて反駁した。まず、手荷物の略奪については、遭難時に積み荷を軽くするために乗客の手荷物を海中に投棄していたとした。また乗客が恐怖に駆られて漁船に救助を大声で求めたために、漁船の船員が乗船して乗客とその荷物を救助した際に、混乱が生じて手荷物が失われたとみなした。さらに、乗客たちや船長が強奪について何も述べず、略奪者を訴えなかったとした。そして保険会社が、船舶が失われたにもかかわらず契約を履行せず、不正に商品が盗まれたと主張しているとみなした。そして乗客を救助していた漁民はむしろ報奨を与えられるべきであると主張した。[195]

この報告についてフォレスト領事は汀漳龍道に返答し、船長の報告に基づき当時の状況に関して反論を加え、また略奪品返還の要求も行われていたとし、保険会社は損害を引き起こした者に対する請求が可能であるとした。そして漳浦知県に略奪問題解決の意思がないとし、イギリス公使から総理衙門を通じて福建省当局による調査を依頼すると述べた。[196]

これに対して汀漳龍道は漳浦知県の見解を支持した。汀漳龍道は、乗客は貴重品を携行していなかったとして、所持品の損害のリストは信用できず、もし略奪の被害があったのならば保険会社ではなく乗客が被害を請求すべきであるとし、領事が十分に調査を行わずに公使を通じて総理衙門に事件を連絡したことを批判した。[197] 保険会社のような第三者による請求というものが清朝側の裁判の常識と大きく異なっていたこともあり、[198] 双方の事件に対する見方は真っ向から対立することになった。

フォレスト領事は汀漳龍道の見方に反駁する書簡を閩浙総督・福州将軍・福建巡撫ら福州の福建省当局に送付したが、[199] 省当局も漳浦知県や汀漳龍道の立場に立ち、盗難は発生しなかったとみなして領事の要求を拒否し、事件を終結させようとした。[200] 領事は当然これを拒否したが、[201] 省当局の方針に変化はなく、[202] 事態は長期化することになる。

一方、北京においては、オコーナー公使が一八八五年九月から総理衙門を通じて、保険会社と清朝当局の双方による合同の審問を行うことを要求していた。[203] 一八八五年一一月には、総理衙門の慶親王奕劻からは、賠償の方向で進めていくことが公使に伝えられており、公使は領事にいっそうの努力を求めていた。[204] この場合、清朝側に対して略奪を証明するためには、すでに領事が集めていた乗員などの証言に加えて、[205] 乗客の証言が重要であったが、テート商会が廈門近隣の乗客に呼びかけたものの、乗客らは地方官とのもめ事に巻き込まれるのを恐れてその呼びかけに応じなかった。そのうえ、座礁したザフィーロ号の買い手及び元のザフィーロ号の代理人からも船舶の被害に対する請求も出されず、[206] イギリス領事側は不利であった。その後、総理衙門は公式の調査については公使に返答せず、地方での問題解決を求めるようになり、[207] 解決は遠のいた。

一八八六年三月五日になり、合同の審問が行われることになったが、興泉永道奎俊は、汀漳龍道聯と会合した際に、漳浦知県施が科挙の試験が終わる三月一三日頃まで廈門に行くことはできないと伝えられており、[208] 最初の審問では最も重要な当事者が廈門に来られないことになった。そして、興泉永道は証人が船長だけであることの問題を指摘し、本来は関係者全てが集まるべきであるとした。[209]

三月五日、領事と興泉永道による合同の審問が廈門の電報総局（Imperial Chinese Telegraph Co.）の事務所で行われた。一八日の審問では、漳浦知県は江蘇訛りで、金切り声で冗長な証言をし、領事はかろうじて銅山営の参将陳から部下が銅山の海賊に対して発砲したという証言を得たものの、興泉永道に譴責された陳は発言を撤回する有様であった。そして、興泉永道側は略奪事件の存在を認めることはなかった。[210] その後も、興泉永道側はイギリス側には審問に来なかった証人を廈門に召還することを要求し続けた。[211] この点、イギリス側が召喚することが困難な証人を召喚することを要求した烏圻嶼事件と共通しており、領事側も時間の引き延ばしとみなしている。[212]

現地での交渉が膠着していく中で、保寧保険公司（Chinese Traders' Insurance Co.）はザフィーロ号の貨物を引き揚げようとしてアメリカ人ダイバーを派遣したが、引き揚げた貨物を積載したジャンクが遭難して略奪され、アメリカ領事の要求で四〇〇〇ドルが保険会社に支払われるという事件も発生している。[213] この事件に対する支払いが滞りなく行われ、早期に解決したのに対し、ザフィーロ号事件が長期間解決しなかったことにはイギリス領事側は不満であった[214]。

具体的な賠償額が本格的にイギリス側に伝えられたのは一八八六年四月で、興泉永道側は七〇〇〇ドルでザフィーロ号の問題を終結させることを提案し、それは直ちにジョーダン（J. N. Jordan）領事からオコーナー公使に伝えられ[215]、公使は略奪品の返還がない限り賠償の減額はできないとした[216]。その後は度重なる領事や興泉永道の要請にもかかわらず、漳浦県による調査は進展せず、交渉はさらに長引いた[217]。ようやく八月二九日になり、漳浦知県施錫衛は委員を派遣して興泉永道に、略奪が行われた地域からは七〇〇〇ドル以上を強いるのは困難であり、自らの財源から一〇〇〇ドルを足して八〇〇〇ドルにすることができると伝え、これは興泉永道を経て閩浙総督に伝えられたと思われた[218]。一一月一六日になり、福州から戻った興泉永道は領事に対し、委員章其鏞と漳浦知県施の報告を引用し、略奪を認めず、乗客救助の混乱で乗客の荷物が失われたという従来の主張を繰り返した。そして、ザフィーロ号が座礁した場所に住む漁民は極端に貧しく、大変苦労して八〇〇〇ドルを支払わせることを約束させたとし、これ以上の遅延を避けるために交渉を終えようとしていた[219]。

結局、一八八七年になってウォルシャム公使（Sir. J. Walsham）もこの総額八〇〇〇ドルという賠償を認めたため、領事が保家行への割り当ては六八九六・五五ドルであると伝えて了解を得た。その後、一八八七年三月イギリス領事アレン（C. F. R. Allen）と興泉永道奎俊の交渉によって賠償金八六〇〇ドルの支払いで妥協が成立し、保険会社もそれに合意して問題は解決する[220]。

以上の事件から判断すると「保護中外船隻遭風遇険章程」の効果は極めて疑わしい。ザフィーロ号事件に当てはめれば、章程の第一条の沿海への少数の官兵配置は効果がなく、第二条にある報奨金の確保は不確実であり、第四条は外国人への救護よりも略奪の利益が勝ることを考慮しておらず、第五条の目指す救護の観念の普及があったとも思われない。また交渉そのものはイギリス領事が公使を通じて総理衙門に圧力をかけることによって進展した。

地方官側は、そもそも略奪事件を認めることさえ拒否しており、これではどのような章程を作成しても意味はないだろう。

何よりも重要なのは、双方の側が、長期間の交渉過程において天津条約の条項についてはしばしば言及したものの、この章程には一度たりとも言及しなかったことが重要であろう。つまり、策定されて一〇年を経ずして、この章程はすでに実質的な意味を失っていたか、あるいは策定当初からほとんど実効性がなかったのかのどちらかである可能性が高い。したがって、この章程をもって海難対策の根本的な変化とみなすことはできない。

すでに一八六七年のエリザベス号の事件【28】の際に述べたように、定住していない人々による略奪の追究は困難であった。ザフィーロ号事件においても、事件の発生した井仔埯も定住の村落ではないとされ、漁民には定まった行動範囲はなく、沿岸を不規則に移動しているため、誰がザフィーロ号の財産・部品を取得して隠匿しているかを知るすべはないとしている。[221] つまり、そもそも沿海住民の把握は困難であり、統制はできなかった。[222] また、官兵が沿海の人々に圧倒されていたことは烏坵嶼事件でもザフィーロ号事件でも変わりはない。

ただし、一八八〇年一一月一四日に海壇海峡で発生したダグラス号の事件【35】では清朝側が素早く対応して保護を与え、海賊にも攻撃を加えて殺傷しており、[223] 一八八二年九月のイギリス汽船ヨークシャー（*Yorkshire*）号が囲頭附近で座礁した事件【36】の際にも、イギリス領事の要請で清朝の砲艦靖海が急派されて船舶を略奪から保護したため、イギリス側が清朝側に感謝の意を表明している。[224] したがって、近代海軍の創設以降、相対的な力関係では清朝側は沿海の人々を圧倒するようになっており、その点では、海賊に圧倒されていた一九世紀中葉とは、事情が異なっているといえよう。

とはいえ、烏坵嶼事件のように、軍艦を派遣しても結局略奪を防止できないことも多く、ヨークシャー号の事件の場合も、結局その後、村民による略奪が判明し、交渉が長期化している。[225]

したがって、沿海に少数の官兵を配置したとしても、略奪されるかどうかは住民の選択あるいは清朝側がいかに迅速に軍艦を派遣し、かつ保護を継続するかに関係していた。結局、海難時の財産保全は安定したものではなく課題として残された。

一九世紀後半、海軍力の整備もあって清朝地方官は地域の秩序を回復しつつあったとはいえ、その秩序は地方官僚が地域住民を把握し、統制するというものではなかった。それゆえ、ザフィーロ号の事件の場合、漳浦知県が地域に介入して賠償金を確保するのに相当程度の時間を要し、犯人の逮捕も曖昧な形で終わったのである。もとより、「保護中外船隻遭風遇険章程」のような規定だけで海難という事態に対処することは不可能であったし、章程そのものもすぐに実質的な効果がなくなっている。

むしろ、灯台・ブイの設置といったインフラ整備によって航路の安全を確保し、海難を回避する方が海難対策としてはより効果的であった。開港直後から、かかるインフラ整備の必要性は認識されていたが[226]、一九世紀後半になると主として海関によって、灯台・灯台船・灯台艇・ブイ・航路標識の設置が中国沿岸で進められていくことになる（表4-2）。福建沿海でも、一八六〇年代以降、これらの整備が進められた（表4-3）[227]。一九世紀後半、貿易量の増大にもかかわらず、イギリス船が関わる海難事件が減少していくのは、帆船から汽船への転換と、測量による沿海の地理情報の増加[228]、及びかかるインフラ整備の効果といえるだろう。

ザフィーロ号事件の二年後の一八八七年八月二五日、同じ銅山湾の古雷塞で難破したイギリス船テンシン（*Tientsin*）号の乗組員は当地の漁民らに非常に親切に扱われ、近くを航行する汽船まで漁船で送り届けてもらったという【39】[229]。これはザフィーロ号事件の影響かもしれないが、むしろ難破船の貨物がなく乗員だけが漂着した場合、略奪をめぐるトラブルが生じる必然性がなかったことが原因だろう。ザフィーロ号事件の際も、略奪を行った村の人々は船員に対して礼儀正しかったという[230]。略奪の対象となる貨物がなければ、難破船の船員と漁民らが衝突する必然性はなかったのである。

一九世紀後半、外国船の関わる海難対策において外国人の「生命」の安全は確保されたが「財産」の保護は課題

表 4-2　1905 年末中国沿海・沿江の灯台，灯台船，灯台艇，ブイ，航路標識

海関	灯台	灯台船	灯台艇	ブイ	航路標識	総計
北海	0	0	0	3	0	3
瓊州	3	0	0	3	0	6
江門	2	0	1	0	1	4
三水	1	0	0	0	1	2
梧州	0	0	0	15	0	15
広州	24	0	0	10	16	50
汕頭	5	0	0	3	1	9
廈門	4	0	0	10	17	31
福州	5	0	0	13	10	28
温州	0	0	0	0	1	1
寧波	3	0	0	1	4	8
上海	16	2	1	31	26	76
鎮江	11	0	4	1	2	18
蕪湖	0	0	0	0	0	0
九江	12	0	9	0	2	23
漢口	12	0	7	10	6	35
宜昌	0	0	0	0	4	4
芝罘	5	0	0	1	1	7
天津	3	1	0	4	8	16
牛荘	0	1	0	6	5	12
	106	4	22	111	105	348

出典）CIMC, III Miscellaneous Series, No. 6, *List of the Lighthouses, Light-vessels, Buoys, and Beacons on the Coast and River of China for 1906*, p. 5.

表 4-3　福建沿海における灯台整備

海関	地　名	晴天時の可視距離（マイル）	点灯年
廈門	大担	10	1863 年（1888 年改築）
廈門	東椗	22	1871 年
福州	羅心塔小馬礁	1	1871 年
福州	白犬	23	1872 年
福州	牛山	23	1873 年（1899 年改築）
福州	烏邱嶼	24	1874 年（1875 年改築）
廈門	青嶼	15（白）・8（赤）	1875 年
廈門	北椗	18	1882 年
福州	東永	25	1904 年

出典） *Ibid*, pp. 14–17.

となった。結果的に、確実に機能し続けたのは外国人遭難者を送還する制度だけであったといえる(231)。

おわりに

本章で明らかにしたように、清朝の海難対策は外国人遭難者送還に集中していた。そのため、開港後の、海難事故で難破した外国船の財産は沿海民による略奪の危機にさらされ、漂着者の生命も危険に瀕する場合すらあった。

これに対し、イギリスは開港場と領事館のシステムを利用してイギリス軍艦を派遣し、イギリス人の生命と財産の保全を試みた。また廈門周辺の清朝地方官などは、この活動を利用して反抗的な地域をイギリス海軍の力を借りて鎮圧し、地域の秩序を回復し、外国船に搭乗していた漂着者の生命の安全を確保していくことになる。

一八六〇年代、イギリス海軍の介入が減少する中で、領事の役割の重要性は増したが、その役割には限界があり、清朝側の取り組みが必要となった。その中で、一八七六年七月には福建省において新たな法規として「保護中外船隻遭風遇険章程」が定められた。しかし、この章程には実効性はなく、清朝地方官が沿海住民を統制し、略奪事件を防止することはできなかった。したがって、海関によるインフラ整備が重要となっていったのである。

これを華南沿海のより長期の歴史の中に位置づけ直すと、次のようになるだろう。つまり一九世紀初頭以来の華南沿海民の活動は清朝の沿海支配を動揺させてきた。しかし、一九世紀中葉以降、沿海の清朝地方官とイギリスの協力もあって彼らの活動は抑えられ、大規模な海賊や反乱勢力などの清朝に抵抗する勢力が存在しなくなり、地域の秩序は回復へと向かった。

だが、ひとたび沿海の秩序が一定程度回復されると、清朝地方官にとっては外国の介入は不必要となり、またイギリスも介入を避ける方向に転換していった。とはいえ、沿海住民を把握しないままの秩序回復のあり方では、海難事故の際における略奪のような個々の沿海民の選択によって発生する問題を根本的に解決することはできなかったのである。かかる状況下で航路の安全を確保するためのインフラ整備は、より重要な意味をもつことになったといえよう。

それでは、従来の秩序が動揺し、再編されていく中で、なぜ清代中期に整備された「漂流民送還制度」だけが一定程度機能し続けたのか。外国人遭難者の送還は、一面では遭難者に対する恩恵といえるが、見方をかえれば「夷狄」＝遭難者を対外的に開かれた港（開港後には開港場）にすみやかに移動させてそこから国外に追い出す制度ともいえる。「夷」なるものに関係したトラブルの危険性を排除し、対外的に開かれている港にできる限り早くつれて行って出国させることが必要であり、送還体制の意味はそこにあったと考えられる。

近年、清朝国家は一八世紀、明朝の朝貢体制とは逆の互市の制度を広げ、貿易や移住にまつわる外交問題それ自体を政治空間の中で辺縁化したという見方が提起されている[232]。実際に、欧米人との接触も広州・キャフタなどに限定されていった。その広州でも都市内に限れば中国人と外国人の接触をできる限り禁じ、外国人の行動を制限し、外国人を中国人から見えないようにしていたことは間違いない[233]。こうした状況では、遭難者の送還は夷狄との接触を可能な限り避けるという方向で機能しているといってよい。同様の傾向は、中世末期のように多民族が雑居する状況から国家の枠組みを明確にさせていく一七世紀以降の東アジア諸国にもみられる[234]。漂流民送還制度が機能したのはこれが原因とみてよい。そして、条約によって開港場以外への外国人の行動範囲を制約していた五港開港期（一八四二〜一八六〇年）当時の開港場体制は、制約が遵守されていなかったとはいえ、この制度の運用がいっそう求められていたように思われる。一八五八・一八六〇年の天津条約・北京協約を経て外国人の行動範囲の制約は外されていくが、開港場に欧米人商人らが封じ込められていく状況に変わりはなく、その点では、開港後に一定程度の連続性を認めることができるだろう。

しかしながら、開港後に欧米人商人らを開港場へと封じ込めていったにもかかわらず、別の形で外国人が中国内地に入り込みつつあった。一つは欧米人宣教師であり、もう一つが欧米の植民地から渡来した華人であった。一九世紀末～二〇世紀初頭にかけてはこれに日本の植民地（台湾・朝鮮）からの籍民が加わることになる。中国には新たな「夷狄」が入り込み、従来の社会経済秩序に動揺を与えつつあったのである。この夷狄となる華人をめぐる問題については、次章以降であらためて論じたい。

第5章　秘密結社と華人

――五港開港期、廈門における華人と小刀会の乱

はじめに

近三〇年の世界的な中国系移民の拡大とその活動の活発化にともない、華僑・華人研究も活性化している。しかし、研究全体としては移民先を主たる対象とし、歴史研究としては史料豊富な二〇世紀以降についてのものが主流となってきた。

一方で、華人を送り出した地域（僑郷）についての研究も近年は盛んになり、華僑・華人の僑郷に対する貢献が注目を集めているほか[1]、中国内部における移民を意識した研究も行われてきた[2]。しかし一九世紀末以前の華人と僑郷の関係についての歴史研究は依然として少ない。とりわけ、一九世紀中葉までに僑郷に渡来した華人については、残された史料が断片的であることもあり、地域社会と関連づけながら考察されることは少なかった。そこで、本章では、僑郷として最も早く、東南アジアから渡来した華人の関わる問題が発生した廈門を取り上げ、時期的には五港開港期（一八四二～一八六〇年）を中心に考察を行う。

五港開港期における廈門の華人に関連する先行研究としては、まずフェアバンクが外交・貿易面についての詳細

な研究の中で、廈門の華人についても言及している。[3] また、苦力貿易関係では、顔清煌（Yen Ching-hwang）が概括的な研究で廈門の華人の問題についても取り上げたほか[4]、廈門小刀会の乱については佐々木正哉・黄嘉謨によって事件の背景や事件自体について詳細な研究が行われてきた[5]。

このうち、当該期の華人について正面から扱っているのは廈門小刀会の乱の研究である。これらの研究は反乱の直接的な背景、反乱自体については華人の動向を含め、詳細に検討している。しかし、問題関心が反乱の成否にあったため、反乱の背景となる華人の活動が地域社会において引き起こした問題の深刻さや、反乱が華人の活動に与えた長期的影響についてはほとんど追究されなかった。

このような課題をふまえ、本章では、五港開港期の廈門における華人の動向とその長期的行動の展望を示す。まず、第一節では、開港後にイギリス植民地から渡来した華人の引き起こした問題、第二節では、華人らによる小刀会結成とそれに対する清朝地方官僚の弾圧を検討する。第三節では小刀会の乱とその鎮圧を概観し、第四節では小刀会の乱後の華人の展開を考察する。その際には、秩序の再編を進めつつあった清朝地方官と華人との関係も考慮していきたい。

一　華人と地域社会

(1)　東南アジア華人の中国渡来と紛争

南京条約に基づき、一八四三年一一月二日、廈門は正式に開港した[6]。開港後、イギリス植民地生まれの華人は中国においてイギリス臣民として扱われることが可能になった。イギリス領事館規則第二条によって全てのイギリス臣民は領事館で登録することになっていたが[7]、廈門のイギリス領事館に登録された人数は、一八四八年はイギリス出身一三人、イギリス領インド出身四人、ペナン出身二人に対して英籍華人は二六人で、大半が海峡植民地生まれの商人であった。そして、登録していない華人は登録者数を上回るとみられており[8]、イギリス領事は華人を把握できていなかった。また、季節によっては華人の多くは廈門を離れて東南アジアに赴いており[9]、華人が季節的に東南アジアと中国のあいだを移動することもその把握を困難にしたのだろう。

一八四三年一〇月八日に締結された虎門寨追加条約第六条では、イギリス人の通行は地方官とイギリス領事の定めた範囲を超えることを禁止していた[10]。この範囲は曖昧であるが、上海における紛争からみると、一日以内で往復できる距離と考えられる[11]。しかし華人は、より内陸に入り込んで居住することさえあり、そのことが紛争を引き起こす一因となる。廈門では、一八四九年にイギリス領事と地方官のあいだで定められた廈門港地方規定一二条において、外国人の内陸への通行は廈門市街から二四時間以内に往復できる範囲しか認められなくなるが[12]、それも華人は遵守しなかった。

領事館で登録した華人は、イギリス臣民であることによってイギリス領事の保護の対象となった。華人は、普段はイギリス臣民であることを隠して現地の人々の中に混じっていたが[13]、地方官や現地住民らとの紛争が起こると、イギリス領事に訴え出るようになった。例えば、一八四五年八月には、シンガポールから華人郭清詰が委託された子供二人を連れて廈門に来たが、子供を連れて帰国したことを口実に海関の家丁録三爺に銀一一〇ドルを徴収されたことから、領事に訴え、領事が海関（督理廈門税務協鎮）に対して調査を要求するという事件が起こっている[14]。また、一八四六年一〇月には、英籍華人が廈門の住民を契約不履行で訴え、廈防同知が臨席して領事裁判が行われている[15]。

さらに、華人は密輸などの不法行為に関与していた。例えば、一八四六年八月二一日には、シンガポールからイギリス船で廈門に到着したペナン生まれの華人二人が内地に無許可で手荷物を持ち込んだために、海関に逮捕されて投獄される事件が発生した。これを知ったイギリス領事レイトンは、通訳の英籍華人陳慶星（Tan King Sing）を海関に派遣して釈放を要求し、二人は二五日に釈放された。しかし、これらの華人はイギリス領事館で登録を行っておらず、イギリス領事側には保護を行うのに十分な法的根拠がなかった。しかも、少額ではあったものの、密輸を行っていたことも判明し、領事は彼らを海関へ赴かせ、税銀を支払わせている。[16]

領事は同様の事件の再発を防止するために、海関側に対して、イギリス臣民を主張する者の場合は領事に直ちに連絡するように要求した。[17] 同時に、華人たちによる携行品による紛争防止のため、領事は廈門居住のイギリス人に対して、全ての乗客はイギリス領事館で積み荷と個人所有物の荷揚げ免状を取得するようにという回状を出している。[18]

しかし、その後も華人による不正行為は止まなかった。華人が外国人との緊密な関係を悪用する場合もあり、一八四八年には三人の英籍華人がマレー人水夫とインド人水夫を連れてきて中国人の質屋を暴力的に脅迫した罪で領事裁判において有罪となっている。[19]

華人は人身売買にも関わり、一八四九年には男児を誘拐して東南アジアに輸送しようとしていた英籍華人が領事裁判にかけられて有罪となり、罰金と三日間の投獄の刑が宣告されている。[20]

さらに、華人は民事関係の紛争も引き起こした。一八四五年九月〜一八五一年九月の廈門領事館の八件の民事事件のうち、三件は華人が被告ないし原告として関係していた。[21]

一八五一年には廈防同知によると、次のような事件が発生した。

本年四月一五日に廈門の商人源泰号すなわち邱章が申し出たところによると、［邱の］以前の共同出資者である王元は二月にフィリピンから西洋布（金巾）五〇疋と牛骨二六〇担を返送し、亜舎卑哩号に搭載して廈門に送り、三月一二日に港（廈門）に到着した。邱章は外国語がわからないので、商品及び船荷集荷引受の証文を、ともに張阿元に渡し、代わりに販売してもらったところ、張阿元にペテンにかけられて、横領に抵抗したものの、ほしいままに侮辱されたとのことである。（中略）ここにまた邱章が厦防庁に申し出たところによると、先に［邱が］告発した張阿元すなわち張元はテート商会と共謀して、［邱が］販売を委託した牛骨を横領しており、検査官も逮捕しようとしない。(22)

これに対してイギリス副領事バックハウスは、次のように返答している。

調べたところ、張阿元はイギリス領のペナンで生まれ育っており、イギリス臣民であり、中国の管轄には属さず、またテート商会の店員ではなく、数ヶ月前にすでにやめている。牛骨と西洋布の一件については、何姓の人物がフィリピンから源泰号に委託して、厦門に赴いて売却して銀に換え、テート商会への債務を完済しようとしたものである。商品が厦門に到着したとき、邱章はまだ厦門に到着しておらず、邱章の父邱丕順は自らテート商会に赴き、テート［J. Tait］に対して［商品を］自分で販売して［代金の］銀を受け取って相殺することを要請した。そこで、テートは自分で見積もって購入したので、張阿元とは何の関係もない。その当日、張阿元は邱章の依頼を受け、船荷集荷引受の証文は張阿元に渡され、張はテート商会に赴いて証文を引き渡した。商人（テート）は邱章と張阿元が共謀し、商品の代金の銀の横領を狙っているのを知っていたので、商品の代金を渡すことを承知せず、自分のところにとどめ、見積もって買い付けた。(23)

事の真相は不明だが、いずれの主張が正しいとしても、外国語に通じた華人の張阿元が何らかの不正を行っていたとみられていたのは確かである。このような華人の行為は、華人と現地住民との摩擦を増大させることになっただろう。

（2）華人の保護

一八四七年にはペナン生まれの李順発（Lee Soon Hoat）が村人に監禁される事件が発生した。この事件は、前年にシンガポールへの移民三一〇人を載せたソフィー・フレーザー（*Sophie Frazier*）号が台風に遭遇し、四日間、十分な食糧も与えられずに船内の下甲板に閉じこめられた結果、移民三五人が死亡し、三〇人が重傷を負って上陸後に死亡した事件が背景となっていた[24]。この移民事業は海峡植民地の華人Hong Singの手で行われたが、李順発は移民を募集した客頭であったと疑われた。この事故で七人の親族を亡くした楊茄註は一一月四日、霞陽社の村民六〇〜七〇人を集めて山尾社にある李順発の家を襲撃した。そして李順発とその叔父を拉致して霞陽社にある自宅に監禁したうえ、家財をことごとく略奪した[25]。

李順発はイギリス領事館で三年間イギリス臣民として登録し続けており、情報を受けたレイトン領事は翌五日、興泉永道恒昌に李順発の即時解放と賠償を要求した。しかし、李が監禁されている霞陽社のある海澄県が、興泉永道とは異なる汀漳龍道の管轄下にあり、かつ地方官が村落への介入を躊躇したため、事件の即時解決はできなかった[26]。

霞陽社そのものは人口数百人程度の村落であったにもかかわらず地方官僚が介入を渋ったのは、山尾社や霞陽社などの村落（地図4）が団練の支配下にあったうえ[27]、霞陽社の周辺では三〇の村落が同盟を結成した一万人にも及ぶ宗族の蔡氏が存在し、海賊や盗賊の巣窟となっている村落もあるなど[28]、地方官の影響が及ばない地域であったことも影響していたからだろう。

その後、レイトン領事は興泉永道に対して、地方官が処理できないなら閩浙総督にも連絡するように要求した[29]。さらに圧力をかけるために英艦スカウト号艦長に東インド会社海軍武装外輪砲艦プルート（*Pluto*）号とともに廈門に回航することを要請し、駐福州イギリス領事を通じて閩浙総督に対してこれまでの交渉の経過を伝え、事態の打開を図った[30]。

一一月一七日、李順発とその叔父は海澄県から派遣された委員らによって解放されて海澄県に移されて尋問された。翌日、李は海澄県から廈門に移され、廈防庁を経て道台衙門に送られた。ところが、興泉永道は審問の際に李が中国人であると主張した。道台衙門の役人は、李が中国に来たのは李が漢奸で外国人を廈門に連れてくるためだとした。通訳は李がイギリス人ではなく海澄県生まれであり、誘拐犯は無実であると書かれた証書（結）に署名を迫り、審問の後も李に圧力をかけ続けた。しかし李の従兄弟でソンクラー生まれのLee Sinがイギリス領事館に駆け込み、興泉永道が、李が手厚く扱われたという陳述書にサインしない限り釈放されないとしていると領事に伝えた。そこで、レイトン領事はLee Sinを道台衙門に戻らせるとともに、領事館員のウィンチェスターを道台衙門に派遣して李の即時釈放を要求し、李にはいかなるサインもしないように命令した。そしてウィンチェスターによって李はイギリス領事館に移送された(31)。そこでレイトン領事は興泉永道に対して、道台によるサイン強要につき抗議するとともに、関係者の処罰及び盗難の被害、現金四六五ドルと衣服四〇ドル及び賠償金一〇〇ドルの計六〇五ドルの賠償を要求した(32)。

その後、駐福州イギリス領事を通じて閩浙総督に連絡していた効果もあり、海澄知県らによって霞陽社では盗品を分配した楊茄詿の親族に対して賠償金の支払いが割り当てられた(33)。結局、興泉永道とレイトン領事を経て李順発に六〇五ドルが支払われ、楊茄詿も逮捕され、李は妻を連れてペナンに出国することになり(34)、この事件は終結した(35)。

霞陽の楊氏もペナンの華人社会における有力宗族であるため(36)、この事件は単に現地住民と華人の争いとはいえないかもしれない。この事件はソフィー・フレーザー号事件が契機とされているが、李順発の証言によれば、霞陽社の人々は拘束中の李に対して七〇〇～八〇〇ドルを要求しており、李は拘束の目的が金銭要求であると興泉永道に述べている(37)。李の家は七〇〇ドル以上の価値があったとされ(38)、事件が金銭目的であった可能性は高い。

また、李順発によれば楊茄詿本人も李を拉致した際に、誘拐された人々の代わりとして金銭を手に入れることができれば両人とも解放すると述べていた[39]。ソフィー・フレーザー号事件で死亡した者の妻や子供が死亡した肉親の手荷物を李の叔父に要求していることから[40]、楊らが何らかの賠償を要求していたとみてもよい。

楊氏は現地においては有力宗族ではないが、李順発やその家族は対抗できなかった。李の妻は霞陽社の出身であり、李の妻や義父が拘束中の李に会っているが[41]、解放することができなかったこともそれを示している。結局、Lee Sin がイギリス領事に要請することで問題が解決したのである。

以上から、比較的富裕である華人はその財産が狙われて誘拐などの被害に遭いやすいことや[42]、楊氏のような宗族集団に対して、宗族集団を背後にもたない華人個人は無力であり、地方官僚も容易に介入できないことを示している。そして渡来した華人がイギリス領事に保護を期待していたのに対し、地方官はイギリス籍を根拠とした華人保護をできるだけ制限しようとしていた。

地方官がイギリス領事の華人に対する保護抑制を図ったのは、華人らが地域の既存の秩序を乱していたことが背景にあるだろう。李順発の事件においても、Lee Sin の一一月一七日の証言によると一六日に海澄県の派遣した役人の王らが誤って呉貫社を捜索した後、山尾社の Lee Sin の家を訪れ、それから李の家を捜索して金銭を納めていた箱が空になっているのを確認した。その際に王は、Lee Sin と次のような会話をしたという。

その役人王は今朝、私に対して「もし私に金銭を支払うか支払うことを約束すれば、直ちに海澄県衙門に赴いて、おまえの伝えたいこと、つまり私がみたこと全てを知県に伝えよう」といった。私は、「私はお金をもっていないし、金銭を渡すことはできない。それは私のすべきことではない」といった。王は「もし金銭を私に支払わなければ、私はおまえが何も盗まれなかったと報告するだろう」と応じた。私は「もしあなたが本当のことをいいたくないのなら、イギリス領事が来て調査し、彼自身で判断するだろう」と返答した。王の顔は青ざめ、それ以上何もいわなかった。私は「もし金銭が欲しいのなら、いわない方がいいだろう。私は金銭を手に入れていないので、［あなたに］あげることもできないのだから」といった[43]。

その後、霞陽社で李順発を解放した王は、海澄県衙門に向かう途中で、李と次のような会話を交わしている。歩きながらその役人王は私に対して、彼がLee Sinに会うために呉貫と山尾を訪れ、［その際に］Lee Sinはもし二人を解放すれば李順発が王に金銭を与えると約束したと述べた。私は「あなたは［イギリス］領事の所に行くことができる。もし領事が望めばあなたに金銭を与えることができる」といった。［すると］王は「これは中国の慣習である」といった[44]。

さらに、廈門の興泉永道衙門の中で、李順発は衙門の役人に李がイギリス人でないという書類を書くようにいわれ、「もしおまえが書くことができないなら、おまえは私が［代わりに］書く費用を支払わなければならない。そうすればおまえは出ていくことができる」といい、さらに「もし書かないなら私は道台に告げ、彼はおまえを杖で打ち、投獄するだろう」と述べたが、Lee Sinやウィンチェスターが道台衙門に来たことによって中断している[45]。

これらの出来事は、イギリス領事あるいは東南アジアに居住しているLee Sinや李順発の側からみれば、地方役人の不当な要求を退けたとみることもできる。しかし、見方を変えれば様々な手数料の授受によって地方行政の遂行を可能にしている地域のルールを、Lee Sinと李が領事の権威を利用することによって無視したともいえる[46]。

華人以外にもイギリス人であることを詐称する者は存在しており[47]、外国商社に雇用された者がイギリス人をはじめとする外国人との関係を利用して庇護を求めるケースもあとを絶たなかった[48]。イギリス側も条約上は根拠がないものの、場合によってはこのような人々に保護を加えていた[49]。清朝地方官側がこうした「イギリス人」や外国人に庇護を求める者については、地方官権力を脅かすものとして警戒していたことは間違いない。

したがって、清朝地方官は華人の財産保護に対しても対応は鈍かった。一八四七年七月二八日にシンガポールから廈門に来た陳慶喜（Tan King Hee）は結納品を送付したところ、途中の烏石浦（地図4）において蕭仕ら二〇〜三〇人の襲撃を受け、本人の主張では三〇〇ドル以上の品を盗まれたが、地方官は放置していた。その後、レイトン領事のたび重なる要請もあって、犯人は逮捕された。しかし、強奪を行った村が貧困であり、盗品の追跡が困難であること、械闘が発生していること、イギリス側が呈示した額が拒否されたことなどにより、レイトン領事は一二〇ドルの支払いで妥協し、翌年三月になって賠償金はようやく支払われ、問題が解決している。[50]

さらに、清朝側の官僚は、華人の財産保護どころか、李順発の事例にもみられるように、その財産を狙う可能性もあった。先述の一八四六年八月における開港直後の海関による密輸を理由とした逮捕に際しても、逮捕された華人二名は、当初は二〇〇両、後に八〇両の金銭を徴求されたものの、それを拒否して投獄されている。[51]

また、一八五二年にオランダ領東インドのスマランの有力華人であった富裕な華人馬瀛洲（Beh Ing Tjoe）は、故郷の廈門（海澄県霞陽社）に帰ろうとしていたが、官僚から二〇万ドルを徴求されることを覚悟していると述べていた。しかし、派手な帰国を避けるようにという香港総督兼駐華イギリス公使バウリングの勧告を聞き、ひそかに帰国している。[52]二〇万ドルという金額の信憑性はともかく、華人の財産を地方官僚たちが狙っていることは、在華イギリス外交官にも広く認識されていたのだろう。

清朝側官僚が華人の財産を狙う中で、イギリス領事側は法的根拠がないこともあり、華人保護を拡大しなかった。それは、A-hine の件からもうかがえる。A-hine は廈門近郊で生まれ、一八四五年六月にモーリシャスで五〇ポンドの支払いないし寄託によってイギリスに帰化した富裕な中国人であり、その資産は二万ドルとも五万ドルともいわれた。彼は一八四七年一二月一九日にレイトン領事を訪れ、帰化の証明書を示して、イギリス籍として登録することを要請したが、それは丐首（the king of the beggars）[53]の金銭要求から逃れるためであった。この背景には A-hine が貧民の家族に三〜四ドル、乞食に一ドル、総額数百ドルを分け与えたところ、配分が少なかった乞食の A-hine に対する不満を引き起こしたことがあった。翌日、A-hine は丐首を拘束し、領事に丐首を領事館に連行するかどうかを訪ねたが、領事は即座に解放することを勧めた。翌二一日にA-hineは領事館に来て再び登録を要求したが、領事は一八世紀のイギリスの法律家ブラックストーン（W. Blackstone）の著作の権威に基づき、出生地以外の主君に対する忠誠を誓ったとしても、出生地の主君の同意なしに出生地に対する忠誠の義務からは解放されないとされていることを挙げ[54]、A-hineの要求を拒否している。そして、彼の財産について自慢気に話さないように警告した。しかし、この警告は遅すぎたのか、あるいは無視されたのか、A-hineの家の玄関前に乞食の死体が置かれ、A-hineは殺人犯として海澄知県に逮捕された。そして領事は海澄知県がA-hineが殺人犯でないことを知っていながら、一〇〇〇ドルを強請ろうとしているとし、またA-hineがイギリス領事館で登録していないことも知っているとみなしていた[55]。その後A-hineは保証人付きで釈放されているが、海澄知県による脅迫は続いていた[56]。

これは死体を利用した恐喝である図頼であり[57]、華人が乞食だけではなく地方官僚からも財産が狙われていたことがわかる。そして、イギリス領事はこうした危険性を知っていながら、華人を十分に保護することはできなかった。その一方で、イギリス領事は華人側の誣告などの不法行為は厳しく罰している[58]。

一八四九年にはイギリス植民地で中国人を両親として生まれた人物は開港場内ではイギリス臣民として扱われ、条約港外では中国人として扱われることが確認された[59]。しかし、海峡植民地の発行する証明書には、海峡植民地生まれであるためにイギリスの保護を受けることが可能とするものと、例えばペナンの住民であるためにイギリスの保護の資格があるとするものがあり、後者は出生地を記していないために保護の対象にすべきか判断が困難であった[60]。さらに廈門の場合は他の開港場とは異なり、華人の多くが廈門市外に居住していることもあり、この条件が厳格に適用されるかどうかは不明瞭だった。

華人にとって、生命と自らが東南アジアで蓄積した財産の保護が最大の関心事であったのだが、イギリス領事は法的な制約もあり、保護に関しては消極的であった。また、地方官も華人の財産保護には無関心で、むしろ華人が外国籍特権を利用して地方官の管轄から逃れることを制限しようとし、さらには華人の財産を狙ってすらいた。したがって、華人はイギリス領事に依存するだけでは生命・財産の安全を確保できず、新たな対応を迫られることになる。

二　小刀会の結成と弾圧

（1）小刀会の結成

閩南・台湾では清代中期以降、宗族間の激しい械闘を背景にして、異姓同士が結拝する組織が形成されたことから、会党（秘密結社）の結成が盛んであった。(61) しかし、台湾では一八世紀末以降、林爽文の乱をはじめとする会党が中心となった大反乱が発生したのに対し、(62) 閩南では大規模な反乱に至ることはなかった。以下では、閩南において小刀会の乱だけが大規模なものになった理由をみていきたい。

華人が会党を結成したのは、地域社会において、地方官や宗族集団などの現地住民から自らの生命・財産を実力で保護するためであった。廈門において華人と会党が関わった最初の事件としては、一八四九年に、三合会の首領の一人であると思われる先述の陳慶喜が引き起こした事件がある。この事件は米店が悪貨をつかませようとしたことから、陳慶喜が一族一五〜二〇人を集めて廈門の米店を襲撃したというものであった。襲撃後、陳は領事の保護を期待したが、米店附近の商店は店を閉め、後にイギリス領事に対して陳の処罰を要求した。領事裁判は長引いたが、その際、陳は証人に対して鶏の首を切り落とし、屋外において証言が真実であることを天地に誓うように要求したうえ、地位のある証人全てを見下していた。そのうえ、裁判の前には犯罪の証拠についても意に介さないあつかましい態度をとっていた。結局、裁判の判決自体は、陳に対しては二ヶ月の収監、罰金五ドルの支払い等の判決が下された。その後、領事は陳を廈門から離れさせたほうがよいと考え、陳は収監四〇日後にシンガポールに戻らされた。[63]

陳慶喜が会党に属したのは、先述の強盗事件の被害が背景にあった可能性がある。また、この事件では、陳慶喜が地方の名士の権威を意に介しないことがうかがえ、これは地方の秩序に対する脅威であっただろう。陳慶喜の不法行為に悩まされていた地方官僚も陳に廈門を離れさせるという領事の処置に賛成していたとされ[64]、陳の行為は地方官僚の権威も脅かしていたと思われる。また同時期に廈門周辺では小刀会の結成が進みつつあり、陳もその一員であった可能性は高い。

小刀会の結成者については諸説あるが[65]、清朝側は、小刀会は陳慶真（Tan King Chin）と王泉が結成したとみなしていた。小刀会の構成員を江西道監察御史陳慶鏞の上奏文からみると、

思いますに、福建漳州府に属する龍渓・海澄等の県の民は、多くがスールーやシンガポール・フィリピンで商売を行っており、しばしばそれらの国で妻を娶って子供をつくり、成長すると［故郷に］連れて帰ることもあり、それらの人のことを人々は俗に「土生子」と呼びます。従来外国では金を集めて寄り合うのは一般的であり、ついにそうした旧来の習慣を身につけて、海岸沿いに漳州府所属の各県に及んで廈門にまで至り、結盟して小刀会となし、また天地会ともいっています。[66]

とあり、小刀会には東南アジアでの貿易に従事する者が多く参加し、東南アジアでの会党の風習が持ち込まれていた。[67] 陳慶真と王泉の場合も次のように東南アジアで貿易をしていたとみなされている。

陳慶真は現在逮捕いたしました王泉と共同で出資し、シャムで舶来品を購入して広州で販売し、［両所を］往来して経営し、長い年月を経ています。その後、欠損を出したことにより、道光二五年に休業して郷里に帰りました。[68]

しかも、小刀会の構成員は華人や商人だけに留まらなかった。一八五三年六月一四日の署閩浙総督王懿徳への上諭に、

この省では、これまでに紅銭・閘公・江湖などの会党があったが、首謀者で強盗を繰り返すのは数人にすぎない。ほかはみな付和雷同し、あるいは宗族［の人数］が少なくて侮られるおそれがあり、あるいは善良で豊かな家で［財産の］保全を願い、禍をおそれて会党に入るが、決してすすんで賊に従っているのではない。(69)

とあるように、弱小宗族や財産保護を図る富豪をも吸収して次第にメンバーを拡大していった。(70)

同安県の黄得美の場合も、海澄県の所有地における抗租に対して地方官が無力であるため、族叔である黄位が小刀会に入り、その力を借りて佃戸を虐げたとされる。(71) また、黄得美が小刀会に加わったのは塩商の誅求を逃れるためであったという説もある。(72) いずれにせよ、地方官または地域住民からの財産保護を目的としたことには相違ない。陳慶真が同安県の胥吏と結託してちょっとした強請を行っていたという噂があるなど、(73) 華人は様々な関係を利用して安全を図っていたと思われるが、小刀会も華人の一つの有力な拠り所となったのだろう。

小刀会に対しては龍渓・海澄・同安各県の知県も黙認する形になっており、その勢力も福州から広東省に至るまでの範囲に及び、人数も数万人にまで拡大していった。(74) 廈門においても、小刀会のリーダーと思われる英籍華人の陳慶星と清朝の武官は親しく交際していた。(75) この小刀会の勢力が従来の会党と同様の性格のものであったならば、清朝地方官にとっても問題は少なかったかもしれないし、裏で関係をもち続けたのかもしれない。

しかし、小刀会は従来の会党とは異なり、外国籍特権を有する華人が主要なメンバーであったから、彼らが新たな核となり、地方官の権力とは別の秩序を形成する可能性があり、そこにキリスト教徒をめぐる教案と同様の問題をみてとることができる。(76) 事実、小刀会の勢力は県や府の枠を超えて拡大していた。それゆえ、秩序の回復を目指す地方官側は、これを強硬に弾圧する必要があった。

(2) 地方官の小刀会弾圧

一八五〇年末、新たに興泉永道となった張熙宇は果断な人物であり、広東・広西に長期間赴任し、会党の弾圧にも慣れていた。(77) そして張熙宇は一二月二八日に廈門に着任するや、小刀会の首領とみなしていた陳慶真を一八五一年一月三日の朝に逮捕した。陳慶真はシンガポール生まれで、イギリス領事館で一八四九年七月と一八五〇年三月の二度にわたって登録を行ったイギリス臣民であり、以前はイギリス領事館でモリソンの下で通訳を務め、当時はジャーディン・マセソン商会の代理人であるミルン(Miln)に雇用されていた。同日に陳慶真逮捕の情報を得た駐廈イギリス領事サリヴァンは午前一一時に副領事バックハウスらを道台衙門に派遣し、陳慶真はイギリス臣民であるとして即時釈放を要求した。しかし、張熙宇が陳慶真を中国人とみなして釈放を拒否したため、一二時半にはサリヴァン領事が自ら道台衙門に赴いて交渉を行った。交渉は長時間に及んだが、結局、張道台は陳慶真のイギリス籍を認めて釈放に合意し、領事は午後五時に領事館に戻った。しかし、同日夜七時、ジャーディン・マセソン商会前にこしに乗せられた陳慶真が返還されたときは、陳慶真はすでに拷問によって死亡していた。その後、興泉永道や廈防同知らの監督の下、陳慶真の家も捜索され、その財産は全て押収されることになる。(78)

これに対し、サリヴァン領事は、陳慶真自身は真面目な人物であり、会党のメンバーであったが、小刀会の首領であったとは考えられず、小刀会の首領であった陳慶真の兄陳慶星の代わりに逮捕されたとみなしていた。(79) つまり、領事の見方では陳慶真は身代わりで逮捕されて殺害されたことになる。

さらに問題であったのは、道台側は陳慶真がイギリス臣民であることを理解しながら逮捕したと思われたことである。(80) そのうえ、領事が道台衙門に赴いているあいだに、連絡を受けた同安知県が陳慶真を死に至るまで杖で打たせていたことも証言から明らかになった。(81)

この事件は、華人に衝撃を与えたであろう。少なくとも、イギリス領事が華人の生命を保護する能力に限界があることを明確に示したのである。しかも、陳慶真はイギリス商社に雇用されている人物でもあったから、外国商社に雇用されている中国人の安全にも疑問符がついたことになる。

サリヴァン領事はただちに張道台に対して条約違反であると強く抗議した。[82]一方、一月九日にサリヴァンは海峡植民地生まれの英籍華人に対し、イギリス臣民はイギリス法に従う義務があり、イギリスの保護を期待して不法行為を行うことは認められず、会党に参加した場合は厳しく処罰するという告示を出した。[83]だが、イギリス領事が華人保護の強化を打ち出さなければ効果はなかった。そこで、サリヴァン領事はイギリス臣民に証明書を発行することによって華人への保護を強化しようとしていた。[84]

この間、清朝地方官は小刀会の鎮圧を口実に軍隊を廈門に移動し、イギリス領事側を威嚇していたが、領事側は清朝側が実際に攻撃を加えてくることはないと考えていた。そのうえ、一月一〇日には英艦サーペント号が福州から廈門に到着しており、イギリス領事は安全を確保したと判断している。[85]その後も清朝側は八〇隻の戦闘ジャンクを集結させるなど、増強を続けているものの、[86]領事は、これは住民に対してイギリス人を畏怖させて服従させたと印象づけるためであるとみなしている。[87]したがって、こうした清側の威嚇がイギリス領事に影響を与えることはなかった。

しかし、この事件そのものが、すでに廈門の貿易にダメージを与えつつあり、多くの有力者たちは廈門を離れ、財産を移しつつあった。[88]また、在廈門イギリス人商人たちも不安を感じ、連名で陳慶真殺害に対する処罰をイギリス公使ボナムに要求していた。[89]

そして、小刀会への弾圧が進むと、さらに華人の不安は高まった。華人の Tan Song Kahn は逮捕の噂におびえて一月二四日夜にイギリス領事館を訪れて保護を要請した。また、蔡古順（Choa Kow Soon）は汀漳龍道の指示によって内地にある彼の家屋が焼かれ、シンガポール生まれの弟と甥は逮捕されて後者は処罰され、ペナン生まれの混血の母親は近隣に避難したとサリヴァン領事に伝え、逮捕の恐れから保護を要請した。[90]

サリヴァン領事は二人については廈防同知にイギリス臣民であることを伝え、彼らに対して逮捕状が発行されることはなかった。しかし、一八四九年五月一日にボナム公使が、華人の保護は開港場内にのみに適用され、条約港外地域では中国法の下におかれるというイギリス法務官の意見に従うように伝えていたこともあり、サリヴァン領事は、廈門港外にある蔡古順の家屋や領事館に登録せずに管轄外に居住している蔡の親族の保護はできないとした。さらにサリヴァン領事は海峡植民地などへの移民が多少の財産を携え、外国生まれの子供及び妻を連れて帰国し、地産を相続または購入して、中国人の名義で保有していることを認識していた。それゆえに、蔡古順の件への干渉は、イギリス領事と地方官による頻繁で際限のない紛争を引き起こすに違いないと予想し、華人とその財産に対する保護を廈門港または市内に限定しようと考えた。さらには、廈門島内の華人の土地や家屋についても、廈門市街から二〜八マイル離れた位置にあるため条約によって保護されるものとは考えないとしている。[91] イギリス領事がトラブル拡大の回避を図り、イギリス領事の保護が廈門市街に限定されることが改めて確認されたのである。このような事態の中で、蔡古順とその親族一三人及び弾圧に不安を抱いた華人はシンガポールに戻った。

その後、清朝側の小刀会に対する追及は進み、二月にはイギリス領事館員に雇用された中国人が小刀会に所属しているとして廈防同知に逮捕され、イギリス領事館の使用人も逮捕が懸念されるようになったため、領事は廈防同知に交渉して逮捕の際には領事を通じて要求することで合意した。[92]

一方、事件を知ったボナム公使は一月一六日の訓令で、領事館で登録を行ったシンガポールや海峡生まれの英籍華人のリストを直ちに地方当局に送付するように指示した。[93] これをうけてサリヴァン領事は二月八日に張熙宇に廈門の全英籍華人のリストを送付し、英籍華人であることを主張する人物を訴追する場合には領事に照会するように要求した。[94] しかし、二月二三日の返事で張熙宇は以下のように主張した。

先に貴領事の照会を受け取った。それには、「イギリス領から廈門に来た者は、多くは祖籍が中国国内にあるが、イギリスの属領で成長したので、すなわち、イギリスの臣民である。およそ、中国に来て事業を営むものは、五港でのみ経営を許し、勝手に港を離れて遠くに行くことを許さず、規則に従って領事館に赴き申し込んで登録する」とあり、あわせて［領事館で］登録した蔡古猷ら六〇名のリストがすでに届いている。本道台が思うに、貴領事のこのたびの照会［のリストにある者］は、中国人で貴国の属島で生まれ育った人で、中国国内に戻ったり面倒を起こすおそれがある者であり、もとより［貴領事の］好意によるものである。ただ、以前に締結した各条約をみると、中国の人民でイギリス所属の地方で生まれ育って、中国に戻ってもなおイギリス人民とする規則はない。現在五港で通商が行われ、イギリスの客商で親族を連れて居住している者は多いが、その五港で生まれ育った人が、中国人であるなどという者はいない。将来イギリスに戻ってから、［中国育ちの彼らを］中国臣民であると見なす道理などなおさらない。お互いに見方を変えれば、事の道理はかなり明確である。本道台が思うに、両国の人民はすべて衣冠の制度で区別すべきである。髪を留めて（辮髪しないで）イギリスの衣冠を身につける者は、イギリスの人民とすべきであり、イギリス領事が管轄する。辮髪をして中国の衣冠を身につけるものは、中国の人民とし、中国の地方官の管轄に帰するべきである。このように区分が明確ならば、将来の争いも免れることができる。現在貴領事が書き出した人名［の者］は、みな中国の衣冠をして、決して髪を留めず（辮髪をしたままであり）しかも中国の村落に居住しており、断じてイギリス人民とすることはできない[95]。

つまり、張熙宇は条約には国籍に関する規定がないことを理由に、身なりによって国籍を区別すべきであると主張している。もちろん、イギリス領事はこれに対してイギリス支配下の地域と五港は全く異なるとし、服装の選択について個人の自由に干渉することは、イギリス政府の政策に反するとしている[96]。一方、服装の問題に関しては、ボナム公使は服装によって区別することをサリヴァン領事に対して示唆していた[97]。これに対しサリヴァン領事は華人が保護を受けるために必要なのは洋装をすることであると説いたものの、華人は明らかにそれを嫌悪しているために困難であると報告しており、[98] サリヴァン領事自身、現実的ではないと判断していたのだろう。リストに対しては閩浙総督裕泰も上奏で次のように述べている。

思うに登録者リストをみると、陳慶升などの三人は、ほかでもなくこの事件に関係して逃亡中の会匪です。このリストがこの会匪らのために結託してかばっていることはあきらかであります。（中略）もし当該の夷狄がなおあえて無理をいって弁舌でごまかすなら、私はもとより締結された条約に固執し、理でもって説得し、一方では各当該の地方官に秘かに訓令を出して厳しく調査逮捕させ、厳重に処罰し、つとめて外夷が口実とすることがなく、奸匪のよりどころをなくし、断じて外夷の庇護のままにいることを許さず、それによって悪いことが軽微なうちに手を打って、それが拡大しないようにするという陛下のお考えに沿うようにいたします。[99]

ここからも、清朝地方官が外国籍特権に基づくイギリス領事による華人保護と処罰回避を警戒していたことがうかがえる。したがってリストは効果がなかった。

一方、サリヴァン領事は張道台らの解任をボナム公使に要請していたが、[100] ボナム公使が興泉永道の解任を要求する前に、[101] 張熙宇自身は甘粛按察使となり廈門を離れた。[102] 張熙宇は陳慶真事件の発生する少し前にキリスト教徒の少年の保護をめぐってアメリカ領事とも紛争を引き起こしており、英米二ヶ国との紛争が転任の原因だろう。[103]

張の転任に際して、一八五二年二月には泉州府・漳州府の紳民によって張熙宇の功績を顕彰する張公去思碑が廈門に建立された。そこでは陳慶真らの処刑を人々が褒め称えたことに加え、次のように記されていた。

壬寅（道光二二年）以降、政治はみな弛緩し、民は法を軽んじて、不法の輩が財を集めて群れ集まり、［それは］三県に蔓延した。［張］公が政務を執って五〇日も経たないうちに、倒れた苗を起こして除草をするようなことを、厳格迅速に執行したので、［不法の輩は］遠方まで恐れおののき、人々は安堵したが、その功績は誰が公より多いことがあろうか。[104]

サリヴァン領事によればこの碑文は、張熙宇が自身の行為を正当化するために立てさせたとみられており[105]、張熙宇の行動に対する現地の紳士たちの支持を示す史料であるとはいいがたい。ただし、小刀会の乱発生後に、興泉永道張熙宇の下で小刀会員の逮捕に協力した紳士は小刀会に最も弾圧されている。[106] したがって、基本的に、厦門における郷紳層は華人を中心とする小刀会に対しては批判的であり、張熙宇に協力していたと思われる。そして、張の後任の興泉永道らによってシンガポール華人の弾圧は続いており、事態は何ら改善されていなかった。[107]

しかも、その後、イギリス政府は中国政府にこの事件について圧力をかけることはないというパーマストン外相の方針がボナム公使からサリヴァン領事に伝えられ[108]、陳慶真事件は最終的に終了した。

以上の状況は、イギリス領事の保護が及ぶ範囲の限界を示しており、地方官の圧力による危機的状況の中で、華人あるいは小刀会のメンバーはさらに追い詰められていった。

一方、地方官側も小刀会の拡大に対しては、外国籍特権をもつことから、地方官主体の秩序を侵すものとして従来の会党と比べて極めて強硬な態度を取った。また、張熙宇道台は閩南において広く行われていた械闘に対しても厳しく対処しており[109]、これも地域社会に衝撃を与えていた可能性がある。これらがかつてない反乱を閩南で引き起こすことになった原因であろう。

三　廈門小刀会の乱

(1) 小刀会の蜂起

小刀会の蜂起の直接の契機は、小刀会の幹部である江源・江発が海澄知県に逮捕されて処刑されたことである。一八五三年五月一四日、小刀会は蜂起し、海澄県城を占領、一七日に漳州・長泰を陥落させ、翌一八日には廈門を占領した。さらに、小刀会は一九日に同安・安渓、二〇日に漳浦、二一日に雲霄・銅山などの閩南沿海部を攻略している。[110] 小刀会の勢力もこれらの地域を中心にしていたのであろう。[111] また、これに呼応した天地会系の紅銭会によって五月二二日には延平府の永安、二七日には沙県が陥落し、その後も大田・徳化・永春などが陥落しており、小刀会に呼応する反政府勢力が延平府に至る福建内陸部に拡大していた。[112]

この小刀会の乱は第3章で述べたように、アヘン戦争後に拡大していた海賊化した沿海民を含み、沿岸部で急速に拡大した。また、太平天国鎮圧のために福建省の清軍が他省に移動させられていたことも、乱の拡大の一因であった。[113]

小刀会の指導層六人のうち、三人までがシンガポール華人であった。[114] そのうちの一人は陳慶真事件で前述した陳慶星であった。また、指導層の一人は法に違反したアヘン商人であり、[115] 華人とアヘン貿易関係者が反乱の中核であったことを示す。また、組織的には、華南や東南アジアで発達した「公司」という組織が形成されていた可能性が高いが、[116] 実体は不明である。

華人中心の組織であったため、小刀会は海峡植民地と密接な関係をもった。廈門占領時の小刀会勢力は四〇〇〇～五〇〇〇人以上で、廈門でほぼ同数が参加したといわれており、[117] 小刀会はその人員の多くを廈門島で補充していた。[118] その後、六月には兵員は一万人から一万五〇〇〇人に増大し、十分に武装しているとされており、[119] さらに海峡植民地からの船舶により兵員や武器を補給し、清軍との戦闘による損害を補塡している[120]。海峡植民地からの兵員は三合会に所属していたといわれ[121]、東南アジアとの会党の紐帯が戦力増強に利用されていたと考えられる。

廈門占領後の小刀会は秩序正しく、占領直後からパトロールを行って略奪や窃盗を厳しく取り締まった。小刀会は外国人に対して好意的な態度をとり、外国商社に護衛を派遣し、イギリス領事館にも護衛の派遣を提案するほどであった[122]。ボナム公使は反乱発生時から清朝側による廈門奪回を予期していたものの、バックハウス副領事に対しては中立の立場を維持するように連絡していた[123]。当時廈門に滞在していた宣教師によれば、このようにイギリス側が中立であることを確認した後に、反乱勢力が廈門島に上陸して廈門を占領したといわれている[124]。またボナムは八月二〇日には、イギリス政府が厳格な中立の立場であり、イギリス人への条約外への課税を認めず、イギリスの人や財産への侵害には断固抵抗すると小刀会の指導者に伝えるようにバックハウスに指示している[125]。そして、小刀会の指導者も外国の干渉が小刀会にとって不利であることを認識していたと思われ、その後も外国人が廈門において小刀会占領前にあったような紛争に巻き込まれることもなかった[126]。反乱終了まで、イギリス側と小刀会の対立は記録にはなく、全体的に太平天国などの反乱に対して批判的であったイギリスに、小刀会側は慎重に対処していた。

一方、小刀会の経費は一日一〇〇〇ドルを要するともいわれ、小刀会は占領直後から財政的な困難に直面した。兵士への給与も廈門占領後一週間も経たないうちに一日一〇〇文から六〇文に減少し、何百人かは除隊となった[127]。しかし、小刀会の支配地域は廈門島周辺に限られているため、税源は限られていた。そこで小刀会はその財源を商人からの寄付に依存した。そのため、商店に対して寄付が強制され、ある商人には四万ドルが要求されたという[128]。こうした寄付金の強制は、商人たちの小刀会に対する反発を招いたであろう。

しかしながら、これでも財源は不足し、小刀会は一八五三年八月一日に布告を出して商船に対する出入港税の規則を公布した[129]。その規則は主として、廈門とその周辺の船籍による台湾・浙江・上海・山東・天津・東北との貿易を規定していた。この中で、対外交易への課税を引き下げている点が注目されるが、中国沿海部と東南アジアとの関係を強化することが、小刀会の狙いであったといえる。外国人商人は、上記の規則の対象外であった。中国人商人が外国船舶を雇用する場合の課税は規則に含まれていたが、外国船舶への税は中国船舶（洋船・紅頭艇）の少なくとも五分の三であり、低く抑えられていた。これは、多くのシンガポール華人が小刀会と関係をもっており、小刀会のメンバーが海峡植民地から到着する全ての船舶によって増強されているからだとイギリス領事は推測している[130]。中国人商人の外国船利用を優遇するという形は、その制限を試みてきた地方官とは方針が反対であり、華人の要求を満たしながら、自らの交易秩序の形成を図っているといえる。

このように、貿易面において外国人商人は優遇されていたが、安定した権力が存在しないため、外国人商人の経営には有利ではなかった。例えば、ある中国人商人は、小刀会の乱の混乱に乗じてテート商会に対する負債を返還しなかったが、イギリス領事の返還要求に対して、小刀会の側は負債を返還させる余裕がないと返答している[131]。中国人商人の外国人商人に対する負債問題はこれまでも頻発しており、清朝地方官との交渉においても、その解決には時間を要し、解決しない事件も多かったが、小刀会の支配下においては交渉が成り立たない分、事態はむしろ悪化していた。

小刀会が交易秩序を形成するうえで決定的に重要なのは、廈門の交易自体を維持することであった。しかし、廈門占領直後から、廈門における商業は開店を強制されていたものの、各店舗は戸を閉めて開店休業状態となっており、停滞していた[132]。また、小刀会は食糧を確保するために倉儲の米を廈門市内に移すだけでなく、米を積載したジャンクを拿捕するなど、食糧の確保も行っている[133]。さらに、小刀会は清軍の食糧補給を絶つために同安への米の輸送を禁止（米禁）した。しかし、結局六月一八日に、小刀会はこの米禁を撤回するに至った[134]。これは、メンバーの多くが同安出身であったことと、米禁が貿易そのものへの損害となっていることに関連していることが原因だろう。

しかしながら、第3章で述べたように清朝水師が広東人海賊を雇用したことによって、廈門は海陸から清軍に包囲されていった。そのため、沿海ジャンク貿易の中心は、汕頭方面に移動していった[135]。実際、一八五三年の廈門の貿易は前年に比べて衰退していた。全ての輸入貿易は停止し、中国製品と中国人の資産は外国人の家屋に移された。多くの人々が逃亡し、商人は商店を閉め、隠れ家または外国人の家屋に逃れた。中国製品の輸出は、海賊に捕獲される危険性もあり小規模にとどまった[136]。

便宜を図った対外交易が減少し、外国船の利用にも限界があり、現地の貿易が衰退したことは、小刀会による交易秩序の形成の失敗を意味しており、財源の確保できない小刀会は追い詰められていった。

(2) 小刀会の鎮圧

一方で、清朝側の対応であるが、小刀会に対する反抗も閩南各地の官僚や紳士を中心に開始された。早くも一八五三年五月一九日には、一七日の小刀会の漳州占領の際に殺された汀漳龍道文秀の息子恩志に漳州とその周辺の「義民」が協力して漳州は奪回される[137]。同日、同安も参将ら武官の率いる義民によって奪回されている[138]。また、紅銭会が蜂起していた内陸部では、六月一六日には延平府城の包囲が清軍によって解かれたほか[139]、永春州の大田・徳化・永春等でも官僚や紳士の反撃が行われ、永春が奪回されており[140]、小刀会に呼応した勢力の鎮圧が進んでいる。義民の活躍をみても、郷紳らが小刀会を敵視していたことがわかり、それがこうした清朝側の反抗を容易にしたのだろう。

第3章で述べたように、海陸からの廈門小刀会に対する包囲は強まり、一〇月下旬には多数の小刀会兵士が脱走するようになった。小刀会は兵員を廈門周辺で募集していたため、彼らが失踪するのも早かった[141]。一八五三年一一月一一日、小刀会指導者の黄位らは海上に脱出し、廈門は清軍に奪回された。この際、海上に脱出できなかった者を含めて、市内にいた多くの人々が清軍によって無差別に虐殺されている[142]。廈門陥落後、一一月一三日には石碼、一五日には海澄も清軍が占領する[143]。そして、廈門周辺で小刀会に協力していた住民も、短期間で清側に帰服した[144]。ここに、拠点である廈門を失った小刀会が急速に結集力を失っていくことが示されている。その後、小刀会が閩南での勢力を回復することはなく、また華人を核とする組織が発展することもなかった(145)。

四　小刀会勢力の東南アジアへの展開と東南沿海の反乱

従来の小刀会研究は、反乱が発展性をもたずに失敗したことから、これを否定的に評価してきた(146)。しかし、反乱とその鎮圧は、廈門とその周辺だけにとどまらず、東シナ海・南シナ海一帯に大きな影響を与えることになる。

(1) 乱後の東南アジアへの展開と外国船貿易

小刀会の乱後の華人と沿海民は閩南・台湾沿海で活動する者と、東南アジアに逃れる者に分かれたが、先述したようにイギリス海軍の海賊掃討の対象となったこともあり、前者も最終的には海南島またはコーチシナ方面に立ち去ったという(147)。シンガポールでは一八五三年一二月に四隻、翌年一月に一隻の福建ジャンクが入港したが、それらは反乱軍に拿捕された清朝の官船とみなされており、最終的にシンガポールに移動した小刀会勢力もあっただろう(148)。その結果、多数の福建人が東南アジア各地、特にシンガポールに流入した。シンガポールへの中国からの移民は従来年間八〇〇〇～一万人であったのが、一八五四年五～一二月だけで二万人に増加した。こうした移民の増大は、シンガポールでの方言集団間の緊張を高め、一八五四年五月四日には、福建人（閩南人）と潮州人が衝突するシンガポール暴動が発生した(149)。

この暴動以降、従来シンガポールでは潮州人が多数派であったのが、一八六〇年までには福建人が多数派になり(150)、次第に商業的覇権を掌握していくことになる。

一方、第3章で述べたように、小刀会の乱後は広東人の海賊活動が拡大していた。そこで、安全を確保するために華人らの外国船を利用した貿易は活性化していた。一八五八年において廈門と中国沿岸諸港・東南アジアとの交易の大部分は中国人によって行われ、外国で建造または艤装した船舶が使用されていた[151]。同じ頃、イギリス・オランダ船の多くは植民地に居住する中国人が所有し、中国人の所有でないものは、植民地に居住する中国人がチャーターしており、廈門や他の中国の港に来航していた。また、その他の国の船舶の多くもこれらの植民地の中国人商人に雇われていた[152]。

一八五四年頃、イギリス領事に貿易報告の提出を求められたイギリス人商人の一人は、海峡植民地との貿易を行う船舶では、中国人管貨人は外国の商社に対して支払い手数料を減らすために、高価格の商品を魚や乾し牛肉など偽っており、外国人商人が貿易の正確な額を把握するのは困難であったと述べていることから[153]、外国人商人は海峡植民地との実際の貿易を華人商人である管貨人に掌握されていたとみてよいだろう。

さらに、東南アジアと廈門以外の開港場とのあいだの遠距離交易でも福建人が優位に立っており、一八五〇年代後半、上海・寧波から廈門・シンガポールへの航路は外国船が独占していたが、その商品の所有者の多くは福建人であった[154]。つまり、福建系華人らが東南アジアから廈門への外国船による貿易を掌握し、その船舶が中国沿岸貿易を行うことによって、福建人による沿岸交易への進出が確保されたのである[155]。

かかる中国人の外国船利用については、開港直後から清朝地方官僚は税収の減少につながるとして反対していた。例えば一八四七年四月一日、『チャイナ・メイル（*China Mail*）』に廈門当局による中国人商人の外国船雇用の禁令が翻訳・掲載されたことを契機として、デーヴィス（Sir J. F. Davis）公使から連絡を受けたレイトン領事は、直ちに興泉永道に問い合わせたが、廈防同知はイギリスの貿易を阻害するつもりはないと返答している[156]。とはいえ、レイトン領事の報告によると、福州将軍は税納入の遅れが三万両に達していることを不満に思っているとされ[157]、清朝地方官僚がこうした外国船の利用に反対していることは明らかであった。

一八六〇年にも廈防同知は上海と日本との貿易を行うイギリス船を雇用した中国人商人を逮捕し、山東省で同安県人による西洋式船舶による貿易が発覚したことを契機に、四月二〇日に中国人による西洋式船舶の建造と外国船の雇用を改めて禁止する布告を出した[158]。これに対してイギリス領事ジンジェルが興泉永道に対して抗議しただけでなく、廈門の中国人商人たちも、外国船の使用は海賊が原因であり、もしこの禁令が実行されたら商店を閉めることを余儀なくされるだろうとして反対した。そして結局、この禁令は撤回されている[159]。ここからも、福建系華人を中心とした外国船のチャーターが広く行われ、また商人たちもそれに依存していたことがわかる。

以上のような外国船貿易の発展は、福建人とりわけ東南アジア華人にとって、東南アジア―中国間交易を確保する絶好の機会を提供していた。

(2) 中国東南沿海部の反乱

一九世紀半ば、中国東南沿海においては廈門小刀会の乱を嚆矢に、台湾小刀会の乱・粤東天地会の乱[160]・上海小刀会の乱・広東天地会の乱が発生し、広東ではこれに付随して土客の械闘の激化もみられ[161]、沿海の混乱は頂点に達した。

このうち、台湾小刀会の乱は統制されたものではなかったが、一八五三年六月四日に鳳山県人林恭らが鳳山県城に侵入するという事件等、多数の混乱を起こしている。この反乱は廈門小刀会の乱と関係があると、清朝側はみていた[162]。実際にも、小刀会勢力が廈門を占領した翌日には、勢力の一部が人員獲得のために台湾に向かっており[163]、また第3章で述べたように、廈門小刀会反乱鎮圧後にその残存勢力が台湾沿海で行動している。したがって、廈門と台湾の小刀会の関係が深かったことがうかがえる。

太平天国軍が南京を占領して江南が動揺する中で、上海小刀会の乱が一八五三年九月に発生する[164]。この上海小刀会の指導者は広東人と福建人のアヘン商人であり[165]、メンバーの多くは福建人と広東人で、英籍華人も含まれ、小刀会そのものが閩南から伝えられたものであった[166]。こうした廈門と上海の小刀会の密接な関係ゆえに、上海小刀会の福建人指導者である李咸池は廈門小刀会の乱の最中に廈門に赴き、黄位に火縄銃の射撃手二〇〇〇名の提供を要請している[167]。また、清軍による廈門奪回の際には、小刀会のジャンクは上海に向かっている[168]。

清朝側も福建・広東との関係を恐れ、福建・広東商船の上海来航を禁止しており、一八五四年一〇月二七日に廈門においても督理廈門税務協鎮があらためて福建・広東商船と広駁の上海回航を禁止している[169]。一八五五年二月に上海小刀会は清仏両軍に鎮圧されたが、その勢力も廈門小刀会と同様に東南アジア方面に逃れてきていた[170]。反乱鎮圧後、上海における福建人・広東人に対する取締りは強化され、福建・広東出身者の城内居住や、市内居留も禁止されており[171]、一時的に福建人・広東人の排除が行われている。以後、上海における福建人の勢力は衰退し、上海において再び勢力を拡大していく広東人と明暗を分けていく[172]。

広東の珠江デルタでは、広州から上海へ交易の中心が移動したことによる経済困難の中で、一八五四年六月、広東天地会の乱が起こり、反乱勢力は省城の広州を包囲した。この反乱は翌年三月まで続いたが、その後、敗れた反乱勢力は海賊化していく[173]。

廈門小刀会及びそれに続いた東南沿海部での反乱は、一九世紀初頭以降、アヘン貿易によって拡大した広東人・福建人を中心とする東南沿海部の海上勢力と開港場を中心に秩序回復を目指す地方官の最終的な衝突とみてよい。これら全ての反乱は鎮圧される。そして、第3章で述べた海賊鎮圧とあわせ、沿海勢力が一旦排除された上ではじめて沿海部における清朝地方官による開港場を中心とした秩序形成が可能となった。そこで開港場を中心として、財政基盤が確立され、それによって内陸における反乱への対処も本格化してくるのである。

おわりに

本章を要約すると次のようになる。開港後、華人は外国籍特権の利用や不法行為等によって廈門周辺の地方官・住民との関係が悪化したが、イギリス領事の保護は不十分であった。そこで華人は自らの生命・財産の実力による保護のために小刀会を結成した。これが外国籍特権を保持する華人を核に急速に拡大したため、地方官の徹底した弾圧に遭い、それが原因で反乱が起きた。そして、反乱自体は沿海住民を含めて拡大したものの、廈門の交易途絶もあって鎮圧される。廈門小刀会の乱発生後、中国東南沿海部では福建人・広東人を中心とする反乱が頻発したが、清朝はこれらの反乱を鎮圧することによって沿海部の秩序を回復していく。また、廈門小刀会の乱終結後はその勢力が東南アジアに移動し、シンガポールなどで福建人の勢力が拡大することになる。そして、反乱鎮圧後の中国沿海部における外国船利用の増大の中で、東南アジア華人の対中国交易は拡大していった。

このように、廈門において、開港以降イギリス領事の華人保護が不十分であったことは、福建人が僑郷に戻ってイギリス領事に依存する機会を減少させ、福建人の東南アジアでの展開と定着を促していったと考えられる。つまり、東南アジアに根づいた華人が生まれてきた背景には、当然ながら東南アジア現地での様々な要因が考えられるが、開港後の中国における安定した保護が清朝地方官はもちろんイギリス領事からも得られなかったことも一つの要因であろう。それでは、移民が合法化される一八六〇年以降、移民が増大していく一九世紀末にかけて、この状況に変化はあったのだろうか。これについては第9章で検討したい。

第6章　誘拐する人・される人
──一九世紀中葉、廈門における苦力貿易の盛衰

はじめに

本章では、一九世紀中葉に始まり、一八七〇年代までに終焉を迎えた、華南から東南アジア以外の地域に向けての契約移民の取引を「苦力貿易」と定義する。(1) そしてこの苦力貿易について、廈門を対象に、中国沿海地域の社会・経済状況を十分に考慮に入れつつ、その原因や、問題点及び問題解決の過程におけるイギリス外交官と清朝地方官僚の役割について、考察を試みることを本章の目的とする。

前章でふれたように、近年、華人研究が活発になっているが、苦力貿易に関しては、むしろ一九八〇年代までに多くの研究が蓄積されてきた。(2) 苦力貿易に深く関与したイギリスについては、「イギリス帝国」全体を扱ったキャンベルの古典的研究をはじめ、(3) イギリス政府の役割とイギリス人商人の関係についての研究などが行われた。(4) 清朝政府側についても、その苦力貿易に対する政策が注目された。(5) さらに移民制度、(6) 苦力貿易をめぐる暴動などの事件、(7) 誘拐された人々の救済に関する研究も行われている。(8) これ以外にも、移民先についての研究が進められてきたことはいうまでもない。(9)

このように研究の蓄積は豊富であるものの、依然として課題は残されている。まず、従来の研究の多くが苦力貿易のみに関心を集中させたため、中国沿海地域の社会・経済の動向、とりわけ一九世紀中葉の変動と関連づける作業は行われてこなかった。また、苦力募集時の誘拐・詐欺などの問題は当時から指摘されていた。しかし、そもそもそうした問題が発生した原因や、人身売買が広範に行われており、東南アジア向け移民も苦力貿易と似たような性格をもっていたにもかかわらず、苦力貿易だけが大きな社会問題になった原因については十分検討されていない。さらに従来の研究は、「中国」「イギリス」といった国家の枠組みを前提として、苦力貿易廃止に向けてそれぞれの国家、具体的には中央政府や公使などが果たした役割を検討してきたため、末端のイギリス外交官や清朝地方官僚が実際に果たしていた役割はあまり考慮されなかった[10]。とりわけ、沿海における社会秩序の崩壊しつつあった一九世紀中葉において、地域を十分に掌握する実力のない清朝地方官僚がいかにして問題に対処したかについては、ほとんど具体的に検討されていない。

そこで本章では、第一節で苦力貿易発生の原因について、沿海の社会経済史的変動の中に位置づけて検討し、第二節で移民のリクルーターである客頭に注目しながら、苦力貿易の抱える問題点をみていきたい。第三節では厦門暴動をてがかりとして、苦力貿易に対する諸勢力の態度を明らかにし、第四節では地域においていかにこれらの問題が解決されたかを考えたい。その際には、福建人と広東人の役割の違いにも留意し、東南アジア移民と苦力貿易の相違点も意識する。

地域としては、厦門とその周辺を取り上げる。厦門を対象とするのは、第一に、苦力貿易が最も早く始まり、かつ最も早く衰退した都市であるからである。厦門における苦力貿易の衰退は、広東省、とりわけマカオにおける苦力貿易の拡大を招き、苦力貿易の展開に大きな影響を与えた。そして、厦門は東南アジア移民の主要な送り出し港でもあり、近代中国系移民における最も重要な港の一つであった。

史料としては、本章においても主としてイギリス領事報告を用いるが、これは、一九世紀中葉、厦門における貿易の大半がイギリス資本に基づいて、イギリス人商人によって行われており、[11] 苦力貿易もイギリス人商人が中心であったことによる。また、清朝が移民を禁止していたことから、地方官僚が苦力問題に関わる文書の作成を回避したために、当該期の廈門における苦力貿易に関して清朝側に残された記録が、管見の限り皆無であることもイギリス史料に依拠する一因である。

一　苦力貿易の勃興

（1）廈門における苦力貿易の勃興

周知のように、奴隷貿易で中心的な役割を果たしていたイギリスでは、一八世紀末からの黒人奴隷解放運動の進展にともなって一八〇七年に奴隷貿易が廃止され、一八三三年に奴隷解放令が出された。他のヨーロッパ諸国の多くもこれに追随した。しかし、中南米などのプランテーションにおける労働力需要はむしろ増大した。また、北米・オーストラリアでは金鉱発見、ペルーでは肥料用グアノ（鳥糞石）の需要拡大もあって、新たな労働力需要が高まっており、白人労働者の移民だけではこれらの需要を満たすことはできなかった。そこで、アジア系労働者が求められ、これが苦力貿易の背景となる。

苦力貿易は契約移民という形をとり、労働契約を作成し、契約者（苦力）は一定期間・一定条件の下で勤務することになった。契約当初は契約相手が渡航費などの費用を負担するが、契約者は負債を負うことになり、様々な権利の制約を受けた。[12]

移民リクルートの時期は主に一一～三月で、これは農閑期であることと、モンスーンによる出航時期の制約によるものである。[13] 移民の乗船地は、時期によって異なるが主に廈門・汕頭・香港・マカオとその周辺であり、移民先は、奴隷の代替としての労働力が必要な西インド諸島、新たな需要が増大していたアメリカ・カナダ・オーストラリア・ペルー等であった。

廈門において苦力貿易が開始されたのは一八四五年であり、フランス船によってインド洋のブルボン島（レユニオン島）に送られた。この背景には、フランス人の船荷監督が以前、海峡植民地から華人をブルボン島に送り出していたことがあったためとされており、[14] 東南アジアからインド洋フランス植民地への中国系移民導入の試みが苦力貿易開始に影響している。

廈門における苦力貿易の規模であるが、一八五二年八月までに六二五五名と見積もられており、そのうちイギリス船四隻三九四六名、スペイン船二隻八五〇名で、そのほかフランス、アメリカ、ペルー船各一隻であった。移民先はオーストラリアが二六六六名で最大で、次いでキューバが九九〇名と多かった。もっとも、清朝の官僚によれば、福建からは毎年五万人が移民しているともいわれ、同時期の海峡植民地には毎年少なくとも五〇〇〇人の男性が流入していたから、[15] 東南アジア移民の方が苦力貿易よりもはるかに規模が大きいことになる。

（2）苦力貿易勃興の背景

それでは、なぜ廈門において苦力貿易が早期に発展したのだろうか。その原因として、まず廈門の大幅な入超という貿易不均衡による出航の際の空荷の問題が指摘されている。[16] このほか、廈門が省都でないために官僚の権力が弱体であったことも理由とされるが、[17] 省都である広州における苦力貿易の発展からみて説得力はない。また、福建人が広東人と比較して従順で移民に適しているという説もあるが、[18] 苦力貿易の主体が「従順でない」とされる広東人に移行していったことからしても根拠にはならないだろう。

上海・寧波・福州において苦力貿易が盛行しなかったことを考慮すれば、開港前からの連続性で考える方が理解は容易である。廈門においては、台湾及び東南アジアへの移民の伝統が存在した。そして、台湾向け移民において始まった前貸し制のクレジット・チケット・システム（credit ticket system）は東南アジアなどへの移民などにも広く用いられるようになっていた[19]。

また、廈門では開港前から東南アジア向けの人身売買が行われていた。例えばアヘン戦争開始直前、外国人及び外国人とのアヘン貿易に協力する「奸民」「漢奸」への敵意が高まる中、一八三九年五月二八日、湖南道監察御史焦友麟は福建省の軍務がとりわけ漳州・泉州で弛緩しているとしたうえで、泉州府の海港で「黒夷」が内地の少女を買い付けているが、これは内地の奸民が誘拐して販売したものであり、またそれに兵士も関与しているという上奏を行っている[20]。さらに軍機章京であった穆蔭も、六月二七日に沿海で外国船が一歳に満たない子供を、少ない場合は数十人〜数百人、多い場合は千人も買い付け、その中には女性が多いと述べている。そして、閩浙・両広総督に調査して取り締まらせることを要請し[21]、同日、閩浙・両広総督に調査を命じた上諭が下されている[22]。

これを受けて福建巡撫呉文鎔は同年一〇月二七日の上奏で、調査の結果このような事実はないとしたうえで、

> ただ、王佐才・曾承基・劉捷鰲ら数人の官員が詳しく述べたところによりますと、数年前、連続して干害に襲われましたが、聞くところによりますと、沿海の貧民の中には子女を連れてフィリピンやシンガポールに赴き、生計を立てている者があったとのことです。それらの国では中華の女子は非常に貴重であるとし、進んで高い値段を出して購入して妻とします。それらの国などが福建から比較的近く、従来から内地の民人でそこに赴いて貿易する者が多く、音信が常に通じているために、貧民の中には幼女を売却したいと願う者がいたとのことです。しかしながら［このようなことは］飢饉の年にたまたまあったことで、このこと以外、ほかには聞いたことがありません[23]。

と述べ、海外への人身売買の存在を認めている。これは海外移民禁止にもかかわらず、海外への人身売買がなされ、その取締りすら行われていなかったことを示唆している。

また、『カントン・レジスター』の記事によると、一八三七年二月七日に福建から台湾へ向かう船に約一五〇人の女性や子供の奴隷が乗せられていて、女性の価格は三〇～八〇ドル、子供は二〇～五〇ドルであったという。そしてその船には複数の清朝官僚が同乗していることが目撃されていた[24]。また、一八三二年に廈門を訪れたギュツラフも、女性の組織的な売買を指摘している[25]。したがって、廈門周辺では国内向けにも大規模な人身売買がかなり公然と行われていたことになる[26]。

開港後になると、一八四九年頃には男児を誘拐して東南アジアに送ることが頻繁に行われていたとされ[27]、一八五二年八月二六日の駐廈門イギリス領事館員ウィンチェスターのメモも、廈門においては毎年、纏足をしていない一〇〇～二〇〇人の女性が公然と購入されて送り出されているかもしれないと指摘している[28]。

さらには、寧波においてポルトガル人が四〇人以上の少女を購入してイギリス船イングルウッド（*Inglewood*）号に積載して廈門に移送したことが発覚したが、その際にテート商会の代理人は、寧波でポルトガル人による少女の購入は広く行われ、廈門に来航するローチャ船でそうした少女を積載していないものは稀であると述べている[29]。

したがって、移民及びそのための前貸し制度や、女性を含む東南アジアや台湾への人身売買が開港前から存在し、開港後も続いていたことがうかがえ、またそれが拡大していた可能性が高い。そして、それらへの取締りがゆるかったことが苦力貿易の一つの背景となったとみてよい。さらに開港前からの連続性でみるならば、テート商会やサイム商会などの苦力貿易を行った外国商社は、マニラやシンガポールで設立されていた[30]。これらの地域が移民・貿易において開港前から廈門と深い関係を有していたことも注目される。

一方で、一九世紀初頭以来拡大していたアヘン貿易との類似性も重要である。廈門における苦力貿易は、外国人商人―大客頭（広東人）―客頭（福建人）―苦力（福建人）という形をとっていた。大客頭には、当初は外国の代理商の信任を受け、外国語会話が可能な者がなり、その多くが広東人であった[31]。この図式は第1章で述べたような外国人商人―外国語を話す広東人・福建人―アヘンの小売り商人（福建人）という福建沿海におけるアヘン貿易の構図と類似している。

また、一八五八年の事例では、大客頭のもとで三〇人もの小客頭が誘拐に出向いており、さらに客頭でない者が人を騙して客頭に売却することもあったという[32]。後述する一八六〇年アメリカ船アン（*Ann*）号事件でも、三人の大客頭のもとに、それぞれ一〇〇人以上のエージェント（小客頭）がいたとされている[33]。こうした「取引」の零細性と非固定性は、一般的な商取引と共通しており、アヘン貿易も例外ではない。

したがって、アヘン貿易も苦力貿易も、外国のもたらす利益に広東人などの外国語に通じた人々を介して沿海の無数の人々が群がるという点では共通している。そしてサイム商会などは、まさにアヘン貿易に従事していた商社であった。それゆえ、アヘン貿易の経験が苦力貿易に応用された可能性は高い[34]。開港後、広東人が欧米商社の買辦として開港場となった廈門に進出してきたことは、取締りを逃れるために主要港を回避して小港で行われることも多かったアヘン貿易と比べて、苦力貿易をさらに容易にしたであろう。

さらに、より大きな視野に立てば、これまでみてきたように、一九世紀初頭以降、中国東南沿海部における清朝の沿海管理体制はアヘン貿易の活性化に示されるように動揺し、アヘン戦争に至って完全に崩壊した。開港後も東南沿海の混乱は続き、「密輸」が横行し、海賊活動も活発化していたため、沿海管理体制の再建は進まなかった。そのうえ、貿易も停滞し、銀不足もあって景気も悪化しており[35]、苦力貿易拡大の条件は十分整っていた。

したがって、廈門における苦力貿易勃興の要因としては、従来からの移民の伝統とゆるやかな管理体制に加え、一九世紀初頭以来拡大しつつあったアヘン貿易の形態が利用できて外国人と移民の仲介者が存在したこと、開港後、沿海部が混乱し、不景気な状態にあったことなどが挙げられる。では、苦力貿易がなぜ大きな問題となったのだろうか。

二　苦力貿易の諸問題

苦力貿易が多くの問題を抱えていたことはしばしば指摘されてきた。後述する客頭による移民リクルートはその最たるものであるが、そのほかにも開港場において苦力を収容ないし監禁する施設である「猪仔館」("Barracoon")における虐待、苦力を輸送する移民船（招工船）内の劣悪な環境と輸送中の高死亡率、移民先、とりわけキューバとペルーにおける劣悪な待遇（長時間労働・低報酬・虐待）などはすでに多くの研究で指摘されてきた。そこで以下では、沿海地域社会と深く関連する客頭が引き起こした問題について主に取り上げたい。

（1）客　頭

苦力募集システムの最も重要な部分である客頭はどのような存在であったのだろうか。「客頭」の語源は閩南から台湾への非合法移民を手配する「頭目」ともいわれ、「客頭」は一八世紀半ばには現れていたから[36]、廈門においても開港以前から存在していただろう。

この客頭の素性は、商人というよりは、貧しく、身寄りの少ない青壮年男性が中心であった[37]。つまりこれらの客頭は、下層の沿海民であったといえる。しかも、客頭に対する取締りが厳しくなり、処罰に死刑が適用されるようになると、外国人が信頼を置くような代理人は危険を回避するようになり、客頭になるのは「最悪の性格」の者たちとなっていった[38]。

これら客頭への報酬も様々であるが、集めた苦力一人あたりにつき一日五〇文、最終的に船積みされた場合は一ドルであったという[39]。したがって、苦力を多数獲得することが客頭の利益に直結しており、客頭が可能な限り多数の苦力を集めようとする動機になった。

資金は、外国人商人から大客頭、客頭へと前貸しされるようになっており、マカオの事例では、期日通りに客頭が苦力を集めないと、前貸しした金額の返却を強要された。(40) こうした圧力がなければ逆に客頭に金を持ち逃げされる可能性があったが、マカオの場合は大客頭と客頭、苦力がいずれも広東人であることから、同じ方言集団内で有効に圧力をかけることができた可能性が高い。一方、廈門の場合は外国人商人―大客頭（広東人）―客頭（福建人）―苦力（福建人）という構造をとったため、マカオよりも組織内の信頼関係と強制力は弱かった可能性がある。

それでは、なぜ彼ら客頭が強引なリクルートを行うようになったのだろうか。

（2）労働力の確保

そもそも、苦力を募集する側はどのような人々を望んでいたのであろうか。一八四七年にテート商会が廈門において「耕種之人」で移民を希望する者を募集していたように、(41) 募集側は農民を期待していた。肉体労働者を必要としていた以上、これは当然であっただろう。

それでは、苦力になって移民することは労働者にとって魅力的であったのだろうか。まず給与の面でみると、例えば、一八五二年頃において廈門の周辺での労働者の日給は八〇〜一〇〇文、石工、大工、裁縫師、靴屋などの職人はその二倍、一級の農業労働者は熟練職人に準じて一六〇文、一年とされる長期契約（長工）の農業労働者の場合は食事以外に日給二五〜四〇文、日雇いなどの賃労働（日工）は食事なしで七五〜一〇〇文というデータがある。(42) また、一八四九年頃には廈門の多くの家庭の平均月収は三ドルだったという。(43)

一方、苦力の場合、移民先では、月給三ドルであるとされる事例や、(44) 三ないし四ドルという事例もある。(45) 一八五五年に廈門・汕頭で募集された苦力の場合、契約の月給は全て四ドルであった。(46) そのほか、「猪仔館」に収容されていた人々の証言によると、彼らの予定給与は食事以外に日給一二〇文または八〇文であった。(47) 当時の中国国内における銀不足もあり、一両は二〇〇〇文を上回っていたから、(48) 一ドルは〇・七両としても一〇〇〇文以上に相当する。[49]すなわち、苦力の月給が三〇〇〇文であれば、日給は一〇〇文を上回るから、必ずしも低い額ではない。とはいえ、熟練労働者にとっては魅力的とはいえないし、渡航費や衣服費・食費などの様々な経費負担を考慮すれば、廈門現地よりも実質的な賃金が低いこともあり得ただろう。

そのうえ、苦力貿易における移民は外国人が主導していたため、移民した人々の移民先での状況が故郷には伝わってこないという問題があった。後述する廈門暴動の時の掲帖（ビラ）には次のような文言があった。

音信が不通になり、生死はいまだ家人に伝わらず、父母や家人の胸は張り裂けそうである。ついには、一族が滅亡して跡継ぎが絶えてしまい（覆宗絶嗣）、その被害ははかりしれない。ああ、中華の人として生まれ、死して異国の幽霊となってしまうとは。[50]

家族との連絡が途絶して帰国の可能性がなくなってしまい、一族が滅亡する「覆宗絶嗣」の危険性は、誘拐された場合にはなおさら大きかった。

故郷とのあいだの連絡状況は、移民と親族の信頼関係に影響する。一八六六年、イギリスの移民局（Emigration Board）の訓令で西インドの移民から家族・親類への送金が停止される事件が起こり、苦力の親族らが送金停止の解除を領事に請願したが、[51]移民した苦力の側は、送金されていること自体を知らなかったと不平を述べていた。[52]これは、苦力側が親族らに実質的に「売られていた」可能性を示しているが、一方で中国の伝統的な「同居共財」の原理の下に送金が行われていたともみることができる。[53]いずれにせよ、移民先と連絡状況の悪いことが、移民と親族のあいだの信頼関係の構築を妨げていた。

逆に現地での悲惨な待遇について情報が漏れてしまう場合もあった。例えば、ハバナのスペイン人医師ホセ・ビラーテ（José Villate）は、テート商会によるデューク・オブ・アーガイル（*Duke of Argyle*）号の苦力に関するハバナでの虐待を書いた中国語のビラやポスターを香港で印刷して廈門で配布・掲示していた。[54]

かかる状況では、苦力移民が魅力に欠けていた可能性は高い。そして、このような状況で集められた移民の質が、募集者からみて期待外れであったことはいうまでもない。一八四七年二月二五日の駐廈門イギリス領事レイトンの報告によれば、廈門から送られた若い労働者の大半は浮浪者か博徒か盗人であり、出国には積極的であったが、契約内容や契約年数が三年であるか八年であるかは気にしなかったという[55]。駐廈門イギリス領事館員のウィンチェスターも、苦力移民希望者は最も貧困で「社会のくず」だけである[56]、と厳しく評価している。こうした報告は廈門だけにとどまらない。

一八四七年八月四日のハバナのイギリス総領事クロフォード（J. T. Crawford）の報告では、廈門からハバナに来た六〇〇人の移民について次のように述べている。

これらの人々を中国で調達する際にはあまり、あるいは全く注意が払われていないようだ。彼らはほとんどが廈門近隣の沿海の漁民であり、重労働に不慣れで、畑で黒人と一緒に働かないという決意を早くも示している。

彼らのうち四〇〇人はイギリス船デューク・オブ・アーガイル号で運ばれた。船長は私に、彼らのほとんど全員が不良で役に立たないと教えてくれた。最初に到着して使用された人々からみるに、彼らの獲得はこの島にとって全く価値がないであろう[57]。

先行研究でも、金山への渡航を約束された人、負債の返済目的の人、械闘の捕虜、賭博の敗者などが苦力移民となったことが指摘されており[58]、移民リクルートに際しては、最も不適切な者を集めてしまうおそれがあった[59]。

そのうえ、募集に応じた人々が不法行為を行うこともあり、香港在住中国人はマカオでの苦力貿易について、労働者として外国に赴くことを希望する者の大半は貧しい男性で、その多くは無法者である。彼らは地元で移住に合意し、客頭から衣服や所用経費分の金銭を受け取るが、途中で逃亡するか、あるいは仲間に力ずくで解放してもらう。こうして客頭は借金を返済する術がなくなってしまう。これは、客頭が誘拐に訴えるもう一つの理由である。[60]

と述べている。つまり、苦力の待遇に魅力を欠いたことから、「良質」の労働力に関して需給のアンバランスが生じており、通常の方法では移民先での需要に適さない「劣悪な」労働力しか集めることができなかった。その結果、需要が高まる中で少しでも「良質」な労働力を確保するための解決策は、客頭による強引な人集めとなり、[61]誘惑・詐欺・賭博・人身売買・誘拐などの手段が講じられていくことになる。[62]

(3) 客頭への反感

先述のように、廈門附近において海外への人身売買は従来から行われていたが、紛争にまではならなかった。それでは、客頭の不法行為が特に強く非難されたのはなぜか。

客頭の証言によれば、客頭による不正行為の被害者は、裁縫師、床屋、職人、日雇い労働者、柴草売り、籠かき、担ぎ人夫、農夫、糞集め、その他、故郷に戻って両親に会いに来た人、故郷を離れて陸路・水路を移動中の者であった。[63]いずれも、肉体労働に従事するか移動中の人々であり、多様ではあるが、農民や故郷を離れて職を求めていた人々であり、[64]社会階層は高くない。したがって、故郷を離れている人の中には、被害に遭ってもそのままになってしまう者も多かった。

また、地方官僚も一八五五年に漳浦附近で要害に立て籠って抵抗していた住民の移民を認めており、[65]「厄介者」については海外に追い出すことを希望していた可能性は高い。それゆえ、地域の「厄介者」が被害に遭っても、地方官僚側は問題視しなかった。

しかし、故郷を離れていたとはいえ、誘拐された場合に騒ぎとなる人々も存在した。一八五八年に同安知県は次のようにイギリス領事に述べている。

その中でも悲惨な例として、或いは妻がその夫の［誘拐を］嘆き、あるいは親がその子供の［誘拐を］嘆くことがある。ひどいことには、一家の生計をただ一人に頼っている場合、［その一人が］誘拐されれば一家の生計は絶え、数代でただ一人の継承者しかいなければ、［その一人が］誘拐されればその代で家が断絶してしまうことさえある、このようなことは言うだにひどく心が痛む。以上はその心情を憐れむべき事例である。(66)

ここからは、生計支持者あるいは跡継ぎとなる成年男子が誘拐された場合に、問題が生じることがわかる。とりわけ、一八五九年七月一四日に寡婦の葉氏が二〇歳の一人息子が五月一八日に劉五店で客頭に誘拐されたと廈防同知に訴えているように、(67)寡婦の一人息子の場合は深刻であった。(68)

これに加え、

［挙人の］陳寿嵩らが正確に調べましたところ、廈門には現在大客頭延慶がおり、その籍は漳州で、家族を連れて廈門に来て、数年来いたるところで良民を誘拐し、外国人に売って利益を得ており、人々をいたずらに殺害することは、数えきれません。南安県鳳坡郷の郷飲賓である梁鶴年の甥梁挺が無惨にも延慶に誘拐・売却されたことについては、現在証拠があります。また恵安県白鶴郷の郷耆である郭近の子郭南坤、同安県新店社寡婦彭氏の子洪臨近のいずれも延慶に誘拐されて売却されましたが、［これらについても］いずれも証拠があります。(69)

とあるように、郷飲賓や郷耆などの地域の指導層の親族が誘拐されることも問題であった。つまり、従来から下層民の移民や女性・子供の売買は存在していたが、それを地域社会が問題視することはなかった。客頭が無差別な誘拐を行うことによって、弱者あるいは社会的に排除された人々以外の人々、すなわち、生計支持者、跡継ぎ、さらには地域の指導層の関係者がさらわれてしまうことがトラブルとなったのである。そして、既存の小規模に行われる誘拐と異なり、苦力貿易に関わる誘拐が、大規模かつ組織的に行われていたことも、強い反感を招いたと思われる。

当然、客頭への反感は高まった。後述の廈門暴動の際には、外国人が廈門で通商を開始して以来、人を買い付け、それに内地の奸匪が引きつけられて良民を誘っていくとされ、客頭は「奸匪」とされて敵視された[70]。廈門暴動で派遣されたイギリス官僚も客頭を最も品性下劣な者たちとしており[71]、客頭は苦力と同様非常に軽蔑されていたことがわかる。

また、大客頭である広東人への反感も高まっていた。雇用主であるイギリス人商人による保護をたのみに不法行為を行う広東人に対する廈門の商民や官僚たちの反感は開港直後からあったが[72]、同様の保護をうける広東人客頭への反感も強かった。廈門暴動時の廈門の民人陳砂による請願では、イギリス人が「粤匪」（広東人）をかばって無辜の人々を銃撃して殺害したことへの賠償を要求しており[73]、広東人を「粤匪」と呼んで敵視している。

このように、外国人と結託し、外国人に保護される客頭（下層沿海民・広東人）への反感は、アヘン貿易やアヘン戦争時の「奸民」「漢奸」に対する清朝官僚の見方と類似している。ただし、客頭になったのはアヘン貿易当時に存在した広範な人々から官僚・商人などを除いた貧しい下層の人々で、人数も限られていたことは大きな違いである。

かかる客頭の行動をともなう苦力貿易は地域の安定を損なうものであった。そして、客頭組織の頂点に位置する外国人への反発も重大な紛争になりかねなかった。そこでその統制は貿易管理や沿海の秩序回復といった開港後の課題の一つとなった。

三　廈門暴動と苦力貿易への態度

一八五二年一一月、廈門で暴動が発生する。暴動の原因はサイム商会の苦力貿易にあった。直接の契機は、官憲による客頭林還の拘束に対し、一一月二二日にサイム（F. D. Syme）が参将衙門に林還の釈放を要求したことによる。これに民衆が反発し、暴動が勃発した。同日、廈門の全商店による罷市（ストライキ）が行われ、周辺村落からの無頼が集合し、紳士と商人たちによって、興泉永道趙霖に対して苦力貿易取締りの請願が行われた。そして翌二三日、イギリス水兵による群衆への発砲事件によって一二名が死亡、一二〜一六名が負傷する事件が発生する。その後、イギリス領事と興泉永道・廈防同知とのあいだで交渉が行われる一方、イギリス領事裁判が開かれ、サイムらは有罪となり、彼らへの罰金は巻き添えの死傷者への見舞金に充当される形で事件は終息した(74)。

この廈門暴動は小規模な事件であるが、この事件に関する史料から開港場の各勢力の苦力貿易への態度を知ることができる。

①外国人商人

まず、主たる外国人商人であるイギリス人商人をみると、これは二つに明確に分かれていた。一つはテート、サイムなどの苦力貿易に直接関与する商人である。

一方、イギリスの主要商社であるジャーディン・マセソン商会、デント商会は苦力貿易を通常の貿易にとって障害となるとみなしていた(75)。

②イギリス外交官

在華イギリス領事などのイギリス外交官もまた苦力貿易に好意的ではなかった。一八四七年のデューク・オブ・アーガイル号の苦力貿易についても、奴隷貿易に類似するものであるという懸念から、駐廈門イギリス領事レイトン領事は移民を扱うテート商会と船長に質問状を送り、移民の内容を質している[76]。

しかし、一八五二年三月のロバート・バウン（*Robert Boune*）号事件発生後に、レイトン領事から西インドへの移民船についての報告を受けたイギリス公使バウリングも、自身は本国政府から移民を推進ないし妨害する訓令を受けていなかったため方針が定まらず、今後は苦力貿易を注視して報告するようにレイトン領事に指示するのみであった[77]。そして、本国政府も苦力貿易に関する報告を現地に要求して事態を認識しようとしている中で廈門暴動が発生したのである。つまり、廈門暴動以前には、中国人移民を認可する規定はなかったものの、取締り規則もなく、イギリス外交官が苦力貿易を法的に取り締まることは困難であった。そのうえ、彼らは苦力を使用する植民地のプランターの利益にも配慮する必要があった。

一方、イギリス領事の職務はイギリス人に条約を遵守させることであり、廈門暴動においては、その点での対応は可能だった。廈門暴動時の領事裁判では、サイムらが地方官僚に要請して客頭を解放させたのは南京条約及び虎門寨追加条約に違反するとして罰金を課している[78]。さらに、英公使バウリングはサイムの行為は五港一般規定第一三条に違反して領事の権限を侵すものとみなしている[79]。

また、廈門暴動に際してバウリング公使によって廈門に派遣された秘書のハーヴェイ（F. Harvey）の見解では、廈門における外国人と中国人との関係は良好であり、苦力貿易はこの関係に打撃を与えかねないとして反対していた[80]。バウリング公使も同様の見方であり[81]、こうした見方は本国政府にも共有されていくことになる[82]。

③宣教師

宣教師たちも、人道上問題のある苦力貿易には反対していた。そこで、苦力の親族が宣教師の知人に依頼し、宣教師を通じてイギリス人商人から苦力を解放してもらうということもあった[83]。ただし、このような問題解決の方法は、住民が宣教師の影響力に依存するため、清朝地方官僚を中心とする秩序をゆるがす可能性があり、地域の安定という点からは問題であった。したがって、宣教師ではなく、清朝地方官僚を通じた解決が重要となる。

ばその例証とされてきた。[84]

④ 清朝地方官僚

清朝地方官僚たちは、当初は苦力貿易を黙認しており、廈門の海関のそばに苦力収容施設があったことはしばしばその例証とされてきた。

一方で、地方官僚の最大の不満は、外国人商人の地方官権力に対する侵害であった。ハーヴェイが廈門暴動後に清朝地方当局と会談した際に、地方当局が最も不満をもっていたのが、客頭釈放のためにイギリス人商人が地方官僚にメッセージを送ったり、自ら衙門に訪れたりして地方官僚の権威を低下させることであった。[85] 苦力問題に限らず、こうした行為はこれまでにも問題になっていた。例えば一八四八年には、テートがスペイン代理領事の肩書きを利用してサイム商会に対する中国人の負債回収のために道台と交渉し、さらには廈防庁の衙門に侵入して四時間も居座り、乱暴な態度を示したうえ、近隣の中国人に対しても乱暴な態度をとっていた。これに対して領事は一八四七年法令第二号に背いて平穏を乱しているとし、テートに今後そのような行動をとらないように命じている。[86]

つまり、イギリス外交官は条約、地方官僚は地方官権力の観点ではあったが、自らの権限を侵すサイムやテートらイギリス商人の行動を問題視している点では共通しており、利害が一致していたのである。

清朝地方官僚たちにとっては管轄下の地域の安定が重要であり、イギリスとの対立回避を狙い、暴動の拡大抑制を図っていた。廈門暴動後の廈防同知王による一一月二七日の布告でも、廈門では民衆と外国人の関係は良好であるとしていた。そして廈門の住民に対して、廈門は民衆と外国人の仲はよいにもかかわらず、奸匪が言いがかりをつけてごたごたを起こすので、それを厳禁する布告を出してきたが、近頃街路でしばしば匿名のビラが貼られて、偽って士商を称してデマをばらまいて言いがかりをつけようとしているので、外国人を敵視するようなビラ貼り行為を官に通報するように命じている。[87] したがって、地方官僚は治安悪化を懸念すると同時に、それがイギリスとの対立を悪化させて騒動が拡大することも憂慮していたのだろう。さらに、地方官僚は領事裁判に協力し、廈防同知の前で苦力の兄弟が行った証言を裁判に提供している。[88] そして、今後の地域の安定のためには、苦力貿易の抑制が必要であった。

一方で、清朝が海外への移民を禁止し、建前では海外移民は存在しない以上、イギリス領事側が移民船検査を提案したのを廈防同知が断ったように[89]、地方官僚自らが移民船を検査する意思はなかった。そのうえ、地方官僚には客頭などを統制する力も十分になかった。そこで、地域住民の協力を得ると同時に、客頭を取り締まるために外国領事側との協調が必要とされたのである。

⑤ 廈門の紳商

廈門の紳商は苦力貿易に強く反対する一方で、排外運動や外国との衝突回避を望んでいた。領事裁判におけるアメリカ人宣教師の証言でも、中国人有力者の会議が開かれ、イギリス商社を破壊することや苦力移民船を攻撃することも提案されたが、その成功は一時的であり、二、三日後には香港から蒸汽船（軍艦）が到来するであろうし、群衆が外国商社を略奪した後、無差別に中国人商店を略奪することが予測されたため、強硬策は自らの利益を損なうと判断されて退けられたという[90]。ここではイギリスによる報復だけでなく、下層民の暴発を警戒していた点が重要であろう。紳商の側に東南アジアから帰国した華人が参加していたという説もあり[91]、彼らは対外的な事情を理解し、かつ地域の安定を図っていたといえる。実際に廈門で市街地に相当する十八保が立約した際にも[92]、サイム商会とテート商会と取引する者や客頭をみかけても地方官僚に引き渡さない者は殺害するが、外国人とのトラブルは引き起こさないと決めており[93]、地域住民の内部の統制のみを目指している。この点、排外運動を主導していた広州近郊の紳士たちの態度とはかなり異なっていた。

以上の各勢力に客頭と地域住民を加えると、苦力貿易をめぐる対立は、以下の二つのグループの対立とみることができる。

(A) 苦力貿易に直接関与する一部の外国人商人＋広東人大客頭＋福建人客頭

(B) 地域住民・紳商＋清朝地方官僚＋イギリス外交官＋在廈門外国人社会（外国人商人＋宣教師）

全体的に、(A)は(B)よりも弱体であり、しかもグループ内の信頼関係はない。一方で、(B)の苦力貿易に反対の勢力は官憲と地域のリーダー層を含み、地域の安定を望み、外国人商人の無法な活動に反対するなど、利害が多くの点で一致していた。しかも、廈門近郊における排外運動は活発でなく、清朝地方官僚とイギリス外交官のあいだでは、他の問題について頻繁に交渉が行われていた。そして、清朝地方官僚とイギリス外交官双方が苦力貿易問題を切実な問題として捉えていた。そこで、両者のあいだに苦力問題に関して外交チャネルを通じて取り上げることが重要であり、廈門暴動をめぐる清朝地方官僚とイギリス領事の交渉は格好の機会を提供したといえる。では、廈門暴動以降、苦力貿易はどのように展開したのだろうか。

四　苦力貿易の衰退と移民の東南アジアへの集中

（1）苦力貿易の衰退

① 中英の協調

廈門暴動によって、廈門における苦力貿易が衰退したことは、従来の研究で指摘されてきた[94]。実際、暴動後には廈門から南澳へ苦力貿易の拠点が移動した[95]。一八五三年二月にも、駐廈門イギリス領事ロバートソンも苦力貿易は廈門では再開されないだろうという期待を抱いている[96]。

しかしながら、一八五三年五月に廈門小刀会の乱が発生し、反乱勢力による廈門占領は同年一一月まで続いたため、苦力貿易どころか廈門の貿易そのものが停滞した。したがって、一八五三年の状況だけから、苦力貿易が衰退したと判断することはできない。

事実、一八五五年三月二日にはテート商会が金門島から汕頭に二四〇人の苦力を移送しており、[97] 廈門から汕頭へ苦力の収容場所を移動させただけという可能性もあった。一八五五年にはフランスによる仏領グアドループ・マルティニクへの苦力貿易も行われ、[98] 同年中の苦力募集数は廈門二四九八人、汕頭五三三二人であり、汕頭の比重が高まりつつあったが、廈門においても根絶にはほど遠い状況であった。[99]

そこで、地域の安定のためにも、移民のリクルーターである客頭を統制することが重要となった。しかし一八五七年三月一七日に駐廈門イギリス領事モリソンが、

上記の「客頭の村」は廈門から八〜九マイルほど離れた漳州府の沿海にあり、廈門の官僚の管轄外である。私は興泉永道に対してその存在をしかるべき当局に通知するように要請したが、その［村の］住民は当局を無視できるほど十分に力をもっていると思われる。[100]

と述べているように、清朝地方官僚の統制力には限界があった。それどころか、有力な宗族集団に属する大客頭Wooの逮捕・処罰を興泉永道が妨害することさえあり、[101] 地方官僚は有力な宗族集団には手出しができなかった。また、先述のように末端の客頭の数は多く、一時的に客頭となる人々も存在するため、取締りは困難であった。

そして、苦力貿易はヒトを取り扱っている以上、アヘンをはじめとする商品の取締りのように、取引を独占したりして没収品を売却し、それを財源にすることによって取締り組織を創設することもできなかった。

そこで、客頭を取り締まるためには外国領事を利用して、組織の大元である大客頭を取り締まることが必要となる。

一八五五年、寡婦の葉氏が、息子が騙されて廈門に連れ出され、イギリス人商人のテート商会・サイム商会に売られてイギリス船に引き渡されたことを興泉永道に訴え、興泉永道が廈防同知李廷泰に客頭を拘束して取り調べることを命じた。また廈防同知は、息子が客頭によってイギリス商人に売られたと謝氏が訴えてきた件もあわせて調

査した。しかし、客頭がイギリス商社内に隠れて拘束できなかったとして、七月二四日にイギリス領事に対して客頭と誘拐された人々の引き渡しを要請した[102]。

ここからは、寡婦→興泉永道→廈防同知→イギリス領事という連絡回路が機能していることがわかる。そして、寡婦の息子が誘拐された場合は事態が深刻とみなされるため、地方官僚らはこれらの寡婦を利用してイギリス側に圧力をかけた可能性もある。これに対して同年七月二七日イギリス領事は廈防同知に対し、サイム商会についてはすでに船が出港しており調査は難しく、また領事館の翻訳官が船上で検査を行ったので誘拐はなかったとし、テート商会の客頭が雇用している労働者は沖合で船待ちをしているので調査すると返答している[103]。

また、一八五七年四月二六日の廈防同知李廷泰の照会文によると、廈門の挙人・廪生・生員・監生・童生らによって別の形の請願が行われた。そこでは、客頭延慶の誘拐などの行為が訴えられ、廈防同知→イギリス領事というルートで客頭延慶逮捕の要請が行われている[104]。

このように、地方官僚・地方エリートの働きかけにより、地方民衆・地方エリート→清朝地方官僚→イギリス領事→イギリス商人への圧力という構図が成立すると、イギリス商人による客頭庇護は困難になり、客頭の活動が封じ込められていくことになる。

同時に、イギリス領事は商人にも直接圧力をかけた。サイム商会がゼトランド（*Zetland*）号による募集を行い、苦力貿易再開を試みた際には、ウィンチェスターは、紛争が生じてもいかなる支援も行わないとサイム商会に警告し、自発的な移民のみを行うように促した[105]。そのため、サイム商会は廈門における募集を断念した[106]。また、一八五六年一月の駐廈門イギリス領事バックハウスの報告によれば、廈門では苦力の募集ができないため、テート商会も廈門での募集を断念していた[107]。このように、一八五〇年代後半、イギリス商社は次第に苦力貿易から撤退していった。

また、船舶に対する制度的な統制としては、一八五五年八月一四日に公布され、翌年一月一日に発効した「中国人船客法」(An Act for the Regulation of Chinese Passenger Ships) がある。同法は香港ないし中国諸港・中国沿岸からイギリス領に向かって七日以上の航海を行うイギリス船を対象としていた。そして、移民船の備える食料・医薬品・備品と船舶の設備・装備・人員を点検し、移民が自発的で、移民先と契約内容を承知していることが確認された場合に限って移民船の航海を許可するというものであった。[108] この法律については、イギリス以外の他国の船舶を取り締まることができず、香港では同法が無視されたことから苦力貿易の沈静化には無力であったという評価もされている。[109] しかし、地域によって同法の影響は異なっていた。

この船客法において移民を管理する移民官 (emigration officer) については、首相ダービー (E. G. G. S. Stanley, 14th Earl of Derby) の忠告を受けたマームズベリ (J. H. Harris, 3rd Earl of Malmesbury) 外相の指示で、イギリス領事が果たすことになっており、[110] 廈門でも領事が検査を行った。一八五七年二月二七日には、スペイン人アルメロ (Armero) がキューバ向けにチャーターしたイギリス船ゴールドストリーム (*Goldstream*) 号の検査が行われ、その結果、移民を希望しない苦力がいることが判明し、彼らは解放された。[111] また、一八五八年五月二九日のイギリス船クレオパトラ (*Cleopatra*) 号の検査においても、契約して乗船したものの渡航をためらう者を下船させている。[112] したがって、同法はイギリス領事に取締りの根拠を与え、無制限な苦力貿易への歯止めとなったといえる。一八五七年一二月二四日の『チャイナ・メイル』も、同法によって廈門の苦力貿易が衰退したとみなしており、[113] 一定の影響力をもったことがうかがえる。

かかる状況の中、一八五八年五月末にクレオパトラ号は十分な移民を確保しないまま出航し、また六月に入港したスコシア (*Scotia*) 号は移民募集が困難でマカオに移動した。[114] 一八五七・一八五八年にサイム商会は、廈門での移民リクルートが困難であったため、汕頭ないしマカオに移民船を移動しており、[115] イギリス船による苦力貿易は完全に衰退した。

②諸外国船への対応

一方、イギリス以外の船舶への対応も重要であった。それは、中国人船客法発効以降、苦力貿易はイギリス船からイギリス以外の船舶の利用へと転換していたものの[116]、それらイギリス以外の船舶の行為であっても中国人の「外国人」全体に対する感情を悪化させたからである[117]。

この点、最も順調に進んだのが苦力貿易に批判的であったアメリカとの協調であった。一八五八年に駐廈門アメリカ副領事ドーティ（E. Doty）は、興泉永道司徒緒に対して苦力貿易を違法として関与する船舶の出港を認めないという布告を出すことを提案し、イギリス副領事も協力に同意した[118]。一八六〇年には、同年二月に廈門に入港したアメリカ船アン号について、清朝地方官僚からの圧力を受けたイギリス領事の連絡からアメリカ領事が調査し、四六人の苦力を「解放」し、関与していたイギリス人も裁判にかけられている[119]。その後もアメリカ政府は一八六二年に「苦力貿易禁止法」を成立させており、イギリスとの協調は続いていくことになる[120]。

このように、英米間の協調は成立したが、他の国の船舶、とりわけ、苦力貿易の中心であるマカオを有するポルトガルと苦力移民先のキューバを有するスペインの船舶が問題になった。

一八五九年五月末、スペイン船とマカオの船舶による苦力募集問題が発生した。同年六月一五日に興泉永道はイギリス領事に対して、イギリス商船とルソン船（スペイン船）が廈門港外に停泊して沿海の奸匪と結託して人々を買っているのに対し、軍艦を派遣して共同で取り締まり、苦力を救出することを要請した[121]。

これに対してイギリス領事は興泉永道に、船舶がイギリス船籍でないことから、スペイン・ポルトガル領事と交渉するように要請した。ところが、同時期に、イギリス領事が漳州当局に派遣した使者が石碼で客頭と間違われて住民に暴行されるという事件が発生した。さらに、七月上旬になると、外国人商人（主としてイギリス人商人）は、廈門近辺の住民が誘拐に激昂しているという警告を宣教師たちから受けた。また、有力な中国人はイギリス領事モリソンに対して廈門暴動のような事態が生じることを警告し、客頭の活動が一八五二年時よりも凶暴であるとも述べていた[122]。

廈門の生員・郷耆らは同安知県陳松鶴にも請願を行い、ルソンの船が廈門に来て人々を購入したことにより、廈門にいる奸民が利益を求めて客頭と称して騙したり誘拐を行ったりして、悲惨な状況にあると指摘し、次のように述べている。

咸豊二年一〇月、これ（外国船による人買い）が原因で［我々は］三日間罷市を行い、外国人は今後再び人を買い入れることはないと約束したのです。どうして日が経つにつれて不正が生じることを予想できたでしょう。ここ数年来、人を買い付ける外国船は再び当地に至り、人をおびきよせる計略が復活しています。今日に至って、客頭は以前のように徒党を組んで群れをなし、誘うことのできる者はこれを誘い、誘うことのできない者はこれを誘拐したので、いたるところみな危険な場所となり、人々は警戒心を抱いています。もし外国領事に通知してあらかじめ禁止することがなければ、恐れながら人々の怒りがますますつのり、この地方は必ず動揺するでしょう[123]。

実際には、廈門暴動の際に外国人が人身売買の停止を約束したというような事実はないが、これらは、地域エリートによる廈門暴動という記憶を利用した地方官僚、ひいては外国側への圧力ともいえよう。そこで、同安知県はイギリス領事に対して誘拐された人々の返還と誘拐禁止を要請している[124]。その後、ポルトガルのローチャ船はマカオと黄埔に向けて移民を乗せて出港した。イギリス領事はスペイン領事に対し、清朝側との仲介の意思を伝達し、スペイン領事はイギリス領事と清朝官僚の立会の下で出港前に移民船を検査することに合意した。ところが、移民船が清朝側に通告のないまま出港してしまい、この件は立ち消えとなった[125]。

この事件では、地方官僚が地域住民の感情を利用してイギリス側に圧力をかけている[126]。また、廈門暴動はそのものだけでなく、必要に応じて動員される記憶としても意味をもったことになる。かかる圧力により、結果的に地方官僚・地域住民はイギリス領事を通じてイギリス以外の船舶・商人に影響を与えており、イギリス領事は、仲介者の役割を担わされていたのである。

同じように、一八六〇年一一月二一日、廈防同知兪林はイギリス領事に対して、客頭の活動によって地域住民が興奮状況にあることから、この沈静化のために、廈門で貿易する各国に対して、全ての船舶を検査し、誘拐されて売却された者をみつけ次第解放するように伝えることを要請している[127]。この場合、イギリス領事は廈防同知の「言いなり」になって対応することはなかったが[128]、地方官側がイギリス領事をどのようにみていたかを如実に示している。

これらのイギリス領事などからの圧力もあり、スペイン・ポルトガル船による苦力貿易も次第にマカオに移動していった。その後、スペインが一八六七〜一八六九年に廈門で再開を試みる場合もあったが、アメリカ領事の反対で結局失敗に終わっている[129]。

③ 広東人勢力の衰退

廈門暴動以降、史料では広東人客頭への言及がみられなくなってきており、廈門附近での広東人の活動が困難になっていることがうかがえる。一方で、苦力の募集に際しての現地の福建人客頭の利用が著しくなっており、一八五八年の客頭江隠水の事件[130]、一八六〇年のアン号の事件の際にも客頭は全て同安人であったという[131]。また、江隠水らの事例では、四人の合股で大客頭となり利益を均分していたとされるが[132]、資本の少ない同安人、つまり福建人客頭が合股によって大客頭になっていることがわかる。

これらの大客頭の社会的地位も変化しており、一八五八年の事件では、小客頭藍査某は父・母・兄弟を全て亡くして労働者として生活していただけでなく、大客頭江隠水も父を失い労働者として生活していたとされ[133]、社会的地位の低い資本をほとんどもたない人々が大客頭になっていることがわかる。以上から、末端だけではなく、客頭の組織全体としての小規模化が進んでいたことがうかがえる。こうした変化は、大規模な苦力貿易が再開される可能性を低くしていただろう。

一方、一八五〇年代前半における広東人海賊の勢力拡大によって、苦力貿易が拡大する可能性があった。広東ではマカオから武装ローチャ船が派遣されて村落を攻撃して村民を誘拐しており[134]、海賊と苦力貿易は密接に関係していた。また、一八六〇年のアン号の事件の際にも、ブローカーのボートは火砲二〜四門で武装されており[135]、苦力貿易関連業者の武装化も進んでいた。第3章で述べたようにサイム商会買辦は海賊と関係しており、広東人の海賊船である広艇を通じて広東省から苦力が売却されることもありえた。

実際にも広艇からの苦力が解放されるという事件が発生している。一八五八年四月三日、貧しい中国人女性が息子の誘拐をイギリス領事に訴えることで事件が発覚し、イギリス領事はこの件を興泉永道に連絡した。さらに、清朝水師の兵士も広艇に拉致されてしまった。しかし、この船が重武装であるうえ外国人が乗り組んでおり、地方官僚は手出しできなかった。そこで、興泉永道側はイギリス領事に支援を要請し、七日にイギリス砲艦が出動して、領事が広艇を捜索し、誘拐された人々一五〇人を解放した。清朝側に引き渡された客頭ら二二人は処罰されている[136]。したがって、広東人海賊と苦力貿易が関係していたことは間違いない。

しかし、第3章で明らかにしたように、一八五〇年代後半以降にはイギリス海軍の関与もあり、広東人海賊の活動は衰退していく。これは、広東人を中心に担われていた苦力貿易への打撃となり、広東人ネットワークの福建沿海からの排除へとつながっていっただろう。一方で広東人の活動は広東に集中し、広東省での苦力貿易は廈門をはるかに上回る規模で当面続いていくこととなる[137]。

以上のように、イギリス領事と地方官僚のあいだで苦力問題をめぐる協力関係の成立、中国人船客法の制定、広東人海賊掃討の進展など多様な要因が絡んで廈門における苦力貿易は衰退した。広州附近においては一八五九年にかけて苦力貿易が激増していくのに対し[138]、これは対照的な状況であった。

ていなかったのだろうか。

（2）移民の東南アジアへの集中

一方、先述のように、当初から苦力貿易を上回る規模であった東南アジア方面への移民については、問題は生じていなかったのだろうか。

①地方官僚の態度

東南アジアへの移民は外国人側にとっては望ましいものであったが、清朝が海外への移民を禁止している以上、地方官僚が東南アジアへの移民を妨害する可能性があった。ところが実際には、先述のように、開港前から清朝の官僚たちは海外への人身売買が行われていることを認識していた。開港直後、関税徴収を請け負う海関銀号となった商人 Ty-cheong & Co.（李泰昌）が、当局との関係を利用して東南アジアへの移民ビジネスを牛耳っていたことが示すように[139]、開港後も移民に対する黙認状況は続いていた。

また、一八五八年七月五日に興泉永道はアメリカ領事との会見で、当人と家族・友人が望む自発的移民は重要な問題ではないと述べ[140]、イギリス領事に対しても同様な発言を行っていた[141]。また、後任の興泉永道も自発的移民を妨害する意思がないとしている[142]。したがって、苦力貿易と比較して自発性の高い東南アジアへの移民については、地方官僚は黙認に近い状況であったといえる。とりわけ、これらの移民が地域の安定と無関係であったことが重要であろう。

②東南アジア移民の客頭と情報

東南アジア移民を担った客頭も苦力貿易の客頭とは異なるものであった。一八六〇年の海峡植民地向けの客頭の多くが外国にいたことがあったとされ[143]、東南アジア移民の客頭が帰国した東南アジア華人であることが多いと指摘されているように[144]、東南アジア向け移民の客頭は少なくとも移民先を訪れたことがあり、移民経験のない苦力貿易の客頭とは異なっていた。また、シンガポールとシドニーから帰国した華人による噂が移民を促していたといわれており[145]、帰国者による情報が提供されていたのも大きな違いである。また、移民を希望する者は移民先に親族がいる場合も多く、[146] 移民した親族からの情報もあっただろう。

また、家族を東南アジアに連れて行かない理由は、頻繁に帰郷が可能で、家族が故郷で祖先祭祀を維持することが可能なことであるともされ、[147] 故郷との連絡が維持されていたという点でも苦力貿易とは大きく異なっていたということがわかる。

これによって移民先と故郷のあいだの連絡が維持され、移民業者と移民のあいだにおける情報の非対称性の緩和につながったとみてよいだろう。これは、信頼できる人間（移民業者）が信頼できる人間（移民）を選んで移民させる体制へとつながっていくことになり、関係者の信頼関係が希薄な苦力貿易とは異なっていた。

したがって、かかる移民の形態は、苦力貿易のような深刻な対立を招くことはなく、移民を阻害する要因も非常に少なかったといいえよう。このような背景のもと、東南アジアへの移民は増大していくことになる。[148]

③外国船の利用

東南アジアへの移民の当該期における大きな変化は、ジャンクから外国船への転換であった。ジャンクによる移民は一隻あたり一五〇～一八〇人程度の小規模なものであったが、[149] 外国船の利用により、より大規模になっていった。

苦力貿易を行ってきたテート商会なども、マニラ向け移民を行っているが、[150] 外国船の多くを東南アジア華人が所有ないしチャーターしていたことは苦力貿易との大きな違いである。一八六〇年一一月に出港した海峡植民地向けの五隻の移民船全ての所有者はシンガポール華人であり、[151] 一八六七年にも、移民船のほとんどは英籍華人が所有しているとされていた。[152] フィリピン向けの移民についても、汽船は外国船であったが、華人社会が移民を統制していたとされる。[153]

もっとも、いくつかの問題は残されていた。一つは無条約国や管理が厳格でない国の船舶の利用が増大していたことである。一八五五年のイギリスの中国人船客法制定と一八五八年のその改訂以降、東南アジア移民においてイギリス船は他国船と競争しており、イギリス領事ペダーは、一八六七年に東南アジアへの移民への中国人船客法適用は他国船に有利であるとして反対した[154]。だが、一八七〇年代にはシンガポール入港時における移民取締規則の厳格化や[155]、イギリス汽船会社の航路の発達により、イギリス船が排他的に移民を扱うようになり[156]、かかる問題は解消された。

船舶への過剰積載問題はその後も続いた。一八八一年には、マニラ向け移民のスペイン船への過剰積載問題が発生したが、これは領事館が移民から徴収した税が領事らに分配されたため、領事館が可能な限り多数の移民を積載させようとしていたことが背景にあった[157]。同年、イギリス船も領事の監視外にある廈門港外で過剰積載していたとされ[158]、不法行為の完全な防止は困難であった。

また、東南アジア向け移民においても、リクルートに不正がなかったわけではなく[159]、移民先において苦力貿易と類似の労働者の待遇問題も残されており[160]、こちらの解決には時間を要することになる[161]。

かかる諸問題が未解決であったとはいえ、苦力貿易衰退によって廈門において福建人主導の東南アジア向け移民への集中が一八五〇年代末という早期にみられたことは重要であり、これが、移民先の確保とあわせ、福建人の東南アジアにおける基盤確立につながったのであろう。

おわりに

廈門における苦力貿易は、移民の伝統と一九世紀初頭以来の沿海における外国人と中国人の協力関係の成立、一九世紀中葉の沿海秩序の混乱の中で生まれた。しかし、労働力需要の拡大と苦力の不人気によって移民の需給のギャップが生じる中で、可能な限り良質な労働力を確保するために客頭は不法行為を行った。そして、それが無差別であったため、地域社会に必要な人材を誘拐することもあり、強い反発を招いた。廈門暴動は中英が地域において苦力問題に共同で対処する契機となり、大客頭や海賊などの広東人の勢力を排除し、諸外国の船舶と商人らにも圧力をかけたことは、苦力貿易に打撃を与えた。そして、地方官僚が黙認し、地域社会の反発を招くことの少ない東南アジア移民への集中がいち早く始まった。

この中英の共同対処は、苦力貿易に関与する者以外の全ての人々が必要としていたうえ、排外感情がさほど強くなかったという地域的事情が大きく影響していた。したがって、苦力貿易への対処については国家の対応だけでなく、こうした地域的事情を考慮すべきであろう。また、その衰退については、苦力問題だけにとらわれることなく、沿海の様々な問題と関連づける必要がある。

清朝地方官僚と外国外交官の地方における移民問題への共同の対処は、広州ではアロー戦争時の英仏連合軍による占領という軍事圧力の下で行われ、一八六〇年に両広総督労崇光が人身売買を厳禁して自発的意志を重視する招工章程を定めて、管理された移民システムが成立し、それが汕頭にも拡大した[162]。それにもかかわらず、広東省においては香港・マカオという苦力貿易の拠点と広東人という客頭の担い手がいたため、苦力貿易問題の解決には時間を要した。しかし、最終的には一八七四年三月のマカオにおける苦力募集停止によって終焉を迎えた。

かかる苦力貿易統制の過程において、清朝側は地域住民の感情を利用して、イギリス領事に対してイギリス商人取締りを要求した。それだけでなく清朝側は、イギリス領事を他国との交渉の仲介役に利用し、イギリス以外の商人に対しても圧力をかけさせた。本来清朝側がかけるべき圧力を、イギリス領事に代行させたのである。さらには移民の検査も実質的にイギリスに委託した。例えば、一八六〇年にイギリス領事は興泉永道に移民船の共同検査を提案したが、廈防同知は病気を理由に断っており[163]、検査をする意思がないことがわかる。これは、当時は移民が禁止されていたためでもあるが、中国人の海外移民を認めた天津条約・北京協約以降もその態度に変化はなかった。実際、一八八三年においても乗船前の移民に対する清朝側の監督は皆無であったとされ[164]、移民の管理業務を諸外国に委託している事態は長期にわたって続くことになる。かかる状況をみれば、イギリス領事は清朝地方官僚から移民管理業務を、当初は気づかずに無償で請け負っていたことになる。一八八一年には、廈門の人々（紳士と商人）はイギリス領事ジャイルズ（H. A. Giles）の功績、とりわけイギリス船の過剰積載を取り締まったことに対して万名傘を贈呈している。[165] このように、功績ある官僚に対して贈られる万名傘を領事に贈呈しているということは、[166] 廈門の住民たちも領事の業務代行を肯定的に認識していたとみてよいだろう。

苦力貿易と同様に、イギリスなどの欧米諸国との協調と実質的な欧米諸国への「業務委託」及び欧米の制度利用、すなわち海関の整備・イギリス海軍の利用などによって、密輸を減らし海賊を衰退に追い込むことができ、清朝による沿海支配の回復へとつながっていくことになる。[167]

こうした欧米諸国・欧米人・欧米の制度を利用した清朝の沿海支配は、従来よりも沿海の人々にとって窮屈なものであったかもしれない。しかし一方で、福建人主導による東南アジア移民の拡大が福建人に新たな機会を与えていた。沿海の秩序回復は沿海民の無秩序で自由な空間に終わりをもたらしたが、一方で東南アジアへの活動空間を拡大させることになり、それがまた既存の秩序を揺るがす新たな問題を引き起こしていくことになる。これについては第Ⅲ部で検討したい。

第Ⅲ部　貿易の変動と華人の行動——世紀転換期

第7章　アジア間競争の敗者

――清末廈門における交易構造の変動

はじめに

本章では、一八七〇年代～二〇世紀初頭における廈門の交易構造の変動を検討する。当該期の廈門の貿易に関連する研究は経済史の各方面から行われてきた。まず、一九八〇年代以降にアジア交易圏論が提起されて以来、個々の開港場の交易についての研究が進み、廈門に注目した研究も行われた[1]。また閩南・廈門と台湾との経済関係については、林満紅の研究をはじめとする台湾を中心とした研究が行われ[2]、華僑・華人研究では、移民の数量的研究にくわえ[3]、金門出身の長崎華商の研究が進められてきた[4]。また、廈門に関連する商品の生産・流通史については主として茶・砂糖が取り上げられてきた[5]。

本章では、それらの研究成果をふまえつつ、以下のような視点から、近代廈門の交易構造の転換を考察してみたい。第一に、従来、明清期と比較して重視されなかった清末期、とりわけ一八八〇年代～一九〇〇年代の廈門の貿易に注目する。当該期は、アジアが世界市場へ統合される中で大きな画期をなした時期であり、中国においても銀価の下落により、中国産品の輸出増大がみられた[6]。一方、廈門においては、砂糖、茶などの主要産品の輸移出[7]が急速に衰退している。また、廈門を通じた閩南と東南アジアのあいだのヒトの移動はいっそう拡大し、日本の台湾領有も行われている。したがって当該期は、廈門の対台湾・東南アジア関係において画期的時期であった。

第二に、省都福州が強い吸引力をもたず、経済的・文化的に小地域に分立する傾向をもつ福建の地域的特性に鑑み、従来の研究にみられがちな「省」という枠組みを排除し、閩南という地域に注目する。(8) ただし、閩南全体を検討することは史料上困難であるため、明末以来、閩南の交易の中心地であり、数量的に検討することが可能である廈門とその後背地を主に取り上げる。

第三に閩南においては、明末以来商品作物栽培が盛んであり、商品作物の種類も砂糖・茶・煙草・紙など多様であるため、単一の商品では廈門の交易全体を理解できない。それゆえ、個々の商品の占めている地位を考慮しながら、廈門の輸移出産品の分析を行い、あわせて、その技術移転との関連も考慮する。

第四に従来の台湾史研究では、台湾と大陸・対岸という視点で研究が行われることが多かった。しかし、大陸・対岸で総称される地域の地域間の差違は大きいため、本章ではジャンク貿易を考慮に入れつつ台湾と廈門・閩南との関係に焦点をあてていきたい。(9)

しかし、廈門の交易構造の転換を検討する前提として、開港後から一八七〇年代に至る時期の廈門の交易構造を検証する必要がある。開港直後の廈門とその周辺の交易構造についてみると、先述の廈門小刀会の乱の際に、小刀会勢力が船舶と貿易先別の課税を規定しており、それを整理すると以下の航路が考えられる。(10)

廈門↕台湾（鹿港・淡水・五条・東石）・澎湖
廈門↕閩南諸港（何厝・雲霄・漳浦・詔安）
廈門周辺諸港（龍渓・同安・海澄・馬巷・晋江・南安・恵安）↓台湾↓廈門
廈門↓福州↓閩安・寧徳↓廈門
廈門↕華北・東北（天津・錦州・蓋州・山東・膠州）

廈門↕江浙（沙埕・温州・台州・寧波・玉環・三盤・乍浦・上海）
廈門↓台湾↓華北・東北（天津・山東・錦州・蓋州・膠州）↓廈門
廈門↕広州・樟林・山頭仔（汕頭？）
廈門↕諸外国（シンガポール）

ここからは、廈門と閩南、台湾、中国沿岸、東南アジアとの関係が重要であることがわかる。先述のように、その後一九世紀中葉以降になると開港場に貿易が集中したため、小規模な港との貿易が相対的に減少し、香港を除く華南諸港との関係も希薄化してきている。濱下武志は、廈門の交易区域を、(1)廈門及び泉州・漳州の二府とその他内地との交易、(2)廈門と東北・華北各港との交易、(3)廈門と台湾との交易、(4)廈門と東南アジアとの交易の四方向から成るとしている。[11] そして洋郊・北郊・疋頭郊・茶郊・泉郊・紙郊・薬郊・宛郊・福郊・笨郊から成る十途郊といわれる中国人商人団体もそれに対応していたとする。[12] これは一八六〇年代以降については妥当であろう。

以上の交易区域を念頭に置き、第一節では主として一八六〇年代〜一八七〇年代末の廈門の交易構造について各地域間との関係を中心に検証し、第二節では主として一八八〇年代以降の廈門の主要な商品の輸移出の変動、第三節では日本領有以降の台湾と廈門・閩南の関係を取り上げ、第四節ではかかる変動を経た廈門の交易構造についてみていきたい。

一　開港後における廈門の交易構造

（1）廈門の貿易の発展と後背地

一八四三年に開港した直後の廈門は、開港場を離れて行われるアヘン貿易だけでなく、密貿易も盛んであった。

輸出品は雑貨が中心となり、輸入に見合う輸出品が不足していた。その原因としては、商品の不足ではなく、廈門における個々の取引の規模が影響している可能性がある。一八四四年一二月一四日、駐廈門イギリス領事オールコックは、砂糖の貿易について、以下のように述べている。

廈門はある意味、北京や北方の諸省で消費されるために上海・寧波へ船積みされる砂糖の倉庫であると思われている。これらの砂糖は台湾島とここ（廈門）から三五マイル離れた漳州府から廈門に持ち込まれる。しかし、廈門の商人はいかなる大規模な倉庫も保持していない。それゆえ、船積みするための十分な量の砂糖を入手することは非常に困難であることがわかった。砂糖を取引する商人で五〇～一五〇ピクル以上を用意することができる者はいないと思われる。あるイギリス人商人は私に彼が四〇〇ピクルを集めるのに一四日を要したと述べた。もし、［砂糖］四〇〇〇ピクル以上が必要で、船舶に積み込む砂糖を［それだけの量］そろえるためには、平均で数ヶ月を要するだろう[13]。

すなわち、従来の小口取引では外国人商人が必要とする大規模な取引に適応していなかったことがわかる。また、一八五一年にもイギリス領事サリヴァンは茶貿易の発展を期待しつつ、信頼できる中国人商店がないことが、貿易の障害であるとみなしている[14]。

これは茶の取引の場合も同様であり、一八五七年四月にエレス商会が安渓で二ヶ月半で一万箱の茶を買い付ける契約を行った。その後、買い付け期間を延期したにもかかわらず、二ヶ月間で引き渡されたのは一〇〇〇箱に過ぎず、七月にさらに一〇〇〇箱が引き渡されただけであった[15]。エレス商会は翌年にも安渓烏龍茶の購買で紛争を引き起こしており[16]、廈門の商人に安定した茶の買付を依頼することが困難であることがうかがえる。

つまり、開港当初の廈門においては、内地から安定的に大量の商品を供給する中国人商人ないし仲介者が欠如していた。これが当初の貿易の不振の原因であろう[17]。廈門においては先述のように、アヘン戦争前から牙行が没落しており、開港前からそうした仲介者が欠如していた可能性があるし、開港後にイギリス領事の圧力で仲介者が徴税請負から排除されたことも影響しているかもしれない[18]。

もちろん、現地に仲介者がいない場合には、外国人商人の代理人（買辦）の広東人などが内地で輸出用の商品買付を行う内地購買制度（up-country purchase system）が有効であるが、この方式もトラブルに巻き込まれた。例えば一八五五年九月にテート商会の依頼を受けて内地において広東人らが買い付けた茶が、途中の村落で阻止されて金銭の支払いを要求され、一部を強奪される事件が発生した[19]。さらに同様に一八五七年五月にも、テート商会の茶の買付金が漳州府で強奪される事件が起こっている[20]。

こうした輸出貿易の不振も一因となって、第Ⅱ部で示したように苦力貿易の発達、海賊の蔓延、廈門小刀会の乱など、貿易の安定にはほど遠い状況が続いた。しかし、一八五〇年代の前半において苦力貿易は低調になり、一八五〇年代後半には、海賊の鎮圧も進展して貿易は増大していく。これによって安定的に商品を供給する回路が成立してきたとみてよい。咸豊三年（一八五三）までは最大で年間三万両程度であった廈門の夷税徴収額が、一八五六年一〇月二四日～一八五七年一〇月一二日には七万両を超えているのもそれを示している[21]。

アロー戦争によって天津条約・北京協約が締結されると、外国人税務司制度が各開港場に導入されることになり、一八六一年より廈門にも導入された。その後の廈門の貿易はどのように展開したのだろうか。

一八六七年以降の海関統計をもとに修正を加え、廈門の貿易額をみると図7-1のようになる[22]。全体的に輸移出額は停滞ないし減少し、輸移入額は特に一八九〇年代以降増加している。当該期は一貫して入超であり、一八七〇年代末から入超額が増加する傾向にある。輸移出品は、茶・砂糖が主で、これに紙・煙草・鉄器、薬剤・土布が加わる。一八七〇年代の輸移出額の増大に貢献しているのは砂糖と茶である。主要な輸入品はアヘン・綿製品であり、廈門後背地の作柄次第で米が大量に輸入される年もある。移入品は大豆・大豆粕・綿花・穀物である。入超額の増大は、これら輸移出品の輸出停滞と輸移入品の輸入増大が同時に発生したことが原因であった。

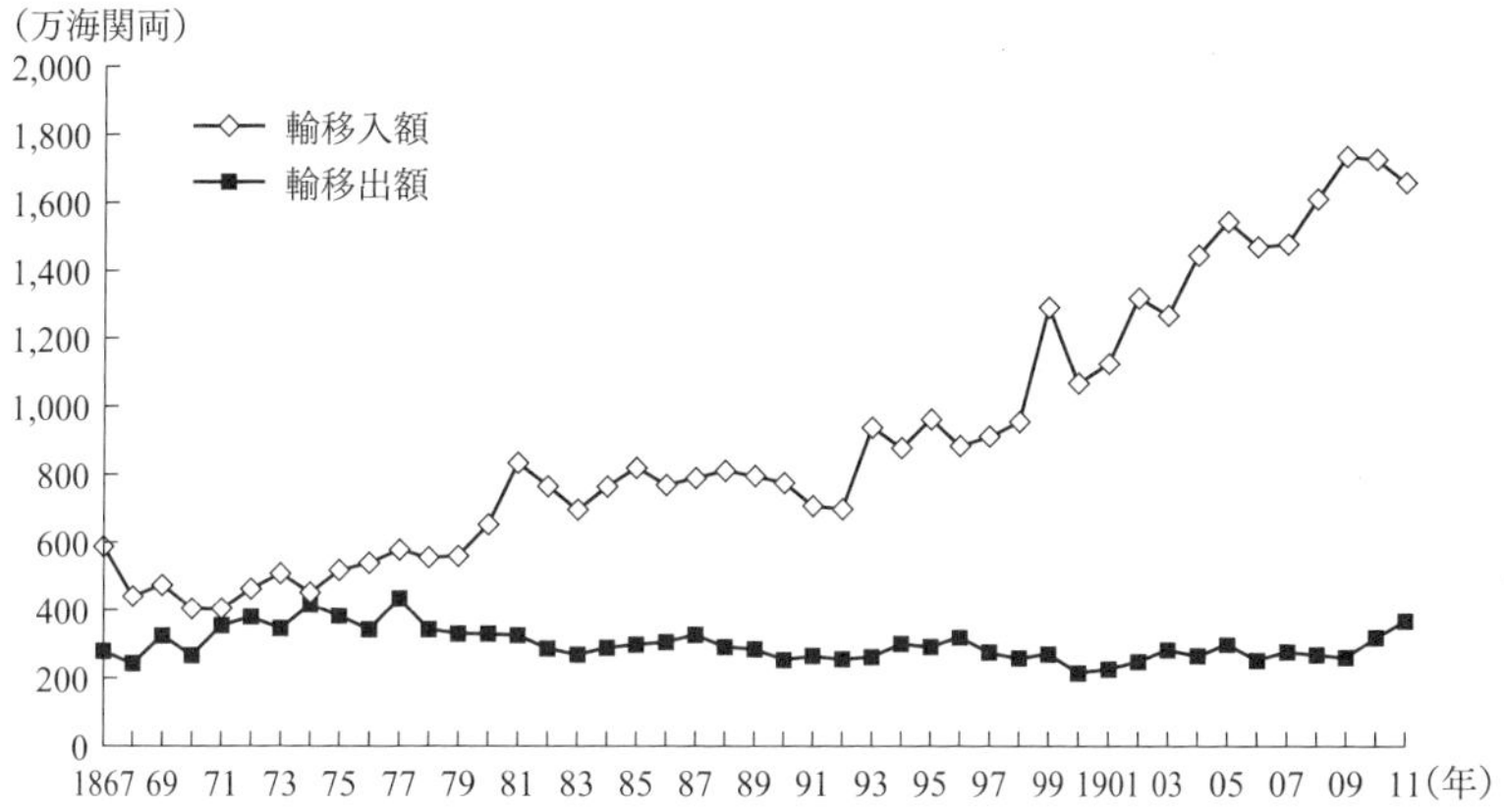

図 7-1　廈門の貿易額推移

出典）各年度廈門海関報告。

本章では廈門を経由する輸移入品の市場と輸移出品の産地を廈門の後背地と呼ぶ。この定義からすると、一九世紀後半において、閩南全体が廈門の後背地であったわけではない。当時、廈門は北は福州、南は汕頭という開港場と競合していた[23]。そのうえ、太平天国軍の福建北西部侵入や漳州占領を契機として、福建省の釐金[24]が広東省と比べて高く設定されていたため、漳州府においては、広東省の汕頭と競合する際に廈門は不利であった[25]。

この問題を解決できた可能性のあったのが通過貿易（Transit Trade）である。通過貿易は外国商人がアヘン以外の外国商品を国外から持ち込む場合と中国国産品を内地から持ち出す場合に、海関で関税の半額、免税品は従価二・五％という代替税（子口半税）を支払えば、その納税証明書の呈示によって全ての内地関税を免除するという制度の下で行われた内地貿易である。

だが、この通過貿易は釐金収入の減少をもたらすため、開始当初から清朝地方官側の執拗な妨害に直面して発展していない[26]。通過貿易が本格的に開始されたのは一八七四年七月三一日であるが[27]、清朝地方官僚はすぐに通過貿易を利用する中国人商人に圧力をかけ、通過貿易に対する妨害を行っている[28]。イギリス人商人が通過貿易のために中国人商人に名義貸しをする問題もあり、清朝地方官側の妨害はその後も続き[29]、通過貿易額は増加したものの、順調

表 7-1　廈門における通過貿易（1880 年）

（単位：ピクル）

			紅糖	%	氷糖	%	白糖	%	鉄製品	%
漳州府	漳州		6,856	25.6	10,131	63.2	2,810	43	2,047	38.5
	龍渓県	龍渓県					1,364	21		
		東尾	4,698	17.5	5,291	33.0				
		江東橋	1,209	4.5						
	南靖県	浦南	2,330	8.7	253	1.6				
	海澄県	新圩			275	1.7				
		白水営	600	2.2						
漳州府合計			15,693	58.5	15,950	99.5	4,174	64	2,047	38.5
泉州府	泉州								655	12.3
	晋江県	晋江県							1,805	34.0
		安海	8,200	30.6						
	同安県	同安	2,912	10.9	76	0.5	2,353		240	4.5
		鼎尾							564	10.6
泉州府合計			11,112	41.5	76	0.5	2,353		3,264	61.5
総計			26,805		16,026		6,527		5,311	

出典）1880 年度廈門海関報告。

に発達しなかった。[30]さらに泉州府には、香港から輸入された商品が通過貿易によって福州経由で流入した。[31]そのため、廈門の後背地は漳州府・泉州府・龍巌州を中心とする一帯に限られ、非常に狭小で、可変的であった。

廈門と後背地のあいだの商品流通ルートとしては、廈門と泉州・同安・浦南・漳州・白水営を結ぶ五つのルートがあった。このうち、泉州ルートは北東の恵安・興化府・福州、西北の永春州、北西の南安県に通じ、同安ルートは安渓経由で、徳化、永春州、福州へ、浦南ルートは九龍江上流の漳平・龍巌・寧洋へ、漳州ルートは西渓上流の南靖を経由して龍巌州・漳浦へと通じていた[32]（地図3）。

これらのルートを通じた商品流通の傾向は、先述のように限界があるとはいえ、通過貿易からうかがうことができる。一八八〇年の通過貿易を利用した主要な輸移出品の地域別割合について示したのが表7-1である。漳州府、とりわけ漳州及びその近郊の重要性とともに、泉州府では、泉州よりも安海・同安の量が多いことが注目される。

また、アヘンを除く輸入品総額の中で最大の、厚手綿布のグレーシャーティング（grey shirtings）の輸入数を、一八七九〜一八八一年について地域別に表したのが表7-2である。ここでも漳州が突出していることと、泉州府城よりも同安の量が多いことが目を引く。

海関報告から一八七六〜一八八〇年の通過貿易をみても、綿布の輸入と砂糖の移出という構造であり、双方において漳州府が圧倒的な地位を占めていた[33]。

表7-2　廈門における通過貿易（グレーシャーティング輸入数）

			1879年	%	1880年	%	1881年	%
漳州府	漳州		18,800	75.1	16,811	79.1	15,060	80.6
	南靖県	南靖	560	2.2				
		浦南	1,160	4.6	250	1.2	250	1.3
	海澄県	南渓	150	0.6				
漳州府合計			20,670	82.6	17,061	80.2	15,310	82.0
泉州府	泉州		1,100	4.4	1,250	5.9	750	4.0
	晋江県						50	0.3
		安海			100	0.5		
	同安県	同安	3,200	12.8	2,700	12.7	2,420	13.0
		灌口			150	0.7	150	0.8
		鼎尾	50	0.2				
泉州府合計			4,350	17.4	4,200	19.8	3,370	18.0
総計			25,020		21,261		18,680	

出典）1879，1880，1881年度廈門海関報告。

このほか、通過貿易でとらえられない茶とアヘンをみると、アヘンの場合、一八八〇年に廈門が輸入した四〇八〇箱のうち、八四〇箱を廈門で消費するほか、五四〇箱は泉州ルートで泉州、興化府仙游県へ、三〇〇箱は同安ルートで同安・安渓へ、二四〇〇箱は浦南・漳州ルートで石碼・浦南・漳州及び龍巌州へ送られた。茶は一八八〇年のシーズンに廈門に到着する二一万半箱のうち、安渓から同安ルートで二万五〇〇〇半箱、長泰県から浦南ルートで四万四〇〇〇箱、その他の大部分は龍巌州から北渓経由で廈門に移出された[34]。

以上からうかがえるように、廈門の後背地の中心は閩南最大の平野である漳州盆地を抱える漳州府であり、泉州府の廈門への依存度は低かった。これは、泉州府では、後述するように泉州湾などにおいて台湾とのジャンク貿易が活発に行われていたことが背景にあるだろう。泉州は台湾に土布・煙草・陶磁器を移出し、台湾から米と油粕を移入していた。さらに泉州は寧波から綿花、広州から少数のアヘンを輸入していた。[35]

このように、廈門の後背地は非常に狭小ではあった。しかし、前掲図7-1にみられるように、漳州府を中心とした廈門の後背地は、一八七〇年代には廈門の輸移出入が均衡に近づくほどの輸移出商品を産出していた。

(2) 廈門と台湾

廈門と台湾の関係は清代中期以降、密接であったが、それは一八六〇年代以降も変わらない。廈門は台湾が必要とする商品を供給し、廈門の再輸出貿易は台湾との貿易で成り立っていた。一八八〇年に廈門には三つの外国商社のほか、四二の中国人商店が台湾との貿易に従事し、台湾にアヘン・反物・土布・煙草を輸移出し、茶・砂糖・麻などを移入していた。[36]

このうち、表7-3が示すように、廈門からの輸移出の多くは綿製品やアヘンをはじめとする外国製品の再輸出であり、その割合は非常に高い。

これ以上に重要であったのが台湾から廈門への商品移出であり、中でも台湾烏龍茶の比重は大きかった。台湾北部における茶の栽培は、福建北東部の武夷茶の導入によって嘉慶年間（一七九六～一八二〇年）には始まっていたともいわれるが、本格的な茶の栽培は一八六五年に台湾に来たイギリス人商人のドッド（J. Dodd）によって外国資本が導入されたことから始まった。台湾茶貿易は一八七〇年代に急速に拡大し、その結果、台湾北部の開発が進んで経済の中心は南部から北部に移った。この台湾茶の急速な拡大の背景には、廈門の香港上海銀行廈門支店と台北・廈門・汕頭・香港・福州の銭荘の投資があり、資金は香港上海銀行からは廈門の外国商社と台湾の茶商を仲介してきた媽振館に、銭荘からは媽振館に供給されていた。この媽振館の経営者は広東人・廈門人・汕頭人であった。さらには、茶工や茶の栽培者としての安渓人・同安人なども台湾茶の発展に寄与した。[37]

表 7-3　台湾への再輸出額

商品名		1870 年 廈門輸入量（額）	1870 年 台湾への再輸出量（額）	1870 年 台湾への再輸出の割合（%）	1873 年 廈門輸入量（額）	1873 年 台湾への再輸出量（額）	1873 年 台湾への再輸出の割合（%）
綿布類(枚)	シャーティング未漂白	74,988	33,951	45.2	42,463	18,201	42.8
	シャーティング漂白	16,470	3,250	19.7	20,532	3,900	18.9
	シャーティング染色	4,726	150	3.1	1,039	100	9.6
綿布類合計（ドル）		171,016	42,211	24. 6			
毛織物合計（枚）		7,440	1,498	20.1			
アヘン（ピクル）	ベナレス	2,943	1,300	44.1	2,200	910	41.4
	パトナ	1,442	138	9.5	2,137	238	11.1
	ペルシア	603	404	66.9	591	354	59.9
	トルコ	5	5	100			
	合計	4,994	1,847	36.9	4,977	1,504	30.2
総額（ドル）		6,304,886	1,242,946	19.7	5,045,779	923,584	18.3

注）金額については少数点以下は四捨五入しているため，合計額は必ずしも一致しない。
出典）1870，1873 年度廈門海関報告。

このように台湾茶業が廈門・閩南と密接に関係していたことや、茶の産地に近い台湾北部の淡水・鶏籠などの港は水深が浅くて大型船が入港できず、直輸出に不適であったこともあり(38)、台湾烏龍茶のほとんどが廈門からアメリカに再輸出された(39)。

また、茶とならんで台湾の重要な産品である砂糖は、オランダ統治時代に閩南からの移民によって栽培が始まり、鄭氏時代にも移民増大と海外市場拡大によって生産は増大した(40)。清朝統治下においては中国本土への移出が始まり、貿易の発展にともなって商人団体である郊行が出現した。この郊行商人は廈門に本店を置き、資本を台湾に持ち込んで店を構え、華北・江南へ移出して得た利益を本店に送還していた(41)。開港後も砂糖は台湾南部の主要産物であり、中国国内市場のほかに外国市場、特に日本への輸出が増大した。その中で、郊行商人に加えて外国人商人も進出し、香港上海銀行を媒介として台湾―日本間の砂糖貿易が第三の地である廈門・

1874年		1875年		1876年	
出港地	目的地	出港地	目的地	出港地	目的地
1	2	1	7	0	1
0	0	0	1	0	0
8	8	7	5	6	13
0	0	105	108	114	106
100	138	0	0	0	0
11	0	0	0	1	0
0	0	0	0	0	0
0	1	0	0	0	0
0	0	0	0	0	0
166	149	154	130	163	157
11	26	11	13	11	16
234	215	259	214	195	193
0	0	0	0	0	0
0	0	0	0	0	0
0	0	0	0	0	0
0	15	0	12	0	1
0	1	0	0	0	2
1	0	3	1	0	0
0	0	0	0	0	0
8	5	6	5	11	8
1	0	0	0	0	0
541	560	546	496	501	497

香港で決済されるという三角決済関係が成立し、資金前貸制が拡大した(42)。したがって、砂糖の廈門への移出はなかったが、廈門商人と廈門は台湾の砂糖生産の発展に重要な役割を果たしていた。

このような廈門を通じた商品輸移出の結果、貿易面では台湾北部が廈門と密接な関係をもち、海関統計によれば開港後から植民地化前までの台湾南部の輸移出先が日本三六％、天津一七％、煙台一二％、廈門二％であったのに対して、台湾北部の輸移出先は廈門が九一％、香港が七％であった。また外国製品の輸移入先は南北ともに香港が多く、中国製品の輸移入は北部が上海三五％、香港二六％、廈門二〇％、南部は香港四四％、廈門二八％であった(43)。

海関統計に掲載されないジャンク貿易も盛んであった。淡水海関報告によれば、淡水には廈門とその周辺の港を扱う廈郊、寧波・乍浦・上海を扱う小北、山東沿岸・天津・錦州府を扱う大北の三つの郊の船隊があったという(44)。

ジャンク貿易の規模を出入口数からみると、台湾北部の淡水は表7-4にみられるように福州・泉州を最大の貿易相手とし、寧波・鎮海と廈門がこれに次ぎ、台湾の中・南部諸港との関係も密接である。福建沿岸部を中心に浙江沿岸部、さらには華北沿海とも交易を行っていたことがわかる。また表7-5にみられるように鶏籠も泉州・福州を最大とし、恵安・興化・金門などと密接な関係にあった。交易の範囲は浙江から広東沿岸に及び、淡水よりも交易相手が近距離に集中

表 7-4　淡水港におけるジャンク出入港

		1869年		1870年		1871年		1872年		1873年	
		出港地	目的地	出港地	目的地	出港地	目的地	出港地	目的地	出港地	目的地
華北	天津	6	5	8	8	12	12	14	20	0	1
	山東	0	0	0	0	0	0	0	0	0	0
華中	上海	0	0	0	0	0	0	0	0	1	3
	寧波	32	46	32	52	32	46	64	24	0	0
	鎮海		32		33		37		38	40	100
	温州	0	0	0	0	0	0	0	0	0	0
福建北部	沙埕	16	10	32	18	11	12	26	18	0	0
	三沙		24		13		17		20	0	0
	福寧	0	0	0	0	0	0	0	0	2	8
	福州	387	316	290	178	132	216	134	188	152	124
福建南部	厦門	12	68	58	76	46	113	46	36	7	11
	泉州	107		144		146		128		258	199
台湾	打狗		126		186		146		134	0	0
	鹿港	108		28		134		90		0	0
	竹塹		0		0		0		0	0	0
	鶏籠	0	0	0	0	0	0	0	0	20	49
	台湾	0	0	0	0	0	0	0	0	2	1
華南	汕頭	0	0	0	0	0	0	0	0	0	0
	広州	5	6	14	7	15	14	12	18	0	0
	香港	0	0	0	0	0	0	0	0	4	4
他		0	0	0	0	0	0	0	0	0	0
合計		673	633	606	571	528	613	514	496	486	500

出典）1871-72，1873，1874，1875，1876年度淡水海関報告。

するという特徴がある。どちらも厦門よりも泉州・金門などとの交易が盛んであったのは厦門の常関における課税を回避したことも原因であった[45]。

このジャンク貿易は一八八二～一八九一年の海関十年報告でも淡水に毎年四〇〇隻のジャンクが入港していると見積もられており[46]、一八八〇年代も活発に行われていた。このほか、開港後には淡水・鶏籠・安平・打狗という開港場の役割が大きくなっていたとはいえ、それ以外の台湾の中小港の対岸への直接貿易は活発であり[47]、これもジャンク貿易によって行われていた。

ジャンク貿易において重要な位置を占めていたのが米貿易である。清代中期以降存在する台湾から厦門への米移出は、アヘン戦争後に東南アジアなどの外国米の輸入によって打撃を受けた[48]。そして、これによって台湾米の移出先は多様化し

表 7-5　鶏籠港におけるジャンク出入港

1871 年		1872 年		1873 年		1874 年		1875 年		1876 年	
出港地	目的地	出港地	目的地	出港地	目的地	出港地	目的地	出港地	目的地	出港地	目的地
0	0	0	0	4	5	2	0	0	2	0	0
0	0	0	0	3	0	0	0	0	0	0	0
15	0	8	0	0	11	5	7	2	4	1	5
	0		0	3	5	0	6	0	0	0	0
0	0	0	0	8	6	0	0	0	0	0	0
0	0	0	0	1	0	0	0	0	0	0	0
0	0	0	0	10	0	21	2	0	0	0	3
0	0	0	0	5	3	0	0	0	0	0	0
0	0	0	0	4	0	0	0	0	0	0	0
0	0	0	0	0	0	0	0	0	1	0	1
18	254	9	232	118	180	137	236	216	323	103	172
32	32	27	47	43	18	42	41	82	84	41	15
				0	0	0	0	0	0	0	0
0	0	0	0	0	0	4	2	0	4	15	12
0	0	0	0	70	10	12	24	0	81	1	52
0	0	0	0	32	4	0	7	1	6	5	4
331	0	332	0	0	0	61	0	177	0	90	1
	0		0	95	190	144	118	127	181	90	66
58	0	42	0	0	0	0	3	0	0	0	0
33	0	19	0	35	22	19	1	18	2	7	0
	0		0	6	1	25	1	17	0	6	0
	0		0	0	0	0	0	0	0	0	0
9	0	13	0	0	0	0	0	0	0	0	0
	0		0	0	0	0	0	0	0	0	0
	0		0	0	0	1	0	5	0	4	0
13	0	10	0	0	0	0	0	0	0	0	0
0	0	0	0	49	20	7	1	40	0	1	0
0	0	0	0	0	0	1	0	0	1	0	4
0	0	0	0	0	0	1	0	0	0	0	0
0	0	0	0	11	4	0	0	0	0	0	0
0	0	0	0	1	3	0	0	0	0	1	0
0	0	0	0	0	0	1	1	7	1	0	0
0	0	0	0	8	6	0	0	0	0	0	0
0	0	0	0	0	3	0	0	0	0	0	0
43	0	40	0	8	0	0	0	1	0	0	0
0	0	0	0	0	0	1	0	0	0	0	0
0	267	0	268	0	0	15	0	0	0	0	0
552	553	500	547	514	491	499	450	693	690	365	335

報告。

た。[49] さらに茶や樟脳の開発によって人口が急増した台湾北部において米貿易は衰退し、海関統計上、一八六九年には九万七九五六ピクルであった廈門の台湾からの米移入量は、一八七〇年には二万五八一一ピクル、一八七二年には一万五三〇三ピクルに減少し、その後はほとんどなくなり[50]、一八八〇年代には北部は米を移入するようになった。[51]

しかし、台湾中南部では北部とは食糧事情が異なっていた。一八八〇年代にも台湾南部の打狗や安平からは海関統計では把握できないジャンク貿易により、泉州などへ大規模に米が輸出されていた。[52] これは日本の台湾領有後も続き、一八九〇年代末になっても、台湾中部からは大量の米が泉州・福州に輸出され[53]、台湾南部からも、廈門・汕頭・南澳・泉州・福州に輸出されていた。[54] このジャンク貿易による米の移出量は、日本統治時代の統計から、砂糖に匹敵する額を占めていたと推計されている。[55] さらに大量の綿製品がジャンク貿易によって台湾に移入されていた。したがって台湾の南北のジャンク貿易においても廈門・閩南と深い関係にあった。

		1869年		1870年	
		出港地	目的地	出港地	目的地
華中	上海	0	0	0	0
	杭州	0	0	0	0
	寧波	10	0	21	0
	鎮海		0		0
	定海	0	0	0	0
	太平	0	0	0	0
	温州	0	0	0	0
	平陽	0	0	0	0
福建北部	三沙	0	0	0	0
	福寧	0	0	0	0
	福州	16	107	7	154
	興化	12	12	31	33
	莆田				
	海壇	0	0	0	0
福建南部	金門	0	0	0	0
	廈門	0	0	0	0
	恵安	107	0	154	0
	泉州		0		0
	晋江	47	0	32	0
	漳州		0		0
	同安	62	0	33	0
	馬巷		0		0
	海澄		0		0
	漳浦	18	0	10	0
	詔安		0		0
台湾	台湾諸港	12	0	20	0
	淡水	0	0	0	0
	台湾	0	0	0	0
	鹿港	0	0	0	0
広東	南澳	0	0	0	0
	潮州	0	0	0	0
	汕頭	0	0	0	0
	饒平	0	0	0	0
	鞍頭	0	0	0	0
	広州	36	0	53	0
	香港	0	0	0	0
諸　港		0	194	0	207
合　計		320	313	361	394

出典）1871-72，1873，1874，1875，1876 年度淡水海関

表 7-6　中国製品輸移出入額

（単位：1,000 海関両）

移出先	営口	天津	芝罘	漢口	九江	鎮江	上海	寧波	福州	淡水	打狗	廈門	汕頭	広州
営口	／		8	—			146	0.3	41			150	72	143
天津	—	／	5	—		141	1,947		85	2	2	249	465	1,110
芝罘	50	7	／	—			188	0.4	34	0.6	268	164	587	193
漢口	—	8	—	／	3,173	142	2,979	76						1,055
九江	—	—	—	0.7	／	3	107	24						
鎮江	—	1	—	1,305	78	／	3	0.2						
上海	290	1,138	878	12,141	5,844	715	／	4,465	742	34	71	380	2,945	735
寧波	—	37	1	173			37	／		0. 5		19		304
福州	20	75	20	—			316		／	6		52	23	
淡水	—	—	—	—			17	6		／		16	0.2	
打狗	—	—	—	—			0.8	6	0.8	0.5	／	16		
廈門	407	14	318	—			484	54	187	699	26	／	13	
汕頭	895	71	652	—			1,385	9	9	3		0.3	／	
広州	190	216	42	—		26	2,006	73						／
香港	797	118	205	—			618	265	31	25		14		
合計	2,648	1,687	2,130	13,620	9,094	1,029	10,236	4,987	1,131	771	385	1,061	4,106	3,540

注）1,000 海関両に満たない場合を除き，少数点以下は四捨五入しているため，合計額は必ずしも一致しない。
出典）1875 年度営口海関報告。

以上から、一九世紀後半には廈門を中心とし、泉州がそれを補完する形で、閩南後背地と台湾から構成される地域的経済圏が成立していたといえる(56)。

(3) 廈門と中国沿海

一九世紀後半における中国製品の移出入であるが、表7-6の一八七五年のデータが示すように、上海の分配機能が大きい(57)。一方で、長江沿いの開港場は沿海部との開港場との関係が希薄で、華北の開港場は上海とともに華南の開港場との関係が強い。ただし、海関統計に表れないジャンク貿易が近隣の開港場を結んでいたことに注意が必要である。

廈門と中国沿岸との関係についてみると、中国製品の移出先は図7-2のようになる。華中（その大半は上海）とともに、二〇世紀に入るまでは華北・東北諸港との結びつきが強いことがわかる。また、台湾については、日本の植民地統治開始後に急速に伸びていることから、それ以前は泉州とのジャンク貿易が補完していたと考えられる。

このうち、廈門と東北・華北との関係をみると、すで

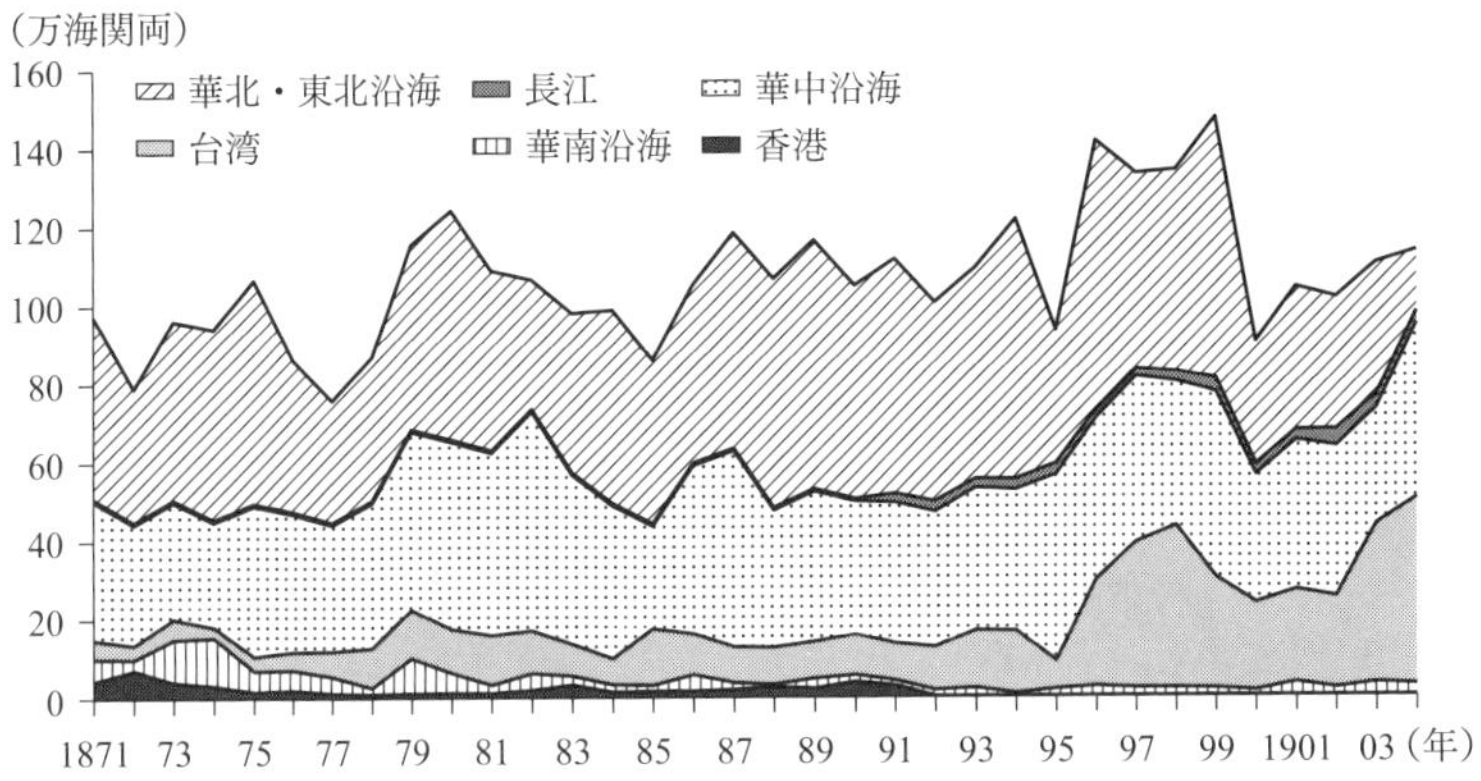

図7-2　廈門の中国製品輸移出先

注）華北・東北沿海には牛荘，天津，芝罘が，長江には鎮江，蕪湖，九江，漢口，沙市が，華中沿海には上海，杭州，寧波，温州が，華南沿海には三都澳，福州，汕頭，杭州が含まれる。1892年以降は香港のデータはない。1895年以降は台湾への輸出を含む。なお1871〜1872年は1両を1.05海関両，1873〜1874年は1上海両を1.114海関両として計算した。図7-12，7-15，7-16も同様の換算を行った。

出典）各年度廈門海関報告。

に雍正年間には福建船により天津に砂糖が運ばれ、天津から福建に大豆が移入されていた[58]。開港後になると、西洋船の利用によって廈門と東北・華北との関係は強化され、廈門から東北・華北に砂糖が移出され、大豆・大豆粕が移入された[59]。そして図7-3にみられるように、一八八〇年代にかけて大豆・大豆粕と砂糖の貿易量は増大していたが、これは砂糖生産の拡大による需要増大と、大豆生産の増大による価格低下も一因であった[60]。

また、福建と華中沿岸とは、清代以来、廈門から江南へ砂糖を移出し、綿花を移入するという貿易が行われていた。ただし、一八七〇年代以降は、綿花の輸移入量の総量は伸び悩んでおり、綿糸の輸入が増大傾向にあったから、綿花貿易の比重は低下していた。一方で、図7-3にあるように、砂糖の移出量は一八六〇〜一八七〇年代に増大しているが、これはこの時点では価格的に東南アジア糖に十分対抗できたからである[61]。なお、海関統計に表れないジャンク貿易も注意が必要である。例えば、福建・廈門に比較的近い寧波では、一八七〇年代後半に砂糖と綿花の貿易ではジャンク貿易の役割が高かった[62]。したがって、海関統計が示しているよりも、浙江沿岸と

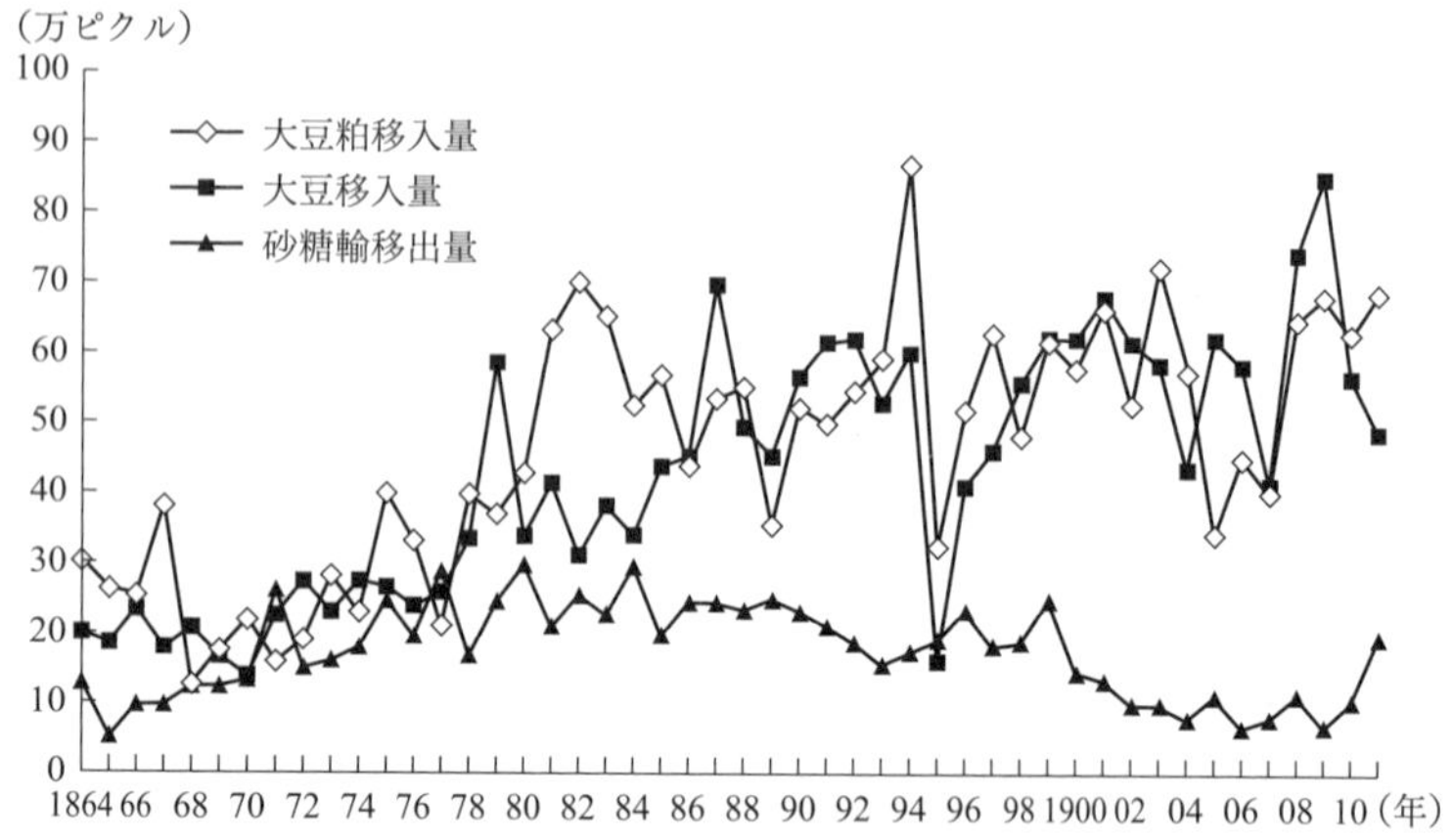

図 7-3　砂糖輸移出量と大豆・大豆粕移入量

出典）各年度廈門海関報告。

の関係は深かったと考えられる。

（4）廈門と対外貿易

対外貿易では、例えば一八八一年の場合、再輸出を除いた中国製品の輸出の約五〇％が海峡植民地、ジャワ、フィリピンなどの東南アジア向け、約三五％がアメリカ向けであり、外国製品の輸入の約八九％は香港からであった[63]。輸出では廈門・台湾烏龍茶の市場であるアメリカの比重が大きい。輸入では、香港の役割が大きいが、香港は対イギリス交易の仲介とともに、アヘン・綿花・綿糸を中心とする対インド貿易を仲介していた。

対東南アジア貿易はシャムとコーチシナを除けば例外的に大幅な出超であった。廈門と東南アジアの国・地域別の貿易内容を示すと次のようになる。

(1) 廈門からイギリスの海峡植民地には茶・陶磁器・鉄鍋・金銀紙を輸出し、錫・綿花・籐・錫箔を輸入する。

(2) 廈門からオランダ領東インドのマカッサル・バタヴィア・スマラン・スラバヤへは、茶・陶磁器・紙を輸出し、ツバメの巣・牛骨・油粕・牛皮・籐を輸入する。

(3) 廈門からフィリピンへは陶磁器と紙を輸出し、堅果油と牛骨などを輸入する。

(4) 廈門からシャム、コーチシナへは茶・陶磁器・煉瓦・タイルを輸出し、米・塩漬け魚・干し魚・車海老などを輸入する。(64)

輸出品は粗製の陶磁器をはじめとして、紙・鉄鍋・タイル・煉瓦など、東南アジアに居住する華人向けである。また、茶の輸出は台湾茶ではなく廈門茶を中心としていた。(65)

輸入品はほとんどが東南アジアの特産物である。海峡植民地の錫は、多くの福建人がその採掘に従事し、錫を送金にも用いていた。(66) ジャワの油粕は東北・華北産大豆粕とともに肥料として用いられ、(67) ツバメの巣はジャワなどの特産である。

したがって、香港という要素を除けば、明末清初以来の廈門の交易構造に変化はなく、また輸入品についても明清期もしくはそれ以前からの対東南アジア貿易における輸入品と大差がなかった。(68) しかし、東シナ海と南シナ海の中継地としての廈門の地位は、一八世紀後半以降の広州、一九世紀中葉以降の香港における貿易の発展により低下していた。

以上から一九世紀後半に廈門を中心とし、閩南後背地と台湾から構成されていた地域的経済圏は、廈門が東シナ海と南シナ海の中継港としての役割を失って以降も中国沿岸部及び東南アジアとの関係を維持していたといえる。

以上の概況を念頭において、まず、茶・砂糖をはじめとする廈門の主要な輸移出商品について検討を進めていきたい。

二　廈門の商品輸移出変動

（1）茶の生産と輸出の変動

① 台湾茶の成長と廈門茶の衰退

中国茶の輸出は開港後順調に増加し続けた。しかし、一八八〇年代になると、中国茶は大規模なプランテーション方式によるインド・セイロンの紅茶に最大の市場であるイギリス市場を、日本の緑茶にアメリカ市場を奪われ、ロシア市場だけが一九一七年まで残された(69)。

図 7-4　福建省泉州市安渓県西坪鎮産鉄漢音

安渓県西坪鎮は最高級烏龍茶である鉄観音の産地である。写真は西坪鎮 2000 春季茶王賽に出品された茶葉（2000 年 5 月筆者撮影）。

閩南の場合、泉州府安渓県を除き、紅茶の主生産地であった閩北ほど気候が茶の栽培に適さなかった(70)。先述のように開港後、大手商人の不在から茶の大量調達は困難であり、一八五五年の統計では輸出量は一万二一七二ピクル、輸出額は八万一三三五ドルとされており(71)、この段階での輸出量は限定されていた。しかし、その後は閩南各地における生産は拡大し、一八六〇年代に茶は廈門の重要な輸出品となった（図7-4）。

廈門茶の中心は、主に烏龍茶と紅茶の一種である工夫茶であり、烏龍茶はアメリカ、工夫茶はイギリスに輸出された。一八八〇年頃には、廈門茶の七割が漳州府北部

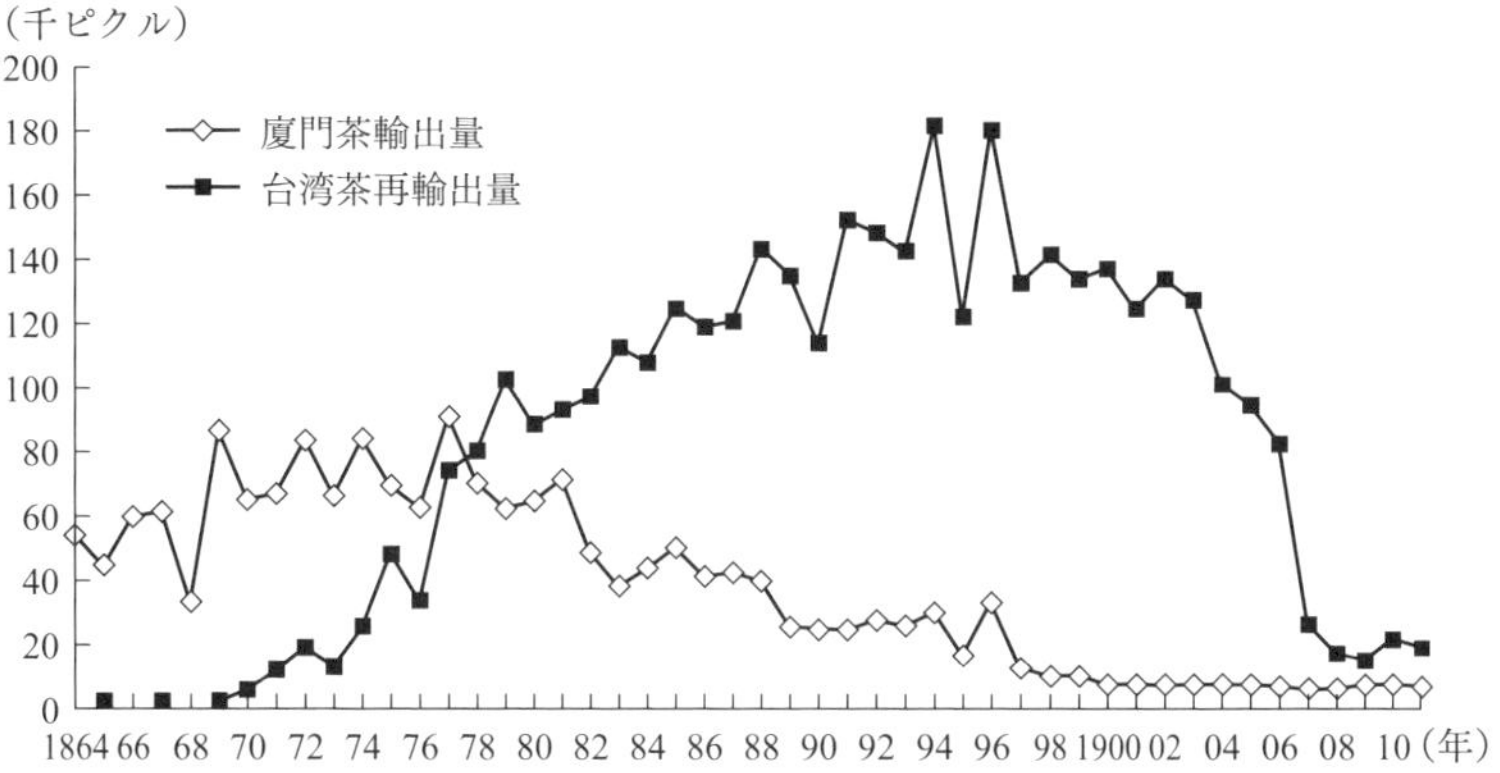

図7-5　廈門の廈門・台湾茶輸出量

出典）各年度廈門海関報告。

と龍巌州、一割が安渓県、二割が漳州府長泰県で生産されていた[72]。そのうち、アメリカ向け烏龍茶が廈門茶輸出量の半分近くを占め、その増減が廈門茶輸出量を左右している。しかし、一八七〇年代になると廈門茶の輸出は停滞し始め、一八八〇年代には減少が始まり、一九〇〇年代にほぼ壊滅する。一方で、台湾茶の再輸出量は一八七八年には廈門茶を上回り、一八九〇年代半ばまで増加し続けている(図7-5)。

廈門茶衰退の背景には、日本茶の台頭以上に、台湾茶の急速な成長があった[73]。前述したように、台湾の烏龍茶は開港後、福建人によって技術移転が行われて発展し、廈門から再輸出された。そして、一八七五年には、台湾茶は大衆の評価を獲得し、烏龍茶の輸出では廈門烏龍茶を上回るようになる[74]。

台湾烏龍茶及び日本茶の圧力の中で、廈門では一八七五～一八七六年には烏龍茶から工夫茶への転換がみられた。しかし、安価かつ高品質の工夫茶が福州で生産されており、結局一八七七年には烏龍茶の製造に戻った[75]。この事実からは、近隣地域との生産地間競争の激化がうかがえる。その後、廈門茶は減少を続け、一八八一年には多くの小規模な茶商はすでに台湾の淡水に移っていた[76]。

台湾烏龍茶が優位を占めたのは、品質が廈門烏龍茶を上回っていたからである[77]。茶の価格においても台湾烏龍茶は廈門烏龍茶の約二倍であった。[78] 以下では、このように低く評価されていた廈門茶の問題点をみていきたい。

②廈門茶生産の問題とアメリカ市場の喪失

一八八七年に廈門のイギリス商社ボイド商会は、廈門茶の問題点は、製茶の過程における不注意と粉末の混合によって品質が低下したことによって日本茶に取って代わられたことと、内地での税負担にあると指摘している。[79] 内地関税については、龍巌州で生産されて廈門へ搬送される茶の経費のうち、生産者の取り分が三一％、乾燥・箱詰・保管・販売手数料が二七％、廈門への輸送費が八％であったのに対し、釐金・関税・その他の課税が三四％を占めており、税負担の大きさが注目される。[80] しかし、台湾烏龍茶が廈門烏龍茶の価格を上回りつつも発展していることからみて、関税自体の重要性は低い。

最大の問題は、廈門茶の品質自体と製茶の際の混入物であった。廈門茶の品質は、烏龍茶で台湾茶に、工夫茶では福州茶に劣った。[81] 土地の面でも、台湾茶が処女地で栽培されていたのに対し、[82] 廈門の茶畑の土地は消耗しており、一年間は休養させる必要があるとみなされており、[83] 地力の点でも不利であった。

品質や混入物の問題は広州貿易以来の中国茶の課題であったが、[84] 廈門においてもこの問題は深刻であった。廈門における製茶の際の混入物に対しては、一八六七年には三〇％以上、一八七〇年には二〇％以上の茶屑が入った烏龍茶を購入しない合意があった。[85] だが、茶の品質は改善されず、逆に悪化していた。一八八七年に廈門茶の価格は最低となり、一八八八年の茶は最悪であると海関報告は述べている。[86] こうした中、駐廈門アメリカ領事は一八八九年に次のような回状を中国人・外国人の茶商に送り、警告を行った。

廈門茶市場の新たなシーズンがまもなく開始されることは、本港の海関税務司が「二流の飲料」と正しく表現した廈門烏龍茶の、一様に低質で味気ないという評判に外国人・中国人の茶商人が注意を喚起するよい機会である。廈門烏龍茶が概して不潔で、混入物があり、ぞんざいに摘まれ、あるいは乾燥が不完全であることは周知の事実である。その評判があまりにひどいので、廈門烏龍茶はもはやただ一つの市場、すなわちアメリカ市場を除いてはどの市場も受け入れず、廈門烏龍茶の改良に関係するすべての茶商人による全面的かつ精力的な努力がない限り、アメリカ市場さえも維持できるはずがない。アメリカ合衆国に対する私の義務ゆえに、私は廈門茶に関する事実をアメリカ政府に知らせる必要がある。そして私はすでにある程度それを行った。本シーズン、私はアメリカ政府に対して大部分の廈門烏龍茶はいい加減な取り扱い、詐欺、不潔さ、混入物ゆえにアメリカの税関当局によって輸入を拒否されるべきであり、すべての廈門烏龍茶は悪質の茶を排除するという見地から厳しく検査されるべきであると具申するであろう。私は本状を回覧することで、外国人・中国人の茶商人が［このままであれば］予想されることをあらかじめ知っておくことを期待する。そうすることによって、損失――すなわち品質を改善し詐欺や混入物を防止しようとすることに関心を抱く人々がいっそう注意を払わない限り、そのような低質な茶を不注意にも購入して輸送することが原因で起こしてしまうであろう損失――から、あなた方を守ることを望む。かかる詐欺や混入物が続けば、廈門烏龍茶に対して開かれている唯一の市場も直ちに閉鎖されるだろう。(87)

しかし、その後も廈門茶の品質は改善されず、結局、一八九五年には、日本・上海・台湾の低級茶の大量供給によって廈門茶は魅力を失い、輸出量は大幅に減少した。(88) そして、一八九七年にアメリカ議会の「粗製茶輸入禁止条例（Tea Adulteration Act）」が廈門烏龍茶に基準を定めたことが最後の打撃となり、廈門烏龍茶のアメリカへの輸出はほぼ消滅することになる。(89) これは廈門茶にとって大打撃であり、一八九八年には廈門において閩南最良の茶の産地である安渓茶を取り扱う比較的大規模な商店はわずか二軒になっていたという。(90)

このような状況に陥るまで廈門茶の質が改善されなかったのはなぜだろうか。福州における紅茶輸出貿易を分析した本野英一は、中国人商人には投資した資本金に対するリスク回避制度が欠如していたことや、株主が債務に対して無限責任を負う「合股」という経営出資形態であったために品質の向上や生産販売コスト削減のための投資が行われなかったことを指摘している[91]。さらに廈門においては、茶商にとっては廈門茶の品質改善よりも台湾茶を扱う方が有利であったことも予想される。事実、廈門の外国商社は台湾茶も扱っており、その比重は増大し続けた。また、茶の栽培者や製茶職人にとっても台湾茶の方が魅力的であり、廈門茶の産地の安渓からは茶の技術が台湾に移転され、多くの茶工が台湾に出稼ぎに赴いている。さらにいえば、茶業よりも東南アジアへの出稼ぎの方がいっそう魅力的であっただろう。実際、茶の産地における労働者は、海峡植民地やフィリピンないし他の南方の島嶼部への移民が増加したことにより欠乏していた[92]。

廈門茶は、開港後の茶の輸出ブームに乗って拡大した。台湾茶に日本茶及びインド・セイロン紅茶が加わった激しい競争の中で[93]、低品質ゆえに、生き残る競争力をもたなかった。そして、中国茶の中でも最も早く衰退した。しかし、廈門茶に代わって台湾茶が成長し、その貿易は廈門で行われていたことからも、福建人が不利な廈門茶から撤退し、より有利な台湾茶を志向していったことがうかがえる。

③アメリカ市場喪失後の廈門茶

廈門茶輸出の壊滅的打撃は、一八九八年に福建省の釐金引き下げの契機にもなった[94]。しかし、廈門茶の問題は品質であり、釐金の引き下げ自体は何ら直接的な効果はなかった。

その後、最後に残された市場として、規模は小さいものの、海峡植民地などの東南アジア華人向けがあった。そのため、従来のアメリカ向け烏龍茶に代わって、東南アジア向けの包種茶などの生産が行われるようになり、一九〇四年には烏龍茶と包種茶の地位は逆転した[95]。しかし、同様の烏龍茶から包種茶への転換は台湾茶にもみられたため[96]、市場の拡大には結びついていない。

茶業回復の試みとして、一九〇二年六月の『鷺江報』によれば、安渓では安渓茶務公司が設立された[97]。また閩南最大の茶の産地である龍巌州でも、同年に漳平県でイギリス商社の茶園に対する投資があった[98]。また、台湾の富豪林維源の息子で、廈門商務総会総理の林爾嘉も、龍巌州で荒地を開墾して試験的な栽培を計画した。[99] しかし、以上の復興策が輸出拡大につながった形跡はない。唯一復興に成功したのは一九一一年に泉州の北郊に設置された清源種茶公司で、近代的製茶工場が設立され、高品質の烏龍茶が生産されたが[100]、大局に影響を与えたわけではない。

結局、清末の廈門茶復興へ向けての方策は効果的には行われなかったといってよい。資本力のある東南アジア華人にとっても、復興が困難な茶業には進出せず、むしろ、東南アジア向けの茶の輸出業に進出する傾向にあった。[101] また、茶業よりも、東南アジアからの技術導入が容易な製糖業などに投資する方が魅力的であったと考えられる。それでは、茶業の衰退後に、それを補填するものとして期待されていた糖業はどのような展開を遂げたのだろうか。

（2）砂糖の生産と移出変動

中国の砂糖輸出は、一九世紀後半、特に一八六七年～一八八〇年代末に至るまで著しく増加する。しかし、一八九〇年代初頭以降目減りし始め、一九〇一年以降は急落した。これは一八九五年以降、中国産砂糖が世界市場において、ジャワやフィリピンの機械制原料糖に対抗できず、中国国内市場において、ジャワ・フィリピン原料糖を香港で製糖した輸入精製糖の強力な進出に直面していたことを意味している。[102]

一方、廈門の砂糖輸移出量を前掲図7-3からみると、中国全体の傾向とほぼ一致している。以下では、廈門糖の問題とその衰退、及び廈門周辺の機械制製糖業についてみていきたい。

①廈門糖の製糖の問題と砂糖生産の衰退

一六世紀末に福建で出現した新製糖技術体系は一六世紀末～一七世紀と、一九世紀初頭の二度にわたり、中国人移民によって東南アジアに移転された。[103] しかし、一九世紀中葉以降になると、東南アジアにおいて欧米から導入された近代的製糖が行われるようになり、東南アジア華人らもそれに適応していた。[104]

ところが、一九世紀の中国において広く使われていた製糖技術は、一六世紀末～一七世紀初頭の『閩書』や『天工開物』で伝わっているものと、基本的には同様であった。[105] 閩南における製糖も同様の状況であった。閩南では製糖場ではまず畜力で石製ローラーによって甘蔗は三回圧搾された。それによって得られた蔗汁を沸騰させて不純物を取り除き、その際には石灰等の清澄剤を入れて中和した。さらにそれを煮詰める煎糖工程があり、これによって結晶化した砂糖は、漏斗状の円錐形土器によって糖蜜と分離された。かかる製法は一六〜一七世紀に形成された製糖技術体系を継承し続けていることにほかならなかった。[106] そして製糖場（糖廍）は、村の農家が持ち寄って小屋がけや石臼、牛を供給し、各自交替して甘蔗を圧搾し、精製した砂糖は各自持ち帰るという形になっていた。[107] こうした技術体系で生産された砂糖の質は、小農が精製の不完全なまま急いで市場に持ち込むこともあって、開港当初から西インド産はおろか、シャム・マニラ・ジャワ糖に劣ると低く評価されていた。[108]

もっとも、開港後には、国内市場向けを中心にして砂糖生産は増大していった。一八五六年の輸移出量が三万七八三〇ピクル、輸移出額が一八万六一六ドル程度であったのに対して、[109] 一八六〇年代には平均して輸移出量は一〇万ピクルを超えている（前掲図7-3参照）。

しかしながら、製糖技術に変化はなく、この事態の改善の必要性についても指摘されていた。例えば一八七六年のイギリス領事報告は、これを改善して欧州市場向けに粗糖を輸出する可能性を指摘していた。[110] また一八七七年にもイギリス領事は、優れた圧搾機の導入と優れた製糖システムの促進と輸出税の切り下げがあれば、気候が栽培に適し、労働力が廉価であるから、砂糖の移出は大いに拡大するだろうが、人々の無関心と政府の疑念が邪魔になっていると報告している。[111] そしてその後も、こうした改善策は実行に移されてはいない。

廈門の砂糖移出は一八八〇年代前半にピークに達した後、一八八〇年代後半からは生産量は伸びず、輸出は減少を続けた（前掲図7-3参照）。一九〇〇年になると、義和団戦争により天津・営口との交易が停止し、[112] 廈門糖の移出量が初めて大幅に減少した。翌一九〇一年は、一八九九年以降の華南の旱魃により砂糖生産が減少し、品質の低下にもかかわらず価格が高騰した。その結果、華北諸港は外国糖を購買するようになった。[113]

一九〇三年に廈門糖の収穫は豊作であったが、華北の開港場において外国糖との競争により価格が下がり、廈門の商人は損害を出した。この時にも、廈門産の紅糖はフィリピン糖より一ピクルあたり一海関両高かったが、廈門の農家は糖業労働者の不足と高賃金により安価な砂糖を生産できなかった[114]。

一九〇四年二月に日露戦争が勃発すると、営口の貿易は長期間停止し、砂糖全体の移出量は減少した[115]。一九〇六年には金価下落のために、外国糖による打撃を受けて移出量は激減した。一方で廈門の外国糖の輸入はジャワ糖を中心に急増し、廈門糖の移出量を上回った[116]。一九〇七年には、廈門糖の移出は増加した。しかし、外国糖の輸入も急増し、廈門の氷糖の中には、ジャワ産の紅糖から製造したものさえあった。中国糖は外国糖より甘いことから中国人に好まれていたが、外国糖は品質よりも安価であることによって優位になったのであった[117]。

この外国糖の利点は価格であり、銀価の暴落による外国糖の騰貴の結果、輸入は激減し、一九〇八年頃から廈門糖の生産は回復傾向にあった[118]。廈門茶とは異なり、中国国内の需要で成り立っていた廈門糖は、国内の嗜好に適ったことにより、生き残ることができた。これは、華北の砂糖市場において機械制の外国産糖と在来砂糖の二層砂糖市場が形成されたのに対応していた[119]。ただし、廈門糖の移出量はピーク時の半分以下に減少しており、以後も回復することはなく（前掲図7-3参照[120]）、砂糖生産が放棄されてこれに代わるものを生産できない地域もあった[121]。それでは、これを改善しようとする試みはなかったのであろうか。

②廈門周辺における機械制製糖業

廈門周辺における機械制製糖業は、一九〇九年に、ジャワのジョクジャカルタの砂糖商人であり、台湾籍を獲得していた郭禎祥（郭春秧）[122]が華祥公司を設立して始まった。郭は「漳泉新法製糖廠試辦章程」一二条を閩浙総督松寿経由で農工商部に出願し、その許可を得たが、それは試辦期間の五年間、漳州・泉州における機械制製糖事業を独占する特権を得るものであった。一九一〇年には二五〇万本の甘蔗の苗が台湾から輸入され、龍渓県と同安県の水頭の三〇〇畝の土地に植えられた。製糖場は龍渓県の蔗糖用に石碼附近の滸城、同安県の蔗糖用に水頭に建設されることになり、水頭の製糖場は日本人技師によって建設され、日量八〇トンの甘蔗を圧搾できる日本製機械を購入し、同年には作動していた。

一方、滸城の工場は、一九一〇年九月一七日に廈防同知や水師の武官を通じて閩浙総督松寿の許可を得て始まった[123]。だが、あらかじめ龍渓県の承諾を得ていなかったために、同地の武官や村民の物議を醸し、龍渓県城議事会は反対を決議し、附近の住民は工事を妨害する形勢であったため、工事は進捗しなかった。反対の理由は滸城が戦略的に重要であるということであったが、これは口実にすぎなかった。本当の原因は郭禎祥が漳州府の地方官を軽視し、工事に現地住民を使わなかったために反発を買ったことと、旧式製糖業者が反対したことであった。とりわけ、郭禎祥が地方官の了解を得ることなく中央政府から工場敷地を選択してよいという特権を得ていたことは、地方官僚の権限に対する侵害であり、龍渓知県朱映清は直ちに反対運動を起こし、工場は停止し、労働者は脅迫された。これに対して郭禎祥は閩浙総督や勧業道へ働きかけたが、龍渓県城議事会を中心とする反対運動は激化し、同地の汀漳龍道・総兵・知府・知県らの各官が連名で総督に打電したため、総督も郭禎祥に別の地を購入させると返電し、結局郭の側の敗北に終わった[124]。

その後、一九一一年に華祥公司は五〇〇万ドルもの資本をもち、一四万二四二二ピクルの紅糖と白糖、四万五八三〇ピクルの氷糖を上海と華北諸港へ移出した。だが、一九一一年の後半は辛亥革命の影響で取引は減り、在庫は増大した[125]。

同じ水頭には、林本源（林爾嘉）の所有する製糖場があり、一日六〇トンの甘蔗を圧搾し、一九〇九年には六〇〇〇ピクルを生産した。また、平和県山格の製糖場は新興公司が所有し、水力による機械を用い、一日四〇トンを圧搾し、四〇〇〇ピクルを生産した[126]。さらに、漳州の龍渓では林衍福も広福種植公司を創設し、四万ドルを投資して新式の製糖場を建設していた[127]。

しかし、林本源の製糖場は甘蔗を収集する際に不便であることや、管理人に人を得なかったために失敗した。そ

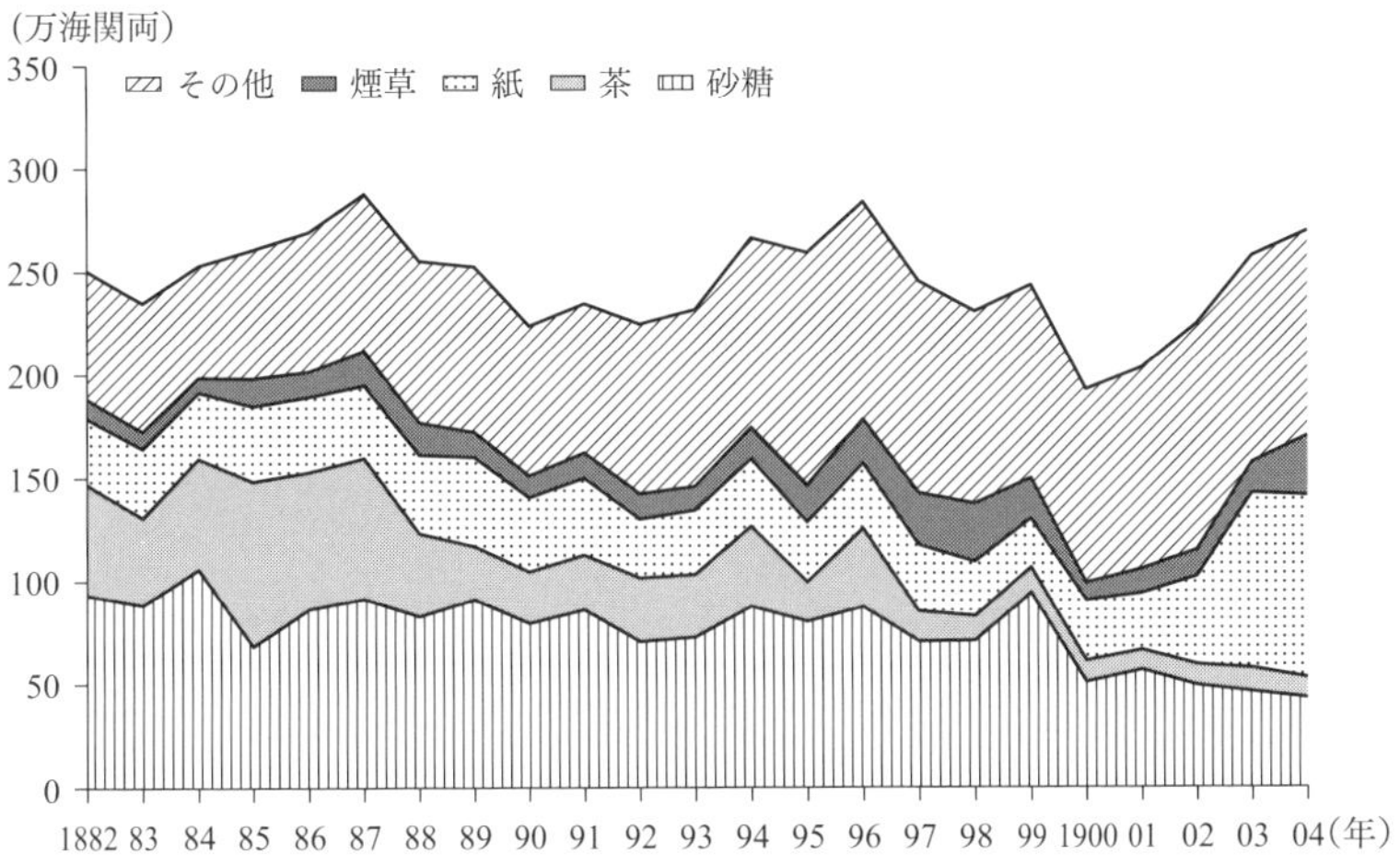

図7-6　廈門の主要産品輸移出額

出典）各年度廈門海関報告。

して郭禎祥の方も同様の理由と地元の反対で事業は中止し、機械全部を売却しようとするまでになった[128]。

結局、華人資本を中心とした、機械制製糖業は発展できなかった。その主な原因は、製糖事業に利害関係をもつ現地官民との協力関係形成の失敗と、交通機関の未発達にあった。そしてこの結果、廈門糖は世界市場への進出と国内市場の再開拓に失敗した。

(3) その他の輸移出産品

廈門の主要な産品の輸移出額を表したのが図7-6である。一九〇〇年代に入ると茶と砂糖が減少する中で、紙の輸移出額が増大するなど、その他の商品の占める割合が大きくなっている。以下では、その他の産品について当該期における輸移出の動向をみたい。

① 紙

福建はその北部・西部が竹を原材料とする紙の産地であったが、廈門から輸移出される紙の産地は龍巌州の龍巌・漳平・寧洋であった。福建の紙の製法は、筍を三月に伐採し、八月ぐらいまで水中に入れて腐敗させ、その後で石灰を混ぜて水車を用いて搗いた。その後、繊維状態になったものを曝

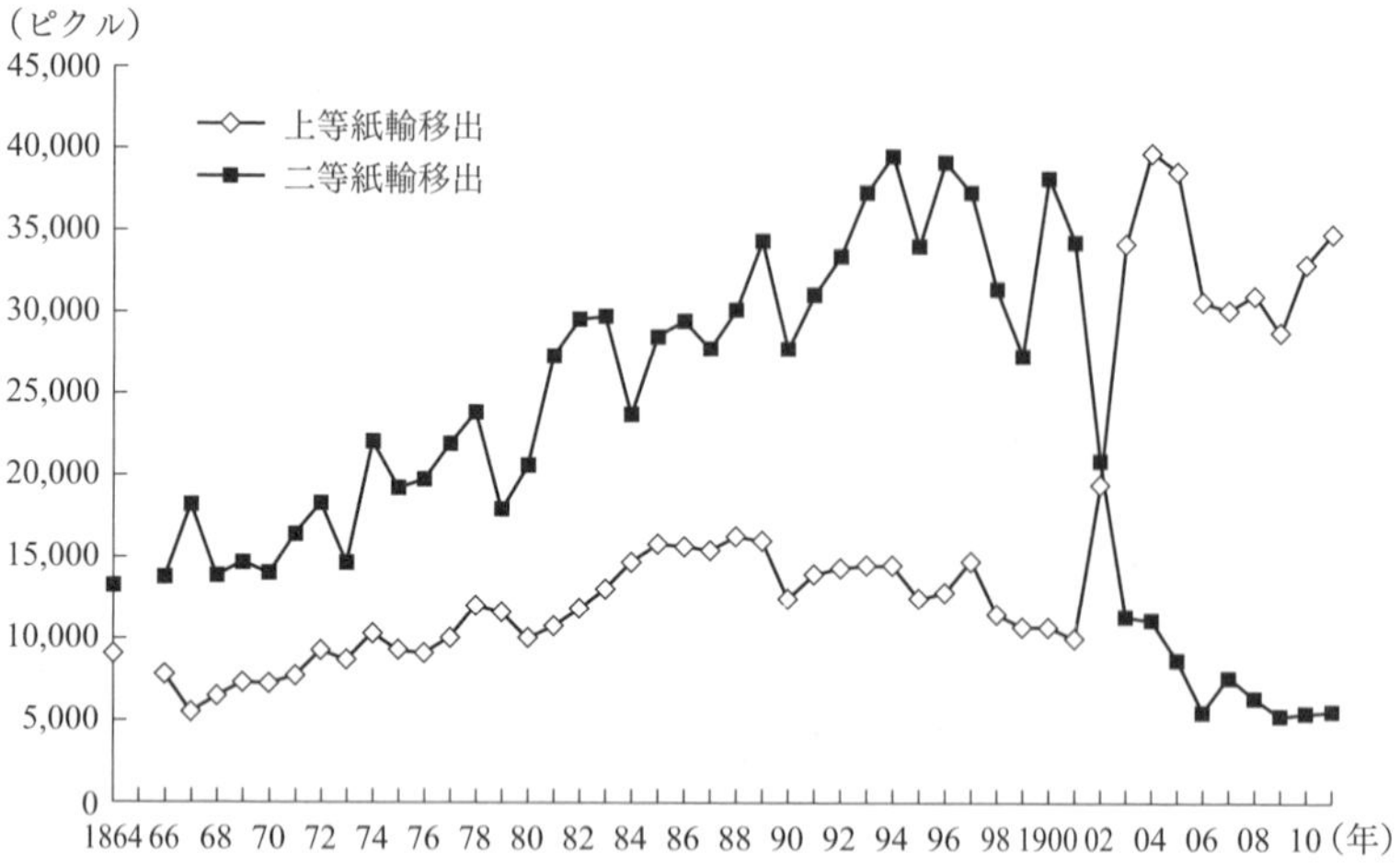

図 7-7　廈門の紙輸移出量

出典）各年度廈門海関報告。ただし，1865 年度を除く。

し、再び水中に入れてこれを篩って製造するというもので、基本的に人力を用いていた。[129] この製造過程には竹を柔らかくする煮熟工程がみられない。福建では一九世紀に紙の需要が増大する中で、製造工程の短縮化がみられ、結果的に紙の質が悪化していたとされるが、[130] 一九世紀末～二〇世紀初頭も同様の状況であったと思われる。

こうした紙の販路であるが、図7-7から廈門からの輸移出量をみると、二等紙は順調に増加してきたが、一九〇〇年代初頭に急速に減少し、上等紙が一九〇〇年代初頭に急増して二等紙と入れ替わっている。

一九〇六年八月一一日の駐廈門日本領事上野専一の報告によると、輸移出についても、台湾茶の包装紙は日本紙のために、海峡植民地などの東南アジアへの移民向けの粗紙は西洋紙と潮州紙のために需要がなくなっていた。また、閩南における帳簿・葬式用としての需要も減少したという。[131] 翌年四月の『通商彙纂』も、外国紙の影響で竹紙の輸出高は非常に減退したうえ、日本やイギリスからの輸入紙の影響で廈門周辺での販売も減少し、福建省の製紙業は衰退したとしている。[132] したがって、最初に二等紙が減少したのは、外国紙の影響であったといえる。結局、廈門の紙は機械化を進めなかったために、従来の市場に依拠していたが、市場を拡大することはできず、その市場は逆に縮小する傾向にあった。

②煙　草

廈門の加工煙草は、漳州・温州・杭州・上海及びラングーンから輸移入される葉煙草を原料とし、台湾各地方と東南アジアの華人向けに輸出された。その産地は漳州府長泰県・南靖県・平和県、泉州府同安県、汀州府永定県などであり、海関を経て輸出されるほかに、海関統計のデータに含まれないジャンクによって大量に台湾の各地に輸出されていた。しかし、釐金が重かったために、中国人商人が外国籍を利用して通過貿易のための三聯単（輸出子口半税適用証明書）を入手し、釐金税を免れる状況にあった。そして台湾の植民地化によって、台湾への移出業者が台湾籍民になる場合は、この三聯単が利用可能になることが予想されていた[133]。

しかし、日本の台湾領有後、台湾の刻み煙草の輸入税は激増した[134]。そのため、葉煙草が台湾に輸出され、そこで加工されて刻み煙草として日本へ再輸出された。当初は外国煙草に押されていた中国煙草は値段が下落していたが、一九〇一年には需要が増大し、価格が騰貴することになる[135]。また、加工煙草の密輸もジャンクによって台湾の僻地の沿岸で盛んに行われており、それが税関の手続きを経る加工煙草に損害を与えていた[136]。

しかし、一九〇四年三月になると、日露戦争の戦費確保のために「非常特別税法」が発布されて各種の増税が行われ、台湾では煙草には輸入税が一〇割増徴されて打撃となった[137]。一九〇五年には日本内地において煙草専売法が実施されたのをうけて、同年三月に「台湾煙草専売規則」が制定された。それに基づき、内地煙草及び外国煙草は同年四月一日より、台湾刻み煙草は同年八月より専売が施行され、台湾刻み煙草は台北・台南において旧来の製造者に委託製造させることになった[138]。この変化の中で、台湾における製造費が高くなったために利益は減り、葉煙草の輸出は減少、台北の煙草商店は三〇店が二〇店に、台南は一二～一三店が八店となった[139]。さらに、一九〇八年になると、台湾での煙草栽培の奨励により、葉煙草の台湾への輸出は激減した[140]。したがって、煙草も台湾市場を失い、衰退する傾向にあった。

③その他の商品

その他の廈門の輸移出商品としては、その多くが明清期もしくはそれ以前から存在した麻類・鉄鍋・煉瓦・水仙花根・陶磁器・雨傘などであった。以下にそれぞれの一九世紀末～二〇世紀初頭における概況をみてみたい。

麻類　麻の産地は泉州と漳州であり、漳州府では大麻、南渓・小渓地方と泉州府は苧麻布が多かった。苧麻布は苧麻を一日水に浸した後、これを細かく裂いて繊維とし、それを清水に二日浸した後に晒し、糊を付してこれを織機にかけて織布を行った。苧麻布の種類は純麻布の糊、綿糸と混織した羅の二種類があり、永春州では糊、泉州府南安・安渓県では羅、泉州府恵安県では両方を産出した。原料の苧麻は台湾からも輸入し、六〇万丈を安渓、漳州などで消費し、一八〇万丈は台湾に仕向けられたが、台湾における関税改正の結果、一九一一年には、台湾向けは以前の三分の二になっていた。(141)

鉄鍋　南宋以来、鉄鍋は中国から東南アジアに輸出されていた。清代には雍正期に鉄鍋の輸出が厳禁となったが、禁令を破って輸出が続けられていた。(142)一九世紀末の閩南では漳州府の南靖・平和・龍渓県と泉州府の安海・鼎尾、同安県、安渓県において生産された。(143)原料はシンガポールと香港から輸入した古鉄を使用し、東南アジアと台湾に輸移出され、台湾では砂糖の製造や、樟脳の煮熬と厨房用に用いられた。しかし、東南アジアの中国人は現地で鉄鍋の生産を始め、台湾では厨房用の鉄鍋は品質の優れた上海製が用いられるようになり、次第に衰退しつつあった。(144)

煉瓦・タイル　煉瓦及びタイルは、漳州府石碼で主に生産され、海澄から石碼に至る沿道には一～二の窯を擁する小規模な煉瓦工場が二〇〇ほどあったという。石碼は九龍江沿いに煉瓦材料に適した灰色粘土があり、賃金が低廉で、燃料の供給が潤沢かつ水運の便があることにより、窯業が盛んとなり、製造された煉瓦は香港、台湾などに輸移出された。(145)一方で、窯業の近代化は進まず、海峡植民地やタイなどへのタイルの輸出はより近代的な製品を製造できなかったために減少し、従来大部分を福建から輸入していたシャムはドイツ製のタイルを輸入するようになった。(146)

水仙花根　水仙花根は、漳州府城郊外の黄山脚地方で栽培された。水仙花根は初霜の頃に種を植え、翌年六月頃に掘り出して別の場所に移植し、同年の初霜の頃に水仙花根畑に植え、翌年六月上旬に掘り出し、一〇日ほど太陽にさらした後、販売するという形をとり、播種から収穫まで三年を要した。その生産量は一九〇六年頃には約三〇〇万個となり、そのうち廈門と漳州・泉州で約三〇万個を消費したほか、香港・広州経由でニューヨークに約一二三万個、オーストラリアに三三万個、上海に三五万個、福州に一六万個、天津に六万個輸移出された。このほかの輸出先としてはカナダ、仏領インドシナ及び日本があった。そして、最大の輸出先であるアメリカとカナダでは、主に現地の中国系移民が需要をもたらしていた。しかし、いっそうの発達は期待できず、生産量も栽培地の面積に制約されていた(147)。

陶磁器　永春州徳化県は歴史的に陶磁器の産地であり、白磁の仏像・花瓶・茶器などが珍重されていた。一九〇六年七月の『通商彙纂』によれば、当時は安価な磁器が地方の需要に応じていたほか、廈門からも輸出されていた。しかし、東南アジアでは日本・汕頭産との競合とシンガポール・仏領インドシナ（安南）における現地生産により販路が減り、製造所は二〇年前の大小五〇〇ヶ所から一〇〇ヶ所に、生産高は九〇万ドルから三〇万ドルに、廈門の陶磁器問屋も一〇店あまりから三店に減少していた(148)。また、同じく廈門から東南アジア向けの漳州・石碼製の粗製磁器の碗も、安価な磁器を生産する広州・汕頭などとの産地間競争は激しく、減少しており、製造者は興泉永道に対して釐金の引き下げを求めていた(149)。

雨傘　雨傘は、漳州府浦南産の竹紙または日本紙を用い、洋傘よりも安価であるために廈門附近で消費されるほか、シンガポール・ペナンや、スラバヤ・スマラン・チレボン等の東南アジア華人移民の雨傘・日傘、葬儀用の傘として輸出された(150)。

以上のように、その他の輸移出品は、生産方法は旧来と変わらず、主な市場も従来通りの中国国内及び東南アジアの華人であった。前者の市場の急速な拡大は望めず、反対に、国内外の産地間競争に直面して移出が減少することが多かった。後者の市場は元来狭小であり、移民の増大によって市場は拡大しつつあったものの、逆に現地生産により市場がいっそう縮小するものさえあった。結果として、茶と砂糖の減少分の補塡はできず、かえって減少するものが多かった。

したがって、清末の世界的な交易の変動の中で、廈門の商品輸移出は減少もしくは停滞したといえる。しかし、台湾・東南アジアへの技術移転によって移転先の地域における生産の担い手となった福建人は、近代的生産様式に適応しつつ、最適な地域での商品生産に参与し、地域間分業に寄与しつつ台湾茶貿易にみられるように交易関係を維持してきた。これに打撃を与えたのが日本の台湾領有であった。

三　日本の台湾領有と廈門交易

(1) 日本の台湾領有と基隆

① 日本の台湾領有と交通機関の整備

一八九五年四月一七日、下関条約の調印により、台湾と澎湖島の日本への割譲が決定された。同年五月三一日には日本軍が台湾北東部に上陸、六月七日には台北を占領し、六月一七日には台北において台湾総督府始政式が行われた。その後、台湾中・南部における日本軍への抵抗は激しかったが、同年一〇月二一日には台南が陥落し、日本の台湾占領はほぼ完了する。

同年五月一七日には、富商の林維源は台湾から廈門に移動し、翌日には茶商の林鶩雲も漳州の原籍に戻った。[151] また、台南の漳州・泉州の商人が営業を停止して引き揚げたことは、[152] 台南において商業団体である郊が衰退する一因になる[153]。このような福建人の大陸への引き揚げは、従来の廈門・閩南と台湾との関係を弱めたと考えられる。

台湾の軍事・政治的制圧と並ぶ総督府の課題は、台湾経済の大陸からの切り離しと、日本資本主義の経済圏への包摂であり、編入は金融面と貿易面とから開始された。金融面では一八九九年に台湾銀行が開設され、一九〇四年には金貨兌換の銀行券が発行されて日本通貨圏への編入が完成した[154]。

貿易面では交通機関の整備として、一八九六年以降、台湾総督府が補助金を支給する総督府命令航路によって、内台航路と本島沿岸航路の拡充が図られた。さらに、一八九九年になると台湾総督府は総督府命令航路を台中間の航路に拡大し、大阪商船会社に補助を与え、一九〇四年に大阪商船会社は台中間の汽船定期航路を独占していたイギリス資本のダグラス汽船会社（Douglas Steamship Co.）を駆逐した。日露戦争後は、内台航路が急速に拡充され、台中航路では大陸沿岸航路からの撤退と基隆・高雄を起点とする華中・華北との直接航路の充実が進んだ[155]。

航路の整備とともに、台湾縦貫鉄道の建設も進められた。台湾の鉄道は初代台湾巡撫劉銘伝が計画し、一八八七年に建設が開始され、一八九一年に台北北部の大稲埕から鶏籠（基隆）まで、一八九三年末には大稲埕から新竹までの鉄道合計約一二〇キロが完成したが、旅客運搬のみだった[156]。

日本の台湾領有後、一八九五年に基隆台北線の改築が始まり、一八九八年に工事は完成した[157]。また、一八九九年以降、縦貫鉄道の建設が南北から進み、日露戦争による軍用即成線を含めて一九〇五年に全通し、さらに改良されて一九〇八年には全面開通に至った[158]。その結果、従来は港ごとの後背地が分立していた台湾の市場の統一が進んだ。

②基隆築港と貿易の発展

交通機関の整備とともに、基隆港の整備も求められていた。すでに劉銘伝の在任中に鶏籠港の浚渫が行われていたが、不十分であった[159]。基隆港では秋から冬にかけての風浪が激しく[160]、港内の水も浅くて安全な停泊地がなく、一〇〇〇トン内外の船舶すら沖合に停泊しなければいけない状況であり、基隆港に投錨したものの、積荷や客を十分陸揚げできないままに引き返す船舶もあった[161]。

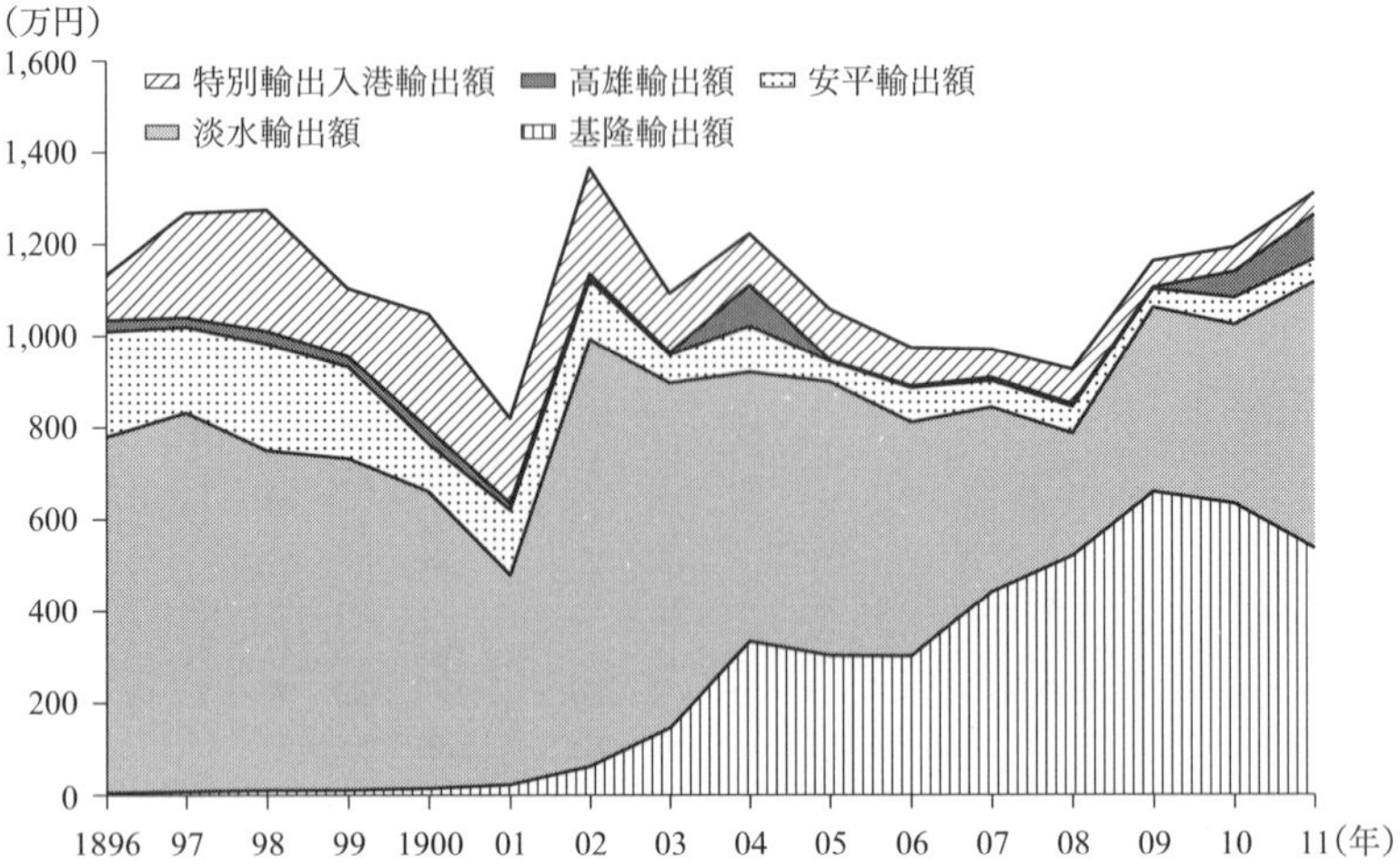

図 7-8　台湾各港における貿易額推移

出典）各年度廈門海関報告。

そこで、一八九六年に「基隆築港調査委員会」が組織され、潮汐・気象・地形・地質・淤積及び築港の材料についての調査報告を提出した。その後、台湾事業公債が政府と議会の圧力によって減額されたため、当初予算一〇〇〇万円であった基隆築港も大幅に減額され、一八九九年に四ヶ年の継続事業として二四四万円を投じて開始された[162]。この工事は一九〇三年に完成し、従来の外港の停泊地から内港の奥までの水路を浚渫し、鉄脚仮桟橋と繋船ブイの設置によってそれぞれ三〇〇〇トン級の船舶二隻の繋留が可能になった。その結果、定期船の多くは桟橋に繋留されることになり、乗客の乗降も安全になって、貨物の損害も減少した[163]。しかし、暴風からの保護のためには依然として不十分であったため、第二期の工事としては、一九〇六年度〜一九一二年度に至る六ヶ年の継続事業とし、港内錨地の拡張、岸壁・荷揚場などの諸工事に着手し、これによって危険性は除かれた。その後もさらに第三期事業が行われ、いっそうの拡張が進んだ[164]。

台湾各港の輸出額を表したのが図7-8である。従来は淡水が圧倒的であったのが、二〇世紀に入ってから基隆が急速に拡大し、淡水はそれに応じる形で減少している。この背景にあったのが、基隆を中心に展開し始めた台湾茶の直接輸出である。

(2) 台湾茶貿易の衰退

① 台湾茶と廈門との関係の変化

基隆港の発展で最も影響を受けたのが廈門の台湾茶貿易である。先述のように、台湾茶は廈門に本店を置く外国人商人と中国人商人に掌握され、廈門から再輸出されていた。[165] そして、廈門茶の衰退後は、廈門の茶貿易は台湾茶に支えられていた（前掲図7-5参照）。

一八九五年一一月になると、台湾総督府が「清国人台湾上陸条令」を公布し、一八九六年一月一日より中国人労働者の台湾への渡航が禁止された。しかし、イギリス領事の反対もあり、閩南から渡台して大稲埕において製茶に従事していた茶工には特例が設けられた。[166] そして廈門においては、清朝が発行した旅券に日本領事の印判を捺印するのに洋銀二ドルが必要となった。[167] しかし、一八九七年に渡台する者は依然として多数にのぼった。[168] だが、同年の台湾茶が不況であったために一八九八年に茶工数は激減した。[169] この台湾茶の不況はその後も続き、茶工の渡台数は回復しなかった。[170]

また、一八九八年四月一六日の『申報』では、

廈門人で台湾において貿易する者は大小の茶帮・茶棧・茶行を数百軒開設したが、大半が日本籍であり、「台湾で」許可証の下付を願い出て、廈門に戻り日本領事に請願して［日本籍を］登録している。その意図は、恐らく釐金や捐税をうまく逃れるためであろう。[171]

とあり、大小の茶帮・茶棧・茶行などの茶商の台湾籍民化も進んでいた。一八九九年には台湾茶の三分の二、一九〇二年には台湾茶の全部が淡水において廈門の商店の代理人によって購入され、廈門へはアメリカへの外洋汽船に

積み替えるだけのために運ばれるようになった[172]。

この結果、廈門の外国人商社と台湾の茶商との取引を仲介してきた媽振館は、台湾において媽振館を仲介しない取引が増えたために苦境に陥った[173]。また、一八九七年以来の台湾茶の不況は台湾茶貿易に依存してきた廈門の外国商社の経営を困難にさせた。そのため、キャス商会（Lapraik, Cass, & Co.）のように多額の負債を抱えて倒産するものもあった[174]。

以上から、一八九七年以降の台湾茶の不況は、廈門と台湾茶を繋いできた茶工、媽振館、外国商社を動揺させ、台湾茶と廈門との関係を弱めたといえる。

②廈門台湾茶貿易の衰退と台湾包種茶

一方、茶の輸出ルートにも変化が始まっていた。一八九九年には「台湾輸出税及出港税規則」が発布され、烏龍茶は一〇〇斤一円六〇銭、包種茶は一〇〇斤一円二〇銭の輸出税が課されることになり、これは同年七月一七日から施行されることになった[175]。さらに一八九八年には台湾貿易会社が箱茶を日本に移出したことに続き、一八九九年には、外国人商人も神戸を介した輸出を始めた。これは淡水から廈門への輸出税よりも、日本内地への出航税が低いことに起因していた[176]。

これに危機感を抱いた外国人・中国人商人から構成される廈門商業会議所は一八九九年七月二四日に駐日本イギリス公使に抗議書を提出した。そこでは、台湾から日本へ搬出される台湾茶は無税になり、輸出が上記のような課税になったことは、茶の輸出経路を日本内地経由にしようとするもので、不当であるとしており、これに香港商業会議所も同調した。しかし、抗議書は日本への輸送の際の出港税一円の課税を無視しており、また条約上も問題はなく、説得力はなかった[177]。

一方外国人商人も、すでに神戸・横浜の外国人商人と連絡を取って対応し始めており、抗議姿勢を貫かなかったため、抗議の効果はなかった[178]。また、実際の台湾茶貿易は依然として廈門経由で行われていたことも、危機感を和らげたと考えられる。

一九〇〇年の廈門の台湾茶貿易は衰微しなかったが、台湾銀行廈門支店などは廈門茶商に対する貸し出しを引き締めつつあり、一九〇一年は茶商にとって分岐点となる年であるとみられていた[179]。この年、日本内地経由の輸出が激増し、廈門経由の輸出は初めて大幅に減少した。

一九〇三年に基隆築港の工事が完了すると、基隆からの茶の直輸出は急増した。一九〇五年度の廈門海関報告は、

台北から基隆への鉄道の再建、台湾北部での新しい外国人商店の設立、金本位制の至便性、日本の当局による基隆港改良のための努力が島の市場の統合に資して、過去三年間、廈門で決算される台湾茶はない[180]。

と述べている。そして同年、廈門に到着した台湾茶は全体の五五％であった[181]。前述した交通機関の発展と金本位制が台湾市場の統合を進め、茶貿易に変動をもたらしたのである。

当時の運賃を比較すると、廈門及び日本内地経由の輸出は基隆からの直輸出に対して積み替え、倉庫料などの諸経費がかさみ、割高になっていた。その結果、基隆からの直輸出のみが激増し、廈門経由は激減、日本内地経由も停滞という傾向にあった[182]。

そして一九〇六年には廈門と基隆の立場は逆転した。廈門の外国商社は今や台湾に本店を移していた[183]。さらに一九〇九年になると、台湾烏龍茶は完全に基隆からアメリカに直輸出されるようになっていた[184]。

かくして、台湾茶貿易の中心は廈門から基隆に移動した。そして、廈門において取り扱われる台湾茶のほとんどはスマラン・チレボンなどのオランダ領東インドを中心とする東南アジア向けということになった[185]。台湾茶が廈門を経由したのは、台湾と東南アジアの直接航路がないことが原因だった[186]。その種類も包種茶が主流となったが、これは次第に台湾人商人が取り扱うようになり、一九〇五年頃にはジャワへの直接輸出が始まるなど、包種茶輸出の拠点も台湾に移っていった[187]。

廈門茶と同様、廈門において台湾茶貿易も東南アジアとの関係によって輸出を維持し、壊滅からは免れたが、全体からみればごく一部にすぎず、しかも衰えつつあった。

台湾茶貿易の衰退は、台湾への技術移転によって茶貿易を支配していた廈門の商人にとって打撃であった。しかし、台湾茶貿易自体は一八六〇年代に始まったものであり、その衰退が台湾と廈門・閩南の従来からの関係の希薄化を表しているということはできない。そこで、以下においては、茶以外の商品の動向を中心に検討したい。

（3）廈門—台湾交易の変動

①台湾との商品輸出入の衰退

日本の台湾領有後の関税政策は、廈門・閩南産品と外国製品との競争を激化させ、廈門・閩南から台湾への商品輸出に打撃を与えた。第二節で扱った商品以外にも、『申報』によると、一八九九年には、同安県からの土布の輸出は衰退し[188]、一九〇五年には、漳州府から台南・台北両府への生糸輸出が輸入税課税と外国綿糸の影響で減少していると報道されている[189]。

また、一九〇六年一〇月の関税定率改正後における、一九〇七年五月九日の『台湾日々新報』「対岸輸入品の商況」では、対岸輸入品は原価が高いことが原因で台湾産品と拮抗できないとしている[190]。結局、関税定率改正の結果、唐紙・小麦粉・綿布の移出はいっそう打撃を受け、一九〇〇、一九〇一年頃と比べて数量は一〇分の一に減少した[191]。

一方、茶に次ぐ台湾からの輸入商品である米は、一九〇〇年前後までは引き続き廈門・閩南へ輸出されていた。ところが、一九〇三年以降、対内地移出量が大幅に増加して輸出量を凌駕し、この傾向は日露戦争後にいっそう顕著となった。これは日本内地の台湾米相場が内地米価に引きずられて上昇し、対内地移出量の拡大を促したためである[192]。

では、この廈門・閩南と台湾のあいだにおける商品輸出入の衰退は、従来、蒸汽船以上に廈門・閩南と台湾の交

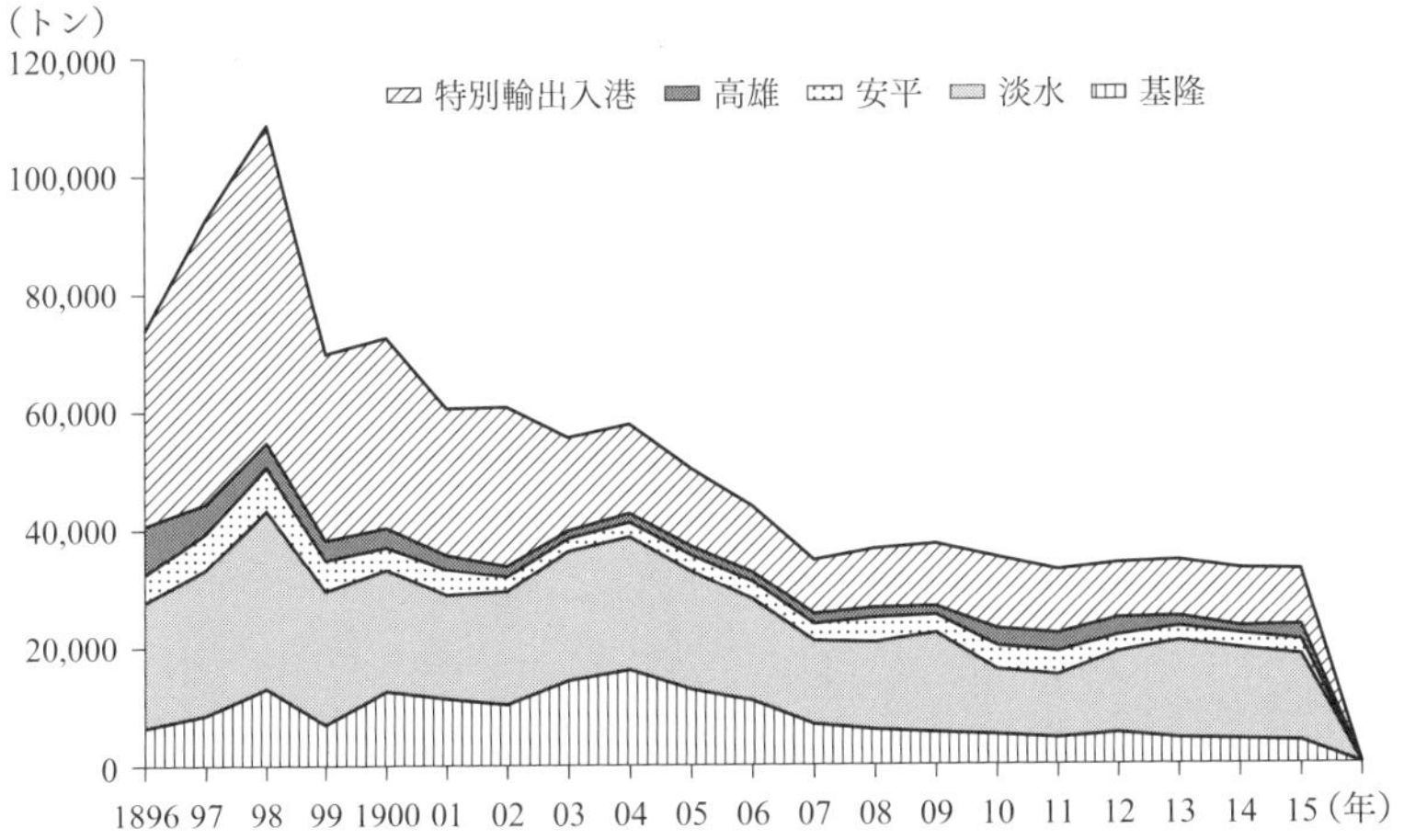

図7-9　台湾入港ジャンクトン数

出典）各年度廈門海関報告。

易を担ってきたジャンク貿易にどのような影響を与えたのであろうか。

②台湾とのジャンク貿易の衰退

廈門・閩南の台湾への商品輸出入の衰退は、閩南産品の輸出と台湾産品の輸入を専門とするジャンク貿易の衰退と直結した。前掲図7-8が示すように、主に閩南とのジャンク貿易を行っていた特別輸出入港[193]も二〇世紀に入ると急速にその地位を失っている。また、台湾各港のジャンクの入港数を表したのが図7-9であるが、一九〇四年頃までは基隆が増大する一方で、特別輸出入港の減少は甚だしい。もっとも、一九〇九年頃にもジャンクの搭載貨物は少量ではあったがその十中八九は密輸品であるともされており[194]、統計に含まれないジャンク貿易があったことは考慮する必要がある。

台湾領有直後のジャンク貿易の急減を招いたのが、先述した大阪商船会社とダグラス汽船会社の競争であり、両社の競争は運賃の低落を招いた。その結果、運賃が汽船よりも高く、速度が汽船よりも遅いうえ、風波で貨物が失落する危険性のあるジャンク船の貿易は減少した[195]。ところが、この競争が大阪商船会社の勝利に終わってからも、ジャンクの入港数は減り続けた。

一九〇〇年代におけるジャンク貿易衰退の原因には、先述した金本位制の実施があった。『台湾日々新報』一九〇七年八月二一日の記事「対岸貿易に就いて」では、財務局税務課の某氏が、ジャンク貿易衰退の原因として以下の点を挙げている。

(1) 香港以外の対岸貿易では、府城以外の取引市場では為替計算はできず、半期末または年末の決算期にはその差額を現金で勘定しなければならないため、台湾の商人は金貨で銀貨を買入れて支払わなければならないこと。

(2) 銀相場が騰貴し、従来台湾人が収蔵していた一円銀貨や銀は吐き出され、補助貨幣の小銀貨を集めて支払わねばならず、台湾において小銀貨が甚だしく不足していること。

また、最近新鋳された小銀貨は実価がほとんどその半分であり、今後はいっそうジャンク貿易が衰退するだろうと台湾商人は一致して懸念していると述べている。[196]

さらに、当時台湾総督府財務局長であった小林丑三郎は『台湾日々新報』の記事において衰退の背景として次のような原因を挙げている。

(1) 度量衡、貨幣制度の統一及び交通機関の発達にともなう対岸取引の隔離。
(2) 航海、貿易及び金融に関する対岸商館の独占の排斥。
(3) 金本位制の実行にともなう銀貨及び銀為替取引の不便。
(4) 関税制度の統一及びその増率。
(5) 対岸金融機関の不備。
(6) 台湾西海岸諸港の埋没。
(7) 台湾における物価騰貴。
(8) 専売、官業及び保護政策にともなう台湾事業家の萎縮。
(9) 対岸貿易に資すべき材料の欠乏。[197]

このうち、(1)〜(4)は、台湾の日本への包摂を目指した日本政府及び台湾総督府の政策である。(6)については、淡水港では淡水河の流出する土砂のために港内が埋没し、安平港も同様に埋没したために、一九〇七年度から浚渫が行われていた。また、ジャンク貿易が主流を占める特別輸出入港の後龍港・鹿港も埋没しつつあり、東石港も小型船舶しか停泊できなかった[198]。以上の状況に対し、総督府は安平港を除き浚渫などを行わず、ジャンク貿易の衰退を座視していた。(9)は、前述した開港後の傾向と一致している。以上から判断すると、(5)以外の原因は日本及び台湾側によるものであり、廈門・閩南側の対応できるものではなかった。

また、対岸貿易発達のための政策としては、(i)特別の関税政策を講じて対岸からの生活必需品などを無税にすること、(ii)対岸に台湾銀行の進出を図ること、(iii)対岸輸出の材料を豊富にする殖産政策を講ずることが考えられていた[199]。

しかし、(i)については、元来日本の関税政策は、台湾を日本内地に包摂することにあり、実現する可能性はなかった。(iii)についても、台湾と閩南は共通する産品が多いことから、実行された場合、新たに産地間競争を引き起こしたであろう。

(ii)の対岸への進出政策は第二代台湾総督桂太郎が対岸への積極政策を唱えており、その対岸経営の焦点が廈門であった。桂の考えは、第四代台湾総督児玉源太郎と民政長官後藤新平にも引き継がれた。一八九九年一〇月には、廈門日本専管居留地取極書の調印がなされ、一九〇〇年一月になると台湾銀行廈門支店が設置された。さらに同年四月には後藤の福建省訪問が行われた。しかし、同年八月の、義和団戦争に乗じた廈門占領計画は、イギリスをはじめとする列強の反対により失敗に終わった[200](廈門事件)。

廈門事件の失敗後、軍事的な方策は放棄され、対岸経営は平和裡に進められることになった。一九〇二年には台湾総督府が資金の半分を出資して三五公司が設立され、福建での樟脳開発事業と潮汕鉄路などの事業が推進された。しかし、これらの事業は利権回収運動などの影響で、いずれも中途で挫折した[201]。また、福建省への沿岸航路の補助が一九〇四年に打ち切られ、一九一五年には沿岸航路が命令航路から全く姿を消すなど[202]、総督府も対岸への積極的進出から遠ざかっていく傾向にあったから、現実的ではなかった。したがって、以上の方策は現実性が薄いために実行されず、ジャンク貿易の衰退は続いた。

③ 廈門・閩南と台湾

台湾茶貿易の衰退は廈門の輸入貿易にとって打撃であった。一方、ジャンク貿易の衰退は、廈門の外洋ジャンク貿易を減少させていた[203]。また、ジャンク貿易の中心であった泉州は、晋江から流出する土砂によりジャンクや小蒸気船でも満潮時でなければ往来できない状態であった[204]。そのため、泉州の南にある海岸沿いの小港がジャンク貿易に使用されていたが、台湾とのジャンク貿易は次第に衰えてきていた[205]。そして、台湾の貿易額は廈門・泉州の比重が減少する一方で、上海・関東州・福州の比重が増していった[206]。したがって、台湾は大陸対岸から切り離されたというよりも、廈門・閩南から切り離されたといえる。この背景には、日本の政策とともに、茶や砂糖をはじめとして、台湾と閩南の産品は共通するものが多く、相互補完関係になかったことがあるだろう。

貿易額では、台湾の日本への移出入は急増しており、輸出入が減少、または停滞している台湾と廈門・閩南との関係は相対的に希薄になった[207]。したがって、日本の台湾領有後、台湾は廈門を中心とする地域的経済圏から離脱して日本と結びついた[208]。

四　廈門交易構造の変動

（1）廈門—閩南関係の変動

台湾が廈門の経済圏から離脱した後に、廈門の経済圏として残ったのは閩南における後背地であった。しかし、

第一節で述べたように、閩南の商品移出は停滞ないし衰退する傾向にあった。廈門が輸移出貿易を発展させて閩南の経済圏を維持するためには、鉄道などの交通機関を整備して狭小な後背地を拡大し、世界的な工業化の中で需要の増大しつつある鉱産資源を開発する必要があった[209]。

① 交通機関整備の挫折

廈門の後背地を拡大できた可能性のあったのが福建鉄路の建設である。一九〇三年九月七日に設立された商部は実業振興政策を進め、同年一〇月には最初の具体的な鉄道法規である「鉄路簡明章程」を制定して、鉄道の民営建設を法的に保障し、同時に各省督撫には鉄道の民営建設を奨励することが命じられた。その結果、全国各地で民営の鉄道建設運動が展開された[210]。

福建では一九〇五年に光祿寺卿の張亨嘉等が発議して福建全省に鉄道を建設する請願が商部になされた。一九〇六年に商部の批准を受け、前内閣大学士兼礼部侍郎の陳宝琛が福建鉄路総理に任じられたことにより、福建鉄路の事業が始まった。福建鉄路は、廈門〜漳州間、泉州〜安海間、福州〜汕頭間が計画され、最初の建設は廈門の対岸の嵩嶼（地図4）と漳州を結ぶ漳廈鉄路で行われることになった。資金として六〇〇万ドルの株式が募集され、陳宝琛は主として東南アジア華人から一七〇万ドルあまりを集めることに成功した[211]。

一九〇七年には鉄道建設が開始されたが、一九一〇年一一月までに完成したのは嵩嶼から九龍江の北溪東岸の江東橋までの三一キロであった。しかし、江東橋まで建設するあいだに横領などもあって一八四万ドルを費やしてしまい、そこから九龍江に江東橋を架橋する建設費五〇万ドルなど新たに約一六〇万ドルが必要であった。しかし、すでに一六〇万ドルを費やしながら工事が遅滞していることから、主たる株主である華人は資金募集に応じなくなり、一九一一年には資金欠乏により建設は停止した[212]。

そして、廈門と漳州が直接結ばれなかったことは決定的な失敗であった。嵩嶼の駅は対岸から遠く、鉄道運賃に比して小蒸気船の方が安価であることから、鉄道の利用客は少なく、貨物の運搬も皆無であった[213]。したがって経営状況は悪く、漳廈鉄路の事業は失敗に終わった[214]。

鉄道以外の交通機関としては、一八九五年に中国人商人に対して小蒸気船業を許可して以降、中国各地で小蒸気船業が急速に発達していた[215]。廈門周辺における小蒸気船は一八九六年五月に興泉永道周蓮が資本金五万ドルを募集し、閩浙総督の認可を受け、紳商呉文輝を董事として漳泉内港輪船公司を設立したことに始まった。当初は小蒸気船五隻で営業を始め、該公司以外の汽船の内港への入港を禁止していた。しかし、一八九八年にイギリス公使と総理衙門の協定によって「内河航船章程」が施行されると、中国人・外国人を問わず開港場の内河における小蒸気船の自由通行が可能になり、外国人及び外国籍華人が小蒸気船業に参入した。その結果、小蒸気船は一九〇一年には二四隻となり、一九〇一年には年間約二一六万人が利用するに至るまでに発展した。しかし、小蒸気船による貨物輸送については、釐金に依存する地方官僚の反対によって実行できなかった[216]。その結果、周辺地域との貨物輸送はジャンクのみであり、根本的な変化はなかった。

以上のように、廈門周辺の近代的交通機関の発達は限定的であり、後背地の鉱産資源の開発には到底至らなかった。

②後背地と通過貿易

先述のように廈門の後背地は汕頭と競合していた。アヘンについては次章で述べるが、一般の貨物についても、福建省の釐金が一二～一三％に達したのに対して、広東省は七・五％であり、廈門の汕頭に対する不利な状況に変化はなかった[217]。

汕頭との釐金格差を解消するはずの通過貿易の額を示したのが図7-10である。輸移出については、一八八〇年代前半にピークを迎え、その後は、増減はあるものの停滞しているのに対し、輸移入額は一八八六～一九〇五年まで一貫して増大し、その後は急減している。

全体的な貿易の傾向から判断すると、輸移出は漳州からが大部分を占めていたから[218]、それが低調であるのは砂糖

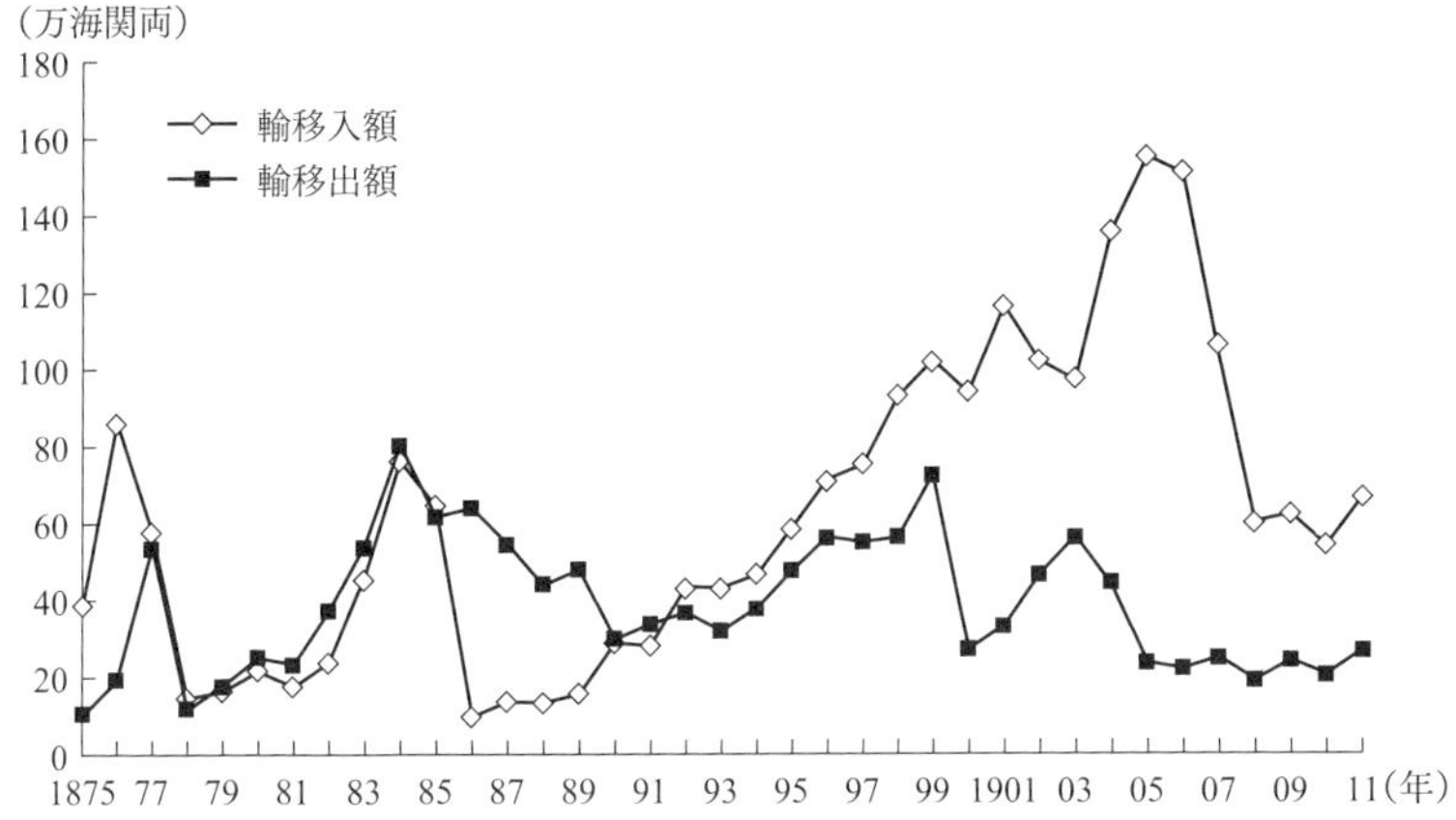

図 7-10　廈門における通過貿易額

出典）各年度廈門海関報告。

の輸移出と対台湾貿易の衰退が原因と考えられる。一方、通過貿易における輸移入の急速な増大は、廈門貿易全体における輸移入の増大を上回っている。

しかし、通過貿易は廈門全体の貿易額からみれば発展せず、全体の一割程度にすぎなかった。

通過貿易が発展しなかったのは、地方官の対策も一因である。一八八六年の通過貿易の輸移入が減少したのは、釐金引き下げによるものであり[219]、一八九三年には石油の釐金も子口半税に対応した額まで引き下げている[220]。ただし、これは釐金収入の減少につながる危険性もあった。釐金局も商品差し押さえなどの妨害を行ったが、各国領事の抗議を受けることになり、件数はそれほど多くない[221]。もっとも、第８・９章で述べるような英籍華人に対する取締りをめぐる紛争は頻発していた。

そして、第９章で取り上げるような英籍華人などの不正が横行していたことから海関も通過貿易に積極的ではなく、有効期間の制限を図った[222]。一九〇二年に廈門常関が海関の管轄に移行したが、常関職員は中国人であり、常関の収税額を増やすために妨害を行った[223]。

さらには、三聯単の手数料も各国によって異なり、イギリス領事の発行するものが最も高くなることさえあった[224]。したがって、

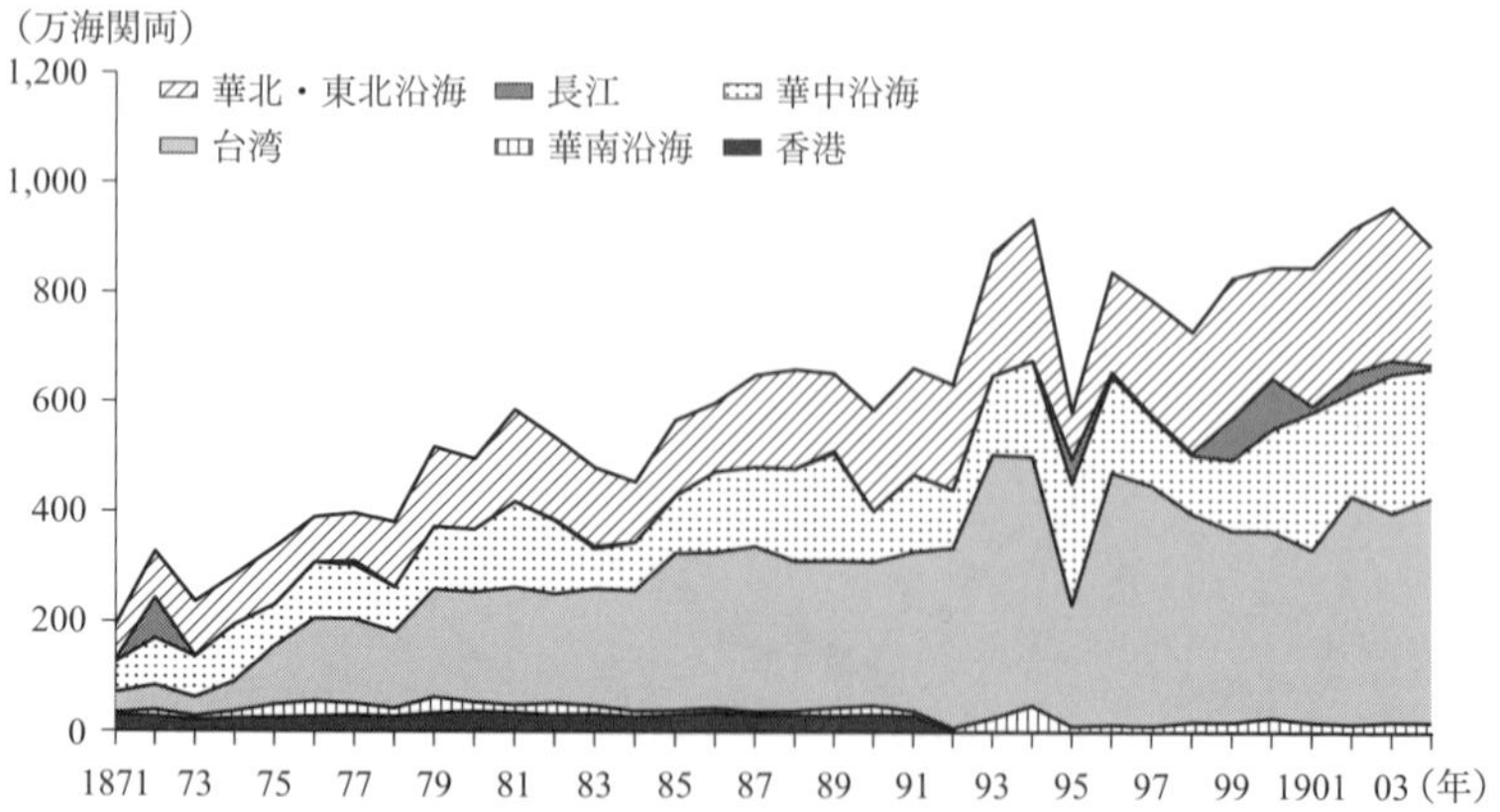

図 7-11　廈門の中国製品輸移入額

注）華北・東北沿海には牛荘，天津，芝罘が，長江には鎮江，蕪湖，九江，漢口，沙市が，華中沿海には上海，杭州，寧波，温州が，華南沿海には三都澳，福州，汕頭，杭州が含まれる。1892 年以降は香港のデータはない。1895 年以降は外国製品の台湾からの輸入を含む。
出典）各年度廈門海関報告。

通過貿易を推進すべきイギリスも有効な対策を行っていなかった。

そして一九〇六年以降、釐金、運賃の関係で漳州府南部においても汕頭を経由するものが増加した。[225] 一九〇八年には汕頭の釐金が大幅に引き下げられ、通過貿易は決定的に衰退する。[226] 結局、通過貿易は地域的には泉州府方面への利用が中心で、漳州府方面での利用は限定的であり、[227] 廈門の後背地は拡大することはなかったのである。台湾が廈門の経済圏から離脱しただけでなく、廈門の後背地としての閩南の、輸移出面での機能は低下した。こうして明末清初から形成され、一九世紀後半に成立していた廈門を中心とする地域的経済圏は商品流通上崩壊した。それでは、この廈門経済圏の崩壊は交易構造にどのような影響を与えたのであろうか。

(2) 廈門と中国沿海

廈門の中国産品の移出額の地域別変化を示したのが前掲図 7-2 であるが、一九世紀末以降、華北・東北の開港場の割合が減少しているほか、日清戦争後に台湾の割合が大きくなっているのは、汽船による交易の増大を示している。一九〇四年の華北・東北の急減は日露戦争が原因である。

表7-7　廈門における輸出入砂糖取扱商

	店名	国籍	資本額（円）	取扱砂糖	輸入量(ピクル)
輸移出	源隆	清	2万～3万	氷糖，白糖，紅糖	
	茂記	スペイン	15万～16万	紅糖	
	美打	イギリス	40万～50万	氷糖，白糖，紅糖	
	福和春	清	10万	氷糖，白糖，紅糖	
	運記	清	10万	氷糖，紅糖	
	和春	清	4万～5万	紅糖	
	美南	日本	5万～6万	紅糖	
	晴記	清	3万～4万	氷糖，紅糖	
	鴻泰	清	5万～6万	氷糖，紅糖	
輸入	太古	イギリス		白糖（ジャワ産）	5,000
	義和	イギリス		幼花糖[1)]（ジャワ産）	3,000
	建源桟	オランダ		白糖（ジャワ産）	14,400
	乾利	スペイン	3万～4万	幼花糖（ジャワ・スラバヤ産）	3,000
	鴻記	イギリス	3万	幼花糖（ジャワ・スラバヤ産）	2,000

注1）幼花糖は白糖以上に精製したもの。
出典)『通商彙纂』明治42年18号，1909年4月3日，15-16頁。

廈門の中国産品の移入額の地域別変化を示したのが図7-11である。香港を中心として総額は増大しているが、一九〇四年までの時点では大きな割合の変化はない。一八九五年、一八九九・一九〇〇年の華北・東北の減少は、日清戦争による日本軍の営口占領と、義和団戦争によるものである。

① 華北・東北諸港との関係

廈門と華北・東北との関係をみると、宮田道昭は一八九〇年代の福建・広東産砂糖の流通の減少と東北産大豆粕の流通の減少を結びつけ、従来の市場が解体したと論じている[228]。しかし、一八九〇年代には日清戦争や華南の旱魃があったから、全体的な傾向をみるには適切な年代ではない。では、一九〇〇年代以降はどうであるのか。

確かに一九〇〇年代も砂糖の移出と大豆・大豆粕の移入は関連していた。それは表7-7、7-8をみると茂記・運記・鴻泰・和春は砂糖と大豆・大豆粕の両方を扱っていることからもうかがえる。

しかし、一八八二〜一九一一年の砂糖移出量と華北諸港からの大豆・大豆粕の移入量をみると、砂糖移出の減少に対して、大豆・大豆粕の移入量は増大している（前掲図7-3参照）。実際、廈門の大豆・大豆粕の移入量と砂糖の移出量の

表 7-8　廈門における大豆・大豆粕取扱商

店名	国籍	資本額概算（ドル）
茂記	スペイン	20 万
嘉祥	清	5〜6 万
運記	スペイン	10 万
建源桟	オランダ	12 万〜13 万 1)
合安	日本	4 万
鴻泰	イギリス	4 万
和春	清	3 万
鼎美	アメリカ	10 万

注 1）本拠ジャワにおける投資額。
出典）『通商彙纂』明治 42 年 32 号，1909 年 6 月 10 日，24 頁。

相関をみると、一八八二〜一九一一年の相関係数は－〇・三二五八であり、相関は弱い。大豆・大豆粕は水稲や煙草栽培用にも用いられており、[229]甘蔗栽培専用の肥料ではない。大豆・大豆粕の移入量の増減は廈門の砂糖の移出量よりも、戦争などの政治的事件と閩南の豊凶及び日本の需要と関係していたのだろう。

こうした傾向は一九〇〇年代にはより明確になり、一九〇二年に大豆・大豆粕移入量は減少しているが、この年、廈門周辺は旱害に見舞われており、外国米が大量に輸入されている。[230]一九〇四、一九〇五年の減少は、日露戦争によって輸送機関が日露両軍の輸送に用いられ、東北の大豆流通が妨げられたことが原因であった。[231]一九〇七年は凶作と械闘の被害が大きく、一九一〇年は旱魃、一九一一年は漳州で大規模な洪水が発生した年であり、増加している一九〇九年は閩南の穀倉である漳州は豊作であった。[232]

砂糖貿易と大豆・大豆粕交易の乖離は、一九〇九年の『通商彙纂』に、

> 従前当地方砂糖ノ産出盛ナリシ頃ハ、北郊即チ専ラ北方貿易ニ従事スル商人ニヨリ豆及豆粕ノ輸入ニ対シ交換的ニ砂糖ヲ輸出セシモノナリシガ、現今糖業稍々衰勢ニ向ヒツツアルヲ以テ、此ノ輸出ヲ以テ対抗スルヲ得ズ。
> 現今北郊ノ取引ハ常ニ片為替多シトス。[233]

とあることからもうかがえる。

実際、廈門と営口・煙台（芝罘）との貿易は、砂糖の移出が減少した廈門側が入超になっていたが、廈門側が上海に送金し、営口・煙台側が上海に期限付為替手形を組み、決済は上海において行われていた。[234]それゆえに砂糖の

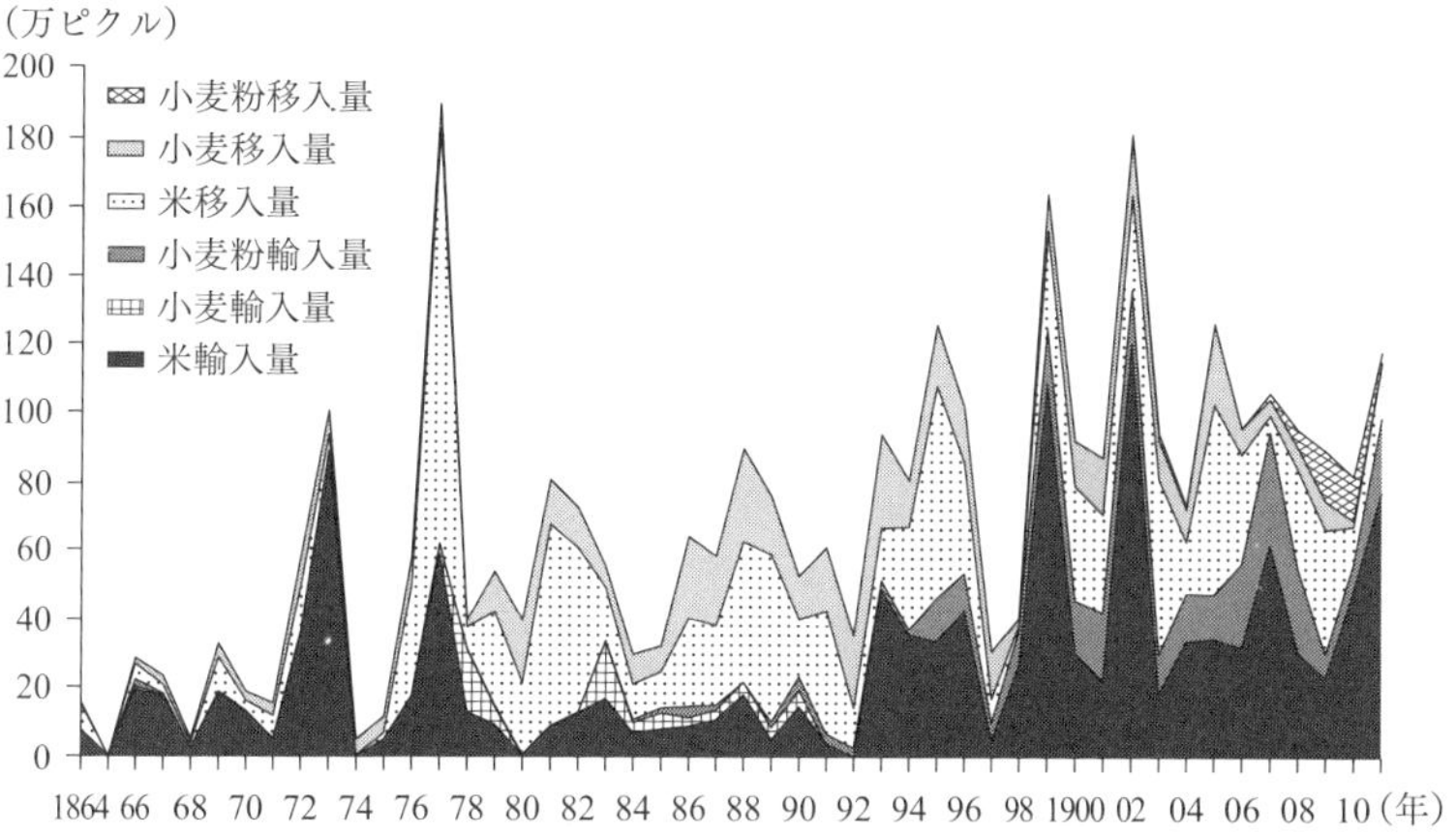

図 7-12　廈門の穀物輸移入量

出典）各年度廈門海関報告。

移出と大豆粕の移入が直接見合う必要はなくなっていたのである。結局、廈門と華北・東北諸港の関係は、砂糖の移出量が減少したものの、従来の構造を維持していたのである。

②　華中・華南諸港との関係

華中沿海諸港との関係は上海が中心であり、砂糖を移出して綿花・穀物を移入していたが、砂糖の移出は減少した。その他の廈門の移出品である麻袋・苧麻布・ザボン・生成煙草は主に上海に移出されていた[235]。しかし、それらは砂糖のような大幅な減少をみせず、前掲図7-2にも大きな変動はみられない。

廈門の穀物移入の大部分は華中諸港からであった。その中でも小麦粉は上海製が七割、漢口製が二割、鎮江製が一割を占めていたが、すべて上海に集積されて廈門に移出されたように[236]、上海の役割は大きかった。廈門の穀物輸移入量を示したのが図7-12であるが、年次変動や小麦から小麦粉への変化はあるものの、穀物の移入量はそれほど変化していない。輸入・移入の増減は生産地の豊凶と為替相場に左右されていた[237]。ただし、廈門の総輸移入量は増大しており、それは産地が多様で弾力的供給が可能な輸入によって支えられており、華中諸港との関係は従来の関係の維持にとどまっていた。

また、廈門の綿花・綿糸の輸移入量を示したのが図7-13であ

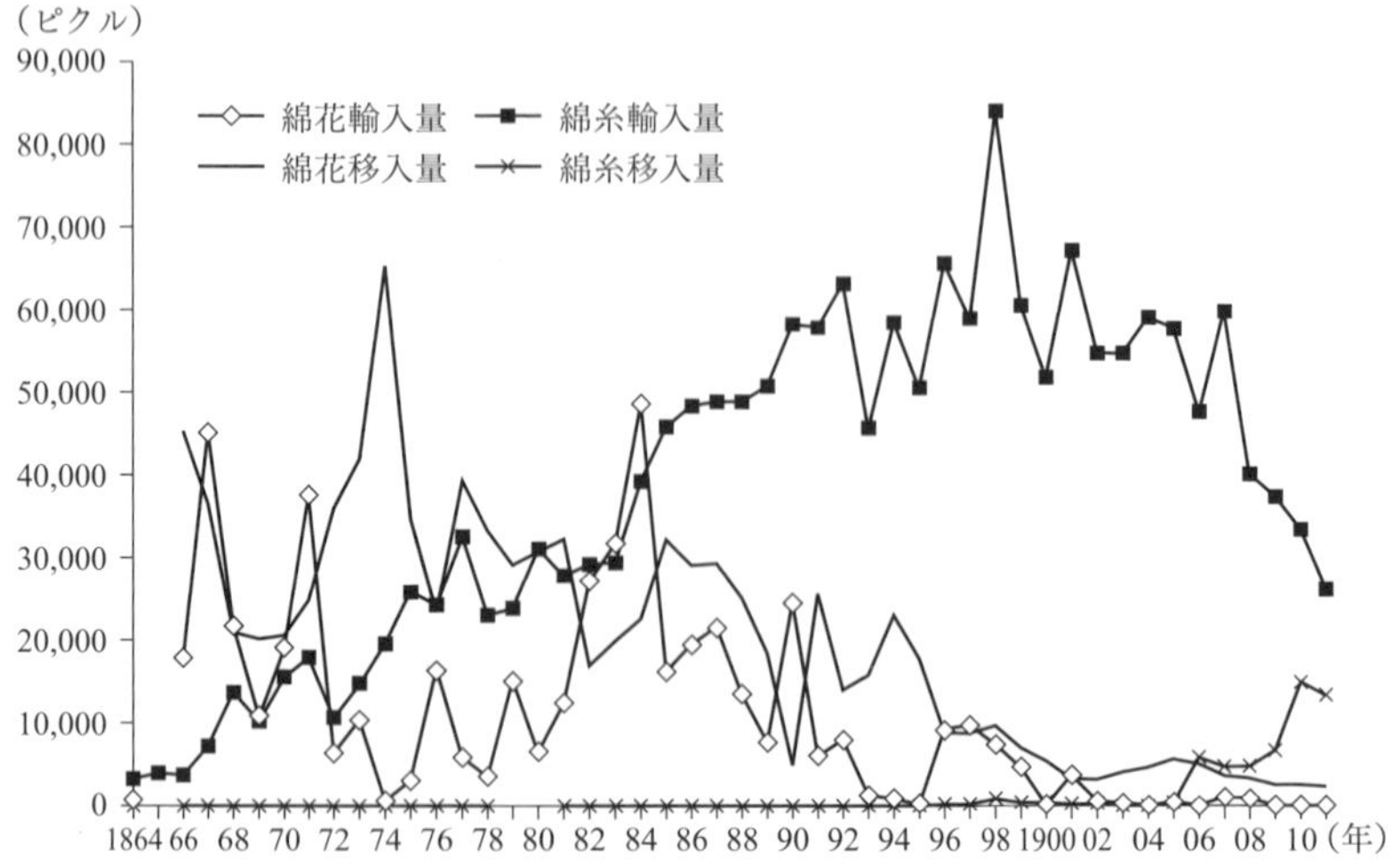

図 7-13　廈門の綿花・綿糸輸移入量

出典）各年度廈門海関報告。

るが、綿花の輸入量は次第に減少し、綿糸の輸入に取って代わられている。[238] 一九〇〇年代半ばになると綿糸の移入量が増大しているが、これは一九〇五年以降の銭安の傾向の中で上海の機械製綿糸が競争力を高めたことを背景としている。[239] そして、全体的な輸移入量の減少は、土布の生産の衰退と重なっていると思われる。

海関統計によって一九〇五年以降の廈門と華中諸港との関係の変化を正確に把握することは困難であるが、主要な移入品である穀物と綿花・綿糸の一九〇五年以降の移入量に大幅な変化がないことから判断すると、砂糖の減少以外は構造上大きな変化はみられなかったといってよいだろう。

前掲図7-2、7-11にみられるように、廈門と華南諸港の関係は希薄であった。距離的に近いことから海関統計が把握できないジャンク貿易が遠隔地交易よりも多く、貿易額が過少に見積もられていることは考えられる。[240] しかし、当該期にジャンク貿易は衰退しつつあったから、そのバイアスも少なくなってきているだろう。

むしろ交易が少ない最大の原因は、華南の諸港が類似した商品を輸移出していたことがある。当該期の新たな変化としては一九〇〇年代初頭以降の福州からのマッチの移入があっ

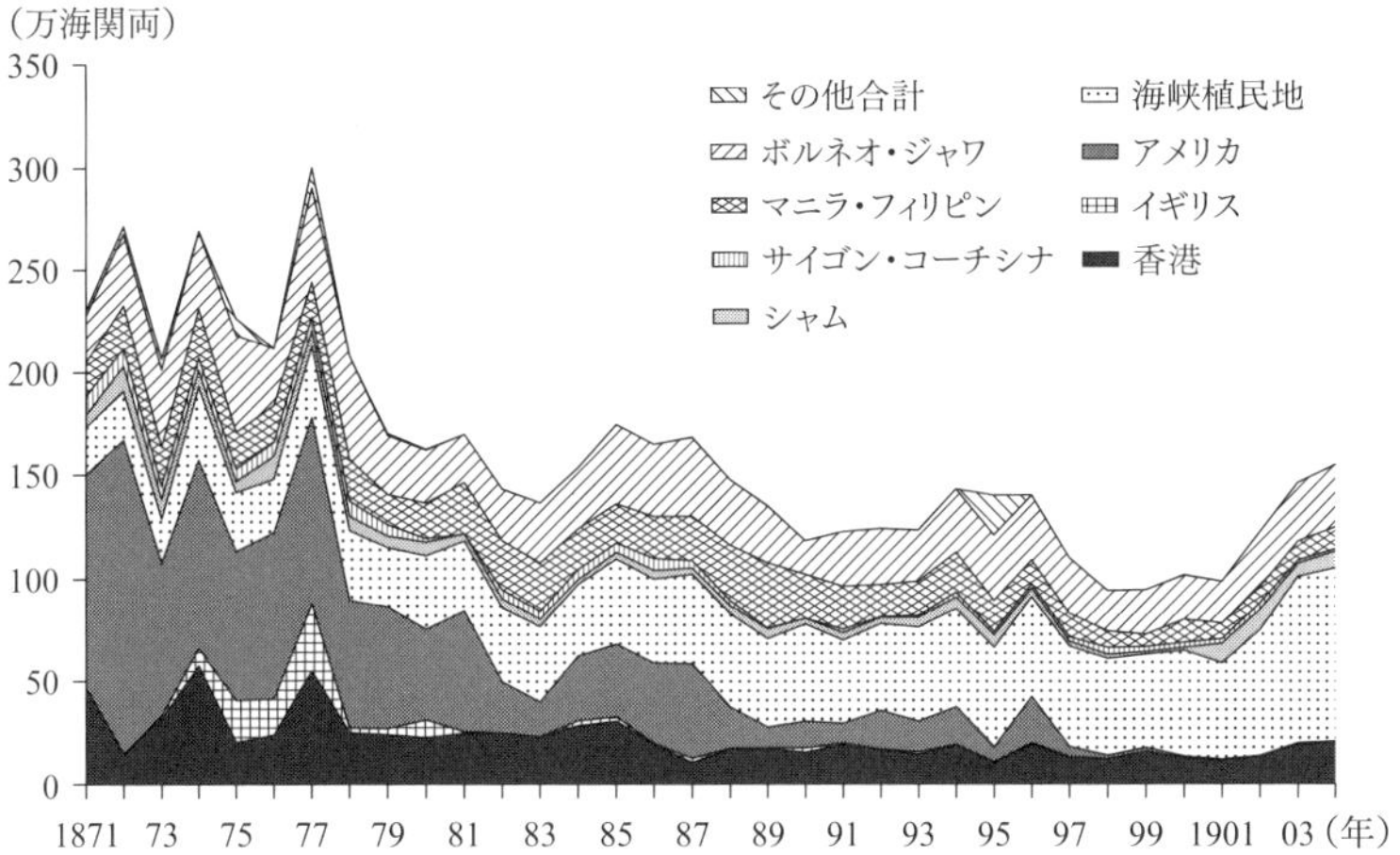

図7-14　廈門の中国製品輸出先

出典）各年度廈門海関報告。

たが、これは日本との競争に敗れ既存の関係を変えるには至らなかった[241]。

以上のように、一八八〇～一九一〇年にかけての廈門と開港場の交易構造には、砂糖の移出量半減以外の変化はほとんどなかったといえる。廈門経済圏の崩壊は廈門の中国沿岸貿易の構造を変容させるには至らなかったのである。では、対外貿易はいかなる状況にあったのか。

(3) 廈門対外貿易の変動

廈門における中国製品純輸出額の仕向地別の額を示したのが図7-14である。アメリカへの輸出が大幅に減少しているのは廈門茶の輸出の減少が原因であり、香港への輸出も減少している。こうした欧米向け移出に代わって海峡植民地やフィリピン、オランダ領東インドなどの東南アジア向けが増加し、廈門の輸出の東南アジアへの依存が増大しているが、全体としては減少分をカヴァーするには至らない。

廈門の外国製品輸入について、仕出地別の額を示したのが図7-15である。常に香港が八割近くを占めている。残りの大半は海峡植民地であり、基本的に東南アジアが残りの大半を占めている構造に変化はない。

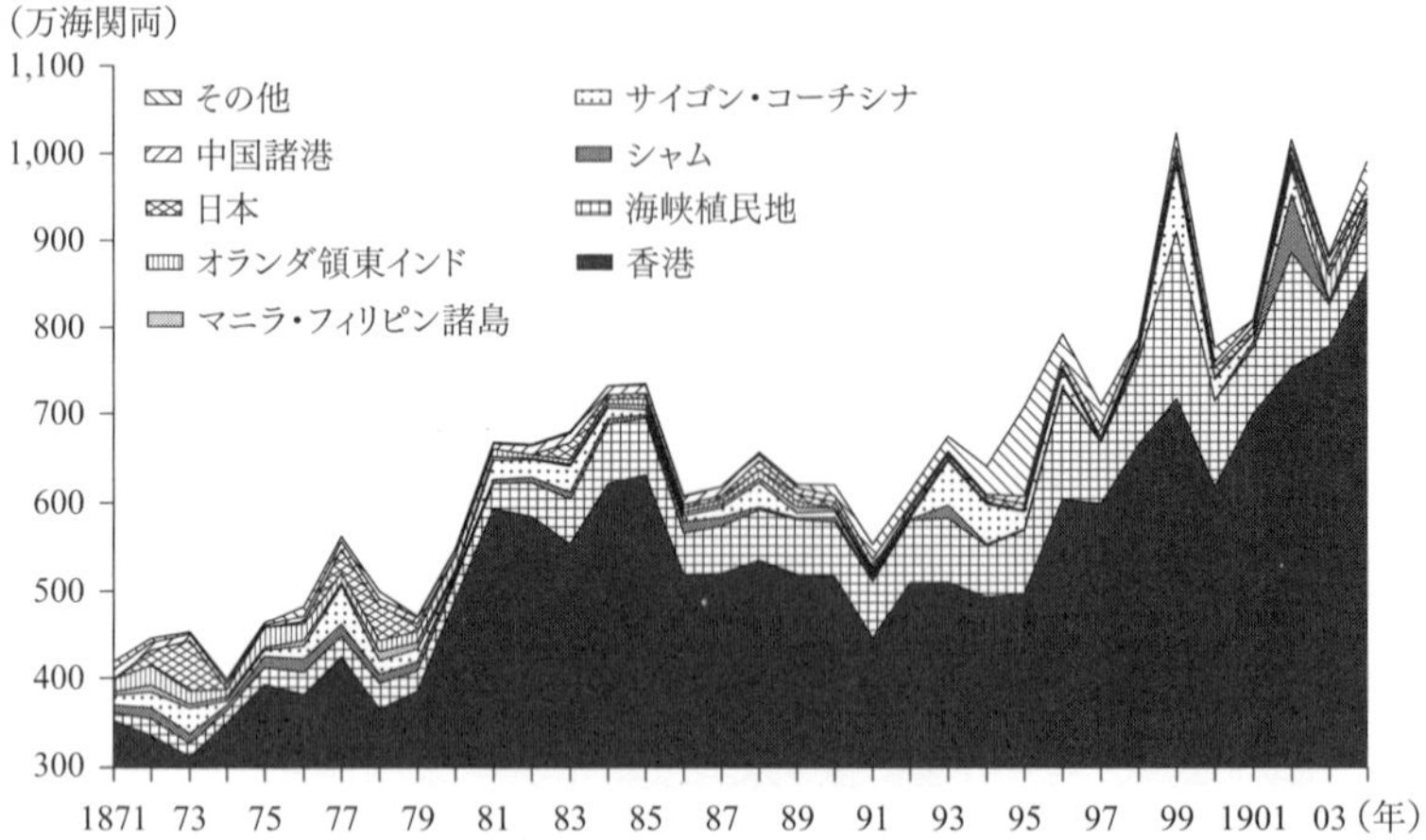

図 7-15　厦門の外国製品輸移入額

出典）各年度厦門海関報告。

したがって、対外貿易は香港と東南アジアが重要となる。そのうち香港は中国と諸外国を商業的に媒介する中継的役割を担っていたが[242]、厦門も特に外国製品の輸入面でこの貿易関係に組み込まれ、東南アジアから直接輸入された商品を除く大部分の外国製品が香港から輸入されていた。

東南アジアとの貿易では、中国製品の輸出は東南アジア華人向けであり、従来と同じように茶・紙類・煉瓦・鉄鍋・麺類・柑橘類などで[243]、先述したように、量的には減少傾向にあるものが多かった。輸出先は海峡植民地が最大であるが、これは閩南からの移民が多いだけでなく、東南アジアの域内流通の中継港となっていたシンガポールとペナンを擁するからであろう[244]。これに次ぐのが中国系移民の多いオランダ領東インドであった。一方、フィリピンはスペイン領時代には福建人商人が多数マニラなどに赴き、貿易規模は大きかったが、一八九八年の米西戦争の結果、アメリカ領となり、保護関税が設けられて厦門からの輸出は衰退した[245]。

東南アジアからの輸入については海峡植民地から雑貨・海産物、ジャワから砂糖・燕の巣・海産物、ラングーン・仏領インドシナ・シャムから米と海産物が輸入されており[246]、品目では、従来と変化はない。

廈門の海産物の輸入量は多く、華南で最大であったが、これは東南アジアにおいて廈門からの移出品と海産物が交換されたことによる。そして、この貿易を扱っていたのは東南アジア及び香港の中国人商人であった[247]。海産物の中で主要なものは干し海老、干し魚、塩魚、ナマコ等であり、輸入量は変動したが、一定の水準を保っていた[248]。東南アジアからの米の輸入は前掲図7-12に示したように閩南の豊凶にともなって変動が激しいが、一九〇〇年代に入って増大傾向にある。これは台湾米の輸入減少が原因であろう。

以上から、対外貿易も、アメリカ向け輸出が減少する中で、香港及び東南アジアとの関係は維持・強化された。対アメリカ貿易が、一九世紀後半の茶のブームにおける一時的なものと考えれば、廈門の商品流通上の経済圏崩壊は、従来の交易構造に根本的な変化を与えていないことになる。それでは、このような交易構造の維持はいかにして可能であったのか。

（4）貿易と華僑送金

華僑送金と貿易決済

廈門の大幅な入超は、東南アジア移民の故郷への送金を中心とする華僑送金によって補塡されていた[249]。そして、上海や香港に対して債務関係を作り出すことにより、華僑送金の一方的受け入れによる東南アジア為替の下落を防ごうとする関係が形成されていた[250]。

この華僑送金によって決済される廈門の上海と香港に対する債務額とそれが華僑送金に占める割合を一九〇四年の海関統計からみることにする[251]。

廈門の開港場に対する入超額から、上海以外で決済が行われた可能性の高い福州・汕頭の額を差し引くと、廈門の上海に対する貿易面での債務の概算額（三八四万海関両）となる[252]。また金銀移出入を同様に補正すると、上海に対する金銀の債務概算額（一六万海関両）となり[253]、それを差し引くと、廈門の上海に対する推定債務額は約三七八万海関両となる。

香港については、香港以外の地域の貿易決済も行っていたと考えられるが、その額は不明であるため、単純に香港のみを扱うと廈門は貿易面で約八二七万両、金銀で約四二万両、合計八六九万両の債務となるが、実際にはこの額を上回っていたことが予想される[254]。

一九〇五〜一九一〇年の廈門への華僑送金額は、年平均約一二五〇万海関両である[255]。一九〇四年の華僑送金の額を一二五〇万海関両と仮定すると、送金の約三〇％が上海、約七〇％が香港との決済に充当されたことが予想される。華僑送金には帰国する移民自身の携帯する現金が含まれていないために、上記の割合は実際にはより低いであろうが、いずれにしても廈門と香港・上海のあいだの債務決済は大部分が華僑送金によるものであり、華僑送金が内国・対外貿易の相当部分を支えていたことが予想される。

また、東南アジアとの貿易においても華僑送金のための為替関係は利用されていた。例えば、廈門は台湾包種茶を東南アジアへ再輸出していたが、廈門・台湾間の為替は台湾銀行が取り扱い、廈門で決済されていた。一方、廈門・東南アジア間の為替は華僑送金と同様に銭荘・信局・外国銀行が扱っており、これは片為替であったから[256]、東南アジアからの送金で決済されたことが予想される。また、逆に、東南アジアからの輸入に華僑送金が利用される場合もあった[257]。

それでは、華僑送金は廈門の貿易にどのように貢献したのだろうか。一九〇四年の廈門海関報告は、廈門の貿易の入超について次のように述べている。

しかし、この超過の大部分は帰還する移民と移住民が海外からもたらす資本によって補塡されていると推定される。廈門とその周辺地域は本質的に［海外］移民をする人々によって構成されている。一〇家族のうち、八家族のメンバーの誰かは、以前ないし現在も海外にいて、給与を得るか貿易に従事し、彼らの家族に定期的に送金している。彼らはみな遅かれ早かれ、財産のみならず、西洋の習慣や奢侈品に対する明確な嗜好をともなって帰国する。彼らの多くは衣服に外国製の織物を採り入れ、擬似外国風に、そして時には半外国風建築の家で暮らしている。これらの比較的富裕な人々の中から、多数の人々から成る階層が形成され、福建南部の至る所に散らばっている。彼らの中から廈門の外国製品取扱商人は顧客を得て、彼らのために大量の外国製品を輸入している。［そうした］欧米産の奢侈的な製品購入に費やす何百万ものお金は、確実に［奢侈品の］バイヤーの満足感を一時的に増すであろうが、同時に国富の全くの損失を示しており、それを地域の鉱山や工業に投資する方が賢明ではないかという疑問は未解決である。[258]

このように、送金が外国製の奢侈品に用いられたという批判的な記述は他年度の海関報告にもみられる。[259] 実際、廈門の輸入貿易による外国製品の中には綿製品、高価な海産物や食料品等の輸入は多い。しかし、輸入額全体額からみれば、奢侈品が大部分を占めていたとはいえない。[260]

また、送金は中国製品の移入にも貢献していた。前述した上海への債務関係は、国内の交易によって作り出されたものである。したがって、華僑送金は、外国製品・中国製品いずれかの貿易の影響だけを強く受けているわけではない。

それゆえ、華僑送金は国内・国外貿易の両面で貢献していたといえる。つまり、華僑送金は廈門と中国沿海、廈門と東南アジアという従来の交易構造を両方ともに支えていたことになる。換言すれば、廈門を中心として、閩南に華僑送金による後背地が成立していたということになる。

では、実際に貿易を担っていた商人たちはどのような状況であったのか。前述した廈門茶及び台湾茶貿易の衰退と、後述するアヘン貿易の衰退は、それを扱っていた外国商社の廈門からの撤退を招き、外国人商人の廈門における力を弱めた。一方、従来の交易を掌握していた中国人商人は、その交易構造を維持し、かつ外国人商人の内地市

表 7-9　廈門における台湾包種茶取扱商

商店名	国籍	営業主名	所在地	資本額	台湾と仕向地の商号
建興	清	陳子斑	廈門水仙宮街	約 10 万ドル	台北：建泰号。スマラン：振隆興
永裕	日本	陳玉露	廈門恒勝街	約 10 万ドル	台北・スマラン：義裕号
錦祥	日本	郭春式	廈門柴橋内	約 10 万ドル	台北・スマラン：錦祥号
瑞源	清	陳有志	廈門停仔下街	約 10 万ドル	台北：珍記号（委託）。スマラン：瑞源号
建成	日本	黄清標	廈門何仔乾街	約 10 万ドル	台北・スマラン・チレボン・シャム：瑞源号
成記	スペイン	馬厥猷	廈門廟後街	約 7～8 万ドル	台北・スマラン：成記号
寔芳	日本	陳大珍	廈門崎頭宮	約 5 万ドル	台北：珍記号。シャム：仙記号。スマラン：瑞源（委託）
景茂	清	楊成哲	廈門本部街	約 5 万ドル	台北・チレボン：景茂号
啓瑞	清	洪天球	廈門史巷街	約 5 万ドル	台北：発記号。スマラン：建成号（委託）
珍春	清	王芳称	廈門寮仔後街	約 4 万ドル	台北・チレボン：珍春号
耀記	日本	陳辰九	廈門後路街	約 3 万ドル	台北：辰記号。スマラン：永綿利
文川	清	洪英	廈門柴橋内	約 3 万ドル	台北：万源号。スマラン：瑞和号

出典）『通商彙纂』明治 45 年 6 号，1912 年 1 月 25 日，19-20 頁。

表 7-10　廈門における海産物取扱商

商店名	国籍	所在地	資本額	備　考
裕徳	清	港仔口街	約 10 万ドル	海産物商と北部中国貿易を兼ねる。銭荘間の信用あり
宜美	清	洪本部街	約 10 万ドル	海産物専業。取引が盛大で銭荘間の信用あり
和泰	清	鎮邦街	約 8 万ドル	海産物専業。取引が盛大で銭荘間の信用あり
合安	日本	洪本部街	約 3 万ドル	海産物商と北部中国貿易を兼ねる
建興	清	竹仔街	約 3,000 ドル	穀物商。現在海産物取引に従事
徳成	日本	魚仔市街	約 3,000 ドル	穀物・龍眼肉商人。現在海産物取引に従事
荘春成	日本	木屐街	約 5 万ドル	兼業あり。銭荘の信用あり
瑞裕	清	洪本部街	約 5 万ドル	兼業あり。銭荘の信用あり
哲記	スペイン	洪本部街	約 4 万ドル	兼業あり。銭荘の信用あり
福和春	清	大史巷	約 4 万ドル	兼業あり。銭荘の信用あり
茂記	スペイン	港仔口街	約 4 万ドル	兼業あり。銭荘の信用あり

出典）『通商彙纂』明治 43 年 41 号，1910 年 7 月 25 日，46-47 頁。

場への参入を防いだことにより、相対的にその地位を高めていったことが予想される。

事実、従来からの主要な貿易品を扱っていたのは中国人商人であった。前掲表7-7、7-8及び表7-9～7-12は廈門の主要な商品の取扱商人を示しているが、砂糖の輸移出（表7-7）、大豆・大豆粕（表7-8）、包種茶（表7-9）、海産物（表7-10）、穀物（表7-11）を扱う商人の大部分は中国人または日本人である。また、表7-12の石炭のような開港以後に取扱が始まった商品にも中国人商人が進出している。

また、表7-13からうかがえるように、国籍が日本人とされる商人の多くは台湾籍民であった[261]。これと同様のことは日本以外の外国籍華人商人についてもいえるだろう。したがって、廈門商人（福建人商人）は中国人、台湾籍民、東南アジア華人に分かれながらも、廈門交易の実権を握っていたことになる。

表7-11　廈門における小麦粉取扱商

商店名	国籍	所在地	資本額
鼎美？	アメリカ	荖葉街	約10万ドル
慶豊	清	荖葉街	約1万ドル
晋美	清	荖葉街	約1万ドル
南慶	日本	磁街	約1万ドル
光利	日本	磁街	約1万ドル
和盛	清	磁街	約3,000～4,000ドル
乾成	清	打鉄路頭	約2,000～3,000ドル
震南	日本	洪本部	約2,000～3,000ドル
順源	清	洪本部	約2,000ドル
広福源	日本	典宝街	約2,000ドル
財記	オランダ	荖葉街	約2,000ドル

出典）『通商彙纂』明治42年37号，1909年7月5日，34頁。

表7-12　廈門における石炭取扱商

商店名	国籍	炭種	貯蔵量（トン）
ジャーディン・マセソン商会	イギリス	九州二等炭	1,500
パセダグ商会	ドイツ	九州二等炭 カーディフ炭	2,000 1,000
ボイド商会	イギリス	九州峰地炭	2,500
バターフィールド・スワイア商会	イギリス	九州峰地炭	1,300
建源号	清	芳雄切込炭	1,200
同泰号	清	ホンゲー炭	1,800
鏡号	清	ホンゲー炭	850

出典）『通商彙纂』明治43年5号，1910年3月25日，7頁。

表 7-13　廈門における日本人・台湾人商店

	商店名	所在地	取扱商品種類	卸・小売別
日本人	台湾銀行	海後街		
	三井物産会社	海後街	石炭・マッチ・綿糸・綿織物・ビール・大豆・豆粕・葉煙草・小麦粉・砂糖	卸
	大阪商船会社	海後街		
	殖民銀行	海後街	台湾向け現地人労働者を移送	
	三五公司	鼓浪嶼	ゴム・樟脳	
	広貫堂	水仙宮街	薬・雑貨	卸・小売共
	柏原洋行	鎮邦街	薬・雑貨	卸・小売共
	久光堂	竹仔街	薬・雑貨	小売
	日龍公司	竹仔街	薬・雑貨	卸・小売共
	旭昇洋行	竹仔街	薬・雑貨	卸・小売共
	福源堂	港仔口	薬・雑貨	卸・小売共
	馬場洋行	鼓浪嶼	雑貨・食料品	小売
	早川洋行	鼓浪嶼	薬・雑貨・食料品	
台湾人	祥記行	水仙宮街	雑貨・綿織物・海産物・乾物	卸
	荘春成洋	木屐街	雑貨・綿織物・海産物・乾物	卸
	協順益	石埕街	雑貨	卸
	復泰	木屐街	雑貨	小売
	隆泰	島美街	雑貨	小売
	洽記	磁街	雑貨	卸・小売共
	建昌	石埕街	雑貨	卸
	振源	石埕街	綿織物	卸
	広徳昌	石埕街	綿織物	卸
	生和泰	石埕街	綿織物	卸
	建成	河仔乾街	台湾茶	卸
	錦祥	柴橋内	台湾茶・東南アジア糖	卸
	義裕	恒勝街	台湾茶・東南アジア糖	卸
	益記	木屐街	海産物・乾物	卸
	栄宗	恒勝街	海産物・乾物	卸
	広奐号	外教場	海産物・乾物	卸
	信記	港仔口	時計類	卸・小売共
	同成	木屐街	時計類	卸・小売共
	啓時	港仔口	時計類	卸・小売共
	怡源	港仔口	雑貨家具	小売
	信宜有	布袋街	雑貨	卸
	坤記	洪本部街	雑貨	卸
	宝蔵	港仔口	呉服・薬種	小売
	美南	老葉街	大豆・豆粕	卸・小売共

出典）『通商彙纂』明治 44 年 49 号，1911 年 8 月 23 日，68-69 頁。

一九〇八年、駐廈門イギリス領事は、次のように報告している。

アヘン・綿糸・鉱油・少量の反物を除き、廈門の貿易は完全に中国人と日本人の掌中にある。台湾の基隆港の改修と、その結果［台湾］茶貿易が廈門から［基隆に］転じたことは、この港における西洋人の商社への痛烈な打撃であった。（中略）自身の貿易を補う海運業・銀行業を営んでいない商社は消滅してしまい、［商社］すべてが職員を減らさざるをえず、そして、廈門の繁栄の日々を知っている人々にとって、［西洋人の］商店が次々と現地の人々の手に渡っていくのをみることは嘆かわしいことである。[262]

以上から、二〇世紀初頭において、廈門では欧米人商人の勢力が完全に衰退したことがわかる。また、ここでいう日本人とは当時激増していた台湾籍民のことを含むと思われるから、台湾籍民を含めた福建人が廈門の貿易活動において優位を占めていたことがうかがえる。

では、なぜ福建人商人がその交易を維持できたのだろうか。表7-14は、一九一〇年の廈門商務総会の役員及び会員を示している。[263]これは、当時の廈門における主要な商人を表しているといえるだろう。この中で、営業内容が判明している二三名のうち、九名が、銀行・銭荘等の金融業者である。また、資本額が多いのも北郊の茂記を除けば全て銀行・銭荘である。ここから、廈門における金融業の地位の高さがうかがえる。[264]

金融業が高い地位を占めていたのは、他の商業が衰退していく中で金融業のみが発展したからである。[265]それは、華僑送金が増大し、それを福建人の銭荘及び信局[266]が掌握していたことによる。表7-15・7-16に東南アジアと取引する為替業者を示したが、全て銭荘もしくは信局であり、東南アジアにおける廈門と取引する為替業者の多くも銭荘・信局である。ここからは、華僑送金を福建人金融業者が把握し、福建人商人はその金融面での支えを利用して、交易を維持していたことが予想される。

表 7-14　廈門商務総会役員・会員

姓名	住所	商店名	営業内容	資本額	役職
林爾嘉	鼓浪嶼	信用銀行	銀行業	約 60 万ドル	総理
洪暁春	洪本部街	源裕	米商	約 4 万ドル	協理
陳祖琛	打棕街	謙亨	当舗	約 6 万ドル	庶務議董
王兆揚	打鉄街	源隆	北郊	約 2 万ドル	庶務議董
葉嵩華	太史巷街	信記	銭荘	約 30 万ドル	商会議董
蔡紹訓	—		—	—	商会議董
陳慶余	港仔口街	福和春	—	約 2 万ドル	保商議董
荘贊周	木展街	春成	雑貨業	約 3 万ドル	保商議董
黄慶元	太史巷街	建源	銭荘	約 10 万ドル	貢燕議董
姚盛本	港仔口街	茂記	北郊	約 35 万ドル	貢燕議董
陳炳栄	碗街	炳記	雑貨業	約 1 万 2,000 ドル	
林鶴寿	鼓浪嶼	建祥	銭荘	約 100 万ドル	
邱曾権	島美街	鴻記	銭荘	約 20 万ドル	
陳得三	硴街	合勝	—	—	
王奐雲	木展街	益記	雑貨業	—	
林啓恒	港仔口街	茂記	北郊	約 35 万ドル	
陳天恩	石埕街	寿世堂	西洋医	—	
周隆福	竹仔街	保合	紙商	約 1 万 2,000 ドル	
楊廷梓	二十四崎頂	文圃	茶商	約 10 万ドル	
黄猷炳	太史巷街	炳記	銭荘	約 100 万ドル	
邵棠	港仔口街	永成利	雑貨業	約 2 万ドル	
徐寿萱	木展街	成聚	—	—	
黄廷枢	—	勝隆	—	—	
蘇攀仲	洪本部街	—	—	—	
王隆恵	—	—	—	—	
傅政	テート商会買辦	—	—	—	
呉星南	建奐街	—	—	—	
曾崐山	洪本部街	合安	米商	約 3 万ドル	
葉崇禄	崎頂宮街	—	—	—	
黄恢	石埕街	—	—	—	
林松馨	港仔口街	吉祥	銭荘	約 3 万ドル	
林逢貴	洪本部街	鴻泰	米商	約 4 万ドル	
黄榜三	洪本部街	宜美	—	約 5 万ドル	
黄観瀾	洪本部街	万信豊	銭荘	約 3 万ドル	
邱曾三	島美街	滙源	銭荘	約 4 万ドル	
呉瑞奎	布袋街	豊順	—	—	
林清漢	水仙宮街	金同隆	—	—	
荘文沢	港仔口街	裕徳	—	—	
石佳才	新路頭街	合奐隆	—	—	
蘇子謙	水仙宮街	徳臣洋行	—	—	
阮鏡波	—	—	—	—	
陳秀律	—	—	—	—	
龔州	—	徳律風公司	—	—	
林淑材	—	—	—	—	
欧陽芸	—	—	—	—	

出典）『通商彙纂』明治 43 年 42 号，1910 年 8 月 1 日，22-24 頁。

表 7-15　廈門における対東南アジア為替業者

<table>
<tr><th>取扱方面</th><th>形態</th><th>国籍</th><th>商店名</th></tr>
<tr><td rowspan="4">マニラ
（含むフィリピン諸島）</td><td rowspan="3">銭荘</td><td>日本</td><td>朝記</td></tr>
<tr><td>スペイン</td><td>炳記</td></tr>
<tr><td>清</td><td>源昌，源盛</td></tr>
<tr><td>信局</td><td>清</td><td>万美，捷勝，豊記，如鴻，福記，平記，天乙</td></tr>
<tr><td rowspan="3">ジャワ，海峡植民地，
ラングーン</td><td rowspan="3">銭荘兼信局</td><td>日本</td><td>天成，広興</td></tr>
<tr><td>清</td><td>悦仁，祥盛，福聯記</td></tr>
<tr><td>フランス</td><td>如鴻</td></tr>
<tr><td rowspan="4">仏領インドシナ</td><td rowspan="4">銭荘兼信局</td><td>日本</td><td>天成，隆記</td></tr>
<tr><td>清</td><td>瑞裕，悦仁，泰治</td></tr>
<tr><td>イギリス</td><td>錦源</td></tr>
<tr><td>フランス</td><td>万豊源</td></tr>
</table>

出典）『通商彙纂』明治45年10号，1912年2月5日，75-76頁。

表 7-16　東南アジアにおける為替取扱業者

地域	取扱業者
シャム	鴻興号，その他多数の銭荘
ジャワ・海峡植民地	香港上海銀行，チャータード銀行，その他多数の銭荘
サイゴン	瑞裕，郭有品，客頭その他の銭荘
マニラ	炳記，朝記
香港	香港上海銀行，チャータード銀行，交通銀行，銭荘
ラングーン	シンガポール経由

出典）『通商彙纂』明治45年10号，1912年2月5日，76頁。

おわりに

本章をまとめると以下のようになる。一九世紀後半、廈門を中心とし、主に漳州府に広がる閩南の後背地と台湾から成る経済圏が成立していた。その経済圏は砂糖・大豆交易により華北・東北沿海と、砂糖・綿花交易により華中沿海と結びつき、東南アジアとも従来の交易関係を維持していた。

しかし、一九世紀末以降の世界的な貿易の拡大と産地間競争の激化の中で、廈門の輸移出産品は品質改良を進めることができなかった。そのため、茶・砂糖等の廈門の商品輸移出は衰退した。

日本の台湾領有後は、交通機関の整備による基隆の茶貿易の発展によって廈門の台湾茶貿易は衰退し、日本の関税政策によりジャンク貿易も衰退した。その結果、台湾は日本の経済圏に統合されて廈門の経済圏から離脱した。

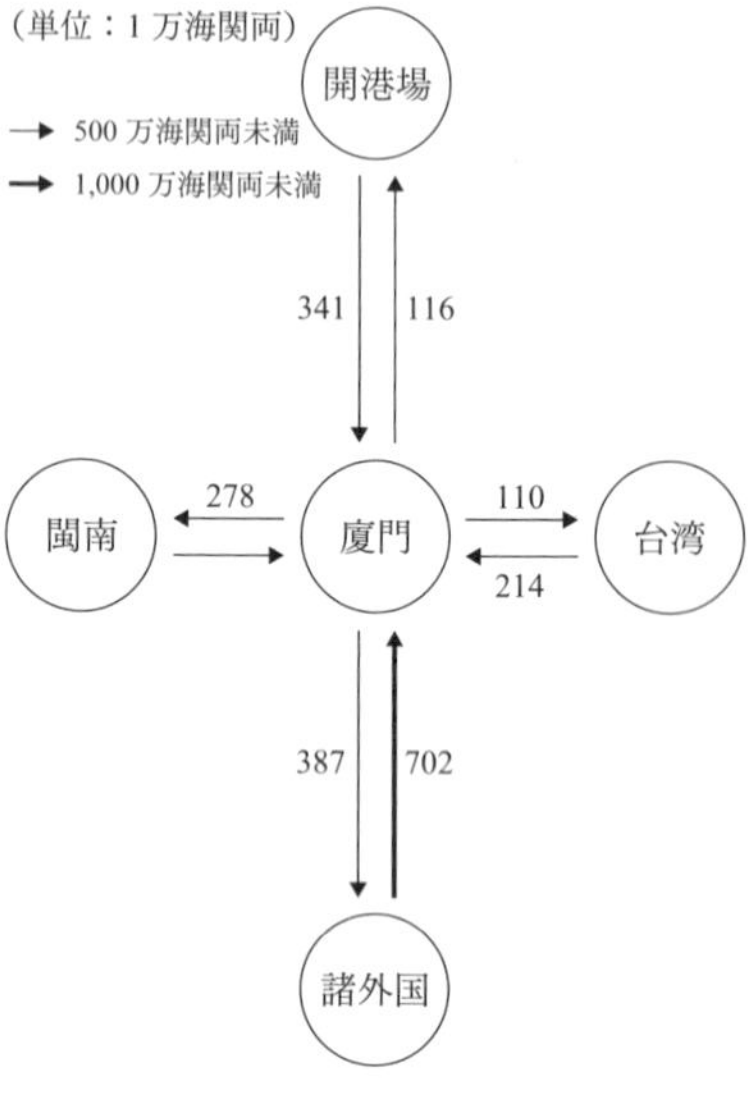

図7-16　廈門の交易構造（1881年）

出典）1881年度廈門海関報告。

以上の結果、廈門を中心とする経済圏は商品流通上崩壊した。しかし、中国沿岸諸港と東南アジアとの交易構造は廈門の出超を補塡する華僑送金によって維持・強化されていた。

一八八一年と一九一〇年の廈門の交易構造を示したのが図7-16、7-17である[267]。インフレを考慮すると、廈門からの輸移出が全体的に減少し、台湾との関係は輸移出入とも薄くなっている。一方、開港場と外国からの輸移入は増大している。つまり、従来の商品流通による閩南における後背地と台湾から成る経済圏が崩

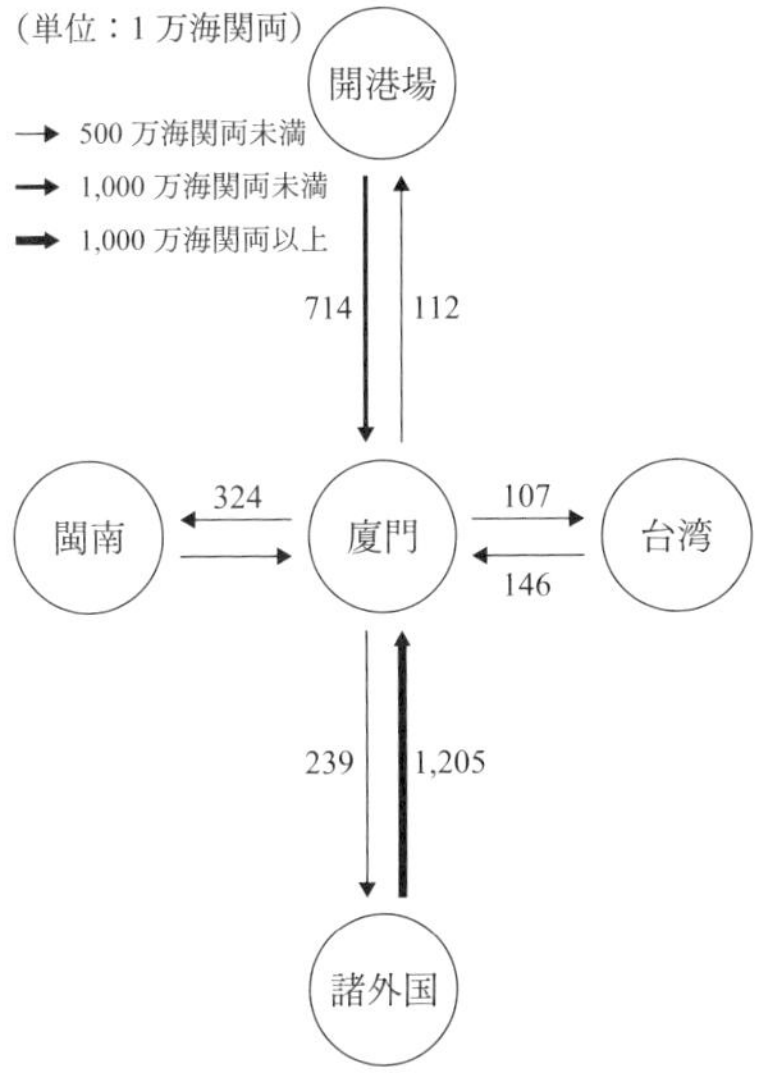

図7-17　廈門の交易構造（1910年）

出典）1910年度廈門海関報告,『台湾貿易四十年表』。

壊したこの時期には、交易構造自体は、新たに成立してきた廈門を受け入れ口とし、泉州府を主体に漳州府・龍巌州・永春州に広がる華僑送金による閩南後背地によって維持・強化されていたといえる(268)。なお、この新たな後背地の中心は、商品流通上の後背地の中心であった漳州府ではなく、泉州府であった。したがって、経済的困難が移民の増加に直結しているわけではなく、従来からの歴史的関係によって相違が生じたといってよい(269)。

中国全体では一次産品輸出が活性化する中で、閩南は商品生産を他地域に技術移転しつつ、その移転先地域との競争に敗れる形で、商品生産からは撤退していく。一方で、閩南には廈門を中心とする華僑送金による金融ネットワークにより、新たなまとまりが形成されていた。

では、このような変動の中で、華人や台湾籍民を含む廈門・福建人商人が貿易を掌握し続けていたのはなぜだろうか。今回扱うことができなかった彼ら貿易の担い手と地方官・外国人商人などとの関係については、次章以降で検討したい。

第8章　善堂とアヘン

——一九世紀後半、廈門におけるアヘン課税問題

はじめに

一九世紀、宋代より中国の海上交易を担ってきた福建人は二つの方面から衝撃を受けた。第一には、開港後における欧米人を中心とする外国人商人の進出と欧米船の中国沿海への展開であり、福建人の活動領域は大きく浸食された。第二には、開港を契機とする広東人の勢力拡大である。開港後、広東人が欧米商社の買辦としての地位を利用しつつ、清朝地方官僚とも結びつき、中国沿海・長江沿岸部に急速に勢力を伸張したことにより(1)、中国沿海部における福建人の地位は相対的に低下した。さらに、前章で示したように、一九世紀末には廈門の輸出商品の大半が衰退し、日本の台湾領有によって台湾は廈門・閩南の経済圏から切り離されて日本の経済圏に包摂された。

しかし、福建人の商業活動は衰えることなく、東南アジア華人世界における圧倒的な地位も揺らぐことはなかった。その背景の一つには、廈門と東南アジア・中国沿海部との貿易構造に変化はなく、貿易の大半を、台湾籍民を含む福建人が掌握していたことがあるだろう。

それでは、なぜ廈門において欧米人商人が衰退し、広東人をはじめとする他地域の商人が浸透できず、福建人が

商業を掌握し続けたのか。また外国籍に基づく特権を求めた廈門の人々が、どうして当時最も有力な列強であったイギリスの臣民ではなく台湾籍民となったのか。[2] そして清朝地方官僚たちがそれを統制できなかった理由は何か。一九世紀末〜二〇世紀前半の福建人の展開に関わるこれらの問題についての検討は、従来ほとんどなされていない。そこで本章では廈門におけるアヘン課税問題を手がかりに以上の問題を考えたい。

本章でアヘンを取り上げるのは、廈門の輸入貿易におけるアヘンの重要性による。第1章で述べたように、閩南は廈門開港以前からアヘンの主要な輸入拠点であったが、開港後の廈門も中国の外国アヘン貿易において重要な地位を占め続けた。[3] 廈門の都市人口及び後背地人口が少ないことを考慮すると、廈門の外国アヘン輸入量は中国の開港場の中でも汕頭と並んで特異な地位を占めている。[4] そして、廈門において外国アヘンは輸入の第一位の品目であり続けた。したがって、廈門の外国アヘン貿易は開港場全体でも、廈門の交易に即しても重要といえる。そして、外国アヘンこそが外国人商人にとって最も重要な輸入商品であった。

本章では、一八八〇年代後半〜一八九〇年代前半の約一〇年間を重点的に取り上げる。それは、当該期においてアヘン貿易に関して以下の二つの税制上の決定的な変化がみられたからである。

(1) 一八八七年の芝罘協定追加条項発効により、各開港場のアヘン釐金課税額が画一化され、海関によって関税とともに一括して徴収されるようになった。

(2) 一八九〇年以降、中国アヘン（土薬）に対する課税の整備が進められた。

同時期のアヘン貿易についてみると、中国全体の外国アヘン輸入量は、一八八八年に一八七九年に次ぐピークを迎え、その後は中国アヘンとの競争によってゆるやかに減少していく。[5] また、廈門と汕頭のアヘン輸入量を示したのが図8-1であり、一八七〇〜一八八〇年代にかけて高い負の相関を示している。[6] 一八八〇年代前半に廈門の輸入量は増大しているが、これは一八八一年以降、汕頭での釐金額が廈門を上回る額に引き上げられたためである。そして、一八八四〜一八八五年は清仏戦争時のフランス海軍による台湾封鎖の影響で、廈門から台湾へのジャンク

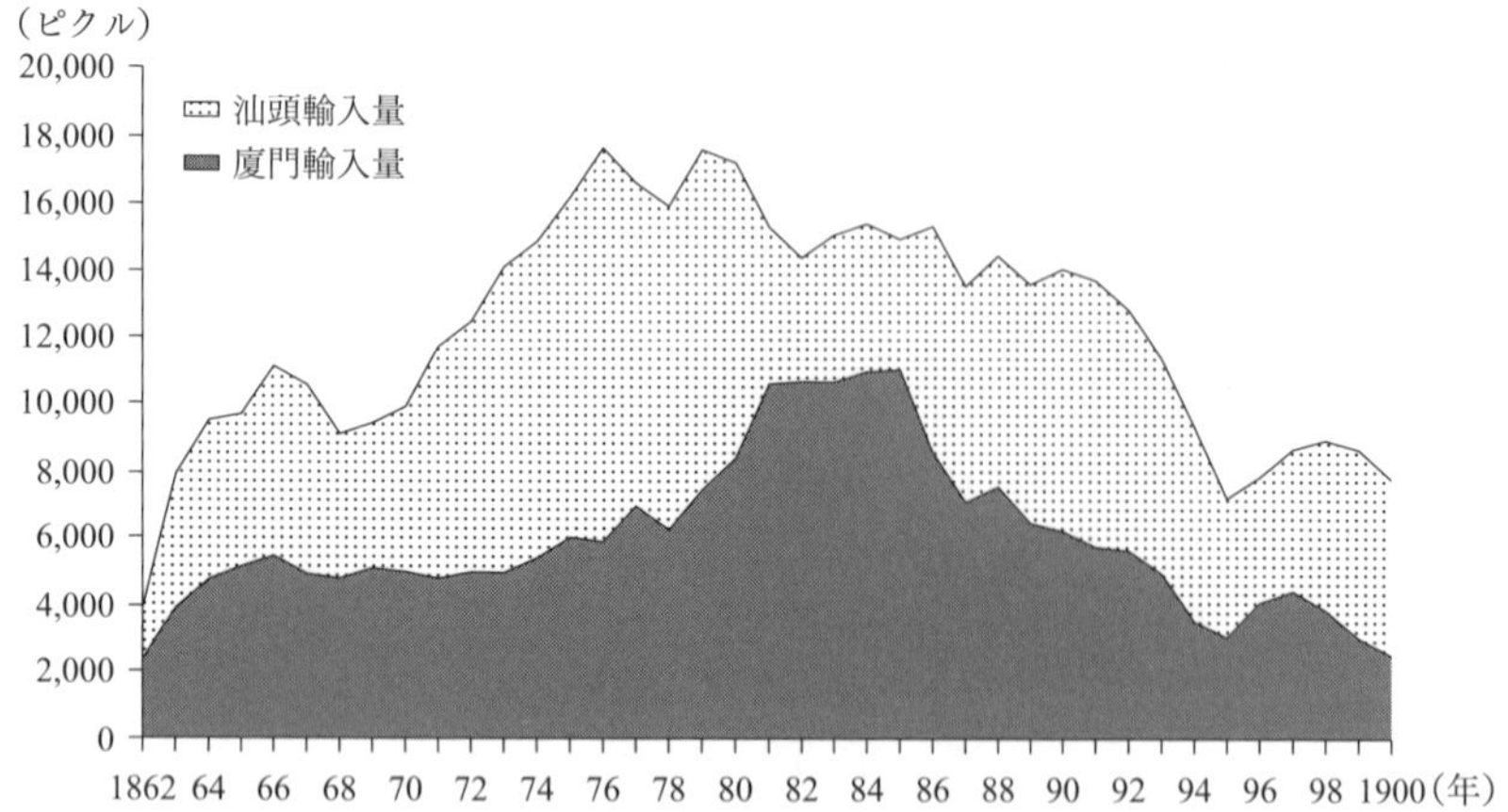

図 8-1　廈門・汕頭のアヘン輸入量

出典）各年度廈門・汕頭海関報告。

によるアヘン移出が増加したため、輸入量はピークに達している[7]。その後の廈門の輸入量は一八八七年以降急速に減少し、以後も回復せず、廈門と汕頭の輸入量の合計も一八九〇年代前半に大幅に減少している。したがって、当該期は、税制と貿易の両面においてアヘン貿易の転換期であったといえる。

さらに当該期は、上海を中心とする研究に基づき、太平天国鎮圧以降に釐金の徴税請負とその見返りとしての独占権付与という原理によって、清朝地方官僚の下で再編された商人団体による商人統制が、不平等条約特権を利用する中国人によって崩壊させられていく時期でもあると本野英一によって指摘されている[8]。これについては、上海以外の地域を検討する必要もあるだろう。

以上を考慮して本章では、まず第一節で開港後のアヘン貿易とアヘン税について概観し、次いで第二節で一八八〇年代中葉におけるアヘン税請負の問題を検討する。そのうえで、第三・四節において芝罘協定追加条項発効以降のアヘン課税問題におけるイギリス領事と清朝地方官僚の交渉から、清末における税制と貿易の変動が、各種商人及び官僚―商人の関係に与えた影響を考えてみたい。

一　廈門のアヘン貿易とアヘン税の拡大

廈門周辺においては、すでに一九世紀の半ばまでに、同安県などにおいて少なくとも年間五〇〇ピクルのアヘン生産が行われていた。同安産アヘンはインドアヘンよりも質も価格も低く、インドアヘンと混合して下層の民衆によって使用されていた。そして地方の官僚は、アヘンから十分な収入を得ていたため、アヘン栽培を見逃しているとみなされていた[9]。

その後一八八〇年代になっても、同安の地方官僚は毎年アヘンの栽培の禁令を出しながら、実際は全く取り締まらず、黙許料のネタにするだけであった[10]。しかしながら、それまで同安のアヘン生産は伸びず、廈門に搬入される量も限定されていた[11]。そして、一八七〇年代末まで中国アヘンもほとんど移入されていなかった[12]。したがって、一八八〇年代に至るまで廈門は基本的にほとんど外国アヘンに依存しており、以下、一八八〇年代後半になるまでは、廈門におけるアヘン貿易は基本的に外国アヘン貿易を指すこととする。

(1) アヘン関連業者

廈門でアヘンを扱う業者には、二〇世紀初頭の調査等によれば次の四種類があった。

(1) 土郊：原料アヘンを阿片間に卸し売り・小売りする。資本五〇〇〇ドル以上。
(2) 外国人輸入商。
(3) 阿片間・煙間・煙膏店（煙膏鋪）：土郊・土店から原料アヘンを購入して煙膏を精練し、販売。廈門全市に四〇〇軒余。資本三〇〇～七〇〇ドル。
(4) 煙館・煙厠：アヘン吸飲の場。廈門全市に約二〇〇軒。大多数の資本は五〇～二〇〇ドル[13]。

本章では基本的に、(1)を中国人商人、(2)を外国人商人として扱う。このうち、中国人商人についてみると、一八八〇年代までは現地の福建人よりも、潮州人がアヘン貿易を独占する傾向にあったが[14]、これは中国沿海各地のアヘン貿易と同様の現象である[15]。

一方、外国人商人としては、開港直後から廈門におけるアヘン貿易ではジャーディン・マセソン商会などが活動していた[16]。しかし、一八六〇年代以降、中国沿海全体としてアヘン貿易は欧米系商社の手から、パールシー商人やユダヤ人、アルメニア人、ムスリム商人の手に移っていった[17]。一八七〇年代後半には、廈門においてもイギリス商社は劣勢になりつつあった[18]。そして一八八七年の段階では、オリア商会（Olia & Co.）などのパールシー商人やシンガポール人（華人）商人といった欧米系商社とは異なるタイプの商人の進出が目立っている[19]。

イギリス領事は、彼らが成長してきた背景には釐金徴収を回避した「密輸」があるとみており、これを釐金回避の横行する鎮江の状況[20]より嘆かわしいとして好意的にみていなかった[21]。したがって、イギリス領事が彼らに加える保護も限定されていた。例えば一八七七年にパールシー商人がアヘンを密輸して没収された際には、イギリス領事は没収アヘンの回収を要請せず、問題の解決を海関に委ねている[22]。

以上のように、アヘンに関わる商人は、中国人商人は外来の潮州人商人と現地の福建人商人、外国人商人は欧米系商社及びパールシー商人と華人商人であった。

（2）アヘン釐金の成立と徴税機構

アヘンに対する課税の嚆矢となったのがアヘン釐金であった。福建省においては軍事費捻出のために一箱あたり四八ドルの課税が決まり、一八五七年に福州で徴収が開始され、同年一二月には廈門でも徴収が始まった[23]。そしてこのアヘン釐金は福建省の釐金収入においては百貨釐金と茶葉釐金・茶税に次ぐ収入源となっていく[24]。

アヘン釐金課税において課題となるのが、密輸であった。開港前のアヘン貿易取締りが困難であったことについては第1章で取り上げたが、第3章でもふれたように、開港後もアヘンが合法化されなかったにもかかわらず、開港場以外の小港などでアヘン貿易が黙認され、広く行われていた。これに対し、福州の総局は興泉永道司徒緒に対し、密輸が免れがたい状況にあるので、各地の小港を一律に検査すべきだとしている[25]。

また、イギリス副領事ジンジェルは、一箱あたり四八ドルの課税は高額であると主張し、一箱五〇〇ドルの価格の場合、二五ドル程度、すなわち五%程度の課税が適切というエルギン伯（James Bruce, 8th Earl of Elgin and 12th Earl of Kincardine）やバウリング公使の判断を興泉永道に伝え、課税を回避するために辺鄙な場所での密輸が行われる懸念を示している[26]。

かかる状況下で、一八五七年一一月には興泉永道はイギリス領事に対し、イギリス商人がアヘンを陸揚げしたときに清朝地方官側に申告することを提案し、これによってアヘン取引を把握しようと試みた[27]。ここからは、零細な取引を把握できない清朝地方官側が、イギリス商人を利用することで、貿易を把握して有効な課税を試みたことがわかる。これに対してイギリス領事は判断を留保し[28]、結局この方法は採用されなかった。

そこで、以下のような課税方式がとられるようになった。まず、外国人商人から購入した中国人商人が官局で箱数を申告し、釐金を納入して証明書（照単）が発行される。その後、アヘンが官局に持ち込まれて検査され、それから商人が持ち去るのを許可するというものだった[29]。

ところが早くも一八五七年一二月一三日にはテート商会の雇用した小船が積載したアヘンを申告しないという事件が発生した[30]。その後もアヘン釐金の脱税は相次ぎ、興泉永道側はイギリス領事に取締りを求めた[31]。また、泉州府では、恵安県の芸頭郷においてイギリス船が入港してアヘン取引が行われているため、泉州府から釐金局の委員が派遣されて取締りにあたることになっており[32]、小規模な港湾を利用した取引による脱税という清朝側の懸念は現実のものとなっていた。開港以来、開港場外におけるアヘン取引を事実上黙認してきたことも、こうした取締りを困難にしていた。

かかる密輸の横行に対して地方官は、一八五九年二月になるとイギリス人商人の中でも有力なジャーディン・マセソン商会とデント商会の銀号に徴税を委任することを図った。当時年間三〇〇箱のアヘンが輸入されていたのに対して、取締り費用を考慮して輸入数を一五〇箱とみなして徴税を請け負うというものであった。これに対してテート商会やサイム商会、エレス商会など他のイギリス人商人は、二つの商会の独占になるとして不公平であるとイギリス領事に訴え、領事も地方官に停止を求めている[33]。かかる課税方式は伝統的な、主要な商人に流通を掌握させて課税するという徴税請負と同様であり、外国人商人に直接請け負わせることはできないために、その銀号を用いているのが従来と異なるにすぎない。

このような課税方式が試みられたのは、両商会が密輸の中心であったからである。恵安県臭塗などにおいてはジャーディン・マセソン商会とデント商会のアヘン貿易船の停泊が続き[34]、しかも、密輸を行うイギリス人商人の雇用人は刀や銃で武装しており、清朝側は紛争を恐れて検査できなかった[35]。こうした問題についての興泉永道陳からの抗議に対して、イギリス領事は五月一八日にイギリス人商人に対して、開港場外でのアヘン貿易と密輸について警告する回状を出すなどしたが[36]、解決しなかった。

一方、興泉永道陳には、イギリス領事の見方ではアヘン課税に対する次のような動機があった。

現任の道台は、その役職を多額の賄賂によって得たといわれ、当地におけるアヘン貿易から税を取り立てることによって、その出費を埋め合わせたいと望んでいるようである。また、現在資金を非常に必要としている省政府の歓心を買うために、福州に送るための資金を同じやり方で調達したいとも望んでいるようだ[37]。

そこで興泉永道はイギリス領事に対して、次のような課税に合意を求めた。それによると一箱あたり一二〇ドルの課税であり、その徴税はイギリス領事とアメリカ領事にそれぞれ任命された二人の外国人監督官と興泉永道自身によって任命された中国人監督官に委任されるとした。さらに税務局の巡丁（Revenue Police）も外国人から構成され、二五〇箱への課税のうち、五〇〇〇ドルを監督費用としてイギリスとアメリカ領事で分配するというものであった[38]。これはまさに、外国領事に徴税を請け負わせるというものであったといってよく、アヘンの徴税機構全体をイギリスとアメリカ領事に丸投げするに等しい。この計画については、イギリス領事は両国の大臣の認可が必要として断っているが[39]、清朝地方官僚の外国人への「業務委託」の中でも、もっとも極端な部類に入るものである。

その後も一八五九年九月一七日には、アヘンを密輸しようとしていたテート商会の雇用人が哨勇に暴行を加えて監禁し、武器を強奪するという事件が起きたとして、興泉永道がイギリス領事に哨勇の解放を要求するなど[40]、紛争は続いた。そして、廈門港外での小船を使用した取引が増大し、釐金局が課税できたのは、咸豊八年（一八五八）中は一七〇〜二〇〇余箱であったのに対し、咸豊九年（一八五九）には毎月五〇〜六〇箱程度に減少した[41]。結局、既存のシステムでは、アヘン貿易の統制も輸入量の把握も困難であり、それゆえに外国人商人や外国領事を利用してアヘン貿易統制を図ったのであった。その後の天津条約・北京協約に基づく全開港場への外国人税務司制度の導入は、かかる外国船の廈門港外におけるアヘン貿易活動に終止符を打ち、第1章で述べた小港におけるアヘン取引の問題を一挙に解決することになる。

一八六〇年になると、アヘン釐金の請負は官側の支配をほとんど無視できるほどの有力宗族のメンバーである Woo に委任されることになった。アヘン釐金の請負は官側の支配をほとんど無視できるほどの有力宗族のメンバーである

Woo に委任されることになった。Woo は以前、苦力貿易において大客頭の一人であったが、現在の興泉永道の介入により逮捕・処刑を免れたという[42]。したがって興泉永道との関係は深かったのだろうが、この人物の下での請負の成否は不明である。

その後のアヘン釐金請負については、関連史料の不足ゆえに経緯が不明であるが、商人・有力者への請負という形で課税が行われていき、やがて広東人商人ないし潮州人商人がそれを請け負うようになっていった。では、こうしたアヘン釐金をはじめとするアヘンに対する課税はどのように変化し、徴税請負の利権は、どの程度の規模であったのだろうか。

(3) アヘン課税の拡大

アヘンに対する課税は、釐金のみではない。清末の外国アヘンに対する税は、芝罘協定追加条項発効までは、経常税と臨時税（捐税）に大別される。経常税は貨物税と営業税に大別され、貨物税のうち、生薬（未精製アヘン）税は関税が中央政府、釐金が省政府に納められ、熟薬（精製アヘン）税は省政府に納入された。また、営業税は県レベルの政府（本章では興泉永道、海防同知）に納入された。また捐税は県レベルの政府に納められた[43]。

例えば一八六八年の廈門では、一箱あたり釐金六九・六九両以外に大行という徴収経費が一・四両、慈善関係の経費として育嬰堂[44]二・八両・恤孤行一・四両、海防局という海防庁関係の経費一五両、計九〇・二九両が課せられていた[45]。

また、一八七二年においても、釐金八〇・〇三両のほかに海防庁の経費五両、商人の徴収経費一・四四両、病院経費三・二四両、恤孤所経費一・〇八両、合計九〇・七九両といった同様の課税がみられる[46]。

以上の課税の割合をみると、釐金の割合が非常に高く、徴収された税の多くが福建省政府に収められており、請負の利益が少ないようにみえる。しかし、一八七〇年の廈門領事の報告では、毎月三一〇箱輸入されるアヘンに一二〇ドルの釐金が課せられていたが、省当局へは一三〇箱分の一万五六〇〇ドルが送られているだけで、そのほかに地方当局による「不正手数料（squeeze）」一三〇箱分（一万五六〇〇ドル）、徴収経費に五〇箱分（六〇〇〇ドル）が充てられているとしている[47]。

ここからは、恐らく省当局の認可の下[48]、実際の取引量よりも釐金の省（福州）への送金額を減らし、徴収額の半分以上を廈門の地方経費や徴収経費に充当していたことがわかる。つまり、アヘン税は、省財政よりも廈門の地方財政や徴税請負人にとって

表 8-1　廈門におけるアヘン釐金徴収

	箱数	釐金徴収額（ドル）	道台への納入額（ドル）	請負人の収入（ドル）
光緒元年	2,705	31,876	21,700	10,176
光緒 2 年	2,604	30,666	21,853	8,813
光緒 3 年	2,652	31,239	21,853	9,386
光緒 4 年	2,610	30,705	21,853	8,850

出典）FO228/623, Encl. No. 2 in Giles to Wade, No. 31, Oct. 3, 1879.

重要な税であったといえる。

それでは、こうしたアヘン税の請負は常に利益があったのだろうか。一八七〇年代後半における請負額は表8-1に示すとおりである。ここからは請負額が取引量と連動しないで固定されており、請負人の利益は年によって変動していたことがわかる。

それではこのような硬直的な釐金納入額の下で、その後も請負人の利益は確保されたのであろうか、以下、一八八〇年代の税請負についてみていきたい。

二　一八八〇年代のアヘン課税請負問題

(1)　洋薬局

一八八〇年代において、廈門のアヘン釐金は泉州府・漳州府・汀州府・龍巖州・永春州への運搬・販売を対象としていた[49]一八七九年の段階で、廈門における課税額は一ピクルあたり八三・一海関両で、全国一位の高さであったように[50]、釐金は高く設定されていた。しかし、隣接地域からの密輸防止のために、広東省などとの境界地域での釐金は低く抑えられていた[51]。一八八五年の海関報告によれば、釐金の四分の三は（省）政府に納められ、残りは徴収の経費と徴収請負者の利益となっていたとされる。もっとも、外国アヘンの一〇％以上が釐金徴収を免れているとみられており、密輸は絶えなかった[52]。

こうした釐金や捐税の徴収は一八八三年に廈門に設立された商人の請負による洋薬局といわれる徴税機構が担当するようになった[53]。一八八五年には洋薬局が没収した密輸アヘンの一個の販売額一五ドルのうち七ドルを慈善組織である善堂・育嬰堂や保甲局の経費に充当し、一ドルを洋薬局員の家族に、五ドルを巡勇の報酬に、残りを密告者・情報提供者への報酬に充てることが規定されていた[54]。そして一八八四年にすでに巡勇二〇〇名が募集され[55]、一八八五年に、洋薬局は定員だけで巡丁三八〇余名、司事四〇余名を抱えており[56]、総局と分卡を併せると巡勇は数百名、司事は百余名ともされ[57]、彼らの給与を確保する必要があった。したがって、洋薬局関係者は必然的に密輸取締りに力を入れることになった。密輸人が武装していることもあって、洋薬局の側も密輸人に対して往々にして武力を行使した[58]。

また巡勇の大半は無業の游民であったとされ、彼らが巡勇の身分を利用して不正な行為を働くこともあった[59]。また、その巡勇を率いる者をみても、一八八五年の呉添の事例のように密輸を行っていた者が、アヘン釐金請負の出資者の一員となり、巡勇の頭目となることもあった[60]。さらに一八八七年初頭頃には、石潯郷の水勇一〇〇名を雇用したものの、彼らが密輸を行ってしまった。そこで、ついには従来から密輸を行っていた柏頭郷の人々数十人を巡勇にすることまでが計画されていたとあり[61]、巡勇も密輸業者と大差がなかった。柏頭郷は第3章で述べたように海賊の根拠地でもあったから、沿海の人々が職業名を換えつつ同様の所行を行っていたとみてもよい。

こうした釐金などの地方税徴収機関によって、商人が密輸の嫌疑をかけられて強請られることもあった。その手法として、一八七〇年六月にイギリス領事は次のように報告している。

ある無実の商人が釐金局に連れてこられ、そこで彼が密輸をしていることが判明し、事件の収拾のために五〇〇両支払った方がいいと告げられる。もしこの商人がこれに同意しないと、彼は密輸品が彼の商店の中にあるだろうといわれ、三〇〜四〇人のひどいごろつきのような巡勇が密輸品を捜索するという名目でその店に派遣される。これらの男たちは、最初は態度が騒々しく、脅迫的で、彼らが与えられるべき食べ物や飲み物をやかましく要求するだけである。二日目にこの告発された商人が要求に応じないと、彼らはより激しい手段に出て、商品の秘密の隠し場所を探すというふりをして少しばかり商店を破壊し始める。もしこの商人が愚かにも依然として要求に応じないと、別の集団が彼の居宅に派遣され、同様に「密輸品を捜索する」。彼らが我慢ならないほどひどい振る舞いをするので、商人は彼の妻や息子をこれらのごろつきがいるあいだはずっと遠くにやっておかなければならず、彼らがいっそうひどい損害を与えないように金銭も支払わなければならない。彼らには食事や飲み物を与えなければならない。もしこの商人をこういった手法で［要求額を］支払う気にさせることができなかったら、〈当然〉完全無欠な〈釐金局の〉証拠に基づいたお上の面前で、彼は正式に密輸を告発される。もし商人がその罪を認めなければ、彼が最終的に自白するまで繰り返される審問において、随時杖で打たれる。そこで、彼は恐らく五～一〇両の罰金を課せられ、それはどこかの公金に繰り入れられる。しかし、告発された商人は彼が最初に要求された額を支払って釐金局と和解するまで、一つないし二つの理由で投獄され続ける。[62]

このように、背後に官僚がついているため、洋薬局とその巡勇の活動はほとんど制約されることはなかったとみてよいだろう。

さらに、密輸の情報が入ると、調査のために各地にスパイが派遣されることもあり、[63]また、外国人商社の前後の門には局勇が派遣されて監視にあたることもあった。[64]

このような活動をしている洋薬局は、当然中国人商人だけではなく、外国人アヘン商人とのあいだで紛争を引き起こすことになった（表8-2）。

（2）徴税請負の変遷

この洋薬局の運営は、廈門では一八八三年の設立後、麥氏と広東人蔡碧渓が合股で四五股、九万ドルを集めて運営し、[65]その後麥氏が離脱して蔡一人が中心となって請け負うようになった。[66]蔡碧渓は香山県人ともされるが、恐ら

表 8-2　釐金局・洋薬局－イギリス人商人間の紛争

発生日時	場所	外国人	事件の概要	事件の結果	出　典
1870 年 2 月		エレス商会 (Elles & Co.)	釐金局の要請で道台がエレス商会のアヘン精製禁止を領事に要求		FO228/489
1870 年 6 月	鼓浪嶼	テート商会	釐金局の衙役ないし巡勇がアヘン密輸を口実にテート商会の守衛を殴打，買辦を恐喝		FO228/489
1870 年 8 月 19 日		テート商会	テート商会に釐金局の衙役がスパイとして侵入したとして廈防同知に引き渡し	廈防同知は引き渡されたのは 14 歳の少年で釐金局員のスパイではないと主張	FO228/489；総 01-16-15-2
1870 年 8 月 25 日		テート商会	テート商会の船頭と釐金局の局勇が衝突，双方が負傷		FO228/489；総 01-16-15-2
1871 年（同治 10 年 5 月間）		オリア商会（安記 Ollia & Co.）	オリア商会の中国人店員が釐金分局哨勇を拘束		総 01-16-15-3
1882 年 10 月 24 日	鼓浪嶼陰斗地方	オリア商会	釐金局卡勇によるアヘンの没収とオリア商会使用人呉尾の逮捕		FO228/696
1883 年 10 月 3 日	廈門随偏街	錦興行	洋薬局によるアヘンの没収	アヘンの返還	FO228/721
1886 年 1 月 6 日	廈門イギリス租界	Dauver & Co.	洋薬局巡勇が帳簿を収めた箱をアヘン密輸と誤解して没収	710 ドルの賠償支払い	FO228/823
1886 年 8 月 2 日	廈門イギリス租界	Amoy Tug and Lighe-ter Co.	洋薬局巡勇によるアヘン密輸を口実にした艀船頭頭の逮捕	会社従業員のストライキと艀船頭頭の釈放	FO228/824
1886 年 11 月 2 日	鼓浪嶼	スペイン人 Marçal	洋薬局の衙役が海防庁に連れ込んで暴行		FO228/824

く潮州人商人と関係が深かったのであろう。『申報』では潮州人商人グループが一八八五年頃には毎月二四〇箱相当の釐金を請け負っており、清仏戦争の影響で貿易量が六〇〇箱になって大きな利益を得ており、これは廈門現地の商人の垂涎の的であったとしている。そこで、一八八五年四月になると興泉永道は請負箱数を毎月二六〇箱に増やすことを省当局に請願し認可され、廈門の商人である王怡堂・楊らの諸紳が合股で請け負うことになった。[67]さらに同月、もともと請け負っていた蔡碧渓が増額して請け負うことを申請したため、王怡堂らはそれに対抗して請負箱数を二七〇箱に増やし、別に毎年一万ドルを納入することを申請して許可を得た。[68]

もっとも、その際にはアヘン貿易に通じた広東人陳小山を招いている。[69]さらに別の記事では、王が寛容であることから出資者から軽視され、出資者で外国商社の買辦を行っている広東人が同郷の陳を招いて司事とし、その給与が百数十金であったものの、司事は文書作成を専門とするが陳にはその能力がないとされ、問題視されている。[70]したがって洋薬局には広東人（潮州人）がかなり入り込んでいたから、廈門の商人が利権を完全に掌握していたわけではない。

ところが、かかる増税にともなって密輸が増大し、六月には洋薬局の運営には毎月四〇〇箱が必要であるのに、請け負った二七〇箱どころか一〇箱しか洋薬局に申告されていないという状態になった。[71]密輸が増加したうえに、釐金を増徴していない広東省に隣接する汀州や詔安・雲霄・平和などの県における潮州経由からの輸入量も増えた。そのため、廈門の輸入は減少し、釐金を徴収する箱数は二〇〇箱にすぎず、アヘン徴税を担当する洋薬局の欠損は四万金にまで増大し、釐金引き下げが要請されていた。[72]この背景としては、徴税請負にともなう特権を失った潮州人商人たちが、アヘン取引を廈門経由から汕頭経由に変更したことが推測される。そこで、請負箱数は旧暦八月からは二四〇箱、一一月からは二二五箱となった。[73]しかし、先述の巡勇の呉添は局の欠損が六万ドルに達して自己の出資が無に帰するのを恐れ、以前の密輸仲間を集めて巡哨の名目で密輸アヘンを護送して利益をあげ、欧米やボンベイの外国人商人（パールシー商人か？）も密輸で大いに利益をあげたといわれ、[74]取締りそのものが崩壊しつつあった。

その中で、出資者の一人である楊が合股から脱退し、新たに胡茂才が二万ドルの出資者となり、合計八万ドルが出資された。一八八五年一一月二六日には董理が王怡堂、事副が容蘭生、総理が陳小山・胡茂才という体制となり、密輸取締りが強化され、密輸が減少したとされるが[75]、やはりその後も局勇らの密輸は続いた[76]。さらに、広東省では、以前に廈門のアヘン釐金を請け負っていた蔡碧渓が広東省全体のアヘン税・釐金を八五万ドルで、潮州・汕頭を三〇万ドルで請け負うことを申請して認可され、釐金額が引き下げられ、一八八六年二月一三日に新制度が始まっていた[77]。広東省から福建省へのアヘン供給は禁止されていたものの、これが廈門のアヘン供給に悪影響を与えた可能性は高い。

そうした状況の中で外国人アヘン商人との紛争は激化した。一八八六年の四月末〜五月上旬にかけては、洋薬局の巡丁とパールシー商人や海峡植民地生まれの華人商人などのアヘン輸入商とのあいだで紛争が頻発した[78]。一方で、一八八六年四月には洋薬局と外国人アヘン輸入商人のあいだでは協定が結ばれており、外国人商人が釐金局に販売アヘン数を正確に報告してアヘン釐金を完納した場合に三ドル／箱の釐金が還付されるようになり、その後は一時的に紛争は解決へと向かった[79]。かかる協定は一八八七年まで繰り返し結ばれており[80]、中国人の小売を把握できない洋薬局が、大口の外国人商人を把握することで対応しようとしていたことがわかる。

しかし、洋薬局の状況が厳しいことに変わりはなく、洋薬局巡丁による紛争も増大し、一八八六年八月七日には密輸人と誤認して陳茂才という文人を殴打したことから、巡丁が解雇される事件が発生した[81]。しかも事態はそれでは収拾せず、陳茂才の兄の武生が洋薬局董事を訴えようとするだけでなく[82]、陳が同安の大規模宗族に属していたことから、同安全県の挙人・貢生・生員・監生らの会合が開かれ、同安通県詩文聯社はその公費を洋薬局との裁判に充当するとまで主張する事態に至った[83]。

恐らくこの事件も影響したのであろう。洋薬局董事の王は更迭され、税の請負は廈門の商人集団から再び広東省全域を請け負う広東人蔡碧渓の手に戻った。そして九月三日からは新体制となり、請負箱数は二四〇箱となった。蔡は、アヘンの密輸を食い止めるために、従来の請負額の一七六ドル／箱に対し、課税額をその六割の一〇五ドル／箱に引き下げた。[84] しかし、廈門の課税額が銀一一二両六銭／箱に相当したのに対し、漳州府・汀州府は八〇両／箱となり、[85] 廈門の釐金税制上の優位は失われた。汕頭経由の輸入は増大し、通年でも、廈門の輸入量は減少している（前掲図8-1参照）。そのため、アヘンを運ぶ潮州人商人には休業する者も現れた。[86] さらに、潮州帮の大商人の数店は汕頭に回帰し始めた。[87] そのうえ、一旦引き下げられた廈門の釐金税は次第に引き上げられ、[88] 一〇月にはついには一七三ドル／箱に至った。[89] その結果、密輸は増大し、いっそう税収を減少させた。[90] 密輸業者が外国人の身なりをして密輸を図ったのに対し、洋薬局は密輸を防止しようとして六〇〇人にのぼる巡勇やスパイを駆使したことから、巡勇らが密輸人との武力衝突などの騒擾を引き起こしただけでなく、[91] 鼓浪嶼のアメリカ人商店において巡勇のスペイン人に対する暴行事件も発生し、駐廈門各国領事が共同で興泉永道に対処を求める事態に至っていた。[92]

以上のように、芝罘協定追加条項発効直前期において、廈門の外国アヘン輸入は汕頭との競合や密輸の横行などによって極めて不安定な状況に陥っていたことがうかがえる。そして徴税請負についてみると、従来は相応の利益を確保できる利権であり、競争して獲得すべきものであったが、清仏戦争後は十分な利益をあげられずにかえって損失を招くようになり、合股も再編する事態に陥って、様々な紛争を引き起こし、ついには請負グループが頻繁に交替をするに至った。とはいえ、一八八六年末頃に旧董事（王怡堂？）は司事の陳（小山？）を福州に派遣して箱数を増やして請け負うことを訴えている。[93] したがって、徴税事業そのものが欠損を出すリスクは増大したとしても、アヘン流通を掌握することには意義があったのかもしれないし、あるいは『申報』が記していないような地方官側の強い働きかけがあったのかもしれない。

三　善堂と捐税

一八八七年二月以降、芝罘協定追加条項が発効することになった。これによって一八八七年二月一日以降に到着した全てのアヘンに対して、洋関（洋海関）において関税（三〇海関両／ピクル）と条約釐金（八〇海関両／ピクル）が同時に課税されることになった。[94]

廈門でも閩浙総督から興泉永道に連絡があり、洋薬局から洋関への権限委譲の準備がなされた。[95] 駐廈門イギリス領事フォレストは条項発効による廈門の秩序改善を期待していたが、一方でこれまで闘争を繰り返していた密輸人と洋薬局巡勇が失業して盗賊になることや、開港場から離れた場所で密輸が横行することを懸念していた。[96] では、実際にはどのような事態が生じたのだろうか。

芝罘協定追加条項による通関時の海関税と釐金の一括徴収は、従来密輸などを行っていた外国人商人にとっては確実な税負担になり、不利であった。その情報が入ると、洋薬局董事の蔡碧渓が至急、香港でアヘンを購入することを中国人商人に勧めたこともあり、[97] 発効直前の一八八七年一月だけで、年間輸入量の三割に近い一七〇〇ピクルものアヘンが廈門に輸入された。[98] そして条項発効後、当初は密輸が行われたが、[99] やがて横行していた密輸はほとんど不可能になり、[100] 税収は増大していたものの、[101] 一八八七年のアヘンの輸入量は減少した。

一方でこの変化は、中国人商人にとっては有利な側面もあった。通関時の保税倉庫制度が機能し、中国人商人は海関の保税倉庫が提供する安全な管理により、香港から外国人商人を仲介しないで購入することが可能になった。さらに保税倉庫にある箱ごとに発行された保税倉庫の受領証によって、銭荘からの資金調達も可能になった。[102] 逆にいえば、廈門の外国人商人の代理機能は低下した。

廈門の地方官僚にとっては、追加協定の施行は洋薬局による釐金徴収が不可能になることを意味していた。これは、アヘン釐金によって財源を確保していた地方官僚にとっては大打撃となったであろう。

さらに、釐金を請け負ってきた広東人商人蔡碧渓らはその利権を失って対応を迫られた[103]。そして洋薬局で巡勇となっていた同安県石潯・瓊頭（柏頭）・洒洲の各郷（地図4）の人々は失業したため、東南アジアへの移民に対して金銭を強請るようになっていた[104]。

また、アヘン釐金とあわせて徴税されていた捐税から経費を支出していた善堂や燕窩貢行、塩館への影響も予想されていた。育嬰堂・孤貧堂・清節堂には所有不動産の賃貸料及び預金の利息など[105]、アヘン釐金以外の収入があるものの、欠損を出すことが危惧されていた[106]。それに対し、燕窩貢行・塩館には別の収入源がないためにいっそうの困難が予想された[107]。そこで塩館については、十途郊が経費を納入することになった[108]。また燕窩貢行についてもやはり十途郊が納税割増を要求され[109]、洋郊・北郊・疋郊が請け負うことになった[110]。

善堂については、帰国する移民の手荷物への課税も計画されたが[111]、廈防同知はそれを許可しなかった[112]。そのうえ八月には育嬰堂と施棺局の理事であった有力な富豪の葉文瀾が死去しており[113]、これらの慈善施設は財政的にさらなる困難に陥ったと予想される。かかる状況を背景にしつつ、地方官僚は再び外国アヘンへの課税を提起していく。

（1）捐税問題（一八八八年）

一八八八年七月一日の『申報』には、奎俊と劉倬雲[114]が善堂の苦況改善のため、廈門電報文報招商局委員の葉大鏞と潮州人商人の洪を理事として、外国アヘン一箱あたり四ドルを各商店から募り、海関銀号に納めることを計画したという記事が掲載された[115]。

七月一三日の興泉永道呉世栄からフォレスト領事への照会によると、その課税計画の経緯は以下の通りである。

以前、奎道台は、再三にわたって、書院や育嬰堂の資金工面のための訓令を出し、廈門の中国人商人団体である十途郊は寄付を決議した[116]。しかし、この捐税は金額的にも少なく、需要に対して不十分であると考えられた。そこで、十途郊の金永和号及び書院、育嬰堂等の理事は、外国アヘンの販売箱ごとに税を徴収することを請願した。

これに対して劉道台は、アヘン商店の営業状況に変化がないにもかかわらず、現在は捐税がないことと、捐税を課税する際には価格を上げればよく、アヘン吸飲者が真の寄付者となり、徴収は容易と思われることを考慮した。そして、興泉永道は廈防同知と釐金局委員に捐税についての会議を開いて報告することを命じた。また、六月一三日に廈門出身でアヘン商店の事業に精通している葉大鏞[118]に、(1) 全アヘン商店と協議し、自発的に捐税に応じさせること、(2) 箱ごとの課税額とその引渡し方法を決めること、(3) 廈防同知と釐金局の委員と相談して報告することを命じた。

葉はすぐに全アヘン商店の店主と会議を開き、店主たちはアヘンからの捐税徴収に応じた。しかし、洋関のアヘン釐金徴収以来、営業が日々困難になっているため、葉は興泉永道に、税額を毎箱二ドルとすることと、潮州幇にも同じ捐税を課すことを要請した。

また、廈防同知と釐金局委員の会合では、二ドル／箱を徴税し、輸入申請時に閩海関銀号に支払い、毎月その税金は廈門税釐総局を通じて諸施設の理事に分配されることが決定された。また、廈門のアヘン商人は捐税に積極的だが、廈門は外国人と中国人が混在し、そのあいだで不正をはたらく者が外国人の庇護を受けて捐税が機能しなくなる恐れがあるので、外国領事に外国人商人が捐税を妨害しないように要請することが必要だとした。さらに、廈門のアヘン貿易が汕頭に移らないように、広東の五つの商店だけは捐税を免除するほうがよいとしている。

そこで興泉永道は、二ドル／箱の課税を決めた。汕頭へのアヘン貿易の移動を防ぐために、廈門から離れた長汀と上杭にアヘンを供給している汀州府の楓市向けは一ドル／箱の課税とし、汀州府へアヘンを供給している潮州幇の広裕昌と益昌文はその供給量を興泉永道に報告し、供給量を規定量内とした。そして、以上の税は関税と釐金に影響を与えないとし、イギリス領事にイギリス人商人への伝達を求めた[119]。

以上の経緯からは、前道台が十途郊に対して捐税課税を要求したのに対し、逆に十途郊はアヘン貿易に課税することを求め、それに興泉永道が応じる形をとり、その後も終始興泉永道の命令の下で「自発的」な形式をとって捐税計画が進行していることがわかる。また、外国人との関係を利用して捐税を逃れる人々が警戒されていることと、捐税によって後背地で廈門と競合する汕頭やその地を拠点とする潮州人商人に利益を奪われる可能性などに留意している点は注目される。

これに対してフォレスト領事は捐税を自発的ではなく強制的なものとみなし、また以後に増税されることも懸念していた。[120] そして七月二四日に、フォレスト領事は外国アヘンへの課税は、関税と釐金を払ったアヘンはそれ以上課税されないという芝罘協定追加条項に違反するとし、停止を要求した。[121] また、興泉永道は海関監督に対しても釐金徴収時に別に二ドルを徴収することを要請したが、拒否されている。[122]

七月二八日、興泉永道はフォレスト領事に対して覚書を送付し、興泉永道自身は課税を希望せず、捐税が紳士と富商による自発的なものであり、条約違反の意図がないことを強調した。そして、捐税の撤回の意思を領事に伝えた。[123] だが、興泉永道側は課税を断念したわけではなかった。

（2）捐税問題（一八八九年）

翌一八八九年二月四日、呉世栄道台は布告を出し、捐税問題が再発した。それによると、一月二九日、アヘン商店金合和などの請願が廈防同知と税釐局にあった。それは、経費不足の育嬰堂や善堂等のために十途郊の例にならって炉主（請負責任者）を選び、捐税を一ドル五〇セント／箱、請負量を一ヶ月五〇〇箱と定め、必要経費に充当するというものだった。興泉永道は善堂の経費不足と、省へ納入する公項（公金）から経費補塡ができないことを理由にこの請願を認め、さらに、二〇セント／箱を加え、それを炉主の給与とした。そして、この布告は、廈門における全ての中国籍商人に対して二月四日以降捐税に応じることを命じ、中国人商人が外国人商人を詐称して納税を回避した場合には厳しく罰するとしていた。[124]

これは、捐税を海関銀号が徴収するのではなく、商人に請け負わせる点が前年と異なっていた。また、捐税の目的として公項に余裕がないことを臭わせていることからも、善挙は名目であり、釐金徴収方式の変更にともない、本来は省に収める公項の相当部分を地方財政に繰り入れるという従来の方式ができなくなったため、その財源を補塡することが捐税の主目的であったことがうかがえる。[125]

この捐税はアヘン全てに適用されるため、間接的に外国人商人に打撃を与えることになり、イギリス領事は容認できなかった。課税の情報を入手したフォレスト領事は二月一三日呉道台に対して、課税の真偽を尋ねたうえで、昨年の領事と劉道台の交渉を根拠に課税に反対した。[126]

呉道台は同一三日の照会で徴税の実施を伝えると同時に、この捐税は中国人商人の自発的な行為であり、海関での関税と釐金併収と外国人商人の商売には影響を与えないもので、劉道台と議論した問題とは異なると主張した。[127]

これに対し、フォレスト領事は、商人は外国人、中国人にかかわらず芝罘協定で決められた額以上は徴収されないということであると主張した。[128] ここに、第一の争点として明確になったのは、芝罘協定追加条項に捐税が違反するかどうかであり、イギリス領事は一貫してこの問題を重視し、「捐税」の強制性に注目して反対したのに対し、興泉永道側は商人の自発性の論理で対抗したのである。

その後、フォレスト領事の報告を受けて、北京のイギリス公使ウォルシャムは芝罘協定に基づくアヘンへのアヘン税・釐金の併収以上の課税を認めないと述べ、それは興泉永道に伝えられた。[129]

しかし、興泉永道は四月一三日に自発的な捐税という従来の主張を繰り返した。また、イギリス領事の反対が物議を醸し、領事が妨害し続ければ貧民が領事に面倒を起こす可能性があるとも述べている。[130] 領事は捐税の支払いを拒否した者が投獄されて一箱五〇ドルの罰金を課せられたりしたことから、[131] 自発的ではないと理解していたが、当面この主張を覆すことはできなかった。

第二の争点になったのは、前年から興泉永道側が警戒していた華人商人の国籍問題である。四月五日、シンガポール華人の商店である錦興行のフォレスト領事への請願によると、次のような問題が発生した。

呉道台の合意の下で徴税のために設立された独占的な商店の金合和は錦興行に税の支払いを要求したが、錦興行はイギリス人商人であることを主張して支払いを拒否した。その後、錦興行が中国人商人の宜昌行からペナンより輸入したベナレス・アヘン九箱を購入したところ、金合和は錦興行への課税を強制できないために、厦防同知に要請し、宜昌行の行東（経営者）を逮捕させた。そして四月四日、金合和は錦興行に対し、税支払いを拒否するのなら、興泉永道に対して錦興行の買辦である許建及および錦興行の顧客の逮捕を要請すると脅迫した。これは錦興行の営業にとって大打撃となることであった。錦興行はフォレスト領事に対して、錦興行とその雇用人・顧客の保護を要請し、閩浙総督を通じて興泉永道による条約違反の課税停止を命じるように強く要求することを提案した。[132]

ここから、捐税における興泉永道のねらいが、税収を増加させることと同時に、課税によって金合和を介して商人を統制することにあったことがわかる。それゆえ、華人のイギリス籍を利用した課税逃れを徹底的に取り締まる必要があったのである。

ところが、四月五日のフォレスト領事の呉道台への照会文では、錦興行の事件については議論するつもりはないが、課税は芝罘協定への違反であり、直ちに中止することを求めている。[133] つまり、錦興行の要請が契機になったものの、芝罘協定追加条項違反に絞った交渉を領事は行おうとしていた。逆にいえば、領事は興泉永道側が標的としている華人の錦興行に対する保護にはあまり関心がないことになる。この背景には、前述したように、イギリス領事が釐金逃れを行う華人を批判的にみていたことがあるだろう。

四月八日、呉道台はフォレスト領事に、宜昌行については、本人が脱税を試みたが、現在は過ちを認めて支払おうとしており、錦興行は無関係であるとした。[134] さらに四月一一日、呉道台はフォレスト領事への照会で、宜昌行については、錦興行の影響を受けていたが、全アヘン商店の非難に遭い、今は進んで寄付しようとしているので、錦興行とは関係がないと改めて述べた。[135] ここに、領事が興泉永道の意図を把握する前に、宜昌行は興泉永道側に取り込まれ、錦興行の活動は封じ込められたのである。

錦興行の国籍問題について興泉永道は、錦興行の店主である薛有文は薛栄樾（See Eng Wat）の息子で、原籍は漳州府漳浦県にあり、中国籍を離脱するための届け出がなく、辮髪も切っていないので、依然として中国籍であると述べた。その根拠としては、まず以前オールコック公使が、原籍が中国にあるイギリス臣民で中国に滞在する者は中国人と区別するために、中国の服装を棄てなければならないと布告を出していたことを挙げた。また、シンガポール生まれの呉文進という者がイギリス籍を詐称していたが、福州の通商局が駐福州イギリス領事シンクレア（C. A. Sinclair）に問いあわせたところ、シンクレア領事は呉がイギリスの服装に改めていないことからイギリスの保護を主張できないとしたことも根拠として挙げた。そのほかにも興泉永道は薛栄樾が中国籍を抜いて辮髪を切ることをせず、服装を改めていないことも根拠にした。そのうえ薛有文はイギリス商人であると偽り、中国人商人のために取引を請け負って釐金徴収を逃れており、そのために釐金収入の損失は大きく、閩浙総督に厳重な処罰を要求することを提案していた[136]。ここから、興泉永道が単にアヘンにとどまらず、英籍華人の釐金逃れを取り締まろうとしていたことがわかる[137]。そして、次章で述べるように、英籍華人問題における保護対象の曖昧さが、イギリス側の弱点となっていた。

四月一〇日にフォレスト領事は、薛有文はシンガポール生まれで、その父はイギリス臣民であるから、イギリス籍であると主張し、イギリス臣民は辮髪を切るといういかなる章程や条例もないとしている。そして、もし領事の警告を無視して薛有文を逮捕または処罰すれば、その責任を負うのは興泉永道であると述べている[138]。

これに応じて四月一一日、興泉永道は薛有文が中国籍であると主張したものの、錦興行によって財政的な損害を受けているので閩浙総督の命令があれば罰するが、行動を改めれば妨害はしないと述べた[139]。つまり、イギリス領事は薛有文本人の身柄のみの保護を考慮し、その経済活動についての保護は考慮せず、それに応じて興泉永道も薛有文本人の身柄のみの保護を認めたのである。

同日、この問題についてウォルシャム公使は、薛有文の国籍問題は彼と総理衙門のあいだで決定するとしたが、[140] その後、公使は有効な措置を講じていない。結局、薛有文の経済活動に対して、イギリスは有効な保護を与えることはなかった。

結局、一八八九年の交渉は争点が増え、問題が複雑になっただけで終わった。イギリスは中国人商人の捐税に対する自発性が失われないかぎり、興泉永道側の主張を覆すことはできなかったのである。そして国籍問題もイギリス領事の保護は英籍華人本人に限定され、英籍華人の商業活動は実質的に封じ込められた。

(3) アヘン貿易の変動と捐税問題の転機（一八九〇年）

アヘン捐税に関する交渉が行われる一方で、中国アヘンは次第に廈門の外国アヘン輸入にも影響を与えつつあった。また、芝罘条約追加条項の発効は、省当局の釐金収入を減少させるため、各省におけるアヘン栽培の増大が予想されていたが、[141] それは福建において現実となった。[142]

すでに、一八八〇年代半ばから、廈門周辺のアヘン生産は拡大の傾向をみせていたが、[143] 一八八九年六月二六日の『申報』は、同安県産アヘンの収穫量が数倍になったと述べ、これを中国と外国の利権の一つの転機とみなしていた。[144] 同安県産アヘンについては、フォレスト領事も七月一三日に、昨年の六倍の一八〇〇ピクルの上質アヘンが生産されており、外国アヘンの輸入が減少したと報告している。[145]

一九〇七年四月の泉州在住のイギリス長老派宣教師ペイトン（B. L. Paton）のイギリス領事宛書簡によれば、小麦を栽培した場合に六ドルの収入を得られる土地から、アヘンならば一〇ドルの収入を得られ、三ドルを徴税された場合にも、利益は一ドル以上残るとされている。[146] つまり、アヘンの栽培は同じ土地で小麦を栽培した場合よりもはるかに多くの利益をもたらしたから、農民にとっても、税収増大を図る地方政府にとっても都合がよく、栽培が拡大したのであろう。

ただし、廈門の外国アヘン貿易は中国アヘンの影響だけによって減少したのではない。フォレスト領事は一八八九年輸入量減少については、釐金を請け負ったときに勧誘されて廈門で開業した汕頭のアヘン商人が、興泉永道による捐税を避けるために取引の大部分を汕頭経由で行うようになったためであると述べ[147]、潮州人商人の廈門撤退と貿易拠点の汕頭への転換を示しており、これは前掲図8-1からも確認できる。さらに、一八八〇年代半ばには廈門とその周辺ではモルヒネの使用も拡大しており[148]、これがアヘン貿易に影響を与えていた可能性は高い。

このような状況で廈門の外国アヘン貿易は危機的状況にあった。そして、これが中国人アヘン商人と官僚たちの関係を悪化させ、交渉に変化をもたらした。その原因は捐税が毎月五〇〇箱分と決められていたのに対して、一八八九年の平均輸入箱数が毎月三六五箱であったように、輸入量が減少し続けていたことにあった。そこで、捐税徴収を請け負っていた泰記行は、輸入されていない一三五箱分の税の支払いを拒否したため、興泉永道に罰金四〇〇〇ドルを課せられた。罰金の一部は支払われたが、泰記行が閩浙総督卞宝第の廈門訪問時に総督に請願したために約半分は徴収されなかった。しかし、総督が廈門を去った後の一八九〇年の五月中旬、興泉永道の命令で泰記行には手入れが行われて閉鎖され、その前に泰記行の店主は逃亡した。泰記行は外国人商人との取引が多かったため、外国人商人の組織する廈門商業会議所は領事に訴え、五月二三日に駐廈門各国領事は会合を開き、連名で閩浙総督卞宝第に照会を送付した[149]。

その照会では、廈門では興泉永道が芝罘協定追加条項に違反して、外国アヘンに対し一ドル七〇セント／箱、毎月五〇〇箱分課税しているとしていた。そして、興泉永道が条約の保護する他の商品に課税を拡大することを憂慮し、閩浙総督が興泉永道に条約を厳守し、課税を停止するよう命令することを要請した[150]。

この要請を受けて総督は興泉永道に対して、アヘンへの課税の停止を命令ないし勧告した。これに対し、興泉永道はアヘン商人に対して捐税の支払いの許可を切望しているという請願に署名するように命じたが、商人はこれを拒否した。興泉永道は、厳罰で以て脅迫したが、商人は再び拒否し、他の手段がなければ罷市（ストライキ）を行うことで貿易を混乱させようとしていた。[151] こうして、興泉永道が交渉において強調していた捐税に対する商人の自発性の根拠が、商人みずからの拒否によって失われていった。

そこで興泉永道は毎月五〇〇箱分の請負から販売箱数に応じた課税へと転換することにした。しかし、アヘン商店の徴税請負責任者は決まらなかった。廈防同知は一二の主要な商店が直ちに会合を開いて責任者の交替規定を作り、興泉永道に対して法令の制定を要請することを命じた。[152]

八月二日にイギリス領事がイギリス人商人から得た情報によると、興泉永道はさらに一二名のアヘン商店店長が毎年交替で税の徴収に当たる提案を行ったが、これは徴収を興泉永道の部下からアヘン商人に移し、税が自発的な寄付で、商人が進んで支払うものだという興泉永道の主張を裏づける目的だった。一二名の店長はこれに同意せず、八月二日に協議し道台に書簡を送り、徴収は従来から委任されている Yap Chong Kam（葉大鏞のことか？）に委ねることを興泉永道に述べることが予想された。また、彼らは他のアヘン商店に、興泉永道とのあいだで捐税の問題に最終的決着がつくまで営業を停止し、税の支払いを避けることを要請した。[153] 結局、捐税に対する商人の自発性という根拠は完全に失われたのである。

一方、閩浙総督に対して興泉永道は報告を送付し、課税は官僚とは無関係で、条約違反ではないと主張した。また、月五〇〇箱分の課税は昨年一年間だけであると述べ、善挙を停止した場合に数千人の貧民が引き起こす問題などにもふれた。さらに、外国人を騙る中国人のために廈門の釐金収入が二〇万ドルから一〇万ドルに減少していることも課税の理由として挙げた。この報告をもとに、閩浙総督は七月二六日に各国領事に返答し、領事の捐税停止要請の理由がわからないと述べた。[154]

これに対し、八月二九日、駐廈門各国領事は再び閩浙総督に照会文を送った。そこでは、まず、廈門の善挙維持は領事と無関係であり、捐税が自発的だという興泉永道の言い分は事実ではないと主張した。その理由として、アヘン商人は一致して税に抵抗しており、その中で税に応じなかった泰記行は閉鎖されたことを挙げた。また、課税が官の圧力の下で行われている根拠としては、一八八九年二月四日の興泉永道の布告等を挙げている。そして、たとえ捐税が自発的であっても、それは協定の条項に違反していると述べた。最後に、領事たちは公使と総理衙門の解決案が到着するまで総督が課税停止を命じることを期待するとした[155]。

閩浙総督は領事団の要求に応じ、九月二五日には総督から興泉永道に課税停止を命じた通知が届いた[156]。同日、興泉永道は布告を出し、捐税は官僚の統制下にはないという従来の主張を繰り返しながらも、課税停止を命じた[157]。ここに、興泉永道によるアヘン課税の試みは中国人商人らの抵抗によって根拠を失い、最終的に失敗に終わった。もはや、捐税といえども、商人の利益に大きく反する場合、強制的な課税が困難になっていたのである。

こうした紛争の中で、中国アヘンと外国アヘンの競争が激化していた。廈門近郊産アヘンに加え、温州・四川産のアヘンが陸路を経由して閩南に搬入されており、それが外国アヘンに打撃を与えつつあったのである[158]。四川・雲南産アヘンは同安産アヘンと比較して品質は劣ったものの、二〇世紀初頭において価格は同安産の半分ともされ[159]、はるかに競争力をもっていたと思われる。したがって、その脅威は同安産の比ではなかった。かくして、アヘン課税問題が紛糾しているあいだに、廈門における外国アヘン貿易の衰退は決定的になっていた。

以上をふまえて、捐税問題の結果をまとめると次のようになる。外国人商人の側は、領事を通じて課税の停止を成功させることに成功したが、それには中国人商人の協力を要し、そのあいだに外国アヘン貿易の衰退は決定的となった。また、英籍華人の活動は封じ込められ、イギリス籍を利用して商業活動を拡大することは困難であった。

中国人商人の側では、釐金徴収特権を喪失した潮州人商人は廈門のアヘン貿易から次第に撤退し、汕頭に回帰していった。結果的に外来商人は衰退した。一方、現地の中国人商人は当初、興泉永道に協力的であった。だが、外国アヘン貿易の衰退により、紛争の最終段階には興泉永道に対して一致して抵抗し、外国領事を利用することで捐税を廃止させた。その結果、興泉永道は外国アヘン課税による税収増に失敗しただけでなく、課税を通じて外国アヘンを扱う中国人商人を統制することに失敗した。そこで興泉永道は中国アヘンへの課税に期待することになる。

四　中国アヘン課税問題

一八八七年以降、外国アヘンへの課税は海関によって厳密に行われるようになったが、中国アヘンへの課税は未整備であった。清朝は一八八六年に各省に命じて中国アヘンの税収を報告させていたが、一八九〇年になると、戸部と総理衙門が中国アヘンへの課税を整備し、各省に課税規則を制定させた[160]。

廈門周辺では栽培地における課税も計画された。『申報』によれば、同安・恵安県などの各地で栽培されるアヘンが漳州や廈門に密輸されていることから、興泉永道は、一八九〇年九月二一日に税釐総局提調を同安に派遣し、知県と共同で土薬捐局を設置して捐税徴収を図っている[161]。

廈門における課税の経過については、一八九一年一月一九日付の覚書で見習通訳官のブーン（F. S. A. Bourne）が以下のように記している[162]。一八九〇年一一月一〇日付の福建通省税釐総局の布告では、上諭を受けて、中国アヘンは栽培地ないし市場への途中の釐卡で課税されるとしていた。また、全ての煙館は中国アヘンの平均販売量を申告し、月あたりの定量を査定され、月末に当月の使用量の税支払い済みのアヘンの証明書を提出し、その量は査定量から差し引かれ、残りの分に相当する釐金を支払うことになっていた[163]。そして、全ての煙館に対して、中国アヘンへの外国アヘン混入の有無を申告させ、混入している店は査定されることになっていた。そして、この方法は、イギリス公使にも異議がないように思われた。

しかし、一八九一年一月六日に呉道台は全ての煙館に対して、上記の方法ではなく、中国アヘンの使用の有無にかかわらず、外国アヘンの販売量の半分の中国アヘンを使用したとみなして課税をすると通知した。

これに対して煙館は強硬に反対し、一月九日には廈防同知に対して、中国アヘンを使用しない煙館が多いのに、中国アヘンを上諭に従って生産地や釐卡で課税せず、外国アヘンを狙い撃ちして課税するものであると訴えた。そして、この請願の興泉永道への伝達を請願し、同時に営業を停止してその返事を待つと述べた。また、一月一〇日には、煙館店主を含む七〇〇名の人々が同様の請願を洋海関監督に対して行った。

一月一〇日～一月一五日にかけて、廈門の全煙館は罷市を行い、アヘン吸飲者は動揺し、外国アヘンは洋関から搬出されたところで略奪される恐れがあるともいわれた[164]。一四日、彭水師提督と呉道台は共同で、三日以内に再開しなければ店を封印し、再開を許さないという布告を出した。その結果、一五日に煙館は再開した。

この課税についてブーン通訳官は、外国の干渉がなければ上記の課税が行われて外国アヘンには非常に不利になるとした。そしてこれは別の方法で外国アヘンに二一海関両／ピクルの釐金をさらに付加することであり、芝罘協定追加条項違反であるとみなした。

一月三〇日、フォレスト領事は呉道台に対する照会文で上記の経過について述べて、罷市の結果、税釐局は課税量を外国アヘン販売量の一〇分の四に引き下げたが、課税方法に変化はなく、この課税方法が芝罘協定追加条項違反であることを主張した。また、翌日には同様の照会文を閩浙総督卞宝第に送っている[165]。

二月五日、卞宝第は領事に対し、煙館が外国アヘンと偽り中国アヘンを販売していることを判別するのは困難で、厳密な調査が必要であるとした。そして、福州の通商局と税釐局に調査を命じ、興泉永道には廈防同知に十分な調査の後で慎重な行動と報告をさせるように命じる予定であると述べた[166]。

同月八日、呉道台はフォレスト領事に、課税は外国アヘンを対象にせず、芝罘協定追加条項違反ではないと主張した。また煙館は外国アヘンと中国アヘンを混ぜて販売しており、外国アヘンのみを販売しているという商店の言い分はほとんど信用できないと述べている[167]。

三月一〇日頃、廈防同知からの報告が閩浙総督に届けられた。それによると、一八九〇年一二月に煙館の店主は中国アヘンの取引は非常に小規模であるため、提起された統一的な課税方法は困難であるという請願を行った。そこで廈防同知は税釐局責任者である馬と協議し、共同で煙館の店主に対して取引に応じた査定の受け入れを命じた。

その理由として、次のように述べている。

実際、廈門の中国アヘンは、大規模な幇（商人集団）による交易はないと考えられ、煙館で販売されるものは、同安県から廈門に密輸されて外国アヘンに混入されて販売されるといわれ、検査は実に困難である。こうしたことが理由で、［税の］査定は販売額［総額］に応じるようにしたのであり、いまだかつて強制的に［外国アヘンと中国アヘンを］抱き合わせて販売させたことはない。[168]

ここからは廈防同知の側も、中国アヘンの取引をほとんど把握できていないことがわかる。外国人税務司制度導入以後、開港場での取引が中心となり捕捉可能な外国アヘンに対して、中国アヘンの取引は小規模な煙館を中心に行われる零細なものであり、その流通経路を把握することは極めて困難であった。[169] すでに生産量が極めて少なかった一八七九年頃から、同安産アヘンは釐金を支払うことなく、廈門に流入していたのである。[170] それゆえ煙館への課税は外国アヘンを基準とする方式で行わざるを得なかったといえる。

四月一三日、フォレスト領事はウォルシャム公使に対する報告で、現在は領事の反対した方法による課税が行われており、変化はあっても名目にすぎないと予想している。[171] 結局、交渉によって中国アヘンへの課税を阻止することはできなかったのである。

そして、廈門の外国アヘン貿易は衰退の一途を辿った。課税の比率は、実際の使用量よりも中国アヘンを多く見積もっていると思われ、[172] 外国アヘンから中国アヘンへの転換を促すことになり、興泉永道・廈防同知は税収増の点では成功を収めた。しかし、興泉永道らがアヘン貿易を掌握する試みは成功したとはいいがたい。

一八九三年になると、インドにおける金本位制への幣制改革によってインドアヘンは価格が高騰し、いっそう競争力が低下した。[173] 一方、小資本で栽培可能であり、小麦の二倍の利益を得られることから、アヘン栽培は安渓・永春・長泰・漳浦・南安・龍巌・同安へと拡大した。[174]

一八九五年以降、汽船による四川・雲南等の中国アヘンの移入が大規模に始まり、外国アヘンはますます不利になっていった[175]。また、陸路からも海路以上に、特に漳州方面に四川アヘンが供給されるようになった[176]。

こうした状況下で、一八九三年には外国商社は利潤を得る可能性がなくなり、中国人卸売り業者への掛け売りの危険性が増したため、小規模以外の取引を止め、外国アヘンの貿易は一部を除き中国人商人の手に帰した[177]。ここに、資本面での外国商社の優位性は全く失われた。また、潮州人商人が汕頭へ回帰したことを考慮に入れれば、廈門のアヘンの大部分は福建人商人が掌握したといってよいだろう[178]。

一方、新たな財源となった中国アヘンへの課税は、課税方式を変更しつつも継続することになった。例えば、一八九八年に清朝が決定したアヘン課税（捐税）においても、廈門においてはアヘン販売業者を規模別に三つのカテゴリーに分けて牌（許可証）を与えることで課税を図っている[179]。

また、一九〇一年末には、福建省における煙膏に捐を課す方針の下、福州には総局、廈門に分局が設置されることになった。廈門では煙膏を販売する者は牌を膏牌局に発給してもらうが、牌の費用は貿易額によって決まり、毎月の販売額が五〇〜一〇〇両の者は費用二ドルを徴収されることになった[180]。

以上からは、アヘン関連業者の規模を大まかに区分して課税する手段が繰り返し用いられたことがわかる。これは、実際の販売額を正確に把握することができなかったことが原因だろう。

だが、このような課税に対するアヘン関連業者の抵抗は続いた。一九〇一年末からの煙膏への課税に対し、煙膏鋪はこれに反対して罷市を行い、廈防同知が費用の引き下げを提起しても抵抗した。さらにはイギリス商人などの外国人商人を偽装する煙膏鋪もあった[181]。廈防同知側も官が直接徴税することを迫られ、また、イギリス商人を偽装した店舗七軒をイギリス領事に照会したうえで一律で禁止するなどの対応を取らざるを得なかった[182]。

その後も、一九〇二年には金連昌という商人が徴税請負をすることになったが、各煙戸が過少に報告するようになったために欠損を出し、辞退することになった。そこで一九〇三年二月には官辦に戻ったものの、すぐに請負になり、一九〇五年二月に官辧に戻るなど[183]、徴税制度は安定していない。一九〇六年一月にも、廈門において土捐が規程通り納入されない状況が報じられている[184]。

以上から、中国アヘン関連業者に対する様々な形式の徴税は、取引を把握できないこともあって極めて困難であり、徴税請負人も請負による利益を確保できなかったことがうかがえる。

そして、廈門周辺のアヘン産地における課税への抵抗も激しかった。一九〇二年、漳州では中国アヘンからの徴税が騒乱の契機となったとされている[185]。また同安においても、同年の土漿に対する課税に反対して、局が破壊され、罷市が行われる騒乱が起こったため、廈門から兵勇が派遣されて鎮圧される事態となっている[186]。

このように、二〇世紀初頭、中国アヘンに対する課税は大きな困難に直面していた。ところが、一九〇六年に清朝政府がアヘン禁止の方針を定めると、アヘン禁圧の方向で課税が進んだ。省レベルでは福建省全体の煙膏の専売を商人が請け負う形となっていた[187]。一九〇七年七月一九日に廈門においても煙館を全廃した際[188]、アヘン販売業者に対して重い課税を行っている[189]。そして、一九一〇年にも煙膏に対する捐税を二つの商店に請け負わせている[190]。禁煙運動が進展する中で、中国各地でアヘン取引抑制を目的とした課税が行われるようになっていたが、廈門でも同様の措置がとられ、請負体制が取られたことは従来と変わりがない。とはいえ、これもまた、中国アヘンだけでなく外国アヘンへの打撃となった。一九一一年の中国とイギリスのアヘンに関する協定は、中国アヘンの生産削減を前提としつつ、インドアヘン輸入を減少させていくものであった[191]。しかし、同年の辛亥革命の後、中国アヘンの生産は各地で再開し[192]、外国アヘンの輸入激減は決定的となる。

おわりに

以上のアヘン課税問題からうかがえる各種商人と官僚―商人の関係の変化は以下のとおりである。芝罘条約追加条項発効以前は、アヘン貿易が順調に成長してきたこともあり、アヘン釐金と諸税は地方の重要な財源となり、その徴収が利権とみなされ、中国人アヘン商人のあいだでその徴税請負をめぐる利権争いが行われたが、清仏戦争以降の貿易の変動の中で、徴税請負による利益はなくなりつつあった。

芝罘協定追加条項発効によって外国アヘンに対する徴税権を失った興泉永道・廈防同知は、善堂向けの捐税を通じて税収の回復と中国人アヘン商人に対する統制回復を試みた。しかし、外国アヘン貿易の衰退を受けた中国人商人が一致して外国領事の側についたため、捐税廃止に追い込まれて失敗した。ここに一九世紀後半に繰り返されてきた釐金徴収を介した外国アヘンに関する地方官僚による商人統制の手段は失われたのである。中国人商人団体が経済事情の変化により官僚の釐金課税に抵抗するケースは寧波の事例などが指摘されてきたが[193]、廈門の場合、中国人商人が団結して地方官僚に抵抗し、外国領事を通じて捐税廃止に成功したことが重要だろう。もはや、地方官僚のみが中国人商人の経済活動を統制できる状況ではなくなっていたのであり、また捐税の形をとったとしても、官僚が常に課税を強制することはできなくなっていた。これは上海において官僚の中国人商人に対する統制が崩壊していく状況とも似通っている[194]。

ただし、廈門において中国人商人が外国領事を利用するという手法が有効であったのは、一定の条件を満たした場合に限定されており、官僚に対抗した中国人商人の団結も一時的なものにすぎなかったことには注意する必要がある。例えば、一九一〇年九月に煙膏への課税[195]に反対したアヘン商人が罷市を行った際には、一つの商店が有力者の勧告に応じて営業を再開したため、他の二五～三〇の商店も再開せざるを得ず、罷市は効果をあげなかった[196]。もっとも、この際にもアヘン商店はイギリス領事に対して課税廃止のために、公使に対して強い反対を主張するように要請しており、中国人商人が再び外国領事を利用しようとしていたことがわかる。

外国アヘン統制に失敗した興泉永道らは中国アヘン課税によって税収の回復を図り、これは結果的に外国アヘン貿易の衰退を招いた。しかし、開港場において海関を通じて輸入量を把握して課税が可能であった外国アヘンと異なり、零細化した中国アヘンの流通を把握することはできず、かえってアヘン貿易への統制力は低下した。アヘン貿易に関するかぎり、第一節で述べたような外国人税務司制度導入以前の統制困難な状況に戻ったとみてよいだろう。その後の二〇世紀初頭における中国アヘン徴税機構の頻繁な再編もそれを示している。

外国人商人にとって、外国アヘン貿易の衰退は、茶貿易の衰退とあわせて大きな打撃となった。また、釐金廃止の結果、小規模商人による無数の小口取引の発達から、欧米人商人の取引は困難になっていった。そのうえ、広東人買辦は開港当初から閩南内地への浸透が困難であり、イギリス領事には次章で示すようにイギリス植民地生まれの英籍華人に対する保護の能力と意志が欠如していたため、華人を利用できなかった。その結果、欧米人商人は廈門での代理人を発展させることに失敗し、その勢力を弱めざるを得なかったのである。

一方、中国人商人の側をみると、外来の商人は広東人のように欧米人商人の買辦になるか、潮州人商人のように外国アヘンという商品の流通を掌握し、現地の官僚から釐金を含む徴税を請け負う代わりに特定の商品を独占する特権を得ることによってはじめて有利な立場を確保することが可能になっていたといえる。とりわけ、閩南などの商業の発達した地域において同じ土俵で現地商人と競合することは困難であった。したがって、欧米人商人の衰退は広東人買辦の発展の余地を少なくし、外国アヘン貿易の衰退によりこれを扱っていた潮州人商人も廈門から撤退した。結果として福建人は自らのネットワークの確保に成功したのである。逆にいえば、釐金徴収特権などを背景にした商人団体が崩壊することは、他の商人団体ないし個々の商人に機会を提供することになり、総体としての華人ネットワークの拡大には必ずしも関係ないのかもしれない。

ただし、福建人は広東人とは異なり、外国人商人の買辦となって条約特権を享受する機会は少なかった。そのうえ、次章で述べるように、イギリス領事の英籍華人保護の範囲は当人の身体及び租界ないし廈門市内の財産にとどまり、依然として限定されていた。そして、外国アヘンに関する限り、徴税は利権ではなく、単なる負担となりつつあった。

このようにして、廈門における福建人アヘン関連業者にとって、興泉永道・廈防同知が賦与する徴税特権も華人としてのイギリス籍特権も魅力のない状況になり、それどころか税負担が重くなり、アヘン取引そのものへの圧力が強くなる中で零細な取引を行う混沌とした状況に陥っていった。そうした中で、財産の保護と経済活動の拡大を希求した廈門の福建人商人たちが当初は比較的容易に入手可能であった「台湾籍民」という身分に引きつけられたのは当然の成り行きであろう。[201] そして第7章で述べた廈門の輸出茶への課税にもみられるように税負担が過大なのはアヘン関連業者だけではなかった。したがって、台湾籍民に引きつけられたのは、アヘン関連業者には限定されなかった。[202] かくして、二〇世紀前半の福建人は、開港以後の欧米籍東南アジア華人に加え、台湾籍民という、より有用な身分を手に入れて活動を拡大していくことになる。[203]

それでは、イギリス側の英籍華人保護はなぜ限定的であったのか、それについては、次章で検討してみたい。

第9章　利用される「帝国」

――清末廈門における英籍華人問題

はじめに

一九世紀後半、汽船の定期航路開設や電信の発達に代表される交通・通信技術の発達は、旧来より深い関係にあった華南と東南アジアの距離をいっそう接近させた。また、同時期に植民地化が進展した東南アジアにおいては、デルタや鉱山の開発、プランテーションの設立も急速に進み、東南アジアにおける労働力需要は急増した。その結果、一八七〇年代から、短期の出稼ぎ労働者を中心に華南から東南アジアへの中国人移民は増大し、一八八〇年代にはその数は年間一〇万人を超えた(1)。同時期、中国と東南アジアの貿易も急速に拡大している(2)。これにともない、東南アジアから華南に戻る出稼ぎ労働者はもちろん、東南アジアに基盤を置きつつ華南に渡来する華人も増大していく。

清末に東南アジアから中国に渡来した華人については、清朝政府の華人保護政策や(3)、海峡植民地の華人政治史の文脈から注目されてきた(4)。これらの研究は、「清朝」ないし「中国」という国家の役割を意識しつつ、中国における華人保護の側面を取り上げ、総じて清朝政府による保護が機能していなかった点を強調してきた。

だが、東南アジアから中国に来た華人は、単に中国において保護が要請されるだけの存在ではなかった。近年の中国近代史研究においては、不平等条約特権を保持する外国人と関係をもつ中国人が中国の社会・経済構造に与えた衝撃が注目されているが[5]、東南アジアから来た華人も同様の衝撃を与えていた。第5章で述べたように、彼ら条約特権をもつ外国籍華人たちは領事裁判権を利用して華南各地で現地の官民と様々なトラブルを引き起こしており[6]、前章で示したように彼らの経済活動を清朝地方官僚が問題視していた。

したがって、華人の立場に立ち、華人を「保護」される対象としてとらえて保護の有効性を検討するだけでなく、華人たちが中国の現地でいかなる紛争を引き起こしていたかを確認したうえで、華人に対する政策とその有効性について検討することが重要であろう。

その際には、華人の人身保護をめぐる紛争だけでなく、華人の経済活動が引き起こした紛争にも注意しなければならない。同時に、清朝政府だけでなく、イギリスをはじめとする華人の多数居住する植民地を抱える国家の、華人保護に関する制度的な問題についても十分留意する必要がある[7]。また、移民の本格的増大は一八八〇年代以降であるから、それ以降に生じた問題についての検討が重要となる。

以上の問題を意識しつつ、ここでは、英籍華人をめぐる紛争と、それに対する清朝地方官僚とイギリス外交官及びイギリス政府の対応を検討する。その際には、英籍華人の具体的な行動、とりわけその多様な経済活動に注目したい。

また、本章で英籍華人を取り上げるのは、イギリス植民地が華南からの移民の主要な移民先であり、かつイギリス領事館がアヘン戦争後に五港に設置されて機能し続けたことにより、英籍華人の問題が一九世紀末までの時期において最大の外国籍華人問題となったからである。

地域としては、中国において東南アジア華人をめぐる紛争が最も多発した廈門とその周辺を中心に取り上げる。時期は、第5章で扱った時期に続く一八六〇年代~二〇世紀初頭を対象とする。当該期は東南アジアへの移民の激増期でもあり、第7章で述べたように貿易にも大きな変動がみられた転換期でもあった。

本章では、まず第一節で英籍華人対策の一つの画期であるオールコックの服装規定の成立までの状況を概観したうえで、第二節では開港当初からの問題である英籍華人の人身保護に関わる紛争を検討する。第三節では、アロー戦争以降における英籍華人の経済活動が引き起こした清朝地方官僚との対立について考察する。第四節では、一八八〇年代以降に顕著になる英籍華人と現地中国人の経済紛争とイギリス領事との関係を取り上げる。そして第五節では、華人保護に関するイギリスの制度的な問題とイギリスの対応を明らかにし、最後に二〇世紀初頭における華人の行動の展望を示したい。

一　オールコックの服装規定の成立

第5章で述べた陳慶真事件から一五年を経た一八六六年二月、漳州府海澄県で英籍華人蔡揖（Choa Ip）が逮捕される事件が発生した【1】（以下、【　】内の番号は表9-1の番号に対応）。蔡揖によれば、蔡は道光二一年（一八四一）に故郷の海澄県錦埭社を離れてシンガポールに赴き、咸豊二年（一八五二）六月に一時廈門に来て海澄の墓を見舞ったものの、同年一〇月にはシンガポールに戻り、一八六四年二月二七日にイギリスへの帰化を申請してイギリス臣民となっていた。蔡は一八六六年二月に再び廈門に来て、海澄の墓所を訪れたが、海澄の営兵の強請りに応じなかったために、逮捕されたとしている(8)。

二月八日に蔡の逮捕と拷問についての情報を得た駐廈門イギリス領事ペダーはただちに興泉永道曽憲徳に蔡の身柄解放を要求した。同時に、ペダー領事は海澄県が興泉永道の管轄ではなく、蔡の釈放のためには海澄県に赴く必要があると考えた。そこで同日夕方、領事はイギリス軍艦のボートに乗り、水兵をともなって自ら海澄県へと向か

表 9-1 廈門における主要な英籍華人関係の紛争

番号	紛争発生年月	英籍華人名(商社名)	紛 争	イギリス領事の対応	出 典
【1】	1866 年 2 月	蔡揖	海澄県で逮捕	領事による釈放	FO228/405
【2】	1867 年 8 月 8 日	曾六	海関による携行品没収	海関に返還要求	FO228/427
【3】	1870 年	錦興行薛栄樾	薛栄樾に対する負債問題と薛栄樾の女性を娼妓にした嫌疑	薛栄樾への負債返還要求	総 01-16-15-3
【4】	1876 年 10 月 7 日	錦興行	漳州釐金局による鉄鍋押収	鉄鍋返還と関係者処罰要求	FO228/511
【5】	1878 年	蔡徳喜	知県が蔡の地契への捺印拒否	閩浙総督への連絡	FO228/606; 総 01-16-19-2; 総 01-18-11-4
【6】	1879 年 6 月	楊伯臨	楊伯臨への逮捕状。華人の送金委託の紛争	逮捕状撤回要請	FO228/623
【7】	1879 年 11 月	蔡徳喜	パスポートへの副署を撤回	蔡徳喜はイギリス臣民であると主張	FO228/623
【8】	1880 年 5 月	林祖平	海澄県海滄社で林祖平負傷。林祖平への逮捕状	犯人逮捕と林の保護	FO228/645; FO228/671; FO228/696; FO228/721; 総 01-16-20-4
【9】	1881 年 2 月	江頴賛	パスポートへの副署拒否	パスポートへの副署要求	FO228/671
【10】	1881 年 2 月	錦興行	地方官は鋳物工場の閉鎖要求。鉄鍋を没収	閉鎖要求拒否。鉄鍋の返還要求	FO228/696; FO228/721; 総 01-16-21-2
【11】	1883 年 1 月	謝拱照	ペナンにおける殺人犯が海澄県に逃亡	逮捕を要請し，清朝側と協力して逮捕	FO228/721
【12】	1889 年 1 月	顔永成	海澄知県が海澄県の顔の家財破壊	海澄知県を批判	FO228/875
【13】	1889 年 2 月	錦興行	地方官がアヘン課税逃れを追求	錦興行への課税撤回を要求	FO228/875
【14】	1889 年 5 月	章芳林・陳桂林	パスポートへの副署拒否	副署要求	FO228/875
【15】	1890 年 5 月 8 日	蔡徳喜	釐金局による綿花課税要求。清朝側は蔡徳喜との取引停止命令	取引停止の撤回を要求	FO228/886; FO228/1063
【16】	1891 年 10 月 8 日	黄振篆	海澄県水頭社の黄の住宅を強盗が襲撃，黄委才負傷	犯人逮捕と盗品奪還を要求	FO228/1063
【17】	1893 年 9 月	Oon Yoo Lee, Oon Byan Shein	イギリス領事に登録を再度要請	上海最高法廷に質問	FO228/1113
【18】	1895 年 7 月	Messers Timothy and Patrick See Jung	同安の所有する水田に対する他の宗族による侵害	イギリス領事は内地の土地を保護できないと返答	FO228/1189
【19】	1897 年 9 月	胡坤雍	合股契約の破綻。ドイツ領事の依頼により，地方官が胡とその親族逮捕へ。胡が保護要求	胡の保護を拒否	FO228/1248; FO228/1281

【20】	1897年11月26日	Messers Ung Terk Hin & Co.	精製煙草を釐金局が押収	貨物返還と賠償要求	FO228/1281
【21】	1898年2月	Mrs. Ho	所持する不動産の封印		FO228/1281
【22】	1902年12月1日	劉拱辰	劉が債務者逮捕要請	援助拒否	FO228/1497
【23】	1908年	Lim Bean Lee	現金手形支払い停止問題		FO228/1692
【24】	1910年11月	江頫慰(江以寛)	二重国籍を利用して交通銀行の土地をイギリス租界に確保	二重国籍の利用を問題視	FO228/2158; FO228/2159

った。夜間の閉門寸前に海澄県城に入った領事は知県衙門に赴いて、海澄知県らと会談し、蔡の釈放に成功した。蔡は拷問で重傷を負っていたが、翌日早朝、領事とともに廈門に戻っている[9]。

こうしたペダー領事の行為に対して、海澄県を管轄する汀漳龍道は激怒し、紛争となった[10]。興泉永道も、蔡は咸豊四年（一八五四）にシンガポールに行って商売をしていたが同治二年（一八六四）に帰郷して結婚しており、罪を犯した後に海外に逃亡したとみなした。そして代理領事スウィンホウに蔡の引き渡しを要求し、同時にペダー領事の行為を条約違反とみなすとした[11]。スウィンホウは興泉永道に対しては逆に誣告者の処罰を要請したが[12]、イギリス領事側の行為にも問題があった。

問題は、蔡揖が一八六四年七月にマラッカで帰化したイギリス臣民として廈門領事館で登録していたことである。実は、一八四四年八月六日に公布された外国人法に基づき[13]、一八五一年一月八日のイギリス外務省の訓令で、帰化イギリス臣民はイギリス領以外ではイギリス臣民としてのいかなる権利・資格も保持しないということが在華イギリス領事に伝えられていた。そこで代理領事スウィンホウは駐華イギリス公使オールコックに対して、蔡に保護が適用されないという解釈を確認した[14]。しかし、蔡は秘密結社の双刀会[15]と関係しているという嫌疑がかけられており、清朝側に引き渡した場合、蔡の厳罰は避けられなかった。そこで、スウィンホウは蔡のシンガポールへの送還を決定している[16]。

この事件は、イギリス側が訓令に基づけば保護の必要がない華人に、強引に保護を加えたことが問題であったが、イギリス側の保護基準が不明確であることもその一因であった。

同時に、英籍華人の行動も問題になっていた。スウィンホウは上海最高法廷首席判事のホーンビィ（Sir E. Hornby）に対し、英籍華人の行動について次のように述べている。

彼らは滅多にパスポートを要請しない。なぜなら、彼らは自分にとって有利である限り、外国への忠誠心を失っているふりをする傾向にあるからである。しかし、もし彼らが当局と紛争になって逮捕されると、清朝官僚の面前で自分の登録証明書をひけらかし、最も近い領事館に連絡して支援を要請する。彼らは領事館で登録しており、領事は内地に急行することを義務だと感じているので、海軍力の示威によって英籍華人の引き渡しを要求する。清朝官僚は、条約には英籍華人については何も書かれていないので、領事は賄賂を受けてその管轄範囲を超えて事件に干渉するようになっているとみなしている。そしてこうした［干渉の］結果、自分の権威や威信及び自分の管轄地域における権力が奪い取られていると結論づけている。[17]

さらに、海峡植民地生まれの華人が自分の祖籍の地に戻って暮らしていた場合、当人だけでなく家族のために保護を要求したり、華人が開港場に商社を開いて中国人を訴えたりすることもあった。[18]

ここでは、英籍華人が紛争の際に領事裁判権を頼りに保護を求めて起こす行動が、依然として清朝地方官僚の権威に脅威を与えていることが示されている。つまり、廈門小刀会の乱を引き起こした背景は何ら変化していなかった。反乱を鎮圧し、地域の秩序を回復しつつあった清朝地方官にとって、領事裁判権によって地方官の権威を侵害する英籍華人は容認しがたい存在であっただろう。

一方で、英籍華人がその地位を利用していることをイギリス領事も問題視していた。そこで、清朝地方官僚との紛争回避と華人の活動抑制のためにも、中国における英籍華人の保護対象を確定するイギリス側の対応が必要となっていた。

翌一八六七年になると、前述のホーンビィ判事が在華イギリス領事に対して訓令を出し、両親が生来ないし帰化したイギリス人でない場合は植民地生まれでも中国内で保護を受けられないとし[19]、保護の対象があらためて確認された。

そしてオールコック公使は、一八六八年一〇月七日に在華イギリス領事に対して告示を送付し、そこでは次のように述べていた。

全ての中国系のイギリス臣民は、中国領内に居住ないし滞在する場合、中国服を捨てて、現地の人々と容易に区別可能な衣装・身なりをすべきである。さらに私は全ての英籍華人に警告するが、彼らは先述のように中国領に居住ないし滞在しているが、この規則を破ったり遵守しなかったりした場合、彼らにはいかなる裁判や中国領のいずれの場所においても、彼らのためのイギリスの保護や干渉を要請する権利はない[20]。

これを受けてペダー領事は、領事館管内の告示に関連する人々（英籍華人のことであろう）を呼び、この規則の意味と目的を説明し、態度を決めるまでに一ヶ月の猶予を設けた。その間、領事は何回か人々と会合をもち、彼らが洋装をしても、知り合いのあいだで一時的に嘲笑をあびるだけのものだと説得し、最終的に彼らは中国服を捨ててイギリスの保護を受けることに決めた。そしてペダーは、彼らは外国服が名誉ある区別であると考えるであろうと楽観的な予想をしている[21]。

では、この服装規定によって、英籍華人の保護対象は確定し、英籍華人に関わる紛争は減少していったのであろうか。前掲表9-1が示すように、そうはならなかった。むしろその後、紛争はいっそう多様化していった。そこで、以下では、まず華人保護問題を最初に取り上げる。

二　華人保護と清朝地方官僚

（1）英籍華人の保護問題

一八七九年六月二六日、ペナンから来たとする楊伯臨（Yang Poh Lin）が駐廈門イギリス領事館を訪れた。彼は一言も英語を話すことができず、どこからみても廈門の現地の人のようにみえた。しかし、当地の最も信頼できる英籍華人に伴われており、一八七九年五月二六日付のペナン副総督の署名捺印のある帰化証明書を提示した。そこで領事ジャイルズは楊が廈門に到着した直後であるとみなしてイギリス臣民として登録を行った。ところが、数日後、彼は再び領事館に現れた。楊によると、彼は海澄県の祖母を初めて訪問したが、海澄県から楊に対する逮捕状が出されていたために、ただちに廈門に戻って領事の保護を要請するに至ったということであった[22]【6】。

海澄知県側の逮捕状にある李好の申し立てによると、楊伯臨の父帆貯は中国に戻る際に、ペナンに居住する李好の兄弟李念から李好究の送金三二五ドルを委託されたが持ち逃げした。その後、海滄洪坑社に来て戸籍の姓を楊に書き替え、再度その他の国に出国した。そして、帆貯の息子である帆伯臨（楊伯臨）が李好への支払いを拒否したために訴えたとしている[23]。

これに対してジャイルズ領事は、汀漳龍道に楊がイギリス臣民であることを理由に逮捕状の取り消しを要請した[24]。一方、汀漳龍道は楊を中国人であるとしたため、清朝側とイギリス側で国籍をめぐる対立が明らかになった。

汀漳龍道は、楊が海澄県で籍を抜くことをまだ届け出ていない（「未報出籍」）ために海外生まれであっても中国人（「中国澄邑民人」）であるとし、また服装による区別も必要としており[25]、(1)原籍における出籍と(2)服装規定を重視している。さらに閩浙総督何璟はこれらに加えて、福建通商司道の判断に基づき、『万国公法（国際法原理）』第一巻第三章第八節に、「外国人がもし入籍したい場合は必ず［外国人の］本国と断絶すべき（凡異邦人如欲入籍、必須棄絶本国)」であるとしていることから、「呈報出籍」は必要であるとした。そのうえで閩浙総督は第九節には家族が故国に、事業が外国に所在している場合、家族の所在の国に所属するとみなされると規定されていることから、楊伯臨が中国籍であると主張した[26]。ここでは、『国際法原理』を利用しつつ、(3)居住地も一つの根拠となっている。

一方ジャイルズ領事は、(1)出籍の問題については、楊は生来のイギリス人であり二ヶ月前に中国に来たために、出籍の必要はなく、また国際法にも規定されていないとした。また、(2)服装規定についてもイギリス公使が考慮中の問題で今回の事件には関係ないとした。(3)居住地についても、国籍は、居住地によって変化するものではないので、楊伯臨はイギリス籍であると主張した。国際法についても、ホイートンの『国際法原理』は出版後、国民の身分などについては改訂されており、福建通商司道は旧版を用いていると主張している[27]。結局、楊伯臨は逮捕されないで済むが、双方の主張は食い違ったままであり、問題が解決したわけではなかった。

また、後述する一八八〇年の林祖平(Lin Tsu Ping)の事件【8】でも、興泉永道はイギリス領事に対し、(1)出籍と(2)服装規定を根拠に林祖平は出籍せず、中国服を着ていることから、イギリス臣民を偽装した「奸徒」であるとして逮捕・処罰すると主張した[28]。さらに、『万国公法』では、外国で生まれたものが本国に帰国して動産・不動産を取得した場合、本国の法の管轄に入るとし、それに林祖平も該当するとしている[29]。ここでは、(4)内地の資産所有も問題となっている。

さらに一八八九年一月には、海澄県でシンガポールの英籍華人顔永成(Yen Yung Cheng)の家財が破壊される事件が発生した[30]【12】。顔によるとことの発端は、数年前にシンガポールにおいて傅算(Fu Suan)が引き起こした暴行事件にあった。この裁判で顔が重要な証人となり、裁判の結果、傅が懲役三年の後、シンガポールを追放になったことで、顔は傅に恨みを買っていた。そして顔が一八八八年一一月に海澄県海滄に帰郷すると、一二月二日に傅とその妻は顔の家に現れて一〇〇〇ドルを要求したが、顔はこの要求を拒否した。一二月一二日、傅は武器をもって再び顔の家に現れ、家に放火して同居人を殺害すると脅したが、附近の住民がそれをみて傅を捕まえようとしたために、傅は逃亡した。しかし、一二月一八日になると傅の宗族から三人の身なりのいい男がやってきて、傅の居所を尋ね、顔が知らないというと、彼らは顔が傅を殺害したといった。そして顔は誣告されたということを耳にしたため、駐廈門イギリス領事フォレストに保護を請願した。そこで領事は一二月二一日に汀漳龍道聯に対応を要請した[31]。

その後、顔永成の法定代理人である蔡徳喜（Choa Tek Hee）の領事宛の請願によると、海澄知県は七〇人以上の差役を引き連れて顔の家を訪れて親族を追い出し、家財を破壊・売却していた。領事は興泉永道呉世栄に対して、顔はイギリス臣民で家族も保護の対象であるとした。そして呉道台が命じて海澄知県が差役らを顔の家から立ち去らせ、調査を行わせるように要求した[32]。

一方、一月二九日、興泉永道呉はフォレスト領事に対し、顔永成は海外在住とはいえ、中国人から生まれ、父の家に戻ったので中国人であるとした。そして、顔は負債、誘拐及び傅の目を切り裂いたという最も重い罪で告発されており、知県が顔を処罰するのは義務であるとした[33]。その後、領事から顔の保護要請を受けた閩浙総督卞宝第は、すぐに海澄知県を解任しているが、顔が中国人であるという認識に変わりはなかった[34]。

ここでは、中国人から生まれたこと及び原籍に戻ったことが問題視されている。つまり、(3)居住地などの理由だけでなく、(5)中国人からの出生が問題になっているといえる。

以上の英籍華人の人身保護に関わる問題から、英籍華人の国籍に関しては、(1)出籍、(2)服装規定、(3)居住地、(4)内地の資産所有、(5)中国人からの出生が中英の対立点となった。このうち、(1)・(5)は、イギリス側が帰化によってイギリス臣民への転換が可能とみたのに対して、清朝側には帰化の概念が存在せず、また国籍法がないためにそもそも出籍規定もないことが対立の原因であった。

より注目されるのは、上記の争点の(1)〜(4)が、華人が地方官僚を無視して帰国し、中国服で内地に居住して土地を所有し、現地で紛争を引き起こすことに関連していることである。これは、英籍華人の行動が一貫して清朝地方官の権威に脅威を与えており、清朝地方官側はこのような華人の行動を防止するために、(1)〜(5)のいずれかの根拠を用い、問題を引き起こす可能性のある華人のイギリス籍を可能な限り否定しようとしていたことがわかる。したがって、(2)服装規定は清朝側の主張の根拠になることはあっても、保護対象の確定にはつながらなかったのである。

このように、内地における英籍華人の行動を封じ込めたい清朝地方官僚にとって、英籍華人のイギリス籍を否定すること以外に重要な手段となったのが、内地における外国人の保護を保障する護照（パスポート[35]）の認可であった。

(2) 護照問題

南京条約に基づく開港後も、五港における外国人の内地通行範囲は制限されていた。しかし、中英天津条約第九条に基づき、内地通行の範囲制限が撤廃され、外国人の成人男性が内地に赴く場合には、領事が護照を発行し、現地地方官の副署が必要となった[36]。英籍華人の護照については、この副署をめぐる問題が生じた。

一八七九年一一月、英籍華人の蔡徳喜が護照を申請して問題が発生した【7】。蔡徳喜の祖父はシンガポールの貿易商で帰化イギリス人であり、父の蔡古順はシンガポール生まれであった。蔡徳喜と蔡古順はバンコクでイギリス臣民として登録しており、シンガポール警察からも証明書を得ていた[37]。そして一八七九年一一月、ジャイルズ領事は内地の泉州府・漳州府訪問を希望する蔡徳喜のために護照への副署を要請し、通例通り興泉永道は護照に捺印した。ところが、一二月一八日になって、興泉永道は福州の通商総局司道からの咨文を受け、海外生まれであっても、海澄県の籍を抜いていない者の護照に捺印するのは不適切であり、捺印は誤りで護照を取り消したいとした[38]。その後、一二月二一日にも興泉永道は(1)出籍と(2)服装規定との点から蔡徳喜のイギリス籍を否定して取り消しを主張した[39]。

一方、ジャイルズ領事は、蔡徳喜は紛れもないイギリス臣民であるため籍を抜く必要はなく、護照の返還はできないと主張したが(40)、以後、蔡徳喜が護照を取得することはなかった(41)。

また一八八九年五月にフォレスト領事は、一時帰国している章芳林（Chang Fang Lin）と陳桂林（Chen Kuei Lin）の護照を興泉永道に要請したが、興泉永道呉世栄は、両者は中国服を身につけ、当局に出籍を申告していないので中国人であるとして副署を拒否した(43)【14】。ここでは、(1)出籍と(2)服装規定が重視されている。

ところが、章は両親がイギリス籍であるという証明書、陳は両親ともマラッカのイギリス籍民であるという証明書を保持しており、両者ともマレー風の服装でイギリスの帽子とブーツを履き、マレー語を話していた。しかし興泉永道は総督の命令により、イギリス側のいかなる法や証明書にかかわらずシンガポール華人に護照を認可することを拒否していた(44)。したがって、清朝側は、必要ならばいかなる状況でも、イギリス籍を認めない方針をとっていたことがわかる。つまり、根拠の有無にかかわらず、清朝側はトラブルを起こしがちな英籍華人の内地における活動をできるだけ制限しようとしていた。義和団戦争の際に福建省当局が華人への護照発給を一時停止したのも(45)、それが原因であろう。

以上のように、清朝官僚は領事裁判権に基づく保護を受ける英籍華人の身分を可能な限り否定しようと試みていた。しかしながら、一九世紀末以降、清朝側が領事裁判権を否定して英籍華人の人身に危害を加えて紛争になるようなことは減っていった。一九〇九年に駐廈門イギリス領事オブライエン・バトラー（P. E. O'Brien-Butler）は、廈門に関しては、清朝官僚は英籍華人の管轄権を主張せず、逮捕されていても英籍華人と判明すればすぐに釈放されると述べている(46)。結局、英籍華人の人身保護問題は減少していった。

一方で、清朝地方官にとって保護問題よりも大きな問題になったのが英籍華人の経済活動の引き起こす紛争であった。そして後述する蔡徳喜の活動にみられるように、英籍華人の活動は地方官側の一方的なイギリス籍の否定によって封じ込めることができるものではなかった。

三　英籍華人の経済活動と清朝地方官僚の対応

（1）英籍華人と通過貿易

第7・8章でふれたように、外国籍華人が釐金収入に依存する清朝地方官僚に脅威を与えたのが、子口半税特権を利用した通過貿易であり、清朝地方官僚及び釐金局との紛争を引き起こすことになった（表9-2）[47]。

①錦興行の鉄鍋事件【4】

表9-2にみられるように、通過貿易に関して清朝側とのトラブルが多かったのが、薛栄樾・薛有文父子の経営する錦興行であった。例えば、一八七六年一〇月七日に錦興行が三聯単を得て内地から搬出しようとした約四三〇個の鉄鍋が、鉄鍋は条約に規定されていないという理由で釐金局に押収される事件が発生した[48]。領事は興泉永道に、鉄鍋を返却し、釐金局の関係者を処罰することを要請したのに対し[49]、興泉永道は、鉄鍋は海賊対策で輸出が禁止されているとし、また薛有文はイギリス人商人を偽装しているので処罰すべきであると主張した[50]。そこで、この事件の論点は、薛有文がイギリス臣民であるかどうかと、鉄鍋を輸出可能とするかどうかという点になり、解決は困難になった。その後、錦興行は前章で述べたアヘン課税をめぐる問題だけでなく、鉄鍋についても後述する鋳物工場問題【10】を引き起こし、清朝地方官と対立を深めていくことになる。

②蔡徳喜の綿花課税問題【15】

錦興行と並んで多くの紛争を引き起こしたのが蔡徳喜である。一八九〇年五月、蔡はフォレスト領事に保護を求めた。これは、五月七日に釐金局の差役が蔡に対して、ペナンから輸入した一八八梱の綿花に対して釐金課税を要求したことに始まる。これに対してフォレスト領事は興泉永道呉世栄に、蔡はイギリス公使と総理衙門にイギリス臣民と認可されているとして、差役が釐金を要求しないように要請したが[51]、興泉永道は蔡が中国人であるのは明確

表 9-2　英籍華人による通過貿易と釐金局との紛争

時期	華人名（商社名）	輸入元	輸出先（移出先）	商品	紛争発生地点	紛争	紛争の結果	出典
1876年10月7日	錦興行			鉄鍋		釐金局による鉄鍋の押収		FO228/565
1877年（光緒3年5月間）	錦興行			鉄鍋	漳州	釐金局による鉄鍋押収	返還	総01-16-19-1
1878年（光緒4年8月間）	薛栄樾			綿花		漳州税釐府局西渓分局による綿花押収	返還	総01-16-19-2
1880年12月13，14日	Lloyd Khoo Teong Poh & Co.（福昌行）	上海	シンガポール・ペナン	ハム，紙傘，紙，乾竜眼，酒など	廈門	釐金局による押収。輸出子口半税単要求	一部返還	FO228/645; FO228/671
1890年5月8日	蔡徳喜	ペナン		綿花188梱		釐金局による釐金課税要求		FO228/886; FO228/1063
1890年6月25日	錦興行			綿花14梱	劉五店	密輸監視官による押収の試み		FO228/1113
1891年3月26日	錦興行			綿糸30梱	永寧→海林澳	兵士による押収の試み		FO228/1113
1891年5月21日	錦興行			綿糸21梱，灯油340箱	洛陽橋	釐卡の官員による押収の試み		FO228/1113
1891年7月1日	錦興行			綿糸		衙役が押収		FO228/1113
1891年10月26日	錦興行		楓亭	綿糸	洛陽橋	釐金局員が金銭要求		FO228/1113
1893年	錦興行			塩魚	安海	塩税関係の部局による押収とそれによる商品毀損による損害	賠償拒否	FO228/1113
1902年	Messrs Ong Tuak Chao & Co.			反物		釐金局衙役による押収	商品返還と損害賠償250ドル	FO228/1452
1909年7月				水仙花		釐卡における押収と使用人逮捕	商品返還	FO228/1724

であり、釐金などは支払うべきであるとし[52]、交渉は続いた。

六月一四日になると、興泉永道の布告が出され、六月一七日より廈門の全中国人商人は蔡の経営する振記との取引を止め、釐金を支払った商品のみ取引を認めるということになり[53]、蔡のビジネスは完全に停止した[54]。釐金局の役人が直接、廈門の中国人商人団体である十途郊に対して、蔡との取引は許可されていないと警告しており[55]、蔡によれば、七月三日にも廈防庁が蔡と取引させないために、十途郊の董事を招いていた。さらに、海関も蔡の綿花の内地への輸入に対する三聯単発行を拒否し、福州将軍もそれを承認したうえ、将来も全ての申請を拒否するように命じている[56]。ここから、第8章の錦興行封じ込めの際にもみられたように、清朝地方官側が中国人商人側に圧力をかけて蔡の活動を封じ込めていることがわかり、蔡のビジネスが停止していることからも、その圧力が有効であったことも認められる。

その後、閩浙総督卞宝第の指示により、興泉永道の布告が撤回されることになり[57]、七月一二日に興泉永道の布告で、蔡の十途郊との取引再開を決定し、釐金については交渉の結果待ちとなった[58]。しかし、三聯単の発行についての交渉は長引き、九月二〇日になって閩浙総督が三聯単発行に合意したにもかかわらず[59]、発行再開は遅れた。翌一八九一年六月一八日にフォレスト領事は興泉永道に対して海関に以前と同じように三聯単を発行するように連絡するように要求したが[60]、六月一九日に興泉永道は、この件が完全に解決するまで三聯単発行はできないとした。そして、以前は釐金局の収入は二〇万両あったが、現在はその半分であり、それは領事が錦興行などを保護しているためであるとした[61]。つまり、興泉永道が蔡徳喜の取引再開を遅らせているのは、錦興行などの英籍華人商人の釐金逃れを防止するための財政的理由であることをはっきり述べていた。そして蔡が、錦興行と同じように要注意の英籍華人商人であったこともその原因であっただろう。

事実、三聯単の不正使用は甚だしかった。一八九一年八月二二日の『申報』は次のように述べている。

廈門の輸出入商品は、子口半税に基づいて運送されるものを除いても、毎年徴収される釐金は［かつては］十数万両を下らなかった。近頃、月ごとに比較すると常に［釐金徴収額は］定額に満たない。確かに、取締役人は玉石混淆であるから、よこしまな商人と結託して脱税させるといった不正を行いやすい。廈門の中国人はイギリス、アメリカ・フランス・ルソン（スペイン）各国の国籍を取得して、外国商店を十数店開設しているが、資本は少なく、専ら子口半税単を［中国人商人の］代わりに申請することで、釐金を脱税して、生計を立てている。申告した輸入品でしばらく預かっている商品（保税倉庫にある商品）は毎年万をもって数えるが、再輸出するものはかつて一件もなく、この種の商品が何処に消えたかはわからない。本地の絹織物や布で釐金を申告するものは十に一、二もないが、販売額は毎年十万両にとどまらない。思うに課税責任者があれば、必ず手段を講じて粛正し、それによって積年の弊害が除かれれば、財源は豊かになるであろう。[62]

このほか、『申報』では、茶葉釐金でも同様の外国籍を利用した子口半税による脱税が生じているとして、[63]多様な釐金逃れを批判的にみており、その後も脱税に対する批判的な記事が掲載されていた。[64]

こうした釐金逃れについては海関の外国人税務司も批判的であり、廈門海関税務司のヴァンアールスト（J. A. van Aalst）も一九〇三年七月二〇日にハウザー（P. F. Hausser）領事に対して、以下の六つの問題点を指摘した。

(1) 中国人の外国人に対する名義貸しが行われていること。
(2) 三聯単に購入予定の商品の量が書かれていないこと。
(3) 三聯単が繰り返し使用されていること。
(4) 地方官僚を威圧して、検査を回避するための外国国旗のような架空の商店の旗が使用されていること。
(5) 内地は密輸業者で犯罪者である自称外国商社に満ちていること。
(6) 廈門に三聯単で運ばれる商品の四分の三は輸出されず他の開港場に送られていること。

表9-3　廈門におけるイギリス商社向け三聯単発給数（1901〜1903年）

商社名	発行総数	輸出品	移出品	非輸出品	非返還数
Buttterfield & Swire	107	7	84	3	13
C. Parkson & Co.	1	0	0	0	1
Chew Boon Tian & Co.	3	3	0	0	0
Dauver & Co.	2	2	0	0	0
E.. K. Lee & Co.	16	10	0	5	1
Ewe Boon, Ewe Siew & Co.（錦興行）	10	7	2	1	0
F. H. Edward	4	1	0	2	1
Jardine Matheson & Co.	39	6	29	0	4
Kung Phoe Chun & Co.	7	5	0	1	1
Khoo Ewe Chye & Co.	1	0	0	1	0
Lau Kiong Sin & Co.	61	17	33	7	4
Lim Bean Lee	1	1	0	0	0
N. D. Ollia	52	2	42	0	8
Ong Mah Chao & Co.	27	7	15	1	4
P. J. Pettigura	23	2	18	2	1
P. M. See Jung & Co.	21	13	5	0	3
Tan Sim Leng & Co.	17	1	10	0	6
Teo Kian Huat & Co.	14	7	2	2	3
Ung Peng Seng（洪炳星）	1	0	0	0	1
Ung Tek Beng	3	2	0	0	1
合　計	410	93	240	25	52

注）網かけは英籍華人商社。
出典）FO228/1497, Encl. No. 3 in Hausser to Satow, No. 8, Sept. 10, 1903.

そのうえで、内地の貿易規制撤廃の代わりに、三聯単の規制を計画するに至っている[65]。

そして、二〇世紀初頭では、表9-3にみられるように、三聯単の発行は華人系の商社が四五％程度を占めていた。また、表9-4にみられるように、その後も英籍華人の通過貿易利用の比率は高かった。したがって、清朝側が地方財政に打撃を与える英籍華人の通過貿易を敵視したのは当然であった。

とはいえ、二〇世紀初頭においてイギリス領事館による三聯単発行は激減しており、全体として通過貿易は衰退していた（表9-3・9-4の三聯単発行数参照）。英籍華人の通過貿易そのものによる清朝側の税収の損失は減少したが、第7章で述べたように通過貿易の衰退に先立って輸出貿易が衰退しており、これは清朝側の利益を減少させたであろう。釐金の減少は英籍華人によ

表 9-4　廈門領事館業務における華人問題（1906～1908 年）

年	1906	1907	1908
登録した英籍人数			
商人	50	56	61
宣教師	26	34	43
インド人	2	30	20
英籍華人	53	40	48
合計	131	160	172
護照発行数			
商人	15	5	3
宣教師	25	28	33
英籍華人	21	15	15
合計	61	48	51
三聯単発行数			
英商社	5	1	1
英籍華人商社	27	30	26
合計	32	31	27
中国官僚との文書往復数			
[急送公文書]			
雑件	56	39	31
宣教師問題	26	36	8
英籍華人問題	34	23	40
合計	116	98	79
[書簡]			
雑件	127	176	111
宣教師	44	76	24
英籍華人	83	116	72
合計	254	368	207

出典）FO228/2157, Sundius to Jordan, No. 2, Jan. 7, 1909.

る、税金逃れそのものよりも、廈門の輸出貿易の衰退が原因であったのである。しかし、全体のパイが縮小する中での税金逃れの横行は、清朝地方官にとっていっそう脅威に感じられたことも予想できる。しかも、外国籍を利用した税金逃れは通過貿易だけにとどまらず、問題は深刻であった[66]。そして、英籍華人の引き起こす経済面での紛争は税金逃れだけではなかった。

(2) 英籍華人の事業

清朝地方官側に財政面で脅威を与えたのは、開港場における英籍華人による事業であった。ここでも錦興行が問題を引き起こしていた。

① 錦興行の鋳物工場問題【10】

錦興行を経営する薛栄樾は一八八一年六月、鼓浪嶼に鉄鍋などの鋳物工場を建設する計画をイギリス領事に連絡し[67]、一一月に工場は設立された[68]。翌年二月二二日になって、興泉永道はフォレスト領事に鼓浪嶼内厝湾で錦興行の代理人捷阿などが、廈門北岸寮仔後ではドイツ商社の代理人楊六が鋳物工場建設を計画していることを伝えた。そして、溶鉱炉の場所は辺鄙な場所であるべきで、鼓浪嶼のような人口稠密な場所は不適切であるとした。さらに中国の定例では、中国人が溶鉱炉を開く場合は官に申請し、検査を経てライセンスを得、毎年検査を受ける必要があり、外国人は中国で鋳造業は許可されていないとした。加えて、薛栄樾は中国人であると主張した。そして、以上の理由から工場閉鎖を命じるように領事に要請した[69]。フォレスト領事側は、薛栄樾がイギリス人であることを強調し、鉄鍋が禁制品でないこと、上海にも外国人の開設した鋳物工場が存在したことを主張し[70]、双方の交渉は平行線をたどっていく。

一八八二年四月九日になると釐金局は、一八八一年末〜一八八二年初頭にかけて私炉で製造された鉄鍋が釐金を支払わず輸出されているとした。そして、三聯単を購入しなかった鉄鍋は釐金を支払うべきであるとし、外国人商人が釐金逃れのために鋳物工場を設立しているとみなした[71]。これに対してフォレスト領事は、鉄鍋は輸出用であるため内地税の課税は意味不明であるとして反論している[72]。

前述のように、鉄鍋は清朝において厳しく統制されていた商品であるが、ここでは、清朝側が廈門で製造される製品について釐金課税を試みている点が注目される。フォレスト領事は、福州の福建省当局が反対しているのは、広東省の北部と福建省の多くの地域に鉄鍋を供給する、広東省豊順県と大埔県（地図2）に製造所をもつ二つの独占業者のためだとみなしていた[73]。またフォレスト領事の一八八一年貿易報告によれば、この二つの業者は強力で、数年前には廈門と汕頭への鉄鍋の供給を停止して海関税の納税を回避したこともあった[74]。鉄鍋が廈門で生産された場合、こうした独占業者の半額で製造可能ともされ[75]、錦興行の工場が彼らにとって脅威であったことが予想される。

もっとも、第7章で述べたように実際には福建省南部においても鉄鍋は生産されて東南アジアや台湾に輸出されており、その納税額は巨額であったともいわれている[76]。したがって、錦興行の鋳物工場が広東省東部及び福建南部の生産・徴税機構を含めた従来の既得権益の構造に打撃を与えることが予想されたために、強い反対を受けたのであろう。そして、鉄鍋以外の鉄製品生産によって、より大きな影響を受けることも警戒されていた[77]。

こうした中で清朝側はついに実力行使に踏み切り、一八八二年一一月一〇日に錦興行からフォレスト領事に入った連絡によると、輸出税を納入済みであるペナン向け鉄鍋三〇〇個を汽船チアン・ホック・キエン（*Chiang Hock Kien*）号に荷積みしようとしたときに釐金局員によって押収される事件が発生した[78]。フォレスト領事は輸出税を支払い済みであるにもかかわらず鉄鍋が押収されたことを非難し、鉄鍋の返還を要求した[79]。しかし、興泉永道呉は鉄鍋の製造は違法であるとして返還を拒否し、重ねて工場の停止を命令するように要請した[80]。

その後、北京での交渉を受けて鉄鍋の返還が決定されたが、現地での鉄鍋返還は進まなかった[81]。さらに一二月一八日には、薛栄樾の鋳物工場の職工頭である陳捷の家に興泉永道の命令であると称して一〇人以上の兵士が赴き、逮捕を試みて失敗すると、陳の家に一晩居座り、陳は帰宅できなくなった。また薛栄樾の出納係の張詰もこの事態を聞いて職場から逃亡した[82]。

この間、一八八二年一二月二九日にドイツ側は二隻の軍艦から水兵を上陸させて釐金局の敷地からドイツ商社ゲラルド商会（Gerard & Co.）の鉄鍋一五〇個をドイツ領事館に運び込むという強硬手段に出た。この際、釐金局の三〇〇人もの巡丁は抵抗もしなかった。しかし、錦興行の方は、鉄鍋は依然として釐金局に押収されたままであっただけなく、陳捷の使用人の王達が、薛栄樾の名を借りて違法に鉄鍋を輸出したとして逮捕されて拷問されており[83]、事態は悪化していた。

一八八三年二月一二日、薛栄樾はフォレスト領事に対し、これまでに鉄鍋二〇〇〇個を製造し、三〇〇個が押収され、一〇〇〇個が手元にあり、輸出を待っているが、輸出が妨害されるのを恐れていると伝えた。さらに、労働者が当局に処罰ないし投獄されると脅迫されていて工場に戻らず、鋳物工場の継続が困難であると述べている[84]。

その後も、鋳物工場は閉鎖状態が続いた[85]。そして、薛栄樾の懸念は現実のものとなり、四月二六日に海関が鉄鍋輸出の禁令を出し、鋳物工場の事業は完全に失敗に終わった[86]。

このように清朝地方官側は、錦興行の鋳物工場事業を外交交渉で中止させるのに失敗すると、実力行使による妨害を行った。そして、英籍華人本人には手を出せないため、その協力者に圧力をかけることで、英籍華人の行動を封じ込めることに成功した。むろん、こうした封じ込めが成功したのは外国人による工場設置が条約上認められていなかったことが背景にある。この点で英籍華人側の立場は著しく不利であった。

②洪徳興の煙草問題【20】

しかし、下関条約（一八九五年）において開港場における外国人の工場設置が認められても、状況に大きな変化はなかった。同様の英籍華人の事業をめぐる事件は一八九七年にも発生した。英籍華人の洪徳興は光緒二年（一八七六）三月に廈門で瑞発行を設立し、温州やビルマから輸入した葉煙草を精製してスマランなどの蘭領東インドに輸出していた。しかし、一八九七年一一月二六日に精製された煙草二七箱の通関を行い、スラバヤなど蘭領東インド向けに輸出するために汽船に積載しようとしたところ、その前に釐金局によって押収されたため、領事に事件の解決を要請した[87]。イギリス領事ガードナー（C. T. Gardner）は興泉永道に事件を通報し、条約違反として貨物の返還及び賠償の支払いを要求した[88]。

これに対して興泉永道は、煙草は現地産で、三聯単をもたないので釐金を支払う必要性があるが、支払いを拒否したので押収したとした。そして、瑞発行は長泰の商人林烟司によって設立され、しばしば密輸を行い、最近イギリス商社として登記しており、他の戒めとする必要があるとした[89]。一方ガードナー領事は、イギリス商人は内地で中国産品を購入する場合には三聯単が必要だが、開港場での購入には三聯単は不必要であると反論している[90]。

この問題では、開港場で加工される製品に釐金を課税するかどうかが争点となった。またこの背景には、英籍華人商社による税金逃れがあっただけではなく、第7章で述べたように福建南部において加工煙草が生産されており、その煙草生産の利権構造が存在していた可能性も高い。

結局一八九八年四月一三日に、興泉永道は税釐局には問題がないとしつつも、賠償金を領事に送付して紛争を終結させているが[91]、地方官の態度が変わったわけではない。

以上の事件から、内地産品の流通の減少にともなう釐金収入の減少だけでなく、内地の生産者の利害に直結する英籍華人の開港場における事業は、地方官僚から極めて強い反対を受けたことがわかる。事業を計画したのが、従来から錦興行などの地方官僚に敵視されていた商人であったことも影響しているだろう。そして、イギリス領事による華人の事業に対する保護には限界があり、地方官僚による妨害は成功していた。実際に、第7章の製糖業における郭禎祥の事例のように、その他の事業においても、現地の反対によって外国籍華人の事業が成功することは少なかった。一方で、これは華人の資本・技術の導入を阻害することになり、廈門及びその後背地の産品の競争力低下と輸移出貿易の衰退につながったことも間違いない。

(3) 英籍華人の土地所有問題

英籍華人が地方官憲と引き起こす問題の中で、内地における土地所有も大きな問題であった。外国人は原則的に中国においては土地所有権を認められておらず[92]、英籍華人の土地所有は先述のように国籍をめぐる争点(4)ともなっていた。この点についても、蔡徳喜が問題を起こした【5】。蔡は海澄県鐘林美にある家を父蔡古順から購入していた。そして一八七八年一〇月にイギリス領事アラバスターは閩浙総督何璟に対して、海澄県において英籍華人の蔡徳喜が所有する地契に対して、海澄知県が捺印を拒否し、蔡が中国人であることを主張したことを伝え、蔡自身はイギリス臣民であるとした。また、蔡が英籍華人が廈門や鼓浪嶼に土地を購入しているのに、それ以外の海浜の土地を購入できないことに対して疑問を呈しているとした。しかし、最終的に領事は蔡の申請に関して、これ以上清側に要求することはないと述べている[93]。

これに対して閩浙総督何璟は、海澄県は開港場ではないので、イギリス人は家屋を建造したり、商業を営んだりすることはできず、イギリス領事が権利証書を登記することもできないとして、海澄知県の措置を肯定した。そして、蔡徳喜がイギリス籍であるならば、開港場外の海澄県での権利はないとした[94]。結局、この土地は蔡徳喜の父親の妾が管理しており[95]、蔡が取得することはできなかった。

同様に、薛栄樾も紛争を引き起こした。光緒二年（一八七六）九月間に薛栄樾は息子の薛有礼から廈門の山地を購入して、イギリス領事を通じて廈防同知の許可印を得ようとしていた。しかし、廈防同知の調査では、薛栄樾が購入を予定していた猿嶼（地図4）は呉姓の墳墓があるのみで薛有礼の財産であるか不明であるうえ、薛栄樾は出籍していないので条約に基づいて処理できないとしてこれを拒否している[96]。また一八八一年にも薛栄樾への土地譲渡に関して薛が地方官の認可を要請して問題になった。これに対して興泉永道は薛栄樾が海澄県から籍を抜かず、また洋装をしていないことを根拠に、薛への土地譲渡ないし賃貸の認可を拒否している[97]。そしてイギリス領事はこれら清朝側のいずれの処置にも反対していない。そもそも、イギリス側が条約に規定されていないイギリス臣民の内地の土地所有について保護を行うことは困難であった。

このように清朝地方官が英籍華人の土地所有を警戒したのは、イギリスの保護を期待して英籍華人が納税を拒否することがあるからであった。例えば一八九三年、英籍華人のLin Ping Hsiangが内地の土地を継承したが、当局による税五〇〇両の支払い要求を拒否している。これに対して、ガードナー領事はLinに当人の保護はできるが、内地の財産の保護はできないとして支払いを勧告している[98]。したがって、清朝当局としては、できる限り問題のある英籍華人の内地における土地所有を拒否しようとしたし、イギリス領事もそれに応じていたといえよう。

とはいえ、廈門におけるイギリス租界は成立した当初から一八三メートル×五三メートルにすぎず、極めて狭小であった。その後埋め立てによって規模を五倍に拡張したとはいえ[99]、英籍華人にとっては不十分であり、租界以外に不動産を所有せざるを得なかった。そのため、英籍華人の土地への投資は、廈門市内でも行われており、それが紛争を引き起こした。例えば、一八九八年に英籍華人の未亡人でイギリス臣民であるMrs. Hoは廈門市内の不動産に投資したが、テナントの不正行為によってテナントが逮捕され、不動産は当局に封印される事件が発生した【21】。だが、条約は賃貸後の問題は想定していないため、解決は困難であった。ガードナー領事は、次のように述べている。

英籍華人の数は当地では年々増大し、年々より多くの貯蓄を、中国人に賃貸するための［廈門］近郊の家屋に投資している。

もし私が、「私の許可なしに中国当局がそのような不動産のテナントを逮捕できない」と主張すると、私が中国法に違反する中国人犯罪者に対して最も望ましくない保護を与えてしまうことは明らかである。そうした前提は賭博や他の違法な目的のための申し立てに使われ、犯罪人は［中国側が］私に逮捕の許可を依頼しているうちに逃亡するだろう。さらには［外国人への］架空の販売によって外国籍民の名で登記された［賭博場などの］治安紊乱所が出現するだろう。

一方で、もし私が、中国の警察がイギリス臣民が所有し、中国人が居住する家屋に自由に入ることを認めたら、中国の警察は間違いなくテナントへのいやがらせによって地主から金を強請り取るだろう。シンガポール人は中国人よりも富裕であり、中国の警察と衙役は間接的に彼らを「強請り」たがっている。(100)

そして、イギリス人が不動産を保持できないという規則は他港では作られたが、ここでは無理であるとみなし、物件を違法なテナントに貸さないことが重要だとしている。(101)

これは、廈門においても、英籍華人の所有する不動産の保護が困難であることだけではなく、領事が増大する華人の土地所有を制御できないことを示している。

一方で、英籍華人の増大によって、清朝官僚との紛争に加え、英籍華人と中国人のあいだの土地をめぐる紛争が目立つようになってくる。例えば、一八九三年にペナン在住の華人 Lin Yu Tao が内地に土地を購入して父をそこに埋葬しようとしたのに対して、Lin に正当な土地所有権がないという訴訟が起こされた。ガードナー領事は清朝側に、文書に土地の所属先を明記することを要請するとともに、Lin に要求額を支払うか父の墓を移すようにアドバイスしている。(102) この事件は汀漳龍道が担当することとなり、解決前に Lin の父は埋葬され、Lin はペナンに戻り、その後、訴訟は再開しなかった。(103)

図 9-1　鼓浪嶼の町並み

共同租界となった鼓浪嶼には，20 世紀前半に外国人や英籍華人をはじめとする華人たちが建てた欧風建築がそのまま残され，当時の不動産投資の集中を今に示している。対岸は廈門市街である（2000 年 4 月筆者撮影）。

また、一八九五年に英籍華人商人の Messrs Timothy and Patrick See Jung が、所有している土地に対し、別の宗族の林標と林乞が母親の埋葬を行うなどして浸食しているとして、ガードナー領事に墓の撤去を訴えた(104)【18】。しかし、ガードナーは、イギリス臣民は内地の土地を所有できず、土地を継承した場合は中国法に従うのみであるとした。また、イギリス領事に土地を保護する義務はなく、非公式に中国側官僚と連絡することが可能なだけであるとしている。(105) このように、いずれの場合も、領事は問題を清朝官僚に委託するようになっている。

以上のように、英籍華人の土地所有についてはイギリス領事の保護は限定されており、清朝地方官は敵視している英籍華人の内地における土地所有を防ぐことに成功していた。その結果、内地における土地所有は非常に不安定となり、現地官僚との関係を有しない限り、内地の土地への投資は限定されたものであったと考えられる。[106]一方で、廈門や鼓浪嶼における租界以外の土地への投資については、イギリス領事の保護が限られていたとはいえ、活発に行われることになる。これは一九〇二年一一月二一日に「廈門鼓浪嶼公共地界章程」が批准されて正式に発効し、鼓浪嶼が共同租界になることによって決定的になる[107]（図9-1）。

このように、英籍華人は多様な経済活動によって、清朝地方財政に脅威を与え、清朝地方官との紛争を引き起こしていた。しかし、総体としてみれば、こうした問題は重要性が低下していく。これは、イギリス領事の英籍華人保護には限界があり、結果的に清朝地方官側が特権を利用した英籍華人による経済活動の進展の抑制に成功したことを示す。ただし、これは華人の技術・資本の導入の失敗を意味し、廈門とその後背地の競争力の低下につながっており、長期的には財政面でも清朝地方官にとって大きな損失となった可能性が高い。

一方で、土地問題にみられるように、むしろイギリス領事や清朝地方官が英籍華人と廈門・閩南の現地中国人のあいだのトラブルに巻き込まれるケースが増大していくことになる。英籍華人は清朝地方官とのあいだで紛争を引き起こすだけではなく、イギリス領事を紛争に巻き込んでいく存在となっていたのである。

四　英籍華人と中国人のあいだで

（1）負債問題

イギリス領事が英籍華人と現地中国人のあいだのトラブルに巻き込まれるケースの多くは、英籍華人をめぐる負債問題であった（表9-5）。とりわけ、海峡植民地における債務者の中国への逃亡は深刻な問題であった。[108]

表 9-5　英籍華人に対する負債

交渉開始年月	紛争の記録年	解決年	債権者	債権者の居住地	債務者	債務額	債務者の居住地・逃亡先	経　緯	出　典
1868年（同治6年12月間）	1870年		広順行林元拔		徳裕号黄阿力	226.5ドル	安海	石獅県丞を通じて返還	『清末民初通商口岸』[1)]第1冊，89–90頁
1870年（同治9年9月間）	1871～1876年	光緒元年～光緒2年	錦興行薛栄樾		劉英泉			劉英泉帰郷せず，保証人の林尼姑が返済した他は長期間経過したので交渉終了	総01-16-15-2；総01-16-18-2
1870年（同治9年10月間）	1871～1874年	1874年	錦興行薛栄樾		許章官・劉英泉			茶の買付の際の負債。許章官の店舗没収	総01-16-15-2；総01-16-17-1
1870年（同治9年閏10月間）	1871年	1870年	陳登松		葉交			シンガポール・ペナンへの移民からの委託金持ち逃げ問題。抵当物件を官が買い付けて家賃から返還	総01-16-15-3；総01-16-17-1
1870年（同治9年閏10月間）	1873～1879年	光緒3年	陳登松		陳丁			シンガポール・ペナンへの移民の商品・銀の負債。長期間経過したので交渉終了	総01-16-16-1；総01-16-19-1
1871年（同治9年12月間）	1876～1879年	光緒3年	錦興行薛栄樾		蔡蓝・蔡光宇	1,936ドル		長期間経過したので交渉終了	FO228/565；総01-16-16-1；総01-16-19-1
1871年3月	1872～1876年	1872年2月	新吉記行楊永年（帰化英籍華人）	ラングーン	黄開	1,429.87ドル	海澄県邱厝郷		FO228/565；総01-16-16-1
1871年(同治10年4月間)	1872年	1871年	錦興行薛栄樾	シンガポール	客頭曾生・李源・李吉	400ドル		廈防同知は薛栄樾の引き渡し要求	総01-16-15-3
1871年(同治10年6月間)	1872年	1871年	錦興行薛栄樾		茶客潘住記とその保証人黄媽徳				総01-16-15-3
1871年(同治10年7月間)	1872年	1871年	陳登松		陳丁・陳托・李山亭			李山亭が返却	総01-16-16-1
1871年8月	1872～1879年	光緒3年	錦興行		王維願	1,980ドル		1,030ドルは未払い。長期間経過したので交渉終了	FO228/565；総01-16-15-3；総01-16-19-1

交渉開始年月	紛争の記録年	解決年	債権者	債権者の居住地	債務者	債務額	債務者の居住地・逃亡先	経　緯	出　典
1871年8月	1876年	1871年12月	鄭妙泉	シンガポール	方嘮・方浮	4,083ドル		広東人劉興朝も方らに5,000ドルあまりを請求	FO228/565；総01-16-16-1
1871年(同治10年8月)	1872年	1871年	陳登松		陳托（陳丁の代理）			陳托は負債を理解	総01-16-16-1
1878年（光緒4年8月間）	1880～1883年	光緒7年	薛栄樾		源安号	317両		源安号陳源等が完済	総01-16-19-2；総01-16-21-2
1879年（光緒5年5月間）	1881～1883年	(光緒9年)	薛栄樾		陳拱明		同安	廈防同知から県に担当を移行	総01-16-20-2；総01-16-21-2
1882年（光緒8年8月間）	1884年		郭維徳		順泰号陳纓美		晋江県		総01-16-21-4
1882年（光緒8年11月間）	1884年		薛栄樾		蘇江				総01-16-21-4
1883年4月	1884年		邱啓誠		柯能寛等	1,153.88ドル			FO228/742
1883年8月	1884年		上海瑞記洋行	上海	振豊号	1,034.608両			FO228/742
1883年9月	1884年		謙記洋行（Chew Tiam Eck）		黄慶雲	1,112.5ドル			FO228/742
1883年11月	1884年		錦興行		廈門の中国人商人(義裕？)	1,504.209両			FO228/742；総01-16-22-1
1884年1月	1884年		鴻記洋行（Khoo Phoe Chun）		広源号・錦興号	268.3ドル			FO228/742
1889年(光緒15年正月間)	1890年		万興本行	シンガポール	郭普禄			福昌行が領事に要請。イギリス領事の督促がないため「終結」	『清末民初通商口岸』第1冊，318-319頁
	1893年		シンガポール人	シンガポール	Chen Wen Chi			債権者もその財産もみつからず	FO228/1113
	1893年		シンガポール人	シンガポール	Hsien Wen Mei		安渓	興泉永道は安渓知県に連絡	FO228/1113

	1893年		Yeh Che				海澄	領事に依頼。清朝側の法廷の助力で債権回収に成功	FO228/1113
	1894年		Lin Ho Chao	上海	Li Hsin Chai	11,612.156両	廈門	Li Hsin Chai は同安の Ch'en Hsi Li らへの債権要求を満たす必要があるとする。裁判は竜渓知県の管轄に	FO228/1150
	1894年		Lin Nan Mo	香港	Lin Wei Li		同安	香港で裁判。同安知県は原告に同安の法廷への出廷を求める	FO228/1150
	1894年		蔡徳喜	廈門	T'ung Fa		石獅	同安知県は債務者の家を封印したが買い手つかず	FO228/1150
1879年	1894年		Kuo Lai Hsu		Kuo Chie Lao など	2,578ドル		シンガポールで解決済みの事件であるが，廈門でも清朝官僚を利用して債権を二重に取り立てを試みる。300ドルの支払いで決着	FO228/1150
	1894年		蔡徳喜	廈門	隆成・泰美(穀物商)		石碼	建茂の倒産を契機に倒産。経営者は逃亡。一部の負債返還	FO228/1150
	1894年		蔡徳喜	廈門	徴記		漳州（同安に逃亡）	徴記は廈門の徴記と石碼の泰美・隆成の漳州支店。領事は汀漳龍道に同安への連絡を要請するが返答なし。その後，一部の負債返還	FO228/1150
	1894年		Hsie Po K'un	シンガポール	マニラの I Hsiang商会パートナー	12,848.61ドル	漳州	領事は汀漳龍道に連絡するが返答なし	FO228/1150
	1894年		Lloyd Khoo Teong Poh & Co.(福昌行)		Ch'en Lin Fu			汀漳龍道の命令にもかかわらず，海澄，南靖，石碼などの官僚は対応せず	FO228/1150
1896年	1898年		Chew Tai Cheng & Co.	廈門	Choa Yum など	4,442.565両	石碼など	Choa Tek Hee & Co.を引き継ぎ，その債権も継承。領事に返済要求を要請	FO228/1281
	1899年		Kua Seng Wat & Co.	廈門				実際には Chen が経営	FO228/1320

交渉開始年月	紛争の記録年	解決年	債権者	債権者の居住地	債務者	債務額	債務者の居住地・逃亡先	経緯	出典
1897年(光緒23年正月間)	1900年		葉朱盤	シンガポール	余芳寛		同安	調停で解決	『清末民初通商口岸』第1冊, 465–466頁
1903年(光緒29年2月間)			仁謹の妻勒姑娘（Amy Jenkins）		黄子煥			返還	『清末民初通商口岸』第4冊, 1,465頁
1903年(光緒29年閏5月)			洪少松		張漢			店舗の賃貸料未納	『清末民初通商口岸』第4冊, 1,512–1,513頁
1904年(光緒30年7月間)	1907年		周文田		許万舵		金門	イギリス領事に金門知県を通じて解決要求	『清末民初通商口岸』第2冊, 790–791頁
1905年(光緒30年12月)			薛有輝		陳森元			陳森元と新瑞発号を経営する黄妙が返還	『清末民初通商口岸』第4冊, 1,446–1,447頁

注1)『清末民初通商口岸』は『清末民初通商口岸檔案匯編』の略。
本表は網羅的なものではない。

表にみられるように、史料で確認できるだけでも一八七〇年代から一貫して負債に関係する多数の紛争が生じ続けた。もちろん、英籍華人に限らずイギリス人商人に対する中国人商人の負債問題は紛争の多くを占めていたが、英籍華人の問題はより複雑で、解決しない事例が多かった。

例えば、一八七〇年の薛栄樾に対する負債の問題【3】では、イギリス領事側が薛栄樾の訴えに基づき、客頭の曾生・李源らを訴え、さらに薛栄樾は廈防同知に対して曾生らが海外にいるために保証人の王元らを拘束して裁判にかけるように要請した。しかし、王元らは逆に廈防庁に対して、王元の従姉妹の喜凉が薛栄樾の娶った妓女の楊紅甘凉に買われて洪春凉の娼館で売春しているのをみつけ、洪春凉と喜凉を地保に引き渡したのに対して、薛栄樾が王元らを誣告しているとした。そして廈防同知も王元らの訴えを認めて、薛栄樾が中国人であるのに外国商人を仮冒し、さらに良民を娼婦としたうえに誣告を行ったとして、イギリス領事に対して薛栄樾を追放するように要求している[109]。したがって、両者の主張は全く異なっており、かつ債務者の居所も不明であるから解決は困難であった。そして、イギリス領事報告にはこの問題が取り上げられていないことから、イギリス領事側もあえて問題を大きくしなかった可能性が高い。

一八八〇年五月にはシンガポール華人林祖平をめぐる事件が発生する【8】。林祖平は張成功（Chang Cheng Kung, 陳猴）に詐取された四一九五ドルを追求するために一八八〇年四月に廈門を訪れ[110]、林祖平の要請でジャイルズ領事は興泉永道に被害額を請求した[111]。ところが、五月に林祖平が海澄県海滄社において同族の林拱照に金を強請られ、ナイフで刺されて負傷させられるという事件が発生し[112]、さらに、先述のように林祖平の国籍も問題になって逮捕状が出された。清朝側は林祖平を拘束しなかったが[113]、問題は複雑になった。

一方、張成功の問題については、同年八月に林祖平は領事に対して、張成功が賄賂によって逮捕を免れているとして逮捕を要請した[114]。この問題に関してイギリス側は共同の審理を主張したのに対し、清朝側は廈防同知による調査を主張していた。さらに興泉永道は一二月三日、張成功の証言を得た。それによると、張は少年の時にシンガポールとスマトラのジャンビに渡航し、一八六六年にシンガポールの怡来号の林応端がジャンビに分店の怡啓興号を開いたが、経営が不調であったため、張が派遣されて分店を掌握した。一八六七年になると怡来号が閉店し、ジャンビの怡啓興号も閉店して清算が行われた。そして、張は林祖平と面識がなく、林祖平は怡啓興号とは無関係であるとした。興泉永道は張成功が事件をもみ消すために賄賂を用いた件も否定し、中国人である林祖平の廈防庁への送還を要請した[115]。

事態が進展しない中で、林祖平は翌一八八一年一〇月三一日にイギリス公使ウェードに対し、張成功は廈門にいて、清朝官僚にもよく知られており、請求額の支払いが可能であるとして、領事に対応をうながすことを請願した[116]。だが、事件は結局未解決で終わっている。

この事件は、英籍華人の詐欺問題が、国籍問題や現地での別のトラブルと関連する可能性を示し、また債務者が清朝官僚の保護を受けた場合に、対応が難しいことを示している。そして、そもそも東南アジアで行われたとされる詐欺の事実認定自体が困難であった。

さらには、廈門における英籍華人と現地商店とのあいだの負債問題も多く、また複雑であった。一八八三年には薛宗栄が中国人商人福順号の李五常の債務返済滞納を訴えたが、廈防同知の調査によれば、海澄県人の林祖義（林も英籍華人）が李五常に対する負債を抱えていたのに、薛宗栄をだまして誣告させたとする。しかも、林も薛も所在がわからないので、うやむやになっている。[117]

以上のような負債事件は領事を通じて当該の地域を管轄する官僚に伝えられたが、表9-5にみられるように解決したものは少なかった。負債事件は概して、解決に長い時間がかかり、原告が被告と友好的に問題を解決することを希望した場合に、現地官僚が和解案を提示する形式をとる場合が多かった。[118]

負債問題の解決に時間を要することに対し、債権者の英籍華人はしばしばイギリス領事に圧力をかけた。例えば、一八九六年四月に蔡徳喜の商店を引き継いだChew Tai Cheng & Co. はその債権も継承し、ガードナー領事を通じて債権回収を図ったが、二年を経ても全く返済されないため、一八九八年九月一二日には在華イギリス公使マクドナルド（C. M. MacDonald）公使に領事の対応が遅いとして訴えている。[119]

かかる批判を受けたガードナー領事は、一二月一〇日に領事が漳州を訪問した際に、汀漳龍道と負債問題について交渉し、債権者は貧しい者の応分の返済額を受け入れること、富裕な者は、財産などが差し押さえられて売却されるという提案を行い、[120]これが合意に至って負債事件の大半が解決した。[121]しかし、これは一時的なものにすぎず、負債問題の増大を防ぐことはできなかった。それでは、なぜこれほど負債問題が増えたのだろうか。

（2）偽装英籍商社問題

負債の問題が多発する原因は、英籍華人が純粋な中国人商人から金銭的報酬を得て名義貸しをすることにあった。[122]これは、一九〇二年の劉拱辰（Lau Kiong Sin）の問題【22】が一例となる。一九〇二年一二月、シンガポールで協豊号を経営していた泉州府南安県曾庄郷の蔡嫣力は、劉拱辰とイギリス商人クン・ツン・テュム商会（Messrs Kung Tsung Tyum & Co.）に、シンガポールから廈門に逃亡した債務者であるとして訴えられて廈門に到着するや清朝地方当局に逮捕された。しかし、蔡と共謀した友人は二万ドル以上の現金を納めた手荷物を持って立ち去っていた。そして蔡はまずクン・ツン・テュム商会と要求額の半分の七〇〇ドルを支払って和解し、訴追は撤回された。別の債権者である劉拱辰は、蔡に対する四〇〇〇スペインドルの債権を主張していたが、劉は蔡に説得されて無条件の釈放に応じてしまった。駐廈門イギリス領事ハウザーは釈放されて内地に戻れば解決は困難だと指摘したが、劉は領事の助言を受け入れず、領事は事件が領事の手を離れることを警告し、劉はそれを受諾した。[123]その後、蔡は負債の大半の支払い責任は合股の共同出資者であり、バタヴィアで協豊号を経営していた安渓県五庄郷の陳輝烈にあるとした。そのため、劉は使用人を安渓県に派遣して陳からの返済を図ったが失敗した。そこで劉は一九〇三年五月九日にハウザー領事に対して興泉永道ないし安渓知県への働きかけを要請した。[124]これに対し領事は事件が領事の手を離れたことを確認して援助を拒否したため、劉はイギリス公使タウンリー（R. G. Townley）に支援を要請した。[125]だが、公使も領事が劉を保護することは不可能とみなした。[126]

そもそも、ハウザー領事によれば、劉拱辰は保護の対象となる人物ではなかった。劉は帰化英籍華人と中国人のあいだにシンガポールで生まれたとするシンガポール政庁のパスポートを所持し、一八九七年に廈門のイギリス領事館でイギリス臣民として登録していたが、実際には父親が帰化したのは劉が誕生した二年後であり、劉は保護の対象ではなかったのである。[127]

そして、ハウザー領事は、劉は海峡生まれの華人の中では上流階級に属すとしつつも、次のように述べている。

もし、劉拱辰が海峡生まれの中国人らの中でよい人間の部類に属しているのなら、私は他の事件でそうしたように、彼のために大目に見る（保護する）ことに反対すべきでなかっただろう。しかし劉はこの港においてよくみられるような望ましくない行動をとる部類に属していた。その部類の者たちは、少額の金を貯め、定住するかビジネスに従事するために廈門に戻ってくる。その中には純粋な中国人の名義で内地に土地を購入する者もいる。そこでは、紛争ないし家族の不和の結果として彼らが保護の要請を強いられるか、あるいはビジネスの目的でイギリス人を装うことが都合よくなるまで、彼らは完全に中国人に混じっていて、中国人と見分けようがないほどであり、イギリス人としての身分を完全に隠している。この部類の他の人々はこの港に定住し、彼らが喜んで「洋行」と呼ぶものを開設し、しばしば純粋な中国商人に対して「支店」という名目で、彼らの名義と保護を貸していた。ある例では、ある一つの偽イギリス業者の保護の下だけでも廈門市内に一〇以上のいわゆる「支店」があることがわかった。[128] それらは海峡の華人や廈門の華人、そして内地と関係をもっていた。

（中略）

劉の場合、上記の両方の範疇に入る。彼の家は廈門から一〇～一五マイル離れた内地の海澄県の小さな村にある。彼の廈門におけるビジネスは私の知っている限りは純粋に中国人として行われており、彼が領事館にまわしてきた事件のいくつかは非常に疑わしいものであった。[129]

ここでは、劉の英籍そのものが疑わしいだけでなく、偽装イギリス商社に名義貸しをしていることがイギリス領事に問題視されていることがわかる。

その後、一九〇八年五月一八日に廈門の英籍華人たちは在華イギリス公使ジョーダンに、劉拱辰の英籍を認めるように請願した。[130] これに対してバトラー領事は、劉の問題はすでにイギリス籍を認めないことで処理されたとしつつ、劉は国籍のみならずその事業もイギリス企業であるとはいえないとした。なぜなら、「イギリス商社」Heng

Moh の真の所有者である Lim Chui Thia は Lim Bean Lee の下で中国籍を隠して営業したが、彼は以前、劉の買辦を務めており、劉のイギリス籍が認められないと、Lim Bean Lee の買辦となっていた。したがって劉も以前は'lie hong'を経営していたような人物であり、イギリス臣民として登録することを認めないことは正当化できるとした。そして、劉についての請願を行っている一一人の英籍華人のうち一人以上は'lie hong'を経営しているうえ、請願者の一人は Lim Bean Lee の商社がイギリス商社でないことを認めており、彼らの請願を重視しないとした。[131] 結局、ジョーダン公使も、英籍華人らに対し、劉が三年以上シンガポールに住んでいるという証明がない限り中国で保護は受けられないとし、[132] この問題は終わったが、ここから浮かび上がるのは、名義貸しを利用する中国人・華人たちの存在である。そして、それは別の事件から明らかになっていた。

このLim Bean Lee は海峡植民地とのあいだで銀行業、主に帰国華人への現金手形業務に従事していたが、一九〇七年に送金が行われていないことから、Lim は突然手形の支払いを拒否した。そのため、廈門は不穏な状況になり、Lim Bean Lee はバトラー領事に保護を要請する一方、群衆は商店の買辦逮捕を要求し、買辦の Lim Chui Thia は清朝側に逮捕された。そこでわかったのは、Lim Bean Lee の所持する資本は全体の五分の一で、五分の四はペナンの中国人パートナー Lim Sun Ho のものであることであった。Lim Sun Ho の証言によれば、Chop Heng Moh はイギリスパスポートを保持する Lim Bean Lee の援助の下、彼の異母兄弟の Lim Chui Thia が経営しており、そして、Lim Bean Lee がもはやイギリス人とは認識されないので、廈門のビジネスをやめるか別のパスポート所持者を探すということであった。[133]

つまり、Lim Chui Thia は劉拱辰の英籍が利用できないとなって Lim Bean Lee と手を組み、Lim Sun Ho の資金を受けて Chop Heng Moh を経営していた。一方で Lim Sun Ho は Lim Bean Lee の英籍が利用できなければ、別の英籍華人を利用しようとしていたのである。

したがって、英籍華人の名義は、中国人・華人商人双方に利用されていたといえる。これは、条約特権を利用可能で、課税を免除されるだけでなく、イギリス商社として登記した場合には信用を得られるため、[134]利用価値があったのだろう。このように、中国人商人と英籍華人は相互に利用しあっており、イギリス領事はこの複雑な利害関係に巻き込まれたのである。劉拱辰の事件に際してもイギリス領事は「際限のない紛争はかくして、真正のイギリス人の案件について生産的に割かれるはずであった領事の大部分の時間を無駄に費やさせているのである」と述べている。[135]【20】の事件における瑞発行もそうした偽装イギリス商社であった可能性が高く、事態を複雑化させていた。そこで、イギリス領事はこうした偽装イギリス商社対策が必要となっていた。[136]そしてさらにイギリス領事を悩ませたのは、英籍華人のビジネスのあり方であった。

(3) 零細な紛争

英籍華人のビジネスのありかたについては、一八九七年の胡坤雍（Ho Kun Ying）の問題【19】が一例となる。一八九七年一〇月一日、胡坤雍は廈門のイギリス領事館に来て、海峡植民地の一八九七年九月二〇日付のパスポートを提示して登録を要請し、ガードナー領事はパスポートの写真と本人を照合し、これを認可した。ところが一〇月九日に胡が再来して、内地の所有地が地方官に差し押さえられたので保護を求め、領事は興泉永道に情報を求めた。その後、胡は現在三五歳で、海峡植民地に生まれたが、五歳の時から廈門に居住して中国人として過ごし、しばしばシンガポールに戻ったが、家族は中国に居住していることが判明した。そして胡がドイツ商社のパセダグ商会（Messrs Pasedag & Co.）に対する債務支払いを拒否したためにドイツ領事が清朝当局に訴え、清朝側が胡と胡の一七歳の息子に逮捕状を発行した。そのため、胡がシンガポールに逃亡し、シンガポール政庁にパスポートを発行してもらったのは明らかであると思われた。そこでガードナー領事は胡の財産については保護に関与しないことにした。胡が中国人として過ごしてきたうえ、胡の事業が中国人との合股で行われた中国人商店であること、加えて内地の財産は条約で認められていないことが理由であった。さらに、領事は胡本人の保護についても躊躇していた。ただし、興泉永道に対しては胡とその息子の逮捕を取り消すことを要請している。[137]これに対してマクドナルド公使は、胡の財産も当人も保護する必要はないとした。[138]

ところが、胡坤雍の事件については、シンガポールで報道されたほか、[139]一八九七年一二月八日に『タイムズ（*The Times*）』が、シンガポール在住の華人が逮捕されたがイギリス領事に保護を拒否されたと報じ、[140]一二月二二日にも『ノース・チャイナ・デイリー・ニューズ（*North China Daily News*）』に記事が掲載された。[141]これらの報道で批判されたガードナー領事は、マクドナルド公使への報告において、次のように記事の内容に対して反論した。

［『ノース・チャイナ・デイリー・ニューズ』に］掲載された請願では、請願者（胡坤雍）は「私はシンガポールでイギリス人の両親から生まれ、これまでそこに居住し、Teng Cheong の名と商号で商店を開業してきた。私は時々廈門を訪問したが、私の滞在が短期間であり、私の国籍を主張する機会もないように思われたのでイギリス領事館には報告しなかった」と述べている。

この陳述は私に対する陳述と一致しない。彼は私に対して、彼はシンガポールに生まれ、［現在］三五歳であり、五歳の時に中国に戻り、イギリス臣民が自由に住むことのできない灌口（廈門島対岸に位置。地図４）に三〇年間居住した。一七歳の時に中国人の妻と結婚して一人の息子が生まれ、息子は中国人として育てられた。彼は依然として内地に家を所有し、二〇歳の時から廈門で中国臣民として貿易を行っている。彼はイギリス人が不動産を所有できない内地に、過去そして現在も土地を所有していることを認めた。彼がいまイギリス臣民として中国当局の押収から保護して欲しいと要請しているまさにその資産は、イギリス臣民が資産を保持する権利がない内地に位置しているものである。

彼は五歳の時以来、時折シンガポールに行くのみであったと述べた。彼はそこに商社を所有しているとは私にはいわなかった。

すべてのイギリス臣民は、一八六五年の枢密院令によってその滞在を管轄するイギリス領事館で登録する義務がある。請願者は中国の法定の判決が彼に不利となるまで登録しようとしなかった。さらに注意すべきは、彼はシンガポールのイギリス臣民であるという書類を中国の裁判が彼に不利になるまで持ち出さなかったことである。(142)

一方、シンガポールの弁護士は、胡坤雍はシンガポールで長年商人として知られているとしていた。(143)したがって、シンガポールと廈門の両地でビジネスを行う胡がいずれを根拠地としているのかを判別するのは困難であり、問題を複雑にしていたといえよう。

さらに複雑であったのが、そもそもの合股の問題である。胡の請願によると、胡はシンガポールやスマランとの貿易で生計をたてていたが、一八九六年にシンガポールから同安の自宅に戻り、海澄県人の Khoo に誘われて合股で船のチャーターを行うことになり、五股で各二〇〇〇ドルとなった。胡は最初の払い込み金五〇〇ドルを支払ったが、合股の約が取り決められたとき、Khoo は支払いができず、合股が完全に成り立たなかった。胡は Khoo に対する負債のために破産し、パセダグ商会はドイツ領事を通じて Khoo のパートナーとして胡を訴え、興泉永道と同安知県によって胡の家は差し押さえられ、親族が逮捕された。そこで胡はガードナー領事にドイツ領事に対して Khoo を訴えるように依頼し、また中国側に胡の資産の返還と親族の釈放を求めるように請願している。(144)しかし、ガードナー領事は胡にパートナーとしての支払い義務があるとみなしていた。(145)ここでは、途中で解消された合股の問題が、事態を複雑にしていることがわかる。

ガードナー領事は、中国法では中国商社のパートナーは投資した資本の割合に応じた限られた自由しかないので、西洋人が違う業種の株に投資するように、中国人商人は相互に関係のない複数の商社のパートナーになっていたとする。[146] かかるリスク分散は資本が分散し、紛争が多発する原因となっていたといえる。

以上のように、英籍華人とそれを利用する中国人らの活動によって、小規模な紛争は激増していく。一八九九年の駐廈門イギリス領事館の報告は次のように述べている。

大多数の［清朝側との］文書往復は英籍華人による負債請求問題に関連しており、英籍華人の多くが当地で小売業に従事し、小売業とは不可分の少額の負債を取り戻すことを我々に依頼する。［次の］事例が、領事館が扱うこの種の事件の例証となる。

数日前、当地から三〇マイル離れた内地の小規模な小売商に対する三〇〇両の請求が行われた。原告の帳簿を調べると、原告と被告のあいだには三年間取引がないことがわかり、その記載は債務者の商売が微々たる規模であることを示していた。

また、別の事例では、領事はあるイギリス臣民に内地に埋葬され、彼の同族の一員に持ち去られた「祖母の骨」の返還の援助を要請された。イギリス臣民は内地に自身の埋葬地を所有する権利はないだろうと［領事に］示唆されたものの、当人はかなりの時間を費やして、神聖な遺骨を冒瀆から守ることの重要性を領事に対して主張した。この人物は、内地の不動産抵当負債を取り戻すための助言も要請した。私はイギリス法では抵当権者は抵当に入った資産の合法的な所有者であり、中国法も同様であり、彼がそのような担保で貸し付けたのは条約の規定に違反すると指摘した。

この種の二〜三の訪問で午前中の時間全てがつぶされ、イギリスの納税者には何ら酬いることができない。

（中略）

［清朝官僚との］文書往復の九〇％が英籍華人の請求に関係するものであるといっても過言ではなく、恐らくその多くがイギリスの法廷（領事裁判）では取り戻すことができない。要するに本領事館の業務の大半は債権

回収の代理人としての仕事である。[147]

そして、この一派を統制する特別な規則が必要で、帰国する華人は増大しているため、特別なスタッフを設置する必要があると述べている。[148] つまり、イギリス領事は英籍華人の代理人、仲介者となってしまっていたのである。

しかも、華人側はイギリス領事のみを利用していたのではない。例えば、Kuo Lai Hsu が Kuo Chan Ch'ing らに負債返済を請求した事件では、原告 Kuo Lai Hsu の請求額二五七四ドルは廈門とシンガポールで Te Hsing を開いていた父 Kuo Chen Hsiang から引き継いだものであったが、被告は、負債は一八七九年二月に和解したものの一部であるとして反論した。被告によると、一八七九年に Kuo Chieh Lao がシンガポールで破産し、債権者は二五％の支払いで合意し、その中に Kuo Chen Hsiang もおり、債権額は二二二五・八三ドルであったとした。その後、一八八〇年に Kuo Chen Hsiang は廈門の清朝当局を通じて債権全てを回収しようと試みたが、事件は長期化した。そして Kuo Chen Hsiang の死後、息子が請求を受け継ぎ、中国の法廷を通じて閩浙総督の注意を引き、その影響の下で廈門の清朝当局は、Kuo Chieh Lao の妻と兄弟の財産を没収して売却することになるとした。領事はすでに負債を返済済みであるとするが清朝側はそれを認めず、[149] 結局この事件は被告が三〇〇ドルを支払うことで決着した。[150]

この事件では、Kuo Lai Hsu はシンガポールと中国で二重に負債を取り立てていることになる。英籍華人は清朝官僚との関係を有すれば、それを利用することもできたのである。つまり、英籍華人は、イギリス領事と清朝官僚のうち、自分にとって有利な方を利用しており、イギリス領事は利用可能な仲介者にすぎなかったことを示す。その際、清朝官僚側に訴える場合にかかってくる手数料の類がイギリス領事を利用する場合には必要ないことが、イギリス領事への要請へのハードルを低くしていた可能性は高い。このように、英籍華人の利用できる関係は全て利用するという態度は、紛争を増加させることにもつながったであろう。

その後も、イギリス領事館のスタッフの増員などは行われなかった。しかし、一八八〇年代以降の東南アジア移民の増大によって東南アジアからの帰国者は激増しており、イギリス領事はこうした零細かつ複雑な問題を回避するための、何らかの対応が必要になっていた。

それでは、このようにイギリス領事が翻弄されるまでに英籍華人の活動を許してしまったのはなぜだろうか。オールコックの服装規定以降の状況からそのイギリス側の制度の問題を検討し、その後のイギリスの対応をみていきたい。

五　イギリスと清朝のはざまで

(1) 華人管理制度の動揺

① 保護対象のずれ

英籍華人の管理には、まずイギリス領事館で登録させることにより、保護の対象を確定することが重要であった。[151]ところが、だれを保護対象として登録すべきかの基準がイギリス側でも一定ではなかった。

蔡輯の事件【1】の後、スウィンホウ代理領事は上海最高法廷主席判事ホーンビィに対して、香港生まれの中国人が香港以外で保護されないのに、東インド会社法により海峡植民地で生まれた中国人は風貌・服装にかかわらず保護する必要性があることになっており、同じイギリス植民地生まれでも対応が異なることを指摘していた。[152]そして、実はオールコックの服装規定によっても、この問題は解決されていなかったのである。

一八六八年一〇月六日のオールコック公使の布告が出されると、多くの華人居住者を擁する海峡植民地の総督オード（Sir Harry St. George Ord）は同年一二月二一日に、オールコックに対して植民地生まれの華人に対する影響についての懸念を伝え、[153]二三日には植民地相に対してこの布告によって困難と不都合が生じるとし、両親が帰化英国人であってもイギリス臣民を主張した場合は、布告を適応しないことを希望するとしていた[154]。また、海峡植民地の司法長官ブラッデル（Thomas Braddell）も海峡植民地の華人が中国服と慣習を維持していてもイギリス臣民として扱われており、イギリス法に基づけば両親が帰化イギリス人であってもイギリス臣民とみなされるとした[155]。

一方、一八六九年五月六日に、オールコックは服装規定に反対する海峡植民地政府に対し、英籍華人は問題が起きたときのみ英籍を主張しており、また中国政府は帰還したイギリス臣民を最も危険で面倒な者たちとみなしているとして反論し[156]、規定を改定する意思はなかった。

したがって、保護対象を限定するためのオールコックの布告は当初から華人保護を意図する海峡植民地当局と「ずれ」を生んでいたといってよい。

その後、外務省の帰国華人の保護対象は区分の変遷はあったが、基本的な方針は変わらず、一八九八年一一月八日の外務省の覚書では次のように落ち着いている。それによると英籍中国人は六つのカテゴリーに分けることができるとしている。

(1) 香港領有時の住民。
(2) 帰化イギリス人。
(3) 英領で英領生まれの両親から生まれた者。
(4) 英領で帰化イギリス人の両親から生まれた者。
(5) 英領で中国人から生まれた者。
(6) イギリス人の父親と中国人の母親から結婚前に生まれた者。

そして、(1)は中国を含むいかなる場所でもイギリスに保護され、(2)・(5)は中国内を除き保護され、(3)・(4)は中国内でも保護され、(6)は中国側が要求せず、すぐに結婚し、洋装するなら保護されるということになっていた[157]。

一方で、植民地の立場は外務省とは異なったままであった。海峡植民地の総督ウェルド（Sir Frederick Aloysius

Weld）は一八八六年九月三〇日、スタンホープ（Sir Edward Stanhope）植民地相に対して、植民地で生まれた者は両親がイギリス臣民であっても中国人であってもイギリス領事から同じような保護を受けると考えるとしており、[158]海峡植民地の認識が外務省よりも広い範囲の保護対象を想定していたことがわかる。

そして、この「ずれ」が一八八八年に問題を引き起こした。同年二月二一日、駐廈門領事フォレストは海峡植民地政府に対して王明徳（Ong Beng-Tek）の登録申請を拒否したことについて、王は海峡植民地のパスポートを保持して廈門に来て、パスポートの不備から当初登録を拒否したが、海峡植民地からの電報で両親がイギリス籍であると判明し、登録可能になったとした。[159]ここで問題になっていたのは、両親が英籍であることが必要であるという認識と、パスポートの不備の問題であった。

これに対して、一八八八年三月一四日に海峡植民地総督スミス（Cecil C. Smith）は植民地相ナッツフォード（Lord Knutsford）に、領事は植民地のパスポートを認めるべきであるとした。[160]これを受けて植民地省は四月二八日、外務省に対して、英籍華人へのパスポートはイギリス籍の地位とイギリス人が親であることを明記したほうがいいが、必要なのは在華イギリス領事と植民地総督への明確で確かな指針であるとした。[161]

外務省は植民地省に対して、ソールズベリー外相は駐廈門領事が正当な用心をしただけであるとみなしているとして、領事の行為を肯定した。また、パスポートに関連情報を明記することには賛同したが、中国政府との合意までは訓令を出せないとした。[162]しかし、外務省の督促にもかかわらず、在華イギリス公使ウォルシャムは交渉に積極的でなく、交渉は進展しなかった。

この認識の相違が再び大きな問題になるのは、先述の胡坤雍の事件【19】であった。一八九七年一二月四日に胡坤雍からの誓願を受け付けた海峡植民地では、総督ミッチェル（C. B. H. Mitchell）が一二月六日、マクドナルド公使に対して、胡をイギリス臣民とみなして保護を要請した。[163]しかし、一二月八日、マクドナルド公使は胡に対する中国の管轄を否定できないとミッチェル総督に返答し、[164]翌年一月三一日にはソールズベリー外相に対しても胡は保護できないとし、海峡植民地の英籍華人に対するパスポート発行が不注意であると指摘した[165]。

これを受けて同年二月一四日に外務省は植民地省に対して、胡が保護できないことと、海峡植民地が華人へのパスポート発行により注意を払うことを提案した[166]。植民地省は胡に対する公使から領事の指示に同意し、海峡植民地にもパスポート発行に注意を払うように連絡したと外務省に伝えている[167]。

これに対して、ミッチェル総督は三月四日の植民地相チェンバレン（Joseph Chamberlain）への報告で、オールコックの服装規定は死文化しており、保護の範囲が英籍ないし帰化イギリス人の子に限定されるという外務省の訓令は当植民地には連絡されていないとし、それがオールコックの服装規定に代わるものなのか、追加されるものかもわからないとした。そして、両親が中国人というだけで植民地に永住している者の保護が拒否されないことを期待するとしている[168]。つまり、海峡植民地側が生地主義のみを重要視していることをあらためて示していた。この認識のずれが、パスポートの問題を生み出していた。

この問題について駐廈門領事フォレストは、王明徳の問題の際に、海峡植民地総督のサインのあるパスポートが領事館における登録に十分な根拠とならないことについて、海峡植民地側に次のように回答している。

私の答えは上記の「両親がイギリス籍でない場合は、中国ではイギリス臣民として保護を受けられないという」規定が中国系の臣民を送り返す全ての植民地において十分知られていないということです。私はモーリシャス・セイシェル・ペナン・シンガポールなどからの膨大な数のパスポート・証明書を処理しなければなりませんが、その大半がこの規定に照らして中国においてイギリス臣民と認めることはできないことがわかりました。「帰化イギリス人」が当地でイギリスの保護の資格があるとしている証明書も一つではありませんでした。そのうえ、これらの保護の要請に関しては、非常に奇妙な疑いが生じてきました。申請者の中には買われた子や養子であることを認める者があることがわかりましたが、イギリス法に関する限り彼らは違法です。何人かは母親が誰かを知らないことを認めました。植民地パスポートの保持を幾分疑わしく思うもう一つの理由は、多くのごまかしが行われているためです。多くのパスポートが二人以上に使用され、それらの多くに肖像写真がなく、［写真の］いくつかは明らかに毀損しているか保持者と似ているところがありません。申請者とパスポートの発行日時を比較したときに、当人が四歳のときに発行されていなければならなかったものも見つかりました。

通常、登録の申請者は男性で、イギリス植民地で十分な資産を築きあげ、廈門ないしその近隣にいるその家族と一緒になり、現地の官僚の統制を免れる形で人生をそこで終え、資産もそこで使うことを望んでいます。それゆえ、私にとって当地でイギリスの保護を申請する者の正確な身分を知ることは、必要とあらばさして難しいことではありません。しかし、その作業はたいへんな時間を要し、［現地の］官僚らは時に不正直になります。そこで、私には両親が生来ないし帰化したイギリス人であって養子ないし買われた子でないことを公的に証明するパスポートを提示することが申請者にとって望ましいことだと思われます。違法の問題は、［違法行為が］非常に困難になることによって、ほとんど取り上げられることはなくなるでしょう。[169]

つまり、パスポートの発行についての認識のずれが、植民地の杜撰なパスポートの発行に繋がっていた。一九〇三年にイギリス領事ハウザーは、以前は海峡植民地のパスポートは不明瞭であり、海峡植民地のイギリス籍であることを証明するのみであったが、それに基づいて登録した人数は五〇名中二〇名で一～二名を除き厄介で有害なクラスであると述べている。[170]実際、表9-6をみると、両親についての情報が欠如している者が多い。また、これまで挙げてきた紛争においても出自の怪しい華人が問題を起こしていた。したがって、植民地によるパスポート発行に問題があり、それが問題を大きくしていることがわかる。[171]

結局、外務省と植民地省、とりわけ在華イギリス領事と海峡植民地当局との認識のずれが、パスポートによる管理を弛緩させ、そこを華人が利用したとみてよいだろう。こうした間隙を利用した少数の英籍華人が、イギリス領

表 9-6　1903 年中駐廈門イギリス領事館登録中国系英臣民

	名前		出生地	第 1 回登録日	両親		付記
	英語名	中国名			父	母	
1	Cheang Jim Keng	章壬慶	シンガポール	1894 年 1 月 22 日	死去		両親は生来のイギリス臣民
2	Cheang Jim S eong	章壬松	シンガポール	1894 年 1 月 23 日	死去		両親は生来のイギリス臣民
3	Cheang Jim Siew	章壬寿	シンガポール	1894 年 1 月 3 日	死去		両親は生来のイギリス臣民
4	Chew Boon Tian	周文田	シンガポール	1896 年 12 月 12 日	Chew Loon Hian：シンガポール在住		
5	Charles Whitfield	主利菓房	廈門	1892 年	Whitfield：イギリス人	中国人	両親は廈門で合法的に結婚
6	Choa Cheng Kway	蔡清渓	シンガポール	1894 年 10 月 10 日	?		
7	Choa Li Tek Sim	蔡李得心	シンガポール	1893 年	?		
8	Clifford Parkson	陳柏生	香港	1901 年 12 月 12 日	Chan Kwan Ee：香港		洋服を着用
9	Edward Mow Fung		ビクトリア（オーストラリア）	1903 年 5 月 29 日	Mow Fung：香港生まれ		洋服を着用
10	Goh Beng Siang	呉明善	ペナン	1902 年 9 月 1 日	死去	?	当初福州で登録
11	Khoo Ewe Chye	邱有才	ペナン	1896 年 5 月 5 日	Khoo Gin Siang：ペナン在住		
12	Khoo Gin Haw	邱銀侯	ペナン	1902 年 10 月 13 日	Khoo Ting Poh：死去, 帰化英臣民		
13	Kung Phoe Wooi	江頗慰	モールメン	1898 年 7 月 1 日	Kung Chin Swee：ラングーン在住		
14	Kung Tsung Ting	江宗珍	廈門	1900 年 8 月 15 日	江頗賛（Kung Phoe Chun）：死去		父は下ビルマのモールメン生まれ
15	Kung Tsung Sun	江宗遜	廈門	1891 年 1 月 14 日	江頗賛（Kung Phoe Chun）：死去		父は下ビルマのモールメン生まれ
16	Kung Tsung Jung	江宗譲	廈門	1894 年 9 月 17 日	江頗賛（Kung Phoe Chun）：死去		父は下ビルマのモールメン生まれ
17	Kung Tsung Tyum	江宗添	モールメン	1901 年 5 月 6 日	Kung Wah Yok：ビルマ在住		
18	Kua Seng Watt	柯成発	シンガポール	1896 年 2 月 26 日	?		
19	Lau Kiong Sin	劉拱辰	シンガポール	1897 年 8 月 17 日	死去，帰化英臣民		父がイギリス臣民に帰化する 2 年前に生まれる
20	Lim Choe Ghee	林祖義	シンガポール	1898 年 6 月 6 日（以前にも登録）	死去，帰化英臣民であったとされる		
21	Lim Soo Tiat	林仕哲	廈門	1893 年 1 月 30 日	林祖義		20 番の息子
22	Lim Soo Mai	林仕邁	上海	1901 年 6 月 5 日	林祖義		20 番の息子

23	Lim Kim Poh	林金宝	ペナン	1903年2月25日	Lim Boon Thak		両親は生来のイギリス臣民
24	Lim Leong Eng	林良英	シンガポール	1898年10月24日	死去		両親は生来のイギリス臣民
25	Lim Kheng Yee	林慶余	サラワク	1901年6月3日	Lim Eng Moh：サラワク在住，死去		
26	Low Cheng Koon	劉清昆	シンガポール	1903年2月19日	死去		シンガポール生まれの中国人の両親からシンガポールで生まれる
27	Oh Khun Yiong	胡坤雍	シンガポール	1897年10月1日	死去，以前マラッカに在住		1897年10月11日のガードナー領事の報告参照
28	Ong Mah Chao	王馬?	シンガポール	1894年3月10日	Ong Gong Ding：ペラク在住		両親はイギリス臣民
29	Patrick See Jung	施譲	クイーンズランド（オーストラリア）	1895年5月17日	中国人	イギリス人	
30	See Ewe Lay	薛有礼	マラッカ	1880年6月25日	薛栄樾：マラッカ生まれ		
31	See Ewe Hoei	薛有輝	マラッカ	1896年5月18日	薛栄樾：マラッカ生まれ		
32	See Ewe Song	薛有桑	マラッカ	1903年4月14日			両親は生来のイギリス臣民
33	See Kim Poh	薛金宝	マラッカ	1903年4月14日			両親は生来のイギリス臣民
34	See Kim Siong	薛金松	マラッカ	1903年4月14日			両親は生来のイギリス臣民
35	Soon Soh Yan	孫師巌	マラッカ	1877年5月9日	死去		
36	Soh Yin Tek	蘇仁徳	シンガポール	1898年6月4日			両親は生来のイギリス臣民
37	Tan Gim Leng	陳錦鈴	シンガポール	1895年5月9日	?		
38	Tan Hock Chye	陳福財	シンガポール	1903年4月2日			両親はイギリス臣民
39	Tan Swee Kye	陳瑞楷	ラングーン	1899年5月15日	死去？		
40	Tay Kun Lim	鄭甘霖	シンガポール	1903年4月2日			両親はイギリス臣民
41	Teo Yew Cheng	張有慶	シンガポール	1902年12月19日			両親はイギリス臣民
42	Teo Kiam Huat	張建発	シンガポール	1901年6月6日	Teo Hoc Loh：シンガポール在住		
43	Ung Peng Seng	洪炳星	福州	1895年2月28日	Ung Choom Tee？：廈門在住		
44	Wee Hock Siang	黄福祥	シンガポール	1902年11月5日			両親は生来のイギリス臣民
45	Wee Team Seng	阮添成	シンガポール	1903年5月18日			両親は生来のイギリス臣民
46	Wee Tema Tew	阮添疇	シンガポール	1903年4月30日			両親は生来のイギリス臣民
47	Yeo Haing	楊行	ペナン	1882年3月25日	死去？		
1	Khoo Sew Neo	許綉娘		1901年1月28日	？中国人	中国人	シンガポールで中国人の父とイギリス人の母から生まれ，イギリス臣民として登録したChew Tai Chengの寡婦

	名前		出生地	第1回登録日	両親		付記
	英語名	中国名			父	母	
2	Khoo Chang Neo	許樟娘		1896年6月9日	?中国人	中国人	?クイーンズランドで中国人の父とイギリス人の母から生まれ，イギリス臣民として登録した Charles See Jung の寡婦
3	Amy Jenkins			1902年8月8日	?	中国人	イギリス臣民 B. M. Jenkins の寡婦（廈門領事館で結婚）

出典）FO228/1497, Encl. No. 1 in Houser to Satow, No. 11, Sept. 28, 1903.

事館の活動を麻痺させていたのである。それでは、華人の保護対象を制限する服装規定はどのようになっていたのだろうか。

②服装規定の無効化

服装規定は廈門の清朝官僚の歓迎するところであり、先述のように導入当時のペダー領事は楽観していたが、廈門の英籍華人が反発していなかったわけではない。一八七三年一一月八日、廈門の英籍華人はイギリス公使ウェードに自分たちの方式の服装でいることと、中国の裁判ではなくイギリスの裁判を優先することを要請する公開書簡を出した[172]。この請願に対してイギリス領事ペダーは、英籍華人で領事館において中国服を着続けているのは一人か二人であるので、当面はあまり問題ではないとしていた[173]。

ところが、一八七四年に登録を申請してきた全ての英籍華人が中国服を身につけており、この状況の下でペダー領事は登録を拒否しており[174]、登録を利用して服装制限を強制しなければいけない状況であった。

つまり、英籍華人は領事館以外では中国服を身につけていたのである。一八七七年には、アラバスター領事はオールコックの服装規定は当地では実施されていないとした[175]。また、清朝地方官僚たちについても、一八七九年のアラバスター領事の報告では、当地の官僚たちは英籍華人らが外国の書類に基づいてイギリスの保護を受けつつ、村落での帳簿にも名前を残して中国人としての地位を主張しているとし、服装が重要だとは考えていないとしていた。[176]
イギリス領事も紛争に際しては服装規定を重視しないようになった。一八八一年の江頗賛（Kung Phoe Chun）への護照副署問題【9】では、興泉永道は華民であっても、外国で生まれ育ち、中国の籍貫を知らない場合、生来のイギリス人とは異なり、その地位は服装で決定されるとした。[177] 一方、ジャイルズ領事はイギリス法ではイギリス臣民には男性の女装以外に服装を制限する法律はないとした。[178] ここに、イギリス領事は服装規定が法律ではなく、現実には強制されないという認識を示したのである。
一八九三年九月一日の Oon Yoo Lee と Oon Byan Shein についての再度の登録申請の際にも【17】、ガードナー領事は、毎年数千人の移民が帰国するが、彼らは帰国後に半洋装をするので服装による区別は有効ではないとしている。[179] つまり、洋装という基準そのものが有効でなくなっていた。
以上のように、保護を限定するために定められた服装規定が華人の無視によって有名無実化していたことも、華人の統制を困難にしていたといってよいだろう。一九〇三年一一月、サトウ（Sir E. M. Satow）公使は、英籍華人は中国各港で一一六名が登録していながら、洋装をしているのが八名であるという報告をしており、[180] 厦門に限らずこの規定は完全に実体をなくしていた。

このようなパスポート管理の弛緩と、服装規定の有名無実化は、英籍華人の統制を不可能にしていた。英籍華人の一部はこうした制度の間隙をついて活動を活性化させ、清朝地方官及び現地中国人とのあいだの紛争を激化させ、領事をその渦に巻き込んでいったのである。かくして、イギリスの英籍華人管理制度は崩壊の危機にあった。イギリス側は現実から乖離してしまった制度を現実に適応させる必要に迫られていた。

（2）イギリスの対応

英籍華人の保護をめぐっては、オールコックの布告以降、イギリス政府内において議論がなかったわけではない。しかし、議論が本格的に進展するのは先述の一八八六年の王明徳の件以降である。この件を契機にソールズベリ外相はウォルシャム公使に対して、パスポートと領事の登録システムが全ての来華英籍中国人に対して確立することを基本に中国政府との交渉を促している[181]。

一八八九年五月になってウォルシャム公使はようやく総理衙門との協議を行った。その際にウォルシャムは、服装規定は現実的でないとし、植民地の証明書を保持して開港場に来た場合に、領事が登録証明を出し、清朝地方官が副署することや、証明書を保持する者は保護を受けるが内地に土地を所有できないという提案をした。これに対し、清朝側は、帰化についてはよく理解できず、オールコックの規定のみが基準となっていることから難色を示した。そして中国には完全な登録システムが存在し、地方官は当人が帰化しても本籍の記録に残っており中国人とみなしているとした。一八九一年四月三〇日にもウォルシャムは交渉を促したが、総理衙門はオールコックの規定は公式に両政府に認められており、廃止は難しいとしている[182]。以後、清朝側との交渉は停滞する。

そこで、イギリス側単独での対応が進められた。植民地の発行する英籍華人の英籍証明書については、香港が最初に改訂を行った。一八九一年一二月二三日に香港総督ロビンソン（Sir W. Robinson）は植民地相に対し、イギリス臣民としての地位についての正確な範疇について明記した四つの改訂された証明書を提案し[183]、植民地省の承認を受けている[184]。その後、海峡植民地においても改訂が行われ、一九〇三年に駐厦門領事は近年、シンガポール政庁によるパスポートの記述は両親の国籍を記すものになったとしている[185]。

服装規定をめぐる議論が大きく進展したのは、従来は厳格な管理を主張してきた香港植民地当局[186]の華人に対する態度の変化であった。一九〇一年、中国人を両親として香港で生まれ、香港の証明書（執照）を保持し、一八九七年に汕頭領事館で登録した華人が、汕頭で財産を奪われたものの、領事から十分な保護が受けられない事態が発生した。このようにイギリス臣民の待遇に違いがあることに香港総督ブレイク（Sir H. A. Blake）は不満を抱き、一九〇三年四月一六日に植民地相チェンバレンに対応を求めている。[187] ここに従来から華人の保護を優先してきた海峡植民地だけではなく、香港においても華人保護が重要視されてきたことがうかがえる。

この件を受けてサトウ公使は一九〇三年六月一五日のメモで、植民地総督に証明書発行の自由裁量を与え、領事がそれに従うことと、服装規定の廃止を提案した。[188]

その後、清朝側との調整については、同年八月二六日にブレイク総督は植民地相チェンバレンに、清朝側の態度に変化はないので、イギリス側が保護の対象を決めるべきであるとし、[189] サトウ公使も同様の認識であり、[190] ここに清朝政府との調整は放棄された。

同年一一月二六日、サトウ公使は再び、服装規定は死文化しているとして無効にすることや、香港総督が中国における保護について制限なく証明書を発行することを提案した。[191] これを受け、翌年二月二九日、外務省は植民地省に対して規定を作成することを提案し、[192] 三月一五日、植民地省は外務省に対して、服装規定を廃止し、香港と海峡植民地生まれで証明書発行前に三年間連続して植民地に居住していたことを証明書発行の条件として提案した。[193] そして外務省の同意を受け、[194] 植民地省は服装規定の廃止と証明書発行基準の変更について、香港と海峡植民地に連絡し、[195] 香港では証明書が改訂された。[196]

外務省からもサトウ公使に連絡がなされ、[197] サトウ公使は一九〇四年八月二二日の在華イギリス領事への回状で、いわゆる服装規定の廃止を連絡した。そして、香港については、中国人の両親から生まれた者でも、英籍証明書を発行する直前に植民地に三年連続居住していた場合で、開港場のイギリス領事館で登録した場合は保護を受けられるとし、海峡植民地でも類似の証明書が発行される予定であると伝えた。[198]

これによって、従来はイギリス領で中国人の両親から生まれた者は、中国でイギリス臣民として保護を受けることができなかったのに対し、申請前にイギリス植民地に三年以上連続して居住していた場合は保護を受けられるよ

表 9-7　各開港場における英籍華人数

	1878年	1903年	1905年	
	英籍華人数	英籍華人数	英臣民総数	英籍華人数(推計)
天津	1	0	429	1
九江	0	0	102	2
芝罘	0	1	96	0
蕪湖	0	0	52	0
済南	0	0	43	1
杭州	0	0	26	0
長沙	0	0	31	0
漢口	0	0	324	1
広州	1	2	196	17
南京	0	0	20	0
牛荘	0	0	51	0
北海	0	0	13	0
鎮江	0	0	87	0
瓊州	0	0	14	2
梧州	0	0	23	0
重慶	0	0	124	0
成都	0	0	10	0
福州	12	3	148	1
汕頭	0	33	129	74
寧波	1	5	82	0
温州	1	0	18	0
雲南府	0	0	43	0
騰越	0	0	0	0
上海	19	22	1,721	20
厦門	6	50	131	51
宜昌	0	0	22	0
台湾	3	0		
合計	44	116	3,935	170
出典	FO17/1258	FO881/8972	FO228/2156	

注）1905年の英籍華人数は英臣民の名前から推定した推計。

うになったのである。[199] 総じて、植民地に定住するイギリス臣民の中国における保護の方向へと転換が進んだといえる。

当然、この規定は中国における英籍華人の数を増大させる可能性があった。しかし、表9-7にみられるように、厦門よりもむしろ汕頭や広州における英籍華人が増大し、また紛争が増大していくことになるが、これは、一九〇六年に厦門に着任したイギリス領事バトラーが内地の親族の土地に関するトラブルを抱える華人の申請を拒絶したからである。その結果、厦門における英籍華人の登録は減少していた。[200] つまり、制度の運用は相当程度がそれぞれの領事に委任されることになったのである。こうした英籍華人認定の制限は、海峡植民地などの華人にも認識されていた可能性は高い。[201]

つまるところ、このような制度の変更は英籍華人の保護の問題の解決にはならなかった。植民地側は保護の拡大を求めていたが、在華イギリス領事館にその能力がないことは明らかであり、その状況は何ら改善されないまま、制度だけが変更されたのである。一九〇八年に至っても廈門の領事館業務の多くが英籍華人関係に割かれていたことが（前掲表9-4参照）、それをよく示している。[202] したがって、保護の範囲は領事の裁量に委ねられていた。そのうえ、かかる制度の改変は清朝側との調整を経ていなかったため、双方の紛争の根本的な解決にはつながるものではなかった。こうしたなか、華人は別の選択肢を求めていくことになる。

（3）清朝とイギリスを超えて

華人が保護を求める際には、清朝政府を頼るのも一つの選択肢であった。その清朝は華人の経済力を利用するためもあり、一九世紀末から華人対策を本格化させた。

華人の保護に関しては、一八九四年に在シンガポール総領事館が保護証の発給を開始し、一八九五年に閩浙総督が帰国華人を保護する章程を作製したが、その効果は限られていた。また、一八九九年五月二四日には廈門に帰国華人を保護するための保商局が設置されたが、それも華人を保護するどころか、興泉永道や廈防同知の財源となり、華人から様々な名目で捐税を取り立てる有様であった。[203] 例えばマニラに向かうためのパスポートの費用は当初七ドルであったのが、一九〇〇年に正規の費用九・五ドルに加えて別に三ドルを加算し、さらに手数料を徴収したため、保商局に申請する者がほとんどなくなっていたと『申報』の記事にあるように、[204] 保商局が華人からの信用を失っていたことがうかがえる。その後、一九〇四年に弊害の多い保商局は商政局と名を改めたが、事態は改善せず、翌年には商務総会への保商業務を移管することが商部尚書載振によって提起されている。[205]

本章でみてきたように、現地の官民と華人の利害は必ずしも一致するものではなく、両者の利害を調整して華人を保護する制度を整えることは、極めて困難であっただろう。

一方、これまで法規のなかった国籍に関しては、血統主義に基づく大清国籍条例が一九〇九年三月二八日に認可され、翌年三月三一日に施行された。[206] この条例の背景としては、出使法国大臣劉式訓の一九〇八年三月二二日付裁可の上奏があった。[207] その上奏の中で、劉は地方督撫のように外国籍華人が地方の秩序を乱すことよりも、国民の範囲を明確に定める必要性を主張していたとされる。[208] もっとも、国籍条例は出籍を厳しく制限し、第五章の付則第八条では、出籍した場合には内地に居住することができず、国外に放逐され、内地に一切の不動産を所持できないと厳しく規定しているのが特徴であり、[209] 外国籍華人の活動が強く問題視されていたことがわかる。

同年、外務部は福建省当局を通じて廈防庁に対して、廈門の商民で外国に赴いた者、外国籍を取得した者の人数や、どの国の国籍が多いかを詳細に調査せよと命じており、[210] ここからも、中央政府の外国籍華人に対する警戒をみてとることができる。

現地の地方官にとっても偽装外国商社による脱税を防止するために、外国籍華人を把握することが重要であった。そこで一九一〇年には、廈防庁は駐廈門各国領事に照会してすべての外国商社の開設した商店名とその場所のリストを要請したと『廈門日報』が伝えている。[211] また同年一月の『廈門日報』の報道によれば、釐金総査の劉錬如は、廈門で外国商社の看板を掲げるものが千数百を下らず、脱税を防止しがたいと聞き、秘かにスパイを派遣して外国商社の看板をかかげる商店かどうかを調査し、また各領事館で外国商社のリストを写して対応したとされる。[212] そして、劉と査験の沈淑倹は外国商社を偽装している商店を取り締まって処罰し、多額の釐金を徴収するのに成功したという。[213] むろん、こうした報道を行っている『廈門日報』は不平等条約に反対する立場であったから、[214] 清朝側による対策の効果は割り引いて考える必要があるが、地方官側が外国籍華人抑制に努力していたことは確かであろう。

その後も地方官の外国籍華人の把握の試みは続いた。一九一一年三月二七日になって福建通商総局は駐廈門イギリス領事に連絡し、本条例は詐欺的な帰化による保護民を認めないことにあり、安易な手段による帰化を認めないとした。奸人が内地に居住しながら、訴訟を妨害し、税や釐金納入を拒否し、起訴されると外国籍となっているとした。しかし、法律が施行されて一年経つが、帰化した者は必要な許可を得ていないので、領事に対して租界に居住する全ての英籍華人に対して国籍条例を遵守させ、中国地方官に報告を行うように明示することと、領事が英籍華人のリストを送付することを要請した[215]。これは、外国籍華人の把握が重要であったことと、それが外国領事の協力なしでは不可能であったことを示している。

このように、華人保護についての有効な対策を打ち出さず、むしろ華人の統制を図っている清朝中央政府や地方官僚に対し、華人が大きな期待を抱くことは困難であった。一方で、先述のようにイギリスの保護も不安定であった。

こうした中で、列強の中で華人に大きく門戸を開いていたのが日本であった。日本の台湾領有後、台湾籍民は急増しており、廈門において日本領事館に届け出た台湾籍民は、一八九六年六月では二〇〜三〇名にすぎなかったが、一八九九年末には七四三名に激増した[216]。その数は二〇世紀初頭に一〇〇〇名を超え、一九三〇年代には一万人にまで激増していく[217]。そして一八九七年末の『申報』の記事でも、「泉漳之人」が台湾籍に入った者を用いて日本商人を称してほしいままに洋行を開設していると述べている。さらに、林姓の者に至っては、日本領事館にも申請しないで洋行や行桟など十数軒を開設して密輸を行っており[218]、翌年四月には日本人商人を詐称したとして李某が板で二〇〇叩きのうえ枷号一ヶ月に処されていると報じられるなど[219]、一九世紀末から税金逃れが問題視されている。そして一九〇八年になると、三聯単の大半は日本人に対して発行されていたという[220]。ここでいう日本人とは主として台湾籍民のことであろうから、通過貿易を含め、地方官僚にとっては英籍華人よりも台湾籍民の方が脅威になっていっただろう。

一方、一八九八年に駐廈門イギリス領事ガードナーは、現在海峡植民地生まれの華人は当領事館管轄内に少なくとも一〇万人いるが、胡坤雍のようにイギリス籍を主張せず、イギリス臣民としての義務を免れているが、中国側の裁判で不利になるとイギリス籍を主張する[221]、と述べている。これは、大多数の華人にとって、イギリス臣民は一貫して一つの選択肢にすぎなかったことを示している。そして一九世紀末〜二〇世紀初頭における移民と帰国者の激増の中で、中国においては英籍華人の増加は限られており、その選択肢は魅力を失っていった。

おわりに

英籍華人は、中国現地の官民による迫害からの保護を求めてくる存在というだけでなく、清朝地方官僚の権威に脅威を与えるものであったため、清朝とイギリス双方から警戒される存在であった。その問題は英籍華人の保護限定を図るオールコックの服装規定によっても解決せず、清朝地方官は英籍華人の範囲を制限し、内地に入り込むことを防止しようとした。しかし、通過貿易や開港場での事業など、英籍華人の経済活動は、地方財政及び地方官と地域の生産者の利権構造に打撃を与えるようになっており、清朝地方官はその活動を抑制するが、それは廈門の貿易の発展を阻害し、ひいては税収の減少にもつながった。

一方で、一八八〇年代頃から、負債問題などにおいて英籍華人と現地中国人のあいだのトラブルが増大し、英籍華人が偽装イギリス商社の設立やその商業形態から引き起こす零細で複雑な紛争に、イギリス領事はその仲介者として巻き込まれ、紛争への対応に忙殺されることになる。英籍華人の活動は、清朝地方官僚だけでなく、イギリス外交官にも衝撃を与えていたのである。そして、こうした英籍華人の活動は、在華外交官とイギリス植民地のあいだの認識の「ずれ」から生じたイギリス「帝国」内のシステムの間隙と服装規定の有名無実化を利用したものであった。そこでイギリスは服装規定を廃止し、その「ずれ」を解消して制度を再整備して保護対象を拡大したものの、領事館機能などがそれに対応しておらず、英籍華人の保護の範囲は領事の裁量に委ねられた。そして、廈門においては英籍華人の活動が領事の制限により伸び悩む中で、台湾籍民などの英籍華人以外の活動が拡大していくことになる。

このように、中国で活動する華人は、一つの権力に依存することの危険性からリスクを分散させていたのであり、イギリス臣民を名乗ることは選択肢の一つにすぎなかった。華人たちはイギリスの「近代的」制度の「先進性」などに惹かれたのではなく、それが自分たちに有利であるから利用していただけであり、その魅力がなくなれば、当然別の選択肢を選ぶか、選択肢を増やして対応したのである。[222]一部の英籍華人が東南アジアと中国の両地を根拠地として往復していたのも、その現れであった。

このような華人たちの活動は、清朝地方官僚を中心とする秩序だけでなく、イギリスの諸制度をも混乱させるものであり、紛争の拡大は清朝地方官とイギリス領事双方からいっそう問題視されることになった。したがって、清朝地方官僚とイギリス領事が華人を保護する能力だけでなく、積極的に保護する意思もなかったのは当然のことであった。

そのうえ、中国に来た華人たちの場合、深刻な治安の問題に直面することになった。[223]これに対し、一九世紀末頃には、水師提督彭楚漢の下で清朝水師が保護を図ることもあったが、強盗事件は絶えなかった。[224]その後、一九〇一年には保商局が興泉永道に対して小蒸気船の派遣による保護を求めるようになった。[225]その要請が原因かどうかは定かではないが、一九〇三年の『鷺江報』では、水師提督楊岐珍の下で、商品を携帯して回籍する華人に対して船舶を派遣して内地の各港に護送したことにより、海賊による被害がなくなったとしている。[226]いずれにしても、清朝側が対応を迫られていたのは確かであろう。

とはいえ、清朝側の対応は持続的なものではなかった。一九〇七年の『申報』の記事によれば、当時、華人らは帰国時に保商局に一ドル支払っていて、それが興泉永道の防営の経費に充当され、以前はその練勇が要地に駐屯して保護にあたっていたが、その後撤廃されたため、一九〇七年には道台に対して練勇数百名を募集することも要請していた。[227]もっとも、これがすぐに実現することはなく、一方で兵勇による強盗すら存在したから、[228]華人は当然、自衛を迫られることになった。[229]しかし、すべての華人がこうした自己防衛が可能であったわけではないだろう。

また、東南アジアの華人にとっては、日本（台湾）との関係を構築して台湾籍民となることができない場合、清朝とイギリスによる保護が限定されている廈門は必ずしも魅力的な場所ではなかった。そのため、彼らは薛有文のように東南アジアに活動場所を移動することもあった(230)。このほか、植民地である香港や上海租界なども、東南アジア華人の重要な活動拠点となっていく。

しかしながら、東南アジアに本拠を移していても、中国における経済活動を円滑に行うためには新たな対応が求められていた。先述のように債務者の海峡植民地から中国への逃亡が多かっただけでなく、中国から東南アジアへの逃亡もあり(231)、交通の発達が東南アジアと中国を近づけたものの、取引を保証する制度が追いつかず、不安定な状況をエスカレートさせていた。しかしながら、本章で論じてきたように清朝地方官やイギリス領事は仲介者としては機能しないことが多いため、東南アジア華人自らの仲介や裁定を行う団体を創設することが必要となってきていた。東南アジアにおける華人商会の成立の背景はそこにあり(232)、実際に商会は債権債務関係の紛争に関して清朝政府に対する働きかけも行っている(233)。そして、こうした団体は、中国に渡来する華人に関わる様々な問題を仲介していくことになる(234)。

結　論

本書の内容

まず本書の内容を要約しておこう。

第I部「清朝の沿海秩序の崩壊――開港前」では、開港前の清朝による沿海秩序崩壊の過程を示した。開港前、福建・広東沿海民によってアヘン貿易活動が沿海部全域で拡大し、カントンでは巨大な利権構造が生まれていた。これに対し、中国から国外への銀の流出が始まると、清朝政府はアヘン貿易が銀流出の原因であるとして本格的にその取締りを行った。しかし、牙行に依存する清朝の貿易管理体制では、アヘンのような課税不可能な禁制品に対応できなかった。そのうえ、アヘン貿易取締りは既存の利権構造を崩壊させ、アヘン取引の零細化を招いて貿易管理をいっそう困難にして失敗に終わり、これがアヘン戦争の一因となる（第1章・補論）。このアヘン戦争においては、清朝側の一方的敗北の責任が漢奸（福建・広東沿海民）に帰せられたことから、戦争は一面では清朝対漢奸という図式となった。そこで清朝は漢奸対策として団練・郷勇の編成や封港といった旧来の手法で沿海民とその船舶を把握しようとしたが失敗し、清朝の沿海支配は崩壊した（第2章）。

第II部「華南沿海秩序の再編――一九世紀中葉」では、開港以降に進められた華南沿海の秩序再編を治安とヒトの移動の点から検討した。

治安の面では、一九世紀中葉、沿海部では開港場貿易の拡大で打撃を受けた広東人・福建人による海賊活動が活発になった。それに対して清朝地方官僚はイギリス領事の仲介によって、イギリス海軍を利用して海賊を鎮圧し、開港場を中心とする秩序を回復した（第3章）。一方、清朝の海難対策は外国人遭難者送還に集中しており、財産保全は考慮されず、遭難者の生命の危険も生じていた。それゆえ、外国船・外国人の生命・財産保全のために、イギリス領事を介してイギリス海軍が介入したが、その役割には限界があり、清朝地方官僚も沿海民を統制できず、略奪を防止できなかった。その結果、海路の安全確保のためのインフラ整備が重要となった（第4章）。

ヒトの移動の面では、東南アジアのイギリス植民地から中国に渡来してイギリス臣民を主張した華人（英籍華人）は外国籍特権の利用によって現地官民との関係が悪化し、生命・財産の保護を図って秘密結社小刀会を結成したが、地方官僚に弾圧され、反乱に至った。清朝は廈門小刀会の乱をはじめとする沿海の諸反乱を鎮圧して秩序回復を進めたが、一方で小刀会残存勢力は東南アジアに移動し、東南アジアの福建人勢力も拡大していく（第5章）。また、同時期に東南アジア以外の地域への移民（苦力貿易）が勃興したが、その原因は閩南における移民の伝統や一九世紀中葉の沿海秩序の混乱にあった。そして、労働力需要の拡大と苦力の不人気にともなう移民の需給ギャップが原因で、無差別な誘拐が行われ、それが地域社会の強い反発を招いて廈門暴動に至る。これに対して、清朝地方官僚とイギリス領事は共同で対処して苦力貿易に打撃を与え、移民の東南アジアへの集中が進んだ（第6章）。

第Ⅲ部「貿易の変動と華人の行動——世紀転換期」では、一九世紀中葉に再編された秩序が一八八〇年代〜二〇世紀初頭にかけて動揺したことを、貿易の変動と華人の行動の点から検討した。

貿易の面をみると、一九世紀後半に廈門を中心とし、閩南後背地と台湾から成る経済圏が成立し、中国沿海や東南アジアと結びついていた。しかし、一九世紀後半以降の産地間競争激化の中で、茶・砂糖などの廈門からの商品輸移出は衰退し、日本の台湾領有によって台湾は廈門の経済圏から離脱した。そのため、廈門を中心とする経済圏は商品流通上崩壊したが、廈門の交易構造は華僑送金によって維持されており、閩南には新たに華僑送金による後背地が形成されていた（第7章）。

廈門における外国アヘン課税は商人の請負で行われて地方政府の経費となっていたが、芝罘条約追加条項発効によってその収入は失われた。そこで清朝地方官僚は捐税を通じて税収回復と中国人アヘン商人の統制を図ったが、外国アヘン貿易の衰退にともない、中国人商人が反対にまわって失敗に終わった。その後、地方官僚は中国アヘンへの課税を進めたが、中国アヘンの流通把握は困難であり、アヘン貿易に対する統制力は低下した（第8章）。

一八六〇年代以降も、清朝地方官僚の権威に脅威を与える英籍華人は清朝とイギリスの双方から警戒され、清朝地方官僚は英籍華人の活動範囲の制限を試み続けた。一方、英籍華人の経済活動は地方財政と既存の利権構造に脅威を与えるため、地方官僚はそれを抑制したが、そのことが廈門の貿易の発展を阻害した。また、イギリス領事は英籍華人と現地中国人との零細な紛争に巻き込まれるようになり、イギリスは制度の再整備を迫られることになる。これに対し、一九世紀末以降になると、廈門においては台湾籍民など、英籍華人以外の活動が拡大していった（第9章）。

以上のような本書の内容に基づく三つの課題の結論は次の通りである。

（1）取引の特性と仲介者の機能

①仲介者の必要性と集束機能

第1・8章のアヘン貿易や第9章の英籍華人の経済紛争にみられたように、商人間の取引は常に零細化する傾向にあったが、こうした零細な取引を秩序づけたのが仲介者であった。こうした仲介者は本書で取り上げただけでも牙行をはじめ、アヘン商人、通事（通訳）、客頭、買辦、両替商、商人団体（会館・公所）、媽振館[1]などがあげられる。かかる仲介者の機能は第一に、仲介によって、零細な取引、個々人の関係を束ねていくことにある。つまり仲介者は集束機能をもち、それによって市場を秩序づけていた。こうした仲介者が情報面で優位に立ったことが、集束機能を強化させていた。人々の行動を束ねて秩序をもたらすという点で類似の機能を果たすものとしては、郷紳、華北農村の会首、保甲制における保正・地保[2]、台湾で漢人と先住民を仲介する番割[3]など、中国社会においては枚挙にいとまがなく、こうした仲介者の存在は、取引に限られたことではない。

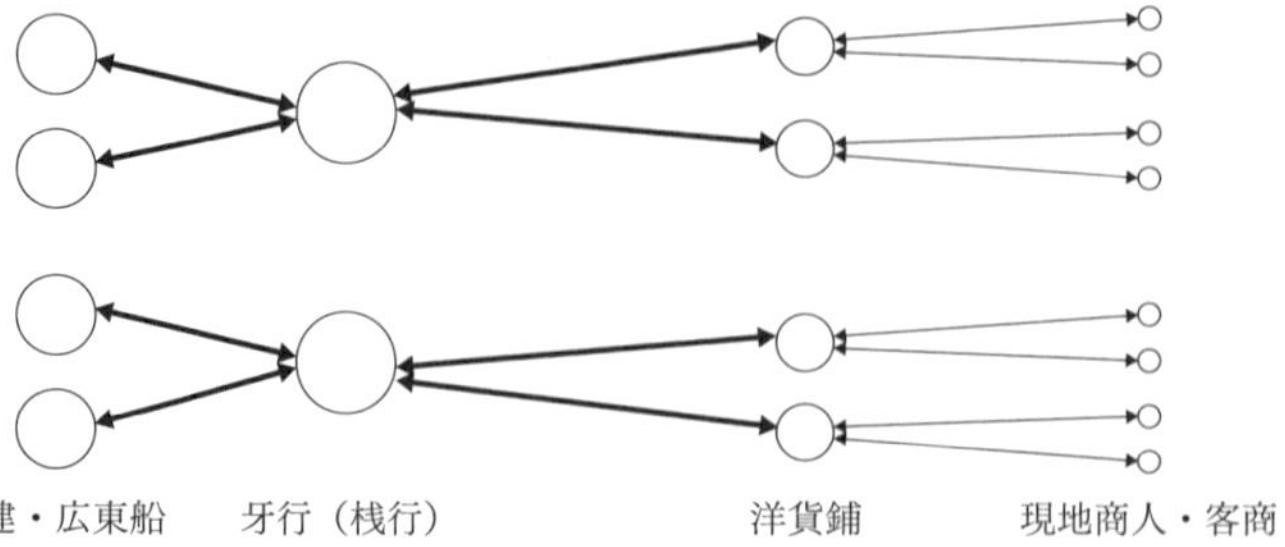

図結-1　天津のアヘン貿易（取締り前）

そしてかかる仲介者のもう一つの重要な機能が集束機能に付帯した徴税機能である[4]。零細な取引と経済行為を統制し、徴税するために、かかる仲介者を政府が必要としていた[5]。具体的には、政府による牙行の指定がアクターを限定したように、政府が税を請け負う仲介者を絞り込み、取引を引き寄せる引力（利権）をもたせて集束機能を高めることにより、そこから政府が税を吸い取る構造を作りあげていた。取引と徴税が結びつくのはここに理由がある。釐金局・洋薬局のアヘン密輸取締り（第8章）は、釐金局・洋薬局が束ねることのできない取引を叩くことによって、そうした集束機能の維持を図っていたといえる。一方、開港前の広州貿易などにみられるように、こうした仲介者の集束機能が外国人からは「独占」とみなされた[6]。

図結-1は第1章で述べた、アヘン貿易取締りが行われる前の天津におけるアヘン貿易を示しているが、牙行が福建・広東船と洋貨鋪のあいだに入ることで、取引の回路を制限し、ここに取引が束ねられている。こうした形態はアヘン貿易以外も同様であっただろうから、牙行の集束機能によって、福建・広東船が多数の洋貨鋪や無数の現地の中国人商人と直接零細な取引を行い、徴税が困難になる状況を回避している。集束機能の強弱こそあれ、中国全土の無数の取引の場で同じような仲介者による集束機能が機能し、主たる取引の場では、それに基づいて徴税請負が行われていたことは間違いないだろう。

もっとも、互いに激しく競合する牙行の経営はいずれの地域でも不安定であり[7]、廈門の洋行（第1章）はもちろん、中国において最も大規模な取引に携わり、利益が見込まれるはずの広州の行商の場合も、その浮沈が激しく、行商の組織の再編が繰り返された[8]。

これは、清朝の財政制度の原則ゆえ、決められた額の税収確保が優先されたことも背景にある。廈門の洋行の事例にみられるように、過大な負担によって牙行が倒産・離脱して、結果的に集束機能が低下してバラバラになることも多かった。廈門のアヘン釐金の徴税請負の頻繁な再編も同様の問題を示している（第8章）。そして地方官僚が短期間で異動することも、こうした傾向に拍車をかけていたと思われる。そのうえ、課税不可能な禁制品については、牙行の統制は及ばず、天津のように牙行を通じた取締りを強化した結果、取引が牙行を回避することによって牙行の集束機能が失われて取引の回路が増大し、零細な取引を増加させることになった（図結-2）。また、会館・公所のような商人団体も、会館構成員の流動性は高く、その規制力、すなわち集束機能の維持は期待できなかった（第1章）[9]。

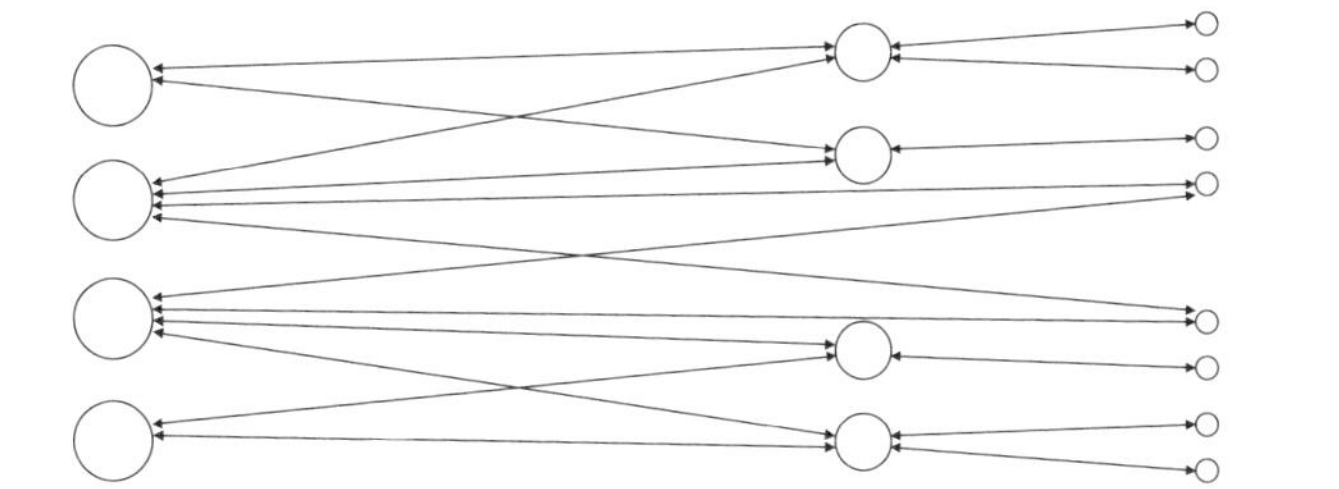

図結-2　天津のアヘン貿易（取締り開始後）

こうした状況を理解していたからこそ、開港後に地方官僚は、牙行や商人団体と同様の役割を、より安定した外国人商人、さらには外国領事に対して求めていったのであり（第7章）、その行き着く先が海関への外国人税務司制度の導入であった。

②零細化の進展

仲介者の不安定性は、徴税だけでなく、信用の形成を困難にしたことが予想される。[10] かかる不安定な状況下においては、リスク軽減のために、リスク分散、すなわち資本の分散が行われた。中国人商人が複数の合股に投資することは、[11] その現れである（第9章）。長崎華商の研究において取引地域と取引商品の多様性はネットワークの拡大ともみなされているが、[12] 見方を変えればリスク分散を示している。そしてこれは商人の零細性、取引の零細化につながっていく。

さらに、当該期のように世界的な貿易拡大の際には、流動性が高まり、信用の形成がいっそう困難となる。[13] 例えば、ヒトの移動が増大したことも債務者の逃亡という形で不正問題を拡大した。東南アジアでの債務不履行により閩南に逃げる債務者や、その逆の閩南から東南アジアに逃げる債務者に対し、地縁・血縁に基づく華人ネットワークは広域にわたる強制力をもたず、不正防止には限界があった（第9章）。東南アジアにおける華人商会の成立は既存の華人ネットワークの限界にともなう制度的対応であるといえる。[14]

このように、中国の経済制度の下では、資本集積とは逆の零細な方向に進む力が常に働いていた。むろん、先行研究が指摘するように、中国において零細な農業経営や家内工業が「効率的」であったことや、[15] 市場間の垂直的統合が弱いという市場構造のあり方も、[16] 零細化に向けた引力として強く働いた。

以上からみて、零細化とそれに対応した仲介者の集束機能のせめぎあいが中国の経済の特徴といえよう。貿易の急速な拡大によって、そのバランスが崩れることもあり、一九世紀中葉の制度再編はそうした事態への対応であった。

③零細化の課題

一九世紀後半になると、このような零細性は、外国人商人・企業との競争に直面して不利に働いた。[17] さらにかかる零細性ゆえに、工業化を試みる際には、資本集積も困難であり、その後も大きな課題として残された。[18] また、先述のような不安定な体制の下では長期的な見通しをもった経営は困難であった[19]。情報伝達・技術移転に一定のコストを要する時代には、安定した経営の方が商標の確立などにおいても有利に働いた[20]。

当該期においてこうした状況の変化に貢献したのが開港場体制である。第1章で述べたような一九世紀初頭以降に小港に分散していた貿易は、一九世紀半ば以降に開港場への集中が進んだ[21]。一九世紀後半における遠距離ジャンク貿易の衰退にともない、取引の経路も限定された。要するに、開港場体制の成立は、貿易の特定港への集中、つまり清代中期の体制の回復という歴史的意義をもった。そしてこれは開港場への資本集中を招いていく[22]。

もっとも、それ以上の資本集積のためには株式有限責任制度に基づく株式会社の導入が必要であったが、関連法の未整備が続き、導入は遅れた[23]。漳廈鉄路の失敗（第7章）にみられるように、法的な規制がなく、経営内容が非公開であったために、出資金が経営者によって適切に使用される保障が皆無であったことも、資金調達に失敗した原因であろう。中国における零細性克服への試みは、中華民国期以降に持ち越されることになる[24]。

④ 分節構造・複殻構造

一方で、こうした零細な中国の経済のあり方は、それにともなう経済構造によって、外国の制度の浸透を不可能にさせた。まず、外国人は零細な取引に参与できなかったから、仲介者の介在は必須となった。そしてアヘン貿易にみられたような仲介者の集束機能は、様々な場で形成された。仲介者は基本的にそれぞれ独立した存在で、他の仲介者と従属関係にはなかったから、仲介者の介在が増えれば、結果として仲介者のところで情報などが分断されるような分節構造が形成されていった[25]。例えば、前掲図結-1の場合、福建・広東船の人々は洋貨鋪の情報を十分には知らないし、牙行は現地商人や客商の情報を詳しくは知らないということになる。こうして内地に幾重にも分節構造が形成されたことは、外来者は一番外側の部分にしか接触できず、入手可能な情報も限定されることになり、結果的に外国人商人による中国国内市場の支配を不可能にさせるという側面もあった。

さらに、仲介者の築く構造は、貿易の拡大や非合法貿易の出現といった状況に対応して、カントンの貿易のよう

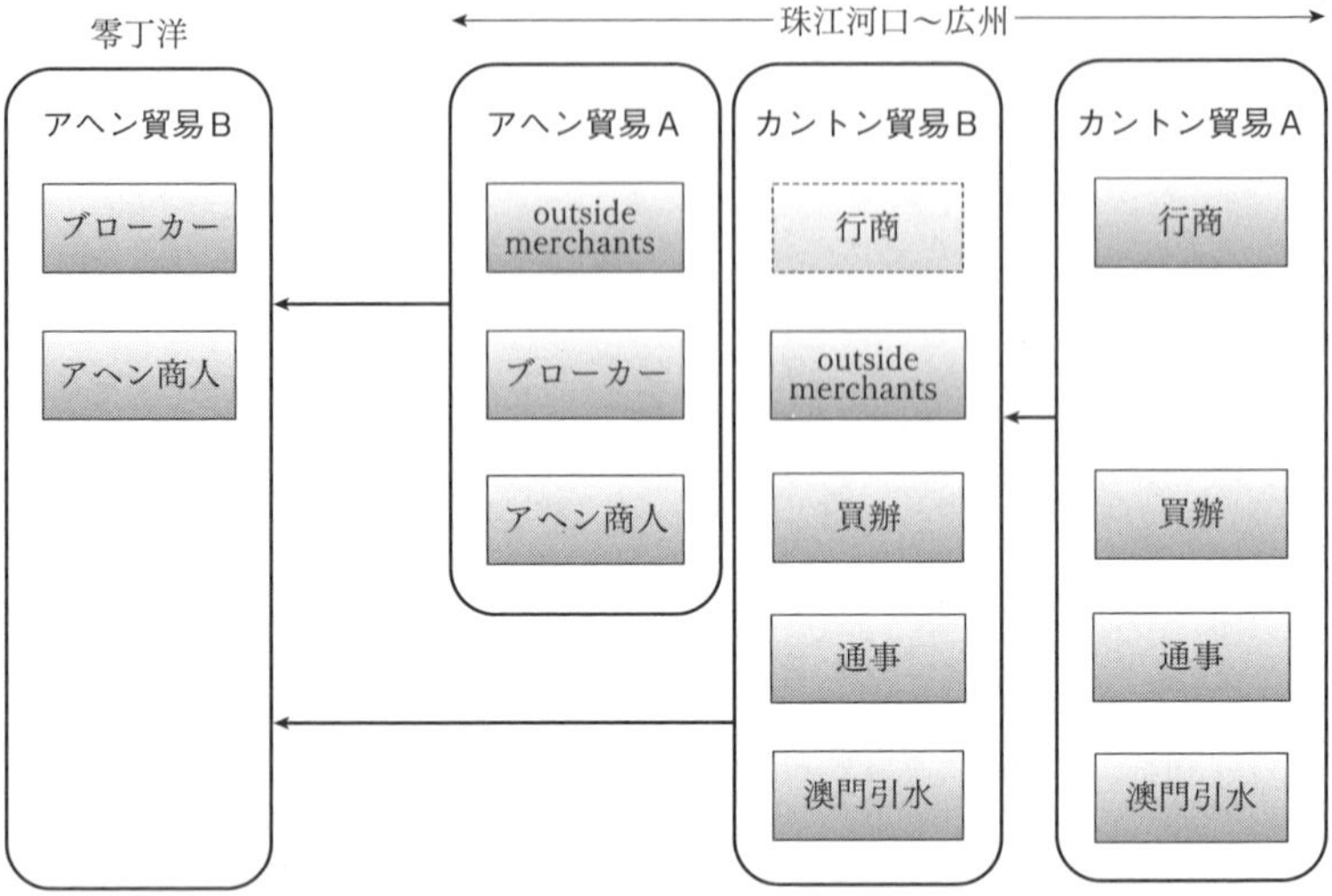

図結-3　カントンの貿易（開港以前）

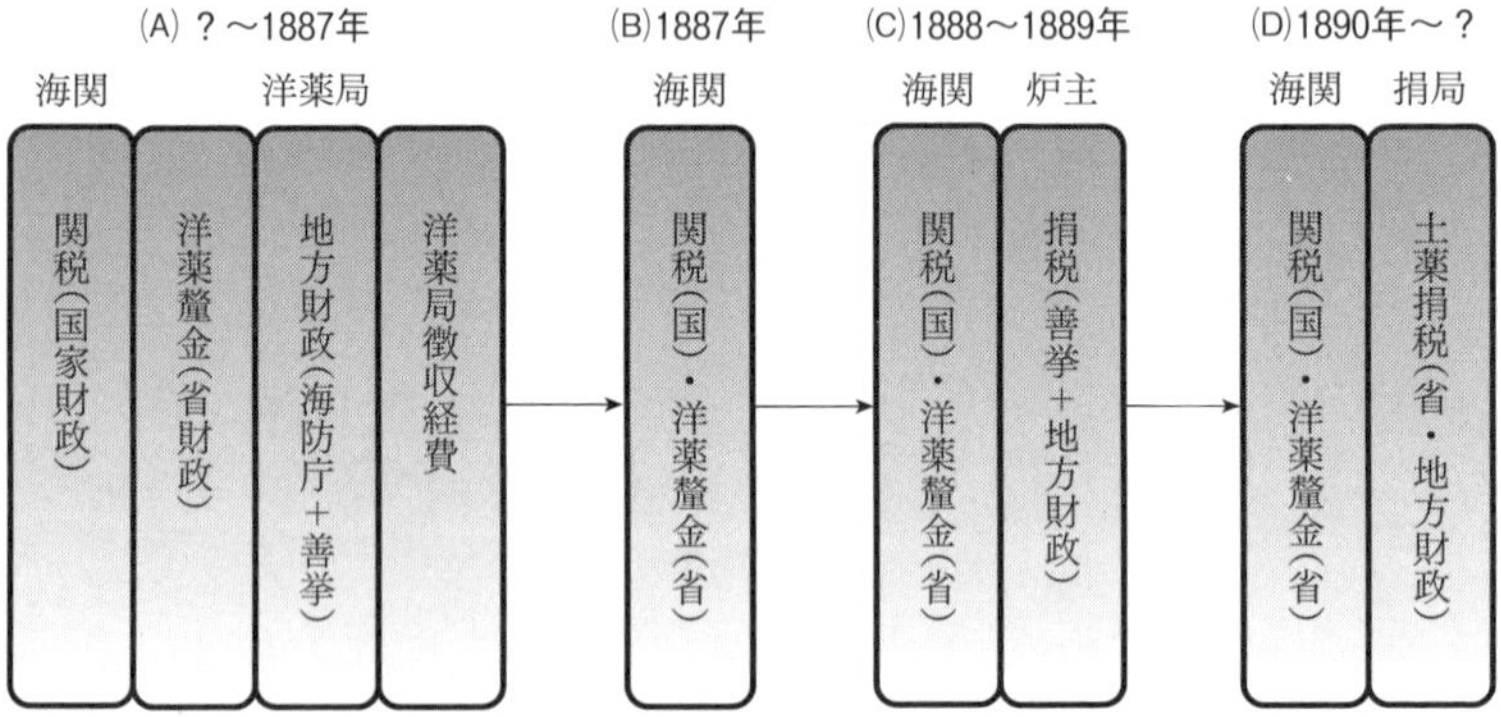

図結-4　廈門のアヘン課税（19 世紀後半）

注)（　）内は主たる使途を示しており，全てがその使途のために使用されるわけではない。

に外延的に拡大していくこともある[26]。つまり、図結-3が示すように、正規の広州貿易（カントン貿易A）が形骸化して outside merchants を中心とする非正規の広州貿易の構造（カントン貿易B）が生まれ、さらにそれと重なる形でアヘン貿易（アヘン貿易A）が成立し、零丁洋のアヘン貿易（アヘン貿易B）も生まれた。そしてアヘン貿易だけでなく、それ以外の貿易の中心も、次第に零丁洋の方に動いていくことになる。

これは結果的に外国人に関わる取引を内地から外に押し出していく形となる。開港後にも、釐金によって作られた徴税機構は、非公式の構造を付帯していき、内地に複殻構造を作り上げたが、その一例が第8章で示したアヘンへの課税に関わる構造であり、図結-4の(A)のような状況になった。一八八七年からの海関によるアヘン釐金の徴収は、こうした殻を引きはがすことになったため(B)、翌年から清朝地方官僚によりアヘン捐税による再構築が試みられたのである(C)。この捐税は失敗に終わったが、中国アヘンに対する課税という形で再度試みられたように(D)、こうした制度は一度廃止されても、別の形で再生する力が常に働いた。これも外国人を内地の実態から遠ざけることにつながった。

以上のように、中国においては零細な経済活動を秩序化する仲介者を中心として、分節構造や複殻構造が繰り返し形成されてきた。これらは欧米のヒトや制度の中国への浸透に対する、多重防護壁の役割を果たすことになった。

（2）沿海社会の管理

①秩序の回復

東南沿海は歴史的に流動性の高い社会であったが、一九世紀以来の貿易拡大や南京条約による開港は流動化を加速させ、清朝の沿海統治は崩壊に瀕した。このままでは、清朝の統治が及ばない領域がいっそう拡大し、さらには外国人が巻き込まれる紛争が増加して、列強に干渉の口実を与えてしまう可能性があった。したがって清朝はかつてない危険にさらされていた。

第2章でみたように、社会管理のための既存の制度である団練・郷勇は財政負担が大きく、財政基盤が弱いところではすぐに限界に達したから、貿易が拡大し続ける開港場の財源を基盤としない限り、継続は困難であった。また、保甲の編査はすでに無力で、貿易停止（海禁あるいは封港）は不可能であったように、旧来の手法は有効ではなかった。

一方で、海賊のように官に正面から対抗する勢力も存在したが、例えば海賊による手数料を通じた統治（第3章）も、基本的にその場限りで長期的に機能せず、海賊自身による安定的な秩序形成の可能性はなかった。そこで開港後には、イギリス海軍によって海上武装勢力の統治する空間が消滅し、後に近代海軍の成立により、清朝政府が沿海を軍事的に支配することが可能になった（第3章）。同時に、小刀会をはじめとする沿海の反乱の敗北によって開港場を拠点とする自立的勢力も成長しなかった。移民管理体制も整備され、苦力貿易の早期衰退と東南アジアへの移民集中が進んだ（第6章）。

以上のように、一九世紀中葉、イギリスをはじめとする欧米諸国とその人々を利用しつつ、秩序の再編が進められた。その際に導入された制度は自由な空間を狭め、人を特定の枠の中に押し込めていき、開港場体制はそのために機能した。かくして、中国沿海は内陸部よりも早く一九世紀中葉の混乱を克服する。

②多様な秩序形成

とはいえ、新たな制度導入による管理が及ばない領域は当然存在した。そもそも、バラバラな沿海住民の個別的把握は不可能であり、小規模な海賊事件や海難事件における略奪は続いていた。また、アヘン貿易、海賊活動、苦力貿易、徴税拒否の事例にみられるように、宗族集団が清朝地方官僚の権力を無視した「不法行為」を行ったり、権力の介入を排除したりする場合もあった。

もっとも、清朝側にとっては、沿海で大規模な反乱が起きることがなくなり、開港場貿易が安定した以上、こうした状況は一七世紀末の秩序が回復・維持されているとみなすことができ、清朝地方官側も小規模な紛争を特に問題視していない。海難事件の際にも、烏坵嶼事件（第4章）において、地方官僚が耆老を通じて漁民の報復を抑えたように、最終的に人々を統制できれば、対外的な紛争の拡大にはならなかったのである。

また、これまでの都市社会史で取り上げられてきた、社会を管理するための「近代的」制度というものは、軍隊・警察・教育制度にみられるように、形式だけでなく中身を充実させた場合は相当のコストを要した。したがって、経済発展の急速に進展した地域の中核都市である上海・天津・漢口等では、「近代的」制度の導入が可能であり、それによる社会管理の進展もみられた。

しかし、廈門・閩南を含む大半の都市・地域では、財政上の制約もあり、こうした「近代的」な制度による社会管理は一方向的には進まず、内地における旧来の社会管理のあり方は依然として根強かった。そのうえ、近代海軍の敗北にともなう一九世紀末における海賊の「復活」のように（第3章）、一九世紀末以来の変動によって管理が困難になる地域も存在した。こうして「近代的」制度の導入の有無やその後の変容によって、地域間の社会管理のあり方には相当な違いが生じていた。

しかも、「近代的」制度は社会管理を進展させる方向だけに機能したのではない。開港場体制の整備と貿易の発展はヒト・モノ・カネの移動を活性化させ、それが既存の枠組みを破壊する可能性があった。

例えばヒトの移動についてみれば、福建人は東南アジアへの移民に集中していったが、かかる移民を背景として「華」が「夷」となることがこの時期には頻発する。[27] つまり、第5・8・9章でみてきたように、自らの生命・財産の保全のための選択肢を増やす意図から、イギリス籍などの外国籍利用が増大し、日清戦争以降にはこれに台湾籍民が加わる。このような外国領事という地方官以外の存在を庇護者として活動する人々は、清朝地方官や地方エリートによって形成された既存の秩序に打撃を与えただけでなく、彼らに保護を与える責務を負ったイギリスにも衝撃を与え、制度再編を迫った。

このように、開港場体制という、一九世紀中葉に導入された制度が利用されたことにより、結果的に社会管理を動揺させることもあり、「近代的」制度が一様に社会管理を推し進めたわけではない。

(3) イギリスの役割

① 欧米人による請負

清朝は沿海での紛争の脅威を理解していたものの、財政的に余裕がないために、仲介者に依存できなくなっていた領域については、外国の力を利用せざるを得なかった。結果的に清朝地方官僚は海賊掃討・関税徴収・移民管理などの業務委託の対象を、外国政府・外国人にも拡大して一九世紀中葉に秩序を回復した。このように、清朝中央に列強が協力するいわゆる「協力政策」が開始される一八六〇年代より以前に、地方で協力関係が構築されていたことはより注目されてよいだろう。

その後、清朝中央も海関の業務を拡大し、海上のインフラ整備や郵便[28]、検疫[29]などを海関が担っていくことになる。また、海関は関税の徴収を請負うだけでなく、海関の徴税項目にはアヘン釐金・移民税などが加わっていった[30]。

「近代」的制度をイギリスや欧米側などの列強・「帝国」による中国に対する「強制」とみなすのは、中国側の主体性を無視した議論である。近代的制度の中国への導入は、多くが相互の協力関係の中で進展してきたものであり、外国・外国人の意図通りに実現できたわけではなく、また清朝側からの押しつけも存在した。まさに外国・外国人は中国政府・中国人を「使っている」のではなく、「使われている」状態、つまり代理執行者となったのである[31]。そして清朝側にとって、外国人への業務委託は、コストが高く中間搾取などの様々なトラブルを生じる可能性のある中国人による請負よりも確実であった[32]。

つまり「帝国史」からみた場合は「国際公共財」の利用、あるいは「ただのり（free riding）」の議論とみられたことは、清朝による帝国の利用であったともみることができる。中国にイギリスの強い影響力の広がる「非公式帝国」があったとするならば、それは「請負」の拡大を背景としたといってよい。しかし、中国における具体的な事象からみればそうした「請負人」の影響の及ぶ範囲を、あえて「非公式帝国」と呼ぶ必要はないだろう。

②請負のコスト

かかる統治の丸投げにはコストが存在し、初期費用の軽減がかえって長期的な高コストをもたらす可能性もあった。例えば日清戦争における北洋艦隊の敗北には、一九世紀中葉の海賊掃討における外国海軍の利用や、海軍運用に際しての外国人顧問への依存などによる自前の近代海軍整備の遅れが影響しており[33]、日本への膨大な賠償金支払いという、非常な高コストとなった。

また、地方官のイニシアチブによる業務委託でなければ、清朝地方官僚の権威を損なう可能性もあった。そして海賊鎮圧を口実とした台湾における石炭購入問題（第3章）にもみられたように、行政面での委託が進めば、中国の主権侵害の進展、究極的には植民地化の危険性もあった。

この点では、本書で扱った地域において一九世紀後半までは地方官の権威が維持されたことも重要である。英籍華人関連の紛争・教案で地方官とイギリス領事の対立はみられたが、イギリス政府の不介入方針とイギリス領事の介入減少によって決定的対立には至っていない[34]。そうしたイギリスの不介入政策は地域の安定に寄与し、山東におけるキリスト教布教に際してのドイツの介入政策が義和団運動の契機となったのとは対照的であった[35]。

③イギリスの限界と日本

もちろん、イギリスが積極的に介入できないのは、その能力に限界があったからである。第3・4章の海賊・海難問題にみられるように、海軍力だけではイギリスの影響力は限られており、イギリス領事は交渉において、バラバラな人々の活動を「放任」する清朝地方官を相手にして翻弄されることになる。そのうえ、中国沿海におけるイギリス海軍の艦艇配備数も限定されており、一八六〇年代後半以降は東アジア海域における相対的な戦力減少は続いた[36]。イギリスの外務省も植民地省も現地において決定的に人手不足であったうえ、英籍華人は「協力者」であるどころか、外国籍を利用した零細な活動が、イギリス領事館の業務を増大させた（第9章）。その結果、海峡植民地と在華イギリス領事のあいだでの英籍華人管理業務の押し付け合いも行われた。

そして、東アジアにおける列強の力は列強間における勢力の均衡によって制約された。一九一〇年代半ば以降、第一次世界大戦勃発にともなって東アジアにおける西欧の脅威は減退し、代わって台頭したアメリカは中国で領域的支配を拡大する意図はなかった。

列強の中で唯一の例外が日本であり、第8・9章でふれた台湾籍民のみならず、朝鮮籍民、「仏教徒」に対する保護の広がりは[37]、他の欧米諸国にはみられないものであった[38]。これは、西欧諸国と比較してマンパワーの豊富な日本であるからこそ可能であり、中国語の言語能力も欧米人よりも概して高く、紛争に関してより介入的になっていった。かかる日本の姿勢は、二〇世紀初頭以降ナショナリズムの高揚する中国側との紛争を増大させていくことになる。

海の近代中国

以上の結論をふまえると、当該期の「海の歴史」は長期的にどのように位置づけられるのであろうか。その場合、やはり近年の時代区分の議論との関係を示さなくてはならない。

時代区分論について、近年、戦後歴史学とは異なる問題意識から議論を喚起している岸本美緒は、一六世紀のグローバルな衝撃を受けて形成されてきた諸体制の社会を「近世」とし、その時期に作りあげられた新たな支配体制が一七〜一八世紀の歴史過程を経て、今日につながる国家の地理的、民族的枠組みを作り出し、各地域「固有」の社会制度や慣行の多くが確立されたとみなす[39]。そして、世界の諸地域における多様な「近世化」を主張するに至っている[40]。さらに、「近代化」という言葉も「近世化」と同様に、（具体的な内実をもたない）無内容なオープンな言葉としてとらえることもできるとしている[41]。

これに対し、中国近代史研究の側からは、吉澤誠一郎が清末天津の都市史研究の中で、はっきりした構造として統合された「近代」という実体があるわけではないとしたうえで、近代を世界各地での類似性の拡大の傾向が多様化を凌駕してゆく時代であると論じている[42]。

岸本の議論を参照しつつ、当該期の華南沿海における歴史変動を、その前の時代との関係で大きくとらえれば、一九世紀半ばの制度崩壊とその再編というようにみることができる。つまり、当該期を「近代」と呼ぶならば、華南沿海の「近代」とは、牙行に依存した清朝の貿易管理体制のように、一六～一七世紀の変動を経て形成され機能してきた制度が、世界的な変動によって変容を迫られていく時代であった。

この制度変容の契機となったのが、一八世紀末以降の世界的な貿易の拡大である[43]。中国においては広州の対欧米貿易の大幅な拡大が、廈門や広州における貿易管理体制を含めて既存の様々な制度を動揺させており、これが制度変容の始まりである。未だ原因の判明しない嘉慶海寇もその中に位置づけられるのかもしれない。

そして制度変容を決定的に加速させたのがアヘン貿易であり、欧米私貿易商人と福建・広東沿海の無数の人々が結びついて発展し、既存の制度、すなわち貿易管理体制を崩壊させた。これがアヘン戦争の契機となるアヘン没収を引き起こす。したがって、アヘン戦争は制度変容の開始、すなわち「近代」が始まったことにともなって生じた変動の一つの帰結であり、「近代の始まり」とみなすことはできない。そして、この変動は世界的な貿易拡大にともなう、イギリス東インド会社をはじめとする特許会社の貿易独占消滅と、私貿易商人の勢力拡大という動きと深く関連していた[44]。したがって、華南沿海部における変動は世界的な規模での制度変容と連動していた。

かかる秩序の崩壊に対して、アヘン戦争時においても清朝は旧来の手法・制度によって福建・広東沿海民の統制を試みたが、完全に失敗に終わった。開港後も密輸・苦力貿易・海賊の活性化で沿海の秩序は混乱した。沿海の無数の福建人・広東人によるバラバラの活動は、一七世紀以来の清朝の制度を崩壊させ、華南沿海、さらには中国を新たな時代へと導いた。

このような変動は、ある意味では、元末や明末と同様なパターンといえるかもしれない。だが、元末の方国珍や明末清初の鄭氏のように、沿海貿易と結びついた沿海の自立的勢力が割拠し、新たな秩序をうち立てることはなかった。その理由は一九世紀中葉の急速な秩序再編のあり方にある。すなわち貿易を海関が統制して中央政府がそれをおさえたこと、イギリス海軍が海賊勢力を掃討したことで地方の海上軍事勢力が成長しなかったこと、諸反乱鎮圧を契機に地方で権力を掌握した督撫が清朝の枠組みの中にとどまり、自立しなかったことが原因である。

そして海関や近代海軍などの制度は従来の沿海の貿易管理・治安維持のための制度と比較して強固であり、一九世紀末の変動期にも動揺することはなかった。したがって、沿海の無数の人々が引き起こした変動は、沿海にかつてない固い制度を導入するという結果をもたらした。また、既存の制度の完全な崩壊から再編までを秩序回復の期間とみなすならば、そのための期間も、少なくとも沿海においては二〇～三〇年程度であり、少なくとも一〇〇年以上の時間を要した明末清初期よりも短期間であった。これらは近代の特色ともいえよう。そして開港後に開港場を中心に形成された強固なシステムは、欧米が進出した東アジアに広くみられたものであったから、吉澤のいう類似性の拡大というように理解できる。

もっとも、開港場とその周辺においては、既存の社会経済制度を背景とした制度が再編を繰り返しており、これは、先述したように類似の方向性に向かわせるような制度の浸透を拒む経済制度も一因であった。またバラバラな人々に対する社会管理も一方的に進んだわけではなく、全く進まない部分が圧倒的であり、さらに社会・経済の流動化の加速にともなってむしろ困難になる状況もみられた。

この点からみて、当該期の歴史は類似性の拡大に向かう部分と、そのようにはならず、結果的に多様化に向かっている部分がある。この点では、それ以前の時代との違いはない。ただし、近代は、グローバリゼーションを背景として、前者のベクトルが時として短期間のあいだに非常に強く、かつ広範囲に働くため、かえって「格差」が大きく開くことがある点が、それまでの時代とは異なっているといえよう。

以上の本書の結論は、清末という固有の時代の細かな事象から導き出されたものである。しかし、本書で示した現象と類似の現象は、現在も繰り返されている。そして、国家統合の維持・強化を図る政府とこうしたバラバラな人々の行動が矛盾なく同居できるか否かということは、今日の中国あるいは世界においても重大な課題であろう。

あとがき

一九九三年春、深夜にバスで西安にたどり着いた私と友人が、翌朝真っ先に向かったのは西安駅の二階にあった外国人や軍人といった「特権階級」用であるはずの切符売り場であった。当時は列車の切符が各駅にあらかじめ割り当てられていたため、需要の大きい長距離列車の切符を割当数が少ない途中駅で購入するのは困難であった。旅行業者に代行を依頼する手段もあったが、「倹約」を旨とする我々は直接購入を目指した。ようやく三日後の上海行きの切符の予約票を手に入れて、今度は切符売り場に向かった我々が目にしたのは、窓口に向かって人々が後方からぎゅうぎゅう押している長い行列とそれに何とか割り込もうとする人々の姿であった。どうにか窓口にたどり着き、横から手を伸ばす人々が殺到するカオスの中で、二人がかりで切符を購入したときは、もう昼になっていた。こうしたことは、当時の中国を自由旅行した人なら、誰しも経験したことであろうが、当時の我々にとっては衝撃であった。

実は、私にとって最初の中国旅行は一九八七年夏に祖父に連れられて北京を訪れたときであったが、その際は香港人のガイドさんと運転手の方が仲介者として私たちと中国社会の緩衝となってくれていた。しかし、今度は自由旅行であり、ほんの一端であるとはいえ、直接中国社会に触れることになった。あまり秩序とは縁のない東大駒場寮で生活していた私と友人にとっても、日本とは秩序のあり方が全く異なる、というより、ほとんど無秩序に感じられる中国社会の印象は強烈であった。悠久の歴史をもつ地域で人々が悠然と暮らしているというそれまで抱いていたイメージはこうした経験によって粉砕されていった。もっとも、手っ取り早く列車の切符を購入することについていえば、「面倒」を避けたい中国人も、何らかの代理人に依頼していたのだから、単に「中国の流儀」を理解していない非常識な人間が、代理人たちと競争して、勝手に衝撃を受けていたともいえる。

その数年後、二〇〇〇年春から一〇ヶ月ほど廈門に長期滞在したときは、それまでの何度かの中国旅行や調査で「中国流」にもある程度慣れていたので、最初は容易に溶け込むことができると勘違いしていた。しかし、滞在当初の興奮が冷め、廈門大学の学生をはじめとする中国の人々と接触し、話し合う機会が増えると、ものの考え方・行動様式の違いに衝撃を受けた。また、日本以上に殺伐として見える社会と、ちょっとした知り合いに対しても極めて親切な人々のギャップにも驚いた。外国に滞在しているのだから、日本との様々な違いを感じるのは当然であり、しかも、当時の私は中国社会に深く入り込むどころか、大学という特殊な社会を中心に、ほんの一握りの人々と接していたにすぎない。しかし、それでも未熟な私にはやはり衝撃的であった。こうした衝撃を数ヶ月かけてやり過ごし、次第に「中国流」に慣れてくると、廈門、あるいは中国から離れがたいと思うようになったが、残念ながら、そのときには帰国の時が迫っていた。

このような中国での衝撃を経た後でも、一次史料に基づいて物事を考えるという歴史学の方法論に何ら疑問を抱かなかった理由は、ひとえにそうした中国の現実との距離を感じさせないイギリス領事報告に出会ったことによる。当時のイギリス領事も様々な強烈な体験をしつつ、率直な記録を残してくれていた。本書を読まれた方が、多様な紛争に翻弄される領事に筆者が少しでも共感しているように感じるとすれば、それは筆者が、次元が違うとはいえ、ある意味で領事とは類似の経験をしたからにほかならない。主にこの史料を用いつつ、本書にまとめられた私のこれまでの作業は、当時のイギリス領事や私が中国において受けた衝撃の原因を探究することであったともいえる。

本書は、二〇一一年三月に東京大学人文社会系研究科に提出し、二〇一二年三月に博士（文学）の授与を受けた博士学位申請論文「近代福建人世界の変容——社会・経済制度の再編とイギリス・清朝」を原型にしつつ、加筆・修正を加えたものである。

博士論文の審査には、黒田明伸（主査）、岸本美緒、水島司、安冨歩、吉澤誠一郎の諸先生にあたっていただいた。その際にいただいたご指摘を本書に反映するように努めたが、すべてに応えることはできなかった。今後の課題としたい。

審査委員でもある、岸本先生には学部二年生の東洋史学入門講義以来、博士課程に至るまで、一貫して指導を受けてきた。研究対象として福建を選択したのも、学部三年生の岸本ゼミのテキスト（林耀華『金翼』）が福建省北東部を舞台としていたことが背景にある。また、あるシンポジウムで先生が、日本人が中国で感じる「違和感」を説明することが中国史研究の意義だとおっしゃったことは、本書の問題意識の形成に大きく影響している。

先生からは、論文の草稿にお人柄がしのばれる筆跡で、細部にまで目を配って赤を入れていただいたり、また鋭いコメントをいただいたりといった直接のご指導もあったが、先生ご自身の研究スタイルに感化されることも多かった。十分に感化されたかどうかは心許ないが。

単なる歴史オタクであった私が歴史学の楽しさを知ったのは東大入学後、駒場の教養課程で義江彰夫先生の日本史の小人数講義に所属したときのことである。そして故並木頼寿先生の東洋史の講義が中国近代史への入り口になった。

本郷の文学部東洋史学科に進学してからは、中国史を中心とする諸先生の講義・ゼミを受講し、博論の審査委員でもある吉澤氏をはじめとする諸先輩の影響を受ける中で、中国近代史を選択することになった。また、東南アジア史の桜井由躬雄先生の主催するフィールドワークに参加させていただき、聞き取り調査や測量・製図を繰り返す中で、現地を見る目を養うことができたのは貴重な経験であった。桜井先生は昨年一二月に急逝された。その前に本書をお見せすることができなかったことが悔やまれてならない。

大学院に入ってから参加した濱下武志先生のゼミではさらに視野を広げることができたと思う。最初の国際学会での報告の機会（二〇〇一年：於香港科技大学）を与えてくださったのも濱下先生である。また岸本ゼミ・濱下ゼミ

廈門市街

廈門市内中心部には1920～1930年代の都市改造によって建設されたアーケード式の騎楼建築が多い。当該期の都市改造については，恩田重直「民国期廈門の都市改造――街路整備による新たな都市空間の創出」『年報都市史研究』15，2007年を参照（2001年1月筆者撮影）。

に参加されていた留学生の先輩・後輩と交流できたことは、現在でも貴重な財産となっている。そして黒田明伸先生が東大に来られて最初のゼミでは、その密度の濃い内容によって、経済史的な考えを深める契機となった。

この博論の根幹たる史料となるイギリス外交文書については、本野英一先生にその使用方法や文書館、さらには文書館のあるキューの宿に至るまで、親切に紹介していただいた。また、台湾の研究機関に所蔵されている史料に関しては川島真氏の紹介を受けた。台湾では史料収集に際して中央研究院近代史研究所を訪れ、林満紅先生、陳慈玉先生をはじめとする諸先生とお話しする機会を得たのは励みになった。中央研究院の各研究所は、部外者にも非常に使い勝手のよい研究環境を提供しており、日本の大学図書館・図書室も学ぶところは多い。

博士課程の途中には先述のように、研究対象となる廈門に長期滞在し、その際には受け入れ先の廈門大学歴史系の戴一峰先生にお世話になった。滞在中は、上述のような体験もしつつ、大学から出ては廈門の町歩きを繰り返し、また週末にバスで閩南各地を巡ったことで、廈門の町並みと閩南の光景は脳裏に焼き付けられた。夏休みに中国内陸部を数週間かけて巡ったことも、沿海という研究対象地域を相対化するのに貴重な経験となった。

二〇〇一年秋に京都大学人文科学研究所の助手に採用されたことは、異なる学問的伝統に直接触れるという貴重な異文化体験となり、私の学問スタイルを少しは落ち着いたものにしてくれたと思う。森時彦先生には研究に際して全く自由な時間を与えていただき、また共同研究班の運営についても学ばせていただいた。岩井茂樹先生、岡本隆司先生には、助手時代以来、様々な場でご意見をいただいており、本書の緒論と結論についても貴重なアドバイスを頂戴した。また、在職中、『梁啓超年譜長編』の訳注作成作業に最終段階で参加させていただいたのも得がたい経験となった。

二〇〇五年春に横浜国立大学経済学部（所属は大学院国際社会科学研究科）に移り、社会科学系で教育をすることになったのは、人文社会系の領域ですごしてきた私にとっては新たな異文化体験となった。国立大学法人化後の激務の中での大門正克先生をはじめとする先生方の学問・教育・行政の仕事ぶりには非常に感銘を受けた。そして日本学術振興会海外特別研究員として二〇〇七年夏から二年間ものロンドンでの長期滞在を許していただいたことには、感謝している。本書の原型となる論文の大半と博士論文は、この横浜国立大学所属時に書いたものである。

ロンドンでは、ロンドン大学東洋アフリカ学院（SOAS）のクローレンススミス（Dr. WilliamGervase Clarence-Smith）先生に、専門の地域が異なるにもかかわらず受け入れていただき、またその受け入れ先紹介に際しては、杉原薫先生の手を煩わせた。ロンドン滞在時はLSE（London School of Economics and Political Science）の経済史やグローバル・ヒストリー関連のセミナーでも刺激を受けた。そして何より、イギリスでの生活を通じて、日本と中国だけでなく、もう一つの参照軸を得られたのは大きかった。

また、リーマン・ショックまで家賃と物価が異常に騰貴していたロンドンにおいて、文書館に徒歩で通うことができる

イギリス国立公文書館閲覧室

イギリス国立公文書館では，閲覧カードを入手し，閲覧室の席を選択して，パソコンの画面上で文書を請求，席番号に対応したロッカーへの文書到着を待って閲覧するという手続きをとり，極めて効率的である。デジタルカメラによる撮影に対しても寛容で，撮影専用のスペースも設けられている（2009 年 8 月筆者撮影）。

リッチモンドで快適な生活を過ごすことができたのは、ボールハチェット（Dr. Helen J. Ballhatchet）先生・杉山伸也先生のご高配による。

本書の刊行にあたって、史料的に最も感謝すべき機関となるのが、先述の領事報告を保存している The National Archives（旧 Public Record Office）であるのはいうまでもない。その史料保存のあり方、公開性、使用の便宜どれをとっても世界最高水準であり、本書の大半はこの文書館とここの作成したマイクロフィルム（東大総合図書館蔵）に依拠している。日本の公文書の管理・保存・公開が少しでもこの水準に近づくことを期待したい。

イギリスから帰国した後は、研究分担者・連携研究者の立場で科学研究費補助金に基づく様々な研究プロジェクトに参加させていただいており、それらは本書の完成に大きく寄与している。浅学非才の私をメンバーに加えていただいた諸先生方のご配慮には感謝している。また、本書刊行にあたっては、独立行政法人日本学術振興会「平成二四年度科学研究費補助金（研究成果公開促進費「学術図書」）」の助成を受けた。こちらも関係各位に感謝したい。

本書の各章は以下の既発表論文をもとにしており、その多くの報告や審査にあたって、様々な有益なご意見をいただいた。この場を借りて御礼申し上げたい。ただし、発表の時期の如何を問わず、誤りの訂正のみならず、大幅に内容の改訂を加えている。

第1章　「閩粤沿海民の活動と清朝——一九世紀前半のアヘン貿易活動を中心に」『東方学報』京都七五号、二〇〇三年。

補　論　「零丁洋と広州のあいだ——一八三〇年代カントンアヘン貿易の利権」斯波義信編『モリソンパンフレットの世界』東洋文庫、二〇一二年。

第2章　「清朝と漢奸——アヘン戦争時の福建・広東沿海民対策を中心に」森時彦編『中国近代化の動態構造』京都大学人文科学研究所、二〇〇四年。

第3章　「一九世紀中葉、華南沿海秩序の再編――イギリス海軍と閩粤海盗」『東洋史研究』六三巻三号、二〇〇四年。
第4章　「漂流する「夷狄」――一九世紀後半、華南における海難対策の変容」『エコノミア』五七巻二号、二〇〇六年。
第5章　「五港開港期廈門における帰国華僑」『東アジア近代史』三号、二〇〇〇年。
第6章　「一九世紀中葉廈門における苦力貿易の盛衰」『史学雑誌』一一八編一二号、二〇〇九年。
第7章　「清末廈門における交易構造の変動」『史学雑誌』一〇九編三号、二〇〇〇年。
第8章　「閩南商人の転換――一九世紀末、廈門におけるアヘン課税問題」籠谷直人・脇村孝平編『帝国とアジア・ネットワーク』世界思想社、二〇〇九年。
第9章　「清末廈門における英籍華人問題」森時彦編『二〇世紀中国の社会システム』京都大学人文科学研究所附属現代中国研究センター、二〇〇九年。

本書の構想は、助手時代に名古屋大学出版会の橘宗吾氏にお話をいただいたことに始まったが、筆者の怠惰ゆえに刊行は大幅に遅くなった。気長に待っていただいたにもかかわらず、最後は非常にタイトなスケジュールになってしまった。その中でも本書の全体像を見渡しつつ、適宜背中を押すような形で編集をすすめ、的確な助言をしていただいた橘氏、読みづらい原稿の校正に細心の注意をもって当たられ、稚拙な文章表現にまで手を入れていただいた林有希氏には感謝するばかりである。

なお、本書の英文目次・要旨作成はリンダ・グローブ先生、中文目次・要旨作成は王詩倫氏のお世話になった。また、後輩の豊岡康史氏にも、原稿を一読していただき、いくつかの深刻な誤りを修正することができた。記して感謝を示したい。

二〇一一年四月以来、再び京都大学人文科学研究所に勤務することになり、同僚の岩井先生や石川禎浩先生のお力添えを得つつ、中国の社会経済制度を探究する研究班を立ち上げたところである。皆の叡智を借りながら、依然としてわかりにくい中国の社会・経済に少しでも光を当てる共同作業を進めていくことができればと考えている。

村上　衛

旧伏見湊にて　二〇一三年一月

《著者紹介》

村上《むらかみ》　衛《えい》

1973 年　静岡県浜松市に生まれる
1997 年　東京大学文学部卒業
1999 年　東京大学大学院人文社会系研究科修士課程修了
同大学院博士課程，京都大学人文科学研究所助手，横浜国立大学
大学院国際社会科学研究科助教授，同准教授を経て
現　在　京都大学人文科学研究所准教授，博士（文学）

海の近代中国

2013 年 2 月 15 日　初版第 1 刷発行
2014 年 4 月 15 日　初版第 2 刷発行

定価はカバーに
表示しています

著　者　村　上　　衛
発行者　石　井　三　記

発行所　一般財団法人　名古屋大学出版会
〒 464-0814　名古屋市千種区不老町 1 名古屋大学構内
電話(052)781-5027/FAX(052)781-0697

印刷・製本 ㈱太洋社　　ISBN978-4-8158-0719-1
乱丁・落丁はお取替えいたします。

Maritime History of Modern China

Local Fujian actors and the British and Chinese Empires

Chapter 6　Kidnappers and their Victims : The Rise and Fall of the Coolie Trade in Amoy during the Mid-Nineteenth Century

Introduction

1　Rise of the Coolie Trade

2　Problems of the Coolie Trade

3　The Amoy Riot and Attitudes toward the Coolie Trade

4　The Decline of the Coolie Trade and the Concentration of Emigrants to Southeast Asia

Conclusion

Section III　Changes in Trade and the Behaviour of Overseas Chinese in China at the turn of the 20th Century

Chapter 7　Winners and Losers in the Competition between Asian Producing Areas : Changes in the Trade Structure in Amoy during the Late Qing Period

Introduction

1　Trade Structure in Amoy after the Opening for Western Ships

2　Changes in the Amoy Export Trade

3　Japanese Acquisition of Taiwan and the Trade in Amoy

4　Changes in the Trade Structure in Amoy

Conclusion

Chapter 8　Charity Foundations and Opium : Problems Relating to Opium Taxes during the Second Half of the Nineteenth Century

Introduction

1　Expansion of the Opium Trade and Opium Taxes

2　Contracting of Opium Tax Collection during the 1880s

3　Charity Foundations and Contributions

4　Problems in the Taxation of Native Opium

Conclusion

Chapter 9　Manipulating “Empire” : Problems of British Subjects of Chinese Origin in Amoy during the Late Qing Period

Introduction

1　Formation of R. Alcock’s Costume Rule

2　Protection for Overseas Chinese and Qing Local Officials

3 Economic Activities of British Subjects of Chinese Origin and the Response of Qing Local Officials

4 Between British Subjects of Chinese Origin and native Chinese

5 Between Britain and the Qing Government

Conclusion

Conclusion

Section I examines the collapse of the Qing order in the coastal areas prior to the opening of the treaty ports.

Before the Opium War, Fujianese and Cantonese played a leading role in the expansion of the opium trade throughout the coastal regions, contributing to the creation of powerful interest groups in Canton (Guangzhou, Macao and the lower Pearl River). Responding to the subsequent outflow of silver, the Qing government began to try to gain full-scale control over the opium trade. However, the Qing system for trade control depended on brokers (*yahang*) who did not deal in banned items such as opium which were not taxed. Furthermore, the opium trade had greatly weakened the existing structures for control of trade, leading to a situation in which small traders played a dominant role. The resulting dispersed nature of the trade, with many small traders, was much more difficult to control. This failure was one of the causes of the Opium War. (Chapter 1, Addendum)

In explaining the reasons for the defeat in the Opium War, the Qing court tried to shift the blame to those it called “traitors” (*hanjian*), i. e. the coastal people of Fujian and Guangdong, creating a narrative in which the war between the Qing and “traitors” was depicted as one aspect of the overall struggle. In order to deal with this threat, the Qing government attempted to use traditional measures such as organizing militias (*tuanlian*) and braves (*xiangyong*) and closing ports (*fenggang*) to control the coastal people and their ships. However these policies failed and the Qing lost control of the coastal areas. (Chapter 2)

Section II examines the attempts to restore order after the opening of the treaty ports, looking particularly at the efforts to restore order, and the links to migration.

One of the greatest threats to order came from the activities of Cantonese and Fujianese traders whose activities suffered great losses as the result of the opening of new treaty ports ; many of them turned to piracy. Qing local officials made appeals to British consular officials and gained the assistance of the British Royal Navy in suppressing piracy and restoring order. (Chapter 3)

At this time, Qing measures with regard to shipwrecks focused on returning foreign survivors to their home country and did not consider the protection of their property. At the same time, at the request of the British consuls, the Royal Navy attempted to protect foreign ships, the lives of foreigners, and their property. There were, however, limits to what the Royal Navy could do. Furthermore, Qing local officials were unable to control the coastal people and prevent plundering. Consequently, it became important to build infrastructure to secure sea routes. (Chapter 4)

The situation was complicated by a growing strain in relations between Overseas Chinese from the British colonies in Southeast Asia and the local officials in the coastal regions. The Overseas Chinese, claiming British citizenship, sought to use their special privileges as foreign nationals. Therefore, the Overseas Chinese formed a secret society called the Small Sword Society, which was given the task of protecting their lives and property. Attempts by local officials to suppress the secret society led to rebellion. The Qing government was able to suppress the rebels and restore order in the coastal areas Survivors of the Small Sword Society moved to Southeast Asia and this led to an increase in the power of Fujianese in that region. (Chapter 5)

At the same time, emigration to areas other than Southeast Asia (through the Coolie trade) rose. Contributing to this rise in overseas migration were the tradition of emigration in Southern Fujian and the collapse of order in the coastal areas during the mid-nineteenth century. The increasing demand for labor and the unpopularity of the Coolie trade led to a gap between supply and demand, and one of the results was a rise in indiscriminate kidnapping. This led to a strong antipathy against the Coolie trade, which in turn led to the Amoy riot. To block further disorder, Qing local officials and the British consul cooperated in attacking the Coolie trade. As a result of success in this campaign, migration came to concentrate in emigration to Southeast Asia. (Chapter 6)

Section III analyses developments in that fragile order from the 1880s to the early 20th century from the perspective of changes in trade and the behaviour of the Overseas Chinese.

In terms of trade, during the latter half of the nineteenth century, Amoy became the center of an economic area that included the Minnan hinterland and Taiwan. Amoy was also linked to the coastal areas of China and Southeast Asia. However, intensification of competition among producing districts led the decline in the export of goods such as tea and sugar, and the Japanese acquisition of Taiwan removed Taiwan from the Amoy economic area. Consequently, although the economic area collapsed in terms of the circulation of goods, the trade structure was maintained by remittances from Overseas Chinese and the development of what I have called a remittance hinterland in southern Fujian. (Chapter 7)

The collection of taxes on foreign opium was contracted to merchants and the revenue gained became a source of income for the local government. However this income was lost when the supplementary treaty of the Chefoo Convention, which provided that taxes on foreign opium should be collected by the Chinese Imperial Maritime Customs, came into effect in 1887. Therefore, Qing local officials attempted to recover tax revenues and control Chinese opium merchants through collecting contributions for charity foundations (*Shantang*). However, this effort failed because the Chinese merchants opposed this tax owing to the decline of trade in foreign opium. Subsequently, Qing local officials introduced a tax on native opium. However it was difficult for them to control the distribution of opium and the official control over the opium trade thus weakened. (Chapter 8)

After the 1860s British subjects of Chinese origin, who threatened the authority of the Qing local officials, were treated with caution by the Qing government and Britain. Qing local officials attempted to limit the sphere of British subjects of Chinese origin. The economic activities of these people threatened the finances of local government and the existing powerful interest groups. Therefore Qing local officials tried to restrain their economic activities. However, this impeded trade development in Amoy. British consuls became involved in trivial disputes between British subjects of Chinese origin and native Chinese, and the British government was forced to reorganize the protection system. However, after the end of the nineteenth century, the activities of non-British nationals in Amoy, such as registered Taiwanese (Taiwan sekimin), began to increase. (Chapter 9)

海洋史上的近代中國
福建人的活動與英國，清朝的因應

第Ⅲ部　貿易的變動與華人的行動——世紀轉換期

第 7 章　亞洲各地間的競爭中之落敗者——清末廈門交易結構的變動

前　言

第 1 節　開港後廈門的交易構造

第 2 節　廈門商品輸出，運出的變動

第 3 節　日本的台灣領有與廈門的交易

第 4 節　廈門交易構造的變動

結　語

第 8 章　善堂與鴉片——19 世紀後半廈門的鴉片課稅問題

前　言

第 1 節　鴉片貿易與鴉片稅的擴大

第 2 節　1880 年代鴉片課稅的承辦問題

第 3 節　善堂與捐稅

第 4 節　中國鴉片的課稅問題

結　語

第 9 章　被利用的「帝國」——清末廈門的英籍華人問題

前　言

第 1 節　阿禮國服裝規定的成立

第 2 節　對華人的保護與清朝地方官僚

第 3 節　英籍華人的經濟活動與清朝地方官僚的因應措施

第 4 節　在英籍華人與中國人之間

第 5 節　在英國與清朝的夾縫之間

結　語

結　論

第Ⅰ部「清朝沿海秩序的崩壞——開港之前」中，闡述了開港前清朝沿海秩序崩壞的過程。

開港前，福建，廣東沿海民眾的鴉片貿易活動已擴大到整個沿海地區，Canton 出現了巨大的利權結構。對此，清朝政府直到銀開始自中國流出時，才真正展開取締鴉片貿易的行動。但是，清朝依靠牙行來管理貿易的體制並不能有效地處理如鴉片之類無法課稅的違禁品問題。並且，鴉片貿易的取締造成了既有利權結構崩解，導致鴉片交易變得零碎化而使得貿易的管理變得更加困難，最後以失敗收場。這也是引發鴉片戰爭的原因之一（參見第 1 章及補論）。清朝在鴉片戰爭中一味地戰敗被歸咎於漢奸（福建，廣東沿海人民）的責任；由此可見，此戰爭的某一側面所呈現的是清朝與漢奸對立的圖式。清朝處理漢奸問題的政策是編組團練，鄉勇及封港等，企圖以這些舊有的手法來掌握沿海居民及其船隻，但終歸失敗，清朝的沿海統治於是瓦解（參見第 2 章）。

第Ⅱ部「華南沿海秩序的重編——19 世紀中葉」中，從治安與人的移動的角度，探討開港以後的華南沿海秩序的重編。

在治安方面，19 世紀中葉因開港地貿易的擴大而遭受打擊的廣東人及福建人，在沿海地區頻繁進行海盜活動。對此，清朝的地方官僚藉由英國領事的中介利用英國海軍鎮壓海盜，恢復了以開港地爲中心的秩序（參見第 3 章）。另一方面，清朝對海難的處理政策主要是在將遇難的外國人送返，但未顧及對其生命，財產的安全。因此，爲保護外國船隻及外國人的生命，財產，英國海軍透過英國領事的中介而介入其中，但其發揮的作用有限，而清朝的地方官僚也無法控制沿海人民，防止掠奪的發生。結果，建設確保海路安全的基礎設施就變得很重要（參見第 4 章）。

在人的移動方面，自東南亞的英國殖民地來到中國並自稱是英國臣民的華人（英籍華人），因利用外國籍的特權而與當地官民間的關係惡化。他們爲保護生命財產的安全，組成了秘密結社的小刀會，但遭地方官僚的鎮壓而發動叛亂。清朝鎮壓了以廈門小刀會叛亂爲開端的沿海諸叛亂，恢復了秩序；另一方面，小刀會的殘餘勢力遷移到東南亞，東南亞的福建人勢力也逐漸擴大（參見第 5 章）。此外，同一時期遷往東南亞以外地區的移民（苦力貿易）大增，其原因與閩南的移民傳統及 19 世紀中葉沿海秩序的混亂有關。勞動力需求的擴大與伴隨著苦力的不受歡迎而產生的移民供需差距，導致無差別誘拐的發生，引起地域社會強烈的反彈，終於演變成廈門暴動。對此，清朝地方官僚與英國領事聯合共同打擊苦力貿易，促使移民更加集中於東南亞地區（參見第 6 章）。

第Ⅲ部「貿易的變動與華人的行動——世紀轉換期」中，對 19 世紀中葉重編過

的秩序在 1880 年代至 20 世紀初頭發生動搖之事，從貿易的變動與華人的行動的角度加以探討。

就貿易方面而言，19 世紀後半以廈門為中心，形成了由閩南腹地與台灣構成的經濟圈，與中國沿海及東南亞相連結。然而，自 19 世紀後半以後，產地間的競爭激烈化，茶和砂糖等自廈門出口和運出的商品呈現衰退的現象；而且日本佔有台灣之後，台灣脫離了廈門的經濟圈。因此，以廈門為中心的經濟圈開始失去其商品流通的機能，但廈門的交易結構賴華僑的匯款而得以繼續維持下去。閩南因華僑的匯款而形成了新的腹地（參見第 7 章）。

廈門對外國鴉片的課稅是由商人承辦的，並且其稅收已成為地方政府的經費之一。但自從芝罘條約的追加條款生効後，便失去了此項收入。於是，清朝地方官僚乃透過捐稅，企圖恢復稅收並控制中國人的鴉片商人；然而，隨著外國鴉片貿易的衰退，中國商人轉而持反對態度，最後終於失敗。其後，地方官僚雖然對中國鴉片加以課稅，但卻難以掌握中國鴉片的流通，對鴉片貿易的管制能力也隨之低下（參見第 8 章）。

英籍華人在 1860 年代之後也持續威脅到清朝地方官僚的權威，而受到清朝與英國雙方的警戒；清朝地方官僚不斷試圖限制英籍華人的活動範圍。另一方面，因為英籍華人的經濟活動對地方財政和既有的利權結構造成威脅，地方官僚於是對其加以抑制，而這也阻礙了廈門貿易的發展。此外，英國領事被捲入英籍華人與當地中國人間發生的零碎的糾紛之中，因而迫使英國必須重新建立制度。在此影響之下，自 19 世紀末以後，英籍華人以外的台灣籍民等，在廈門的活動乃逐漸擴大（參見第 9 章）。

索　引

1）漢字は日本語読みで配列したが，慣用読みに従ったものもある。
2）本文および図表タイトルを対象とした。
3）語句そのものではなく，内容から挙げているものもある。
4）欧米人名・在華外国商社名・英文定期刊行物名・船舶名は原語を（　）内に表記した。
　このうち，英文定期刊行物名・船舶名はイタリックで記した。
5）必要に応じて（　）内に説明を付した。

ア　行

カ　行

サ　行

タ　行

ナ　行

ハ　行

マ　行

ヤ　行

ラ・ワ行

欧　文

図表一覧

参考文献

未公刊史料

国立故宮博物院（台北）
　宮中檔案（『宮中檔道光朝奏摺』・『宮中檔咸豊朝奏摺』）
中央研究院近代史研究所（台北）
　外交檔案（総理各国事務衙門清檔）
中国第一歴史檔案館（北京）
　軍機処檔案
外務省外交史料館（東京）
　外務省記録
The National Archives (Kew, Surrey)
　Foreign Office Archives (FO)
　　General Correspondence : China (FO17)
　　Embassy and Consular Archives, China : Correspondence Series I (FO228)
　　Embassy and Consular Archives, China : Amoy (FO663)
　　Chinese Secretary's Office, Various Embassies and Consulates, China : General Correspondence (FO682)
　　Confidential Prints (FO881)
　Admiralty (ADM)
　　Admiralty, and Ministry of Defence, Navy Department : Correspondence and Papers (ADM1)
　　China Station : Correspondence (ADM125)
　Colonial Office (CO)
　　Hong Kong, Original Correspondence (CO129)
　　Straits Settlements Original Correspondence (CO273)
Cambridge University (Cambridge)
　Jardine Matheson Archives (JM)
　　Private Letters : Local (JM/B2)
　　Business Letters : Local (JM/B7)
National Maritime Museum (Greenwich)
　National Maritime Museum Archives

定期刊行物

『廈門日報』（廈門）
『鷺江報』（廈門）

『申報』（上海）
『東方雑誌』（上海）
『農学報』（上海）
『商務官報』（北京）
『台湾新報』（台北）
『台湾日報』（台北）
『台湾日々新報』（台北）
『台湾産業雑誌』（台北）
『通商彙纂』（東京）
The Canton Press（広州）
The Canton Register（広州）
The Chinese Courier（広州）
The Chinese Repository（広州）
The China Mail（香港）
Hunt's Merchant Magazine（New York）
The North China Herald（上海）
Singapore Chronicle and Commercial Register（Singapore）
The Times（London）
The Missionary Magazine and Chronicle : Chiefly Relating to the Missions of the London Missionary Society（London）

漢　籍

乾隆刊『鷺江志』
道光刊『廈門志』
民国刊『廈門市志』
民国刊『同安県志』
光緒刊『馬巷庁志』
光緒刊『龍渓県志』
光緒刊『澎湖庁志』
光緒刊『鄞県志』
光緒刊『重修天津府志』
『清史稿』
『清季外交史料』
『大清文宗顕皇帝実録』
嘉慶刊『大清会典事例』
光緒刊『大清会典事例』
『大清中枢備覧』庚寅（咸豊 4 年）冬
『福建省例』
『津門雑記』張燾撰

『夷氛聞記』梁廷枏撰
『問俗録』陳盛韶撰
『道咸宦海見聞録』張集馨撰
『大清法規大全』政学舎，1910～1912 年
『万国公法』上海書店出版社，2002 年

日本語文献（50 音順）

相澤淳「東アジアの覇権と海軍力」和田春樹ほか編『岩波講座東アジア近現代通史 2　日露戦争と韓国併合　19 世紀末―1900 年代』東京：岩波書店，2010 年。

青木昌彦（瀧澤弘和・谷口和弘訳）『比較制度分析に向けて（新装版）』東京：NTT 出版，2003 年。

青山治世「清朝政府による「南洋」華人の保護と西洋諸国との摩擦――一八八六年の「南洋」調査団の派遣交渉を中心に」『東アジア近代史』6 号，2003 年。

赤嶺守「清代の琉球漂流民送還体制について――乾隆二十五年の山陽西表船の漂着事例を中心に」『東洋史研究』58 巻 3 号，1999 年。

―――「清代の琉球漂流民に対する賞賚品について――福州における賞賚（加賞）を中心に」『日本東洋文化論集』6 号，2000 年。

秋田茂『イギリス帝国とアジア国際秩序――ヘゲモニー国家から帝国的な構造的権力へ』名古屋：名古屋大学出版会，2003 年。

―――「総論　パクス・ブリタニカとイギリス帝国」秋田茂編著『イギリス帝国と 20 世紀 1　パクス・ブリタニカとイギリス帝国』京都：ミネルヴァ書房，2004 年。

足立啓二「大豆粕流通と清代の商業的農業」『東洋史研究』37 巻 3 号，1978 年。

―――『専制国家史論――中国史から世界史へ』東京：柏書房，1998 年。

―――『明清中国の経済構造』東京：汲古書院，2012 年。

荒武達朗『近代満洲の開発と移民――渤海を渡った人びと』東京：汲古書院，2008 年。

荒野泰典『近世日本と東アジア』東京：東京大学出版会，1988 年。

飯島渉『ペストと近代中国』東京：研文出版，2000 年。

―――「中国海関と「国際」の文脈――検疫の制度化をめぐって」和田春樹ほか編『岩波講座東アジア近現代通史 1　東アジア世界の近代　19 世紀』東京：岩波書店，2010 年。

石井寛治「日清戦後経営」朝尾直弘ほか編『岩波講座日本歴史 16　近代 3』東京：岩波書店，1976 年。

―――『近代日本とイギリス資本――ジャーディン=マセソン商会を中心に』東京：東京大学出版会，1984 年。

石井摩耶子『近代中国とイギリス資本――19 世紀後半のジャーディン・マセソン商会を中心に』東京：東京大学出版会，1998 年。

石田浩『中国同族村落の社会経済構造研究――福建伝統農村と同族ネットワーク』吹田：関西大学出版部，1996 年。

井手季和太『台湾治績志』台北：台湾日々新報社，1937 年。

―――『比律賓に於ける華僑』東京：満鉄東亜経済調査局，1939 年。

伊藤泉美「上海小刀会起義——十七ヶ月の県城占領をめぐって」『横浜市立大学学生論集』25号，1985年。

稲田清一「太平天国期のチワン族反乱とその背景——広西省横州・永淳県の場合」『史林』71巻1号，1988年。

井上裕正『林則徐』東京：白帝社，1994年。

———「アヘン戦争前における清朝のアヘン禁止政策について——新村容子氏の批判に答えて」『人間文化研究科年報（奈良女子大学大学院人間文化研究科）』18号，2003年。

———『清代アヘン政策史の研究』京都：京都大学学術出版会，2004年。

今堀誠二『中国封建社会の構成』東京：勁草書房，1991年。

入江啓四郎『中国に於ける外国人の地位』東京：東京堂，1937年。

岩井茂樹『中国近世財政史の研究』京都：京都大学学術出版会，2004年。

———「一六世紀中国における交易秩序の模索」岩井茂樹編『中国近世社会の秩序形成』京都：京都大学人文科学研究所，2004年。

———「清代の互市と"沈黙外交"」夫馬進編『中国東アジア外交交流史の研究』京都：京都大学学術出版会，2007年。

———「帝国と互市——16-18世紀東アジアの通交」籠谷直人・脇村孝平編『帝国とアジア・ネットワーク——長期の19世紀』京都：世界思想社，2009年。

植田捷雄『支那に於ける租界の研究』東京：巖松堂書店，1941年。

———「阿片戦争と清末官民の諸相」『国際法外交雑誌』50巻3号，1951年。

上田信「明末清初・江南の都市の『無頼』をめぐる社会関係——打行と脚夫」『史学雑誌』90編11号，1981年。

———「そこにある死体——事件理解の方法」『東洋文化』76号，1996年。

内田直作『東南アジア華僑の社会と経済』東京：千倉書房，1982年。

衛藤瀋吉『近代中国政治史研究』東京：東京大学出版会，1968年。

王柯「「漢奸」考」『思想』981号，2006年。

大豆生田稔「食糧政策の展開と台湾米——在来種改良政策の展開と対内地移出の推移」『東洋大学文学部紀要』史学科篇16号，1991年。

オールコック，ラザフォード（山口光朔訳）『大君の都——幕末日本滞在記』上，東京：岩波書店，1962年。

岡崎哲二・中林真幸「序章　経済史研究における制度」岡崎哲二編『取引制度の経済史』東京：東京大学出版会，2001年。

岡本隆司『近代中国と海関』名古屋：名古屋大学出版会，1999年。

———「「朝貢」と「互市」と海関」『史林』90巻5号，2007年。

———『馬建忠の中国近代』京都：京都大学学術出版会，2007年。

———『中国「反日」の源流』東京：講談社，2011年。

———『ラザフォード・オルコック——東アジアと大英帝国』東京：ウェッジ，2012年。

小沢純子「一八五二年廈門暴動について」『史論（東京女子大学）』38集，1985年。

小野寺史郎『国旗・国歌・国慶——ナショナリズムとシンボルの中国近代史』東京：東京大学出版会，2011年。

オブライエン，パトリック・カール（秋田茂訳）「パクス・ブリタニカと国際秩序　1688-1914」松田武・秋田茂編『ヘゲモニー国家と世界システム――20世紀をふりかえって』東京：山川出版社，2002年。

小山正明『明清社会経済史研究』東京：東京大学出版会，1992年。

恩田重直「民国期廈門の都市改造――街路整備による新たな都市空間の創出」『年報都市史研究』15，2007年。

何炳棣（寺田隆信・千種真一訳）『科挙と近世中国社会――立身出世の階梯』東京：平凡社，1993年。

外務省編『外務省警察史51』東京：不二出版，2001年。

外務省条約局編『英，米，仏，露ノ各国及支那国間ノ条約』東京：外務省条約局，1924年。

外務省通商局『清国釐金税調査報告集』東京：外務省通商局，1909年。

籠谷直人『アジア国際通商秩序と近代日本』名古屋：名古屋大学出版会，2000年。

梶谷懐『現代中国の財政金融システム――グローバル化と中央-地方関係の経済学』名古屋：名古屋大学出版会，2011年。

―――『「壁と卵」の現代中国論――リスク社会化する超大国とどう向き合うか』京都：人文書院，2011年。

柏祐賢『柏祐賢著作集4　経済秩序個性論（II）――中国経済の研究』京都：京都産業大学出版会，1986年。

片山邦雄『近代日本海運とアジア』東京：御茶の水書房，1996年。

片山誠二郎「月港「二十四将」の反乱」清水博士追悼記念明代史論叢編纂委員会編『清水博士追悼記念　明代史論叢』東京：大安，1962年。

片山剛「清末広東省珠江デルタの図甲制について――税糧・戸籍・同族」『東洋学報』63巻3・4号，1981年。

勝田弘子「清代海寇の乱」『史論（東京女子大学）』19号，1968年。

加藤弘之「移行期中国の経済制度と「包」の倫理規律――柏祐賢の再発見」中兼和津次編著『歴史的視野からみた現代中国経済』京都：ミネルヴァ書房，2010年

金指正三『近世海難救助制度の研究』東京：吉川弘文館，1968年。

金澤周作「近代英国における海難対策の形成――レッセ・フェールの社会的条件」『史林』81巻3号，1998年。

可児弘明『近代中国の苦力と「豬花」』東京：岩波書店，1979年。

―――「咸豊九（一八五九）年，上海における外国人襲撃事件について」『東洋史研究』43巻3号，1984年。

―――編『僑郷　華南――華僑・華人研究の現在』京都：行路社，1996年。

加納啓良「ジャワ島糖業史研究序論」『アジア経済』22巻5号，1981年。

蒲豊彦「潮州，汕頭の義和団事件と慈善結社」森時彦編『中国近代化の動態構造』京都：京都大学人文科学研究所，2004年。

川島真『中国近代外交の形成』名古屋：名古屋大学出版会，2004年。

河原林直人『近代アジアと台湾――台湾茶業の歴史的展開』京都：世界思想社，2003年。

菊池秀明『広西移民社会と太平天国』東京：風響社，1998年。

———『清代中国南部の社会変容と太平天国』東京：汲古書院，2008年。

———「太平天国における不寛容——もう一つの近代ヨーロッパ受容」和田春樹ほか編『岩波講座東アジア近現代通史1　東アジア世界の近代　19世紀』東京：岩波書店，2010年。

木越義則『近代中国と広域市場圏——海関統計によるマクロ的アプローチ』京都：京都大学学術出版会，2012年。

岸本美緒「清朝とユーラシア」歴史学研究会編『講座世界史2　近代世界への道——変容と摩擦』東京：東京大学出版会，1995年。

———『清代中国の物価と経済変動』東京：研文出版，1997年。

———「時代区分論」『岩波講座世界歴史1　世界史へのアプローチ』東京：岩波書店，1998年。

———「東アジア・東南アジア伝統社会の形成　16-18世紀」『岩波講座世界歴史13　東アジア・東南アジア伝統社会の形成』東京：岩波書店，1998年。

———『明清交替と江南社会——17世紀中国の秩序問題』東京：東京大学出版会，1999年。

———「中国史における「近世」概念」『歴史学研究』821号，2006年。

———「中国中間団体論の系譜」岸本美緒編『岩波講座「帝国」日本の学知3　東洋学の磁場』東京：岩波書店，2006年。

———「「近世化」概念をめぐって」『歴史学研究』827号，2007年。

———『地域社会論再考——明清史論集2』東京：研文出版，2012年。

貴堂嘉之『アメリカ合衆国と中国人移民——歴史のなかの「移民国家」アメリカ』名古屋：名古屋大学出版会，2012年。

清川雪彦『近代製糸技術とアジア——技術導入の比較経済史』名古屋：名古屋大学出版会，2009年。

工藤裕子「ジャワの台湾籍民——郭春秧の商業活動をめぐって」『歴史民俗（早大・二文）』3号，2004年。

グライフ，アブナー（岡崎哲二・神取道宏監訳）『比較歴史制度分析』東京：NTT出版，2009年。

倉橋正直「清末，商部の実業振興について」『歴史学研究』432号，1976年。

栗原純「清代台湾における米穀移出と郊商人」『台湾近現代史研究』5号，1984年。

———「台湾総督府文書と外交関係史料論——明治期の旅券と「仮冒」籍民問題を中心に」檜山幸夫編『台湾総督府文書の史料学的研究——日本近代公文書学研究序説』東京：ゆまに書房，2003年。

黒田明伸『中華帝国の構造と世界経済』名古屋：名古屋大学出版会，1994年。

———『貨幣システムの世界史——〈非対称性〉をよむ』東京：岩波書店，2003年。

桑原隲蔵『宋末の提挙市舶西域人蒲寿庚の事蹟』上海：東亜攻究会，1923年。

ケイン，P・J＆ホプキンズ，A・G（木畑洋一・旦祐介訳）『ジェントルマン資本主義の帝国II　危機と解体1914-1990』名古屋：名古屋大学出版会，1997年。

伍躍『明清時代の徭役制度と地方行政』八尾：大阪経済法科大学出版部，2000年。

香坂昌紀「清代前期の沿岸貿易に関する一考察——特に雍正年間・福建-天津間に行なわれ

ていたものについて」『文化』35 巻 1・2 号，1971 年。

黄東蘭『近代中国の地方自治と明治日本』東京：汲古書院，2005 年。

高銘鈴「清代中期における台運体制の実体についての一考察」『東洋史論集（九州大学）』29 号，2001 年。

———「一九世紀前・中期における台湾米の流通に関する一考察」『東洋学報』85 巻 2 号，2003 年。

コーエン，P・A（佐藤慎一訳）『知の帝国主義——オリエンタリズムと中国像』東京：平凡社，1988 年。

小風秀雅『帝国主義下の日本海運——国際競争と対外自立』東京：山川出版社，1995 年。

小瀬一「一九世紀末中国開港場間流通の構造——営口を中心として」『社会経済史学』54 巻 5 号，1989 年。

後藤春美『アヘンとイギリス帝国——国際規制の高まり 1906〜43 年』東京：山川出版社，2005 年。

———『上海をめぐる日英関係　1925-1932 年——日英同盟後の協調と対抗』東京：東京大学出版会，2006 年。

小浜正子『近代上海の公共性と国家』東京：研文出版，2000 年。

———「中国史における慈善団体の系譜——明清から現代へ」『歴史学研究』833 号，2007 年。

小林隆夫『19 世紀イギリス外交と東アジア』東京：彩流社，2012 年。

斎藤修『比較経済発展論——歴史的アプローチ』東京：岩波書店，2008 年。

斎藤聖二『北清事変と日本軍』東京：芙蓉書房出版，2006 年。

佐伯富『清代塩政の研究』京都：東洋史研究会，1956 年。

佐久間重男『日明関係史の研究』東京：吉川弘文館，1992 年。

佐々木正哉「粤海関の陋規」『東洋学報』34 巻 1・2・3・4 号，1952 年。

———「営口商人の研究」『近代中国研究』1 輯，1958 年。

———「咸豊三年廈門小刀会の叛乱」『東洋学報』45 巻 4 号，1963 年。

———「咸豊四年広東天地会の反乱」『近代中国文献センター彙報』2 号，1963 年。

———編『鴉片戦争の研究（資料篇）』東京：近代中国研究委員会，1964 年。

———「寧波商人の釐金軽減請願五紙」『東洋学報』50 巻 1 号，1967 年。

———『清末の秘密結社——前篇　天地会の成立』東京：巖南堂書店，1970 年。

———「一九世紀初期中国戎克の海外貿易に関する資料」『近代中国（巖南堂書店）』3 巻，1978 年。

———「鴉片戦争の研究——英軍の広州進攻からエリオットの全権罷免まで（1)〜(7)」『近代中国』5-11 巻，1979-1982 年。

———「鴉片戦争の研究——ポティンヂャーの着任から南京条約の締結まで（1)〜(3)」『近代中国』14-16 巻，1983-1984 年。

佐々波智子「19 世紀末，中国に於ける開港場・内地市場間関係——漢口を事例として」『社会経済史学』57 巻 5 号，1991 年。

笹本重巳「広東の鉄鍋について——明清代における内外販路」『東洋史研究』12 巻 2 号，

1952 年。

佐藤公彦『義和団の起源とその運動——中国民衆ナショナリズムの誕生』東京：研文出版，1999 年。

———『清末のキリスト教と国際関係——太平天国から義和団・露清戦争，国民革命へ』東京：汲古書院，2010 年。

佐藤三郎「明治三三年の廈門事件に関する考察——近代日中交渉史上の一齣として」『山形大学紀要（人文科学）』5 巻 2 号，1963 年。

佐藤慎一「アメリカにおける中国近代史研究の動向」小島晋治・並木頼寿編『近代中国研究案内』東京：岩波書店，1993 年。

———『近代中国の知識人と文明』東京：東京大学出版会，1996 年。

佐藤仁史「清末・民国初期上海県農村部における在地有力者と郷土教育——『陳行郷土志』とその背景」『史学雑誌』108 編 12 号，1999 年。

沢村繁太郎『対岸事情』東京：中川藤四郎，1898 年。

三五公司『福建事情実査報告』廈門：三五公司，1908 年。

滋賀秀三『中国家族法の原理』東京：創文社，1967 年。

———『清代中国の法と裁判』東京：創文社，1984 年。

重田徳『清代社会経済史研究』東京：岩波書店，1975 年。

篠崎香織「シンガポール華人商業会議所の設立（1906 年）とその背景——移民による出身国での安全確保と出身国との関係強化」『アジア研究』50 巻 4 号，2004 年。

———「シンガポールの華人社会における剪辮論争——異質な人々の中で集団性を維持するための諸対応」『中国研究月報』58 巻 10 号，2004 年。

———「海峡植民地の華人とイギリス国籍——権利の正当な行使と濫用をめぐるせめぎ合いの諸相」『華僑華人研究』5 号，2008 年。

斯波義信『宋代商業史研究』東京：風間書房，1968 年。

———『華僑』東京：岩波書店，1995 年。

朱徳蘭『長崎華商貿易の史的研究』東京：芙蓉書房出版，1997 年。

ジョーンズ，E・L（天野雅敏・重富公生・小瀬一・北原聡訳）『経済成長の世界史』名古屋：名古屋大学出版会，2007 年。

菅野正「一九〇〇年春，後藤新平長官の福建訪問について」『奈良史学』11 号，1993 年。

———『清末日中関係史の研究』東京：汲古書院，2002 年。

菅谷成子「18 世紀後半における福建—マニラ間の中国帆船貿易」『寧楽史苑』34 号，1989 年。

杉原薫『アジア間貿易の形成と構造』京都：ミネルヴァ書房，1996 年。

———「一九世紀前半のアジア交易圏——統計的考察」籠谷直人・脇村孝平『帝国とアジア・ネットワーク——長期の 19 世紀』京都：世界思想社，2009 年。

鈴木中正「清末攘外運動の起源」『史学雑誌』62 編 10 号，1953 年。

鈴木智夫『洋務運動の研究——一九世紀後半の中国における工業化と外交の革新についての考察』東京：汲古書院，1992 年。

スペンス，ジョナサン（三石善吉訳）『中国を変えた西洋人顧問』東京：講談社，1975 年。

園田節子『南北アメリカ華民と近代中国――19世紀トランスナショナル・マイグレーション』東京：東京大学出版会，2009年。

孫文（島田虔次・近藤秀樹・堀川哲男訳）『三民主義（抄）ほか』東京：中央公論新社，2006年。

戴国煇『中国甘蔗糖業の展開』東京：アジア経済研究所，1967年。

――「日本の植民地支配と台湾籍民」『台湾近現代史研究』3号，1980年。

台湾総督府官房調査課『南閩事情』台北：台湾総督府官房調査課，1919年。

台湾総督府交通局『台湾の港湾』台北：台湾総督府交通局道路港湾課，1925年。

台湾総督府財務局『台湾の関税』台北：台湾総督府財務局，1935年。

――『台湾の貿易』台北：台湾総督府財務局，1935年。

台湾総督府淡水税関編『台湾税関十年史』台北：台湾総督府淡水税関，1907年。

台湾総督府鉄道部『台湾鉄道史』全3巻，台北：台湾総督府鉄道部，1910-1911年。

武内房司「清末土司システムの解体と民族問題――貴州西南プイ族地区を中心に」『歴史学研究』700号，1997年。

田仲一成「粤東天地会の組織と演劇」『東洋文化研究所紀要』111冊，1990年。

田中健夫『倭寇――海の歴史』東京：講談社，2012年。

田中比呂志「「近世」論をめぐる対話の試み」『歴史学研究』839号，2008年。

――『近代中国の政治統合と地域社会――立憲・地方自治・地域エリート』東京：研文出版，2010年。

田中正俊『中国近代経済史研究序説』東京：東京大学出版会，1973年。

田中正美「阿片戦争前における『漢奸』の問題」『史学研究（東京教育大・文)』46巻，1964年。

――「林則徐の対英抵抗政策とその思想」『東洋史研究』38巻3号，1979年。

ダニエルス，クリスチャン「清末台湾南部製糖業と商人資本――一八七〇-一八九五年」『東洋学報』64巻3・4号，1983年。

――「清代台湾南部における製糖業の構造――とくに一八六〇年以前を中心として」『台湾近現代史研究』5号，1984年。

――「中国砂糖の国際的位置――清末における在来砂糖市場について」『社会経済史学』50巻4号，1984年。

――「明末清初における新製糖技術体系の採用及び国内移転」『就実女子大学史学論集』3号，1988年。

――「一七，八世紀東アジア・東南アジア域内貿易と生産技術移転――生産技術を例として」浜下武志・川勝平太編『アジア交易圏と日本工業化 1500-1900』東京：リブロポート，1991年。

――「一六～一七世紀福建の竹紙製造技術――『天工開物』に詳述された製紙技術の時代考証」『アジア・アフリカ言語文化研究』48-49号，1995年。

檀上寛「明代『海禁』の実像」歴史学研究会編『港町の世界史1　港町と海域世界』東京：青木書店，2005年。

千葉正史『近代交通体系と清帝国の変貌――電信・鉄道ネットワークの形成と中国国家統

合の変容』東京：日本経済評論社，2006 年。

角山栄『茶の世界史——緑茶の文化と紅茶の社会』東京：中央公論社，1980 年。

鶴見祐輔編著『後藤新平 2』東京：後藤新平伯伝記編纂会，1937 年。

寺田浩明「合意と契約——中国近世における「契約」を手掛かりに」三浦徹・岸本美緒・関本照夫編『イスラーム地域研究叢書 4　比較史のアジア　所有・契約・市場・公正』東京：東京大学出版会，2004 年。

東亜同文会編『支那経済全書』5 輯，東京：東亜同文会，1908 年。

———『支那省別全誌 14　福建省』東京：東亜同文会，1920 年。

礪波護・岸本美緒・杉山正明編『中国歴史研究入門』名古屋：名古屋大学出版会，2006 年。

豊岡康史「清代中期の海賊問題と対安南対策」『史学雑誌』115 編 4 号，2006 年。

———「清代中期広東沿海住民の活動，1785～1815 年——「吏科題本」糾参処分類を中心に」『社会経済史学』73 巻 3 号，2007 年。

———「清代中期における海賊問題と沿海交易」『歴史学研究』891 号，2012 年。

中砂明徳『中国近世の福建人——士大夫と出版人』名古屋：名古屋大学出版会，2012 年。

中林真幸『近代資本主義の組織——製糸業の発展における取引の統治と生産の構造』東京：東京大学出版会，2003 年。

中村孝志「『台湾籍民』をめぐる諸問題」『東南アジア研究』18 巻 3 号，1980 年。

———「台湾と『南支・南洋』」中村孝志編『日本の南方関与と台湾』天理：天理教道友社，1988 年。

並木頼寿『捻軍と華北社会——近代中国における民衆反乱』東京：汲古書院，2010 年。

新村容子『アヘン貿易論争——イギリスと中国』東京：汲古書院，2000 年。

———「差異化の視点——清末知識人の対英観と女性観」『岡山大学文学部紀要』47 号，2007 年。

———「1820～30 年代北京の士大夫交流(III)——道光十五年(1835)，黄爵滋「敬陳六事疏」を中心として」『岡山大学文学部紀要』54 号，2010 年。

西川喜久子「順徳団練総局の成立」『東洋文化研究所紀要』105 冊，1988 年。

西里喜行『清末中琉日関係史の研究』京都：京都大学学術出版会，2005 年。

西村元照「清初の包攬——私徴体制の確立，解禁から請負徴税制へ」『東洋史研究』35 巻 3 号，1976 年。

西山喬貴「帝国法制の外部展開——一九世紀中葉イギリス対中通商システムの構築」『史林』95 巻 2 号，2012 年。

根岸佶『支那ギルドの研究』東京：斯文書院，1932 年。

———『買辦制度の研究』東京：日本図書株式会社，1948 年。

———『上海のギルド』東京：日本評論社，1951 年。

ノース，D・C＆トマス，R・P（速水融・穐本洋哉訳）『西欧世界の勃興——新しい経済史の試み』京都：ミネルヴァ書房，1980 年。

ノース，ダグラス・C（竹下公視訳）『制度・経済変化・経済成果』京都：晃洋書房，1994 年。

ハイエク，F・A（矢島鈞次・水吉俊彦訳）『ハイエク全集 I-8　法と立法と自由 I』東京：

春秋社，1987 年。

箱田恵子『外交官の誕生――近代中国の対外態勢の変容と在外公館』名古屋：名古屋大学出版会，2012 年。

橋本雄・米谷均「倭寇論のゆくえ」桃木至朗編『海域アジア史研究入門』東京：岩波書店，2008 年。

波多野善大『中国近代工業史の研究』京都：東洋史研究会，1961 年。

濱下武志『中国近代経済史研究――清末海関財政と開港場市場圏』東京：東京大学東洋文化研究所，1989 年。

―――『近代中国の国際的契機――朝貢貿易システムと近代アジア』東京：東京大学出版会，1990 年。

―――・川勝平太編『アジア交易圏と日本工業化 1500–1900』東京：リブロポート，1991 年。

春名徹「近世東アジアにおける漂流民送還体制の形成」『調布日本文化』4 号，1994 年。

―――「東アジアにおける漂流民送還制度の展開」『調布日本文化』5 号，1995 年。

―――「漂流民送還制度の形成について」『海事史研究』52 号，1995 年。

潘宏立『現代東南中国の漢族社会――閩南農村の宗族組織とその変容』東京：風響社，2002 年。

坂野正高『近代中国外交史研究』東京：岩波書店，1970 年。

―――『近代中国政治外交史――ヴァスコ・ダ・ガマから五四運動まで』東京：東京大学出版会，1973 年。

―――「政治外交史――清末の根本資料を中心として」坂野正高・田中正俊・衛藤瀋吉編『近代中国研究入門』東京：東京大学出版会，1974 年。

藤村是清「還流的労働移住の社会的条件」冨岡倍雄・中村平八編『近代世界の歴史像――機械制工業世界の成立と周辺アジア』東京：世界書院，1995 年。

―――「『華僑ポート』における貿易の項目別推移表の作成――廈門と汕頭　一八六八–一九三一年」『商経論叢』34 巻 4 号，1999 年。

夫馬進『中国善会善堂史研究』京都：同朋社出版，1997 年。

フリードマン，モーリス（末成道男・西澤治彦・小熊誠訳）『東南中国の宗族組織』東京：弘文堂，1991 年。

古田和子『上海ネットワークと近代東アジア』東京：東京大学出版会，2000 年。

―――「中国における市場・仲介・情報」三浦徹・岸本美緒・関本照夫編『比較史のアジア　所有・契約・市場・公正』東京：東京大学出版会，2004 年。

―――「中華帝国の経済と情報」水島司編『グローバル・ヒストリーの挑戦』東京：山川出版社，2008 年
ブローデル，フェルナン（浜名優美訳）『地中海〈普及版〉I　環境の役割』東京：藤原書店，2004 年。

帆刈浩之「近代上海における遺体処理問題と四明公所――同郷ギルドと中国の都市化」『史学雑誌』103 編 3 号，1994 年。

堀和生『東アジア資本主義史論 I　形成・構造・展開』京都：ミネルヴァ書房，2009 年。

松井透『世界市場の形成』東京：岩波書店，2001 年。

松浦章「清代における沿岸貿易について――帆船と商品流通」小野和子編『明清時代の政治と社会』京都：京都大学人文科学研究所，1983 年。

―――「清代福建の海船業について」『東洋史研究』47 巻 3 号，1988 年。

―――『中国の海賊』東京：東方書店，1995 年。

―――『清代海外貿易史の研究』京都：朋友書店，2002 年。

―――『清代上海沙船航運業史の研究』吹田：関西大学出版部，2004 年。

―――『近代日本中国台湾航路の研究』大阪：清文堂，2005 年。

―――『東アジア海域の海賊と琉球』宜野湾：榕樹書林，2008 年。

松尾弘『台湾と支那人労働者』台北：南支南洋経済研究会，1937 年。

松永盛長「鴉片戦争と台湾の獄」『台北帝国大学文政学部史学科研究年報』4 輯，1937 年。

三木聡『明清福建農村社会の研究』札幌：北海道大学図書刊行会，2002 年。

―――「裁かれた海賊たち――祁彪佳・倭寇・澳例」山本英史編『東アジア海域叢書　1　近世の海域世界と地方統治』東京：汲古書院，2010 年。

溝口雄三『方法としての中国』東京：東京大学出版会，1989 年。

宮田道昭『中国の開港と沿海市場――中国近代経済史に関する一視点』東京：東方書店，2006 年。

宮本又郎『日本の近代 11　企業家たちの挑戦』東京：中央公論新社，1999 年。

村井章介『アジアのなかの中世日本』東京：校倉書房，1988 年。

村尾進「カントン学海堂の知識人とアヘン弛禁論，厳禁論」『東洋史研究』44 巻 3 号，1985 年。

―――「珠江・広州・マカオ――英文および絵画史料から見た「カントン・システム」」小野和子編『明末清初の社会と文化』京都：京都大学人文科学研究所，1996 年。

―――「乾隆己卯――都市広州と澳門がつくる辺疆」『東洋史研究』65 巻 4 号，2007 年。

村上衛「書評　井上裕正著『清代アヘン政策史の研究』」『史学雑誌』114 編 2 号，2005 年。

―――「沿海社会と経済秩序の変動」飯島渉・久保亨・村田雄二郎編『シリーズ 20 世紀中国史 1　中華世界と近代』東京：東京大学出版会，2009 年。

―――「清末の沿海経済史」久保亨編『中国経済史入門』東京：東京大学出版会，2012 年。

村松祐次『中国経済の社会態制（復刊）』東京：東洋経済新報社，1975 年。

目黒克彦「光緒十六年の国産鴉片の課税問題に関する各省の対応」『愛知教育大学研究報告（社会科学）』44 輯，1995 年。

本野英一『伝統中国商業秩序の崩壊――不平等条約体制と「英語を話す中国人」』名古屋：名古屋大学出版会，2004 年。

―――「在華イギリス籍会社登記制度と英中・英米経済関係，1916～1926」『早稲田政治経済学雑誌』357 号，2004 年。

桃木至朗編『海域アジア史研究入門』東京：岩波書店，2008 年。

百瀬弘「清代に於ける西班牙弗の流通(上)(中)(下)」『社会経済史学』6 巻 2・3・4 号，1936 年。

森時彦『中国近代綿業史の研究』京都：京都大学学術出版会，2001 年。

森紀子『転換期における中国儒教運動』京都：京都大学学術出版会，2005 年。

森正夫『森正夫明清史論集 3　地域社会研究方法』東京：汲古書院，2006 年。

谷ヶ城秀吉『帝国日本の流通ネットワーク――流通機構の変容と市場の形成』東京：日本経済評論社，2012 年。

安井三吉『帝国日本と華僑――日本・台湾・朝鮮』東京：青木書店，2005 年。

安冨歩『経済学の船出――創発の海へ』東京：NTT 出版，2010 年。

柳井健一『イギリス近代国籍法史研究――憲法学・国民国家・帝国』東京：日本評論社，2004 年。

山岡由佳『長崎華商経営の史的研究――近代中国商人の経営と帳簿』京都：ミネルヴァ書房，1995 年。

やまだあつし「台湾茶業における台湾人資本の発展――一九一〇年代を中心に」『社会経済史学』61 巻 6 号，1996 年。

山田賢『移住民の秩序――清代四川地域社会史研究』名古屋：名古屋大学出版会，1995 年。

山根幸夫『明清華北定期市の研究』東京：汲古書院，1995 年。

山本英史『清代中国の地域支配』東京：慶應義塾大学出版会，2007 年。

山本真「1930～40 年代，福建省における国民政府の統治と地域社会――龍岩県での保甲制度・土地整理事業・合作社を中心にして」『社会経済史学』74 巻 2 号，2008 年。

山本進『明清時代の商人と国家』東京：研文出版，2002 年。

―――『清代の市場構造と経済政策』名古屋：名古屋大学出版会，2002 年。

山本達郎「ハノイの華僑に関する史料」『南方史研究』1 号，1959 年。

熊遠報『清代徽州地域社会史研究――境界・集団・ネットワークと社会秩序』東京：汲古書院，2003 年。

―――「清民国期における徽州村落社会の銭会文書」『史資料ハブ：地域文化研究：東京外国語大学大学院地域文化研究科 21 世紀 COE プログラム「史資料ハブ地域文化研究拠点」』3 号，2004 年。

横井勝彦『アジアの海の大英帝国――一九世紀海洋支配の構図』東京：同文館出版，1988 年。

―――「イギリス海軍と帝国防衛体制の変遷」秋田茂編著『イギリス帝国と 20 世紀 1　パクス・ブリタニカとイギリス帝国』京都：ミネルヴァ書房，2004 年。

吉澤誠一郎『天津の近代――清末都市における政治文化と社会統合』名古屋：名古屋大学出版会，2002 年。

―――『愛国主義の創成――ナショナリズムから近代中国をみる』東京：岩波書店，2003 年。

李若文「教案に見る清末司法改革の社会的背景――西洋宣教師の訴訟介入により引き起こされた事象を中心に」『東洋学報』74 巻 3・4 号，1993 年。

劉序楓「清代前期の福建商人と長崎貿易」『東洋史論集（九州大学）』16 号，1988 年。

―――「一七，八世紀の中国と東アジア――清朝の海外貿易政策を中心に」溝口雄三・濱下武志・平石直昭・宮嶋博史編『アジアから考える 2　地域システム』東京：東京大学出版会，1993 年。

廖赤陽『長崎華商と東アジア交易網の形成』東京：汲古書院，2000 年。

臨時台湾旧慣調査会『清国行政法』2 巻，神戸：臨時台湾旧慣調査会，1910 年。

———『清国行政法』3 巻，神戸：臨時台湾旧慣調査会，1910 年。

林淑美「一九世紀台湾の閩粤械闘からみた「番割」と漢・番の境界」『東洋史研究』68 巻 4 号，2010 年。

渡辺美季「清代中国における漂着民の処置と琉球（1）・（2）」『南島史学』54・55 号，1999・2000 年。

———『近世琉球と中日関係』東京：吉川弘文館，2012 年。

中国語文献（姓名の拼音アルファベット順）

安楽博（Robert J. Antony）「罪犯或受害者——試析一七九五年至一八一〇年広東省海盜集団之成因及其成因之社会背景」湯熙勇主編『中国海洋発展史論文集』7 輯下冊，台北：中央研究院中山人文社会科学研究所，1999 年。

曹樹基『中国移民史 6　清・民国時期』福州：福建人民出版社，1997 年。

———『中国人口史 5　清時期』上海：復旦大学出版社，2001 年。

陳達『南洋華僑与閩粵社会』長沙：商務印書館，1938 年。

陳国棟「論清代中葉広東行商経営不善的原因」『新史学』1 巻 4 期，1990 年。

———「清代中葉廈門的海上交易（1727-1833）」呉剣雄主編『中国海洋発展史論文集』4 輯，台北：中央研究院中山人文社会科学研究所，1991 年。

———「清代中葉（約一七八〇～一八六〇）台湾与大陸之間的帆船貿易」『台湾史研究』1 巻 1 期，1994 年。

陳翰笙主編『華工出国史料匯編』全 10 冊，北京：中華書局，1980-1985 年。

陳信雄「宋元的遠洋貿易船——中国海外発展鼎盛時期的交通工具」中国海洋発展史論文集編輯委員会主編『中国海洋発展史論文集』2 輯，台北：中央研究院三民主義研究所，1986 年。

陳洋・陳娜「鴉片戦争前福建的鴉片走私」廈門博物館編『廈門博物館建館十周年成果文集』福州：福建教育出版社，1998 年。

陳永升「両次鴉片戦争中広東地方的 “漢奸” 問題」『両岸三地「研究生視野下的近代中国」研討会論文集』台北：台北政治大学歴史学系・香港珠海書院亜州研究中心，2000 年。

陳湛綺『清末民初通商口岸檔案匯編』全 5 冊，北京：全国図書館文献縮微複製中心，2009 年。

陳正祥編『基隆市志概述』基隆：基隆市文献委員会，1954 年。

陳支平『福建六大民系』福州：福建人民出版社，2000 年。

陳慈玉『近代中国茶業的発展与世界市場』台北：中央研究院経済研究所，1982 年。

———『台北県茶業発展史』板橋：台北県立文化中心，1994 年。

戴宝山『清季淡水開港之研究』台北：台湾師範大学歴史研究所，1984 年。

戴一峰『区域性経済発展与社会変遷——以近代福建地区為中心』長沙：岳麓書社，2004 年。

方豪「台南之『郊』」『大陸雜誌』44 巻 4 期，1972 年。

費成康『中国租界史』上海：上海社会科学院出版社，1991 年。

傅衣凌「鴉片戦争時期地主階級投降派的安内攘外論」『傅衣凌治史五十年文編』廈門：廈門大学出版社，1989 年。

傅祖徳・陳佳源主編『中国人口　福建分冊』北京：中国財政経済出版社，1990 年。

『福建森林』編輯委員会編著『福建森林』北京：中国林業出版社，1993 年。

福建省地方志編纂委員会編『福建省志　林業志』北京：方志出版社，1996 年。

———編『福建省志　水利志』北京：方志出版社，1999 年。

———編『福建省歴史地図集』福州：福建省地図出版社，2004 年。

———・福建省地図出版社編製『福建省地図集』福州：福建省地図出版社，1999 年。

福建省漳州市水利水電局編『漳州水利志』廈門：廈門大学出版社，1998 年。

福建師範大学地理系『福建自然地理』編輯室『福建自然地理』福州：福建人民出版社，1987 年。

福建師範大学福建文化研究所編『福建文化概覧』福州：福建教育出版社，1994 年。

高紅霞『上海福建人研究（1843–1953）』上海：上海世紀出版集団，2008 年。

龔纓晏『鴉片的伝播与対華鴉片貿易』北京：東方出版社，1999 年。

郭緒印『老上海的同郷団体』上海：文匯出版社，2003 年。

郭豫明『上海小刀会起義史』上海：中国大百科全書出版社上海分社，1993 年。

何丙仲編『廈門碑誌彙編』北京：公播電視出版社，2004 年。

何孟興『浯嶼水塞——一個明代閩海水師重鎮的観察』台北：蘭台出版社，2006 年。

何其穎『公共租界鼓浪嶼与近代廈門的発展』福州：福建人民出版社，2007 年。

洪安全総編集『清宮月摺檔台湾史料』台北：国立故宮博物院，1994 年。

胡剛「二十世紀初閩南蔗糖業的衰落及其原因探析」『廈門大学学報（哲社版）』1988 年 2 期，1988 年。

黄富三『霧峯林家的興起——従渡海拓荒到封疆大吏（一七二九～一八六四年）』台北：自立晩報，1987 年。

黄光域編著『外国在華工商企業辞典』成都：四川人民出版社，1995 年。

黄嘉謨『甲午戦前之台湾煤務』台北：中央研究院近代史研究所，1961 年。

———「英人与廈門小刀会事件」『中央研究院近代史研究所集刊』7 期，1978 年。

黄鑑暉『明清山西商人研究』太原：山西経済出版社，2002 年。

黄通・張宗漢・李昌槿合編『日拠時代台湾之財政』台北：聯経出版事業公司，1987 年。

賈熟村「太平天国時期的「紅単船」」『中国近代史』2005 年 8 期（原載『広西師範大学学報（哲社版）』2005 年 2 期），2005 年。

姜鳴『龍旗飄揚的艦隊——中国近代海軍興衰史』北京：生活・読書・新知三聯書店，2002 年。

李伯重著・王湘雲訳『江南農業的発展　1620–1850』上海：上海世紀出版・上海古籍出版社，2007 年（原著は Bozhong Li, *Agricultural Development in the Yangzi Delta, 1600–1850*, New York : St. Martin's Press, 1998）。

李東華『泉州与我国中古的海上交通——九世紀末—十五世紀初』台北：台湾学生書局，1986 年。

李国祁「十九世紀閩浙地区所呈現的伝統社会情状」『歴史学報』6 期，1978 年。

———『中国現代化区域研究——閩浙台地区，1860–1916』台北：中央研究院近代史研究所，1982 年。

李若文「海盜与官兵的相生相克関係（1800-1807）——蔡牽，王徳，李長庚之間互動的討論」湯熙勇主編『中国海洋発展史論文集』10 輯，台北：中央研究院人文社会科学研究中心，2008 年。
李文治・江太新『清代漕運』北京：中華書局，1995 年。
連立昌『福建秘密社会』福州：福建人民出版社，1989 年。
梁方仲編『中国歴代戸口，田地，田賦統計』上海：上海人民出版社，1980 年。
廖大珂『福建海外交通史』福州：福建人民出版社，2002 年。
梁嘉彬『広東十三行考』商務印書館，1937 年，広州：広東人民出版社，1999 年（再版）。
廖美珠「清末廈門対外貿易研 1867-1904」国立中興大学歴史学系修士論文，1998 年。
林金枝・庄為璣『近代華僑投資国内企業史史料選輯』福州：福建人民出版社，1985 年。
林満紅「清末台湾与我国大陸貿易之貿易形態比較」『歴史学報』6 期，1978 年。
———「晩清的鴉片税（1858-1909）」『思与言』16 巻 5 期，1979 年。
———「清末本国鴉片之替代進口鴉片（1858-1906）」『中央研究院近代史研究所集刊』9 期，1980 年。
———「清末社会流行吸食鴉片研究——供給面的分析（一七七三——九〇六）」国立台湾師範大学歴史研究所博士論文，1985 年。
———『四百年来的両岸分合』台北：自立晩報，1994 年。
———『茶，糖，樟脳業与台湾之社会経済変遷（一八六〇～一八九五）』台北：聯経出版，1997 年。
———「財経安穏与国民健康之間——晩清的土産鴉片論議（1833-1905）」中央研究院近代史研究所社会経済史組編『財政与近代歴史——論文集』下，台北：中央研究院近代史研究所，1999 年。
———「印尼華商・台商与日本政府之間——台茶東南亜貿易網絡的拓展（1895-1919）」湯熙勇主編『中国海洋発展史論文集』7 輯，台北：中央研究院中山人文社会科学研究所，1999 年。
林慶元主編『福建近代経済史』福州：福建教育出版社，2001 年。
林仁川「清代福建的鴉片貿易」『中国社会経済史研究』1985 年 1 期，1985 年。
———「明清時期南澳港的海上貿易」『海交史研究』1997 年 1 期，1997 年。
林偉盛『羅漢脚——清代台湾社会与分類械闘』台北：自立晩報文化出版部，1993 年。
林文凱「再論清代台湾開港以前的米穀輸出問題」林玉茹主編『比較視野下的台湾商業伝統』台北：中央研究院台湾史研究所，2012 年。
林文慧『清季福建教案之研究』台北：台湾商務印書館，1989 年。
林星「試論近代福建海関的海務工作」廈門大学中国海関史研究中心編『中国海関与中国近代社会——陳詩啓教授九秩華誕祝寿文集』廈門：廈門大学出版社，2005 年。
林玉茹『清代台湾港口的空間結構』台北：知書房出版社，1996 年。
———「由私口到小口——晩清台湾地域性港口対外貿易的開放」林玉茹主編『比較視野下的台湾商業伝統』台北：中央研究院台湾史研究所，2012 年。
凌大燮「我国森林資源的変遷」『中国農史』1983 年 2 期，1983 年。
劉鴻亮『中英火砲与鴉片戦争』北京：科学出版社，2011 年。

劉剣順「鴉片戦争時期的漢奸問題」『求索』1991 年 4 期，1991 年。
劉平『被遺忘的戦争——咸豊同治年間広東土客大械闘研究』北京：商務印書館，2003 年。
劉素芬「日治初期台湾的海運政策与対外貿易」湯熙勇主編『中国海洋発展史論文集』7 輯，台北：中央研究院中山人文社会研究所，1999 年。
劉序楓「清代環中国海域的海難事件研究——以清日両国間対外国難民的救助及遣返制度為中心（1644-1861）」朱徳蘭主編『中国海洋発展史論文集』8 輯，台北：中央研究院中山人文社会科学研究所，2002 年。
———「清政府対出洋船隻的管理政策（1684-1842）」劉序楓主編『中国海洋発展史論文集』9 輯，台北：中央研究院人文社会科学研究中心・海洋史研究専題中心，2005 年。
———「近代華南伝統社会中「公司」形態再考——由海上貿易到地方社会」林玉茹主編『比較視野下的台湾商業伝統』台北：中央研究院台湾史研究所，2012 年。
劉聿新「鴉片戦争与舟山（下）」『大陸雑誌』84 巻 6 期，1992 年。
盧耀華「上海小刀会源流」『食貨（月刊）』3 巻 5 期，1973 年。
羅爾綱『緑営兵志』北京：中華書局，1984 年。
———『太平天国史』全 4 冊，北京：中華書局，1986 年。
羅玉東『中国釐金史』北京：商務印書館，1936 年。
呂実強『丁日昌与自強運動』台北：中央研究院近代史研究所，1972 年。
馬幼垣『靖海澄疆——中国近代海軍史事新詮』台北：聯経出版，2009 年。
茅海建『天朝的崩潰——鴉片戦争再研究』北京：生活・読書・新知三聯書店，1995 年。
———『近代的尺度——両次鴉片戦争軍事与外交』上海：上海三聯書店，1998 年。
繆心毫「海関郵政的拡張——従地理空間到制度空間（1866-1896）」廈門大学中国海関史研究中心編『中国海関与中国近代社会　陳詩啓教授九秩華誕祝寿文集』廈門：廈門大学出版社，2005 年。
倪玉平『清代漕糧海運与社会変遷』上海：世紀出版集団・上海書店出版社，2005 年。
龐玉潔『開埠通商与近代天津商人』天津：天津古籍出版社，2004 年。
秦国経主編『清代官員履歴檔案全編』上海：華東師範大学出版社，1997 年。
邱澎生「会館，公所与郊之比較——由商人公産検視清代中国市場制度的多様性」林玉茹主編『比較視野的台湾商業伝統』台北：中央研究院台湾史研究所，2012 年。
邱普艷「従道光『廈門志』看清朝前期的廈門海関」『中国地方志』2010 年 2 期，2010 年。
泉州市華僑志編纂委員会編『泉州市華僑志』北京：中国社会出版社，1996 年。
上海博物館図書資料室編『上海碑刻資料選輯』上海：上海人民出版社，1980 年。
上海師範大学歴史系中国近代史研究室・中国第一歴史檔案館編輯部編『福建・上海小刀会檔案史料匯編』福州：福建人民出版社，1993 年。
邵雍「鴉片戦争時期的幇会」『歴史檔案』1995 年 3 期，1995 年。
施添福『清代在台漢人的祖籍分布和原郷生活方式』台北：台湾省文献委員会，1999 年。
宋鑽友『広東人在上海（1843-1849 年）』上海：上海人民出版社，2007 年。
石奕龍『福建土囲楼』北京：中国旅游出版社，2005 年。
台湾銀行経済研究室編『台湾私法商事編』台北：台湾銀行，1961 年。
譚其驤主編『中国歴史地図集 8　清時期』北京：中国地図出版社，1987 年。

湯熙勇「清代台湾的外籍船難与救助」湯熙勇主編『中国海洋発展史論文集』7 輯下冊，台北：中央研究院中山人文社会科学研究所，1999 年。
———「清順治至乾隆時期中国救助朝鮮海難船及漂流民的方法」朱徳蘭主編『中国海洋発展史論文集』8 輯，台北：中央研究院中山人文社会科学研究所，2002 年。
王家倹「清代的緑営水師（一六八一-一八六四)」『近代中国海防——軍事与経済』香港：香港中国近代史学会，1999 年。
汪林茂「清末第一面中国国旗的産出及其意義」『故宮文物月刊』115 期，1992 年。
呉承禧「廈門的華僑匯款与金融組織」『社会科学雑誌』8 巻 2 期，1937 年。
呉密「"漢奸" 考辯」『清史研究』2010 年第 4 期，2010 年。
呉文星「日拠時期来台華工之探討」『中国海洋発展史論文集』3 輯，張炎憲主編，台北：中央研究院近代史研究所，1988 年。
席龍飛『中国造船史』武漢：湖北教育出版社，2000 年。
廈門大学歴史研究所・中国社会経済史研究室編『福建経済発展簡史』廈門：廈門大学出版社，1989 年。
廈門市地方志編纂委員会編『廈門市志』1 冊，北京：方志出版社，2004 年。
謝重光『陳元光与漳州早期開発史研究』台北：文史哲出版社，1994 年。
許清茂・林念生主編『閩南新聞事業』福州：福建人民出版社，2008 年。
徐暁望主編『福建通史 2　隋唐五代』福州：福建人民出版社，2006 年。
———主編『福建通史 3　宋元』福州：福建人民出版社，2006 年。
———主編『福建通史 5　近代』福州：福建人民出版社，2006 年
尹玲玲『明清長江中下游漁業経済研究』済南：斉魯書社，2004 年。
張国輝『晩清銭荘和票号研究』北京：中華書局，1989 年。
張洪祥『近代中国通商口岸与租界』天津：天津人民出版社，1993 年。
張其昀『中国経済地理』(第 3 版)，上海：商務印書館，1937 年。
張銓律「鴉片戦争時期的 "漢奸" 問題之研究」国立台湾師範大学歴史研究所碩士論文，1996 年。
張秀蓉「清代会館的社会効能——地縁，商幫与祠祀」国立台湾師範大学歴史研究所博士論文，1998 年。
章瑄文『紀実与虚構——鴉片戦争期間台湾殺俘事件研究』国立清華大学歴史研究所碩士論文，2007 年。
張中訓「清嘉慶年間閩浙海盗組織研究」中央研究院三民主義研究所中国海洋発展史編輯委員会編『中国海洋発展史論文集』2 輯，台北：中央研究院三民主義研究所，1986 年。
趙昭炳主編『福建省地理』福州：福建人民出版社，1993 年。
鄭林寛『福建華僑匯款』永安：福建省政府秘書処統計室，1940 年。
鍾淑敏「明治末期台湾総督府的対岸経営——以樟脳事業為例」『台湾風物』43 巻 3 期，1993 年。
鍾淑敏「日治時期在廈門的台湾人」江文也先生逝世二十週年紀念学術研討会，2003 年。
中国第一歴史檔案館編『清政府鎮圧太平天国檔案史料』北京：社会科学文献出版社，1992 年-。

———編『鴉片戦争檔案史料』全 7 冊，天津：天津古籍出版社，1992 年。
———編『光緒朝檔硃批奏摺』全 120 輯，北京：中華書局，1995–1996 年。
———編『嘉慶道光両朝上諭檔』全 55 冊，桂林：広西師範大学出版社，2000 年。
中国海湾志編纂委員会編『中国海湾志 8　福建省南部港湾』北京：海洋出版社，1993 年。
中国史学会主編『中国近代史資料叢刊　鴉片戦争』全 6 冊，上海：上海人民出版社，2000 年。
中山大学歴史系中国近代現代教研組研究室編『林則徐集』公牘，北京：中華書局，1963 年。
中央研究院近代史研究所編『籌辦夷務始末補遺』台北：中央研究院近代史研究所，1966 年。
———編『四国新檔』全 4 冊，台北：中央研究院近代史研究所，1966 年。
周子峰「鴉片戦争前之福建海防簡論」林啓彦・朱益宜編著『鴉片戦争的再認識』香港：中文大学出版社，2003 年。
———『近代廈門城市発展史研究　1900–1937』廈門：廈門大学出版社，2005 年。
朱代傑・季天祐主編『福建経済概況』福州：福建省政府建設庁，1947 年。
朱徳蘭「近代長崎華商泰益号与廈門地区商号之間的貿易」『中国海洋発展史論文集』7 輯，台北：中央研究院中山人文社会研究所，1999 年。
朱蔭貴『中国近代輪船航運業研究』北京：中国社会科学出版社，2008 年。
庄国土『中国封建政府的華僑政策』廈門：廈門大学出版社，1989 年。
荘吉発『清代秘密会党史研究』台北：文史哲出版社，1994 年。
荘吉発『清代台湾会党史研究』台北：南天書局，1999 年。
庄維民『中間商与中国近代交易制度的変遷——近代行桟与行桟制度研究』北京：中華書局，2012 年。
卓克華『清代台湾行郊研究』福州：福建人民出版社，2006 年。

英文文献

Allen, Robert C., Bengtsson, Tommy and Dribe, Martin. *Living Standards in the Past : New Perspective on Well-being in Asia and Europe*, New York : Oxford University Press, 2005.
Antony, Robert J. *Like Froth Floating on the Sea : The World of Pirates and Seafarers in Late Imperial South China*, Berkeley : Institute of East Asian Studies, University of California, 2003.
Arensmeyer, Elliot C. "British Merchant Enterprise and the Chinese Coolie Labor Trade 1850–1874," Ph. D Dissertation, University of Hawaii, 1979.
Barbour, George F. *China and the Missions at Amoy : With Notice of the Opium Trade*, Edinburgh : William P. Kennedy, 1855.
Bello, David A. *Opium and the Limits of Empire : Drug Prohibition in the Chinese Interior, 1729–1850*, Cambridge Mass. : Harvard University Asia Centre, 2005.
Bernard, W. D. *Narrative of the Voyages and Services of the Nemesis, from 1840 to 1843 ; and of the Combined Naval and Military Operations in China*, 2vols., London, 1844.
Bickers, Robert. *Britain in China : Community, Culture and Colonialism 1900–1949*, Manchester and New York : Manchester University Press, 1999.
Blackstone, William. *Commentaries on the Laws of England*, The eleventh edition, London : A.

Strahan and W. Woodfall, 1791.

Blythe, Wilfred. "Historical Sketch of Chinese Labour in Malaya," *Journal of the Malayan Branch of the Royal Asiatic Society*, Vol. 20, 1947.

———. *The Impact of Chinese Secret Societies in Malaya : A Historical Study*, London : Oxford University Press, 1969.

Bowen, H. V. *The Business of Empire : The East India Company and Imperial Britain, 1756–1833*, Cambridge : Cambridge University Press, 2006.

Burroughs, Peter. "Defence and Imperial Disunity," in Andrew Porter ed., *The Oxford History of the British Empire III, The Nineteenth Century*, Oxford : Oxford University Press, 1999.

Campbell, Persia Crawford. *Chinese Coolie Emigration to Countries within the British Empire*, London : Frank Cass & Co. Ltd, 1923.

Chang Hsin-pao. *Commissioner Lin and the Opium War*, Cambridge, Mass. : Harvard University Press, 1964.

Cheng Ying-wan. *Postal Communication in China and Its Modernization, 1860–1896*, Cambridge, Mass. : East Asian Research Center, Harvard University, 1970.

Cheong, W. E. *Mandarins and Merchants : Jardine Matheson & Co., a China Agency of the Early Nineteenth Century*, London and Malmö : Curzon Press, 1979.

China. Imperial Maritime Customs, I Statistical Series, No. 3, *Returns of Trade*.

———, I Statistical Series, No. 4, *Reports on Trade*.

———, I Statistical Series, No. 3 to 4, *Trade Reports and Returns*.

———, I Statistical Series, No. 6, *Decennial Reports 1882–1891*, Shanghai, 1893.

———, I Statistical Series, No. 6, *Decennial Reports 1892–1901*, Shanghai, 1904.

———, I Statistical Series, No. 6, *Decennial Reports 1902–11*, Shanghai, 1913.

———, II Special Series, No. 4, *Opium*, Shanghai, 1881.

———, II Special Series, No. 11, *Tea*, Shanghai, 1888.

———, II Special Series, No. 18, *Chinese Life Boats, Etc.*, Shanghai, 1893.

———, III Miscellaneous Series, No. 6, *List of the Lighthouses, Light-vessels, Buoys, and Beacons on the Coast and River of China for 1906*, Shanghai, 1907.

———, *Returns of the Native Charges, as Far as They can be Ascertained, Levied on the Principal Imports and Exports*, Shanghai, 1869.

China as It was, and as It is : With a Glance at the Tea and Opium Trade, London : Cradock & Co., 1842.

The Chinese Security Merchants in Canton, and their Debts, London, 1838.

Clark, Hugh R. *Community, Trade and Networks : Southern Fujian Province from the Third to the Thirteenth Century*, Cambridge : Cambridge University Press, 1991.

Coates, P. D. *The China Consuls : British Consular Officers, 1843–1943*, Hong Kong : Oxford University Press, 1988.

Colledge, J. J. *Ships of the Royal Navy : The Complete Record of all Fighting Ships of the Royal Navy*, London : Greenhill Books, 2003.

Collis, Maurice. *Foreign Mud : Being an Account of the Opium Imbroglio at Canton in the 1830s and the Anglo-Chinese War That Followed*, London : Faber and Faber, 1946 ; reprint, New York : New Directions Publishing Co., 2002.

Crawfurd, John. *Journal of an Embassy from the Governor-General of India to the Courts of Siam and Cochin-China, Exhibiting a View of the Actual State of those Kingdoms*, London : H. Colburn, 1828 ; reprint, Kuala Lumpur : Oxford University Press, 1967.

Cushman, Jennifer Wayne. *Fields from the Sea : Chinese Junk Trade with Siam during the Late Eighteenth and Early Nineteenth Centuries*, Ithaca : Southeast Asia Program, Cornell University, 1993.

Daniels, Christian and Menzies, Nicholas K. *Science and Civilization in China by Joseph Needham, Vol. 6, Biology and Biological Technology, Part 3 Agro-Industries and Forestry*, Cambridge : Cambridge University Press, 1996.

Davis, Jules ed. *American Diplomatic and Public Papers : The United States and China Series 1 The Treaty System and the Taiping Rebellion, 1842–1860*, 21 vols., Wilmington, Scholarly Resources Inc., 1973.

Fairbank, John K. *Trade and Diplomacy on the China Coast : The Opening of the Treaty Ports, 1842–1854*, Cambridge, Mass. : Harvard University Press, 1953.

Faure, David. *China and Capitalism : A History of Business Enterprise in Modern China*, Hong Kong : Hong Kong University Press, 2006.

———. *Emperor and Ancestor : State and Lineage in South China*, Stanford : Stanford University Press, 2007.

Fay, Peter Ward. *The Opium War 1840–1842 : Barbarians in the Celestial Empire in the Early Part of the Nineteenth Century and the War by Which They Forced Her Gates Ajar*, Chapel Hill : The University of North Carolina Press, 1975.

Flynn, Dennis O. and Giráldez, Arturo. "Cycles of Silver : Global Economic Unity through the Mid-Eighteenth Century," *Journal of World History*, Vol. 13, No. 2, 2002.

Fortune, Robert. *Three Years' Wanderings in the Northern Provinces of China ; Including a Visit to the Tea, Silk, and Cotton Countries ; With an Account of the Agriculture and Horticulture of the Chinese, New Plants, etc.*, London : John Murray, 1847.

Fox, Grace. *British Admirals and Chinese Pirates 1832–1869*, London : Kegan, Paul, Trench, Trubner & Co., LTD, 1940.

Franke, Wolfgang and Chen Tieh Fan eds. *Chinese Epigraphic Materials in Malaysia*, Vol. 1, Kuala Lumpur : University of Malaya Press, 1982.

Further Statement of the Ladrones on the Coast of China : Intended as a Continuation of the Accounts Published by Mr. Dalrymple, London : Lane, Darling, and Co., 1812.

Gardella, Robert. *Harvesting Mountains : Fujian and China Tea Trade, 1757–1937*, Berkeley, Los Angeles and London : University of California Press, 1994.

Graham, Gerald S. *The China Station : War and Diplomacy 1830–1860*, Oxford : Clarendon Press, 1978.

Great Britain Foreign Office. *Annual Series*, London : Printed for H. M. S. O.

Great Britain Parliamentary Papers. *Command Papers*.

Greenberg, Michael. *British Trade and the Opening of China 1800–42*, Cambridge : Cambridge University Press, 1951.

Gutzlaff, Charles. *Journal of Three Voyages along the Coast of China in 1831, 1832, & 1833, with Notices of Siam, Corea, and the Loo-Choo Islands*, London, 1834.

Hao, Yen-p'ing. *The Commercial Revolution in Nineteenth-Century China : The Rise of Sino-Western Mercantile Capitalism*, Berkeley : University of California Press, 1986.

Hevia, James L. *English Lessons : The Pedagogy of Imperialism in Nineteenth-Century China*, Durham and London : Duke University Press, 2003.

Hsiao, Liang Lin. *China's Foreign Trade Statistics 1864–1949*, Cambridge, Mass. : East Asian Research Center, Harvard University, 1974.

Huang, Philip C. C. "Development or Involution in Eighteenth-Century Britain and China ? : A Review of Kenneth Pomeranz's The Great divergence : China, Europe, and the Making of the Modern World History," *The Journal of Asian Studies*, Vol. 61, No. 2, 2002.

Hughes, George. *Amoy and the Surrounding Districts : Compiled from Chinese and Other Records*, Hong Kong, 1872.

Irick, Robert L. *Ch'ing Policy toward the Coolie Trade 1847–1878*, San Francisco : Chinese Material Center, 1982.

Irigoin, Alejandra. "The End of a Silver Era : The Consequences of the Breakdown of the Spanish Peso Standard in China and the United States, 1780s–1850s," *Journal of World History*, Vol. 20, No. 2, 2009.

Irish University Press, Area Studies Series, British Parliamentary Papers, China, 42 vols., Shannon, 1972.

Johnson, Linda C. *Shanghai : From Market Town to Treaty Port 1074–1858*, Stanford : Stanford University Press, 1995.

King, Frank H. H. and Clarke, Prescott. *A Research Guide to China-Coast Newspapers, 1822–1911*, Cambridge, Mass. : East Asian Research Center, Harvard University, 1965.

Kishimoto, Mio. "New Studies on Statecraft in Mid-and Late-Qing China : Qing Intellectuals and Their Debates on Economic Policies," *International Journal of Asian Studies*, Vol. 6, No. 1, 2009.

Koo, Kyuin Wellington. *The Status of Aliens in China*, New York : Colombia University Press, 1912.

Kuhn, Philip A. *Rebellion and Its Enemies in Late Imperial China : Militarization and Social Structure, 1796–1864*, Cambridge, Mass. : Harvard University Press, 1970.

Leung, Yuen Sang. *The Shanghai Taotai : Linkage Man in a Changing Society, 1843–90*, Singapore : Singapore University Press, 1990.

Lin, Man Houng. *China Upside Down : Currency, Society, and Ideologies, 1808–1856*, Cambridge, Mass. : Harvard University Asia Center, 2006.

Lindsay, Hugh Hamilton. *Report of Proceedings on a Voyage to the Northern Ports of China in the*

Ship Lord Amherst, London, 1833.

Louis, William Roger ed. *The Oxford History of the British Empire*, Oxford : Oxford University Press, 1999–.

Lyon, David and Winfield, Rif. *The Sail and Steam Navy List : All the Ships of the Royal Navy 1815–1889*, London : Chatham Publishing, 2004.

Madancy, Joyce A. *The Troublesome Legacy of Commissioner Lin : The Opium Trade and Opium Suppression in Fujian Province, 1820s to 1920s*, Cambridge Mass. and London : Harvard University Asia Center, 2003.

Maddison, Angus. *Chinese Economic Performance in the Long Run*, Paris : Development Center of the Organization for Economic Co-operation and Development, 2007.

Mann, Susan. *Local Merchants and the Chinese Bureaucracy, 1750–1950*, Stanford : Stanford University Press, 1987.

Marks, Robert B. *Tigers, Rice, Silk and Silt : Environment and Economy in Late Imperial South China*, New York : Cambridge University Press, 1998.

Mazumdar, Sucheta. *Sugar and Society in China : Peasants, Technology, and the World Market*, Cambridge, Mass. : Harvard University Asia Center, 1998.

Mei, June. "Socioeconomic Origin of Emigration : Guangdong to California, 1850–1882," *Modern China*, Vol. 5, No. 4, October 1979.

Morrison, John R. *A Chinese Commercial Guide*, Canton : The Albion Press, 1834.

Morse, Hosea B. *The International Relations of the Chinese Empire*, 3 Vols., London, etc., : Longmans, Green and Co., 1910, 1918.

———. *The Chronicle of the East India Company Trading to China 1635–1842*, 5 Vols., Oxford : Clarendon Press, 1926, 1929.

Motono, Eiichi. *Conflict and Cooperation in Sino-British Business, 1860–1911 : The Impact of the Pro-British Commercial Network in Shanghai*, London : Macmillan Press, 2000.

Murphey, Rhoads. "The Treaty Ports and China's Modernization," in Mark Elvin and George William Skinner eds., *The Chinese City Between Two Worlds*, Stanford : Stanford University Press, 1974.

Murray, Dian H. *Pirates of the South China Coast 1790–1810*, Stanford : Stanford University Press, 1987.

Ng Chin-keong. *Trade and Society : The Amoy Network on the China Coast 1683–1735*, Singapore : Singapore University Press, 1983.

———. "The Amoy Riot of 1852 : Coolie Emigration and Sino-British Relations," in K. S. Mathew ed., *Marines, Merchants and Oceans Studies in Maritime History*, Newdelhi : Manohar Publishers & Distributors, 1995.

Osterhammel, Jürgen. "Britain and China, 1842–1914," in Andrew Porter ed., *The Oxford History of the British Empire, Vol. 3, The Nineteenth Century*, Oxford : Oxford University Press, 1999.

———. "China" in Judith M. Brown and Wm. Roger Louis eds., *The Oxford History of the British Empire, Vol. 4, The Twentieth Century*, Oxford : Oxford University Press, 1999.

Ouchterlony, John F. G. S. *The Chinese War : The Operations of the British Forces from the*

Commencement to the Treaty of Nanking, London, 1844.

Patridge, Dan. *British Captives in China ; An Account of the Shipwreck on the Island of Formosa, of the Brig "Ann"*, London : Wertheimer, Lea & Co., 1876.

Pitcher, Philip W. *Fifty Years in Amoy or a History of the Amoy Mission, China*, New York : Board of Publication of the Reformed Church in America, 1893.

———. *In and about Amoy : Some Historical and Other Facts Connected with One of the First Open Ports in China*, Shanghai and Foochow : The Methodist Publishing House in China, 1912.

Polachek, James M. *The Inner Opium War*, Cambridge, Mass. : The Council on East Asian Studies, Harvard University, 1992.

Pomeranz, Kenneth. *The Great Divergence : China, Europe, and the Making of the Modern World Economy*, Princeton and Oxford : Princeton University Press, 2000.

Reid, Anthony. "Introduction," in Anthony Reid ed., *The Last Stand of Asian Autonomies : Responses to Modernity in the Diverse States of Southeast Asia and Korea, 1750–1900*, London : Macmillan Press, 1997.

Robinson, Ronald. "Non-European foundation of European Imperialism : Sketch for a Theory of Collaboration," in Roger Owen and Bob Sutcliffe eds., *Studies in the Theory of Imperialism*, London : Longman, 1972.

Rosenthal, Jean-Laurent and Wong, R. Bin. *Before and Beyond Divergence : The Politics of Economic Change in China and Europe*, Cambridge, Mass. and London : Harvard University Press, 2011.

Rowe, William T. *Hankow : Commerce and Society in a Chinese City, 1796–1889*, Stanford : Stanford University Press, 1984.

———. *Hankow : Conflict and Community in a Chinese City, 1796–1895*, Stanford : Stanford University Press, 1989.

Salmon, Claudine and Siu, Anthony K. K. eds. *Chinese Epigraphic Materials in Indonesia*, Vol. 2, Part 1, Singapore : South Seas Society, 1997.

Skinner, G. W. "Regional Urbanaization in Nineteenth-Century China," in G. W. Skinner ed., *The City in Late Imperial China*, Stanford : Stanford University Press, 1977.

———. "Presidential Address : The Structure of Chinese History," *Journal of Asian Studies*, Vol. 44, No. 2, 1985.

Smith, George. *A Narrative of an Exploratory Visit to each of the Consular Cities of China and the Islands of Hong Kong and Chusan, in behalf of the Church Missionary Society in the years 1844, 1845, 1846*, New York : Harper & Brother Publishers, 1857.

So, Billy K. L. *Prosperity, Region, and Institutions in Maritime China : The South Fukien Pattern, 946–1368*, Cambridge, Mass. and London : Harvard University Asia Center, 2000.

Song Ong Siang. *One Hundred Years' History of the Chinese in Singapore*, Singapore : Oxford University Press, 1984.

Spence, Jonathan. "Opium Smoking in Ch'ing China," in Frederic Wakeman, Jr. and Carolyn Grant eds., *Conflict and Control in Late Imperial China*, Berkeley : University of California Press, 1975.

Stewart, Watt. *Chinese Bondage in Peru : A History of the Chinese Coolie in Peru, 1849–1874*, Westport, Connecticut : Greenwood Press, 1970.

Sugihara, Kaoru. "The East Asian Path of Economic Development : A Long-term Perspective," Giovanni Arrighi, Takeshi Hamashita and Mark Selden eds., *The Resurgence of East Asia : 500, 150 and 50 year perspectives*, London and New York : Routledge, 2003.

Trocki, Carl A. *Opium and Empire : Chinese Society in Colonial Singapore, 1800–1910*, Ithaca and London : Cornell University Press, 1990.

———. *Opium, Empire and the Global Political Economy : A study of the Asian Opium Trade 1750–1950*, London and New York : Routledge, 1999.

———. "Chinese Pioneering in Eighteenth-Century Southeast Asia," in Anthony Reid ed., *The Last Stand of Asian Autonomies : Responses to Modernity in the Diverse States of Southeast Asia and Korea, 1750–1900*, London : Macmillan Press, 1997.

Van Dyke, Paul A. *The Canton Trade : Life and Enterprise on the China Coast, 1700–1845*, Hong Kong : Hong Kong University Press, 2005.

Viraphol, Sarasin. *Tribute and Profit : Sino-Siamese Trade, 1652–1853*, Cambridge, Mass. and London : Council on East Asian Studies, Harvard University Press, 1977.

von Glahn, Richard. "Foreign Silver Coins in the Market Culture of Nineteenth Century China," *International Journal of Asian Studies*, Vol. 4, No. 2, 2007.

Wakeman, Frederick, Jr. *Strangers at the Gate : Social Disorder in South China, 1839–1861*, Berkeley and Los Angeles : University of California Press, 1966.

———. "The Canton Trade and the Opium War," in John K. Fairbank ed., *The Cambridge History of China, Vol. 10, Late Ch'ing, 1800–1911*, Part I, Cambridge : Cambridge University Press, 1978.

Wang Sing-wu. *The Organization of Chinese Emigration 1848–1888 : With Special Reference to Chinese Emigration to Australia*, San Francisco : Chinese Materials Center, 1978.

Warren, James Francis. *The Sulu Zone, 1768–1898 : The Dynamics of External Trade, Slavery, and Ethnicity in the Transformation of a Southeast Asian Maritime State*, Singapore : Singapore University Press, 1981.

Wheaton, Henry. *Elements of International Law*, 6th ed., Boston : Little, Brown and Company, 1855.

Wong, R. Bin. *China Transformed : Historical Change and the Limits of European Experience*, Ithaca and London : Cornell University Press, 1997.

Wright, Richard N. J. *The Chinese Steam Navy 1862–1945*, London : Chatam Publishing, 2000.

Yen, Ching-hwang. *Coolies and Mandarins : China's Protection of Overseas Chinese during the Late Ch'ing Period (1851–1911)*, Singapore : Singapore University Press, 1985.

———. *Studies in Modern Overseas Chinese History*, Singapore : Times Academic Press, 1995.

Yuan, Bingling. *Chinese Democracies : A Study of the Kongsis of West Borneo (1776–1884)*, Leiden : Research School of Asian, African, and Amerindian Studies, Universiteit Leiden, 2000.

註

緒　論

(1) FO228/788, Encl. in Forrest to O'Conor, No. 27, May 13, 1885 ; FO228/788, Encl. No. 1 in Forrest to O'Conor, No. 47, Nov. 12, 1885.

(2) もちろん，こうした行動は清末に限られたことではない。例えば明末清初期の民衆行動にも同様の現象をみてとることができる。岸本美緒『明清交替と江南社会――17世紀中国の秩序問題』東京大学出版会，1999年，2-16頁。

(3) かかる表現は清末から認められるが，むろん，人口に膾炙するようになったのは孫文の『三民主義』に繰り返しみられる以下のような表現による。「外国人はいつも，中国人はばらばらな砂だ，と申します。中国人の国家にたいする観念は，もともとばらばらの砂であって，民族という団体がありません」。孫文（島田虔次・近藤秀樹・堀川哲男訳）『三民主義（抄）ほか』中央公論新社，2006年，128頁。

(4) 戦前の中国や日本においては，近代国家建設のためにそうしたバラバラな国民性を克服する中間団体が注目されてきた。岸本美緒『地域社会論再考――明清史論集2』研文出版，2012年，108-117頁。

(5) John K. Fairbank, *Trade and Diplomacy on the China Coast : The Opening of the Treaty Ports, 1842-1854,* Harvard University Press, 1953.

(6) 日本においても，開港前後の貿易が注目を集めた。衛藤瀋吉『近代中国政治史研究』東京大学出版会，1968年，田中正俊『中国近代経済史研究序説』東京大学出版会，1973年。

(7) アメリカの中国史研究の「衝撃―反応」パラダイムへの批判と内発的変化を重視した「中国自身に即したアプローチ」への転換については，P・A・コーエン（佐藤慎一訳）『知の帝国主義――オリエンタリズムと中国像』平凡社，1988年を参照。1980年代までのアメリカにおける中国近代史研究については，佐藤慎一「アメリカにおける中国近代史研究の動向」小島晋治・並木頼寿編『近代中国研究案内』岩波書店，1993年を参照。

(8) 思想史研究の溝口雄三『方法としての中国』東京大学出版会，1989年，経済史研究の浜下武志『近代中国の国際的契機――朝貢貿易システムと近代アジア』東京大学出版会，1990年がその代表である。いずれも実証面では問題があるとしても，後述するような長期的な制度の探究という点で，本書と問題意識が重なる面も多い。

(9) 日本において嘉慶・道光年間の研究が手薄なことは，菊池秀明が指摘している。菊池秀明『清代中国南部の社会変容と太平天国』汲古書院，2008年，3-8頁。

（10）　こうした東アジア・東南アジア海域史研究の整理としては，桃木至朗編『海域アジア史研究入門』岩波書店，2008 年がある。

（11）　なかでも中世史の村井章介は，環シナ海地域・環日本海地域という地域論，近世史の荒野泰典は「海禁・華夷秩序」といった議論を打ち立てることによって日本史を東アジア史に引き込んだ。村井章介『アジアのなかの中世日本』校倉書房，1988 年，荒野泰典『近世日本と東アジア』東京大学出版会，1988 年。ただし，明代・清代の違いを意識せず，「海禁」などの表現を用いて近世東アジアの類似性を強調する荒野の議論に対しては，中国史研究の側から批判が行われている。岡本隆司『近代中国と海関』名古屋大学出版会，1999 年，481 頁，岸本美緒「東アジア・東南アジア伝統社会の形成」『岩波講座世界歴史 13　東アジア・東南アジア伝統社会の形成』岩波書店，1998 年，40-41 頁，檀上寛「明代『海禁』の実像」歴史学研究会編『港町の世界史 1　港町と海域世界』青木書店，2005 年，145-177 頁。今後の海域史研究では，日本・朝鮮・琉球といった北東アジアの諸国の対外関係を，中国や東南アジアを含めたより広域の世界の中で相対化していくことが必要であろう。

（12）　本書に関係する 1980 年代以降の日本の中国史研究（清代史・近代史）の全体的な動向については，礪波護・岸本美緒・杉山正明編『中国歴史研究入門』名古屋大学出版会，2006 年，第 9・10 章，清末の沿海経済については，村上衛「清末の沿海経済史」久保亨編『中国経済史入門』東京大学出版会，2012 年を参照。

（13）　浜下前掲『近代中国の国際的契機』，濱下武志・川勝平太編『アジア交易圏と日本工業化 1500-1900』リブロポート，1991 年，杉原薫『アジア間貿易の形成と構造』ミネルヴァ書房，1996 年。

（14）　アジア交易圏論の整理としては，古田和子『上海ネットワークと近代東アジア』東京大学出版会，2000 年，補論がある。

（15）　もちろん，中国経済史研究において，近代中国における西欧の役割の相対化はすでに行われていた。例えばマーフィーは開港後から 1930 年代に至るまでの条約港の中国全体に対する影響力がさほど大きくないことを強調した。Rhoads Murphey, “The Treaty Ports and China’s Modernization,” in Mark Elvin and George William Skinner eds., *The Chinese City Between Two Worlds*, Stanford University Press, 1974.　日本においては宮田道昭が，ギルドによる流通支配によって外国人商人が抑え込まれていたことを先駆的に示した。宮田道昭『中国の開港と沿海市場——中国近代経済史に関する一視点』東方書店，2006 年，第 1 章。

（16）　中国だけでなく，日本の開港場における華人商人の役割の大きさも発見された。籠谷直人『アジア国際通商秩序と近代日本』名古屋大学出版会，2000 年，第 1 章。

（17）　例えば日本経済史においては，日本の貿易関係商人が外国人商人を居留地貿易形態の内部に封じ込めたことが，日本人商人の商人的蓄積の点から重視されてきた。石井寛治『近代日本とイギリス資本——ジャーディン=マセソン商会を中心に』東京大学出版会，1984 年，423 頁。しかし，中国においても外国人商人が条約港の租界に閉じ込められたことは周知の事実である。

（18）　むろん，中国近代工業史研究の立場からは，洋務運動期に限っても工業化における

様々な問題点が指摘されてきた。波多野善大『中国近代工業史の研究』東洋史研究会，1961年，鈴木智夫『洋務運動の研究――一九世紀後半の中国における工業化と外交の革新についての考察』汲古書院，1992年。また，1920年代以降に日中の格差が拡大したことについては，すでに村松祐次が指摘している。村松祐次『中国経済の社会態制（復刊）』東洋経済新報社，1975年，48-49頁。

（19） R. Bin Wong, *China Transformed : Historical Change and the Limits of European Experience*, Cornel University Press, 1997.

（20） Kenneth Pomeranz, *The Great Divergence : China, Europe, and the Making of the Modern World Economy*, Princeton University Press, 2000.

（21） その代表が明清期江南経済の再評価を行った李伯重である。李伯重著・王湘雲訳『江南農業的発展　1620-1850』上海世紀出版・上海古籍出版社，2007年。原著は Bozhong Li, *Agricultural Development in the Yangzi Delta, 1600-1850*, St. Martin's Press, 1998.

（22） 例えば生活水準の比較は比較経済史の一つの焦点となっている。Robert C. Allen, Tommy Bengtsson and Martin Dribe, *Living Standards in the Past : New Perspective on Well-being in Asia and Europe*, Oxford University Press, 2005. 日本においては，東アジア独自の発展経路の研究が進められている。Kaoru Sugihara, "The East Asian Path of Economic Development : A Long-term Perspective," in Giovanni Arrighi, Takeshi Hamashita and Mark Selden eds., *The Resurgence of East Asia : 500, 150 and 50 year perspectives*, Routledge, 2003. 斎藤修『比較経済発展論――歴史的アプローチ』岩波書店，2008年。

（23） 英語圏の経済史研究者において中国のGDPデータ推計として最も普遍的に用いられているのが，マディソンの推計である。Angus Maddison, *Chinese Economic Performance in the Long Run*, Paris : Development center of the Organisation for Economic Co-operation and Development, 2007. しかし，1600〜1820年のGDP推計は一人あたりの推定GDPがその間変化していないと仮定して，人口と推定GDPを掛け合わせているにすぎない。

（24） ポメランツの労働生産性などに関わる数値の扱いについては，ホアンの厳しい批判がある。Philip C. C. Huang, "Development or Involution in Eighteenth-Century Britain and China ? : A Review of Kenneth Pomeranz's *The Great Divergence : China, Europe, and the Making of the Modern World History*," *The Journal of Asian Studies*, Vol. 61, No. 2, 2002.

（25） 経済指標では，諸々の国民経済の種差を明らかにできないことについては，すでに黒田明伸が指摘している。黒田明伸『中華帝国の構造と世界経済』名古屋大学出版会，1994年，1-5頁。

（26） 例えば，ローゼンタールとウォンはヨーロッパと中国の19世紀以降の分岐について，ヨーロッパにおける政治的競争が都市化を招き，意図せざる資本集約的な生産方法を生み出したことにあるとする。Jean-Laurent Rosenthal and R. Bin Wong, *Before and Beyond Divergence : The Politics of Economic Change in China and Europe*, Harvard University Press, 2011. しかし，中国は内乱も含めれば，安定していた時期は短いし，中国よりもはるかに安定していた日本において中国よりも資本の集中が進んでおり，資本集約的な生産方法に適応したことからみても，根本的な分岐の理由にはならない

だろう。

（27）経済学の各学派による制度の定義とその問題点については，以下を参照。アブナー・グライフ（岡崎哲二・神取道宏監訳）『比較歴史制度分析』NTT 出版，2009 年，5–12 頁。

（28）ハイエクは，諸要素が一定の行動ルールに従うことによって自生的に秩序が生み出されるとした。ハイエク，F・A（矢島鈞次・水吉俊彦訳）『ハイエク全集 I -8　法と立法と自由 I』春秋社，1987 年，59–63 頁。

（29）岸本は，「社会」を形成していくのは個々人の常識と実践であるとする。岸本前掲『明清交替と江南社会』vi–vii頁。

（30）後述する制度学派的制度史研究においても，その嚆矢となるノースの研究はフォーマル・インフォーマルの両方の制度を検討対象としてきた。ダグラス・C・ノース（竹下公視訳）『制度・経済変化・経済成果』晃洋書房，1994 年，4–5 頁。さらにグライフは，制度とは，（社会的）行動に一定の規則性を与えるルール・予想・規範・組織のシステムであるとし，制度の範囲を広げている。グライフ前掲書，27 頁。より総合的な制度論については，以下を参照。青木昌彦『比較制度分析に向けて』NTT 出版，2003 年。

（31）フォールも，16 世紀以来の中国の商業制度が 19 世紀世界に必要とされる事業規模に対処するのに不適合であったことを強調している。David Faure, *China and Capitalism : A History of Business Enterprise in Modern China*, Hong Kong University Press, 2006, p. 12.

（32）銀の流通から 16 世紀における世界の統合を強調する立場もある。Dennis O. Flynn, and Arturo Giráldez, “Cycles of Silver : Global Economic Unity through the Mid-Eighteenth Century,” *Journal of World History*, Vol. 13, No. 2, 2002. しかし，外国貿易の中国経済の影響については，国内経済の質的構造，つまり中国の市場構造を検討することの重要性が指摘されている。岸本美緒『清代中国の物価と経済変動』研文出版，1997 年，206 頁。グローバル・ヒストリー研究の側からの中国国内市場に対する検討はほとんどない。

（33）村松前掲書，柏祐賢『柏祐賢著作集 4　経済秩序個性論（II）——中国経済の研究』京都産業大学出版会，1986 年。

（34）岸本美緒「中国中間団体論の系譜」岸本美緒編『岩波講座「帝国」日本の学知 3　東洋学の磁場』岩波書店，2006 年，283–284 頁。柏祐賢の議論は，現代中国研究者からも注目されている。加藤弘之「移行期中国の経済制度と「包」の倫理規律——柏祐賢の再発見」中兼和津次編著『歴史的視野からみた現代中国経済』ミネルヴァ書房，2010 年。

（35）岸本前掲『清代中国の物価と経済変動』。銀については，英語圏においても，明朝滅亡の原因と銀の流出入の関係，19 世紀前半の銀流出の原因をめぐる論争が活性化している。19 世紀前半の銀流出をめぐる議論については，本書第 1 章を参照。

（36）黒田前掲書，同『貨幣システムの世界史——〈非対称性〉をよむ』岩波書店，2003 年。

（37）岩井茂樹『中国近世財政史の研究』京都大学学術出版会，2004 年。

（38）寺田浩明「合意と契約——中国近世における「契約」を手掛かりに」三浦徹・岸本

美緒・関本照夫編『比較史のアジア　所有・契約・市場・公正』東京大学出版会，2004 年。

(39) このほかにも足立啓二も中国の長期的な経済的特質を検討している。足立啓二『専制国家史論——中国史から世界史へ』柏書房，1998 年，同『明清中国の経済構造』汲古書院，2012 年。

(40) かかる明清史研究の成果を生かしつつ日中比較を行い，近代日中関係史をあわせて検討したものに，岡本隆司『中国「反日」の源流』講談社，2011 年がある。

(41) 岡本前掲『近代中国と海関』。

(42) Eiichi Motono, *Conflict and Cooperation in Sino-British Business, 1860–1911 : The Impact of the Pro-British Commercial Network in Shanghai*, Macmillan Press, 2000. 本野英一『伝統中国商業秩序の崩壊——不平等条約体制と「英語を話す中国人」』名古屋大学出版会，2004 年。

(43) D・C・ノース＆R・P・トマス（速水融・穐本洋哉訳）『西欧世界の勃興——新しい経済史の試み』ミネルヴァ書房，1980 年。制度学派的経済史研究の動向については，岡崎哲二・中林真幸「序章　経済史研究における制度」岡崎哲二編『取引制度の経済史』東京大学出版会，2001 年，1–4 頁が簡潔にまとめている。新制度学派において近年最も大きな影響を与えているのが，ゲーム理論を用いたグライフ前掲書である。

(44) 中国経済の制度面が中央集権的近代国家による経済建設で不利に働いた側面の一端は，以下を参照。村上衛「沿海社会と経済秩序の変動」飯島渉・久保亨・村田雄二郎編『シリーズ 20 世紀中国史 1　中華世界と近代』東京大学出版会，2009 年，90–99 頁。

(45) ジョーンズは経済成長を抑制する障害がなくなることが重要という指摘をしている。E・L・ジョーンズ（天野雅敏・重富公生・小瀬一・北原聡訳）『経済成長の世界史』名古屋大学出版会，2007 年。しかし，各時代・地域の状況の変化にともない，既存の制度が障害でなくなるという点も重要であったといえよう。

(46) 現代中国経済研究者で中国史研究の制度史的側面に注目したものとしては，梶谷懐『現代中国の財政金融システム——グローバル化と中央–地方関係の経済学』名古屋大学出版会，2011 年，序章，同『「壁と卵」の現代中国論——リスク社会化する超大国とどう向き合うか』人文書院，2011 年，11–17 頁がある。

(47) 明清時代の中国の物流を支えていたのが零細な客商であることは周知の事実である。足立前掲『明清中国の経済構造』533–541 頁。

(48) 中国の市場秩序を保証する牙行の重要性については，村松前掲書，178–181 頁がつとに指摘している。明清時代については，華北を対象とした山根幸夫『明清華北定期市の研究』汲古書院，1995 年，第 3 章，明末清初以降の江南を中心にした牙行については，山本進『明清時代の商人と国家』研文出版，2002 年，第 5・6 章を参照。近代の行桟については，以下がその機能について広範な史料に基づき検討を加えている。庄維民『中間商与中国近代交易制度的変遷——近代行桟与行桟制度研究』中華書局，2012 年。

(49) 古田和子「中国における市場・仲介・情報」三浦・岸本・関本編前掲書，213–217 頁，同「中華帝国の経済と情報」水島司編『グローバル・ヒストリーの挑戦』山川出版社，

2008年，115-117頁。

(50)　かかる抽象化は中国の停滞を示すのではなく，むしろそうした制度や行動様式が時代によって様々な歴史的展開を引き起こすことを強調したい。比喩を用いて中国社会のイメージを示すことについては，岸本前掲『地域社会論再考』309-316頁参照。

(51)　地域社会論の嚆矢となったのは，1981年8月に名古屋大学東洋史学研究室主催で行われたシンポジウム「地域社会の視点――地域社会とリーダー」であった。このシンポジウムでの森正夫の基調報告「中国前近代史研究における地域社会の視点」は，以下を参照。森正夫『森正夫明清史論集3　地域社会研究方法』汲古書院，2006年，5-44頁。

(52)　岸本前掲『明清交替と江南社会』vii-viii頁。

(53)　同上書，山本英史『清代中国の地域支配』慶應義塾大学出版会，2007年。江南以外では福建を扱った，三木聡『明清福建農村社会の研究』北海道大学図書刊行会，2002年などがある。

(54)　代表的なものとしては，以下を参照。山田賢『移住民の秩序――清代四川地域社会史研究』名古屋大学出版会，1995年，菊池秀明『広西移民社会と太平天国』風響社，1998年，稲田清一「太平天国期のチワン族反乱とその背景――広西省横州・永淳県の場合」『史林』71巻1号，1988年，武内房司「清末土司システムの解体と民族問題――貴州西南プイ族地区を中心に」『歴史学研究』700号，1997年。

(55)　明清史研究の影響を受けつつ，清末民初期の地方政治研究は江南における地域統合や地域エリートの役割といった点に注目してきた。佐藤仁史「清末・民国初期上海県農村部における在地有力者と郷土教育――『陳行郷土志』とその背景」『史学雑誌』108編12号，1999年，黄東蘭『近代中国の地方自治と明治日本』汲古書院，2005年，田中比呂志『近代中国の政治統合と地域社会――立憲・地方自治・地域エリート』研文出版，2010年。

(56)　英語圏では以下のロウをはじめとする都市社会史研究が日本に先行して進んでいた。William T. Rowe, *Hankow : Commerce and Society in a Chinese City, 1796-1889*, Stanford : Stanford University Press, 1984 ; William T. Rowe, *Hankow : Conflict and Community in a Chinese City, 1796-1895*, Stanford University Press, 1989.

(57)　吉澤誠一郎『天津の近代――清末都市における政治文化と社会統合』名古屋大学出版会，2002年。

(58)　帆刈浩之「近代上海における遺体処理問題と四明公所――同郷ギルドと中国の都市化」『史学雑誌』103編3号，1994年。

(59)　Rowe, *Hankow : Conflict and Community in a Chinese City*, pp. 283-315.

(60)　飯島渉『ペストと近代中国』研文出版，2000年。

(61)　嶺南の開発については，経済史と環境史から検討を加えた以下の文献が有用。Robert B. Marks, *Tigers, Rice, Silk and Silt : Environment and Economy in Late Imperial South China*, Cambridge University Press, 1998.

(62)　Frederick Wakeman Jr., *Strangers at the Gate : Social Disorder in South China, 1839-1861*, University of California Press, 1966.

(63) David Faure, *Emperor and Ancestor : State and Lineage in South China*, Stanford University Press, 2007.

(64) 何炳棣は進士の地理的分布から，明代の福建（福州・興化・泉州）における学問的成功と，清代における福州以外の没落を指摘している。何炳棣（寺田隆信・千種真一訳）『科挙と近世中国社会――立身出世の階梯』平凡社，1993 年，231，246–247 頁。学者の輩出数をみても，福建においては福州への集中が著しい。李国祁『中国現代化区域研究――閩浙台地区，1860–1916』中央研究院近代史研究所，1982 年，96–99 頁。何炳棣は清代における福州以外の没落の原因を国際貿易の衰退に求める。何炳棣前掲書，246 頁。しかし，清代中期における廈門の貿易の発展をみても，それは妥当ではない。なお，「福建文化」全盛期ともいうべき宋明時代の知識人（士大夫・出版者）を描いたものに，中砂明徳『中国近世の福建人――士大夫と出版人』名古屋大学出版会，2012 年がある。

(65) そうした帝国史研究の集大成の一つが『オックスフォード・イギリス帝国史叢書』である。William Roger Louis ed., *The Oxford History of the British Empire*, Oxford University Press, 1999–.

(66) Jürgen Osterhammel, “Britain and China, 1842–1914,” in Andrew Porter ed., *The Oxford History of the British Empire, Vol. 3, The Nineteenth Century,* Oxford University Press, 1999, pp. 148–153. こうした「非公式帝国」の限界はイギリス史研究者にも意識されている。小林隆夫『19 世紀イギリス外交と東アジア』彩流社，2012 年，29–31 頁。しかし本書では，そうした「非公式帝国」といった発想そのものを問い直したい。

(67) 秋田茂「総論　パクス・ブリタニカとイギリス帝国」秋田茂編著『イギリス帝国と 20 世紀 1　パクス・ブリタニカとイギリス帝国』ミネルヴァ書房，2004 年，8–9 頁。

(68) パトリック・カール・オブライエン（秋田茂訳）「パクス・ブリタニカと国際秩序 1688–1914」松田武・秋田茂編『ヘゲモニー国家と世界システム――20 世紀をふりかえって』山川出版社，2002 年。

(69) 「協力者」の考え方を提起したロビンソンも，日本や中国における「協力者」を近代化にむけて西欧と現地を媒介する仲介者の意味合いで使用している。Ronald Robinson, “Non-European foundation of European imperialism : Sketch for a Theory of Collaboration,” in Roger Owen and Bob Sutcliffe eds., *Studies in the Theory of Imperialism*, Longman, 1972.

(70) 本野前掲書。

(71) Robert Bickers, *Britain in China : Community, Culture and Colonialism 1900–1949*, Manchester University Press, 1999, pp. 6–7 ; James L. Hevia, *English Lessons : The Pedagogy of Imperialism in Nineteenth-Century China*, Duke University Press, 2003, p. 10.

(72) 日本における中国に即した研究方法に対する批判としては，新村容子『アヘン貿易論争――イギリスと中国』汲古書院，2000 年，1–8 頁などを参照。

(73) ドゥルーズとガタリの「脱領土化」・「再領土化」の議論に基づくヘヴィアの理論的枠組については，以下を参照。Hevia, *op. cit.*, pp. 17–27.

(74) 本書が対象とする時期における，中国政治外交史からみた諸外国の役割についての理

解については，坂野正高『近代中国政治外交史——ヴァスコ・ダ・ガマから五四運動まで』東京大学出版会，1973 年を参照。

(75) 歴史の重層的なとらえ方については，周知のようにブローデルが動かない歴史，緩慢なリズムをもつ歴史，出来事の歴史という 3 つのとらえ方をしている。フェルナン・ブローデル（浜名優美訳）『地中海〈普及版〉I　環境の役割』藤原書店，2004 年，21-22 頁。

(76) 帝国史研究の立場からは，第一次世界大戦後においても上海を中心としてイギリスの経済的影響力が大きかったことを強調するむきもある。P・J・ケイン＆ A・G・ホプキンズ（木畑洋一・旦祐介訳）『ジェントルマン資本主義の帝国 II　危機と解体 1914-1990』名古屋大学出版会，1997 年，第 10 章参照。しかし，戦間期におけるイギリスの影響力の相対的な減退は明らかであり，オスターハンメルなどは中国ナショナリズムの高揚などを視野に入れつつ，イギリスの非公式帝国が弱体化し，国民政府との協調に進んでいったことを示している。Jürgen Osterhammel, "China," in Judith M. Brown and Wm. Roger Louis ed., *The Oxford History of the British Empire, Vol. 4, The Twentieth Century*, Oxford University Press, 1999, pp. 643-652.　もっとも，戦間期にイギリスが上海における利権を維持するためには，日本との協調を考慮せざるを得ず，1930 年代半ばまではイギリスが中国側との関係だけを考慮して行動することはなかった。後藤春美『上海をめぐる日英関係　1925-1932 年——日英同盟後の協調と対抗』東京大学出版会，2006 年。

(77) 廈門の都市の発展を経済の盛衰と関連づけた研究は，戴一峰によって先駆的に行われてきた。戴一峰『区域性経済発展与社会変遷』岳麓書社出版，2004 年。都市の発展史としては，周子峰『近代廈門城市発展史研究　1900-1937』廈門大学出版社，2005 年がある。

(78) アジア貿易においては，第一次世界大戦が画期となり，イギリスの輸出衰退とアメリカの輸入増大が顕著にみられた。堀和生『東アジア資本主義史論 I　形成・構造・展開』ミネルヴァ書房，2009 年，14-21 頁参照。

(79) 例えば，閩海関監督を兼職する福州将軍は廈門海関の実際の夷税徴収額をほとんど把握できなかった。第 6 章で取り上げる苦力貿易やそれと関連した廈門暴動をめぐる外交交渉など，清朝中央に報告することで不都合が生じる場合は，その件については上奏されないことが多い。

(80) 正確には，1860 年までは中国における貿易監督官（Superintendent of Trade in China）で，香港総督を兼任した。

(81) 在華イギリス領事の諸相については，以下を参照。P. D. Coates, *The China Consuls : British Consular Officers, 1843-1943*, Oxford University Press, 1988.　また，開港当初の在華イギリス領事の負っていた義務については，以下を参照。Fairbank, *op. cit.*, p. 160.　領事の権限の法的背景については，西山喬貴「帝国法制の外部展開——一九世紀中葉イギリス対中通商システムの構築」『史林』95 巻 2 号，2012 年参照。

(82) イギリス外交文書については，坂野正高「政治外交史——清末の根本資料を中心として」坂野正高・田中正俊・衛藤瀋吉編『近代中国研究入門』東京大学出版会，1974

年，174-175 頁参照。

(83)　Yuen Sang Leung, *The Shanghai Taotai : Linkage Man in a Changing Society, 1843-90*, Singapore University Press, 1990, pp. 41-45, 74-75.

(84)　廈門は同安県に属するが，18 世紀前半以来，興泉永道が最高位の文官として駐在し，開港後は駐廈各国領事との外交交渉も行い，廈門道台ともいわれた。18 世紀末から廈門に駐在する海防同知は文官で興泉永道に次ぐ地位にあり，課税なども担当し，廈防同知，廈防庁ともいわれた。これら廈門の地方当局の上に，閩浙総督をトップとする省当局が位置していた。清代初期の廈門における官制の変遷については，以下を参照。Ng Chin-keong, *Trade and Society : The Amoy Network on the China Coast 1683-1735*, Singapore University Press, 1983, pp. 61-67.

(85)　駐廈門イギリス領事は，1852 年までに 3 人が在任中に死亡している。開港当初の廈門は不潔な都市であり，領事らは廈門島の沖合にある鼓浪嶼に居住したが，そこでは熱病に悩まされた。Coates, *op. cit.*, pp. 18-19.

(86)　それゆえ，イギリス領事らの記した史料中には今日の観点からみて適切でない差別表現なども用いられているが，当時の時代状況及び史料の書き手の認識を示すためにそのまま使用した。

(87)　ただし，陳支平は福建省を 6 つの民系に分ける際に龍巌県一帯の漢族については，その独特の歴史的経緯と方言から閩南人や客家人とは区別されるべき別の民系としている。陳支平『福建六大民系』福建人民出版社，2000 年，124 頁。

(88)　福建師範大学地理系『福建自然地理』編輯室『福建自然地理』福建人民出版社，1987 年，72-77，92-95 頁。廈門気象台の 1953～1985 年のデータによると，廈門の年平均気温は 20.9 度，湿度は 77％，降水量は 1,143 ミリである。廈門市地方志編纂委員会編『廈門市志 1』方志出版社，2004 年，142-146 頁。

(89)　福建師範大学地理系『福建自然地理』編輯室前掲書，40-41 頁。

(90)　陳達『南洋華僑与閩粤社会』商務印書館，1938 年，14 頁。また，1940 年代に至っても，福建省の可耕地は 7.9％であるともされている。朱代傑・季天祐主編『福建経済概況』福建省政府建設庁，1947 年，47 頁。福建省の一人あたりの耕地は，李国祁「十九世紀閩浙地区所呈現的伝統社会情状」『歴史学報』6 期，1978 年，147 頁では，1819 年が 0.5 畝，1851 年が 0.65 畝としている。また，梁方仲編『中国歴代戸口，田地，田賦統計』上海人民出版社，1980 年，408 頁より，1820 年の一人あたりの耕地を算出すると，福建省全体では 0.76 畝であるのに対して，泉州府が 0.59 畝，漳州府が 0.31 畝であり，閩南の耕地不足は，福建の中でもとりわけ深刻であったことをうかがわせる。

(91)　東亜同文会『支那省別全誌 14　福建省』東亜同文会，1920 年，569 頁。

(92)　赤土地帯における穀物や亜熱帯作物の栽培の際には，地力維持のための土壌管理が重要であった。趙昭炳主編『福建省地理』福建人民出版社，1993 年，100-104 頁。

(93)　三木前掲書，89-98 頁。

(94)　例えば凌大燮は，1700 年の福建省の森林被覆率を 66.6％と推計し，これは中国の内地諸省の中で最も高い数値となる。凌大燮「我国森林資源的変遷」『中国農史』1983

年2期，1983年，34頁。ただし，この論文には森林被覆率推計の根拠が示されていないという問題がある。

(95)　福建師範大学地理系『福建自然地理』編輯室前掲書，93-94頁。現在の廈門市の場合もこの2種が中心で，いずれも多くが人工林である。廈門市地方志編纂委員会編前掲書，166-168頁。

(96)　『福建森林』編輯委員会編著『福建森林』中国林業出版社，1993年，27頁。民国期の推計によれば，1937年の福建省の森林被覆率を18％であった。凌大燮前掲論文，35頁。しかし，1950年の福建省の森林被覆率は29.1％とされる。福建省地方志編纂委員会編『福建省志　林業志』方志出版社，1996年，13頁。したがって，清末民国期も，後者の数字に近かったとみてよいだろう。

(97)　福建師範大学地理系『福建自然地理』編輯室前掲書，114-115，124-126頁。

(98)　台湾総督府官房調査課『南閩事情』台湾総督府官房調査課，1919年，78-79頁。財政難もあり，清末の漳州における水利事業は清代中期と比較しても停滞していた。福建省漳州市水利水電局編『漳州水利志』廈門大学出版社，1998年，57-58頁。

(99)　福建省地方志編纂委員会編『福建省志　水利志』方志出版社，1999年，26頁。

(100)　福建師範大学地理系『福建自然地理』編輯室前掲書，45-46頁。

(101)　中国海湾志編纂委員会編『中国海湾志8　福建省南部港湾』海洋出版社，1993年，165頁。清末期の港の北側に位置する東渡では，最高の波高は1.3メートルにすぎない。同書180頁。

(102)　Great Britain, Foreign Office, *Annual Series No. 3882, Diplomatic and Consular Reports, China, Report for the year 1906 on the Trade of Amoy*, London : Printed for H. M. S. O.（以下，F. O. A. 3882, Diplomatic and Consular Reports, China, 1906, Amoy. のように略称), p. 5.

(103)　三五公司『福建事情実査報告』三五公司，1908年，240-241頁には，福州から興化，泉州，漳州を経て広東省潮州に達する道等の，福建省の大道と称するものは各府県を連結するものと大差なく，崩壊しているところもあると書かれている。

(104)　東亜同文会前掲『支那省別全誌14　福建省』261-266，301-303頁。

(105)　曹樹基『中国人口史5　清時期』復旦大学出版社，2001年，172-190頁。

(106)　清末民国期における福建の人口減少については，海外移民，共産党革命根拠地をめぐる国共の内戦，疫病の蔓延，自然災害，日中戦争などが原因と考えられている。傅祖徳・陳佳源主編『中国人口　福建分冊』中国財政経済出版社，1990年，40-42頁。

(107)　道光『廈門志』巻7，関賦略，戸口。

(108)　George Smith, *A Narrative of an Exploratory Visit to Each of the Consular Cities of China and the Islands of Hong Kong and Chusan, in Behalf of the Church Missionary Society in the Years 1844, 1845, 1846*, Harper & Brother Publishers, 1857, pp. 424-425.

(109)　George F. Barbour, *China and the Missions at Amoy : With Notice of the Opium Trade*, Edinburgh : William P. Kennedy, 1855, pp. 13-14.

(110)　P. W. Pitcher, *Fifty Years in Amoy or a History of the Amoy Mission, China*, Board of Publication of the Reformed Church in America, 1893, pp. 25-27.

(111)　China. Imperial Maritime Customs（以下 CIMC と略称），I Statistical Series, No. 6, *Decennial Reports, 1892-1901*, Amoy, pp. 130-131.

(112)　1914 年の思明県の人口が市区 10 万 4,442 人，禾山区 5 万 1,853 人で合計 15 万 6,295 人とされている。民国『廈門市志』巻 8，戸口志。市区の人口が 15 万人を超えるのは 1929 年になってからであり，日中戦争直前の人口は 18 万 3,266 人である。周子峰前掲書，139 頁。したがって，清末における廈門の都市人口は 10 万人程度とみてよいだろう。廈門の人口については，李国祁は，人口が 19 世紀末の 60〜70 万人から 20 世紀初頭の 11 万人あまりに減少したという史料上のデータを根拠に，数字は十分に信頼はできないものの，廈門の貿易の衰退によって人口が減少したとみなしている。李国祁前掲書，456-458 頁。しかし，これほど大規模な人口減少があったとは考えられず，やはり数値の信頼性が低いことによるものだろう。

(113)　清末の都市人口の変容については，以下を参照。G. W. Skinner, “Regional Urbanization in Nineteenth-Century China,” in G. W. Skinner ed., *The City in Late Imperial China*, Stanford University Press, 1977, pp. 236-249.

(114)　台湾における分類械闘には，福建人と広東人（客家），泉州人と漳州人，異姓同士があった。林偉盛『羅漢脚——清代台湾社会与分類械闘』自立晩報文化出版部，1993 年。

(115)　福建師範大学福建文化研究所編『福建文化概覧』福建教育出版社，1994 年，49-50 頁。

(116)　陳支平前掲書，233 頁。

(117)　M・フリードマン（末成道男・西澤治彦・小熊誠訳）『東南中国の宗族組織』弘文堂，1991 年，148-158 頁。

(118)　ピッチャーによれば，械闘は泉州府の恵安・泉州・同安等で頻発していた。P. W. Pitcher, *In and About Amoy : Some Historical and Other Facts Connected with One of the First Open Ports in China*, The Methodist Publishing House in China, 1912, pp. 99-118. 閩浙総督鍾祥も，1830 年代後半の泉州府同安県と漳州府漳浦県の械闘の風習が比較的ひどいと述べている。『宮中檔道光朝奏摺』20 輯（国立故宮博物院蔵 001017）626-627 頁，閩浙総督鍾祥らの上奏（日付不明）。鍾祥は 1836 年 8 月 13 日〜1839 年 7 月 12 日に閩浙総督の任にあった。

(119)　徐暁望主編『福建通史 2　隋唐五代』福建人民出版社，2006 年，41-61 頁。唐代初期における漳州の開発については，謝重光『陳元光与漳州早期開発史研究』文史哲出版社，1994 年を参照。

(120)　徐暁望主編『福建通史 3　宋元』福建人民出版社，2006 年，196-202 頁。

(121)　宋元時代の泉州については，宋元交代期に泉州を拠点としていたアラブ人商人蒲寿庚を扱った桑原隲蔵『宋末の提挙市舶西域人蒲寿庚の事蹟』東亜攷究会，1923 年が先駆的である。また，宋代の福建商人の活動については，斯波義信『宋代商業史研究』風間書房，1968 年，第 6 章が先駆的。泉州については，唐代から明代を扱った李東華『泉州与我国中古的海上交通——九世紀末—十五世紀初』台湾学生書局，1986 年がある。また宋元時代における閩南の地域的な経済発展については，以下の研究が重要である。Hugh R. Clark, *Community, Trade and Networks : Southern Fujian Province from*

the Third to the Thirteenth Century, Cambridge University Press, 1991 ; Billy K. L. So, *Prosperity, Region, and Institutions in Maritime China : The South Fukien Pattern, 946-1368*, Harvard University Asia Center, 2000.

(122)　李東華前掲書，226-232 頁。

(123)　倭寇の全体像については，田中健夫『倭寇――海の歴史』講談社，2012 年及び同書の村井章介の解説を参照。明代の倭寇と月港については以下が先駆的。片山誠二郎「月港「二十四将」の反乱」清水博士追悼記念明代史論叢編纂委員会編『清水博士追悼記念　明代史論叢』大安，1962 年，佐久間重男『日明関係史の研究』吉川弘文館，1992 年，第 2 編第 1・4・5 章。日本における倭寇研究の近年の動向については，橋本雄・米谷均「倭冦論のゆくえ」桃木至朗編前掲書を参照。海禁を緩和した後も海賊活動が地域社会と結びついて活発に行われたことについては，以下を参照。三木聡「裁かれた海賊たち――祁彪佳・倭寇・澳例」山本英史編『東アジア海域叢書 1　近世の海域世界と地方統治』汲古書院，2010 年。

(124)　乾隆『鷺江志』巻之一，「廈門城」，道光『廈門志』巻二，「分域略」，沿革。

(125)　ただし，1602 年には浯嶼水塞は泉州湾南岸の石湖に再び移動している。何孟興『浯嶼水塞――一個明代閩海水師重鎮的観察』蘭台出版社，2006 年，155-200 頁。

(126)　Ng, *op.* cit., pp. 48-52.

(127)　H. B. Morse, *The Chronicle of the East India Company Trading to China 1635-1842*, Vol. 1, Clarendon Press, 1926, pp. 45-65, 127-134, 146-153, 176, 220-223.

(128)　広州は内陸に入った河川港であり，後背地から物資の供給が可能で，また職人などを擁していた点が廈門や寧波よりも優位であった。Paul A. van Dyke, *The Canton Trade : Life and Enterprise on the China Coast, 1700-1845*, Hong Kong University Press, 2005, p. 9.

(129)　初期には広州においても大規模な取引を行うことのできる商人はおらず，多くが福建省，特に泉州から広州に来た者であった。Morse, *op. cit.*, Vol. 2, Oxford : Clarendon Press, 1926, p. 1.　廈門の商人の広州への移動の結果，廈門が広州と比較して有力商人が少ないうえ，商品の在庫が少なく，価格も高いという状況になった。*Ibid.*, pp. 222, 232.

(130)　Ng, *op. cit.*, pp. 56-60.

(131)　*Ibid*., pp. 95-152.

(132)　陳国棟「清代中葉廈門的海上交易（1727-1833）」呉剣雄主編『中国海洋発展史論文集』4 輯，中央研究院中山人文社会科学研究所，1991 年。

(133)　日本統治時代の 1926 年の統計では，台湾の漢族の祖籍は，泉州が 44.8 %，漳州が 35.2 % など，福建省が 83.1 % を占め，広東省は嘉応州 7.9 % など 15.6 % を占めた。施添福『清代在台漢人的祖籍分布和原郷生活方式』台湾省文献委員会，1999 年，14 頁。

(134)　陳信雄「宋元的遠洋貿易船――中国海外発展鼎盛時期的交通工具」中国海洋発展史論文集編輯委員会主編『中国海洋発展史論文集』2 輯，中央研究院三民主義研究所，1986 年，11-35 頁，廖大珂『福建海外交通史』福建人民出版社，2002 年，56-59 頁。

(135)　席龍飛『中国造船史』湖北教育出版社，2000 年，279-282 頁，廖大河前掲書，298-299 頁。

（136）　例えば対日貿易において，1715年の正徳新例の実施や乾隆年間の辦銅官銅，額商制の実施により，福建船は江蘇・浙江船におされて減少し，中国における出港地も上海・寧波に移ったが，船員などは福建人が多数を占めていた。劉序楓「清代前期の福建商人と長崎貿易」『東洋史論集（九州大学）』16号，1988年，133–153頁。

（137）　スキナーは，浙江省南部と福建省全域，広東省東部を東南沿海大地域として扱い，強度の小地域化が東南沿海の特徴であるとしている。Skinner, *op. cit.*, pp. 212, 242. また，スキナーはこの大地域を4つの小地域に分けているが，本書で扱う閩南はそのうちの漳泉地域の区分とほぼ一致する。ただし，発展の地域サイクルについては，個々の小地域についての検討が必要であろう。G. W. Skinner, "Presidential Address : The Structure of Chinese History," *Journal of Asian Studies*, Vol. 44, No. 2, 1985, pp. 275–279. この地域の中で広域の海上貿易への参画や，東南アジアへの移民等において閩南と類似する地域は，広東省東部の潮州地域であり，潮州語も閩南語と同じ系統に属する。ただし，潮州の東南アジア貿易及び東南アジアへの海外移民の本格的な発展は18世紀中葉以降である。開港後の潮州については，宮田前掲書，第3章参照。

第1章　閩粤沿海民の活動と清朝

(1)　吉澤前掲書，32頁では，アヘン戦争の意義として，アヘン戦争がその後に引証・反復される事例を提供したことを重視している。本章では，アヘン戦争への過程そのもののもつ意味を強調したい。

(2)　沿海部に居住する福建人，潮州人，広東人の総称として用いる。広東人（珠江デルタの広府人）と潮州人については異なる方言集団に属しており，本来厳密に区別すべきであるが，「粤人」などのように漢文史料上で区別できない場合が多く，基本的に広東人と総称する。むろん，これら福建人・潮州人・広東人のあいだでは激しい競争が存在していた。

(3)　Michael Greenberg, *British Trade and The Opening of China 1800–42*, Cambridge : Cambridge University Press, 1951 ; 衛藤前掲書，W. E. Cheong, *Mandarins and Merchants : Jardine Matheson & Co., a China Agency of the Early Nineteenth Century*, Curzon Press, 1979 ; 龔纓晏『鴉片的伝播与対華鴉片貿易』東方出版社，1999。また以下の文献でもアヘン戦争以前のアヘン貿易についてもふれている。Yen-p'ing, Hao, *The Commercial Revolution in Nineteenth-Century China : The Rise of Sino-Western Mercantile Capitalism*, Berkeley : University of California Press, 1986 ; 石井摩耶子『近代中国とイギリス資本——19世紀後半のジャーディン・マセソン商会を中心に』東京大学出版会，1998年。

(4)　林満紅「清末社会流行吸食鴉片研究——供給面的分析（1773–1906）」国立台湾師範大学歴史研究所博士論文，1985年。

(5)　Hsin-pao Chang, *Commissioner Lin and the Opium War*, Harvard University Press, 1964.

(6)　James M. Polachek, *The Inner Opium War*, The Council on East Asian Studies, Harvard University, 1992.

（7）　村尾進「カントン学海堂の知識人とアヘン弛禁論，厳禁論」『東洋史研究』44巻3号，1985年，井上裕正『清代アヘン政策史の研究』京都大学学術出版会，2004年。なお，井上裕正が用いる「内禁」・「外禁」の概念の有効性については，以下で論じた。村上衛「書評　井上裕正著『清代アヘン政策史の研究』」『史学雑誌』114編2号，2005年，96-97頁。

（8）　新村前掲書。

（9）　David A. Bello, *Opium and the Limits of Empire : Drug Prohibition in the Chinese Interior, 1729-1850*, Harvard University Asia Centre, 2005.

（10）　梁嘉彬『広東十三行考』商務印書館，1937年，広東人民出版社，1999年（再版）。明代から1920年代まで長期的に海関を考察したものに，岡本前掲『近代中国と海関』がある。

（11）　Van Dyke, *op. cit.*

（12）　Wakeman, *op. cit.*

（13）　田中正美「阿片戦争前における『漢奸』の問題」『史学研究（東京教育大・文）』46巻，1964年。

（14）　林仁川「清代福建的鴉片貿易」『中国社会経済史研究』1985年1期，1985年，陳洋・陳娜「鴉片戦争前福建的鴉片走私」廈門博物館編『廈門博物館建館十周年成果文集』福建教育出版社，1998年。

（15）　フェアバンクはアヘン貿易の拡大は，沿海の官僚の黙認が可能にしたとみなす。Fairbank, *op. cit.*, pp. 67-69. また，ポラチェクは清朝は東南沿海全体を管理しようとしなかったとする。Polachek, *op. cit.*, p. 240. アヘン問題に限らず，清朝の沿海支配及び海軍力が弱体であったことは，嘉慶海寇の研究などでも指摘されている。Dian H. Murray, *Pirates of the South China Coast 1790-1810*, Stanford University Press, 1987, pp. 21-22, 101-105. 清代の緑営全体については，羅爾綱『緑営兵志』中華書局，1984年を，緑営水師の抱えていた問題については，王家倹「清代的緑営水師（1681-1864）」『近代中国海防——軍事与経済』香港中国近代史学会，1999年を参照。

（16）　岩井茂樹は王朝末期の「腐敗貪汚」を綱紀の弛緩や官僚・胥吏層の私利追求に帰するよりは，中国近世国家の財政体系の中に組み込まれた，いわば構造上の問題の必然的帰結であると考えている。岩井前掲書，43-44頁。アヘン貿易についても同様に構造的説明が求められるであろう。なお，内陸のアヘンについて検討したベロは官僚の腐敗と非効率の拡大の原因として，清朝の急速な領土的拡大と民族的多様化に，清朝の行財政制度が対応することができなかったことを挙げている。Bello, *op. cit.*, pp. 286-304. しかし，行財政の限界についてみれば，内陸への領土拡大よりも，むしろ主として漢族が居住する地域の人口の増大にともなう行政の負担増大の方が，より大きな問題であったといえるだろう。

（17）　例えば，ヴァンダイクの著作は最も多様な欧文一次文献を渉猟した広州貿易に関する研究であるが，その考察範囲が広州の貿易にとどまり，中国の沿海支配のあり方と結びつけて議論ができていないために，広州における貿易管理崩壊の原因について構造的な説明ができていない。Van Dyke, *op. cit.*, pp. 170-176.

(18) 林満紅はアヘン貿易よりも，ラテンアメリカでの銀の産出減少と世界的な不況にともなう中国からの生糸と茶の輸出の減少を強調する。Man Houng, Lin, *China Upside Down : Currency, Society, and Ideologies, 1808–1856*, Harvard University Asia Centre, 2006, pp. 72–114.

(19) フォン・グラーンは，世界的な不況とヨーロッパとインドでの銀の高騰とあわせて，アメリカからのメキシコ銀貨輸入の減少が銀流出の主要な原因であると指摘する。Richard von Glahn, "Foreign Silver Coins in the Market Culture of Nineteenth Century China," *International Journal of Asian Studies*, Vol. 4, No. 2, 2007, pp. 61–62.

(20) Alejandra Irigoin, "The End of a Silver Era : The Consequences of the Breakdown of the Spanish Peso Standard in China and the United States, 1780s–1850s," *Journal of World History*, Vol. 20, No. 2, 2009, pp. 222–239.

(21) 一部の例外を除き，アヘン取引は現金（銀）で行われた。*The Chinese Courier*, Vol. 2, No. 35, Apr. 6, 1833.

(22) 本来，アヘン貿易の中心の一つであった広東東部の潮州地域についても検討すべきであるが，当該地域に高位の官僚が駐在していなかったこともあって，清朝側の史料が不足しているため，本章では重点的には取り上げない。

(23) 岡本前掲『近代中国と海関』60–75 頁。

(24) 明末の広州における交易秩序の再編については，岩井茂樹「一六世紀中国における交易秩序の模索」岩井茂樹編『中国近世社会の秩序形成』京都大学人文科学研究所，2004 年に詳しい。

(25) 劉序楓「17，8 世紀の中国と東アジア——清朝の海外貿易政策を中心に」溝口雄三・濱下武志・平石直昭・宮嶋博史編『アジアから考える 2　地域システム』東京大学出版会，1993 年，97–100 頁。清朝による海上貿易を行う船隻に対する管理政策全体については，劉序楓「清政府対出洋船隻的管理政策（1684–1842）」劉序楓主編『中国海洋発展史論文集』9 輯，中央研究院人文社会科学研究中心・海洋史研究専題中心，2005 年を参照。

(26) 松浦章『清代海外貿易史の研究』朋友書店，2002 年，585–587 頁。乾隆 37 年（1772）以降は毎年船照を更新することになっていた。『福建省例』巻二十三，「船政例」，厳禁勒索船隻験烙給照陋規，道光『廈門志』巻五，「船政略」，商船。

(27) 松浦前掲書，98–113 頁。

(28) 嘉慶『大清会典事例』巻五百七，兵部，緑営処分例，海禁一「(雍正六年）……洋商投行買貨，即同牙人将応帯軍器数目呈明海関，給票照数製造，鏨書姓名号数，完日報官点験，填入照内，守口官弁験明放行」。

(29) J. R. Morrison, *A Chinese Commercial Guide*, The Albion Press, 1834, pp. 14–16 ; Van Dyke, *op. cit.*, pp. 35–93.

(30) 例えば，澳門引水も外国船が珠江を遡航する際に船を牽くサンパン船を外国船に代わって雇用した。Van Dyke, *op. cit.*, pp. 39–42.

(31) 根岸佶『買辦制度の研究』日本図書株式会社，1948 年，72 頁。

(32) 岩井茂樹「帝国と互市——16–18 世紀東アジアの通交」籠谷直人・脇村孝平編『帝国

とアジア・ネットワーク――長期の19世紀』世界思想社，2009年，38-52頁。ただし，この「参入の自由」はあくまでも海上貿易に限定されたことである。

(33) 清代の国際貿易の全体像については，岸本前掲『清代中国の物価と経済変動』173-212頁を参照。

(34) 劉序楓前掲「清代前期の福建商人と長崎貿易」133-153頁。

(35) 松浦前掲書，6-24頁。

(36) 周知のように初期の広州の行商の多くが福建人であった。梁嘉彬前掲書，5頁。

(37) 香坂昌紀「清代前期の沿岸貿易に関する一考察――特に雍正年間・福建―天津間に行なわれていたものについて」『文化』35巻1・2号，1971年，松浦章「清代における沿岸貿易について――帆船と商品流通」小野和子編『明清時代の政治と社会』京都大学人文科学研究所，1983年，同「清代福建の海船業について」『東洋史研究』47巻3号，1988年，宮田前掲書，第2章，松浦章『清代上海沙船航運業史の研究』関西大学出版部，2004年。

(38) 当該期の海賊活動については，松浦章『中国の海賊』東方書店，1995年，105-120頁，豊岡康史「清代中期広東沿海住民の活動，1785～1815年――「吏科題本」糾参処分類を中心に」『社会経済史学』73巻3号，2007年を参照。

(39) 岡本前掲『近代中国と海関』139-141頁。

(40) 岡本隆司は，福潮船と本港船，福潮行と本港行は廈門の「商船」と「洋船」及び「商行」と「洋行」の変遷とあい連動していたとする。岡本前掲『近代中国と海関』508頁。

(41) マラッカの「重興青雲亭碑記」（1801年立）には，「廈門合成洋行題進来鵤，蔡棟観交金壱百員」とあり，マラッカの青雲亭の再建にも資金を供出していたことがうかがえる。Wolfgang Franke and Chen Tieh Fan eds., *Chinese Epigraphic Materials in Malaysia*, Vol. 1, University of Malaya Press, 1982, pp. 237-238. なお，青雲亭はマラッカの華人商人団体の公所であった。今堀誠二『中国封建社会の構成』勁草書房，1991年，1,111-1,123頁。また，嘉慶8年（1803）に建てられた「建蓋大小担山塞城記略」にも嘉慶海寇の際に，大担・小担における砲台建造費に洋行として合成が番銀600ドル，元徳，和発が合わせて番銀600ドルを寄付したとある。したがって，この段階ですでに洋行が3家まで減少していることもうかがえる。また，商行は11家，小行は19家記載されており，この時点ではあまり減少していない。何丙仲編『廈門碑誌彙編』公播電視出版社，2004年，115-116頁。

(42) 商船の所有者も陸上でギルドを組織しており，廈門において広東貿易に従事するものは広郊を作った。根岸佶『支那ギルドの研究』斯文書院，1932年，54頁。前註所掲，「建蓋大小担山塞城記略」でも鹿郊，台郊，広郊の存在が確認できる。

(43) 道光『廈門志』巻五，「船政略」，洋船「道光元年，廈防同知麦祥詳称，洋行和合成陳班観年老資竭，挙蔣元亨自代，奉将軍祥批駁，一時無人承充。議令商行金豊泰，金万成，金源豊，金恒遠，金瑞安，金源泉，金長安，金豊勝，金元吉，金源益，金源瑞，金晋祥，金源発，金全益等大小十四家公同承辦貢燕，黒鉛等項，保倚洋船販洋。一俟洋行募充有人，仍帰洋行承辦」。

(44)　地方貿易商人のマッキーは1830年5月6日にイギリス議会における証言で，スペイン船は30年前に廈門との貿易を停止したが，これは中国帆船が廈門でより低価格で商品を購入できたことが原因であるとしている。*Irish University Press, Area Smdies Series, British Parliamentary Papers*（以下BPPと略称），*China*, Vol. 37, *First Report from the Select Committee on the Affairs of the East India Company*, p. 403.

(45)　海関の税収は，乾隆22〜41年には35万両以上であったのが，道光17年には19万1,665両に減少していた。陳国棟前掲論文，94-95頁。

(46)　道光『廈門志』巻五，「船政略」，洋船「按廈門販洋船隻，始於雍正五年，盛於乾隆初年。時有各省洋船載貨入口，倚行貿易徴税，並准呂宋等夷船入口交易，故貨物聚集，関課充盈。至嘉慶元年，尚有洋行八家，大小商行三十余家，洋船商船千余号，以廈門為通洋正口也。向来南北商船由商行保結出口，後因蚶江，五虎門三口並開，奸商私用商船為洋駁（較洋船為小），載貨挂往広東虎門等処，別換大船販夷，或径自販夷。回棹則以貴重之物由陸運回，粗物仍用洋駁載回，倚匿商行，関課僅納日税而避洋税，以致洋船失利，洋行消乏，関課漸絀。至嘉慶十八年，僅存和合成洋行一家，呈請洋駁帰洋行保結。経広郊金広和，於嘉慶二十二年以把持勒索，控総督董，批行査禁，奸商肆然無忌。道光元年，洋行全行倒罷，詳請以商行金源豊等十四家公同承辦洋行之事，維時本地，以商船作洋船者，尚有十余号。而各省洋船及呂宋夷船不至，自後洋船，洋駁，亦漸稀少，私往詔安等処各小口整発，商行亦漸凋罷。迨至道光十二，三年，廈門商行僅存五，六家，関課虧欠，毎歳飭令地方官招来勧諭，始有洋駁一，二号販夷。燕菜，黒鉛来自外洋者，遂須購自広東，及応繳津貼各費，均不能如期呈納，関課日絀，而商行之承辦者不支矣」。

(47)　1830年代における廈門の衰退については，開港後にも指摘されている。中央研究院近代史研究所編『籌辦夷務始末補遺』中央研究院近代史研究所，1966年，106頁，「福州将軍兼管閩海関敬斆奏上（道光25年3月17日収）。「至道光十五年以後，地方逐漸凋敝，経商之人屢屢倒罷，征収税課，不能如前此之易，雖額数未至遽虧，而榷収頗形掣肘」。

(48)　春と秋の貢燕と黒鉛の買付は洋行が請け負っていた。道光『廈門志』巻五，「船政略」，洋船「向例督撫春貢燕菜七十斤，将軍秋貢燕菜九十斤，由洋行承辦。又歳購黒鉛額耗四万三百二十一斤，解福州理事庁庫及廈門水師中軍交繳，亦由洋行承辦」。

(49)　乾隆年間に洋船の陋規から閩浙総督は毎年銀1万両，福建巡撫は銀8,000両を受け取っていたという。邱普艶「従道光『廈門志』看清朝前期的廈門海関」『中国地方志』2010年2期，2010年，48頁。

(50)　岡本前掲『近代中国と海関』98-105頁。重い負担の中で，資本規模の小さい行商たちの経営は不安定であり，入れ替わりも激しかった。陳国棟「論清代中葉広東行商経営不善的原因」『新史学』1巻4期，1990年。

(51)　陳国棟前掲「清代中葉廈門的海上交易」，Sarasin Viraphol, *Tribute and Profit : Sino-Siamese Trade, 1652-1853,* Council on East Asian Studies, Harvard University Press, 1977, pp. 129-130. さらに，嘉慶海寇の乱が原因で，1806年に福建ジャンクの大きさが制限されて福建人商人に打撃を与えていた。Jennifer Wayne Cushman, *Fields from the*

Sea : Chinese Junk Trade with Siam during the Late Eighteenth and Early Nineteenth Centuries, Southeast Asia Program, Cornell University, 1993, p. 124.

(52)　官吏や水師兵士の陋規の不当徴収と乾隆末期から嘉慶中期の海賊の横行により台運義務の回避が深刻化した。高銘鈴「清代中期における台運体制の実体についての一考察」『東洋史論集（九州大学）』29号，2001年。ただし，台運の衰退は，高が指摘するように小港の発展による台湾の正口の貿易の衰退ではなく，正口における官僚による不正行為が原因であると指摘されている。林文凱「再論清代台湾開港以前的米穀輸出問題」林玉茹主編『比較視野下的台湾商業伝統』中央研究院台湾史研究所，2012年，114-115頁。この点からみると，同時期の廈門においても，やはり同様の不正行為は予想されるから，税収減も貿易の衰退だけではなく，不正が一因であったのかもしれない。

(53)　山本進『清代の市場構造と経済政策』名古屋大学出版会，2002年，153-156頁。ただし，この変化は永続的なものではなかった。第7章で述べるように，台湾米の主要な市場は，日本の台湾領有まで閩南であったことには留意する必要がある。

(54)　豊岡康史「清代中期における海賊問題と沿海交易」『歴史学研究』891号，2012年，5-11頁。

(55)　勝田弘子「清代海寇の乱」『史論（東京女子大学）』19号，1968年，39-45頁。

(56)　杉原薫「19世紀前半のアジア交易圏——統計的考察」籠谷・脇村編前掲書は，19世紀前半におけるアジア貿易の拡大を主張し，19世紀中葉の断絶を否定する。ただし，1830年代後半〜1850年代前半にかけての中国貿易については，停滞ないし衰退の傾向にあったから，地域ごとの動向についてはより細かい検討が必要であろう。

(57)　『問俗録』巻四では，詔安が寧波・上海・天津へのアヘン貿易の中心であったことを述べる。なお『問俗録』の著者，陳盛韶は道光8〜10年に詔安知県を務めている。

(58)　1834年当時，広州では年に24万3,000（ポンド？），126万3,570ドル相当の燕の巣がジャワ，スマトラ，マカッサル，スールーから輸入されていた。*Chinese Repository*, Vol. 2, No. 10, Feb. 1834, pp. 453-454.

(59)　小港から直接，安南などに向かう場合もあった。道光『廈門志』巻五，「船政略」，洋船「道光三年，廈防同知陞宝，以廈門為放洋正口，有奸商私用洋駁載貨，挂往広東之虎門，雷州，瓊州，樟林等処，潜往安南各夷港貿易。回棹時，将貴重之貨，由陸運回，粗貨仍用小船駁入廈口，致洋船失利日少，洋行倒罷，詳請禁止」。

(60)　このほか恵州府・潮州府から300隻，江門と福建などとの貿易を行うものが300隻，カントンと天津・満洲ないし遼東とのあいだの貿易を行う福建ジャンクが16隻とされている。*Canton Register*, Vol. 5, No. 13, Sept. 3, 1832.

(61)　林玉茹「由私口到小口——晩清台湾地域性港口対外貿易的開放」林玉茹主編『比較視野下的台湾商業伝統』中央研究院台湾史研究所，2012年。

(62)　*Singapore Chronicle and Commercial Register* に基づく表1-1のシンガポールにおける中国船舶の情報は必ずしも網羅的かつ完全なものではない。例えば1837年の年始から4月頃までにシンガポールに入港したジャンクは28隻，トン数は5,965トンであったとされる。*Canton Press*, Vol. 3, No. 34, Apr. 28, 1838. したがって，1833年以後の

データは網羅性に欠ける。ただし，1隻あたりのアヘン積載量からみても，地方貿易商人の船舶によるアヘン貿易よりもはるかに規模が小さいことには変わりない。

(63)　ただし，廈門―スールーの貿易においてマニラが廈門に代わったのは1840年以降である。James Francis Warren, *The Sulu Zone, 1768–1898 : The Dynamics of External Trade, Slavery, and Ethnicity in the Transformation of a Southeast Asian Maritime State*, Singapore University Press, 1981, pp. 6–9, 53–63.

(64)　菅谷成子「18世紀後半における福建―マニラ間の中国帆船貿易」『寧楽史苑』34号，1989，42頁。すでに1786年から新スペイン会社がマニラから広州に船舶を派遣していた。Morse, *op. cit.*, Vol. 2, p. 122. マカオ―マニラ間のスペイン船貿易は1831年には34隻，1832年には47隻に達した。*Ibid.*, Vol. 4, pp. 255, 326.

(65)　Hugh Hamilton Lindsay, *Report of Proceeding on a Voyage to the Northern Ports of China in the Ship Lord Amherst*, London, 1833, pp. 14–15.

(66)　*Ibid.* p. 114.

(67)　Charles Gutzlaff, *Journal of Three Voyages along the Coast of China in 1831, 1832, & 1833, with Notices of Siam, Corea, and the Loo-Choo Islands*, London, 1834, p. 101.

(68)　例えばリードは1740～1840年を華人の世紀と位置づける。Anthony Reid, "Introduction," in Anthony Reid ed., *The Last Stand of Asian Autonomies : Responses to Modernity in the Diverse States of Southeast Asia and Korea, 1750–1900,* Macmillan Press, 1997, pp. 11-14. ただし，リードがフェアバンクの影響を受け，朝貢回数を中国―東南アジア関係の指標としているのは適切ではない。

(69)　Carl A. Trocki, "Chinese Pioneering in Eighteenth-Century Southeast Asia," in Anthony Reid ed., *The Last Stand of Asian Autonomies : Responses to Modernity in the Diverse States of Southeast Asia and Korea, 1750–1900*, London : Macmillan Press, 1997, pp. 83–101.

(70)　Carl A. Trocki, *Opium and Empire : Chinese Society in Colonial Singapore, 1800–1910*, Cornell University Press, 1990, p. 30.

(71)　クロフォードは，1822年のシャムでは，中国貿易においてシャム在住華僑のジャンクが中国ジャンクよりも優勢を示しており，ジャンクの船主は上海，寧波，蘇州への貿易が広東，廈門より利益があったが，それはとりわけ後者の関税の過重，官吏の誅求が厳しかったからであると述べている。John Crawfurd, *Journal of an Embassy from the Governor-general of India to the Court of Siam and Cochin-China, Exhibiting a View of the Actual State of those Kingdoms*, Oxford University Press, 1967, Orig. pub. 1828, pp. 409–413 ; *BPP, China*, Vol. 37, p. 300. ヴィラポーも1820年代までに中国―シャム貿易はシャム在住の中国人が独占したという。Viraphol, *op. cit.*, p. 130. 佐々木正哉はこの現象から，中国からシャムへの資本逃避が顕著であったとみなす。佐々木正哉「19世紀初期中国戎克の海外貿易に関する資料」『近代中国』3巻，1978年，59頁。

(72)　陳国棟前掲「清代中葉廈門的海上交易」94–95頁。

(73)　閩海関の定額は道光18年で18万6,549両5銭4分であり，道光18年4月16日～道光19年4月15日までの徴収額は19万1,391両1分3厘であった。『宮中檔道光朝奏摺』6輯（002703）168–169頁，福州将軍嵩溥の道光19年4月8日の上奏。

（74） 18世紀半ば以降，海関税の中で粤海関の税収は圧倒的な比重を占めるようになる。岸本前掲『清代中国の物価と経済変動』203-204頁。ただし，閩海関や，後述する天津関において貿易がほとんど把握されていない問題などを考慮すれば，海関の税収自体が海上貿易の変動をそのまま反映していない可能性は高い。

（75） Morrison, *op. cit.*, p. 44.

（76） 1811年頃から東インド会社は福州経由で海路，ジャンクによって広州に茶を輸送するルートの開拓に努力し，1813年以降になると茶の密輸出を増大させた。そこで広州の行商人が両広総督を動かし，嘉慶22年7月の上諭により，海上からの茶の輸出は禁止された。Morse, *op. cit.*, Vol. 3, pp. 313-314 ; 波多野前掲書，119-120頁，中国第一歴史檔案館編『嘉慶道光両朝上諭檔』22冊，広西師範大学出版社，2000年，261頁，嘉慶22年7月26日の上諭。

（77） 珠江を遡航するための引水の重要性は蒸気船の登場によって低下した。外国船への食料供給・労働力調達と行っていた買辦の費用が増大するにつれて買辦を迂回した外国船への食料供給が行われるようになった。 Van Dyke, *op. cit.*, pp. 46-47, 66-71.

（78） 嘉慶海寇の安南関与説に関しては近年，清朝が武力介入を回避するために考え出されたという見方が提示されている。豊岡康史「清代中期の海賊問題と対安南対策」『史学雑誌』115編4号，2006年。嘉慶海寇の原因については，華南沿海の状況から再考すべきであると思われる。

（79） 勝田前掲論文，Murray, *op. cit.*, pp. 119-150. 後者は広東人の海賊を主たる対象としている。

（80） マレによれば，自ら海賊に参加した人の職業の8割近くが漁民または水手であった。安楽博（Robert J. Antory）「罪犯或受害者——試析1795年至1810年広東海盗集団之成因及其成負之社会背景」湯熙湧主編『中国海洋発展史論文集』7輯下冊，中央研究院中山人文社会科学研究所，1999年，443-446頁。福建・浙江の海賊についても同様である。張中訓「清嘉慶年間閩浙海盗組織研究」中央研究院三民主義研究所中国海洋発展史編輯委員会編『中国海洋発展史論文集』2輯，中央研究院三民主義研究所，1986年。

（81） 李若文「海盗与官兵的相生相克関係(1800-1807)——蔡牽，玉徳，李長庚之間互動的討論」湯熙勇主編『中国海洋発展史論文集』10輯，中央研究院人文社会科学研究中心，2008年，476-481頁。

（82） Murray, *op. cit.*, pp. 82-83. もっとも，海賊の被害の多くも漁民や小規模な商人であった可能性は高い。豊岡前掲「清代中期広東沿海住民の活動」77-84頁。

（83） 李若文前掲論文，472頁。

（84） 豊岡前掲「清代中期における海賊問題と沿海交易」12-14頁。

（85） 海賊鎮圧を理由に清朝側が廈門の商人に多額の捐を要求することもあった。李若文前掲論文，497-498頁。

（86） 前註(41)所掲「建蓋大小担山塞城記略」。ただし，寄付が自発的なものであったとは限らない。寄付（捐）の問題については第8章を参照。

（87） Morse, *op. cit.*, Vol. 2, p. 422.

(88) 東インド会社が1807年に行った提案は清朝側に拒否され，清朝側単独の鎮圧が試みられたが，失敗に終わっている。Morse, *op. cit.*, Vol. 3, p. 67. もっとも1809年になると，今度は清朝側が協同での鎮圧を東インド会社管貨人委員会に勧め，イギリス海軍の出動をも求めた。しかし，交渉は成功せず，地方貿易船マーキュリー（*Mercury*）号の行商によるチャーターを認めたのみであり，清朝側はポルトガルを利用していくことになる。Morse, *op. cit.*, Vol. 3, pp. 113, 117–122 ; Murray, *op. cit.*, pp. 132–136. 結局清朝がイギリス海軍を利用するようになるのは，第3章で述べるようにアヘン戦争後のことである。

(89) 嘉慶の海賊の根拠地の一つであった大嶼山とアヘン密輸の中心地であった零丁洋はともに珠江河口の隣接した地域であった。また，1803〜1815年のあいだには，アヘン貿易業者が海賊に高額の保護料を支払うことにより保護を受けており，海賊行為に妨害されることはなかった。Murray, *op. cit.*, pp. 68–69, 87.

(90) 布告では，零丁洋の密輸人の小型船舶は30〜40の櫂をもつ快速船で，火器で武装しており，密輸が失敗すると海賊になると述べていた。*Chinese Repository*, Vol. 4, No. 12, Apr., 1836, p. 563 ; Morse, *op. cit.*, Vol. 4, p. 133. アヘン戦争直後の状況ではあるが，この種の密輸船の武装について，12ポンド砲1門，6ポンド砲1門，ジンジャル銃12丁，イギリス製マスケット銃1丁，諸刃の剣20本，籐製の盾30，矛と槍200本などを装備していたという記録がある。“The Chinese Smuggling Boats,” *Hunt's Merchants Magazine*, Feb., 1844, p. 163. 船舶の大きさに比して，かなりの重武装であったといえる。

(91) *Chinese Courier*, Vol. 2, No. 5, Sept. 1, 1832.

(92) *Chinese Repository*, Vol. 4, No. 12, Apr., 1836, pp. 563–564.

(93) 張保はアヘン常習者でもあったともされる。井上前掲書，60–61頁，Morse, *op. cit.*, Vol. 3, pp. 208–209.

(94) 福建巡撫は，廈門や金門周辺の密輸ボートについて報告したが，それらは多数の櫂をもち，大砲や火縄銃などで武装していた。*Canton Register*, Vol. 7, No. 1, Jan. 7, 1834.

(95) *Canton Register*, Vol. 7, No. 1, Jan. 7, 1834.

(96) 中国第一歴史檔案館編『鴉片戦争檔案史料』（天津古籍出版社，1992年）1冊，253-254頁「吏科給事中陶士霖奏陳査禁鴉片非議以重刑不能挽此積習摺」（道光18年4月22日「軍機処全宗録副奏摺」以下「軍録」と略称）「臣風聞煙土来自外夷，如広東澳門各口岸，歳銷煙土銀約三四千万両。福建廈門，江蘇上海，直隷天津各口岸，歳銷煙土銀約共四五千万両」。

(97) 村尾進は，「カントン・システム」を港湾都市という最も広い意味に拡張してとらえるならば，珠江・広州・マカオという3つの都市が一つのセットとなって初めてその機能を果たしていると指摘している。村尾進「珠江・広州・マカオ――英文および絵画史料から見た「カントン・システム」」小野和子編『明末清初の社会と文化』京都大学人文科学研究所，1996年，693頁。本書でもアヘン貿易に関しても三者を合わせて考察することが適切と考え，それらを総称して「カントン」という語を用いたい。

(98) 林満紅前掲論文，72頁。なお，内陸では雲南，外モンゴル，新疆を通じたアヘンの

流入もあった。同 71-75 頁。

(99)　1720 年代にはマカオにアヘンが持ち込まれており，18 世紀後半にはマカオの高級官僚は直接アヘン貿易に関与し，課税を行い，アヘンはマカオで合法的に取引されていた。Van Dyke, *op. cit.*, pp. 121-126.

(100)　井上前掲書，34-35 頁。

(101)　東インド会社はインド産綿花を中国茶の代価としようとしたが，中国茶の輸入量の増大を補塡するには至らず，アヘン輸入増大に転じた。Marks, *op. cit.*, pp. 177-180.

(102)　ただし，この禁令はアヘン貿易の変動よりも嘉慶帝の親政開始という国内政治上の動静と密接に関わっていた。井上前掲書，35-40 頁。

(103)　Greenberg, *op. cit.*, pp. 33, 120 ; Chang, *op. cit.*, pp. 20-21 ; 井上前掲書，第 2 章。

(104)　Van Dyke, *op. cit.*, p. 132.

(105)　『鴉片戦争檔案史料』1 冊，40-43 頁「両広総督阮元等奏報拿獲販売鴉片煙人犯分別定擬摺」（道光 2 年 3 月 28 日「軍録」）。

(106)　田中正美は，漢奸の類型を㈠行商，㈡文武の下級官吏・小商業資本，㈢華南沿海地方の奸民とし，㈢についてさらに(1)土棍，(2)械闘の民とくに富強な同族集団，(3)塩梟・土盜，(4)通夷の漢奸，(5)蜑戸・漁戸・貧漁・無頼漢などの下層民，(6)手工業者を挙げている。田中正美前掲論文，17-26 頁。筆者はこの分類に完全に同意するわけではないが，以上の人々がアヘン貿易に参加していたとみなして間違いない。

(107)　*Canton Press*, Vo. 1, No. 37, May 21, 1836.

(108)　岡本前掲『近代中国と海関』102-104 頁。

(109)　石井寛治前掲書，15 頁。

(110)　清朝側の警戒を示す初期の例として，次の上奏がある。『鴉片戦争檔案史料』1 冊，75 頁「工科掌印給事中邵正笏奏請飭厳拿勾結外国人之漢奸片」（道光 11 年 3 月 8 日「軍録」）「臣聞漢民之居澳門者，半通夷語，最易蔵奸」，田中正美前掲論文，12-13 頁。

(111)　*Canton Register*, Vol. 1, No. 15, Apr. 12, 1828.

(112)　Chang, *op. cit.*, pp. 32-33 ; 田中正美前掲論文，19 頁，村尾前掲「カントン学海堂の知識人とアヘン弛禁論，厳禁論」101-102 頁，新村前掲書，250 頁，『鴉片戦争檔案史料』1 冊，84-86 頁「湖広道監察御史馮贊勳奏陳夷人夾帯鴉片煙入口積弊請飭査厳禁摺」（道光 11 年 5 月 24 日「軍録」）。

(113)　外国貿易によって中国に流入した銀貨には，多様な種類が存在したが，本書では「元」・「圓」を全てドルと訳した。清代における外国銀貨の流通については，百瀬弘「清代に於ける西班牙弗の流通㈤㈥㈦」『社会経済史学』6 巻 2・3・4 号，1936 年が先駆的な研究である。

(114)　前註(105)所掲「両広総督阮元等奏報拿獲販売鴉片煙人犯分別定擬摺」（道光 2 年 3 月 28 日「軍録」）。

(115)　新村前掲書，256 頁。

(116)　*Canton Register*, Vol. 7, No. 50, Dec. 16, 1834.

(117)　アヘン取締強化に対して少量の取引で対応するということは，すでに 1815 年のマカオや黄埔での取引でもみられた。Morse, *op. cit.*, Vol. 3, p. 237.

(118) Jonathan Spence, “Opium Smoking in Ch'ing China,” in Frederic Wakeman, Jr. and Carolyn Grant eds., *Conflict and Control in Late Imperial China*, University of California Press, 1975 ; Carl A. Trocki, *Opium, Empire and the Global Political Economy : A Study of the Asian Opium Trade 1750–1950*, Routledge, 1999, p. 35 ; 龔纓晏前掲書，98–100 頁。

(119) すでに嘉慶年間からアヘン貿易は閩南に拡大していた。陳洋・陳娜前掲論文，76 頁。

(120) 『鴉片戦争檔案史料』，1 冊，332 頁「福建巡撫魏元烺奏陳厳査販烟巨奸為塞漏第一要務片」（道光 18 年 6 月 28 日「軍録」）。

(121) Van Dyke, *op. cit.*, p. 131.

(122) Morse, *op. cit.*, Vol. 4, p. 93 ; Chang, *op. cit.*, p. 23 ; Hao, *op. cit.*, p. 119. 1820 年代に外国船が金門・銅山・南澳・台湾などに停泊していることは，閩浙総督趙慎畛の上奏から確認できる。中国史学会主編『中国近代史資料叢刊　鴉片戦争（1）』上海人民出版社，2000 年，49–51 頁。

(123) 1832 年にジャーディン・マセソン商会はシルフ（*Sylph*）号とジャメシナ（*Jamesina*）号を派遣し，このほかデンマーク船 2 隻とオランダ船 1 隻も北上した。シルフ号は，浙江，江蘇，山東，さらには満洲の蓋州にまで達し，ジャメシナ号は泉州湾，廈門と福州を訪れた。Morse, *op. cit.*, Vol. 4, pp. 334–335 ; Chang, *op. cit.*, pp. 23–26 ; Hao, *op. cit.*, p. 119. 衛藤前掲書，139–140 頁。清朝側も山東や奉天においても同様に外国船を確認している。『鴉片戦争檔案史料』1 冊，116–117 頁「山東巡撫訥爾経額奏報有英船駛至山東洋面現在巡防押逐摺」（道光 12 年 6 月 26 日「硃批奏摺」以下「硃摺」と略称。）同，1 冊，126–128 頁「国祥等奏報英船駛至奉天海面已派幹員馳往駆逐摺」（道光 12 年 10 月 13 日「硃摺」）。

(124) 1828 年 4 月～1829 年 4 月のシーズンには中国に輸入されたアヘン 1 万 4,388 箱中，零丁洋・マカオを除いた東部沿岸での取引は 200 箱程度にすぎなかったが，1832 年には 2 万 4,077 箱中 1,861 箱に達した。Morse, *op. cit.*, Vol. 4, pp. 183, 341. 1836 年度のジャーディン・マセソン商会の広東を除いた中国の東部沿岸での取引額は数量，金額とも 2 割を超えていた。石井摩耶子前掲書，71 頁。

(125) 1832 年 11～12 月にジャーディン・マセソン商会の船舶ジャメシナ号が泉州湾に来航したとき，28 人のアヘン商人の名を記したリストを中国人に持たせて上陸させ，彼らに来て商売をするように要求したところ，アヘン貿易を求める人々が船に群がってきた。Maurice Collis, *Foreign Mud : Being an Account of the Opium Imbroglio at Canton in the 1830s and the Anglo-Chinese War That Followed*, Faber and Faber, 1946 ; reprint, New Directions Publishing Co., 2002, pp. 87–88.

(126) 『鴉片戦争檔案史料』1 冊，140–143 頁「閩浙総督程祖洛奏為査究英船游奕閩浙洋面情形片」（道光 14 年 2 月 21 日「硃摺」）「従前煙禁頗弛，即有内地奸民私駕小舟接済，彼此各獲重利。夷船来者愈多，而奸民既以接販起家，遂各私造船隻，以便勾通接販。甚有奸民之貿易広東者，習学蕃語，即在澳門交接夷人，勾引来閩」。

(127) 『鴉片戦争檔案史料』2 冊，15–18 頁「閩浙総督桂良等奏報審明林和国賄送煙土案分別定擬摺」（道光 20 年 1 月 26 日「軍録」）「道光四年間，林因起意囤販鴉片，糾林牙美及林干，林梨春入夥，合出本銀七千余元，赴広東澳門買得煙土十八箱，運回転買，以

後毎年販運，不記次数。又道光八年起，林因別雇能通番語在逃之蔡能等，先後赴澳門，勾引夷船来閩販運鴉片，毎年獲利約計番銀一万余元，作為三十股分派，該犯林牙美分得五分之一。十三年九月間，林因復令林牙美等携銀前赴澳門，托已獲辦結之王略同赴噶喇吧夷船上議定煙価，先交定銀，将夷船勾駛来閩，買得煙土三十箱，計価番銀一万余元，散売得利均分。……六月初間，林牙美稔知粤省鴉片価賤，起意勾引夷船運土来閩，以便囤積，並誘人興販，従中抽利。因在逃素識之晋江県人林投能通番語，雇其赴粤省零丁外洋，勾引夷船一隻，於七月初間同林投来閩，駛至恵安県轄按頭外洋寄泊」。

(128) Morse, *op. cit.*, Vol. 4, pp. 331–332 ; 衛藤前掲書，139 頁。先述したジャメシナ号の場合，1 箱 174 ドルで零丁よりも 50 ドル高かった。Collis, *op. cit.*, p. 88. もっとも，1832 年のジャーディン・マセソン商会によるアヘン貿易の北上は期待されたほどの成果をあげてはいない。Cheong, *op. cit.*, p. 125.

(129) 張馨保は泉州商人が珠江デルタでアヘンを購入していたのが，外国船を福建に来航させる誘引になったとする。Chang, *op. cit.*, p. 33.

(130) JM/B2/17, Burnett to JM, Nov. 20, 1835.

(131) 『鴉片戦争檔案史料』2 冊，485–487 頁「閩浙総督鄧廷楨等奏報輯審積慣通英煙犯王幅憬等情形摺」(道光 20 年 9 月 23 日「硃摺」)「又現獲之施烏慈籍隷福建晋江県。……又七月二十五日，聞知大墜洋面有夷船停泊，鴉片便宜，随用番銀一百八十元，雇坐海辺不識姓名漁船前赴夷船。経通事広東人不知姓之阿蓮説明価値，向該夷人買得煙土十六個」。

(132) アヘン取引を行った林明は実力（シンガポール）で商売を行い，外国語を習得した。『宮中檔道光朝奏摺』4 輯（001947）793–802 頁，閩浙総督鍾祥などの道光 18 年 9 月 24 日の上奏「又林明一犯，曽往実力国貿易，畧暁夷語」。

(133) 田中正美前掲論文，22 頁。

(134) 『宮中檔道光朝奏摺』5 輯（002185）319–324 頁，『鴉片戦争檔案史料』1 冊，436–440 頁「閩浙総督鍾祥奏報審擬張潘等大夥興販鴉片案犯摺」(道光 18 年 11 月 23 日「軍録」)「縁張潘即張秉，又名張旛，張虎，綽号虎魚潘，住居同安県滸井郷，開設当鋪。先於道光七年間用張秉名字報捐監生。後因当鋪虧本歇業，十三年正月間，張潘探知鴉片煙土価賤，起意販売獲利」。

(135) 田中正美前掲論文，20–21 頁，林仁川前掲論文，64–65 頁。

(136) 例えば，施氏が集住する晋江県衙口においても，施猴らがアヘン取引を繰り返したが，この場合も施猴と族人の施淑宝の合資のケースが多かった。『宮中檔道光朝奏摺』4 輯（001947）792–802 頁，閩浙総督鍾祥などの道光 18 年 9 月 24 日の上奏。衙口は深滬湾に位置する村で，石田浩による施氏の同族組織に対する調査が行われ，社会主義化の中でも解体せず，改革開放期に活発な活動を再開しているのが確認されている。石田浩『中国同族村落の社会経済構造研究——福建伝統農村と同族ネットワーク』関西大学出版部，1996 年。閩南における宗族組織の再興については，人類学の立場から衙口に近い石獅市の村落を分析した以下の文献を参照。藩宏立『現代東南中国の漢族社会——閩南農村の宗族組織とその変容』風響社，2002 年。

(137) Collis, *op. cit.*, p. 87.

(138)　田中正美前掲論文，25頁。

(139)　黙許料などが固定され，黄埔における密輸が常態化しただけでなく，1810〜1820年代には外国船は黄埔を超えて直接に広州に来て密輸品を取引するようになった。Van Dyke, *op. cit.*, pp. 129-132. 1838年11月になっても，外国船のスクーナーがファクトリーの近くでアヘンを引き渡そうとして官憲の取締りをうけている。*Canton Press*, Vol. 4, No. 11, Nov. 17, 1838.

(140)　Van Dyke, *op. cit.*, p. 122.

(141)　*Chinese Courier*, Vol. 1, No. 38, Apr. 21, 1832 ; *Canton Register*, Vol. 5, No. 20, Dec. 20, 1832.

(142)　Greenberg, *op. cit.*, p. 49. すでに1820年代半ばにおいてアヘン以外の商品についても相当規模の取引が零丁洋で行われており，その規模は拡大し続けていた。Morse, *op. cit.*, Vol. 4, pp. 107, 135, 150, 228. 地方貿易商人がこうした貿易を行ったのは，広州において地方貿易商人の小型船が会社の大型船よりも不利な課税が行われていたことも一因であった。伶丁島で取引される商品には禁制品のアヘン・金以外に茶，陶磁器，生糸や食料を含んでいた。そして，こうした取引から利益を得る清朝官僚によって黙認されていた。Van Dyke, *op. cit.*, pp. 70, 108. 零丁洋での取引がアヘンに限定されないことは清朝側にも認識されていた。村尾前掲「カントン学海堂の知識人とアヘン弛禁論，厳禁論」508頁。

(143)　Trocki, *Opium*, *Empire and the Global Political Economy*, p. 56. トロツキはこの形態による輸入量の確定は不可能であるとしている。

(144)　東北へのアヘン貿易の拡大と福建人との関係については佐々木正哉の指摘がある。佐々木正哉「営口商人の研究」『近代中国研究』1輯，1958年，24-25頁。林満紅も各地域別のアヘン貿易活動を検討する中で，福建人の活動についても触れている。林満紅前掲論文，75，79-80，85-88頁。なお，地方貿易商人は時には天津まで来航した。*Chinese Repository*, Vol. 5, No. 3, July 1836, p. 141. しかし，清朝側の記録には残っていない。

(145)　『鴉片戦争檔案史料』1冊，351-352頁「江西道監察御史狄聴奏請査禁来津洋船夾帯煙土並鋪戸代為囤銷事摺」（道光18年7月27日「軍機処原摺」以下「原摺」と略称）「即如京城及直隷，河南，山，陝数処，煙土皆由天津興販而来，而天津之煙土則由洋船之夾帯」。

(146)　『鴉片戦争檔案史料』1冊，407-408頁「江西道監察御史狄聴奏為請飭蘇撫査禁上海洋船夾帯煙土並議稽査章程摺」（道光18年10月16日「原摺」）「臣籍隷江蘇，深知上海県地方濱臨海口，向有閩粤奸商雇駕洋舡，就広東口外夷舡販売呢羽雑貨並鴉片煙土，由海路運至上海県入口，転販蘇州省城並太倉，通州各路，而大分則帰蘇州，由蘇州分銷全省及隣境之安徽，山東，浙江等処地方」。なお，狄聴は江蘇鎮江府溧陽県の人である。秦国経主編『清代官員履歴檔案全編』29巻，華東師範大学出版社，1997年，443頁。

(147)　「洋船」は広東では，当初は外国船と，対外貿易を行う中国船を指したが，後に前者のみを指すようになった。岡本前掲『近代中国と海関』506-507頁。一方，前述のよ

うに，廈門では対外貿易を行う中国船を「洋船」とし，内国交易を行う船を「商船」と呼んでいる。天津，上海などでは，「洋船」は福建・広東からの船舶を指して用いられており，それには内国交易，対外交易を行うものがともに含まれているが，基本的に鳥船を指すとみてよいだろう。

(148)　『鴉片戦争檔案史料』1冊，354-356頁「署理直隷総督琦善奏報委員査辦天津囤販鴉片之奸商情形摺」（道光18年8月2日「軍録」）「詳加諮訪該二省来津洋船，毎年自八九十隻至百余隻不等，七八月間始行到斉」。

(149)　『鴉片戦争檔案史料』1冊，386-387頁「署直隷総督琦善奏報閩広洋船提前離津恐係夾帯鴉片開往奉天片」（道光18年9月4日「軍録」）。

(150)　『鴉片戦争檔案史料』1冊，696-697頁「直隷総督琦善奏為盤査閩広船隻並続獲煙犯片」（道光19年8月24日「軍録」）「茲拠将已到洋舡一百六十七隻，一律験卸完竣，均係逐一検査，起貨後復由総兵劉允孝進艙細捜，船内実無蔵匿鴉片煙土，各該水手人等，通計不下万余名，均各畏法服従」。

(151)　船を建造して荷主となる者を財東，船をおさめて貨物を運ぶ者を出海と呼んだ。松浦前掲『清代海外貿易史の研究』74-75頁。

(152)　前註(149)所掲「署直隷総督著琦善奏報閩広洋船提前離津恐係夾帯鴉片開往奉天片」「再，本年天津共到閩広洋船一百四十七隻，截至八月二十八日，已有一百三十三隻起碇出口，比往歳回棹日期較早。訪詢其故，実因査拿厳緊，其夾帯煙片煙土之舡不能起卸上岸，仍将原物載回，衆口僉同，臣不敢稍渉欺隠。惟風聞向来洋舡回空，倶往奉天沿海地方，販豆南旋。臣以人言未足深信，随監提前獲之閩舡出海曽錫査訊，拠供閩省廈門舡与広東各舡，毎年皆先至天津卸貨後，順赴奉天錦州，在西錦，南錦，三目島，牛荘四処碼頭停泊，収買黄豆，並称由閩，広赴奉天，計程遠於天津数站，由天津而至奉天，只須両昼夜可到。核与所聞相同。伏思此等刁滑商販在津既未卸載，難保不至他処別謀銷路。盛京為根本重地，設煙土赴彼囤售，不惟吸食悪習，易致漸染，並恐津郡牟利之徒勾通潜往，仍復運出，輾転興販，所関非細」。

(153)　中国民間船舶の通航証については，松浦前掲『清代海外貿易史の研究』587-596頁を参照。ただし，少なくとも本章で扱う時期において，民間船舶は規定通りの通航証を取得していなかった。

(154)　『鴉片戦争檔案史料』1冊，391-393頁「署直隷総督琦善奏為天津査獲興販鴉片洋船厳加訊辦摺」（道光18年9月19日「軍録」）「訊拠鄧然即鄧繕供称，伊係広東三水県人，与南海県人佘暉，順徳県人崔四，福建龍渓県人郭有観即郭壬酉，各出資本，在広州府城外水西街万益号，有香山県人李四，経手向夷船代買煙土八十三担，毎担約一千五六百両。因来至天津，正値査拿厳緊，不能上岸，只将糖貨起卸。商同駛往奉天西錦，南錦地方售売，行至大沽，守風停泊，致被拿獲。郭呑供係福建龍渓県人，在金広興洋船充当水手，伊交給族兄郭有観銀五十両，夥販煙土，余与鄧然供詞略同。詰以所帯煙土甚多，如奉天不能售完，又将駛往何処，是否帯回粤省。拠供該犯等借貸資本，希図獲利帰償，如奉天不能出售，即赴江蘇上海售売等語。……臣調験金安発即金広興洋船照票，係広東恵州府海豊県船戸，自十五年起，倶由天津前往奉天」。

(155)　『鴉片戦争檔案史料』1冊，535-538頁「両広総督鄧廷楨等奏報審擬広州万益号李四等

代買煙土案摺」（道光19年3月24日「軍録」）「迨至五月内，又有金広興船主郭有観即郭壬酉，於与該船商人鄧然即鄧繕，余暉，崔四等合買煙土転販，托李亜彦代為購覓。李亜彦復托莫亜三転向噫索得字拠，交郭有観将船駛出外洋，用番銀四万八千九百七十圓向船上買得煙土八十三担，過船開行」。

(156) 例えば，道光18年7月10日，8月8日に逮捕された11人のうち，天津人1人を除いて全て福建籍で，福建の詔安県や同安県出身の福建人であり，金恒発洋船や洋貨鋪からアヘンを入手していた。『宮中檔道光朝奏摺』5輯（002008）大学士署直隷総督琦善の道光18年10月23日の上奏。金恒発洋船については，上海博物館図書資料室編『上海碑刻資料選輯』上海人民出版社，1980年，236頁，「泉漳会館興修碑記」（道光12年12月15日）の寄付金の欄には，「金恒発洋船　捐洋銀陸拾元」と書かれ，会館の本館に次いで2番目に多い額を寄付している。天津の金恒発と同一であれば，従来からの上海―天津間の貿易をアヘン貿易に利用したことになる。

(157) 閩粤会館のこと。閩粤会館は乾隆4年（1739）潮州・廈門の二幇の糖商が合同で創設し，媽祖が祭祀され，洋蛮会館と呼ばれていた。光緒『重修天津府志』巻二四，輿地六，公廨，『津門雑記』巻上，会館，張秀蓉「清代会館的社会效能——地縁，商幫与祠祀」国立台湾師範大学歴史研究所博士論文，1998年，307頁。

(158) 前註(148)所掲「署理直隷総督琦善奏報委員査辦天津囤販鴉片之奸商情形摺」「郡城設有会館及分銷洋貨鋪戸，半多閩粤客民，彼此勾結，潜運私售。如嶺南桟之広盛号，針市街之潮義店，大有店，福広店，均係代為銷貨之所」。

(159) 前註(146)所掲「江西道監察御史狄聴奏請査禁来津洋船夾帯煙土並鋪戸代為囤銷事摺」「臣風聞両広，福建商民雇駕洋船，在外洋夷船転販呢羽雑貨並鴉片煙土，由海路運至天津，毎年約計船一百数十隻，於五六月間陸続抵津，九十月間回転。向有潮義客店，大有客店，嶺南桟房，代為包辦関税，分銷各貨鴉片煙土」。

(160) 琦善の報告をもとに整理しており，アヘン貿易従事者が必ずしも案件ごとにまとまって行動していたわけではない。

(161) 福建人の籍貫は泉州府同安県・安渓県，漳州府詔安県・漳浦県・海澄県・龍渓県で全て閩南である。

(162) 表1-4の26の逮捕者の籍貫には山西省介休県があるが，北京の当舗・賬局や山西票号といった金融機関で重要な役割を果たした人々の籍貫の多くも山西省介休県であった。黄鑑暉『明清山西商人研究』山西経済出版社，2002年，160，195，223頁。

(163) 『鴉片戦争檔案史料』1冊，444-445頁「山東巡撫経額布奏為膠州外洋拿獲興販鴉片案犯摺」（道光18年11月28日「軍録」）。

(164) 『鴉片戦争檔案史料』1冊，402-405頁「両江総督陶澍等奏為辦理続獲煙犯情形摺」（道光18年10月3日「軍録」）「又拠該滬道督同松江府知府文康，委員蘇州府督糧同知黄冕，署上海県知県練廷璜禀称，訪得上海東関外有行戸窩頓煙土，経練廷琪会同委員黄冕，候補知県周沐潤及出資購線之署提右営守備王嘉謨等，於八月十一日帯領兵役，在亨吉号糖行内拿獲販土之福建人許阿伢，楊貞倌二名，捜獲煙土九百余両。又於是月十八日，在永利号店内拿獲興販窩頓煙土之福建人林讓，陳其恩二名，捜獲煙土一万五千余両」。

(165)　『鴉片戦争檔案史料』1冊，491-492頁「両江総督陶澍等奏報各属拿獲煙船煙犯情形片」（道光19年1月13日「軍録」）。

(166)　陶澍は私塩の密売においても，浙江省の舟山で産出した塩を，福建・広東の鳥船などが川沙・宝山沿海まで運び，そこから小型船で販売しているという。『宮中檔道光朝奏摺』3輯（001333）689-691頁，両江総督陶澍の道光18年4月11日の上奏。「惟査浙江定海県之舟山産塩甚多，上海濱臨海隅，其間閩広両省之鳥船，乍浦洋面之硬檔，鳥基等船，浙省沿海之划船，夾帯興販，由川沙，宝山沿海等処分售，有小船分銷偸運転売，実所不免。自道光十六年以来，各該庁県計獲塩犯二十六名，私塩十一万觔有奇，皆在三四百里以内近海港汊拿獲，並不藉会館囤積，以為銷私之地」。舟山から上海への福建・広東の商船による私塩販売については，佐伯富の指摘がある。佐伯富『清代塩政の研究』東洋史研究会，1956年，194頁。

(167)　1838年10月の山東巡撫の上奏では，山東省登州府栄成県で捕獲された広東船は出航後に遭遇した洋船からアヘンを購入している。『鴉片戦争檔案史料』1冊，384頁「山東巡撫経額布奏為査獲広東商船夾帯鴉片摺」（道光18年8月27日「軍録」）。

(168)　『鴉片戦争檔案史料』1冊，557-560頁「盛京将軍耆英奏報捜査海口商船及査辦海口煙禁情形摺」（道光19年4月23日「硃摺」）「再，査閩人之在奉天者，乾隆五十六年査辦時，有願回籍者，均飭附閩船帯回，余皆編入保甲。今奴才親赴南城海口，督率該旗民地方官査明，牛荘旧有閩人四十四名，婦女二口，俱已陸続物故回籍。蓋州旧有閩人九百六十五名，婦女五十九口，除陸続物故回籍外，現在保甲内者，実止男婦四百二十五名口。熊岳旧有閩人三百二十名，婦女一口，除陸続物故回籍外，現在保甲内者，実止男婦一百八十九名口。……惟錦州所属天橋廠海口，拠報已入保甲之閩人五百八十九名，流寓閩人二百四十七名」。乾隆5年（1740）以来，清朝発祥の地である満洲に漢人が立ち入ることを禁じる「封禁政策」が施行されていた。封禁政策と漢民族の満洲への移民については，荒武達朗『近代満洲の開発と移民——渤海を渡った人びと』汲古書院，2008年，25-90頁参照。

(169)　乾隆末期，奉天沿海に居留する福建人は船舶を運航していた。嘉慶『大清会典事例』巻五百八，兵部，緑営処分例，海禁二「（乾隆）五十七年奏准，奉天各属海岸河口，流寓閩人及本地旗民人等，領票駕駛船隻」。

(170)　『鴉片戦争檔案史料』2冊，303-305頁「署両江総督裕謙等奏陳前調各兵未便遽行撤退之実在情形片」（道光20年8月4日「軍録」）「況上海為海舶聚集之所，其大小東門外所有行桟及一切生理，閩広之漳，泉，恵，潮，嘉応五府州人，十居六七，而停泊商船，接纜連艕」。

(171)　『鴉片戦争檔案史料』4冊，456-458頁「浙江巡撫劉韻珂奏請開港并酌定稽査章程以便商民摺」（道光21年11月16日「軍録」）「窃照浙省海口数十処，除寧波之外，以嘉興府所属之乍浦為商賈馬頭，海舶萃聚。此外温台等処商船雖少，而民間多以採捕為生，倶有漁船出入。各該処土著窮民及閩粤等省流寓之人，或習操舟，或業網捕，其生計皆在於海洋。又有挑抬貨物之脚夫以起運客貨為業，全頼商販往来，方獲微資糊口。計浙省濱海各処，此三種人不下数万」。

(172)　アヘン吸飲が発覚して爵位を剥奪された荘親王奕賚，輔国公溥喜のことを指すのであ

ろう。『嘉慶道光両朝上諭檔』43 冊，351 頁，道光 18 年 9 月 8 日の上諭。

(173) 『鴉片戦争檔案史料』1 冊，485-486 頁「盛京将軍耆英奏為体察情形厳行査禁鴉片煙土縁由摺」（道光 19 年 1 月 10 日「硃摺」）「迨莅任三月後，初悉奉天沿海一帯，無業閩人較多，悪習伝染日久，以致商賈，愚民漸次吸食，甚至宗室覚羅，官員兵丁内亦不無有吸食者」。

(174) 『鴉片戦争檔案史料』1 冊，504 頁「著盛京将軍耆英等金州海口査拿鴉片雖初具成效仍応昼夜巡緝訪拿事上論」（道光 19 年 2 月 9 日「上諭檔」）。

(175) 『鴉片戦争檔案史料』2 冊，218-219 頁「直隷総督琦善奏報遵旨籌防英船情形片」（道光 20 年 7 月初 3 日「軍録」）「伏査直隷洋面，上年曽有福建海盗遠来肆刧之案」。

(176) 『嘉慶道光両朝上諭檔』44 冊，338-339 頁，道光 19 年 8 月 19 日の上諭。

(177) 『宮中檔道光朝奏摺』3 輯（欠番）493-494 頁，署直隷総督琦善の道光 18 年 1 月 28 日の上奏「再，天津濱海瀕河，五方雑処，向多外来寄往之人，匪徒易於溷跡。従前洋面及陸路倶尚安静，近時往往有搶窃之事。上冬客民朱華国被刧案内，経該県拿獲盗犯洪潣等究出首従，多係福建人民。臣以商賈由海遠渉，不能独雇一船，自未便禁其搭載，而其中良莠不斉，若概任逗遛漫無稽察，勢必滋生事端。該処附近京畿，諸宜整粛，不可不予為防範」。天津の住民が様々な地域からの移住によって形成されていたことは，吉澤前掲書，26 頁を参照。

(178) 清代のアヘン禁令については，井上前掲書が丁寧な分析を加えている。広東，広州を中心としたアヘン論議については，同書 57-135，169-221 頁では，弛禁論がカントン（広州）の地域的利益を重視していたことを強調する。一方，新村前掲書では，弛禁論の輸入代替の側面を重視し，中国国内のアヘン貿易に注目しているが，いずれも広州以外の沿海部におけるアヘン貿易については議論が及んでいない。アヘン戦争直前における清朝中央のアヘンに対する議論としては，以下の 2 著を参照。ただし，両者の弛禁論，厳禁論に対する評価はそれぞれ異なる。Chang, *op. cit.*, pp. 85-119 ; Polachek, *op. cit.*, pp. 101-134.

(179) 林満紅「財経安穏与国民健康之間——晩清的土産鴉片論議（1833-1905）」中央研究院近代史研究所社会経済史組編『財政与近代歴史——論文集』下，中央研究院近代史研究所，1999 年。

(180) 林満紅は，銀の流出は 1808 年に始まったとする。Lin, *op. cit.*, pp. 74-87. しかし，これは計算間違いである。Mio Kishimoto, "New studies on statecraft in mid-and late-Qing China : Qing intellectuals and their debates on economic policies," *International Journal of Asian Studies*, Vol. 6, No. 1, 2009, pp. 93-95.

(181) 新村前掲書，220-224，247-249 頁。

(182) 李鴻賓のアヘン政策論については，以下を参照。井上前掲書，105-135 頁，新村前掲書，249-257 頁。

(183) 『鴉片戦争檔案史料』1 冊，91-94 頁「山東巡撫訥爾経額奏為遵旨酌議査禁鴉片章程摺」（道光 11 年 7 月 2 日「軍録」）。

(184) 『嘉慶道光両朝上諭檔』39 冊，113-114 頁，『鴉片戦争檔案史料』1 冊，143-144 頁「著閩浙総督程祖洛等妥善斟酌粛清洋面私販鴉片之策等事上諭」（道光 14 年 3 月 27 日，

「上諭檔」)。

(185) JM/B2/17, Mckay to Jardine, June 25, 1835.

(186) 新村容子「1820～30年代北京の士大夫交流（Ⅲ）——道光十五年（1835），黄爵滋「敬陳六事疏」を中心として」『岡山大学文学部紀要』54号，2010年，75-78頁。

(187) この間の経緯については，Chang, *op. cit.*, pp. 85-94 ; 井上前掲書，244-278頁などを参照。

(188) 『嘉慶道光両朝上諭檔』43冊，290頁，『鴉片戦争檔案史料』1冊，343-344頁「著歩軍統領衙門及各直省督撫厳懲販煙吸煙人犯事上諭」(道光18年7月19日「上諭檔」)。

(189) 後に林則徐は琦善と対立し，琦善の対英融和策を批判し，琦善が敗戦を招いたとして責任を糾弾，琦善失脚に大きな役割を果たした。佐々木前掲「鴉片戦争の研究——英軍の広州侵攻からエリオットの全権罷免まで（7）」『近代中国』11巻，1982年，180-186頁参照。林則徐がその後英雄視されたことから，林則徐の一方的な琦善批判が琦善の評価として定着した。

(190) 黄爵滋の「アヘン吸飲者死刑」論に反対した地方大官は，あくまで禁止の手段としての「アヘン吸飲者死刑」論に反対したのであり，「弛禁」論者ではなかった。井上前掲書，262-273頁。

(191) 琦善の下で，天津において没収されたアヘンの量は，同時期では広東に次いで多かった。茅海建『天朝的崩潰——鴉片戦争再研究』生活・読書・新知三聯書店，1995年，10-11頁。

(192) 『鴉片戦争檔案史料』1冊，292-295頁「(大学士）署理直隷総督琦善奏覆塞漏培本応循流溯源厳懲囤販鴉片人犯摺」(道光18年5月26日「軍録」)「至直隷所轄地方，惟天津海口向通閩広商船，並無外夷船隻。臣恐該商雖係内地民人，難保不載銀出洋，潜与外夷交易」。

(193) 前註(145)所掲「江西道監察御史狄聴奏請査禁来津洋船夾帯煙土並鋪戸代為囤銷事摺」「至洋船入口時，並無官役稽査，抵関後委員験貨，僅能大概観看，如欲入艙捜査煙土，該船戸水手約数十人，勢将抗拒，委員等恐滋事端，類皆遷就。査洋船船戸，並洋貨鋪，倶係閩粤人，素与本処棍徒連絡一氣，恃衆横行。……応請旨飭下直隷総督，設法密拿囤積分銷之店舗，人煙并獲，根究夥党，尽法懲治。並妥議章程，於毎年洋船陸続入口時，実力捜査煙土，毋許糸毫夾帯，以期杜絶来源。天津果無煙土，則京城及直隷各省，無従興販，而吸食者自少矣」。

(194) 『鴉片戦争檔案史料』1冊，353頁「署直隷総督著琦善厳密査辦奸商囤販鴉片等事上諭」(道光18年7月28日「上諭檔」)。

(195) 前註(148)所掲「署理直隷総督琦善奏報委員査辦天津囤販鴉片之奸商情形摺」「商船到津，向由船長先来向稽察人役関通，俟各船斉抵東門，并力於深夜一時之間，起運煙土上岸，距店甚近，頃刻即到，兼有刀械囲護，並無一定時日。該奸商復四路賄通，官若往拿，人少則逞凶抗拒，人多則聞風避匿。此従前之情形如是」。

(196) 『嘉慶道光両朝上諭檔』43冊，306-307頁，『鴉片戦争檔案史料』1冊，363頁「署直隷総督琦善立定章程厳密査拿不准煙土上岸事上諭」(道光18年8月初5日「上諭檔」)「著琦善密商塩政鍾靈，立定章程，厳密査拿，総不准煙土上岸」。

(197)　『鴉片戦争檔案史料』1冊，396-400頁「署直隷総督琦善奏覆稽査天津海口偸漏鴉片煙土章程摺」（道光18年9月30日「軍録」）。「大学士署理直隷総督臣琦善跪奏，為遵旨会議，稽査天津海口偸漏鴉片煙土章程，恭摺奏聞，仰祈聖鑒事。……

一，閩広商船帯貨開行，応由該庁州県査験，給与照票，並将来津船隻字号報明該省上司，先行咨会，以便稽査也。商人置貨出洋，例応在本籍地方官取結給照，以防偸越及夾帯違禁貨物之弊。乃近年洋船携帯船照，竟有遠年請領迄未更換者。現在捜獲煙土之金安発即金広行洋船，即係道光十五年所領船照，出海水手大半更易，所載貨物，照内並未塡註，無可稽査，殊不足以昭慎重。……

一，閩広商船携帯軍械，応由原省該庁州県査明，不准違例携帯，並於進口時，令其呈交收貯，以重海防也。往辺外夷洋船，例准携帯礮械，其在内地南北両洋貿易商船，例不准配帯。……乃現在捜査金安発即金広興一船，即有軍械多件。……

一，閩広商船進口，応節節稽査，以防偸漏也。向来洋船到津，先在海口攬江沙停泊，雇覓漁船引路，及進口後，雖有海口営，大沽営及葛沽巡検査験，文武並未協同捜査，恐致疏漏。迨行抵大沽海関，津関給発印条封艙，該商船仍須駛至東門外停泊，始令行店持照掛号，呈送貨単請験，中間時日躭延，難保無乗隙走漏。且洋船来往天津，路径是其熟習，即有新来船隻，亦必有熟悉水手，海口潮汐深通，何以必須漁船指引，難保非藉此勾通於未経査験之先，潜行起運煙土。応請嗣後洋船到津，即飭令径行進口，不准雇覓漁船引路。如或因沙性坍漲靡常，必須漁船指引，応責成大沽営守備，葛沽巡検，酌発漁船数隻，前往受雇，取具船戸甘結。進口時厳行捜査，如代運違禁貨物，即行厳拿治罪。此外漁船倘有潜行出口与洋船交接者，随時査拿究辦。至洋船進口，応由海口営守備，随到随即知会大沽営守備，葛沽巡検，並両関税局丁役，協同上船逐細捜査。如無夾帯煙土，即派兵役押令迅速開行，不准沿河停泊。抵関後，責令行店帯同該船出海，即持船照親赴各衙門掛号，由塩政臣与天津鎮道，各派員弁会同赴船捜査，出具並無携帯煙土甘結。均随到随即査験，免致守候需時，易滋流弊。自到津停泊以至報験，不得逾五日之限，自験畢卸貨以至領照開行，不得逾十日之限，以符嘉慶十五年奏定統限十五日旧章。至海口距三岔河，水程一百九十余里，陸路一百零五里，雖無支河汊港，而陸地遼闊，向由鎮道派委員弁兵役巡査，誠恐有名無実。嗣後応責成該鎮道，時往海河一帯，認真督飭員弁兵役梭織巡査，毋許附近居民私赴洋船交易，並毋許小船貼近洋船私行起卸貨物，如有違犯，立即厳拿究辦。仍由臣密派員弁前往訪察，如巡査不力，即行厳参懲辦。

一，閩広商船，応令停泊空処，不准挨近民房鋪戸，以杜勾通也。向来洋船到津，直至東門外停泊。河面窄狭，両岸倶係民房鋪戸，且臨河房屋，各有後門接遞洋船貨物，甚為便易。又有本地漁船商船及上海沙船，互相錯処，更易交通。雖有派出地方兵役，両関巡攔梭織巡査，昏夜殊難防範。応請嗣後洋船到津，按照向来停泊処所，退出六七里，在礮台一帯空闊河面竪立界碑，令其停泊，両関委員丁役，即赴彼処，会同文武査験。該処両岸居民，本属稀少，責令天津県将現有房屋査明確数備案。出示暁諭，以後不准民間添蓋，如有私蓋房屋，査出即行拆毀。並令本地商船漁船及上海沙船，分段停泊，不得与洋船挨聚一処。其洋船貨物応行剝運者，由天津道発給剝船，不准洋船自行雇覓，仍令剝船船戸出具並無剝運煙土甘結，如違厳拿治罪。似此画清界限，兵役巡攔人等，

均易稽査。一切本地居民客民，均不准赴洋船交結，洋船舵工水手，亦不准成群結夥上岸恃衆行私。如有間雑人等私赴洋船交易，及洋船私行起卸煙土之事，立即報官査拿。如敢徇隠，即将縦容之兵役巡攔人等，従厳究辦。

一，査験閩広商船貨物，応逐加籤探，以防夾帯也。向来洋船到関，行店呈送貨単，両関定期査験，僅止按包按箱過秤，不足以昭厳密。……

一，海河両岸居民鋪戸，暨天津府城外行桟店鋪，応立牌保以厳糾察也。海河道里甚長，両岸村荘居民店鋪林立，其中良莠不斉，或代洋船偸運貨物，或窩頓煙土行蹤詭祕，査察難周。城外行桟鋪戸，大半皆係閩広客民，多有夾壁地窖，為囤販煙土之所。旅店客寓，往々容留煙販，累月経時，若不設法稽査，日久仍循故轍。現在販売煙土之舗戸，業経査拿者固多，逃逸未経破案者亦多，歇業潜逃，皆系積販匪徒，是以情虚畏罪，誠恐事後潜来，復萌故智，必応立法厳防。応請嗣後将海河両岸附近居民舗戸，及城外大小行桟店舗，並旅店客寓，一体設立十家牌保，如有容留興販鴉片煙土之人，私買洋船貨物，窩頓煙土，該牌保一併懲辦。……

一，沙船商船，応一体厳査，以杜勾串也。閩広商船進口，既経随処防範，逐層捜査，自難設法偸漏。第恐於未進海口之先，勾通上海来津之沙船，及本地販糧之商船，夾帯售売，仍属不能浄尽。且現在捜獲金広興洋船，即有駛往奉天，上海售売之供，該処囤販鴉片既多，又必輾転販運，天津商船時往奉天貿易，上海沙船毎年来津数次，尤応実力稽査」。

(198)　嘉慶『大清会典事例』巻五百七，兵部，緑営処分例，海禁一「(雍正) 十二年議准，商人置貨出洋，必在本籍地方取結給照，以防偸越及夾帯違禁貨物之弊」。

(199)　同「(雍正六年) 又覆准商船漁船，不許携帯鎗礮器械。至往販東洋南洋之大船，原与近洋不同，准其携帯，鳥鎗不得過八杆，腰刀不得過十把，弓箭不得過十副，火藥不得過二十斤。」，嘉慶『大清会典事例』巻五百八，兵部，緑営処分例，海禁二「(嘉慶九年) 嗣後除内洋船隻不准配帯外，其外洋商船，著照所議准其按照旧例，携帯礮位器械等件，不得有逾定額」。

(200)　船舶の渡航書類が有名無実であったのは金広興洋船だけではない。例えば山東省登州府栄成県で捕獲された福建省の金和美鳥船も人（乗組員）と票が符合しなかったとされる。『嘉慶道光両朝上諭檔』44冊，355-356頁，道光19年9月2日の上諭。また，先述した奉天の天橋廠及び猪島で捕獲された海賊行為を行っていた鳥船も船票の数目が符合しなかったとされ，大砲などの武器も積載していた。『嘉慶道光両朝上諭檔』44冊，317頁，道光19年7月30日の上諭。

(201)　廈門から天津まで航行する場合，順風であれば10余日で到着したという。松浦前掲『清代海外貿易史の研究』，273頁。一方，清代の北京からの公文書の送付期限は福州まで27日，広州まで32日であった。Ying-wan Cheng, *Postal Communication in China and Its Modernization, 1860-1896*, East Asian Research Center, Harvard University, 1970, p. 22.

(202)　天津鈔関は雍正12年（1727）から長蘆塩政が管理した。光緒『重修天津府志』巻三十三，経政七，榷税。

(203)　東門外の戸数や商店数は城内に次ぐものであった。龐玉潔『開埠通商与近代天津商

人』天津古籍出版社，2004年，33，49頁。

(204)　『宮中檔道光朝奏摺』3輯（000933）35-36頁，福建道監察御史陶澐の道光17年5月16日の上奏。「乃臣聞各関俱有紅単，而天津海関独無，査海関為閩粤海船及江浙各省沙船必経之処，毎年例税四万余両，不為不多。乃自設海関以来，各商投税，並不親自填簿，且無紅単可憑」。

(205)　すでに1762年に江蘇巡撫陳宏謀は滸墅関における舗戸による納税の請け負いなどの弊害を指摘している。濱下武志『中国近代経済史研究――清末海関財政と開港場市場圏』東京大学東洋文化研究所，1989年，320-321頁。

(206)　天津関の海税の定額は4万両で，2万6,000両を戸部に納め，残りの1万4,000両は盈余として定額以上に徴収したものとともに藩庫に納められて地方の経費に使用されており，道光18年の徴収額は4万213両あまりであった。『宮中檔道光朝奏摺』5輯（002168）266頁，署理直隷総督琦善の道光18年11月21日の上奏，光緒『重修天津府志』巻三十三，経政七，榷税。

(207)　『鴉片戦争檔案史料』1冊，686-687頁「直隷総督琦善奏為査辦天津洋船進口情形片」（道光19年8月16日「軍録」）「再，査向来洋船抵津，僅止塩政衙門收納税課，地方官並不上船査験，其赴関投税，亦由行戸代報，疏漏耽延，俱所不免。……現在査明卸竣之船，已有一百余隻，拠将漏税之燕菜翠羽豆蔻等件，逐一査出，按照課則納税」。

(208)　同「本年臣先経派委臣標後営遊撃羅応鰲，前往海口一帯，督同海口，大沽，葛沽等処営汎員弁，在於両岸支搭帳房，於洋船進口後，撥兵節節催査，不准沿途上岸，以及小船攏近，俟駛抵津関，即由派出之鎮将道府，親行上船開艙，逐一簽査，毋許行戸把持」。

(209)　『鴉片戦争檔案史料』1冊，364-365頁「署直隷総督琦善奏報天津拿獲興販鴉片人犯審辦縁由摺」（道光18年8月18日「軍録」）。「今歳該二省来津洋船一百四十余隻，所帯煙土，並無成箱成簍大夥起岸運卸之事，与往昔情形迥不相同。即如閩粤客民開設之嶺南，大有等桟行，房屋深邃，有多至数百間者，現亦不敢卸貯煙土。従前則由津船滙総，起至桟行，代向各店分銷。此時則由洋船零携售売，或各店自向洋船議価置買，亦不整箱起運，或由水手三両包随身携帯上岸，或素相勾通之人，乗夜潜送鋪中，零星聚滙」。

(210)　前註(207)所掲「直隷総督琦善奏為査辦天津洋船進口情形片」「拠称，向来夾帯鴉片，惟広州府船最多，本年該府船隻，並未前来。伊等遠出貿易，原冀稍沾余利。自上年金広興船隻被獲之後，知此間査拿厳緊，不惟本利全無，且復身羅法網，前車在目，実不敢再行冒険」。

(211)　前註(149)所掲「署直隷総督著琦善奏報閩広洋船提前離津恐係夾帯鴉片開往奉天片」。

(212)　同上。

(213)　『嘉慶道光両朝上諭檔』43冊，348-349頁，『鴉片戦争檔案史料』1冊，388-389頁「著盛京将軍耆英等厳緝閩広洋船夾帯鴉片開赴奉天等処事上諭」（道光18年9月7日「上諭檔」）。

(214)　『宮中檔道光朝奏摺』5輯（002114）179-183頁，耆英などの道光18年11月12日の上奏。2ヶ月も上奏がなされないことについて，上奏を促す上諭が出されている。『嘉慶道光両朝上諭檔』43冊，439-440頁，『鴉片戦争檔案史料』1冊，429-430頁「著盛

京将軍耆英厳査海口販煙事上諭」（道光18年11月16日「上諭檔」）。

(215)　『宮中檔道光朝奏摺』5輯（002351）534-535頁，耆英などの道光18年12月12日の上奏「再，本年十一月二十二日，准直隷総督文称，天津地方拿獲販売鴉片煙土之孫兆林等供出，案内応訊人犯劉天中，劉洛季，劉洛五，王洛二，于洛貴，沈洛果等六名，均在奉天営生等情，咨緝前来。奴才等当即遴派佐領慶豊，驍騎校宝徳，治中陳鑑帯同兵役分往牛荘，錦州等処，会同文武地方官，将案犯劉天中，劉洛季，劉洛五，于洛貴等四名拿送前来。除咨解直隷総督帰案審辦外，其在逃之沈洛果，王洛二二犯，仍厳飭訪緝，統俟弋獲，再行解往直隷審辦，理合附片奏」，『宮中檔道光朝奏摺』5輯（002381）585-586頁，耆英などの道光18年12月17日の上奏。

(216)　『鴉片戦争檔案史料』1冊，96-98頁「両江総督陶澍等奏為確査販種鴉片煙土並議増厳禁熬煙章程摺」（道光11年8月21日「硃摺」）。

(217)　前註(164)所掲「両江総督陶澍等奏為辦理続獲煙犯情形摺」。

(218)　同，405-406頁「謹将江蘇省現辦査禁海口販売鴉片煙土章程恭呈御覽。

一，洋舡進出各口，応於舡照添註厳禁夾帯鴉片也。……嗣後洋舡出口時，応於舡照内添註不准私帯鴉片字様，如敢故違，一経査出，即将執照扣除，按例治罪，舡貨一併入官。庶舡商各顧身家，咸知畏法。

一，出洋舡隻応給厳禁私帯鴉片旗牌懸掛，俾中外咸知儆惕也。……

一，閩広洋舡進口，飭令舡商牙行出具並無夾帯鴉片切結也。査洋舡駛入上海，向由牙行代報関税，舡照亦由該行送験。是洋舡各商皆行戸所熟悉，自応責令稽査。嗣後各舡進口呈験舡照，先取舡照並無夾帯鴉片切結，並令該牙行加結同送，如有違犯，商牙一体治罪。

一，閩広舡隻水手応給腰牌以便稽査也。査閩広洋舡水手，多者百余人，少亦数十人，毎於衆舡進口時，更有一種杉板小舡跟幇前来，不但潜行登岸代銷煙土，且難保無別項匪徒混迹其間。嗣後閩広商舡進口時，責令各該会館司事，按舡査明，水手毎人給予腰牌，書明某舡水手姓名，必須懸掛，方許登岸。……

一，行戸人等寄囤販売，応随時厳拿究辦也。査洋舡夾帯煙土進口，必由行戸代為寄頓，以俟各処奸徒前往販売，若禁絶寄囤，即無従銷售，自不致再有夾帯。応責成該道該県随時厳密訪査，如訪有不法行戸及興販奸徒仍敢窩頓販売，立拿懲治，以絶根株。

一，員弁兵役得規包庇，応厳参究辦也。査行戸人等寄囤煙土，輾転販売，毎恃兵役，地保包庇放縦，得以肆行無忌，甚至守口員弁亦有得規庇縦，営私骫法，実堪痛恨。嗣後拿獲販土等犯，必厳究何人得規包庇，立時査拿，分別厳参，加等治罪，以為頑蠹者戒。

以上六条，責成蘇松太道督同上海県，随時稽査，有犯必懲，以除積弊」。

(219)　上海博物館図書資料室編『上海碑刻資料選輯』71頁「蘇松太兵備道為禁止牙行留難進出客船告示碑」にも「拠福建商船戸陳振盛，金源豊等呈称，切身等在籍給牌造駕商船，投治生理，装載棉花回閩，遵例入港択牙報税，出港則具艙単請験給牌」とあり，福建船が入港する際に，税の申告を牙行に代行させていたことを示す。なお，引用部分の後に登場する牙行の李裕昌は福建船だけではなく，沙船の保標（出航許可書）も作成している。松浦前掲『清代沙船航運業史の研究』240頁。したがってこれらの牙

行は上海に出入港する多様な船舶の諸手続を代行していたと思われる。

(220)　前註(146)所掲「江西道監察御史狄聽奏為請飭蘇撫査禁上海洋船夾帯煙土並議稽査章程摺」。

(221)　『鴉片戦争檔案史料』1冊，408-409頁「著両江総督陶澍厳査海口販烟並妥議章程事上諭」(道光18年10月16日「上諭檔」)，『鴉片戦争檔案史料』1冊，409-410頁「著両江総督陶澍等追査煙犯党夥縦厳懲辦並奨敍出力各員事上諭」(道光18年10月17日「上諭檔」)。

(222)　『鴉片戦争檔案史料』1冊，516-519頁「江蘇巡撫陳鑾奏為遵旨稽査呉淞海口鴉片章程摺」(道光19年2月30日「軍録」)

「籌議呉淞海口厳査商舡夾帯鴉片章程

謹将籌議呉淞海口，厳査商舡夾帯鴉片章程，恭呈御覽

一，商舡進口，請由呉淞口先行封艙，以昭厳慎也。査向来守口員弁於各商舡到口時，僅止査験人数，年貌，籍貫，核与牌照相符，随由該口掛号，押赴大関投税。該口距関六十余里，奸商詭祕異常，或将夾帯煙土於未到関以前停泊僻静地方，偸運上岸，或密雇内河小艇，零星潜運，巧為窩頓。迨到関査験，均属応帯貨物，而煙土已糸毫無存。嗣後応請凡閩広商舡進口，於験照掛号後，即用海関印条将該舡各艙逐一封固，照旧押赴大関験明，封条果無擦損，然後進艙験貨，倘有夾帯，一経関上逐細捜査，自不難立時破獲矣。

一，守口人員応請添設，以昭慎重也。……

一，口内小舡応厳禁出洋，以防接運也。

一，近口寄碇洋舡，査明舡照，応進口岸分別催令収口開行，以杜偸漏也。査向来商舡由本籍請領牌照出洋開駛，所進何口即於牌内注明，照牌収泊。乃該商等往往有藉寄碇為名，於近口地方無故逗遛，其中或将随帯小艇密運煙土進口，勾通内地土棍，接済興販，或令水手私帯上岸，於向来窩頓之処，分頭蔵匿。種種弊端，不可枚挙。応飭駐口委員随時巡邏，一有寄碇舡隻，即帯兵役同赴該舡，将牌照験明，其応由呉淞進口者，即封艙押赴大関掛験，如有応赴別処口岸者，即催令開行，不准在洋游奕寄碇，以絶奸私」。

(223)　『嘉慶道光両朝上諭檔』44冊，172頁，『鴉片戦争檔案史料』1冊，588頁「為批准査禁呉淞口鴉片章程並各省海口均著妥議章程事上諭」(道光19年5月2日「上諭檔」)

「道光十九年五月初二日内閣奉上諭。本日拠大学士穆彰阿等議覆陳鑾奏呉淞海口商船夾帯鴉片章程一摺。朕詳加披覧，所議俱属周妥。因思鴉片来自外洋，全在申厳海禁，而各省海口情形不同，難保奸商等不此拿彼竄，江南一省既経明章程，則各省濱海地方，商船出入之処，俱応一律辦理。著各該督撫於所轄海口体察情形，妥議章程具奏。欽此」。

(224)　『鴉片戦争檔案史料』1冊，657-658頁「浙江巡撫烏爾恭額奏為遵旨籌議厳査浙江海口鴉片章程四条摺」(道光19年7月14日「硃摺」)。

(225)　『鴉片戦争檔案史料』1冊，762-766頁「山東巡撫托渾布遵旨奏覆海口防緝鴉片章程摺」(道光19年12月8日「軍録」)

「一，東北両汛無定口岸，宜添委文武大員専司稽査也。……

一，南汛有定口岸商船入口，応令印官親詣盤験也。査南汛為，江，浙，閩，広商船専赴東省貿易之所，如膠州之塔埠頭，即墨之金家口等処，雖設有巡検千把等官巡防稽査，惟該船入口，与本地行戸交易，卸貨収帳耽延需時，内地奸匪藉開行為名，外而勾結商船，内而賄串兵役，囤販禁煙，転售漁利，皆情事所必有。僅責千把巡検微末員弁稽察，不足以昭慎重。……其沿海各行戸，並令該州県逐一清査，取具五家連環互結，一家有犯，四家不首，一体治罪，務使内地藩籬堅固，則外来奸商不禁自戢。

一，沿海小口岸宜一体防範也。……

一，杉板小船宜編号稽査也。……

一，島嶼港汊及旧有海口応飭一併査察也。……

一，内外洋宜令文武分査以専責成也」。

(226)　Chang, *op. cit.*, pp. 98–104, 111–112. 張馨保は鄧廷楨らによる広州附近での成果から，清朝政府はアヘン禁止法を強制することが可能であったとみなしている。Chang, *op. cit.*, p. 116. しかしながら，広州附近の事例からでは，沿海全体の状況を明らかにできない。また，Chang, *op. cit.*, p. 129 にあるように，その後の林則徐の禁圧において鄧廷楨の時期をはるかに上回る逮捕者を出していることからしても，鄧廷楨の時期の成果がアヘン禁絶に結びつくものであったとみなすことはできない。そのうえ，鄧廷楨，林則徐によって没収されたアヘンの量も，輸入量全体からみればごく一部にしかすぎなかった。茅海建前掲書，103頁。

(227)　この間の過程については，以下を参照。Chang, *op. cit.*, pp. 125–175.

(228)　岡本隆司は，清朝当局者は外国人に対する徴税と統制の機構として，保商制度以外は考えられず，アヘン密輸取締のために広東に赴任した林則徐も同様であったとする。岡本前掲『近代中国と海関』106頁。これは内国貿易にもそのままあてはまる。

(229)　井上前掲書，74–76頁。

(230)　『嘉慶道光両朝上諭檔』43冊，364頁，『鴉片戦争檔案史料』1冊，393–394頁「著両広総督鄧廷楨厳拿天津販煙案内要犯李四等上諭」（道光18年9月22日「上諭檔」）。

(231)　前註(155)所掲「両広総督鄧廷楨等奏報審擬広州万益号李四等代買煙土案摺」「林致和，陳文耀，係承辦福潮船行戸。如遇各路洋船在粤買売貨物，均係福潮行与之交易，赴関投税事宜，即由行戸，代行投納，名為保家。金広興及金徳春洋船，倶係林致和作保投税。……劉占，姚亜受，高亜応，即在省河，将貨物装運完畢，関税亦交林致和代納清楚，将船駕駛出洋而去。……行戸林致和因金徳春，金広興各船先在省時，僅止販買貨物，並不知其駛出外洋後有販煙土情事，仍赴粤海関，代為照貨投税験放」。

(232)　『鴉片戦争檔案史料』1冊，424–426頁「両広総督鄧廷楨等奏為籌議杜絶商船夾帯鴉片章程片」（道光18年11月16日「軍録」）「臣等伏査各商舡置貨出洋之前，向由省城福潮行商出結保辦，其有無私載違禁貨物較易防維。惟粤東地接夷洋，鴉片之来，則外洋寄泊之夷舡実為弊薮，各商舡一経出港，不難乗間買私。此次天津査獲金広興舡内煙土，拠李四供，係在省代為写立字拠，交該舡駛出外洋，就近向夷舡兌運，即其明証。……応請嗣後福潮行保辦各商舡置買貨完竣，先令該客出具並無夾帯鴉片甘結，該行加具切結，造具商梢姓名，貨色冊籍，一併呈繳総督衙門核明，派委広州協，広州府及南海，番禺二県督同粤海関委員，率領書差家人等，照単眼同下貨，逐加拆験捜査。如実無鴉

片，即行聯銜結報，並於該紅艙口粘貼粤海関監督印封，由広州協酌発派都司，守備一員，将該紅押送至虎門交界処所，由水師提督臣派員啓封，徹底盤験，出具査無夾帯鴉片切結，交去員回省繳銷。提臣仍換貼印封，派員接送下站交替，以下大鵬，平海，碣石，海門，達濠，澄海，南澳鎮左右等鎮協営，於該紅経過時，各於交界処所，均査照啓験換封，委員押送辦理。迨経下站盤験，如無煙土，即出具文結，交回上站，由上站将文結通送総督衙門査考。如査有夾帯鴉片情事，惟最後出結之員是問。派査各員有査出夾帯者，核其煙数多寡，分別奨勵。弁兵人等，不准藉端需索勒掯，如有前項情弊，准核商拠実稟究，縦重懲辦」。

(233)　同上。

(234)　Van Dyke, *op. cit.*, pp. 137-138.

(235)　『鴉片戦争檔案史料』1冊，426-428頁「両広総督鄧廷楨奏報広東厳防鴉片偷漏入口辦法摺」（道光18年11月16日「夷務清本」）。

(236)　田中正美前掲論文，19-20頁。

(237)　林仁川「明清時期南澳港的海上貿易」『海交史研究』1997年1期，1997年，14-16頁。

(238)　南澳でも，アヘン取引を行う船は1航海ごとに官僚に手数料600ドルを支払っていた。JM/B2/16, Mckay to Jardine, May 25, 1836.

(239)　中山大学歴史系中国近代現代教研組研究室編『林則徐集』公牘，中華書局，1963年，87-88頁，「会札南澳鎮諭令長山尾等洋外船一律呈繳煙土稿」（道光19年3月初5日行）。

(240)　事実，ジャーディン・マセソン商会の創設者であるジャーディン（W. Jardine）の下院の特別委員会における証言によれば，1839年1月にジャーディンが広州を離れる何週間も前からアヘン貿易は主に南澳と廈門のあいだで行われるようになっていた。*BPP, China*, Vol. 30, Report from the Select Committee on the Trade with China（以下 Select Committee on the Trade と略称), p. 101(105).

(241)　福建の官僚も広東と同様に取締りに警戒を怠らないとされている。*Canton Press*, Vol. 3 No. 1, Sept. 9, 1837.

(242)　『鴉片戦争檔案史料』1冊，556頁「掌山西道監察御史郭柏蔭奏請整頓閩省海口防務以絶鴉片滲漏摺」（道光19年4月22日「原摺」）。

「此次広東夷船，経林則徐等認眞査辦，呈繳煙土二万余箱之多，該夷人等自必痛懲僨轍，豈肯虧本徒労。然而趨利之心，亦復何所不至，除弊之法所当防於未然。現在広東辦法，如此其厳，而閩省情形，倘復仍前鬆汎，在該夷貪得若鶩，或将易地以求售。而漢奸之業在其中者，亦必巧為籌画，以遂其牟利之私。是鴉片之害，暫息於粤，而旋移於閩，於全局未為尽善」。

(243)　『鴉片戦争檔案史料』1冊，789-790頁「著派祁寯藻黄爵滋馳赴福建査辦事件事上諭」（道光19年12月22日「上諭檔」）。

(244)　『鴉片戦争檔案史料』1冊，693-695頁「福州将軍嵩溥等遵旨奏為籌議査禁閩省海口鴉片章程摺」（道光19年8月22日「軍録」）「一，外洋宜先設法防査以杜偷越也。査閩省福州，興化，泉州，漳州，福寧五府所属，地多濱海，台湾一府，又孤懸海外。沿海居民，良莠不一，毎有私出海洋，運販煙土，不敢進口，多係停泊外洋，別用小船，陸

続偸運上岸。……今粤東査辦鴉片甚厳，並恐夷船竄入閩海，在洋盤販，尤応如意巡防。……現又飭調南北両洋合巡船，在於各要害洋面随時接応，並移行水師提鎮，督同将備親自出洋，率領舟師，多配兵械，実力巡査。……

一，口岸宜分別稽査以杜疏漏也。査閩省廈門，蚶江，五虎門三処直達外洋，凡商漁大船，例応在此掛験出入，謂之正口，均有文武口員層層盤験，尚易稽査。其乗潮往来之捕魚小船，皆由小口出入，而小口有名者，已不下数百，其無名私口，更不可勝計。奸民接販煙土，多由於此。……現将小口私口逐一釐査，或添派掛験之員，或併帰何口兼管，以専責成而杜諉卸。……至閩省商船前往各省貿易，誠恐在洋夾帯鴉片，必須設法稽査。……臣等会議，嗣後如有商船駛往何省貿易，責令口員査験貨物，並無夾帯，将貨箱封記，同牌照商名，造具清冊，咨明起貨発売省分，仍照造一分，付該商收執。如該商船駛至発売省分，該省即照冊査験，原封並無拆動，聴其銷售。……

一，水陸宜互相厳査以専責成也。……

一，関口宜令委員親自査験以杜夾帯也」。

(245)　『鴉片戦争檔案史料』2冊，92-93頁「欽差兵部尚書祁寯藻奏為査辦漢奸船隻章程片」（道光20年3月27日「夷務清本」）「再査，漢奸船隻，不外商漁両項，而清釐稽察，最為難周。縁閩商載貨出洋，不但盛京，天津，上海，寧波等処准其前往，即夷埠如毘甸，実力，暹羅諸国，亦無例禁，其船均由沿海地方官，給照出口。奸徒往々以載貨為名，駛出外洋，向夷船購買煙土，分往北洋售売。其回至福建者，則又満載而帰。州県給照之多者，毎年可七八十船，但憑一紙呈請，即行用印発給，一経出口，則縦其所如。給照之官，勢不能随船稽察，又無行家保結，可以責成。此清釐商船之難也」。なお，毘甸は崑甸の誤りであろう。

(246)　前註(173)所掲「盛京将軍耆英奏為体察情形厳行査禁鴉片煙土縁由摺」。

(247)　前註(168)所掲「盛京将軍耆英奏報捜査海口商船及査辦海口煙禁情形摺」「茲拠各該地方官結称，均属安静守法，応令照旧安居，責成該地方官留心稽査，仍按年造具清冊，咨報査核。至蓋州等処，先経尉県等拿獲興販吸食之流寓閩人十七名，将窩巣折毀。茲査，蓋州現在僅有流寓閩人八名，牛荘現在僅有流寓閩人六名，雖属游手無業，尚非興販煙土之人，応査照乾隆五十六年成案，発給執照，俟秋令飭附閩船回籍，仍咨明該省督撫，転飭該州県，査照收管」。

(248)　『宮中檔道光朝奏摺』3輯（欠番）493-494頁，署直隷総督琦善の道光18年1月28日の上奏「査閩広商人北来貿易，本有会館専延董事，約束海船舵水，経理一切。其於同省来津之民人是否安分，応無不知。随飭天津鎮道会督府県，酌議章程，飭令該董事，詳査将素有営業者，開造姓名年貌籍貫清冊，出具保結存案。如係来歴不明，由地方官随時究逐」。

(249)　『宮中檔道光朝奏摺』5輯（002272）419-422頁，大学士署理直隷総督琦善の道光18年11月29日の上奏。「臣随親提研鞫，縁廖炳奎籍隷福建順昌県，由抜貢考取教習，選授山東昌楽県知県。道光九年二月間，縁案参革卸事，因在任時因公那移庫銀，経山東省審擬，総徒四年，照例監追，限満無繳，将廖炳奎定発徳州充徒，於十五年五月到配。嗣廖炳奎在配貧苦，不能養贍家口。聞知天津閩粤会館董事欠人充当，起意脱逃図謀此館。即於十六年正月二十六日，私自逃走，至二月一日来至天津，経同郷人公挙，

充当董事」。

(250) 同上「是以毎年回棹，凡客商欲行搭船回籍，慮恐関津海口盤詰不肯放行，並有与洋船出海人，向不認識，不肯搭載，均央廖炳奎作保。廖炳奎査明来歴，写立保単，印用会館図記，給与商民収執，査験放行。……九月二十二日，廖炳奎以所得脩脯不敷応用，前往徳州，向戚属候補未入流費宗礼，並同年現任曲阜県知県王大淮処，告助資斧，将会館図記託交管帳之広東人荘羅観，代為経管会館事件，声称如有商民向取保単，査明来歴，即可写給」。

(251) 同上，「該会館向定章程，凡洋船来津売貨毎銀一百両抽銀三釐，作為会館廟内香鐙之需，如有盈余，存公別用，其嶺南桟並双峰桟，均係会館房屋。本年九月間，臣赴天津査辦鴉片煙案，有先経拿獲彙入沈瀫魁等案内奏結擬徒煙犯孫四供出，在逃煙犯佘暉，佘二，並現経拿獲另案擬辦之煙犯蕭映庭，陳恒汰，俱在嶺南，双峰等桟居住，販売煙土及自行吸食。廖炳奎均係知情，因関郷誼，未経首報」。

(252) ただし，アヘン戦争開始後になると，閩粤会館董事による洋船水手のアヘン取引摘発の事例がみられる。『鴉片戦争檔案史料』4 冊，57–58 頁「直隷総督訥爾経額奏報拿獲販煙之洋船水手辛万等情」（道光 21 年 7 月 26 日「軍録」）。

(253) 福建人・広東人の会館としては，泉漳会館が 1757 年，潮州会館が 1759 年，建汀会館が 1796 年，掲普豊公所が 1821 年，潮恵会館が 1839 年に設立されている。根岸佶『上海のギルド』日本評論社，1951 年，7–8 頁，Linda Cooke Johnson, *Shanghai : From Market Town to Treaty Port 1074–1858*, Stanford University Press, 1995, p. 135.

(254) 前註(166)所掲，両江総督陶澍の道光 18 年 4 月 11 日の上奏「嗣拠蘇松太道周祖植稟覆，飭委川沙同知何士祁，馳赴呉淞口沿海地方査明。該処俱係濱臨黄浦大江，接連海口，潮水漲落無定，両岸尽属沙灘，並無設立会館之処。復至上海県一帯地方査明，城内城外有江蘇，浙江，福建，広東，関東，山東，安徽，太湖各処商民共建会館一十三処，皆為寓居同郷及暫厝旅櫬而設，間有堆積貨物処所。均有董事経理，絶無囤積私塩情弊，訊之居民保甲，均無異詞」。

(255) 『上海碑刻史料選輯』233–235 頁「上海県為泉漳会館地産不准盗売告示碑」「現在泉漳両郡来上貿易，人数衆多，良莠不斉，難保無従中覬覦，蔵匿原契，私行盗売情弊，不可不預為防範」。

(256) 『上海碑刻史料選輯』325–326 頁「創建潮恵会館碑」「十九年倭芙蓉申禁森厳，他幇有疑我幇販此者，致我潮亦析其釐，如掲普豊幇。於是，我潮乃亟立潮恵公所於振武台城濠之北」。

(257) 前註(164)所掲「両江総督陶澍等奏為辦理続獲煙犯情形摺」「旋拠兼護蘇松太道蘇州府知府汪雲任稟称，前此督同各委員，訪獲煙土匪犯王阿喜等審辦後，現又督同委員署海防同知試用通判孫逢堯，試用通判福禄堪，候補知県彭光祥，平望営把総周学武等，在蘇城胥門外広東嘉応会館，拿獲販土之広東人李光華……等七名，捜獲煙土一千六百余両」。

(258) 一例を挙げれば，1831 年に北京の正陽門外打磨廠にある粤東会館でアヘン販売者が逮捕されている。『鴉片戦争檔案史料』1 冊，100–101 頁「巡視西城給事中覚羅瑞福等奏為拿獲販売鴉片人犯請旨審辦摺」（道光 11 年 10 月 22 日「原摺」）。

(259)　開港後の上海では，アヘン釐金を潮州人の商人集団が請け負っていた。本野前掲書，101 頁。また，19 世紀から 20 世紀初頭にかけて，東南アジアにおいても海峡植民地などの植民地当局はアヘン税の徴収を中国人商人シンジケートに請け負わせていた。Trocki, *Opium and Empire*, pp. 70–204.

(260)　1839 年冬から 1840 年夏までの広東・福建のアヘン統制の結果，アヘンの価格は下落した。Chang, *op. cit*., p. 208.

(261)　清朝の水師の戦船の分布は江蘇・浙江・福建・広東に偏っていた。王家倹前掲論文，202 頁。

(262)　周知のように，アヘン貿易に際しての兵丁の収賄や，兵丁のアヘン吸飲は広く一般にみられた現象であった。Chang, *op. cit*., p. 35.

(263)　1704～1833 年までの物価の著しい上昇にもかかわらず，粤海関などの広州附近の官僚の給与が増大しなかったことが，官僚らのアヘン貿易への関与を招いたことが指摘されている。Van Dyke, *op. cit*., p. 65.

(264)　財政面からみた清末の腐敗問題の構造については，岩井前掲書，57–62 頁参照。

(265)　『カントン・プレス』はデント商会がスポンサーであった。Frank H. H. King and Prescott Clarke, *A Research Guide to China-Coast Newspapers, 1822–1911*, East Asian Research Center, Harvard University, 1965, p. 16.

(266)　*Canton Press*, Vol. 1, No. 37, May 21, 1836, p. 290.

(267)　*Canton Press*, Vol. 1, No. 45, July 16, 1836, p. 354.

(268)　*Canton Press*, Vol. 2, No. 3, Sept. 24, 1836, p. 55.

(269)　明末清初については，岸本美緒「清朝とユーラシア」歴史学研究会編『講座世界史 2　近代世界への道――変容と摩擦』東京大学出版会，1995 年を参照。

(270)　Hao, *op. cit*., pp. 56–70.　1860 年代後半には福建北部における茶の買付に貨幣とともにアヘンが使用されている。*BPP, China*, Vol. 9, p. 77.

補論　零丁洋と広州のあいだ

(1)　*BPP, China*, Vol. 30, *Correspondence relating to China*, No. 117, Elliot to Palmerstone, March 29, 1838, pp. 259–276 (516–531).

(2)　*The Chinese Security Merchants in Canton, and their Debts*, London, 1838, p. 32.

(3)　Van Dyke, *op. cit*., pp. 132–133.

(4)　Morrison, *op. cit*., p. 28.

(5)　井上前掲書，74–75 頁。

(6)　新村前掲書，250 頁。

(7)　新村前掲書，241–257 頁，井上裕正「アヘン戦争前における清朝のアヘン禁止政策について――新村容子氏の批判に答えて」『人間文化研究科年報（奈良女子大学大学院人間文化研究科)』18 号，2003 年。

(8)　井上前掲書，171–183 頁，新村前掲書，257–269 頁。

(9) King, Frank H. H. and Clarke, Prescott, *A Research Guide to China-Coast Newspapers, 1822-1911*, East Asian Research Center, Harvard University, 1965, pp. 15-17.
(10) Hosea B. Morse, *The International Relations of the Chinese Empire*, Vol. 1, Longmans, Green & Co., 1910, pp. 209-210.
(11) 硝石も零丁洋において密輸が行われていた。"Commerce of China," *Hunt's Merchants' Magazine and Commercial Review*, Vol. 2, p. 472.
(12) *Canton Register*, Vol. 5, No. 20, Dec. 20, 1832.
(13) Morrison, *op. cit.*, p. 29.
(14) Morse, *The Chronicle of the East India Company Trading to China*, Vol. 4, p. 341.
(15) *Ibid.*
(16) *Ibid.*
(17) Morrison, *op. cit.*, p. 29.
(18) Van Dyke, *op. cit.*, p. 127.
(19) 清朝側がマカオにおけるアヘン貿易を狙い撃ちした「査察鴉片煙章程」を制定したことの背景については，以下を参照。井上前掲書，60-66 頁。
(20) Morse, *The Chronicle of the East India Company Trading to China*, Vol. 3, p. 323.
(21) Van Dyke, *op. cit.*, p. 127.
(22) Morrison, *op. cit.*, pp. 29-30.
(23) *Canton Press*, Vol. 2, No. 27, Mar. 11, 1837.
(24) *BPP, China*, Vol. 30, *Select Comittee on the Trade,* p. 105(119).
(25) 広州を離れて東部沿岸で行われたアヘン密輸の黙許料は，マカオなどもより高額であったとされる。Greenberg, *op. cit.*, p. 110.
(26) *Canton Register*, Vol. 4, No. 18, Sept. 15, 1831.
(27) 『鴉片戦争檔案史料』第 1 冊，198-199 頁「著両広総督鄧廷楨等厳行禁阻煙船進口並勿任煙船水手登岸事上諭」(道光十六年正月二十六日「上諭檔」)。
(28) 井上前掲書，203-210 頁。
(29) 『鴉片戦争檔案史料』第 1 冊，204-205 頁「著両広総督鄧廷楨等籌議禁塞奸商販煙漏銀事上諭」(道光十六年六月二十三日「上諭檔」)，同 210 頁「著両広総督鄧廷楨等議奏査拿販煙之奸商等事上諭」(道光十六年八月初九日「上諭檔」)。
(30) Chang, *op. cit.*, pp. 98-104, 111-112.
(31) *Canton Press*, Vol. 2, No. 27, Mar. 11, 1837.
(32) *Canton Press*, Vol. 2, No. 41, June 17, 1837.
(33) *Canton Press*, Vol. 2, No. 42, June 24, 1837.
(34) *Canton Press*, Vol. 2, No. 50, Aug. 19, 1837.
(35) 『鴉片戦争檔案史料』第 1 冊，228-230 頁「礼科給事中黎攀鏐奏請禁止躉船究治窰口以截紋銀出洋去路摺」(道光十七年六月十一日「朱摺」)。
(36) 『鴉片戦争檔案史料』第 1 冊，230 頁「著両広総督鄧廷楨等勒令英躉船回国並確査窰口事上諭」(道光十七年六月十二日「上諭檔」)。
(37) 『鴉片戦争檔案史料』第 1 冊，231-232 頁「給事中姚慶元奏請厳緝私開窰口之赤広沙

等人片」（道光十七年七月十八日「朱摺」)。

(38)　『鴉片戦争檔案史料』第1冊，232頁「著両広総督鄧廷楨等緝辦鴉片私犯上諭」（道光十七年七月十八日「上諭檔」)。

(39)　*Canton Press*, Vol. 2, No. 52, Sept. 2, 1837.

(40)　*Canton Press*, Vol. 3, No. 1, Sept. 9, 1837.

(41)　この時期になると，官側の兵船と密輸ジャンクとの争いも生じ，多数の密輸人が殺害されている。Greenberg, *op. cit.*, p. 200.

(42)　*Canton Press*, Vol. 3, No. 4, Sept. 30, 1837.

(43)　*Canton Press*, Vol. 3, No. 5, Oct. 7, 1837.

(44)　*Canton Press*, Vol. 3, No. 14, Dec. 9, 1837.

(45)　*Canton Press*, Vol. 3, No. 17, Dec. 30, 1837.

(46)　*Canton Press*, Vol. 3, No. 41, June 16, 1838.

(47)　*Canton Press*, Vol. 4, No. 8, Oct. 27, 1838.

(48)　『鴉片戦争檔案史料』第1冊，343-344頁「著歩軍統領衙門及各直省督撫厳懲販煙吸煙人犯事上諭」（道光十八年七月十九日「上諭檔」)。

(49)　Greenberg, *op. cit.*, p. 201.

(50)　『鴉片戦争檔案史料』第1冊，366-378頁「両広総督鄧廷楨等奏為審擬煙犯何老近等案情摺」（道光十八年八月二十一日「軍録」)。

(51)　『鴉片戦争檔案史料』第1冊，389-390頁「著各省将軍督撫厳緊査拿鴉片煙犯事上諭」（道光十八年九月初八日「上諭檔」)。

(52)　*Canton Press*, Vol. 4, No. 12, Nov. 24, 1838.

(53)　*Canton Press*, Vol. 4, No. 13, Dec. 1, 1838.

(54)　例えば18世紀初頭に銅1,000ピクルに対して関税は庫平料で435両であったが，各種の税を加えると課税額は約1,093両となった。Morse, *The Chronicle of the East India Company Trading to China 1635-1842*, Vol. 1, pp. 106-107.

(55)　佐々木正哉「粤海関の陋規」『東洋学報』34-1・2・3・4，1952年，134-136頁。

(56)　Van Dyke, *op. cit.*, p. 35.

(57)　R. B. Forbes, "The China Trade," *Hunt's Merchants' Magazine and Commercial Review*, Vol. 12, 1845, p. 47.

(58)　岸本前掲「清朝とユーラシア」35頁。なお，アヘン戦争後についてみると，粤海関の定額は89万9,064両で，収入は1841年に86万4,232両，1842年に112万8,240両，1845年に236万2,164両であった。Fairbank, *op. cit.*, p. 183.

(59)　Morse, *The Chronicle of the East India Company Trading to China*, Vol. 4, p. 58.

(60)　*Ibid.*, Vol. 3, pp. 309-311.

(61)　梁嘉彬前掲書，364頁。

(62)　*The Chinese Security Merchants in Canton, and their Debts*, p. 36.

(63)　陳国棟前掲「論清代中葉広東行商経営不善的原因」25-27頁。

(64)　Morse, *The International Relations of the Chinese Empire*, Vol. 1, p. 210.

(65)　*Ibid.*

(66)　石井摩耶子前掲書，71頁。

(67)　*BPP, China*, Vol. 30, *Select Comittee on the Trade,* p. 105(119).

(68)　村尾前掲「カントン学海堂の知識人とアヘン弛禁論，厳禁論」。

(69)　井上前掲書，170–212頁。

(70)　同上，195頁。

(71)　弛禁論が提起されるという情報から『カントン・プレス』もアヘン貿易を行商が独占し，洋貨店がアヘン貿易を認められないだろうと予想していた。*Canton Press*, Vo. 1, No. 37, May 21, 1836.

(72)　ジャーディンは，総督がその地位を保つために帝国の国庫に賄賂を収めていると広く信じられていると述べている。*BPP, China*, Vol. 30, *Select Comittee on the Trade,* p. 105 (119). これは北京の戸部銀庫に送金されたというよりも北京の官僚への賄賂と考えた方がよいだろう。

第2章　清朝と漢奸

(1)　イギリス側から見たアヘン戦争については，戦争直後に出版された以下の文献がある。John F. G. S. Ouchterlony, *The Chinese War : The Operations of the British Forces from the Commencement to the Treaty of Nanking*, London, 1844 ; W. D. Bernard, *Narrative of the Voyages and Services of the Nemesis, from 1840 to 1843 ; and of the Combined Naval and Military Operations in China,* 2vols., London, 1844. アヘン戦争研究としては，以下を参照。Peter Ward Fay, *The Opium War 1840–1842 : Barbarians in the Celestial Empire in the Early Part of the Nineteenth Century and the War by Which They Forced Her Gates Ajar*, The University of North Carolina Press, 1975 ; Gerald S. Graham, *The China Station : War and Diplomacy 1830–1860*, Clarendon Press, 1978. また，以下の研究によって林則徐ら主戦派を肯定的に描いていたアヘン戦争観は大きく修正を迫られた。佐々木正哉「鴉片戦争の研究——英軍の広州進攻からエリオットの全権罷免まで（1)～(7)」（以下「鴉片戦争の研究——英軍の広州進攻」と略称）『近代中国』5–11巻，1979–1982年，同「鴉片戦争の研究——ポティンヂャーの着任から南京条約の締結まで（1)～(3)」（以下「鴉片戦争の研究——ポティンヂャーの着任」と略称）『近代中国』14–16巻，1983–1984年，茅海建前掲書。

(2)　例えば，佐藤慎一は「アヘン戦争を経ても中国人の意識には重大な変化は生じていない」とする。佐藤慎一『近代中国の知識人と文明』東京大学出版会，1996年，56頁。これは，中国知識人の意識についての解釈としては，妥当といえよう。

(3)　ポラチェクはアヘン戦争中から戦後にかけて，主戦派の士大夫がアヘン戦争を決定的な敗北と考えず，団練などを活用すれば敗北を避けることが出来たとみなすようになったとする。Polachek, *op. cit.*, pp. 177–203. 1850年の咸豊帝即位にともなう穆彰阿派の失脚と対外強硬路線への転換は，こうした議論を主流としてしまったであろう。咸豊期の史料の問題については，井上裕正が『籌辦夷務始末（道光朝)』が主戦派に好

意的な立場から編纂されたと指摘している。井上前掲書，7頁。

(4)　弛禁論と厳禁論の対立についての研究は従来から多いが，清朝内部の対立を当時の思想・学問状況から政策決定過程に至るまで分析したのがポラチェクである。Polachek, *op. cit.*, pp. 17–203. また，カントンの地域的利害については村尾前掲「カントン学海堂の知識人とアヘン弛禁論，厳禁論」，井上前掲書参照。

(5)　アヘン戦争期の漢奸については，以下の文献が取り上げている。植田捷雄「阿片戦争と清末官民の諸相」『国際法外交雑誌』50巻3号，1951年，田中正美前掲「阿片戦争前における『漢奸』の問題」，劉剣順「鴉片戦争時期的漢奸問題」『求索』1991年4期，1991年，張銓律「鴉片戦争時期的“漢奸”問題之研究」国立台湾師範大学歴史研究所碩士論文，1996年，陳永升「両次鴉片戦争中広東地方的“漢奸”問題」『両岸三地「研究生視野下的近代中国」研討会論文集』台北政治大学歴史学系・香港珠海書院亜州研究中心，2000年。このほか，Yen Ching-hwangも海外の華人の問題と関係してアヘン戦争時の漢奸を取り上げている。Yen Ching-hwang, *Studies in Modern Overseas Chinese History*, Times Academic Press, 1995, pp. 22–27. なお，「漢奸」という語について王柯は清代に苗族などの南方の諸民族と関係をもつ人々を指して「漢姦」という語が使用され，雍正年間頃から「漢奸」と表記されるようになったとしている。王柯「「漢奸」考」『思想』981号，2006年，33–37頁。ただし，最近の研究によれば，明末の西南の土司の反乱時にすでに使用されていることが判明している。呉密「“漢奸”考辯」『清史研究』2010年第4期，2010年，107–108頁。外国人と関連した使用例としては，乾隆年間にすでに外国商人と結託して清朝の対外貿易を乱すものとして使用されているものがある。田中正美前掲論文，4頁。広州においては，行商が外国人に殺人に関する法律の情報を教えた際や，外国人のために駕篭を購入した際にも「漢奸」の語が使用されている。Morrison, *op. cit.*, p. 45.

(6)　アヘン戦争への過程と林則徐の役割については，以下を参照。Chang Hsin-pao, *op. cit.*, pp. 120–209 ; 井上裕正『林則徐』白帝社，1994年。

(7)　道光19年9月には珠江河口附近の川鼻においてイギリス軍艦と清朝水師のあいだの衝突（川鼻の戦い）が発生していたが，イギリス本国の戦争の意志を反映したものではなく，これが戦争に直結したわけではない。

(8)　当時のイギリス—中国間の連絡には7〜8ヶ月を要した。また，戦争開始時のイギリスの関心は主としてインドと東地中海（東方問題）にあり，中国よりも，当時戦争を行っていたアフガニスタンなどの方が注目されていた。Fay, *op. cit.*, pp. 81–82.

(9)　イギリス軍の当初の主力はインド軍であった。イギリス帝国におけるインド軍の役割については，秋田茂『イギリス帝国とアジア国際秩序——ヘゲモニー国家から帝国的な構造的権力へ』名古屋大学出版会，2003年，第1部参照。

(10)　中国に派遣されたイギリス海軍艦艇には1等，2等戦闘艦は含まれず，3等戦闘艦以下の旧式艦が主体であり，派遣数ものべ50隻で，当時のイギリス海軍の規模からみれば小規模であった。一方，東インド会社海軍は16隻の艦艇を派遣したが，1839年11月に進水したばかりのネメシス（*Nemesis*）号をはじめとして汽走軍艦も多く含まれ，新式であった。馬幼垣『靖海澄疆——中国近代海軍史事新詮』聯経出版，2009

年，3-21頁。

（11）中英の軍事技術の格差については，火砲について扱った劉鴻亮『中英火砲与鴉片戦争』科学出版社，2011年を参照。

（12）張銓律前掲論文，21-32頁。清朝側が，イギリス人は足が曲がらないために陸上では戦えないという説を信じていたということについては，以下を参照。佐々木前掲「鴉片戦争の研究——英軍の広州進攻（7）」191-192頁。この説の淵源については，以下を参照。新村容子「差異化の視点——清末知識人の対英観と女性観」『岡山大学文学部紀要』47号，2007年，22-23頁。

（13）定海が陥落するや，杭州将軍奇明保は，明らかに漢奸が結託していたためだとして，漢奸の調査・逮捕を命じている。『鴉片戦争檔案史料』2冊，174-175頁「杭州将軍奇明保等奏報已飭各属査拿勾引英軍入侵浙省之漢奸片」（道光20年6月19日「軍機処録副奏摺」）。

（14）(1)〜(4)については張銓律前掲論文，21-34頁を参照。

（15）『鴉片戦争檔案史料』4冊，135-137頁「欽差大臣裕謙奏報定海失守情形摺」（道光21年8月18日「軍録」）。

（16）茅海建前掲書，356頁。イギリス軍の定海再占領に関しては，以下を参照。*Chinese Repository*, Vol. 10, No. 11, Nov. 1841, pp. 623-624.

（17）Frederic Wakeman Jr., "The Canton Trade and the Opium War," in John K. Fairbank ed., *The Cambridge History of China*, *Vol. 10, Late Ch'ing, 1800-1911*, Part I, Cambridge University Press, 1978, p. 207.

（18）嘉慶海寇期を中心とした沿海住民と海賊との結び付きについては，以下を参照。Robert J. Antony, *Like Froth Floating on the Sea: The World of Pirates and Seafarers in Late Imperial South China*, Institute of East Asian Studies, University of California, 2003, p. 133； 李若文前掲論文，476-482頁。

（19）*Ibid*., pp. 129-132.

（20）『鴉片戦争檔案史料』2冊，202-203頁「著沿海各将軍督撫提鎮厳密査拿漢奸事上諭」（道光20年6月28日「剿捕檔」）。

（21）『鴉片戦争檔案史料』4冊，399-400頁「盛京将軍耆英奏為移貯火薬並擬春正親往南路籌防片」（道光21年10月25日「夷務清本」）。

（22）『鴉片戦争檔案史料』3冊，214-216頁「欽差大臣裕謙奏報沿海地勢及英船英砲情形摺」（道光21年2月19日「硃摺」）。

（23）『鴉片戦争檔案史料』4冊，332-333頁「揚威将軍奕経奏報遵旨籌防江蘇各海口情形摺」（道光21年9月29日「軍録」）。

（24）『鴉片戦争檔案史料』4冊，358頁「両江総督牛鑑奏為設法招徠内奸並現赴呉淞察看片」（道光21年10月「軍録」）。

（25）『鴉片戦争檔案史料』3冊，316-318頁「欽差大臣裕謙奏為遵旨体察情形無庸封閉沿海通商各口摺」（道光21年3月15日「軍録」）。

（26）ただし，道光22年になりイギリス軍が長江に侵攻すると，鎮江においては，現地の塩の密売人が漢奸として活動した。邵雍「鴉片戦争時期的幇会」『歴史檔案』1995年

3期，1995年，94頁。アヘン取引と私塩取引の手法の類似性については第1章58頁参照。

(27)　『鴉片戦争檔案史料』5冊，146–149頁「閩浙総督怡良等奏報遵議籌防海口並酌商福建挙人黄蕙田条陳摺」（道光22年2月24日「軍録」）。

(28)　『鴉片戦争檔案史料』2冊，581–583頁「欽差大臣琦善奏報英船自浙回粤現在大概情形摺」（道光20年11月14日「硃摺」）。

(29)　田中正美前掲論文。また，明末清初以来，脚夫が治安上問題となっていたことについては，上田信「明末清初・江南の都市の『無頼』をめぐる社会関係——打行と脚夫」『史学雑誌』90編11号，1981年を参照。

(30)　田中正美前掲論文，18頁。

(31)　広東では，奕山らが敗北の責任逃れのための戦果捏造を図ったこともあり，多くの郷勇や避難民が湖南兵によって殺害された。陳永升前掲論文，239–240頁。

(32)　張銓律前掲論文，38–42頁。

(33)　珠江デルタについては，Wakeman, *op. cit*., pp. 22–28を参照。また，嘉慶白蓮教徒から太平天国に至る団練・郷勇の問題は，以下を参照。Philip A Kuhn, *Rebellion and Its Enemies in Late Imperial China : Militarization and Social Structure, 1796–1864*, Harvard University Press, 1970.

(34)　Wakeman, *op. cit*., p. 25.　林則徐が広東の防衛強化にあたって水勇を重視したことについては，田中正美「林則徐の対英抵抗政策とその思想」『東洋史研究』38巻3号，1979年，111–119頁が詳しい。ただし，実際の目的については，田中が重視する軍事面よりも治安維持面を重視すべきであろう。

(35)　『鴉片戦争檔案史料』2冊，209–210頁「礼科掌印給事中沈鑅奏陳沿海各省宜団練水勇以散漢奸摺」（道光20年7月初2日「原摺」）。

(36)　『鴉片戦争檔案史料』2冊，215頁「著沿海各将軍督撫議復給事中沈鑅奏請飭団練水勇事上諭」（道光20年7月初2日「剿捕檔」）。

(37)　『鴉片戦争檔案史料』4冊，248頁「浙江道御史殷徳泰奏請招集漁戸団練水勇摺」（道光21年9月初十日「夷務清本」）。

(38)　『鴉片戦争檔案史料』4冊，309–311頁「著沿海各省督撫於険要口岸添兵屯守並令民間築堡団練事上諭」（道光21年9月22日「剿捕檔」）。同様に協辦大学士・揚威将軍奕経の幕下にあった臧紆青が浙江東部におけるイギリス軍との戦いに山東・河南・江淮の勇士及び漁民，蛋民，塩梟，土匪盗賊などを用いるべきだと提起し，魏源も同様の提起をするなど，「経世派」官僚は「匪賊」的勢力を積極的に利用すべきという考える者が多かったとされる。並木頼寿『捻軍と華北社会——近代中国における民衆反乱』汲古書院，2010年，140–152頁。

(39)　『鴉片戦争檔案史料』5冊，662–663頁「著両江総督牛鑑等選択紳耆号召義徒自相団練截焼敵船事上諭」（道光22年6月12日「剿捕檔」）。

(40)　Wakeman, *op. cit*., pp. 36–37.　林則徐は広州の福潮会館の泉州・漳州人からも壮勇を募集した。佐々木前掲「鴉片戦争の研究——英軍の広州進攻（2）」137頁。

(41)　『鴉片戦争檔案史料』2冊，349–350頁「福州将軍保昌等奏陳閩省団練水勇壮勇情形

摺」（道光 20 年 8 月 18 日「軍録」）。

(42)　『鴉片戦争檔案史料』2 冊，403-404 頁「両広総督林則徐等奏為遵旨復議団練水勇情形摺」（道光 20 年 8 月 29 日「軍録」）。

(43)　『宮中檔道光朝奏摺』9 輯（004552）254-255 頁。閩浙総督顔伯燾等の道光 21 年 11 月 18 日の上奏。

(44)　『鴉片戦争檔案史料』3 冊，318-321 頁「欽差大臣裕謙奏報赴定海籌辦善後事宜摺」（道光 21 年 3 月 15 日「硃摺」），『鴉片戦争檔案史料』4 冊，459-462 頁「浙江巡撫劉韻珂奏為兵勇領項不敷食用請援案酌増摺」（道光 21 年 11 月 16 日「夷務清本」）。

(45)　『鴉片戦争檔案史料』2 冊，312 頁「護理浙江巡撫宋其沅奏為遵旨議復辦理団練水勇情形摺」（道光 20 年 8 月 16 日「朱摺」）「庶多一為我所用之人，即少一従賊為逆之人矣」。

(46)　『鴉片戦争檔案史料』3 冊，331-335 頁「戸科掌印給事中朱成烈奏陳楊長避短剿辦英船之戦策摺」（道光 21 年 3 月 18 日「原摺」）。

(47)　『鴉片戦争檔案史料』4 冊，236 頁「閩浙総督顔伯燾奏報定海鎮海失守閩防兵単不能赴援情形摺」（道光 21 年 9 月初 8 日「軍録」）。

(48)　『鴉片戦争檔案史料』2 冊，490-491 頁「盛京将軍耆英等奏報奉天海疆安靖及回省視事情形摺」（道光 20 年 9 月 24 日「硃摺」）。

(49)　佐々木前掲「鴉片戦争の研究――英軍の広州進攻（6）」153-160 頁。

(50)　『鴉片戦争檔案史料』2 冊，227-228 頁「浙江巡撫烏爾恭額奏報先後籌防乍浦情形片」（道光 20 年 7 月「軍録」）。

(51)　『鴉片戦争檔案史料』2 冊，338-339 頁「杭州将軍奇明保奏陳乍浦所募郷勇擬准入伍補充水師摺」（道光 20 年 8 月 16 日「軍録」）。

(52)　天津の事例からは，不安定分子を囲い込み，一時的に「衆志成城」を創出するという団練の機能が提示されている。吉澤前掲書，38-60 頁。

(53)　『鴉片戦争檔案史料』3 冊，284-286 頁「江南童生朱袪患奏陳抗英八条摺」（道光 21 年 3 月初 5 日「原摺」）。

(54)　Wakeman, *op. cit.*, pp. 23-24.

(55)　『鴉片戦争檔案史料』2 冊，128-130 頁「両広総督林則徐等奏報焚剿英船擒獲漢奸等情摺」（道光 20 年 5 月「軍録」）。

(56)　『鴉片戦争檔案史料』2 冊，125-126 頁「閩浙総督鄧廷楨等奏報哨船襲撃販烟英船並獲購土漢奸摺」（道光 20 年 5 月 13 日）。

(57)　『鴉片戦争檔案史料』2 冊，298-301 頁「閩浙総督鄧廷楨奏報撃退来廈門滋擾英船情形摺」（道光 20 年 8 月初 2 日「軍録」）。

(58)　『鴉片戦争檔案史料』3 冊，89-90 頁「護理閩浙総督呉文鎔遵旨保奏在廈門撃退英船出力官員摺」（道光 21 年正月 20 日「硃摺」）。

(59)　『鴉片戦争檔案史料』2 冊，349-350 頁「福州将軍保昌等奏陳閩省団練水勇壮勇情形摺」（道光 20 年 8 月 18 日「軍録」）。

(60)　『鴉片戦争檔案史料』2 冊，606 頁「著奨叙福建水師提標守備楊靖江等出力員弁事上諭」（道光 20 年 11 月 18 日「剿捕檔」）。

(61)　『鴉片戦争檔案史料』3 冊，313-316 頁「欽差大臣裕謙奏為遵旨審度蘇省防堵情形摺」

（道光21年3月15日「硃摺」）。

（62）　三元里事件についての先駆的研究としては，鈴木中正「清末攘外運動の起源」『史学雑誌』62編10号，1953年があり，その他中英双方の文献から検討しているものにはWakeman, *op. cit*., pp. 11-41；佐々木正哉前掲「鴉片戦争の研究——英軍の広州進攻(5)〜(6)」，茅海建前掲書，293-325頁などがある。この事件についてエリオット（Charles Elliot）が広州城の城壁にイギリス国旗を掲げないでイギリス軍を撤退させたことが，イギリス軍を撃退したという伝説を生み，それがアヘン戦争後の反外国人運動の動機となったと考えられている。Graham, *op. cit*., pp. 164-165.

（63）　Polachek, *op. cit*., pp. 166-174.

（64）　『鴉片戦争檔案史料』4冊，52-54頁「閩浙総督顔伯燾奏報英船離岸開去多隻並籌攻剿情形摺」（道光21年7月24日「軍録」）。

（65）　『鴉片戦争檔案史料』4冊，170-171頁「戸科掌印給事中朱成烈奏陳掃除香港英巣並招募郷勇攻敵之策摺」（道光21年8月26日「原摺」）。かかる見方は『夷氛聞記』巻3にもみられ，広範囲に広まっていたとみてよいだろう。

（66）　『鴉片戦争檔案史料』4冊，480-485頁「欽差戸部右侍郎端華奏為遵旨査明廈門失守情形及兵勇数目摺」（道光21年11月19日「軍録」）。

（67）　Ouchterlony, *op. cit*., pp. 225-226.　イギリス軍の寧波における暁諭では，公然と戦うことのできない清朝官僚がひそかに「匪党兇手」を誘ってイギリス兵を誘拐させていると述べている。佐々木正哉編『鴉片戦争の研究（資料篇）』近代中国研究委員会，1964年，「142，英軍提督巴・郭暁諭」（道光22年3月27日）。同様の事件は定海周辺でも発生し，イギリス側は清朝当局が人々に敵の拉致を勧めていると理解し，これを犯罪行為とみなしていた。*Chinese Repository*, Vol. 11, No. 11, Nov. 1842, pp. 614-615.

（68）　光緒『鄞県志』巻十六，大事記下。

（69）　『鴉片戦争檔案資料』5冊，259頁「揚威将軍奕経等奏報水勇擒獲英兵並奪獲船隻片」（道光22年4月初5日「軍録」）。

（70）　『鴉片戦争檔案資料』5冊，256-258頁「揚威将軍奕経等奏報大兵進攻寧郡英軍竄退並乗機暗襲鎮邑摺」（道光22年4月初5日「軍録」）。

（71）　『鴉片戦争檔案資料』5冊，345-347頁「揚威将軍奕経等奏報定海兵勇連次奪獲並焚焼英船情形摺」（道光22年4月23日「軍録」）。

（72）　前註(3)参照。

（73）　靖逆将軍奕山は広州で多数の官員・郷紳らを推挙して彼らを取り込んだとみられる。茅海建前掲書，291頁。

（74）　捐輸は道光22年末〜23年初頭にピークを迎え，戦争のための捐輸と「奏呈海疆捐輸章程」の捐輸は銀1,347万両，銭252万串に達し，戦争直後の清朝財政にも寄与した。捐輸は広東の約243万両を筆頭として，江蘇，浙江，直隷，福建などの諸省が主に負担した。茅海建『近代的尺度——両次鴉片戦争軍事与外交』上海三聯書店，1998年，30-32頁。

（75）　団練をめぐる清朝権力と郷紳の権力の相互補完性についてはアヘン戦争後を対象とした，西川喜久子「順徳団練総局の成立」『東洋文化研究所紀要』105冊，1988年を参

照。

(76)　Wakeman, *op. cit.*, pp. 11–58；吉澤前掲書，第1・4章参照。ただし，アヘン戦争の戦場となった地域のうち，広州附近を除き，戦後，外国人に激しく抵抗する団練が存在しなかったことにも注目すべきであろう。沿海部の大半は，盲目的排外主義に突き進んだわけではなかった。

(77)　佐々木前掲「鴉片戦争の研究——英軍の広州進攻（6）」153–155頁。『鴉片戦争檔案史料』2冊，405–406頁「両広総督林則徐奏陳禁煙洋務不能歇手並請帯罪赴浙省海営効力片」（道光20年8月29日「軍録」）。

(78)　『鴉片戦争檔案史料』3冊，388–390頁「靖逆将軍奕山等奏報官兵漸次到粤分守要隘摺」（道光21年閏3月初6日「硃摺」）。ただし，奕山は広州陥落の責任を水勇と漢奸に帰しており，広州附近において水勇は官兵よりも敢闘した可能性がある。佐々木前掲「鴉片戦争の研究——英軍の広州進攻（5）」241頁，同「同（6）」149–150頁。

(79)　『鴉片戦争檔案史料』7冊，281–282頁「福建巡撫劉鴻翱奏為閩省不宜団練郷兵及各海口後路布置情形摺」（道光23年8月初7日「夷務清本」）「査下游興，泉，漳各府，風紀素強，恃其膂力，好勇闘狠，往々因口角細故，糾衆械闘。地方官平日誠信相孚，尚可以解散諭止，否則醸成重案。是強梁之習平日已然，若再加以団練，其勢必更不可遏」。張集馨は漳州で招集された勇は皆「械闘亡命（械闘をする命知らず）」であるとし，戦争の際に臆病でないと見なしている。『道咸宦海見聞録』張集馨撰，中華書局，1981年，61頁，佐々木前掲「鴉片戦争の研究——ポティンヂャーの着任（3）」80頁。械闘の際の戦闘要員がその実力はともかくとして，郷勇となっていたことがうかがえる。

(80)　『鴉片戦争檔案史料』2冊，349–350頁「福州将軍保昌等奏陳閩省団練水勇壮勇情形摺」（道光20年8月18日「軍録」）。

(81)　イギリス中国遠征軍の陸軍司令官ゴフ（Sir Hugh Gough）少将は廈門が大規模な商業港であり，将来の友好的な通商のために民間の財産の略奪を厳禁した。ただし，公的財産の入手は認められている。Bernard, *op. cit.*, Vol. 2, p. 126.　したがって，官衙などの略奪にイギリス軍が全く無関係であったとはみなせない。列強が中国で行った略奪の問題についてはアロー戦争，義和団事件について検討したヘヴィアの研究が詳細である。Hevia, *op. cit.*, pp. 75–111, 208–240.

(82)　『鴉片戦争檔案史料』4冊，390–392頁「欽差大臣怡良奏報遵旨密査廈門失事及現在籌防情形摺」（道光21年10月22日「軍録」）。

(83)　廈門陥落の際には市内の下層民や盜賊，海賊らによって官衙などで激しい略奪が行われたことがイギリス軍にも確認されている。*Canton Press*, Vol. 7, No. 8, Nov. 20, 1841；*Chinese Repository*, Vol. 11, No. 3, March 1842, pp. 150–151.　佐々木前掲「アヘン戦争の研究——ポティンヂャーの着任（3）」『近代中国』16巻，76–77頁。また，同じくイギリス軍に占領された鼓浪嶼でも，下層民はイギリス軍よりも激しく上層の人々の家屋の破壊，略奪を行ったという。Robert Fortune, *Three Years' Wanderings in the Northern Provinces of China : Including a Visit to the Tea, Silk, and Cotton Countries ; with an Account of the Agriculture and Horticulture of the Chinese, New Plants, etc.*, John Murray,

1847, p. 41.

(84)　*Canton Press*, Vol. 7, No. 8, Nov. 20, 1841.

(85)　『鴉片戦争檔案史料』4 冊，163-165 頁「欽差大臣裕謙奏報現探英情及募勇籌戦等情片」（道光 21 年 8 月 24 日「軍録」）。

(86)　『鴉片戦争檔案史料』4 冊，561-565 頁「揚威将軍奕経等奏報行営移駐嘉興並撤撥兵勇等情摺」（道光 21 年 12 月 15 日「軍録」）「至該省民人本皆柔脆，所募郷勇既多係無業游民，而官不加察，又不免虚充名数。其中稍為壮健堪以自衛者，亦皆講明，止助声勢，不能接仗。是郷勇雖有九万余人之多，而見賊即逃，仍与無人無異」。

(87)　『鴉片戦争檔案史料』4 冊，255-256 頁「浙江提督余歩雲奏為英船現無滋蔓請調陝兵来浙防堵摺」（道光 21 年 9 月 12 日「軍録」）。

(88)　Ouchterlony, *op. cit.*, pp. 267-288. イギリス軍に従軍していた外科医クリー（Edward Cree）もその絵日記で，乍浦城内の女性や子供の大量の自殺という凄惨な光景を描写している。National Maritime Museum Archives, MS86/083, *Journal of Dr. Edward Cree, Surgeon on boards H. M. S. Rattlesnake, Troopship during the First Opium War*, 1842.

(89)　『鴉片戦争檔案史料』5 冊，387-390 頁「揚威将軍奕経等奏為遵旨察明乍浦失守及各路弁兵潰散等情摺」（道光 22 年 5 月初 1 日「軍録」）「尚有福建郷勇，本係福建同安県人，携眷寄居乍浦業已多年，共有五六千名，幾同土著。向係以接買洋貨為生，誠難保其不与逆夷暗地勾結。特以人数過衆，又無勾結逆夷実跡，自未便一旦駆之遠去。因於去年乍浦設防時，択其強壮者七百余名募為郷勇，以冀潜消反側，漸与我兵聯絡，有所鈐制。無如狼子野心，当官兵接仗之時，勾引逆夷，扒城放火，即係此輩」。

(90)　『鴉片戦争檔案史料』5 冊，656-657 頁「参賛大臣特依順奏請将乍浦満営存官兵並眷属統帰嘉興駐扎安置片」（道光 22 年 6 月 11 日「軍録」）。

(91)　イギリス側も乍浦における略奪者集団の存在や彼らによる近隣への放火について記している。Bernard, *op. cit.*, vol. 2, pp. 137-139, 334 ; Ouchterlony, *op. cit.*, pp. 283, 289.

(92)　『鴉片戦争檔案史料』2 冊，303-305 頁「署両江総督裕謙等奏陳前調各兵未便遽行撤退之実在情形片」（道光 20 年 8 月初 4 日「軍録」）。

(93)　Ouchterlony, *op. cit.*, pp. 394-395.

(94)　むろん，こうした上奏文の記述が誇張を含む可能性はある。ただし，村落から徴収された郷勇が防衛に役に立たず，住民には災難であるということはイギリス側も認識していた。Bernard, *op. cit.*, p. 238. したがって，郷勇が有害であったことは間違いないだろう。なお，イギリス側は水勇・郷勇を召募するリーダーを兵卒ではなく「兇手」であるとし，一律に処刑するという暁示を出しており，団練・郷勇を非正規兵として敵視していたことがわかる。前掲『鴉片戦争の研究（資料篇）』142-143 頁，「138, 英国総兵官威暁示」（辛丑 10 月 23 日）。

(95)　団練・郷勇だけでなく，官兵も同様の行為を行った。特に外省の兵が問題であったことは，広州における湖南兵の事例をはじめ，しばしば指摘されることである。佐々木前掲「鴉片戦争の研究――英軍の広州進攻（5）」233-234 頁。

(96)　茅海建はアヘン戦争の軍事費を 3,000 万両前後と見積もっている。茅海建前掲『近代的尺度』3-53 頁。これは当時の清朝の正額財政の歳入約 4,000 万両の 7〜8 割に相当

する。正額財政の歳入は道光20年が3,904万両，21年が3,860万両であった。岩井前掲書，37頁。

(97)　『鴉片戦争檔案史料』3冊，562-567頁「両広総督祁𡊮等奏為続擬軍需章程条款摺」（道光21年5月28日「軍録」），前註(44)所掲「浙江巡撫劉韻珂奏為兵勇領項不敷食用請援案酌増摺」。

(98)　林則徐も，水勇には高給を支払い待遇を厚くすべきと考えていた。佐々木前掲「鴉片戦争の研究――英軍の広州進攻（6）」155頁。

(99)　アヘン戦争終結時において，泉州では団練が1,370郷で壮丁10万余人に達し，台湾でも1841年10月に郷勇・水勇・屯丁が9,165人，各荘の団練が2万2,700人以上になり，1842年3月には団練の人数は4万7,100余人に達したという。徐暁望主編『福建通史5　近代』福建人民出版社，2006年，32-33頁。

(100)　『宮中檔道光朝奏摺』10輯（005303）398-399頁，江蘇巡撫程矞采の道光22年2月25日の上奏。

(101)　『鴉片戦争檔案史料』2冊，730頁「掌広東道監察御史高人鑒奏請沿海各省将已撤水勇仍旧団練片」（道光20年12月17日収「夷務清本」）。

(102)　茅海建前掲『天朝的崩潰』163頁。

(103)　『鴉片戦争檔案史料』2冊，469-470頁「署両江総督裕謙等奏報駛入川沙洋面之英船業已陸続離去及各海口防範情形片」（道光20年9月「軍録」）。

(104)　『鴉片戦争檔案史料』2冊，669-672頁「欽差大臣伊里布奏報酌撤客兵郷勇水勇及籌備防守事宜片」（道光20年12月初8日「軍録」）。

(105)　『鴉片戦争檔案史料』3冊，194-195頁「京口副都統海齢奏陳安砲設兵防守隘口事宜摺」（道光21年2月12日「硃摺」）。

(106)　『鴉片戦争檔案史料』3冊，254-255頁「著欽差大臣裕謙等加意防守江浙各処海口等事上諭」（道光21年2月27日「剿捕檔」）。

(107)　『鴉片戦争檔案史料』3冊，280-281頁「両江総督伊里布奏為江蘇洋面防範森厳沿海各口一律封閉摺」（道光21年3月初4日「硃摺」）。

(108)　欽差大臣であった伊里布がイギリスとの浙江における地域的な和平を推進したのに対し，主戦派の裕謙はそれに反対し，結局，道光帝の意向により道光21年2月，伊里布は欽差大臣を免じられ，裕謙が後任となる。茅海建前掲『天朝的崩潰』184-205頁。封港論争も伊里布と裕謙らの政治闘争の一端とみることができる。

(109)　『鴉片戦争檔案史料』3冊，348-349頁「著両江総督伊里布親赴宝山督防並毋庸一律封港事上諭」（道光21年3月22日「剿捕檔」）。

(110)　『鴉片戦争檔案史料』4冊，54-55頁「欽差大臣裕謙奏報浙洋英船日増並籌防御情形摺」（道光21年7月26日「軍録」）。

(111)　『鴉片戦争檔案史料』4冊，318-319頁「兼署両江総督梁章鉅奏報上海防堵情形摺」（道光21年9月24日「軍録」）。

(112)　『鴉片戦争檔案史料』4冊，456-458頁「浙江巡撫劉韻珂奏請開港並酌定稽査章程以便商民摺」（道光21年11月16日「軍録」）。

(113)　『鴉片戦争檔案史料』4冊，511-512頁「著揚威将軍奕経等准令開口并按劉韻珂所議章

程辦理事上諭」（道光21年11月27日「剿捕檔」）。

(114)　『鴉片戦争檔案史料』5冊，211–213頁「浙江巡撫劉韻珂奏報英船在尖山等処窺探及現在辦理情形片」（道光22年3月15日「軍録」）。

(115)　中国人船員が欧米船舶に搭乗することは，18世紀から長期にわたって行われており，特に戦時に船員が不足した場合には，中国人船員の需要はいっそう高まった。Morse, *The Chronicle of the East India Company Trading to China*, Vol. 2, p. 428.　1780年代にはこうした行為は常態化し，中国人船員は買辦が斡旋し，船員の賃金から手数料を得ていた。Van Dyke, *op. cit.*, p. 71.

(116)　『鴉片戦争檔案史料』3冊，374–375頁「両江総督伊里布奏為遵旨査明江省並無英船請緩封港片」（道光21年3月「硃摺」）「該夷船内漢奸甚衆，大率皆閩粤匪徒。而江省商舶聚於上海，舵水人等亦多籍隷閩粤，奸良不一，若聴其出入，難保不暗相勾結，表裏為奸。其本省漁船因貧《ママ》利而售買其貨物，接済以米糧，亦恐事所難免。是以奏請将各港封閉為堅壁清野之計」。

(117)　前註(110)所掲「欽差大臣裕謙奏報浙洋英船日増並籌防御情形摺」。

(118)　嘉慶白蓮教徒の乱においても堅壁清野の策がとられて反乱鎮圧に効果をあげた。Kuhn, *op. cit.*, pp. 44–46.

(119)　アヘン戦争の最終段階では鄭氏対策を想起して，遷界令と同様の政策を主張する官僚も現れた。『鴉片戦争檔案史料』5冊，469頁「監察御史黎光曙奏陳沿海地方実行辺禁之法摺」（道光22年5月16日「軍録」）。しかし，その実現可能性はなかっただろう。

(120)　勝田前掲論文，44–45頁，Murray, *op. cit.*, p. 123.

(121)　林則徐による措置も「封港」とされるが，イギリス以外の国との交易は許可している。『鴉片戦争檔案史料』1冊，798–799頁「両広総督林則徐奏覆粤省封港後厳海防以杜流弊並深聞英国別派領事来粤片」（道光19年12月24日「軍録」）。

(122)　『鴉片戦争檔案史料』3冊，316–318頁「欽差大臣裕謙奏為遵旨体察情形無庸封閉沿海通商各口摺」（道光21年3月15日「軍録」）。

(123)　「挑抬各夫」とは，脚夫のことを指すのであろう。

(124)　『鴉片戦争檔案史料』3冊，379–381頁「欽差大臣裕謙奏陳呉淞口未便填塞各港口毋庸封閉摺」（道光21年閏3月初3日「硃摺」）「又江蘇以北腹裏，各省所需糖斤南貨，悉由閩広商船運至上海転運。当此風軽浪軟之時，南北両洋貨船雲集，遽行禁止出入，則商賈不通，貨物阻滞，小民手胼足胝，終歳勤動，抱布携棉無処售売，不能易米糊口，豈非自困商民。各船水手及挑抬各夫率多獷悍無業之徒，一経封港，無以為生，更難安頓。

　又漁船一項，毎年自清明以訖夏至為漁汛，有頭水，二水，三水之分，一年之計全在於此，与上年之封港在六月以後者，情形迥不相同。蘇，松，常，淮，揚五府，太，通，海三州，並海門一庁之沿海沿江貧民，以漁為生者以数万計，設遇漁鮮不旺之年，猶虞其流而為盗。今値漁汛而禁其採捕，該漁戸饔飧失望，事蓄無資，即使安分守法坐以待斃，為民上者，向心亦有所不忍。夫攘外必先安内，而安内之法，不過因民之利遂民之生」。

(125)　尹玲玲『明清長江中下游漁業経済研究』斉魯書社，2004年，230–232頁。

(126)　『鴉片戦争檔案史料』3 冊，356-357 頁「署理江蘇巡撫程矞采奏請各海暫緩封閉以順輿情摺」（道光 21 年 3 月 24 日「硃摺」）。

(127)　アヘン戦争中の安内攘外論について，傅衣凌は抗日戦争（日中戦争）期の蔣介石の事例をひきつつ，湖南の鄧顕鶴による『南村草堂文鈔』中の文章に安内攘外論がみられることから，地主階級投降派の議論であると指摘している。傅衣凌「鴉片戦争時期地主階級投降派的安内攘外論」『傅衣凌治史五十年文編』廈門大学出版社，1989 年，350-351 頁。階級論的な歴史解釈はともかくとして，この「安内攘外」や「漢奸」など，以後の対外関係をめぐる議論において頻出する表現がアヘン戦争において多用されていたことについては，より注意が払われるべきであろう。

(128)　『鴉片戦争檔案史料』2 冊，311 頁「護理浙江巡撫宋其沅奏為遵旨議復辦理団練水勇情形摺」（道光 20 年 8 月 16 日「朱摺」）。

(129)　『鴉片戦争檔案史料』3 冊，350-352 頁「浙江巡撫劉韻珂奏為遵旨厳防海口毋庸封港摺」（道光 21 年 3 月 22 日「軍録」）。

(130)　『鴉片戦争檔案史料』4 冊，456-458 頁，前註(112)所掲「浙江巡撫劉韻珂奏請開港並酌定稽査章程以便商民摺」「臣前於封港之時，即飭各属将舵水人等選充郷勇，藉以安挿。然人数甚衆，経費有常，祇能将強悍壮健者酌量選用，其不堪収養者為数尚多」。

(131)　『鴉片戦争檔案史料』4 冊，318-319 頁「兼署両江総督梁章鉅奏報上海防堵情形摺」（道光 21 年 9 月 24 日「軍録」）「旋拠上海並閩，広商民行戸赴臣行館，紛紛逓呈哀求，以為不准進口，則漂泊重洋，必致人船莫保，情詞急迫。正在批候札商間，又接前督臣来咨，謂無論本籍外籍，概不准一船一人進口等語。外間民心惶惶，幾至罷市。……現当防堵喫緊之際，正頼衆志成城，自応変通，以示体恤」。

(132)　前註(112)所掲「浙江巡撫劉韻珂奏請開港並酌定稽査章程以便商民摺」。

(133)　清代の海上交易の発展については，宮田前掲書，15-22，80-86 頁，松浦前掲『清代海外貿易史の研究』を参照。

(134)　前註(112)所掲「浙江巡撫劉韻珂奏請開港並酌定稽査章程以便商民摺」「嗣八月間夷船竄至，裕謙恐有漢奸混跡，復通飭各属於是月十一日封港，迄今又歴三月。商賈不通，本省之貨物日久停滞，朽蠹堪虞，他省之貨物日漸缺乏，騰貴滋甚」。

(135)　『鴉片戦争檔案史料』4 冊，372-374 頁「両江総督牛鑑等奏為厳防進口商船以杜漢奸並設立糧台総局摺」（道光 21 年 10 月 16 日「軍録」）「査上海各項船隻有南洋北洋之分，北洋沙船本有官給印照，載明船戸水手年貌姓名，経過地方文武験加戳記放行，承管行戸多係挙人生監，並有官職身家殷実之人，彼此均能認識。其南洋閩粤各船亦有行戸専管，並各有会館董事幇同照料，不能混入出入。現経厳飭委験船照之員認真捜査違禁之物，無根之人。倘形跡稍有可疑，或人数溢於照数，立即伝査行戸，追究底裏，分別究辦，並一体取具連環互結，層層稽核，以杜奸踪」。

(136)　前註(112)所掲「浙江巡撫劉韻珂奏請開港並酌定稽査章程以便商民摺」。

(137)　『鴉片戦争檔案史料』5 冊，385-386 頁「山東巡撫托渾布奏為勘明各海口順道校閲各営伍並遵旨摺回登州督防摺」（道光 22 年 4 月 30 日「軍録」）。

(138)　『鴉片戦争檔案史料』3 冊，188-189 頁「著閩浙総督顔伯燾等厳定閩広北来商船水手人数等事上諭」（道光 21 年 2 月 11 日「剿捕檔」）。

(139) 照の事例については，松浦前掲『清代海外貿易史の研究』583-586頁を参照。

(140) 『鴉片戦争檔案史料』5冊，165-167頁「直隷総督訥爾経額奏報続籌厳防閩広商船章程摺」（道光22年2月29日「軍録」）「査福建省之福州，廈門，広東省之潮州等処，皆有商人在津開設字号，均係殷実之家，尚属可靠。其広東之広州，福建之詔安両処，係商人臨時置貨随舶往来，並無天津開設字号。応請嗣後福州，廈門，潮州之洋船出口，擇令津中有字号之商人，出具並無夾帯奸匪切結，到津之時復責令原字号商人先行確査，如有来歴不明之人，即行呈報，査明後仍令出具切結。以後如有発覚，両処商人一体問罪。其広州，詔安之洋船出口，責令保船税行出結，由各処給照衙門鈐印，粘連船牌尾後，以凭到津之日査験。如無加粘印結，不許進口」。

(141) 同上。

(142) 『鴉片戦争檔案史料』5冊，170-171頁「著直隷閩浙両広等省督撫照訥爾経額所奏防範閩広商船章程一摺辦理事上諭」（道光22年3月初2日「剿捕檔」）。

(143) 『鴉片戦争檔案史料』5冊，585-586頁「直隷総督訥爾経額奏報遵旨稽査到口商船情形摺」（道光22年6月初2日「軍録」）。

(144) 道光『廈門志』によれば，船を建造して荷主となる者を財東，船をおさめて貨物を運ぶ者を出海といい，荷主と船主が分離した経営構造を形成する場合があった。道光『廈門志』巻15「俗尚」，松浦前掲『清代海外貿易史の研究』74-75頁。

(145) 前註(122)所掲「欽差大臣裕謙奏為遵旨体察情形無庸封閉沿海通商各口摺」「即有不法商漁勾通接済，必停泊於人跡不到之偏僻海汊，断不敢出入於衆目昭彰之通商正口，是封港之議，徒有碍於安分商漁，而於杜絶接済之法仍未得其要領」。

(146) 前掲『鴉片戦争の研究（資料篇）』134頁，「128，璞鼎査等暁諭」1841年。

(147) 『鴉片戦争檔案史料』4冊，480-485頁「欽差戸部右侍郎端華為遵旨査明廈門失守情形及兵勇数目摺」（道光21年11月19日「軍録」）。

(148) *Chinese Repository*, Vol. 11, No. 9, Sept. 1842, pp. 504-507.

(149) 劉聿新「鴉片戦争与舟山（下）」『大陸雑誌』84巻6期，1992年，41頁。

(150) 『鴉片戦争檔案史料』3冊，17-19頁「閩浙総督顔伯燾等奏請起用林則徐鄧廷楨克復定海摺」（道光21年正月初6日「軍録」）。

(151) Greenberg, *op. cit.*, pp. 208-209.

(152) 『鴉片戦争檔案史料』3冊，615-616頁「署江蘇巡撫程矞采奏報厳緝鴉片煙犯情形摺」（道光21年6月24日「軍録」）。

(153) Ouchterlony, *op. cit.*, p. 202.

(154) Fortune, *op. cit.*, p. 50.

(155) 例えば，道光21年には銅山，囲頭などの閩南沿海における福建人による海賊活動が摘発されている。『軍機処檔録副奏摺』（中国第一歴史檔案館所蔵3-64-3951-41～42），閩浙総督怡良等の道光22年6月22日の上奏。

(156) 『鴉片戦争檔案史料』5冊，238-241頁「台湾鎮総兵達洪阿等奏報破獲通敵奸民大幇英船全遁摺」（道光22年4月初2日「軍録」）。

(157) Antony, *op. cit.*, pp. 96, 119.

(158) 『宮中檔道光朝奏摺』7輯（003670）723-724頁，欽差大臣裕謙の道光21年7月9日

の上奏。福建人海賊は，浙江海域においても活動していた。『軍機処檔録副奏摺』3-64-3952-15～16の閩浙総督怡良などの道光22年9月24日の上奏。

(159) Ouchterlony, *op. cit.*, pp. 211-213 ; *Canton Press*, Vol. 7 No. 3, Oct. 16, 1841.

(160) 前註(147)所掲「欽差戸部右侍郎端華為遵旨査明廈門失守情形及兵勇数目摺」。

(161) 『鴉片戦争檔案史料』3冊，593-594頁「欽差大臣裕謙奏為遵旨査明沿海土盗漢奸情形摺」（道光21年6月15日「軍録」），『宮中档道光朝奏摺』11輯（006161）783-784頁，奕経などの道光22年6月25日の上奏。

(162) 前註(119)参照。

(163) 沿海部における商人などの有力者と漁民などとの乖離は嘉慶海寇の時期から存在する。18世紀からの経済発展期の華南沿海における貧富の拡大については，Antony, *op. cit.*, pp. 71-73を参照。

(164) 密輸・海賊などの開港後における沿海の混乱については，以下の文献が先駆的に取り上げた。Fairbank, *op. cit.*, pp. 267-438.

(165) 中国史学会主編『中国近代史資料叢刊　鴉片戦争（3)』359-362頁「劉玉坡中丞（韻珂）致伊耆牛大人書稿」。

(166) 前掲『鴉片戦争の研究（資料篇)』216-219頁「210，耆英・伊里布・牛鑑照会」（道光22年7月22日）。

(167) 外務省条約局編『英，米，仏，露ノ各国及支那国間ノ条約』外務省条約局，1924年，6-7頁。

(168) 条約特権を利用する中国人商人については，以下を参照。Eiichi, Motono, *op. cit.*, pp. 35-54, 119-142 ; 本野前掲書，第Ⅲ部。

第3章　閩粤海盗とイギリス海軍

(1) オールコック（山口光朔訳）『大君の都――幕末日本滞在記』上，岩波書店，1962年，78頁。オールコックの中国における活動については，岡本隆司『ラザフォード・オルコック――東アジアと大英帝国』ウェッジ，2012年を参照。

(2) Grace Fox, *British Admirals and Chinese Pirates 1832-1869*, Kegan, Paul, Trench, Trubner & Co., LTD, 1940.　これより前，モースも当該期の海賊鎮圧についてイギリスの役割を強調している。Morse, *The International Relations of the Chinese Empire,* Vol. 2, pp. 404-406.

(3) Fairbank, *op. cit.*, pp. 329-346.

(4) 松浦章は，列強の掃討による大規模な海賊から小規模な海賊という変化を指摘する。松浦前掲『中国の海賊』158頁。また，19世紀東アジアにおけるイギリス海軍の役割を扱った以下の文献でも1860年代の海賊問題に対するイギリス海軍の対応について述べている。横井勝彦『アジアの海の大英帝国――一九世紀海洋支配の構図』同文舘出版，1988年，208-209頁。

(5) Graham, *op. cit.*.

（6）『宮中檔道光朝奏摺』19 輯（010160）65-66 頁，福建水師提督竇振彪の道光 27 年 3 月 22 日の上奏。

（7）『宮中檔道光朝奏摺』17 輯（009120）219-221 頁，閩浙総督劉韻珂などの道光 26 年 4 月 28 日の上奏「竊照閩省漳泉等府，地処沿海，俗尚兇頑，其間無業之徒，往往出洋為盜。而泉州府馬巷庁所属之陳頭，柏頭等郷，尤為盜賊淵藪。該匪徒等毎於春夏之交，輒借捕魚名色，招集無頼，整備船隻器械，分赴閩浙各洋，四出剽掠，及至冬間，則各潜帰巣穴。歴久相沿，幾同習慣」。

（8）Murray, *op. cit*., p. 17.

（9）豊岡前掲「清代中期広東沿海住民の活動」75-76 頁。

（10）東亜同文会前掲『支那省別全誌 14　福建省』670 頁。

（11）民国『廈門市志』巻 10，物産志。

（12）『宮中檔咸豊朝奏摺』4 輯（国立故宮博物院蔵，002026）700 頁，福建水師提督鄭高祥の咸豊 2 年 4 月 11 日の上奏。

（13）イギリス領事も，廈門で最も低い階層の人々が海賊に参加しているとみなしている。FO228/98, Layton to Bonham, No. 33, Oct. 26, 1849.

（14）Murray, *op. cit*., p. 6 ; 張中訓前掲論文，安楽博前掲論文，446 頁。

（15）『宮中檔道光朝奏摺』19 輯（010507）556-560 頁，署閩浙総督徐継畬の道光 27 年 6 月 27 日の上奏。

（16）宮田前掲書，87-89 頁。

（17）Lin, *op. cit*., pp. 124-133.

（18）FO228/98, Layton to Bonham, No. 2, Jan. 13, 1849.

（19）沿海の督撫も，沿海部の航運関係者の失業を問題視していた。郭豫明『上海小刀会起義史』中国大百科全書出版社上海分社，1993 年，24-25 頁。

（20）『鴉片戦争檔案史料』7 冊，410 頁「閩浙総督劉韻珂等奏為設法稽査廈門貨船偸漏走私情形片」（道光 24 年 2 月初 8 日）「茲拠該司査有何厝郷，卓崎，深鵜等処，均在廈門口外，水陸交通，従前内地商船販貨赴廈，各該処間有勾通走漏之事。内何厝郷人戸衆多，民情獷悍，較卓崎等処尤甚。自夷人至廈互市，該郷奸民以為有利可図，即開設私行，置造船隻，希図勾串夷船，於口外卸貨走私。因開市不久，各夷船皆直駛入口，該郷奸民未能即与各夷勾結，尚無走漏之事」。

（21）開港後の廈門では「密輸」が横行していた。Fairbank, *op. cit*., pp. 347-350.

（22）FO228/155, Encl. in Robertson to Bonham, Separate, Nov. 28, 1853.

（23）FO228/188, Parkes to Bowring, No. 11, Jan. 16, 1855.

（24）*Further Statement of the Ladrones on the Coast of China : Intended ad a Continuation of the Accounts Published by Mr. Dalrymple*, Lane, Darling, and Co., 1812, p. 63.

（25）1847 年 10 月の廈門島における械闘の際には，オランダ船から中国人管貨人の力でオランダ人が指揮してジャワ人が 4～8 門の火砲を運び込み，戦闘に使用していた。FO228/71, Layton to Davis, No. 83, Oct. 23, 1847.

（26）後述する広艇の事例がそうしたパターンを示しているといえるだろう。同じような海賊による一時的統制は沿海各地で行われていた。例えば 1861 年 4 月 17 日に山東の清

朝武官は，入港した海賊船が漁船に5ドルを課し，支払いを拒否した小型商船は拿捕して略奪したとしている。ADM1/5762, Incl. in Hope to Paget, No. 116, May 22, 1861.

(27) 『宮中檔咸豊朝奏摺』4輯（001713）163-165頁，閩浙総督季芝昌等の咸豊元年12月18日の上奏。これは，漁船の管理のために用いられてきた手法である。道光『廈門志』巻5，船政略，漁船。

(28) 『宮中檔咸豊朝奏摺』4輯（001714）166-167頁，閩浙総督季芝昌等の咸豊元年12月18日の上奏附奏。

(29) 福建水師は，戦船の数は文献によって異なるが200数十隻～300数十隻に達し，兵額は約3万人で清朝水師の中でも最大の規模であった。王家倹前掲論文，201-203頁。

(30) 周子峰「鴉片戦争前之福建海防簡論」林啟彦・朱益宜編著『鴉片戦争的再認識』中文大学出版社，2003年，142頁。『鴉片戦争檔案史料』2冊，77-79頁「欽差兵部尚書祁寯藻等奏報閩省戦船修造草率並遅延積圧各情摺」（道光20年3月27日「軍録」），同120-121頁「閩浙総督鄧廷楨奏報閩省各廠補造戦船以資巡緝摺」（道光20年5月4日「軍録」）。

(31) *Chinese Courier*, Vol. 2, No. 44, June 8, 1833.

(32) 『道咸宦海見聞録』63頁「漳郡城外有軍功廠，每月派道督造戦船一隻，以為駕駛巡緝之用。其実水師将船領去，或賃与商賈販貨運米，或賃与過台往来差使，偶然出洋，亦不過寄碇海浜而已，従無緝獲洋盗多起之事。水師与洋盗，是一是二，其父為洋盗，其子為水師，是所恒有。水師兵丁，誤差革退，即去而為洋盗，営中招募水師兵丁，洋盗即来入伍，誠以沙線海潮，非熟悉情形者不能充補」。

(33) 『道咸宦海見聞録』63頁。

(34) *Canton Register*, Vol. 7, No. 35, Sept. 2, 1834. 張丙の反乱の際に露呈した清朝軍の能力低下については，菊池前掲『清代中国南部の社会変容と太平天国』117-118頁を参照。

(35) 『鴉片戦争檔案史料』4冊，236頁「閩浙総督顔伯燾奏報定海鎮海失守閩防兵単不能赴援情形摺」（道光21年9月初8日「軍録」）「至於福建通省海口最要次要不下六七十処，在在需兵防守，本省兵額無多，陸路不敷分派。是以多募郷勇為助，水路則哨船止可撃盗，万不能当夷船之砲火。而臣所造之船隻四十余号，逆夷闖進廈門後悉被焼焚，大小各砲亦被推入海内，此時船砲俱無，水師亦難以前赴」。

(36) W. D. Bernard, *op. cit.*, pp. 124, 134.

(37) *China as It was, and as It is : With a Glance at the Tea and Opium Trade,* Cradock & Co., 1842, p. 25.

(38) 『宮中檔咸豊朝奏摺』3輯（001377）473-477頁，閩浙総督裕瑞の咸豊元年10月初10日の上奏。

(39) FO228/71, Layton to Davis, No. 63, July 24, 1847.

(40) FO228/98, Layton to Bonham, No. 30, Oct. 13, 1849.

(41) FO228/98, Encl. in Layton to Bonham, No. 30, Oct. 13, 1849.

(42) FO228/71, Layton to Davis, No. 98, Dec. 21, 1847.

(43) FO228/98, Layton to Bonham, No. 13, June 9, 1849.

(44) 「広艇」はイギリス外交文書中では通常“West Coast Boat”と記されるが，“Cantonese

Lorcha" と訳される場合もあり，訳語は一定しない。狭義には広東のローチャ船，広義では広東船とみてよいだろう。

(45)　『宮中檔咸豊朝奏摺』6 輯（002796）193-194 頁，閩浙総督季芝昌等の咸豊 2 年 11 月初 7 日の上奏附片。

(46)　『宮中檔道光朝奏摺』19 輯（010135）30-34 頁，閩浙総督劉韻珂の道光 27 年 3 月 17 日の上奏。

(47)　『嘉慶道光両朝上諭檔』52 冊，203 頁，道光 27 年 6 月初 4 日の上諭。

(48)　琉球の道光 27 年 5 月付の文書においても，海賊の横行による広東・廈門における商船の数の減少を伝えている。松浦章『東アジア海域の海賊と琉球』榕樹書林，2008 年，50-51 頁。

(49)　ボナムは海賊の活動により廈門の海峡植民地貿易はヨーロッパ人の手に落ち，中国人のためにスペイン船によって行われているとしている。*BPP, China*, Vol. 10, Returns of Trade of Ports of China, 1847 and 1848, p. 55.

(50)　Fox, *op. cit.*, pp. 97-101.

(51)　『宮中檔道光朝奏摺』19 輯（010135）30-34 頁，閩浙総督劉韻珂の道光 27 年 3 月 17 日の上奏。

(52)　Fairbank, *op. cit.*, pp. 227-232.

(53)　外国船が条約港外に停泊していることについては，興泉永道恒昌は 1844 年 3 月にイギリス領事に対して晋江県梅林澳に停泊する外国船舶の船籍を調べて正式の開港場に来航させるように要請している。FO663/52,「興泉永道恒致廈門管事府記照会」（道光 24 年正月 25 日）; FO663/52,「興泉永道恒致廈門管事府記照会」（道光 24 年正月 28 日）。しかし，実際にはかかる要請はあまり効果をあげていない。

(54)　開港後，南澳島でもアヘン貿易のために外国船が来航して外国人が家屋などを建てて，島内で乗馬していることが清朝側から抗議され，ポティンジャーはその退去に応じた。しかし，1845 年 10 月にロバート・フォーチュン（R. Fortune）が南澳を訪れた際には，家屋などは撤去されたものの，外国人は引き続き乗馬をしており，清朝側の抗議が形式的なものであったことを示している。Fortune, *op. cit.*, pp. 31-34.

(55)　Fairbank, *op. cit.*, pp. 243-246 ; FO228/70 Layton to Davis, No. 15, Feb. 9, 1847.

(56)　FO228/70, Layton to Davis, No. 16, Feb. 9, 1847 ; FO663/50,「欽命事務管事官列致興泉永道恒照会」（道光 26 年 12 月 26 日）。

(57)　FO663/50,「廈門提憲給広船戸黄富興執照」（道光 26 年 12 月 27 日）。

(58)　中央研究院近代史研究所編『籌辦夷務始末補遺』179-182 頁,「両広総督耆英奏上（道光 27 年 6 月 22 日収）」。

(59)　FO663/52,「興泉永道恒昌致廈門領事府照会」（道光 27 年 8 月初 4 日）。

(60)　香港では深滬湾事件関与者 8 名の裁判が行われて有罪となっている。*The China Mail*（以下 *CM* と略称），Vol. 3 No. 115, Apr. 29, 1847, p. 41.

(61)　中央研究院近代史研究所編『籌辦夷務始末補遺』179-180 頁,「両広総督耆英奏上（道光 27 年 6 月 22 日収）」。その後に逮捕された南海・番禺県の漁民黎亜堅ら 3 名の行動についても同様の筋書きで語られている。同 191-192 頁「両広総督耆英奏（道光

27年8月21日)」。

（62） FO228/70, Layton to Davis, No. 38, Mar. 29, 1847. ただし，商人から艦長への買い戻し金の支払いは遅れており，実際に支払われたかどうかは不明である。

（63） FO663/52,「興泉永道恒昌致廈門管事府列照会」(道光27年2月初10日)。

（64） FO663/52,「興泉永道恒昌致英国廈門領事府列照会」(道光27年6月12日)；FO663/52,「興泉永道恒昌致廈門領事府列照会」(道光27年7月21日)；FO663/52,「興泉永道恒昌致廈門管事府列照会」(道光27年10月28日)；FO663/52,「興泉永道恒昌致廈門管事府列照会」(道光28年5月初8日)。

（65） FO228/71, Encl. No. 1 in Layton to Davis, No. 63, July 24, 1847.

（66） FO228/71, Layton to Davis, No. 63, July 24, 1847.

（67） FO228/54, 一八四七年第伍号。

（68） FO228/54, 一八四七年第陸号；FO228/74, Encl. No. 3 in Jackson to Davis, No. 48, Aug. 30, 1847.

（69） Fox, *op. cit.*, pp. 101-105.

（70） イギリス海軍の海賊掃討に対しては，清朝官僚からの贈り物や外国政府・商人からの報奨金も存在した。Fox, *op. cit.*, p. 137.

（71） FO663/6, Bonham to Layton, No. 9, Feb. 7, 1849.

（72） FO228/98, Layton to Bonham, No. 33, Oct. 26, 1849.

（73） イギリス海軍艦艇の各艦のデータについては，J. J. Colledge, *Ships of the Royal Navy : The Complete Record of all Fighting Ships of the Royal Navy*, Greenhill Books, 2003；David Lyon and Rif Winfield, *The Sail and Steam Navy List : All the Ships of the Royal Navy 1815-1889*, Chatham Publishing, 2004 を参照した。

（74） FO228/111B, Layton to Bonham, No. 4, Jan. 15, 1850.

（75） FO228/98, Layton to Bonham, No. 30, Oct. 13, 1849.

（76） Graham, *op. cit.*, pp. 273-275.

（77） 捕獲した船舶と貨物の所有者が判明した場合に，所有者が官兵への報酬を支払うというイギリス領事の要請は認められなかった。FO663/52,「興泉永道恒昌致英国廈門管事府列照会」(道光27年12月29日)。

（78） FO663/52,「興泉永道史致英国廈門管事列照会」(道光29年4月12日)；FO663/52,「興泉永道史致英国廈門管事列照会」(道光29年4月19日)；FO663/52,「興泉永道史致英国廈門管事列照会」(道光29年4月28日)；FO663/52,「興泉永道史致英国廈門管事列照会」(道光29年5月13日)。

（79） FO228/98, Layton to Bonham, No. 13, June 9, 1849.

（80） FO228/98, Layton to Bonham, No. 30, Oct. 13, 1849.

（81） 清朝が軍艦の識別のために黄龍旗を掲揚することを決めたのは，1862年10月のことであり，それは湘軍水師兵船とイギリス軍艦の衝突が契機となった。汪林茂「清末第一面中国国旗的産出及其意義」『故宮文物月刊』115期，1992年，18-19頁。黄龍旗に対する清朝統治下の人々の認識については，小野寺史郎『国旗・国歌・国慶――ナショナリズムとシンボルの中国近代史』東京大学出版会，2011年，第1章参照。

（82） FO228/98, Encl. No. 11 in Layton to Bonham, No. 13, June 9, 1849.

（83） FO228/141, Sullivan to Bonham, No. 10, Feb. 11, 1851.

（84） 香港周辺や福建海域におけるイギリス海軍の活動にともない，海賊の活動は南下せざるを得なくなっていた。*CM*, Vol. 5, No. 238, Sept. 6, 1849, p. 142.

（85） *CM*, Vol. 4, No. 174, June 15, 1848, p. 94.

（86） FO228/98, Layton to Bonham, Separate, Aug. 9, 1849. アヘン戦争後，商船の減少や外国米の福建流入により，一時的に台湾米の福建への移出量が減少していたとされる。高銘鈴「一九世紀前・中期における台湾米の流通に関する一考察」『東洋学報』85巻2号，2003年，107-108頁。台湾米移出量減少については，このほかに海賊の影響も考慮すべきであろう。

（87） パイロット号の活動に対しては廈門の官僚だけではなく，廈門の住民も貿易への援助と同胞の解放に感謝していた。FO228/98, Layton to Bonham, No. 13, June 9, 1849. むろん，イギリス領事がイギリス海軍と自らの役割を強調していることを考慮する必要がある。

（88） FO228/71, Layton to Davis, No. 98, Dec. 21, 1847 ; FO228/98, Layton to Bonham, No. 13, June 9, 1849.

（89） FO228/155, Incl. No. 1 in Robertson to Bonham, No. 103, Dec. 1, 1853.

（90） FO228/171, Incl. in Sinclair to Bowring, No. 41, July 1, 1854.

（91） 1809年に海賊連合の規模は1,800隻，7万人に達したという。Murray, *op. cit*., p. 76.

（92） 嘉慶海寇において1805年に成立した広東の海賊の同盟は7人（のち6人）の首領の率いる艦隊から構成されていたが，その艦隊は各70～300隻の規模をもち，その艦隊も各々10～40隻の小艦隊から構成されていた。*Ibid*., pp. 60-61.

（93） ADM125/145, Hay to Collier, Oct. 23, 1849.

（94） *CM*, Vol. 5, No. 226, June 14, 1849, p. 95.

（95） 廈門小刀会の反乱の経緯については，以下を参照。佐々木正哉「咸豊三年廈門小刀会の叛乱」『東洋学報』45巻4号，1963年，黄嘉謨「英人与廈門小刀会事件」『中央研究院近代史研究所集刊』7期，1978年。

（96） *CM*, Vol. 9, No. 443, Aug. 11, 1853, p. 130.

（97） FO663/56,「水師提督施致英国領事照会」（咸豊3年5月初4日）; FO228/155, Encl. No. 2 in Backhouse to Bonham, No. 38, June 18, 1853.

（98） FO663/56,「興泉永道来致英国領事巴照会」（咸豊3年5月初6日）; FO228/155, Encl. No. 1 in Backhouse to Bonham, No. 38, June 18, 1853.

（99） FO228/155, Backhouse to Bonham, No. 38, June 18, 1853.

（100） FO228/155, Backhouse to Bonham, No. 75, Oct. 12, 1853.

（101） *The Missionary Magazine and Chronicle : Chiefly Relating to the Missions of the London Missionary Society*, Vol. 17, 1853, p. 227.

（102） FO228/155, Backhouse to Bonham, No. 31, May 25, 1853 ; FO228/155, Backhouse to Bonham, No. 45, July 11, 1853.

（103） FO228/155, Backhouse to Bonham, No. 53, Aug. 6, 1853.

(104) FO228/155, Backhouse to Bonham, No. 56, Aug. 22, 1853. 10月24日のイギリス領事の報告では，清朝側艦隊には十分な兵員と兵器を備えたジャンクが70隻以上存在したとされている。FO228/155, Backhouse to Bonham, No. 80, Oct. 24, 1853. したがって，清朝側のジャンク数の正確な推移は不明である。

(105) FO228/155, Backhouse to Bonham, No. 60, Aug. 31, 1853.

(106) FO228/155, Backhouse to Bonham, No. 71, Sept. 18, 1853.

(107) FO228/155, Backhouse to Bonham, No. 66, Sept. 7, 1853.

(108) 李廷鈺は同族や団練を率いて小刀会鎮圧に参加して功績を挙げたとされる。上海師範大学歴史系中国近代史研究室・中国第一歴史檔案館編輯部編『福建・上海小刀会檔案史料匯編（以下『福建・上海小刀会檔案』と略称）』福建人民出版社，1993年，169頁，「内閣明発賞給在廈協助鎮圧小刀会有功之已革提督李廷鈺二品頂戴上諭」（咸豊3年9月初6日「軍機処上諭檔」）。なお，李廷鈺は嘉慶海寇の鎮圧で活躍した李長庚の養子である。

(109) 中国第一歴史檔案館編『清政府鎮圧太平天国檔案史料』（以下『太平天国檔案』と略称）社会科学文献出版社，1993年，9冊，447頁「王懿徳奏請准紅単船暫留閩省合勦片」（咸豊3年8月25日「軍録」）「査前項艇船，前於六，七月両月路過福建，遵旨協同水師攻勦賊匪。該艇船砲堅利，弁兵勇敢，与原任提督李廷鈺自帯族衆，為水陸犄角乃勢，均為逆匪畏懾。今江南軍務緊要，雇募艇船，本為勦平粤逆，自応飭令飛駛応援。惟廈門勦匪正在得手，摧堅拠険，已入重囲，従此両路夾攻，可期擒渠。若遽将艇船撤退，誠恐匪燄復張，兵心漸玩，於全局大有関係」。

(110) 『太平天国檔案』10冊，386頁「王懿徳奏報広東艇船応俟修理後再行開赴江南片」（咸豊3年10月初4日「軍録」）。

(111) 『福建・上海小刀会檔案』172-173頁「寄論福建巡撫王懿徳著飭広東紅単船迅駛江南不得久留閩省」（咸豊3年10月初9日「軍機処上諭檔」）にあるように，紅単船を至急江南に移動させるように上諭が下されたが，後述のように実際には廈門奪回まで使用されている。紅単船はその後，太平天国の鎮圧に活躍する一方で，釐卡の私設や商人略奪，民衆殺害などの多くの問題を引き起こした。賈熟村「太平天国時期的「紅単船」」『中国近代史』2005年8期（原載『広西師範大学学報（哲社版）』2005年2期）2005年。

(112) 『太平天国檔案』8冊，536-538頁「王懿徳奏報遴委幹員分赴各属勧捐摺」（咸豊3年7月17日「軍録」）「其各属設立団練局，経紳士捐資団練郷勇，急公好義，甚属可嘉，自応彙案奏請奨叙。惟該紳士等所募郷勇，本為保衛閭閻，並不由官経理，現当庫款支絀，所有応用銭文自不能由官支発。而既経帰併奏奨，自応立定章程，飭令各府紳士，凡有捐繳銀銭，均以八成解支応軍需，其余二成准帰該府紳士作為団練経費，仍俟事竣另行造冊請銷」。

(113) 『太平天国檔案』9冊，409-411頁「有鳳奏陳閩省瘠困各情摺」（咸豊3年8月23日「軍録」）「殊不知閩省之捐輸，有較之他省為難者。紳衿既無殷実之家，黎庶亦鮮蓋蔵之戸。雖経疊次勧諭，実力開導，数月以来，所捐之数不過二三万両，仍未見踴躍」。

(114) 『太平天国檔案』9冊，443-445頁「有鳳等奏陳勦辦事宜及籌辦捐輸団練情形摺」（咸

豊3年8月25日「軍録」）「至団練事宜，更形棘手。閩民嗜利軽義，不知法紀，在城募勇，出自捐資，各郷居民，率皆頑梗，官勝従官，賊勝則従賊，祇図乗間搶刼，未肯実力助官。即有挺身応募，按期団操，応付稍遅，旋即散去。甚至以利之多寡，為身之去留，従賊従官，惟利是視。其漳州，永春各属，義民殺賊，或係一時憤激，或係自顧私仇」。

(115)　『福建・上海小刀会檔案』156頁「陝西道監察御史陳慶鏞奏陳福建会党情形摺」（咸豊3年7月16日）「応令選択負望紳士，召募馬巷庁一帯義民，得三四千人，一従劉五店径渡五通，一従同安前往官潯，到処諭以利害，許以自新」。

(116)　『福建・上海小刀会檔案』139頁「寄諭両広総督葉名琛等著迅即抽調精兵赴吃協剿」（咸豊3年5月初8日「軍機処上諭檔」）「惟閩兵調赴浙江者驟難撤回，広東潮，恵二府距閩省漳，泉較近，著葉名琛，柏貴迅即于潮州，恵州各鎮，協内抽調兵二三千名，配帯軍火，器械，派委鎮将大員統領，即由潮州一路取道星速赴閩，確探賊迹，協同閩省官兵合力夾攻，毋稍延誤」，同141頁「寄諭浙江巡撫黄宗漢等著酌度情形調兵赴援閩省」（咸豊3年5月12日「軍機処上諭檔」）「著黄宗漢，張芾酌度情形，迅調官兵，派委鎮将大員，相機赴援，仍厳密防守，毋任賊匪竄入」。

(117)　ADM1/5618, Incl. 3 in Pellew to ADM, No. 93, Sept. 26, 1853.

(118)　FO228/155, Backhouse to Bonham, No. 68, Sept. 12, 1853 ; FO228/155, Backhouse to Bonham, No. 71, Sept. 18, 1853.

(119)　FO228/155, Backhouse to Bonham, No. 80, Oct. 24, 1853.

(120)　FO228/155, Robertson to Bonham, No. 93, Nov. 14, 1853.

(121)　FO663/52,「統領兵勇李致英領事照会」（咸豊4年3月23日）。

(122)　FO228/171, Robertson to Bonham, No. 26, Apr. 21, 1854 ; FO663/61,「廈門領事府羅致廈防分府李照会」（1854年4月20日）。中国の内乱が激化する中でイギリス人が中立を保つことについては，イギリス公使は禁令を定めており，これも中国側に連絡されている。FO663/61,「代理通商事務婉致興泉永道延照会」（1855年2月12日）。

(123)　FO663/13, Bowring to Robertson, No. 16, Apr. 27, 1854.

(124)　FO228/155, Robertson to Bonham, No. 103, Dec. 1, 1853.

(125)　*CM*, Vol. 9, No. 461, Dec. 15, 1853, p. 202.

(126)　FO228/171, Robertson to Bonham, No. 15, Feb. 22, 1854.

(127)　FO228/171, Bonham to Robertson, No. 11, Mar. 13, 1854.

(128)　FO228/171, Parkes to Bowring, No. 51, July 31, 1854.

(129)　黄位の勢力は鶏籠占領直後に清軍に撃退された。FO228/171 Parkes to Bowring, No. 78, Nov. 22, 1854.『福建・上海小刀会檔案』294-295頁「署台湾鎮総兵邵連科等奏剿辦鶏籠等地小刀会船隊情形及鎮圧斗六門，崗山起事片」（咸豊5年12月初1日「軍録」），黄富三『霧峯林家的興起——従渡海拓荒到封疆大吏（一七二九～一八六四年）』自立晩報，1987年，167-169頁。

(130)　荘吉発『清代台湾会党史研究』南天書局，1999年，177-182頁。

(131)　FO228/171, Parkes to Bowring, No. 78, Nov. 22, 1854.

(132)　FO228/171, Parkes to Bowring, No. 86, Dec. 12, 1854.　その後，黄位は香港で海賊の容疑

で拘束されたが，証拠不十分で釈放されている。FO228/188, Winchester to Bowring, No. 29, Feb. 13, 1855.

(133) 1855年2月に廈防同知からイギリス領事に対して，船主によるシンガポールでの船舶の回復に協力することを要請している。FO663/62,「泉州廈門分府李致駐廈領事府婉照会」(咸豊4年12月19日)。

(134) FO228/98, Layton to Bonham, No. 18, July 12, 1849.

(135) ADM125/3, Vansittart to Seymour, Oct. 5, 1858.

(136) FO228/285, Encl. No. 1 in Gingell to Bruce, No. 68, Sept. 6, 1860.

(137) 1861年4月23日の報告で英砲艦グラスホッパー（*Grasshopper*）号の艦長フッカー（J. C. Fucker）は，最近イギリス船が中国船を護送することが禁止された結果，イギリス・アメリカ・オランダ人などのヨーロッパ人が海賊に参加しているとしている。ADM1/5762, Incl. in Hope to ADM（Paget), No. 116, May 22, 1861.

(138) 1861年4月23日には，寧波から2隻の泉州のジャンクが泉州湾のTsaou tau auでジャーディン・マセソン商会の船舶であるアドヴェンチャー（*Adventure*）号の船長フォックス（C. J. Fox）と広東人らによって積み荷を強奪される事件が発生している。FO228/304, Pedder to Bruce, No. 25, June 14, 1861.

(139) 寧波でもポルトガル船の海賊行為はしばしばみられた。Fairbank, *op. cit*., pp. 341–342.

(140) FO663/12, Encl. in Mellersh to Backhouse, May 5, 1853.

(141) ADM125/1, Hand to Seymour, Apr. 24, 1857 ; ADM125/1, Hand to Seymour, June 2, 1857.

(142) Graham, *op. cit*., p. 284.

(143) FO228/188, Parkes to Bowring, No. 6, Jan. 5, 1855 ; FO228/188, Parkes to Bowring, No. 11, Jan. 16, 1855.

(144) *CM*, Vol. 2, No. 82, Sept. 10, 1846, p. 122.

(145) かかる海賊による船隻偽装がアロー号事件の背景にあったことはいうまでもない。

(146) 1861年に閩安鎮に駐屯していた武官の呉は英艦グラスホッパー号の艦長フッカーに対して，広東人は威嚇のためにヨーロッパ人の服装をすることを習慣にしていると述べている。ADM1/5762, Incl. in Hope to ADM（Paget), No. 116, May 22, 1861. 呉は前年に広艇を撃破した人物であることから，閩安協副将である呉鴻源と考えられる。『宮中檔咸豊朝奏摺』26輯（012597）107–109頁。

(147)『籌辦夷務始末補遺』280頁「浙江巡撫常大淳奏（咸豊元年9月13日)」「並聞該匪等銷贓聚会，俱在広東香山県之澳門，香港及浙江之石浦，温州等処。其船内多帯私貨，難保不偽為商船，赴各処口岸銷售」。『宮中檔咸豊朝奏摺』3輯（001377）473–477頁閩浙総督裕瑞の咸豊元年10月初10日の上奏にも同じ箇所が引用されている。

(148) 香港・マカオの場合，その周辺で海賊行為を働いた場合は，イギリス・ポルトガル当局による掃討の対象となったことには留意が必要である。

(149) ただし，開港場である寧波そのものが開港後に海賊の根拠地となっていたことも重要だろう。Fairbank, *op. cit*., pp. 329–346.

(150) 1855年3月1日，英艦ビターン号艦長ヴァンシッタートは，温州の当局は温州城附近におけるイギリス船に対する不法行為を禁止するのにも無力であると報告している。

また，現地の官僚はヴァンシッタートに対して，海賊対策を最近始めたばかりであり，ビターン号が捕獲した広東人海賊の捕虜に関しては受け取りを拒否し，福州の当局に引き渡すように述べている。ADM1/5657, Encl. No. 2 in Stirling to ADM, No. 33, Mar. 6, 1855.

(151) Fairbank, *op. cit.*, pp. 343–346.

(152) FO228/98, Layton to Bonham, No. 33, Oct. 26, 1849.『大清文宗顕皇帝実録』巻四十二，咸豊元年閏8月庚戌の条によると，1850年にも，黄富興が以前雇募した広東夾板船が浙江石浦沖合で海賊行為を行っているが，その後，黄富興が処罰された形跡はない。

(153) ただし，彼らの部下の武官のほとんどは福建人であったと思われる。例えば『大清中枢備覧』庚寅冬（1854年），第二本でも，同安県人である水師提督李廷鈺の部下は全員が福建人であった。

(154) 秦国経主編『清代官員履歴檔案全編』2巻，華東師範大学出版社，1997年，666頁。

(155) 鄭高祥の堂叔台湾水師協標右営守備も潮州人であった。『宮中檔咸豊朝奏摺』4輯（001916）501–502頁，閩浙総督季芝昌の咸豊2年2月21日の上奏。

(156) FO228/251, Morrison to Bowring, No. 76, Aug. 18, 1858. ただし，当該期の福建水師提督楊載福（岳斌）は湖南省善化出身で湘軍の幹部として対太平天国戦に従事しているので，当時金門鎮水師総兵官であった陳国泰（広州人）等を指している可能性が高い。

(157) FO228/265, Morrison to Bruce, No. 8, June 1, 1859. 陳維漢は太平天国軍の福建省北東部侵攻の際に，広勇・潮勇を率い，清軍の松渓の奪回などに貢献した。『太平天国檔案』20冊，462–463頁「慶端奏報克服松渓政和二城並請奨叙出力各員摺」（咸豊8年7月6日「朱摺」），同473頁「慶端奏報派兵捜捕松政余股並分攻崇浦邵武摺」（咸豊8年7月19日「軍録」）。

(158) 例えば盛京将軍奕興は，1851年に山東登州鎮守備であった先述の黄富興に命じて広艇4隻を3ヶ月雇用し，その後，広東で広艇を建造させて水勇を雇募し，金州の水師の兵丁・水手に技芸を学ばせている。『宮中檔咸豊朝奏摺』7輯（003354）202–204頁，奕興の咸豊3年正月30日の上奏。

(159) FO228/171, Robertson to Bonham, No. 16, Feb. 23, 1854.

(160) FO228/171, Parkes to Bowring, No. 61, Sept. 21, 1854.

(161) FO228/171, Parkes to Bowring, No. 61, Sept. 21, 1854.

(162) FO228/188, Winchester to Bowring, No.26, Feb. 2, 1855.

(163) FO228/171, Parkes to Bowring, No. 71, Oct. 23, 1854.

(164) *CM*, Vol. 4, No. 171, May 25, 1848, p. 83. 実際，香港を中心とする広東省沿海において泉州ジャンクが海賊に襲撃される事件が多発していた。*CM*, Vol. 3, No. 121, June 10, 1847, p. 66 ; *CM*, Vol. 4, No. 171, May 25, 1848, p. 83 ; *CM*, Vol. 6, No. 265, Mar. 14, 1850, p. 42 ; *CM*, Vol. 7, No. 307, Jan. 2, 1851, p. 2 ; *CM*, Vol. 7, No. 321, Apr. 10, 1851, p. 58 ; *CM*, Vol. 8, No. 402, Oct. 28, 1852, p. 174.

(165) 例えば，1855年8月に，盛京の復州娘娘宮海口で清朝水師に撃破されて逮捕された海賊の梁阿狗の自白によると，梁の搭乗していた船は広東省番禺県出身者から構成され，広東省電白県洋面，福建省沙城洋面，浙江省洋面，山東省大石頭海口，奉天没溝

営海口で海賊行為を行っていた。『宮中檔咸豊朝奏摺』15 輯（007618）771–772 頁，承志等の咸豊 6 年 2 月初 4 日の上奏。

(166) FO228/188, Incl. in Backhouse to Bowring, No. 65, June 27, 1855.

(167) 例えば 1845 年にロバート・フォーチュンは福州から寧波・乍浦に向かって木材を輸送する船団に乗り込んだが，その船団の船長らは水師の戦闘ジャンクによる護衛を交渉し，水師側の要求が法外であったために護衛なしで福州を出発し，福州北方で海賊の襲撃を受けている。Fortune, *op. cit.*, pp. 386–396.

(168) 福州においては貨物船が護衛のために広艇を雇用していた。『宮中檔咸豊朝奏摺』26 輯（012597）107–109 頁，閩浙総督慶端の咸豊 10 年 6 月 25 日の上奏。

(169) FO228/171, Robertson to Bonham, No. 19, Mar. 28, 1854.

(170) イギリス領事はこの要請を拒否している。FO228/155, Backhouse to Bonham, No. 102, Nov. 29, 1853.

(171) FO228/171, Robertson to Bonham, No. 19, Mar. 28, 1854 ; FO663/61,「廈門領事府羅致福建水師提督李照会」(1854 年 3 月 27 日) ; FO663/61,「廈門領事府羅致廈防同知李照会」(1854 年 3 月 29 日) ; FO663/62,「廈防分府李致駐廈領事府羅照会」(咸豊 4 年 2 月 29 日) ; FO663/62,「廈防分府李致駐廈領事府羅照会」(咸豊 4 年 3 月初 1 日)。

(172) FO663/12, Vansittart to Robertson, No. 5, Mar. 30, 1854.

(173) JM/B7/5, Fitzgibbon to JM, Mar. 22, 1854.

(174) 水師提督は閩浙総督に反対の意を示したが，興泉永道側も雇用の根拠を総督に説明しており，閩浙総督は結局，清朝水師の弱体と財政難から雇用を認めている。FO228/171, Parkes to Bowring, No. 71, Oct. 23, 1854.

(175) FO228/171, Parkes to Bowring, No. 86, Dec. 12, 1854.

(176) 1858 年 5 月には謝金をめぐって 97 号艇と金長泰艇船の紛争が発生した。長泰の主張によれば，金長泰艇船が 97 号艇船を海賊から救出して廈門に護送したが，艇船出海の沈生らは謝金を 24 ドルしか支払わず，かえってイギリス側に訴えて金長泰をイギリス兵に拿捕させている。FO663/65,「廈防分府王為英国領事馬照会」(咸豊 8 年 5 月 12 日) ここからも，謝金を支払う慣習及び謝金をめぐる紛争が生じる可能性があったことがうかがえる。

(177) FO228/171, Parkes to Bowring, No. 71, Oct. 23, 1854.

(178) FO663/15, Bowring to Parkes, No. 43, Nov. 22, 1854.

(179) FO228/188, Winchester to Bowring, No. 26, Feb. 2, 1855.

(180) FO228/188, Winchester to Bowring, No. 30, Feb. 13, 1855.

(181) JM/B7/5, Millar to JM, Nov. 28, 1853.

(182) JM/B7/5, Fitzgibbon to JM, Nov. 18, 1854 ; JM/B7/5, Fitzgibbon to JM, Dec. 18, 1854.

(183) FO228/188, Backhouse to Bowring, No. 65, June 27, 1855.

(184) FO663/15, Bowring to Parkes, No. 43, Nov. 22, 1854.

(185) FO228/188, Parkes to Bowring, No. 7, Jan. 6, 1855.

(186) 中央研究院近代史研究所編『四国新檔（1）英国・上』中央研究院近代史研究所，1966 年，265 頁「咸豊六年七月初七日，王懿徳，呂佺孫奏。竊拠咭唎夷酋咆・照会，

以海盜在於五港通商往来洋面，肆行劫掠，雖経派調師船，痛加殲剿，尚未足収全効。現擬毎年冬春両季，由江省呉淞派出師船一隻南駛，沿経寧波，福州，廈門，香港，黄埔各処，夏秋両季，由粤省黄埔派出師船一隻，沿経香港，廈門，福州，寧波，呉淞各口。飭令該師船，凡有盜匪潜踞，擾害商艘，厳行剿洗，以期粛清等由前来。随経臣王懿徳，以閩浙両省水師管轄各洋面，雖遼闊緜長，不無盜匪乗機肆刦，業已檄飭該管鎮将，各率舟師，常川哨巡，合力截剿。続拠閩浙水陸各文武，先後在洋攻捕捡獲各起洋盜多名，可毋須該夷幇同剿捕，照覆遵辦」。松浦前掲『中国の海賊』156-158 頁は『籌辦夷務始末』の当該の記事を参照しているが，師船を清朝の軍船と解釈するなどの誤りがみられる。

(187)　FO663/62,「福建水師提督李致駐廈正領事府巴」(咸豊 5 年 5 月初 8 日)。

(188)　FO228/188, Backhouse to Bowring, No. 65, June 27, 1855.

(189)　例えば 1856 年 5 月に英艦ビターン号が石浦附近で拿捕した広東ジャンクについて，福州知府が商船としてその解放を主張して問題となっている。FO228/215, Medhurst to Bowring, No. 32, May 9, 1856.

(190)　FO228/211, Backhouse to Bowring, No. 20, Feb. 8, 1856.

(191)　FO228/265, Morrison to Bruce No. 6, May 30, 1859.

(192)　FO228/233, Morrison to Bowring, No. 20, Apr. 3, 1857.

(193)　FO228/233, Morrison to Bowring, No. 20, Apr. 3, 1857.

(194)　FO228/233, Morrison to Bowring, No. 26 Apr. 22, 1857 ; FO663/64,「駐廈門管事官馬致廈門総捕分府李照会」(1857 年 4 月 13 日)。

(195)　FO663/13, Morrison to Jenkins, July 21, 1857.

(196)　FO663/62,「泉州海防駐廈分府李致駐鎮廈門領事巴照会」(咸豊 6 年正月 16 日)。

(197)　Graham, *op. cit.*, pp. 285-286. 例えば香港においては，1854 年 11 月に両広総督葉名琛の同意を得つつ，イギリス海軍の汽走軍艦エンカウンター号などがポルトガルのローチャ船とアメリカの軍艦の協力を得て香港附近大鵬湾における海賊の掃討に成功している。 ADM1/5657, Stirling to ADM, No. 83, Nov. 25, 1854.

(198)　1853 年 3～4 月に太平天国軍が長江と大運河の要衝である鎮江と揚州を占領したため，江浙両省からの漕運は海路に変更された。李文治・江太新『清代漕運』中華書局，1995 年，439 頁。漕糧の海運については倪玉平『清代漕糧海運与社会変遷』世紀出版集団・上海書店出版社，2005 年が詳細である。

(199)　『宮中檔咸豊朝奏摺』13 輯（006496）508-510 頁，浙江巡撫何桂清の咸豊 5 年 8 月初 3 日の上奏。

(200)　『籌辦夷務始末補遺』375-377 頁，「浙江巡撫何桂清奏（咸豊 5 年 9 月 11 日）」。『宮中檔咸豊朝奏摺』16 輯（008110）735-737 頁，浙江巡撫何桂清の咸豊 6 年 5 月初 3 日の上奏。

(201)　ADM1/5735, Hope to ADM (Paget), No. 254, Dec. 27, 1859.

(202)　1859 年 4 月 2 日に莆田県の湄州沖合で海賊を掃討する際には，雇用した広艇が使用された。『宮中檔咸豊朝奏摺』23 輯（011569）768-769 頁，閩浙総督慶端等の咸豊 9 年 12 月 15 日の上奏。

(203)　福建人（漳泉人）と騒擾を引き起こして福州南郊の南台で砲撃を行った広艇は，その後福州を発った。『宮中檔咸豊朝奏摺』26輯（012597）107–109頁，閩浙総督慶端の咸豊10年6月25日の上奏。

(204)　同年7月に広艇は瑞安，温州を襲撃して撃退されている。『宮中檔咸豊朝奏摺』26輯（番号なし）111–114頁，閩浙総督慶端の咸豊10年6月25日の上奏。

(205)　『宮中檔咸豊朝奏摺』27輯（013345）660–663頁，閩浙総督慶端の咸豊11年10月24日の上奏。FO228/289, Incl. No. 1 in Medhurst to Bruce, No. 95, Nov. 23, 1860.

(206)　ADM1/5790, Incl. in Hope to Paget, No. 409, Oct. 24, 1862.

(207)　FO228/125, Sullivan to Bonham, No. 53, Aug. 7, 1851.

(208)　1847〜1856年にかけて，中国ステーション及び東インドステーションに配備された軍艦数は18〜23隻にすぎなかった。Fox, *op. cit.*, p. 195.

(209)　FO228/155, Incl. No. 2 in Robertson to Bonham, No. 111, Dec. 22, 1853.

(210)　中国ステーションの砲艦数は常に不足する傾向にあった。1862年4月にも砲艦配備数を減少させる方針に対して，司令長官ホープは，現状でも必要な開港場に砲艦を配備できないと主張し，開港場に配備している軍艦は定期的に沿岸での海賊掃討を行っているため，その数が減少した場合には商人や領事の反対を受けるだろうとして，反対の根拠としている。ADM1/5790, Hope to ADM, No. 98, Mar. 15, 1862.

(211)　FO663/62,「廈防分府李致駐廈管事府羅照会」(咸豊4年4月3日)。

(212)　一方，イギリス側は関与に慎重であった。FO228/171, Parkes to Bowring, No. 80, Nov. 27, 1854.

(213)　これらの村落の中には次章で取り上げるように，同年9月イギリス軍の報復攻撃を受けた囲頭澳も含まれていた。FO228/251, Morrison to Bowring, No. 99, Oct. 28, 1858. したがって，イギリス軍の攻撃に対する反応ともいえるかもしれない。

(214)　FO228/285, Gingell to Bruce, No. 71, Sept. 9, 1860.

(215)　FO228/233, Incl. No. 2 in Morrison to Bowring, No. 10, Feb. 3, 1857.

(216)　実際には，海賊を追撃する際には領海は無視しており，時には上陸して，前掲表3-1の1858年9月の事例にもみられるように海賊活動を行う村落などを攻撃した。

(217)　FO663/61,「駐廈領事府巴致福建水師提督李照会」(1854年7月17日); FO228/171, Incl. No. 1 in Parkes to Bowring, No. 51, July 31, 1854.

(218)　FO663/62,「福建水師提督李致英国領事府巴照会」(咸豊4年6月26日); FO228/171, Incl. No. 2 in Parkes to Bowring, No. 51, July 31, 1854.

(219)　FO228/171, Parkes to Bowring, No. 51, July 31, 1854.

(220)　中国人アヘン商人が仲介をして大砲を1〜2日外国船から借りることにより，徴税拒否の目的は達成されたという。Fortune, *op. cit.*, pp. 50–51.

(221)　FO228/171, Parkes to Bowring, No. 60, Sept. 19, 1854.

(222)　FO663/62,「興泉永道趙致駐廈領事馬照会」(咸豊6年8月初2日)。

(223)　閩南沿海部では明末清初期以来，海賊活動の活性化もあり土楼の建設が進んだ。現在土楼が密集していることで知られる永定などの山地において大型の土楼が建設されていったのは，明末から乾隆・嘉慶年間にかけてのことであり，その背景には山地の貿

易の発展と大量の商人の出現があった。石奕龍『福建土囲楼』中国旅游出版社，2005年，9-15頁。

(224) FO228/251, Morrison to Bowring, No. 99, Oct. 28, 1858.

(225) FO228/265, Morrison to Bowring, No. 12, Feb. 11, 1859.

(226) FO228/265, Gingell to Bruce, No. 28, Dec. 30, 1859. ただし，械闘そのものは廈門において頻発していることには注意が必要である。1846年の廈門島における大規模な械闘の際には，3〜7年間隔で行われていると報告されている。FO228/60, Layton to Davis, separate, Nov. 30, 1846.

(227) 『宮中檔咸豊朝奏摺』23輯（011345）394-396頁，閩浙総督慶端の咸豊9年11月初3日の上奏。

(228) 『宮中檔咸豊朝奏摺』24輯（012097-1）852-853頁，閩浙総督慶端の咸豊10年3月28日の上奏。

(229) FO663/65,「興泉永道陳為英国領事馬照会」（咸豊9年3月20日）。

(230) FO228/265, Gingell to Bruce, No. 28, Dec. 30, 1859.

(231) FO228/265, Morrison to Bruce, No. 6, May 30, 1859.

(232) 納税を拒否する地域は閩南の各地にみられていた。例えば，漳州府林敦墟の宗族は要害の地を抑え，150年にわたり納税を拒否してきたという。FO228/2458, Encl. in Little to Jordan, No. 11, Apr. 2, 1914.

(233) 開港前の台湾におけるイギリスの石炭購買の試みについては，黄嘉謨『甲午戦前之台湾煤務』中央研究院近代史研究所，1961年，9-34頁参照。

(234) FO663/61,「廈門領事巴致水師提督李照会」（1855年正月24日）「在貴国果若地方官阻禁火輪船在台採買煤炭，以致碍巡遊，則係存無心剿滅之意，慫恿海匪，且仇英国。……現在海賊，蜂集洋面，肆横髪指，神人共怒極，応痛将此等兇悪掃蕩，無遺孽種，然貴国既無力誅滅，而我国火輪兵船之官看其商船遭此惨刦，而忍袖手坐視乎」; FO228/188, Encl. No. 4 in Parkes to Bowring, No. 20, Jan. 24, 1855.

(235) FO228/233, Encl. No. 1 in Morrison to Bowring, No. 44, Aug. 4, 1857.

(236) コーモス号が淡水を訪問した際，11隻の船舶が停泊していたが，その大部分がイギリス国旗を掲げていたという。FO228/233, Encl. No. 2 in Morrison to Bowring, No. 44, Aug. 4, 1857.

(237) もちろん，清朝側は公式には台湾への寄港を拒絶していた。イギリスがアヘン戦争後に台湾の石炭を重視していたことについては，戴宝山『清季淡水開港之研究』台湾師範大学歴史研究所，1984年，20-21頁を参照。

(238) FO228/233, Encl. No. 2 in Pedder to Bowring, No. 57, Oct. 29, 1857.

(239) FO228/233, Encl. No. 3 in Pedder to Bowring, No. 57, Oct. 29, 1857.

(240) Morse, *The International Relations of the Chinese Empire,* Vol. 2, pp. 115-116.

(241) FO228/362, Pedder to Wade, No. 38, Dec. 6, 1864.

(242) FO228/362, Pedder to Wade, No. 40, Dec. 24, 1864.

(243) 徐暁望前掲『福建通史5　近代』117-118頁。

(244) ADM125/96, Pedder to Walker, Sept. 23, 1864.

(245) FO228/382, Pedder to Wade, No. 5, Feb. 10, 1865.

(246) FO228/405, Swinhoe to Alcock, No. 14, July 9, 1866.

(247) FO228/405, Encl. in Swinhoe to Alcock, No. 17, July 31, 1866.

(248) FO228/427, Swinhoe to Alcock, No. 45, Nov. 9, 1867. 李成謀は湖南芷江の人。長江流域において清朝水師を率いて太平天国鎮圧において活躍し，福建水師提督として福建水師の再編を行った。『清史稿』巻四百十五，列伝二百二。

(249) 例えば，1887年に台湾巡撫劉銘伝は新しく購入した汽走軍艦が貨物船として使用されることを懸念していたが，実際にも軍艦は台湾と廈門のあいだで乗客と貨物の運送を行っていた。FO228/848, Encl. No. 1 in Allen to Walsham, Separate, July 4, 1887.

(250) 1909年2月の廈門領事の報告でも，海賊の根拠地であった同安県の潘埖や官潯の人々は20世紀初頭には盗賊となっていたが，地方官僚は法律を施行できず，アヘン栽培の禁令も適用されなかったとされる。FO228/2424, Butler to Jordan, No. 5, February 2, 1909. したがって，半世紀近くを経ても，地域が統制できない状況に変化はなかったことになる。

(251) 興泉永道孫は英籍華人による鋳物工場建設に反対する理由として福建・浙江海域における海賊の活動を挙げている。FO228/696, Encl. No. 7 in Forrest to Wade, No. 3, Apr. 5, 1882. この事件については第9章406–409頁を参照。

(252) 1893年には海賊は特に安海附近では珍しくないと報告されている。FO228/1113, Encl. in Forrest to O'Coner, Separate, July 1, 1893, Intelligence Report. 廈門周辺の海賊事件の具体的な報道もされており盗船も従来の海賊と同様，官潯などを拠点としていた『申報』1893年6月21日「海盗横行」。

(253) 『申報』1893年7月6日「海濱多盗説」。

(254) 1898年には『申報』も廈門附近の海盗の増大と海盗による渡船襲撃を報じている。『申報』1898年1月10日「渡船遇刼」。

(255) 1900年には，廈門近郊でイギリス商社の所有するジャンクが襲撃されている。FO228/1357, Encl. in Mansfield to MacDonald, Separate, July 14, 1900, Intelligence Report.

(256) このうちの1件の際に略奪されたのはEwe Boon Ewe Siew & Co.の貨物だけであったともされる。FO228/1357, Encl. in Mansfield to Satow, Separate, Jan. 20, 1901, Intelligence Report.

(257) FO228/1402, Encl. in Mansfield to Satow, Separate, Apr. 8, 1901, Intelligence Report.

(258) 『申報』1896年5月29日「鷺江消夏録」。

(259) 廈防同知は，海賊が漁船に武器を隠し持って好機をとらえて海賊行為を行っているとみなして漁戸の編査を行ったとされる。『申報』1901年1月21日「編査漁戸」。

(260) 汽走軍艦である元凱・靖海2隻の廈門・銅山附近のパトロールも行われている。『申報』1901年8月11日「派船巡緝」。

(261) 『申報』1901年7月11日「鷺江帆影」，『申報』1901年9月20日「擒獲海盗」。

(262) FO228/1452, Encl. in Hausser to Satow, Separate, Oct. 14, 1902, Intelligence Report.

(263) 『申報』1901年9月14日「鷺島延秋」。

(264) 『鷺江報』37冊，1903年7月「緝捕緊厳」。

(265)　福建沿海の海賊は清朝中央でも認識されるようになり，1907年には軍機処が海澄県に横行する海匪に対して派兵して掃討するように閩浙総督に命令を下している。『申報』1907年9月7日「電飭閩督速防剿海匪」。

(266)　天津条約第19条には，イギリス商船が清国の水域で海賊の被害にあった場合の清国側の盗賊・海賊取締りと盗難物件の返還，第52条には海賊を鎮圧するイギリス軍艦の補給の便，第53条には中英の共同による海賊鎮圧方法を講じることについての規定が盛り込まれた。外務省条約局編前掲書，20–40頁。

(267)　ほぼ同時期に東南アジアにおけるイギリス海軍を中心とする海賊掃討活動が行われていたことも注目され，その連動は検討課題である。

(268)　Fox, *op. cit.*, p. 67；横井前掲書，205–206頁。1869年にはグラッドストーン内閣の財政緊縮政策の中で，海相チルダース（C. H. E. Childers）が装甲艦への更新による海軍力増強と予算削減の同時実現を目指し，本国海域に艦船を集中させ，海外ステーションの艦艇と兵員を大幅に縮小した。Peter Burroughs, “Defence and Imperial Disunity,” in Andrew Porter ed., *The Oxford History of the British Empire III, The Nineteenth Century*, Oxford : Oxford University Press, 1999, pp. 332–333；横井勝彦「イギリス海軍と帝国防衛体制の変遷」秋田編著前掲『イギリス帝国と20世紀1　パクス・ブリタニカとイギリス帝国』92–93頁。

(269)　中国の汽走海軍と各艦のデータについては，以下を参照。Richard N. J. Wright, *The Chinese Steam Navy 1862–1945*, London : Chatam Publishing, 2000.

第4章　難破した「夷狄」

(1)　『鴉片戦争檔案史料』4冊，188–191頁「福建台湾鎮総兵達洪阿等奏為英船攻撃鶏籠砲台我兵還撃獲勝摺」（道光21年8月29日「軍録」）。

(2)　『鴉片戦争檔案史料』4冊，360–362頁「著賞台湾総兵達洪阿双眼花翎並賞姚瑩花翎等事上諭」（道光21年10月11日「剿捕檔」）。

(3)　『鴉片戦争檔案史料』第5冊，72–73頁「台湾鎮総兵達洪阿等奏報計破再犯台湾之英船並斬俘獲勝摺」（道光22年2月初4日「軍録」）。

(4)　当該事件の先駆的研究としては，松永盛長「鴉片戦争と台湾の獄」『台北帝国大学文政学部史学科研究年報』4輯，1937年がある。事件の経緯と交渉については，以下が非常に詳細な検討を行っている。章瑄文『紀実与虚構——鴉片戦争期間台湾殺俘事件研究』国立清華大学歴史研究所碩士論文，2007年。事件の影響については，次を参照。Polachek, *op. cit.*, pp. 185–193. アン号の事件の詳細については，生存者の経験談として，パトリッジの書籍が刊行されている。Dan Patridge, *British Captives in China : An Account of the Shipwreck on the Island of Formosa, of the Brig “Ann”*, Wertheimer, Lea & Co., 1876.　達洪阿の解任程度で問題が処理されたのは，処刑されたのは大半がインド兵であったことから，イギリス側が清朝側にあまり抗議しなかったことがあるだろう。パトリッジもポティンジャーがこのインド人の処刑を抗議せず，

台湾の清朝官僚が処罰されていないとする。*Ibid*, pp. 30–31.

（5）　荒野前掲書，117–155 頁。

（6）　春名徹「近世東アジアにおける漂流民送還体制の形成」『調布日本文化』4 号，1994 年，同「東アジアにおける漂流民送還制度の展開」『調布日本文化』5 号，1995 年，同「漂流民送還制度の形成について」『海事史研究』52 号，1995 年。

（7）　中国への漂流に関しては，日中間は，劉序楓「清代環中国海域的海難事件研究——以清日両国間対外国難民的救助及遣返制度為中心（1644–1861）」朱徳蘭主編『中国海洋発展史論文集』8 輯，中央研究院中山人文社会科学研究所，2002 年，中朝間は，湯熙勇「清順治至乾隆時期中国救助朝鮮海難船及漂流民的方法」朱徳蘭主編『中国海洋発展史論文集』8 輯，中央研究院中山人文社会科学研究所，2002 年，中琉間は，赤嶺守「清代の琉球漂流民送還体制について——乾隆二十五年の山陽西表船の漂着事例を中心に」『東洋史研究』58 巻 3 号，1999 年，渡辺美季「清代中国における漂着民の処置と琉球（1）（2）」『南島史学』54・55 号，1999・2000 年を参照。

（8）　渡辺美季『近世琉球と中日関係』吉川弘文館，2012 年，第 2 部第 2 章。

（9）　19 世紀後半を視野に入れたものとしては台湾を事例にした，湯熙勇「清代台湾的外籍船難与救助」湯熙勇主編前掲『中国海洋発展史論文集』7 輯下冊があるが，欧文史料の使用は十分ではない。

（10）　春名前掲「近世東アジアにおける漂流民送還体制の形成」6–8 頁，渡辺前掲「清代中国における漂着民の処置と琉球（1）」4–20 頁。

（11）　Morse, *The Chronicle of the East India Company Trading to China*, Vol. 4, p. 96.

（12）　Morrison, *op. cit*., p. 46.

（13）　FO228/31, Sullivan to Pottinger, No. 10, Feb. 7, 1844 ; FO663/50,「駐廈管事府記致駐廈兵備道恒照会」（道光 23 年 12 月 10 日）; FO663/50,「駐廈管事府記致廈門総捕分府霍照会」（道光 23 年 12 月 10 日）。

（14）　FO682/1977/18, Pottinger to Ch'eng Yü-ts'ai, Feb. 17, 1844.

（15）　張啓瑄は道光 28 年（1848）に署澎湖通判となった。光緒『澎湖庁志』巻六，職官。

（16）　FO228/98, Layton to Bonham, No. 32, Oct. 22, 1849.

（17）　FO228/98, Incl. in Layton to Bonham, No. 32, Oct. 22, 1849.

（18）　渡辺前掲「清代中国における漂着民の処置と琉球（1）」21–28 頁，赤嶺守「清代の琉球漂流民に対する賞賚品について——福州における賞賚（加賞）を中心に」『日本東洋文化論集』6 号，2000 年，183–190 頁。福建省以外の事例については，劉序楓前掲「清代環中国海域的海難事件研究」186–187 頁参照。

（19）　例えば 1730 年に広東省電白県及び電白県・マカオ間で遭難したイギリス船 2 隻の生存者に対して，清朝官僚は皇帝の名義で総額 1,980 両を与えている。Morse, *The Chronicle of the East India Company Trading to China*, Vol. 1, p. 200.

（20）　FO228/98, Layton to Bonham, No. 38, Nov. 22, 1849 ; FO228/98, Incl. No. 1 in Layton to Bonham, No. 38, Nov. 22, 1849.

（21）　FO228/125, Sullivan to Bonham, No. 69, Nov. 11, 1851 ; FO228/125, Encl. No. 1 in Sullivan to Bonham, No. 69, Nov. 11, 1851.

(22)　FO228/125, Encl. No. 2 in Sullivan to Bonham, No. 69, Nov. 11, 1851 ; FO663/57A,「駐廈管事官蘇致廈防分府来」(1851 年 11 月 13 日)。

(23)　FO228/141, Backhouse to Bowring, No. 54, Oct. 16, 1852.

(24)　FO228/141, Backhouse to Bowring, No. 55, Oct. 25, 1852.

(25)　FO228/265, Encl. No. 3 in Morrison to Bruce, No. 21, Nov. 23, 1859.

(26)　春名前掲「漂流民送還体制の形成について」18 頁。

(27)　赤嶺前掲「清代の琉球漂流民送還体制について」96-97 頁。

(28)　光緒『大清会典事例』巻 787，刑部，刑律賊盜，白昼搶奪一「凡白昼搶奪人財物者，(不計贓) 杖一百徒三年，計贓 (併贓論) 重者，加窃盜罪二等 (罪止杖一百流三千里)。傷人者 (首) 斬 (監候)，為従各減 (為首) 一等並於右小臂膊上刺搶奪二字。若因失火及行船遭風着浅，而乗時搶奪人財物及拆毀船隻者，罪亦如之 (亦如搶奪科罪)」。

(29)　光緒『大清会典事例』巻七百八十七，刑部，刑律賊盜，白昼搶奪一「凡濱海居民，以及採捕各船戸，如有乗危搶奪，但経得財並未傷人者，均照搶奪本律加一等，杖一百流三千里，為従各杖一百徒三年」。外国船略奪に対する処罰例については，劉序楓前掲「清代環中国海域的海難事件研究」187-188 頁参照。

(30)　『福建省例』巻二十七，刑政例上，査辦乗危搶奪「乃閩省濱海愚民，毎有乗危搶奪之事。一遇商船遭風撞礁擱浅，無不視為奇貨，群趨而往，或誘称代搬，趁鬧攘去，或勒講謝礼，竟図多分，或下水扛翻，或上船鬨奪。甚至貨尽毀船，滅其形跡。忍心害理，莫此為甚」。略奪の対象は，中国戦・外国船を問わなかった。琉球船に対する略奪の事例は，渡辺前掲「清代中国における漂着民の処置と琉球 (2)」38-39 頁を参照。

(31)　Morse, *The Chronicle of the East India Company Trading to China*, Vol. 2, pp. 397-398. この際にも広州のスペイン人管貨人の要請によって東インド会社が船舶を急派しており，後述するようにイギリス船が外国船への対応を要請されるのは，すでにこの時期から始まっていたとみてよいだろう。

(32)　*Ibid*., Vol. 4, p. 350.

(33)　この事件の際には，難破船を離れた船員らは清朝側に武装解除されて捕虜になっている。Patridge, *op. cit*., pp. 10-14.

(34)　JM/B7/5, Martin to JM, Sept. 19, 1846 ; JM/B7/5, Martin to JM, Oct. 13, 1846.

(35)　FO228/98, Incl. No. 1 in Layton to Bonham, No. 38, Nov. 22, 1849.

(36)　FO663/12, Fishbourne to Robertson, Dec. 12, 1853 ; FO663/61,「通商事務領事羅致興泉永道来商会」(1853 年 12 月 13 日)。

(37)　汕頭の住民は沿海で最も無法で命知らずとされている。FO228/251, Morrison to Bowring, No. 88, Sept. 29, 1858.

(38)　FO663/61,「代理通商事務婉致廈防分府李照会」(1855 年正月 29 日) ; FO228/188, Winchester to Bowring, No. 28, Feb. 13, 1855.

(39)　FO228/285, Encl. No. 1 in Gingell to Bruce, No. 47, May 10, 1860.

(40)　これは世界各地で普遍的にみられた慣習である。日本においても，漂着 (流) 船，漂着 (流) 物はすべて沿岸聚落に帰属するという普遍的で自然発生的な慣行 (遭難物占取の慣行) が平安中期以降に始まり，鎌倉時代には一般的慣習となっていた。これに

対し海運保護が行われるようになったのは豊臣秀吉による全国統一期以降であり，漂流物及び沈没品に対する荷主の追求権を6ヶ月に限り認めて全国的に統一したのは寛文7年（1667）のことであった。金指正三『近世海難救助制度の研究』吉川弘文館，1968年，5-40，489-528頁。

（41） FO663/64,「駐廈門管事官馬致泉州廈防分府李照会」(1856年12月初4日)。

（42） FO228/211, Morrison to Bowring, No. 34, May 17, 1856.

（43） FO228/211, Morrison to Bowring, No. 43, June 30, 1856.

（44） FO228/130, Alcock to Bonham, No. 42, May 16, 1851. 生存した3名の乗員も，そのうち1人は漢族に6ドルで売却されたり，召使いにされたりしていたが，その後，台湾現地の漢族の協力もあり，アメリカ船に救助されている。ここからは，漂着した人々を売買したり所有したりすることが普通に行われていたことが推測される。FO228/130, Encl. No. 2 in Alcock to Bonham, No. 42, May 16, 1851.

（45） FO228/251, Morrison to Bowring, No. 83, Sept. 2, 1858.

（46） FO663/64,「駐廈通商事務署領事柏致泉州府正堂陶照会」(1854年4月初9日)。

（47） FO663/62,「泉州府正堂陶致駐鎮廈門領事柏照会」(咸豊6年3月初10日)。

（48） FO228/211, Morrison to Bowring, No. 34, May 17, 1856.

（49） FO663/62,「廈防分府李致駐廈領事府婉照会」(咸豊5年2月13日)；FO663/62,「廈防分府李致駐廈領事府巴照会」(咸豊5年3月初3日)。

（50） FO228/285, Gingell to Bruce, No. 23, Feb. 29, 1860.

（51） なお，これらの長たちも船長に対して賄賂を1,000ドル支払うことを約束するので，裁判の際に地方官に対して彼らが無実であると告げて欲しいと述べている。FO228/285, Encl. No. 1 in Gingell to Bruce, No. 47, May 10, 1860. これは現地住民と地方官僚のあいだで従来海難が都合よく処理されてきたことを示しているのだろう。

（52） イーナ号船長らはこれを現地の官僚の「自らの財布」から補償の一部が支払われたと考えていた。FO228/285, Gingell to Bruce, No. 31, Mar. 21, 1860；FO663/19, Taotai Pan to Gingell, No. 23, Apr. 10, 1860.

（53） 琉球の漂流船の海賊による被害に対する賠償が行われることはあったが，賠償が保障されていたわけではなかった。渡辺前掲「清代中国における漂着民の処置と琉球(2)」58-59頁。

（54） この事件で現地の官僚たちは略奪事件が発生したことを認めていない。FO663/52,「海防分府劉為駐廈管事官列照会」(道光30年正月25日)；FO663/52,「興泉永道史為駐廈管事官列照会」(道光30年4月27日)。

（55） イギリス側は盗品の返還が行われないため，1851年3月になっても興泉永道に対して盗品の返還を要求している。FO663/57A,「廈門通商管事官蘇致署興泉永道王照会」(辛亥年2月初3日)。

（56） FO228/171, Robertson to Bonham, No. 13, Feb. 11, 1854.

（57） むろん，漂着していなくても，停泊している船も略奪対象となった。1845年10月19日には，風浪を避けて南太武山の下に停泊していた小型サンパン船が附近の許厝郷民数十人に略奪される事件も発生している。FO663/52,「廈門副使瑱致興泉永道恒照

会」（1845年10月21日）。この事件に関しては，略奪品の返還が行われている。FO663/52,「興泉永道恒致代辦廈門管事府瑣照会」（道光25年10月初3日）。

(58) 後述する「保護中外船隻遭風遇険章程」成立の頃まで，清朝には中国船・外国船を問わず，難破船救護を奨励するために具体的な方策を定めた規則は存在しなかった。

(59) 1858年12月には，台湾におけるイギリス人商人らの難民を廈門に送還するために鹿港を出港した4隻の船舶が，囲頭沖合で柏頭郷の盗船の襲撃を受けて略奪される事件が発生している。FO663/65,「福建台湾水師営協標右営右司庁楊為英国領事移請」（咸豊9年2月初6日）。

(60) 金澤周作「近代英国における海難対策の形成――レッセ・フェールの社会的条件」『史林』81巻3号，1998年，81-102頁。

(61) FO228/125, Sullivan to Bonham, No. 69, Nov. 11, 1851.

(62) 開港当初のイギリス領事は商業関係についての広範な業務を義務づけられており，その中にはイギリス商船の保護も含まれていた。Fairbank, *op. cit*., p. 161.

(63) FO228/125, Backhouse to Bonham, No. 35, May 14, 1851.

(64) FO663/57A,「副管事府巴致署興泉永道王照会」（1851年6月2日）。

(65) FO228/130, Alcock to Bonham, No. 42, May 16, 1851.

(66) FO228/125, Backhouse to Bonham, No. 36, May 31, 1851. なお，レナード号はこの5月31日に難破している。Colledge, *op. cit*., p. 273.

(67) FO228/125, Encl. No. 1 in Backhouse to Bonham, No. 41, July 1, 1851.

(68) FO663/64,「駐廈門管事官馬致福建台湾兵備道裕照会」（1856年12月19日）; FO663/64,「駐廈門管事官馬致興泉永道趙照会」（1856年12月19日）; FO228/251, Encl. No. 1 in Morrison to Bowring, No. 41, Apr. 30, 1858.

(69) FO228/251, Morrison to Bowring, No. 41, Apr. 30, 1858.

(70) モリソンは福建水師提督頼や興泉永道司徒らに軍艦の派遣を連絡している。FO663/64,「廈門通商事務官馬致福建水師提督頼照会」（1858年6月初6日）。

(71) FO228/251, Morrison to Bowring, No. 48, June 9, 1858. ただし，この時は捜索は失敗に終わっている。ADM125/2, Brookes to Seymour, July 1, 1858.

(72) FO228/285, Gingell to Bruce, No. 5, Jan. 8, 1860.

(73) FO228/285, Gingell to Bruce, No. 31, Mar. 21, 1860.

(74) FO228/251, Encl. No. 1 in Morrison to Bowring, No. 88, Sept. 29, 1858.

(75) かかる体制が整っていたのはイギリス船，アメリカ船などに限定されていたことに注意が必要である。例えば1862年12月に泉州南安出身の葉皓・謝擵らがマニラで合股で開いた義合号の商品を積載したスペイン船ソベラナ（*Soberana*）号は台湾東岸の南崁附近で遭難して住民の略奪に遭う事件が発生した【26】。当時，現地では反乱が生じていたこともあり，その後10年以上も事件が放置されることになり，1877年6月11日に廈門のスペイン領事館でスペイン領事と福建巡撫の代理が，被害額をスペイン領事に支払い，その後に被害者に分配するという議定書に署名して問題が処理されることになる。FO228/584, Encl. No. 2 in Alabaster to Fraser, No. 15, Mar. 2, 1877 ; FO228/584, Encl. in Alabaster to Fraser, No. 31, June 15, 1877 ; FO228/584, Encl. No. 1 in

Alabaster to Fraser, No. 32, June 18, 1877 ; FO228/954, Encl. No. 1 in Alabaster to Fraser, No. 32, June 18, 1877. なお，この事件は，中国とスペインとのあいだの苦力問題をめぐる条約交渉にも影響を与えていく。Robert L. Irick, *Ch'ing Policy toward the Coolie Trade 1847–1878*, Chinese Material Center, 1982, pp. 312–317.

（76） FO663/65,「興泉永道司徒致英国領事馬照会」（咸豊8年3月12日）; FO228/251, Encl. No. 2 in Morrison to Bowring, No. 41, Apr. 30, 1858.

（77） 中央研究院近代史研究所『四国新檔（2）英国檔下』中央研究院近代史研究所，1966年，667頁，咸豊8年6月9日の閩浙総督王懿徳等の上奏。

（78） FO228/285, Encl. No. 1 in Gingell to Bruce, No. 47, May 10, 1860.

（79） FO228/251, Morrison to Bowring, No. 48, June 9, 1858.

（80） FO663/64,「駐廈通商事務署領事柏致泉州府正堂陶照会」（1856年4月23日）。

（81） FO663/62,「泉州府正堂陶致領事府柏照会」（咸豊6年3月29日）。

（82） FO228/211, Enclosure in Morrison to Bowring, No. 42, June 27, 1856.

（83） FO228/211, Morrison to Bowring, No. 42, June 27, 1856.

（84） FO663/64,「廈門副管事官馬致興泉永道趙照会」（1856年7月初2日）「拠此查貴国向例凡有外国破船難民，均送附近該国官員辦理。今囲頭郷民竟敢撈搶貨物，留住難民，実属不遵制度。若不厳加查辦，但恐将来各処積習成風。応請貴道札飭地方官会同営弁，諭令該郷交出撈去貨物送交敝管事官，以便給還失主之当酌賞，並煩出示沿海各処知照遵行，将来英国被難船隻，務将難民送来本署，若有撈得貨物，応即送交地方官転交管事官查収，給領之即従重給賞」。

（85） 同上。

（86） FO663/64,「廈門通商管事官馬致興泉永道司徒照会」（1858年9月初4日）。

（87） ADM125/2, Brookes to Laymons, Sept. 20, 1858.

（88） FO228/251, Bowring to Morrison, No. 96, Sept. 11, 1858.

（89） FO228/251, Morrison to Bowring, No. 89, Sept. 29, 1858 ; ADM125/2, Brookes to Laymons, Sept. 20, 1858.

（90） FO228/251, Incl. in Morrison to Bowring, No. 89, Sept. 29, 1858.

（91） FO228/251, Morrison to Bowring, No. 89, Sept. 29, 1858.

（92） FO228/251, Morrison to Bowring, No. 87, Sept. 21, 1858.

（93） FO663/65,「興泉永道司徒為英国領事馬照会」（咸豊8年8月15日）。

（94） Fox, *op. cit.*, p. 67.

（95） 海関統計（税関統計）が利用できる1864年以降についてみても，貿易額は飛躍的に増大している。Liang Lin, Hsiao, *China's Foreign Trade Statistics 1864–1949*, East Asian Research Center, Harvard University, 1974, pp. 268–269.

（96） 前掲『英，米，仏，露ノ各国及支那国間ノ条約』20，31–32頁。

（97） FO228/450, Encl. No. 1 in Pedder to Alcock, No. 30, Dec. 21, 1868 ; FO228/450, Encl. No. 3 in Pedder to Alcock, No. 30, Dec. 21, 1868.

（98） FO228/511, Pedder to Wade, No. 2, Feb. 19, 1872.

（99） FO228/501, Encl. No. 2 in Phillips to Wade, No. 5, July 13, 1871.

(100)　FO228/501, Encl. No. 3 in Phillips to Wade, No. 5, July 13, 1871.

(101)　ボイド商会はサイム商会の後身であり，1867 年にサイム商会の出資者のボイド（T. D. Boyd）が引き継いだ際に英文名称を変更した。黄光域『外国在華工商企業辞典』四川人民出版社，1995 年，427 頁。

(102)　FO228/501, Encl. No. 13 in Phillips to Wade, No. 5, July 13, 1871.

(103)　FO228/501, Encl. No. 4 in Phillips to Wade, No. 5, July 13, 1871.

(104)　FO228/501, Phillips to Wade, No. 5, July 13, 1871 ; FO228/501, Encl. No. 10 in Phillips to Wade, No. 5, July 13, 1871.

(105)　FO228/565, Alabaster to Wade, No. 15, May 16, 1876.　なお，通訳派遣は，恵安における教案事件についての視察を兼ねる狙いがあった。

(106)　FO228/450, Pedder to Alcock, No. 30, Dec. 21, 1868.

(107)　FO228/469, Pedder to Alcock, No. 6, Mar. 19, 1869.

(108)　FO228/521, Wade to Pedder, No. 2, Sept. 20, 1873.　ペダー領事も，ドン号の回収については，烏坵嶼が沿岸から離れた露出した島であり，強風にさらされる中で作業は非常に困難ないし不可能であり，短期間ではすまないと指摘している。FO228/521, Pedder to Wade, No. 14, Nov. 6, 1873.　烏坵嶼において難破したカントン号の解体作業が困難で時間を要したことが，1876 年の烏坵嶼事件の背景となる。

(109)　FO228/511, Pedder to Wade, No. 2, Feb. 19, 1872.

(110)　FO228/511, Pedder to Wade, No. 3, Feb. 20, 1872.

(111)　『清季外交史料』巻 6，108–109 頁「総署奏徳国船主在洋被戕案業已辦結請飭各省照章保護中外船隻摺」。呂実強『丁日昌与自強運動』中央研究院近代史研究所，1972 年，259–260 頁。

(112)　FO228/565, Encl. No. 1 in Alabaster to Wade, No. 59, Dec. 14, 1876.

(113)　FO228/565, Alabaster to Wade, No. 37, July 27, 1876.

(114)　呂実強前掲書，263 頁。

(115)　FO228/565, Alabaster to Wade, No. 44, Aug. 30, 1876.

(116)　湯熙勇前掲「清代台湾的外籍船難与救助」568–569 頁。CIMC，II Special Series, No. 18, *Chinese Life Boats, Etc.*, Shanghai, 1893, pp. cv–cx.

(117)　洪安全総編集『清宮月摺檔台湾史料』国立故宮博物院，1994 年，2,316–2,317 頁。

(118)　呂実強前掲書，263 頁，湯熙勇前掲「清代台湾的外籍船難与救助」569 頁。例えば山東省における光緒 14 年（1878）の「保護中外船隻遭風遇険章程」は，第 6 条に水師についての条項があるのみで，基本的に内容は同様である。台湾銀行経済研究室編『台湾私法商事編』台湾銀行，1961 年，304–308 頁。

(119)　湯熙勇前掲「清代台湾的外籍船難与救助」568–575 頁。

(120)　FO228/565, Encl. No. 1 in Alabaster to Wade, No. 43, Aug. 22, 1876 ; FO228/954, Encl. No. 1 in Alabaster to Wade, No. 43, Aug. 22, 1876.

(121)　FO228/565 Alabaster to Wade, No. 26, June 22, 1876 ; FO228/565, Encl. in Alabaster to Wade, No. 42, Aug. 21, 1876.

(122)　FO228/565, Encl. No. 3 in Alabaster to Wade, No. 40, Aug. 11, 1876 ; FO228/954, Encl. 3 in

Alabaster to Wade, No. 40, Aug. 11, 1876.

(123) 湄州島においてはその後も治安の問題は解決していない。1909年にも風を避けていた金順興商船が湄州島の西埔郷の海賊数十人に襲われてことごとく略奪される事件が起こっている。『廈門日報』1909年3月11日「乗厄搶刼」。

(124) FO228/565, Encl. No. 1 in Alabaster to Wade, No. 26, June 22, 1876.

(125) FO228/565, Alabaster to Wade, No. 26, June 22, 1876.

(126) FO228/565, Encl. No. 1 in Alabaster to Wade, No. 26, June 22, 1876 ; FO228/954, Encl. No. 2 in Alabaster to Wade, No. 26, June 22, 1876.

(127) FO228/565, Encl. No. 3 in Alabaster to Wade, No. 26, June 22, 1876 ; FO228/954, Encl. No. 4 in Alabaster to Wade, No. 26, June 22, 1876.

(128) FO228/565, Encl. No. 7 in Alabaster to Wade, No. 26, June 22, 1876 ; FO228/954, Encl. No. 8 in Alabaster to Wade, No. 26, June 22, 1876.

(129) FO228/565, Encl. No. 9 in Alabaster to Wade, No. 26, June 22, 1876 ; FO228/954, Encl. No. 10 in Alabaster to Wade, No. 26, June 22, 1876.

(130) FO228/565, Encl. No. 2 in Alabaster to Wade, No. 30, June 29, 1876 ; FO228/565, Encl. No. 1 in Alabaster to Wade, No. 35, July 19, 1876.

(131) 1870年代後半，清朝の外国製砲艦は海難報告のあった現場を精力的に訪れており，これはアンナ号事件におけるドイツ政府の行動が影響しているとみられている。FO228/585, Alabaster to Fraser, Separate, Sept. 8, 1877, Intelligence Report.

(132) FO228/565, Encl. No. 4 in Alabaster to Wade, No. 28, June 24, 1876 ; FO228/954, Encl. No. 5 in Alabaster to Wade, No. 28, June 24, 1876.

(133) FO228/565, Encl. No. 4 in Alabaster to Wade, No. 30, June 29, 1876 ; FO228/954, Encl. No. 3 in Alabaster to Wade, No. 30, June 29, 1876.

(134) FO228/565, Encl. No. 2 in Alabaster to Wade, No. 32, July 8, 1876 ; FO228/954, Encl. No. 1 in Alabaster to Wade, No. 32, July 8, 1876.

(135) FO228/565, Encl. No. 1 in Alabaster to Wade, No. 35, July 19, 1876 ; FO228/954, Encl. No. 1 in Alabaster to Wade, No. 35, July 19, 1876.

(136) FO228/565, Encl. No. 12 in Alabaster to Wade, No. 26, June 22, 1876.

(137) FO228/565, Encl. No. 9 in Alabaster to Wade, No. 26, June 22, 1876 ; FO228/954, Encl. No. 10 in Alabaster to Wade, No. 26, June 22, 1876.

(138) FO228/565, Encl. No. 11 in Alabaster to Wade, No. 26, June 22, 1876.

(139) FO228/565, Encl. No. 13 in Alabaster to Wade, No. 26, June 22, 1876 ; FO228/954, Encl. No. 14 in Alabaster to Wade, No. 26, June 22, 1876.

(140) FO228/565, Alabaster to Wade, No. 30, June 29, 1876 ; FO228/565, Encl. No. 1 in Alabaster to Wade, No. 35, July 19, 1876 ; FO228/954, Encl. No. 1 in Alabaster to Wade, No. 35, July 19, 1876.

(141) FO228/565, Encl. No. 8 in Alabaster to Wade, No. 30, June 29, 1876 ; FO228/954, Encl. No. 8 in Alabaster to Wade, No. 30, June 29, 1876.

(142) FO228/565, Encl. No. 11 in Alabaster to Wade, No. 26, June 22, 1876.

（143） FO228/565, Encl. No. 12 in Alabaster to Wade, No. 26, June 22, 1876.

（144） FO228/565, Encl. No. 1 in Alabaster to Wade, No. 28, June 24, 1876.

（145） FO228/565, Encl. No. 13 in Alabaster to Wade, No. 26, June 22, 1876 ; FO228/954, Encl. No. 14 in Alabaster to Wade, No. 26, June 22, 1876.

（146） 「中国不敢草菅人命，貴国視人命当与中国相同」。FO228/565, Encl. No. 4 in Alabaster to Wade, No. 30, June 29, 1876 ; FO228/954, Encl. No. 3 in Alabaster to Wade, No. 30, June 29, 1876.

（147） FO228/565, Encl. No. 2 in Alabaster to Wade, No. 32, July 8, 1876 ; FO228/954, Encl. No. 1 in Alabaster to Wade, No. 32, July 8, 1876.

（148） FO228/565, Encl. No. 2 in Alabaster to Wade, No. 35, July 19, 1876.

（149） FO228/565, Encl. No. 1 in Alabaster to Wade, No. 35, July 19, 1876.

（150） 事実，後述するザフィーロ号事件においても，現地の官僚は難破船略奪に来る海賊に対する発砲は躊躇しないようにとザフィーロ号乗組員に伝えている。FO228/788, Encl. No. 1 in Forrest to O'Conor, No. 47, Nov. 12, 1885.

（151） FO228/565, Alabaster to Wade, No. 32, July 8, 1876.

（152） FO228/565, Encl. No. 2 in Alabaster to Wade, No. 32, July 8, 1876.

（153） FO228/565, Encl. No. 3 in Alabaster to Wade, No. 32, July 8, 1876.

（154） FO228/565, Alabaster to Wade, No. 32, July 8, 1876.

（155） FO228/565, Encl. No. 2 in Alabaster to Wade, No. 35, July 19, 1876 ; FO228/954, Encl. No. 2 in Alabaster to Wade, No. 35, July 19, 1876.

（156） FO228/565, Encl. No. 4 in Alabaster to Wade, No. 35, July 19, 1876 ; FO228/954, Encl. No. 4 in Alabaster to Wade, No. 35, July 19, 1876.　これに対して水師提督は，照会文が礼に欠けるとするならば，上海の『申報』に批判を掲載すればよいとしている。FO228/565, Encl. No. 1 in Alabaster to Wade, No. 37, July 27, 1876 ; FO228/954, Encl. No. 1 in Alabaster to Wade, No. 37, July 27, 1876.

（157） FO228/565, Encl. No. 2 in Alabaster to Wade, No. 37, July 27, 1876 ; FO228/954, Encl. No. 2 in Alabaster to Wade, No. 37, July 27, 1876.

（158） FO228/565, Encl. No. 3 in Alabaster to Wade, No. 37, July 27, 1876 ; FO228/954, Encl. No. 3 in Alabaster to Wade, No. 37, July 27, 1876.

（159） 清朝官僚側は，イギリス籍のエレス商会に雇用人を領事に引き渡すようにさせることを主張しつづけたが，イギリスの法律上，雇用主が雇用者の行為に対して一定の責任を負っていたものの，雇用主に対して雇用者を引き渡すように強制することはできなかった。FO228/565, Encl. No. 5 in Alabaster to Wade, No. 49, Oct. 9, 1876 ; FO228/954, Encl. No. 5 in Alabaster to Wade, No. 49, Oct. 9, 1876.

（160） FO228/565, Encl No. 5 in Alabaster to Wade, No. 37, July 27, 1876 ; FO228/954, Encl No. 5 in Alabaster to Wade, No. 37, July 27, 1876.

（161） FO228/565, Encl. No. 1 in Alabaster to Wade, No. 39, Aug. 5, 1876.

（162） FO228/565, Alabaster to Wade, No. 39, Aug. 5, 1876.

（163） FO228/565, Encl. No. 3 in Alabaster to Wade, No. 39, Aug. 5, 1876 ; FO228/954, Encl. No. 3

in Alabaster to Wade, No. 39, Aug. 5, 1876 ; FO228/565, Encl. No. 5 in Alabaster to Wade, No. 39, Aug. 5, 1876 ; FO228/954, Encl. No. 5 in Alabaster to Wade, No. 39, Aug. 5, 1876.

(164) FO228/565, Alabaster to Wade, No. 40, Aug. 11, 1876.

(165) FO228/565, Alabaster to Wade, No. 43, Aug. 22, 1876.

(166) FO228/565, Encl. No. 2 in Alabaster to Wade, No. 43, Aug. 22, 1876.

(167) FO228/565, Alabaster to Wade, No. 45, Sept. 1, 1876.

(168) 香港の植民地秘書官であるガーディナー（J. Gardiner）は，アントニオ引き渡しに関するアラバスターの問い合わせに対して，天津条約第21条及び1850年の地方条例第2条は中国人の引き渡しについてしか規定していないため，中国側が引き渡しを受けることはできないとした。FO228/565, Encl. No. 5 in Alabaster to Wade, No. 45, Sept. 1, 1876.

(169) FO228/565, Encl. No. 1 in Alabaster to Wade, No. 46, Sept. 19, 1876 ; FO228/954, Encl. No. 1 in Alabaster to Wade, No. 46, Sept. 19, 1876.

(170) FO228/565, Alabaster to Wade, No. 46, Sept. 19, 1876.

(171) FO228/565, Encl. No. 2 in Alabaster to Wade, No. 46, Sept. 19, 1876 ; FO228/954, Encl. No. 2 in Alabaster to Wade, No. 46, Sept. 19, 1876.

(172) FO228/565, Encl. in Alabaster to Wade, No. 56, Nov. 14, 1876 ; FO228/954, Encl. in Alabaster to Wade, No. 56, Nov. 14, 1876.

(173) FO228/584, Encl. No. 3 in Alabaster to Fraser, No. 14, Feb. 5, 1877 ; FO228/954, Encl. No. 3 in Alabaster to Fraser, No. 14, Feb. 5, 1877. 1877年に新たに赴任し，領事に対して犯人の拘束を要求した道台に対しても，領事は同様のことを伝えている。FO228/584, Alabaster to Fraser, No. 36, July 2, 1877. そして，領事は，この事件はこれで幕が引かれることを予想していた。FO228/565, Encl. No. 1 in Alabaster to Wade, No. 59, Dec. 14, 1876.

(174) イギリス公使が領事への要求はできないと閩浙総督何璟に伝えたのに対し，閩浙総督は新任の興泉永道司徒緒を通じて犯人の拘束を要求し続けた。FO228/606, Encl. No. 1 in Alabaster to Fraser, No. 51, Sept. 28, 1877 ; FO228/954, Encl. No. 1 in Alabaster to Fraser, No. 51, Sept. 28, 1877. 1878年4月，閩浙総督らは，イギリス公使から総理衙門を通じて伝えられた烏坵嶼事件についての覚書に対して返答する形の質問書「烏坵案略疑問」を作成した。ここでは，ホイートン（Henry Wheaton）の国際法を引用して領事側の対応を批判している。この質問書は道台を通じて領事に送付され，領事の回答が要求された。FO228/606, Alabaster to Fraser, No. 20, Apr. 23, 1878. 閩浙総督らは明らかに北京での交渉を回避しようとしていたと考えてよいだろう。

(175) FO228/565, Alabaster to Wade, No. 39, Aug. 5, 1876.

(176) FO228/584, Alabaster to Fraser, No. 14, Feb. 5, 1877. 1877年2月1日の領事への照会で，道台は，湄州営や莆田県の文武官らが調査した報告によれば，略奪の手がかりが全く得られなかったと伝えている。FO228/584, Encl. No. 2 in Alabaster to Fraser, No. 14, Feb. 5, 1877 ; FO228/954, Encl. No. 2 in Alabaster to Fraser, No. 14, Feb. 5, 1877.

(177) FO228/565, Encl. in Alabaster to Wade, No. 56, Nov. 14, 1876 ; FO228/954, Encl. in

Alabaster to Wade, No. 56, Nov. 14, 1876.「本兼部堂部院現在辦理救護中外船隻章程，不知嘔尽幾多心血，費尽幾多筆墨，然亦不敢謂十分尽善，不過比従前略為好些。但本兼署部堂部院要認真行救護船隻之事，便須厳禁海辺百姓不准搶物，不准害命。今現有洋人更夫撃斃漁戸二命事，本兼署部堂部院不能題為伸冤，海辺百姓箇箇都笑，本兼署部堂部院怕強欺弱，執法不能一律，以致近日発告示，百姓有些不甚相信，又使百姓懐恨在心」。

(178) FO228/606, Fraser to Alabaster, Separate, Dec. 23, 1878.

(179) FO228/623, Alabaster to Fraser, No. 2, Jan. 13, 1879.

(180) FO228/623, Encl. No. 2 in Alabaster to Fraser, No. 5, Feb. 13, 1879.

(181) FO228/623, Giles to Wade, No. 26, Aug. 29, 1879.

(182) FO228/623, Alabaster to Fraser, No. 4, Jan. 27, 1879. 道台は被害者親族からの請願について，被害者とその親族についての公的な情報には限りがあると領事に伝えている。

(183) FO228/623, Giles to Wade, No. 32, Oct. 29, 1879. エレス商会は清朝地方官による横領を警戒して，イギリス領事に代理人を通じて被害者親族に補償金を支払うことを勧めている。FO228/623, Encl. No. 2 in Alabaster to Fraser, No. 5, Feb. 13, 1879.

(184) この点にだけに着目すれば，丁日昌はイギリス側の抵抗にもかかわらず，犯人処罰の主張を堅持したと評価される。呂実強前掲書，262 頁。しかし，それは清朝側の史料のみに依拠した評価にすぎない。

(185) FO228/788, Encl. in Forrest to O'Conor, No. 27, May 13, 1885 ; FO228/788, Encl. No. 1 in Forrest to O'Conor, No. 47, Nov. 12, 1885.

(186) FO228/788, Forrest to O'Conor, No. 27, May 13, 1885.

(187) FO228/788, O'Conor to Forrest, No. 8, June 2, 1885.

(188) FO228/788, Encl. No. 1 in Forrest to O'Conor, No. 36, June 25, 1885.

(189) FO228/788, Encl. No. 3 in Forrest to O'Conor, No. 40, July 6, 1885 ; FO228/979, Encl. No. 4 in Forrest to O'Conor, No. 40, July 6, 1885.

(190) FO228/788, Encl. No. 1 in Forrest to O'Conor, No. 47, Nov. 12, 1885.

(191) 1867 年 6 月以降，こうした携行品に対し海関の規定により課税が行われるようになった。FO228/427, Alcock to Swinhoe, No. 34B, Sept. 10, 1867 ; FO228/788, Encl. No. 1 in Forrest to O'Conor, No. 47, Nov. 12, 1885.

(192) FO228/979, Encl. No. 2 in Forrest to O'Conor, No. 36, June 25, 1885.

(193) FO228/788, Encl. in Forrest to O'Conor, No. 44, Aug. 24, 1885 ; FO228/979, Encl. in Forrest to O'Conor, No. 44 , Aug. 24, 1885.

(194) FO228/788, Encl. No. 1 in Forrest to O'Conor, No. 47, Nov. 12, 1885.

(195) FO228/788, Encl. No. 4 in Forrest to O'Conor, No. 36, June 25, 1885 ; FO228/979, Encl. No. 3 in Forrest to O'Conor, No. 36, June 25, 1885.

(196) FO228/788, Encl. No. 5 in Forrest to O'Conor, No. 36, June 25, 1885 ; FO228/979, Encl. No. 6 in Forrest to O'Conor, No. 36, June 25, 1885.

(197) FO228/788, Encl. No. 2 in Forrest to O'Conor, No. 40, July 6, 1885 ; FO228/979, Encl. No. 1 in Forrest to O'Conor, No. 40, July 6, 1885.

(198) 通常，清朝の裁判では，原告は私人であるかまたは存在せず，特定の被害者がある事案で第三者が出訴することは異常であり，そのような訴えに対して官憲は猜疑・警戒の念をもって遇した。滋賀秀三『清代中国の法と裁判』創文社，1984年，63頁。したがって，この事件の場合は略奪の被害者であった乗客が訴えるべきであるという論理になる。

(199) FO228/788, Encl. No. 3 in Forrest to O'Conor, No. 40, July 6, 1885 ; FO228/788, Encl. No. 5 in Forrest to O'Conor, No. 40, July 6, 1885.

(200) FO228/788, Encl. in Forrest to O'Conor, No. 43, Aug. 7, 1885 ; FO228/979 Encl. in Forrest to O'Conor, No. 43, Aug. 7, 1885. 福建省の当局は事件当初から略奪に否定的な見方をしていた。FO228/788, O'Conor to Forrest, No. 8, June 2, 1885.

(201) FO228/788, Encl. in Forrest to O'Conor, No. 44, Aug. 24, 1885 ; FO228/979, Encl. in Forrest to O'Conor, No. 44, Aug. 24, 1885.

(202) 1885年11月には廈門領事を通じて福州当局の方針が領事に伝えられている。FO228/788, Encl. No. 2 in Forrest to O'Conor, No. 47, Nov. 12, 1885 ; FO228/979, Encl. No. 2 in Forrest to O'Conor, No. 47, Nov. 12, 1885.

(203) FO228/788, O'Conor to Forrest, No. 12, Sept. 1, 1885.

(204) FO228/788, O'Conor to Forrest, No. 14, Nov. 9, 1885.

(205) FO228/788, Encl. No. 1 in Forrest to O'Conor, No. 47, Nov. 12, 1885.

(206) FO228/788, Forrest to O'Conor, No. 48, Nov. 23, 1885.

(207) FO228/788, O'Conor to Forrest, No. 20, Dec. 24, 1885.

(208) Encl. in FO228/823 Forrest to O'Conor, No. 18, Mar. 22, 1886.

(209) Encl. in FO228/823 Forrest to O'Conor, No. 18, Mar. 22, 1886.

(210) FO228/823, Forrest to O'Conor, No. 19, Mar. 24, 1886. なお，漳浦知県施錫衛は江蘇嘉定県人であった。

(211) 興泉永道は，イギリス領事が保険が支払われたために証人として廈門に来る必要のないと考えていた英籍華人に対する召還を要求し続けている。FO228/823, Encl. in Forrest to O'Conor, No. 18, Mar. 22, 1886.

(212) FO228/823, Encl. in Forrest to O'Conor, No. 18, Mar. 22, 1886.

(213) FO228/823, Forrest to O'Conor, No. 21, Mar. 26, 1886. 保寧保険公司の総代理店はアメリカ商人の瓊記洋行（Heard & Co., Augustine）であった。黄光域前掲編著『外国在華工商企業辞典』495-496頁。

(214) FO228/823, Encl. in Forrest to O'Conor, No. 18, Mar. 22, 1886. 清朝側は，アメリカ領事が公式に興泉永道に連絡し，ボート所有者の張勇が海澄知県に訴えて調査が行われ，略奪であると判明したとし，双方の事件は類似していないとしている。また，手続きも条約に基づいて行ったことを強調した。FO228/823, Encl. in Jordan to O' Conor, No. 29, Apr. 12, 1886.

(215) FO228/823, Forrest to O'Conor, No. 33, Apr. 23, 1886.

(216) FO228/823, O'Conor to Jordan, No. 10, Apr. 24, 1886.

(217) ホプキンス（L. C. Hopkins）副領事は，交渉が長引いているのは，道台が自らのキャ

リアを傷つけないために失敗をしないように気を遣っているためとみなしている。FO228/824, Encl. in Hopkins to Walsham, No. 53, July 5, 1886.

(218) FO228/824, Forrest to O'Conor, No. 61, Sept. 2, 1886.

(219) FO228/824, Forrest to O'Conor, No. 69, Nov. 17, 1886.

(220) FO228/848, Allen to Walsham, No. 8, Mar. 16, 1887 ; FO228/824, Encl. in Hopkins to Walsham, No. 73, Nov. 27, 1886.

(221) FO228/824, Encl. in Hopkins to Walsham, No. 73, Nov. 27, 1886.

(222) ザフィーロ号船長も，銅山の地方の官僚が現地住民を何ら管理していないようにみえると証言している。FO228/788, Encl. No. 1 in Forrest to O'Conor, No. 47, Nov. 12, 1885.

(223) FO228/671, Encl. No. 2 in Gile to Wade, No. 4, Feb. 10, 1881.

(224) FO228/788, Forrest to Grosvenor, No. 10, Sept. 25, 1882.

(225) FO228/742, Encl. No. 2 in Forrest to Parkes, No. 27, June 19, 1884.

(226) 例えば1844年7月には，駐廈門イギリス領事グリブルは廈門港入り口附近の暗礁対策として浮きブイの設置を廈防分府に要求している。FO663/50,「廈門管事官記致廈門海防分府霍照会」(1844年7月初8日)。もっとも，廈防分府は条約に規定されていないことと経費不足を理由にこれを拒否し，領事が自ら行うようにと返答している。FO663/50,「署廈門分府霍致駐廈英国管事府記照会」(道光24年6月25日)。

(227) 福建海域の海関によるインフラ整備については，林星「試論近代福建海関的海務工作」廈門大学中国海関史研究中心編『中国海関与中国近代社会――陳詩啓教授九秩華誕祝寿文集』廈門大学出版社，2005年が先駆的ではあるが網羅的なものではない。

(228) 沿海の地理情報は，沿海部の測量に基づき，海図が整備されることによって充実してきた。もっとも，沿海部の地理情報は19世紀末でも不十分であった。例えば【41】，【42】のように，海図に掲載されていない岩礁に接触して遭難する事件も起きている。廈門港周辺ですら，未確認の岩礁に衝突して座礁する事件が発生していた。FO228/1222, Encl. in Gardner to MacDonald, Separate, June 25, 1896, Service Report. そこで，【42】の事件の後，香港商業会議所は在廈イギリス領事に漁民に報奨を与えることにより岩礁の情報を得ることを依頼し，イギリス領事の依頼で興泉永道が布告を出している。FO228/1281, Encl. in Gardner to MacDonald, Separate, Jan. 25, 1898, Intelligence Report.

(229) FO228/848, Allen to Walsham, No. 17, Sept. 1, 1887.

(230) FO228/788, Encl. No. 1 in Forrest to O'Conor, No. 47, Nov. 12, 1885.

(231) むろん，外国船よりも多数の中国船の難破に際しては，生命・財産の安全が保障されていたわけではない。中国船の安全が保障されるようになったのは中華人民共和国成立後とみてよいだろう。

(232) 岩井茂樹「清代の互市と"沈黙外交"」夫馬進編『中国東アジア外交交流史の研究』京都大学学術出版会，2007年，358頁。もっとも，岡本隆司が述べるように，このような清朝の対外体制についての実証的な検討は今後も必要である。岡本隆司「「朝貢」と「互市」と海関」『史林』90巻5号，2007年。

(233) 一方で，珠江上の水上居民と外国人は密接に接触していた。村尾前掲「珠江・広州・

マカオ」694頁。ただし，村尾進「乾隆己卯――都市広州と澳門がつくる辺疆」『東洋史研究』65巻4号，2007年が述べるように，辺疆・境界の形成がキリスト教排除を契機とするかどうかは，今後議論を深めていく必要があるだろう。

(234)　荒野泰典は東アジア各国の海禁政策により，東アジアの各国「国民」は原則としてそれぞれの国家領域に封じ込められることになったとする。荒野前掲書，31頁。

第5章　秘密結社と華人

（1）　中国において編纂された華僑志の多くが華僑・華人の貢献を強調している。

（2）　可児弘明編『僑郷　華南――華僑・華人研究の現在』行路社，1996年。斯波義信『華僑』岩波書店，1995年，曹樹基前掲『中国移民史6　清民国時期』福建人民出版社，1997年も国内移民の延長として海外移民を捉えている。

（3）　Fairbank, *op. cit.*, pp. 215-217.

（4）　Yen Ching-hwang, *Coolies and Mandarins : China's Protection of Overseas Chinese during the Late Ch'ing Period* (*1851-1911*), Singapore University Press, 1985.

（5）　佐々木前掲「咸豊三年廈門小刀会の叛乱」，黄嘉謨前掲論文。このほか，Yen Ching-hwang も清朝の華人に対する政策について取り上げている。Yen, *Studies in Modern Overseas Chinese History*, pp. 31-46.

（6）　FO228/31, Gribble to Pottinger, No. 2, Nov. 11, 1843.

（7）　FO663/1, Encl. in Gribble to Davis, No. 71, Oct. 19, 1844.

（8）　FO228/98, Layton to Bonham, No. 5, Jan. 25, 1849.

（9）　FO228/84, Layton to Davis, No. 7, Feb. 2, 1845.

（10）「第六条　開かれるべき五港に居住又は来往する英国商人その他の者は，商業上の如何なる口実を以てするも，地方官憲が英国領事と協議の上指定すべき一定距離の地域を超えて周囲の地方に入込むべからざるものとす。水夫及船員は領事が地方官に通告の上定むべき権力及規則の下に於てのみ上陸することを許さるべし。本条の規定を犯して周囲の地方を彷徨する者は，之を逮捕して適当なる処罰を受けしむる為，英国領事に引渡すべし」外務省条約局編前掲『英，米，仏，露ノ各国及支那国間ノ条約』53，58頁。

（11）　1848年に松江府青浦県で失業した水夫に外国人が襲撃された際に，青浦県が上海から1日行程の範囲内であるかどうかが争点となった。坂野正高『近代中国外交史研究』岩波書店，1970年，34-37頁。

（12）　FO228/98, Incl. in Layton to Bonham, No. 11, May 23, 1849.

（13）　FO228/111, Sullivan to Bonham, No. 55, Nov. 28, 1850.

（14）　FO663/50,「英国領事李致税務協鎮興照会」（道光25年7月18日）。もっとも，税務協鎮の側は，海関には録姓の家丁はいないとしており，大型船の船員が兵隊と在地の土棍とぐるになって海関関係者を装って金銭を強請り取ったという情報を得たとしている。FO663/50,「税務協鎮府興致英国事務管事府李照会」（道光25年7月30日）。

（15）　FO228/70, Layton to Davis, No. 4, Jan. 9, 1847.

（16）　FO228/60, Layton to Davis, No. 45, Sept. 2, 1846；FO663/52,「督理廈門税務協鎮府噶致英国管事府列照会」（道光 26 年 7 月初 4 日）; FO663/52,「大英廈門領事府列致廈門海関協鎮府噶照会」（1846 年 8 月 26 日）。

（17）　FO228/60, Encl. No. 3 in Layton to Davis, No. 45, Sept. 2, 1846.

（18）　FO228/60, Layton to Davis, No. 46, Sept. 9, 1846.

（19）　FO228/98, Layton to Bonham, No. 4, Jan. 25, 1849.

（20）　FO228/111, Layton to Bonham, No. 4, Jan. 15, 1850.

（21）　FO228/141, Encl. in Sullivan to Bowring, No. 25, May 4, 1850.

（22）　FO663/52,「廈防分府来致英国副領事巴克好照会」（咸豊元年 6 月初 9 日）「本年四月十五日，拠廈門舗戸源泰号即邱章呈称，旧夥王元，二月間在呂宋寄回西洋布一箱計五十疋及牛骨二百六十担，配搭啞舎卑哩甲板船来廈門，三月十二日到港。章因不暁外国言語，将貨物及攬儎字拠，併交張阿元代出售買，被元套謀，抗呑較遭肆辱等情。……茲復拠邱章赴庁呈称，前控張阿元即張元，串謀徳記号，僥呑托買牛骨，票差不敢到拘」。

（23）　FO663/57A,「英国副領事蘇理文致廈防分府来」（咸豊元年 6 月 11 日）「査得張阿元生長本属檳榔嶼，乃英国人民，不帰中国管轄，亦非徳記行夥，数月前経已辞去。至牛骨・洋布一案，乃何姓自呂宋寄源泰号来廈兌売銀元，清還徳記欠項。該貨到廈時，邱章尚未抵廈，邱章之父邱丕順，自赴徳記行，請商人自己售売，将銀収抵。徳記所以将貨物自己估買，与張阿元毫無干渉。在当日，張阿元乃受邱章嘱託，将欄載字交張阿元，赴徳記起貨。因商人明知邱章与張阿元串謀，希図朋呑貨銀，所以不肯将貨銀付与，自己留存估買」。

（24）　FO228/71, Layton to Davis, No. 87, Nov. 10, 1847 ; *CM*, Vol. 2, No. 99, Jan. 7, 1847, p. 192.

（25）　FO228/71, Layton to Davis, No. 87, Nov. 10, 1847.

（26）　FO228/71, Layton to Davis, No. 87, Nov. 10, 1847 ; FO228/71, Encl. No. 1 in Layton to Davis, No. 87, Nov. 10, 1847.

（27）　FO228/71, Encl. No. 1 in Layton to Davis, No. 87, Nov. 10, 1847.

（28）　FO228/71, Encl. No. 5 in Layton to Davis, No. 87, Nov. 10, 1847.

（29）　FO228/54,「一八四七年第十一号，大英領事府列為興泉永道恒照会」（道光 27 年 10 月初 2 日）; FO228/71, Encl. No. 8 in Layton to Davis, No. 87, Nov. 10, 1847.

（30）　FO228/71, Layton to Davis, No. 88, Nov. 15, 1847.

（31）　FO228/71, Layton to Davis, No. 93, Nov. 29, 1847；FO663/52,「興泉永道恒致廈門管事府列照会」（道光 27 年 11 月 15 日）；FO228/71, Encl. No. 2 in Layton to Davis, No. 93, Nov. 29, 1847. 道台側の「結」への署名要求の目的は明らかではない。レイトン領事は海澄知県から汀漳龍道を通じて李順発がイギリス籍であるという主張がイギリス領事の誤解であったことを閩浙総督に伝え，李順発をイギリス領事に引き渡すか，李順発を閩浙総督まで引き渡して漢奸として処罰するかのどちらかが目的であったと予想している。FO228/71, Layton to Davis, No. 93, Nov. 29, 1847. 後者はさらなる紛糾を生むことは容易に想像できるため，前者の可能性が高い。実際にも汀漳龍道から閩浙総

督への報告でも事件性のない形になっている。FO228/71, Encl. in Layton to Davis, No. 97, Dec. 15, 1847. 審問と同じ時間帯に霞陽社側の立場に立って李順発らの拘束を否定する証言が領事館で行われている。FO228/71, Encl. No. 14 in Layton to Davis, No. 93, Nov. 29, 1847. 領事は霞陽社が証人を派遣したとみなしているが，これも辻褄あわせのために地方官側が派遣した可能性がある。

（32） FO228/71, Encl. No. 7 in Layton to Davis, No. 93, Nov. 29, 1847.

（33） FO228/71, Encl. No. 5 in Layton to Davis, No. 97, Dec. 15, 1847.

（34） FO228/71, Layton to Davis, No. 100, Dec. 27, 1847.

（35） なお，その後も李順発は廈門を訪れていたと思われる。同治13年8月には李順発が廈門に檳榔を持ち込んだ際に，海関で中国人に負傷させられる事件が起きている。総理各国事務衙門清檔「福建英人交渉（6）閩浙総督李鶴年咨送復福廈各口同治十三年秋冬両季交渉清冊」（1876年）（中央研究院近代史研究所所蔵外交檔案 01-16-17-3）。

（36） 霞陽の楊氏はペナンの有力同族集団である五大姓の一つであり，ペナンに1844年に宗祠で使頭公を祀る応元宮を建立している。今堀前掲書，1,158-1,160頁；Franke and Chen, *op. cit.*, pp. 903-905.

（37） FO228/71, Encl. No. 2 in Layton to Davis, No. 93, Nov. 29, 1847.

（38） FO228/71, Encl. in Layton to Davis, No. 92, Nov. 18, 1847.

（39） FO228/71, Encl. No. 3 in Layton to Davis, No. 93, Nov. 29, 1847.

（40） FO228/71, Encl. No. 3 in Layton to Davis, No. 93, Nov. 29, 1847.

（41） FO228/71, Encl. No. 7 in Layton to Davis, No. 87, Nov. 10, 1847 ; FO228/71, Encl. No. 2 in Layton to Davis, No. 93, Nov. 29, 1847.

（42） もちろん，この事件以外にも，外交交渉や裁判といった形で記録に残らない英籍華人とその親族に関する誘拐や不法行為についての領事への申し立ては存在していた。FO228/98, Layton to Bonham, No. 4, Jan. 25, 1849.

（43） FO228/71, Encl. No. 1 in Layton to Davis, No. 90, Nov. 17, 1847.

（44） FO228/71, Encl. No. 2 in Layton to Davis, No. 93, Nov. 29, 1847.

（45） FO228/71, Encl. No. 2 in Layton to Davis, No. 93, Nov. 29, 1847.

（46） 海澄県の巡捕は，同じように解放された李順発の叔父から26ドルを得ている。FO228/71, Encl. No. 5 in Layton to Davis, No. 93, Nov. 29, 1847.

（47） 1848年9月20日には，広東人と廈門人が，イギリス士官を詐称してイギリス領事館でもめ事を起こして廈防同知に引き渡された者をイギリス領事館に戻そうと図る事件も発生している。FO663/52,「興泉永道恒致廈門管事府列照会」（道光28年8月29日）。

（48） 清朝地方官側も外国商社に雇用された人々の把握を狙い，イギリス領事に対して商人が雇用する中国人の人数と姓名について知らせるように要請することもあった。FO663/62,「駐廈総捕分府李致駐廈管事府馬照会」（咸豊6年5月17日）。

（49） 1850年のボナム公使の在華中国領事への回状では，イギリス人の雇用する中国人についての問題で，中国内における中国人に対する中国側の司法権を認めるという外相パーマストンの決定を伝えると同時に，誣告が行われたと領事がみなした場合には，

この原則から外れることを認めていた。FO663/6, Bonham to Layton, No. 22, Apr. 11, 1850.

(50)　FO228/84, Layton to Davis, No. 15, Mar 6, 1848 ; FO663/52,「興泉永道恒昌致廈門管事府列照会」(道光27年8月29日)。

(51)　FO228/60, Layton to Davis, No. 45, Sept. 2, 1846.

(52)　*BPP*, *China*, Vol. 3, Correspondence with the Superintendent of British Trade in China, upon the subject of Emigration from that country, No. 10 Bowring to Malmesbury, Oct. 1, 1852, pp. 22-23(32-33). 馬瀛洲（1803～1857年）はジャワのバゲレンにおいてアヘン税請負で財をなしたあと，サマランに移り，1841年に名誉市長（Honorary Major）に任命され，サマランで最も富裕な商人の1人となった。Claudine Salmon and Anthony K. K. Siu eds., *Chinese Epigraphic Materials in Indonesia*, Vol. 2 Part 1, South Seas Society, 1997, pp. 419-420. 1847年頃には，馬は海澄県の霞陽社に6万ドルの資産を保有していたといわれ，サマランとのあいだを行き来していた。FO228/71, Encl. No. 5 in Layton to Davis, No. 87, Nov. 10, 1847.

(53)　丐首は選挙によって選ばれ，毎年年初に各戸に対して毎月の寄付金額を確認し，それによって乞食がその戸に対して金銭を要求をしないように命令していた。丐首はそうした寄付金の一部を官府に納入し，相当部分を乞食の組織の資金とし，残りを自らのものとし，富裕になったという。Smith, *op. cit*., p. 378. 20世紀初頭にも丐首の制度は残っており，婚儀の際には200～300文を丐首に渡し，それを丐首が乞食に分け与えるのが風習となっていたとされる。『廈門日報』1909年5月25日「凶丐殺人」。

(54)　William Blackstone, *Commentaries on the Laws of England*, The eleventh edition, A. Strahan and W. Woodfall, 1791, pp. 369-370.

(55)　FO228/71, Layton to Davis, No. 99, Dec. 24, 1847.

(56)　FO228/84, Layton to Davis, No. 3, Jan. 12, 1848.

(57)　図頼は清代において広く行われていた。上田信「そこにある死体――事件理解の方法」『東洋文化』76号，1996年。明清時代の中国社会において図頼が，佃戸が地主に対する抗租を行う際に用いられたことについては，三木前掲書，9-11章に詳しい。

(58)　1850年に同安県で誣告されたとして中国人女性を訴えた英籍華人のChin Sui-kingは，領事裁判で女性の訴えが事実であることがわかったため，15日間の拘留と保釈金300ドルの支払いを命じられている。そして興泉永道に対して，現地の人々に危害や嫌がらせをするイギリス植民地の人々を厳しく罰すると伝えている。FO663/7, Sullivan to Taotai She, No. 56, Sept. 27, 1850.

(59)　FO228/98, Bonham to Layton, No. 20, May 1, 1849.

(60)　FO228/111, Sullivan to Bonham, No. 55, Nov. 28, 1850.

(61)　荘吉発『清代秘密会党史研究』文史哲出版社，1994年，33-47，95-105頁。

(62)　台湾における秘密結社による反乱については，林爽文の乱を中心に検討した，佐々木正哉『清末の秘密結社――前篇　天地会の成立』巖南堂書店，1970年を参照。佐々木は新開地である台湾においては異姓が雑居している状況にあったため，それら異姓のあいだの協同扶助組織を組織するために結拝が盛んに行われたとみなしている。同

書，212-214頁。福建の秘密結社については，連立昌『福建秘密社会』福建人民出版社，1989年，121-311頁を参照。

(63)　FO228/111, Layton to Bonham, No. 4, Jan. 15, 1850.　黄嘉謨前掲論文，315頁。

(64)　FO228/111, Layton to Bonham, No. 4, Jan. 15, 1850.

(65)　光緒『馬巷庁志』付録下，民国『同安県志』巻之三，「大事記」，附小刀会紀略では海澄県に東南アジアから来た華人である江源とその弟の江発が結成したとされる。

(66)　『福建・上海小刀会檔案』113頁，「江西道御史陳慶鏞奏請旨厳防飭地方官迅速査辦漳泉各処小刀会摺」（咸豊元年正月26日「原摺」）「窃惟福建漳州府属之龍渓，海澄等県民人，多蘇禄，息力，呂宋貿易，毎就彼国娶妻生子，長或挈回，其人俗謂之土生子。向在外洋歛銭聚会成風，乃挟其故習，沿及漳州各属以至廈門，結為小刀会，亦曰天地会」。

(67)　陳慶真は広東で会党の風習を知ったともいわれる。『宮中檔咸豊朝奏摺』1輯（国立故宮博物院所蔵000221）349-351頁，『太平天国檔案』1冊，248頁「裕泰奏報続獲漳泉小刀会要犯及派員赴台査禁私鉱」（咸豊元年2月23日「軍録」）。

(68)　『福建・上海小刀会檔案』119頁「閩浙総督裕泰等奏拿獲并審擬漳泉二府陳慶真，王泉等結立小刀会摺」（咸豊元年4月16日「軍機処全宗録副奏摺」，以下「軍録」と略称）「陳慶真向与現獲之王泉合出資本在暹羅国収買洋貨，販至広東銷售，往返経営，歴有年所。旋因虧本，於道光二十五年間決歇業回家」。

(69)　『福建・上海小刀会檔案』137頁「内閣明発著王懿徳飭属迅速殲擒小刀会首要各犯，協従者悉予免罪上諭」（咸豊3年5月初8日「軍機処上諭檔」）「該省向有紅銭，閙公，江湖等会，首夥積匪不過数人。余皆随声附和，或族姓孤単慮遭欺侮，或善良富戸希冀保全，畏禍入党，並非甘心従賊」，佐々木前掲「咸豊三年廈門小刀会の叛乱」102頁。

(70)　『福建・上海小刀会檔案』137頁「内閣明発著王懿徳飭属迅速殲擒小刀会首要各犯，協従者悉予免罪上諭」（咸豊3年5月初8日「軍機処上諭檔」）。

(71)　光緒『馬巷庁志』付録下。佐々木前掲「咸豊三年廈門小刀会の叛乱」97-99頁，黄嘉謨前掲論文，329頁。民国『同安県志』巻之三，「大事記」，附小刀会紀略。

(72)　George Hughes, *Amoy and the Surrounding Districts Compiled from Chinese and Other Records*, Hong Kong, 1872, pp. 28-29.

(73)　FO228/125, Sullivan to Bonham, No. 1, Jan. 4, 1851.

(74)　『福建・上海小刀会檔案』113頁「江西道御史陳慶鏞奏請旨厳防飭地方官迅速査辦漳泉各処小刀会摺」（咸豊元年正月26日「原摺」）。興泉永道の作成した陳慶真の供述でもメンバーは1万人を上回るとしている。FO228/125, Encl. No. 6 in Sullivan to Bonham, No. 1, Jan. 4, 1851.

(75)　FO228/125, Sullivan to Bonham, No. 1, Jan. 4, 1851.

(76)　1856年7月に興泉永道はアメリカ領事に対して，キリスト教に対する反発の理由として，叛徒の避難場所となっており，叛徒が外国人の服装をして中国の法律を逃れようとすることを挙げている。Jules Davis ed., *American Diplomatic and Public Papers : The United States and China Series 1 The Treaty system and the Taiping Rebellion, 1842-1860*, Scholarly Resources Inc., 1973（以下 *ADPP.* と略称），Vol. 17, Minutes of a Meeting

between Parker and the Taotai of Amoy, p. 42. キリスト教徒と現地官僚・住民との対立については，李若文「教案に見る清末司法改革の社会的背景――西洋宣教師の訴訟介入により引き起こされた事象を中心に」『東洋学報』74巻3・4号，1993年，佐藤公彦『義和団の起源とその運動――中国民衆ナショナリズムの誕生』研文出版，1999年，第2，3，4章参照。上記の例の多くは下層に位置する人々がキリスト教に引きつけられたというものだが，19世紀末になると，中国の現状への危機感から，社会の中上層も教会に引きつけられていたことが潮州，汕頭の事例から確認されている。蒲豊彦「潮州，汕頭の義和団事件と慈善結社」森時彦編『中国近代化の動態構造』京都大学人文科学研究所，2004年。なお，保護を求めてのキリスト教への接近は漢族に限られたものではない。西南少数民族とカトリック化との関係については，武内前掲論文，8-9頁参照。

(77)　『福建・上海小刀会檔案』110-111頁「福建巡撫徐継畬奏興泉永道張熙宇在廈門査獲小刀会陳慶真片」（咸豊元年正月12日「軍録」）; FO228/125, Encl. No. 1 in Sullivan to Bonham, No. 10, Jan. 18, 1851.

(78)　FO228/125, Sullivan to Bonham, No. 1, Jan. 4, 1851 ; FO228/125, Encl. No. 1 in Sullivan to Bonham, No. 1, Jan. 4, 1851.

(79)　FO228/125, Sullivan to Bonham, No. 1, Jan. 4, 1851. 先述したように陳慶星は領事館の通訳であった人物で，当時は清朝側の追求を逃れて香港からシンガポールに逃亡していた。*CM*, Vol. 9, No. 434, June 9, 1853, p.90.

(80)　FO228/125, Sullivan to Bonham, No. 1, Jan. 4, 1851.

(81)　FO228/125, Encl. No. 1 in Sullivan to Bonham, No. 2, Jan. 5, 1851.

(82)　FO228/125, Encl. No. 4 in Sullivan to Bonham, No. 1, Jan. 4, 1851.

(83)　FO228/125, Encl. in Sullivan to Bonham, No. 7, Jan. 9, 1851.

(84)　FO228/125, Encl. in Sullivan to Bonham, No. 8, Jan. 15, 1851.

(85)　FO228/125, Sullivan to Bonham, No. 8, Jan. 15, 1851.

(86)　FO228/125, Sullivan to Bonham, No. 16, Jan. 25, 1851.

(87)　FO228/125, Sullivan to Bonham, No. 17, Jan. 27, 1851.

(88)　FO228/125, Sullivan to Bonham, No. 8, Jan. 15, 1851.

(89)　FO228/125, Encl. No. 1 in Sullivan to Bonham, No. 13, Jan. 21, 1851.

(90)　FO228/125, Sullivan to Bonham, No. 16, Jan. 25, 1851.

(91)　FO228/125, Sullivan to Bonham, No. 16, Jan. 25, 1851.

(92)　サリヴァン領事はこれを張熙宇道台による領事や外国人社会への嫌がらせとみなしている。FO228/125, Sullivan to Bonham, No. 20, Feb. 7, 1851.

(93)　FO228/125, Bonham to Sullivan, No. 4, Jan. 16, 1851.

(94)　FO228/125, Encl. No. 1 in Sullivan to Bonham, No. 24, Mar 10, 1851.

(95)　FO228/125, Encl. No. 2 in Sullivan to Bonham, No. 24, Mar 10, 1851.
FO228/54, Vol. 2「一八五一年第肆号欽命甘粛按察使司福建興泉永道張為照覆事」。「前准貴領事照会，以英属国来廈之人，祖籍多有在内地者，因生長本属，即係英国編氓。凡到中国経営，只准在五口経営，不許擅離遠遊，循例赴管事官衙門報名掛号，並

開列掛号人蔡古猷等六十名前来。本陸道査貴領事此次照会，係恐中国人生長貴国属島之人，回至内地或滋事端，原是好意。惟査前定各条約，並無中国人民生長英国所属地方回至中国，仍作為英国人民之例。現在五口通商，英国客商携眷居住者不少，其在五口生長之人，並無作為中国民人之説，将来回到英国，更無作為中国編氓之理。彼此易観，事理不難分暁。本陸道査両国人民，総応以衣冠制度為分別。其留髪而服英国衣冠者，応作為英国百姓，英国管事官管理。其薙髪而服中国之衣冠者，応作為中国百姓，帰中国地方官管理。如此界劃分明，可免将来争執。現在貴領事開列人名，皆係中国衣冠，並未留髪，且住居中国村社，断難作為英国人民」。

(96) FO663/57A,「英国通商管事府蘇致興泉永道張照会」(辛亥年2月初10日)。

(97) ボナムは寧波における英籍華人拘束を受けた1844年8月1日の英公使デーヴィスの寧波領事宛訓令でイギリス服を着用すべきであったとしたことを参考にするようにとサリヴァンに伝えている。FO663/8, Bonham to Sullivan, No. 4, Jan. 16, 1851.

(98) FO228/125, Sullivan to Bonham, No. 19, Feb. 5, 1851.

(99) 『福建・上海小刀会檔案』116-117頁「閩浙総督裕泰奏就所謂生長英国之中国民人回至中国応帰英領事管理事同英交渉片」(咸豊元年3月22日「軍録」)。「而査閲挂号名単内，有陳慶升等三人，即係此案在逃会匪。其為該会匪等勾通包庇，情事顕然。……如該夷尚敢強詞飾辯，臣自当堅執成約，以理摺伏，一面将在逃会匪，密飭各該地方官厳密査拿，従重懲辦，務使外夷無可借口，奸匪失所憑依，断不容任其庇護，以仰副聖主杜漸防微之至意」。なお，清末における辮髪を剪ること（剪辮）に関わる議論については，吉澤誠一郎『愛国主義の創成――ナショナリズムから近代中国をみる』岩波書店，2003年，第4章参照。

(100) FO228/125, Sullivan to Bonham, No. 8, Jan. 15, 1851.

(101) 張熙宇転任の情報を伝えたサリヴァン領事の1月18日付の報告を受け，24日にボナム公使はサリヴァン領事に対して，解任要求は時期尚早であるが，必要がなくなったと述べている。FO228/125, Sullivan to Bonham, No. 10, Jan. 18, 1851 ; FO663/8, Bonham to Sullivan, No. 5, Jan. 24, 1851.

(102) 『宮中檔咸豊朝奏摺』1輯，175頁，閩浙総督裕泰等の咸豊元年正月28日の上奏附奏。サリヴァン領事は，この転任は解任を隠蔽するための策略とみなしている。FO228/125, Sullivan to Bonham, No. 17, Jan. 27, 1851.

(103) *CM*, Vol. 7, No. 309, Jan. 16, 1851, p. 11.

(104) FO228/54, Vol. 2「一八五一年第拾陸　張公思去碑」。「自壬寅以後，政壱於寛，民玩於法，而不軌之徒斂財聚徒，至蔓延三邑。公莅政不越五旬，扶苗耨莠，雷厲風行，遐方讋栗，黎民用康，績孰与公茂」。

(105) FO228/125, Sullivan to Bonham, No. 50, Aug. 4, 1851.

(106) 『福建・上海小刀会檔案』156頁「陝西道監察御史陳慶鏞奏陳福建会党情形摺」(咸豊3年7月16日「原摺」)「其前興泉永道張熙宇任内幇辦獲匪之紳士，尤被荼毒，靡有孑遣，惨何可言」。

(107) *CM*, Vol. 7, No. 315, Feb. 27, 1851, p. 34.

(108) FO663/8, Bonham to Sullivan, No. 54, Sept. 30, 1851.

(109)　1851年1月8日，同安県などにおいて械闘の惨禍や械闘のための銃楼が建造されているのを目にした張熙宇は，全ての銃楼を破壊するように布告を出している。FO228/125, Encl. No. 1 in Sullivan to Bonham, No. 10, Jan. 18, 1851. その後，張熙宇は内地に赴き，厳しく村落を弾圧した。FO228/125, Sullivan to Bonham, No. 16, Jan. 25, 1851.

(110)　光緒『馬巷庁志』付録下。佐々木前掲「咸豊三年廈門小刀会の叛乱」101-102頁。

(111)　小刀会鎮圧後の11月29日に清朝側が出した布告では，反乱参加者を捕えた場合の褒賞として，永春州人の反乱の首領に銅銭2万串，同安県人3名，廈門人1名，永春州人1名らの反乱のリーダーに各4,000両とし，そのほか同安県人12名，永春州人7名，徳化県人7名，安渓県人2名，廈門人1名，龍渓県人1名，石碼人1名，漳浦県人1名，銅山人1名ら反乱のリーダーに通常の報奨を出すとしている。ここから，反乱が閩南沿海部と泉州府内陸部及び永春州の2ヶ所を中心に展開したことがうかがえる。FO228/155, Encl. in Robertson to Bonham, No. 114, Dec. 30, 1853.

(112)　『福建・上海小刀会檔案』133頁「兼署閩浙総督王懿徳奏漳州鎮道被殺永安沙県失守請調隣省官兵協剿摺」（咸豊3年4月24日「軍録」）「又拠延平府毛健稟報，有永安訊兵丁至沙県面稟，四月十五日夜，突有匪徒数百人擁入永安県城，搶劫人犯，現在各城均匪徒把守。……行抵砂渓地方，探悉沙県亦于二十日早被賊二千余人擁衆入城，占往衙署，外見与永安城的文武官員不知下落各等情」。羅爾綱『太平天国史』中華書局，1986年，2,406-2,408頁。

(113)　羅爾綱前掲『太平天国史』2,403頁。

(114)　FO228/155, Backhouse to Bonham, No. 31, May 25, 1853.

(115)　*CM*, Vol. 9, No. 434, June 9, 1853, p. 90.

(116)　小刀会で漢大明統元帥洪の名で出された布告の印章には「義興公司信記」とあった。FO228/903, Encl. in Backhouse to Bonham, No. 35, May 31, 1853 ; FO228/155, Encl. No. 1 in Backhouse to Bonham, No. 35, May 31, 1853 ; 佐々木前掲「咸豊三年廈門小刀会の叛乱」103-104頁。清朝側の記録でも，廈門の洪姓の人物の旗には「漢大明天徳殿前二公司」と書かれていたという。『福建・上海小刀会檔案』156頁「陝西道監察御史陳慶鏞奏陳福建会党情形摺」（咸豊3年7月16日「原摺」）「其下游一帯賊首，……一為廈門港仔口人洪姓，偽旗書写漢大明天徳殿前二公司」。そのほかにも「偽公司黄英」という表現もある。民国『同安県志』巻三十，「人物録」武功「李廷鈺……七月進兵，斬偽元帥黄潮梟，偽公司黄英，曁通賊之武挙黄逢日」。廈門において華南・東南アジアで発達した商業・祭祀組織と類似した「公司」が作られていた可能性は高いが，その内実については不明である。華南沿海においては，公司は，合股経営の企業，宗族・祭祀のための共有財産，農漁村の廟の共同管理組織を指して用いられた。劉序楓「近代華南伝統社会中「公司」形態再考——由海上貿易到地方社会」林玉茹主編『比較視野下的台湾商業伝統』中央研究院台湾史研究所，2012年。東南アジアにおける公司については，ボルネオの蘭芳公司が注目されてきた。Yuan Bingling, *Chinese Democracies : A Study of the Kongsis of West Borneo (1776-1884)*, Research School of Asian, African, and Amerindian Studies, Universiteit Leiden, 2000.

(117)　FO228/155, Backhouse to Bonham, No. 30, May 19, 1853.

(118) *North China Herald*（以下 *NCH* と略称）, Sept. 3, 1853, p. 20.

(119) FO228/155, Backhouse to Bonham, No. 37, June 13, 1853.

(120) FO228/155, Backhouse to Bonham, No. 53, Aug. 6, 1853 ; *CM*, Vol. 9, No. 438, July 7, 1853, p. 106 ; *CM*, Vol. 9, No. 445, Aug. 25, 1853, p. 138 ; *CM*, Vol. 9, No. 446, Sept. 1, 1853, p. 142.

(121) *CM*, Vol. 9, No. 443, Aug. 11, 1853, p. 130.

(122) FO228/155, Backhouse to Bonham, No. 30, May 19, 1853；佐々木前掲「咸豊三年廈門小刀会の叛乱」102-103 頁，黄嘉謨前掲論文，330 頁。

(123) FO228/155, Bonham to Backhouse, No. 25, May 28, 1853.

(124) *The Missionary Magazine and Chronicle : Chiefly Relating to the Missions of the London Missionary Society*, Vol. 17, 1853, p. 227.

(125) FO228/155, Bonham to Backhouse, No. 37, Aug. 20, 1853.

(126) FO228/155, Backhouse to Bonham, No. 62, Sept. 6, 1853.

(127) FO228/155, Backhouse to Bonham, No. 31, May 25, 1853.

(128) FO228/155, Backhouse to Bonham, No. 31, May 25, 1853. 清朝側も補給の途絶した小刀会が富裕な住民から強制的に全財産を取り立てたとしている。前註(116)所掲「陝西道監察御史陳慶鏞奏陳福建会党情形摺」。

(129) FO228/903, Encl. in Backhouse to Bonham, No. 53, Aug. 6, 1853.

(130) FO228/155, Backhouse to Bonham, No. 53, Aug. 6, 1853.

(131) FO228/155, Backhouse to Bonham, No. 58, Aug. 24, 1853.

(132) FO228/155, Backhouse to Bonham, No. 31, May 25, 1853.

(133) FO228/155, Encl. No. 1 in Backhouse to Bonham, No. 37, June 13, 1853.

(134) FO228/155, Encl. No. 2 in Backhouse to Bonham, No. 39, June 20, 1853.

(135) FO228/155, Encl. in Robertson to Bonham, Separate, Nov. 28, 1853.

(136) FO228/171, Robertson to Bonham, No. 17, Feb. 27, 1854. 中央研究院近代史研究所編『籌辦夷務始末補遺』317 頁「暫署福州将軍兼管閩海関副都統東純片」（咸豊 3 年 6 月初 2 日）。

(137) 光緒『龍渓県志』新増補「紀兵」新増「国朝咸豊三年四月初，同安双刀会匪黄得美，由海澄分賊衆陥石碼，初十日郡城総兵曽三祝，汀漳龍道文秀死之。十二日文秀子恩志入郡，求殳屍，城郷義民奮起殺賊，遂復群城」。

(138)『福建・上海小刀会檔案』132 頁「兼署閩浙総督王懿徳奏漳州鎮道被殺永安沙県失守請調隣省官兵協剿摺」（咸豊 3 年 4 月 24 日「軍録」）。

(139)『福建・上海小刀会檔案』143 頁「兼署閩浙総督王懿徳奏台湾匪徒滋事并内地接仗情形請旨催撥兵，餉摺」（咸豊 3 年 5 月 21 日「軍録」）「至初十日，前派統帯省兵署連江営遊撃常福等督兵一千名，星夜赶到，随于十一日申刻大獲勝仗，殺斃賊匪六七百名，奪獲旗幟炮器械不計其数，城囲遂解」。

(140)『福建・上海小刀檔案』145-146 頁「内閣明發王懿徳嘉奬忠義士民并飭属合力兜捕福建会党上諭」（咸豊 3 年 6 月初 2 日「軍機処上諭檔」）「又太田，徳化両件均有匪徒蘭入肆搶，経太田紳士顧勇聯郷殺賊首黄有及匪党数百名。永春州官紳擒獲偽軍師林仁徳

等二名，当即正法。又別股賊首林俊竄入永春州城，経署遊撃恩霈，守備欧陽斌等与在城官紳并力剿賊，斃匪一百余名，奪獲器械無数，生擒首匪林俊之兄林倫及夥党一五名，即時正法，賊匪紛竄，当将州城克復等語」。

(141)　FO228/155, Backhouse to Bonham, No. 80, Oct. 24, 1853.

(142)　イギリス領事が虐殺の停止を水師提督に要求したため，港附近での虐殺は停止されたが，その後も外国人の目にとまらない場所で処刑は続いた。FO228/155, Robertson to Bonham, No. 93, Nov. 14, 1853.　かかる大量処刑は反乱の多発した同時期には珍しいものではない。広東の天地会の乱鎮圧の際には，広州城内だけで7万人が処刑されたとされる。Wakeman, *op. cit.*, p. 150.　菊池秀明は太平天国による満州人殺戮などにみられる宗教的情熱を近代ヨーロッパに由来すると考えている。菊池秀明「太平天国における不寛容——もう一つの近代ヨーロッパ受容」和田春樹ほか編『岩波講座東アジア近現代通史1　東アジア世界の近代　19世紀』岩波書店，2010年。しかし，清朝側による虐殺も太平天国の乱に限らず多くみられるから，19世紀中華の反乱における虐殺問題については，いっそうの検討が必要であろう。

(143)　『太平天国檔案』11冊，88-91頁「王懿徳奏報査明廈門克復及海澄等処剿辦各情摺」（咸豊3年11月初3日「軍録」）。

(144)　小刀会の指導者たちは隣人によって当局に引き渡され，廈門周辺の本土側の全ての村落の耆老たちは当局への帰順を示したという。FO228/155, Robertson to Bonham, No. 94, Nov. 16, 1853.　前註所掲「王懿徳奏報査明廈門克復及海澄等処剿辦各情摺」も，海澄の白礁，青礁郷などの52社が罪を悔いる誓約書を提出し，同安の灌口一帯も前非を悔いたとする。

(145)　その後，廈門においては，1855年廈防同知李廷泰は小刀会参加者がシンガポールなどから帰国し，イギリス商社に雇用されていることを聞き，イギリス領事パークスに対して取締りを求めている。FO663/62,「廈防分府李致大英駐廈領事巴照会」（咸豊5年2月15日）。また，1856年にも小刀会の乱の際に廈門を脱出した林禄らが故郷に戻り，廈門で再び「祖師会」を結成し，翌年に地方官に逮捕されている。FO663/65,「廈防分府王致英国領事馬照会」（咸豊8年5月5日）。したがって，小刀会参加者も，一定期間をシンガポール等で身を隠し，その後次第に帰国していることがうかがえる。とはいえ，帰国した華人らの組織が拡大して秩序を脅かすことはなかった。またその後，小刀会の名が出現することもなかった。連立昌前掲書，148頁。

(146)　佐々木前掲「咸豊三年廈門小刀会の叛乱」107-108頁，黄嘉謨前掲論文，307-308頁。

(147)　FO228/171, Parkes to Bowring, No. 86, Dec. 12, 1854.

(148)　Wilfred Blythe, *The Impact of Chinese Secret Societies in Malaya : A Historical Study*, Oxford University Press, 1969, p. 76.

(149)　Blythe, *op. cit.*, pp. 75-80 ; Trocki, *Opium and Empire*, p. 110.　1854年には汕頭附近でも会党の反乱が起こっており，潮州人のシンガポールへの亡命も存在したと思われる。田仲一成「粤東天地会の組織と演劇」『東洋文化研究所紀要』111冊，1990年，28-34頁。

(150)　福建系の流入と勢力拡大は1840年代からあった。Trocki, *Opium and Empire*, pp. 111-

112.

（151） *ADPP.*, Vol. 20, Letter, Dotty to Cass, Apr. 8, 1858, p. 86.

（152） *ADPP.*, Vol. 20, Dispatch No. 7, Dotty to Cass, Oct. 12, 1858, pp. 92–93.

（153） FO228/188, Winchester to Bowring, No. 36, Feb. 21, 1855.

（154） *NCH*, May 8, 1858, p. 162.

（155） 廈門では，沿岸貿易を行っている中国人の所有する船舶の多くはジャワと海峡植民地から到来したものであった。*ADPP.*, Vol. 20, Dispatch No. 7, Dotty to Cass, Oct. 12, 1858, p. 95.

（156） FO228/70, Layton to Davis, No. 55, May 26, 1847.

（157） FO228/70, Layton to Davis, No. 55, May 26, 1847.

（158） 山東省で発覚した船舶には同安県人らの他に外国人 19 名が乗り込んでおり，外国船であった可能性が高い。FO228/285, Gingell to Bruce, No. 38, Apr. 26, 1860.

（159） FO228/285, Gingell to Bruce, No. 44, May 5, 1860.

（160） 広東省東部では，1844 年の双刀会の反乱に加え，1854 年にも天地会と関連する反乱が頻発している。田仲前掲論文，22–32 頁。

（161） 広東天地会の乱で客民の義兵が反乱鎮圧に貢献したことは，土客械闘の激化を招いた。劉平『被遺忘的戦争――咸豊同治年間広東土客大械闘研究』商務印書館，2003 年，78–83 頁。

（162） 『福建・上海小刀会檔案』220–222 頁「台湾道徐宗幹奏続獲台湾会党多人并査出与閩南小刀会聯絡情形摺」（咸豊 3 年 7 月初 10 日「軍録」）。

（163） バックハウス領事は台湾住民の大多数が小刀会と関係をもっているといわれていると報告している。FO228/155, Backhouse to Bonham, No. 31, May 25, 1853.

（164） Johnson, *op. cit.*, pp. 276–280. 反乱の経過については，伊藤泉美「上海小刀会起義――十七ヶ月の県城占領をめぐって」『横浜市立大学学生論集』25 号，1985 年，郭豫明前掲書，参照。

（165） 盧耀華「上海小刀会源流」『食貨（月刊）』3 巻 5 期，1973 年，207–215 頁。

（166） 郭豫明前掲書，64–76 頁。

（167） 『福建・上海小刀会檔案』347 頁「福建巡撫王懿徳奏拿獲上海小刀会首領李咸池摺」（咸豊 3 年 11 月初 7 日「軍録」）。

（168） *NCH*, Nov. 26, 1853, p. 66.

（169） FO228/903, Encl. No. 3 in Parkes to Bowring, No. 75, Nov. 9, 1854.

（170） Trocki, *Opium and Empire*, p. 110.

（171） Johnson, *op. cit.*, pp. 327, 333. 両江総督何桂清らの策定した章程では，福建・広東の会館の城内建設も禁止された。『福建・上海小刀会檔案』502–507 頁「協辦大学士戸部尚書柏葰等奏遵旨会議何桂清等所奏酌定上海善後章程摺」（咸豊 8 年 3 月 20 日「朱摺」）。

（172） 小刀会の乱後，上海の福建人の数も急激に減少して回復することはなかった。一方で，広東人の数は小刀会の乱後，一旦減少したものの，その後増大し続け，1885 年には公共租界内の広東人だけでも 2 万人を超えていた。高紅霞『上海福建人研究

(1843-1953)』上海世紀出版集団，2008年，75-88頁，宋鑽友『広東人在上海（1843-1849年)』上海人民出版社，2007年，30頁。小刀会の乱後の福建人と広東人の明暗を分けた背景には，乱鎮圧に広東人商人が貢献したのに対し，福建人商人の貢献が少なかったこともあるかもしれない。上海の船商の軍餉への捐輸のリストには広東人は多数の香山県人をはじめ多くが掲載されているが，福建人は非常に少ない。『福建・上海小刀会檔案』476-486頁「両江総督怡良等奏上海船商捐輸軍餉開単請奨摺」(咸豊5年3月28日「軍録」)。

(173)　佐々木正哉「咸豊四年広東天地会の反乱」『近代中国文献センター彙報』2号，1963年，7-14頁，Wakeman, *op. cit.*, pp. 98-100, 109-116, 137-149.

第6章　誘拐する人・される人

(1)　貴堂嘉之は，実際には渡航先によって自発的な移民と奴隷貿易に近い形態とが明確に区別できない苦力貿易が，英米系とスペイン系による区分があるとして色分けされた言説が流された原因は，英米によって近代的「自由」の規範化が担われたからだとしている。貴堂嘉之『アメリカ合衆国と中国人移民——歴史のなかの「移民国家」アメリカ』名古屋大学出版会，2012年，49-50頁。もちろんそうした傾向もあるが，本章が示すように，同じイギリス人の業者が扱う労働者移民でも時期的に形態が変化していたことも重要であろう。

(2)　中国においては関連する史料を翻訳・編纂した史料集も刊行されている。陳翰笙主編『華工出国史料匯編』全10冊，中華書局，1980-1985年。

(3)　Persia Crawford Campbell, *Chinese Coolie Emigration to Countries within the British Empire*, Frank Cass & Co. Ltd, 1923.

(4)　Elliot Campbell Arensmeyer, "British Merchant Enterprise and the Chinese Coolie Labor Trade 1850-1874," Ph. D Dissertation, University of Hawaii, 1979.

(5)　Irick, *op. cit.*; Yen, *Coolies and Mandarins*; 庄国土『中国封建政府的華僑政策』廈門大学出版社，1989年。外交史の側面からは，以下を参照。箱田恵子『外交官の誕生——近代中国の対外態勢の変容と在外公館』名古屋大学出版会，2012年，第2章。

(6)　Wang Sing-wu, *The Organization of Chinese Emigration 1848-1888: With Special Reference to Chinese Emigration to Australia*, Chinese Materials Center, 1978.

(7)　廈門暴動については以下の研究がある。小沢純子「1852年廈門暴動について」『史論（東京女子大学)』38集，1985年，Ng Chin-keong, "The Amoy Riot of 1852: Coolie Emigration and Sino-British Relations," in K. S. Mathew ed., *Marines, Merchants and Oceans Studies in Maritime History*, Manohar Publishers & Distributors, 1995. 上海での外国人襲撃については，可児弘明「咸豊九（1859）年，上海における外国人襲撃事件について」『東洋史研究』43巻3号，1984年がある。また，西里喜行『清末中琉日関係史の研究』京都大学学術出版会，2005年，第1編第3章は，苦力輸送を行っていたアメリカ船ロバート・バウン号における暴動を琉球史の文脈に位置づけている。

(8)　可児弘明『近代中国の苦力と「豬花」』岩波書店，1979年。

(9)　Watt Stewart, *Chinese Bondage in Peru : A History of the Chinese Coolie in Peru, 1849–1874*, Greenwood Press, 1970. 南北アメリカの移民先と中国の関係については，園田節子『南北アメリカ華民と近代中国——19世紀トランスナショナル・マイグレーション』東京大学出版会，2009年，移民先とのアメリカ政治との関係については，貴堂前掲書参照。

(10)　英仏連合軍の広州占領期の清朝督撫との地域的な協調については，以下を参照。Campbell, *op. cit.*, pp. 116–124 ; Irick, *op. cit.*, pp. 89–137. それ以前の地方における「苦力貿易」問題の解決は，以下を参照。Irick, *op. cit.*, pp. 11–79.

(11)　FO663/10, Robertson to Bonham, No. 28, Apr. 15, 1853.

(12)　Campbell, *op. cit.*, pp. 90–160.

(13)　*BPP, China*, Vol. 3, *Correspondence with the Superintendent of British Trade in China, upon the subject of Emigration from that country*（以下 *Emigration* と略称）, Encl. No. 1 in No. 8, Elmslie to Bowring, Aug. 25, 1852, p. 8(18).

(14)　FO663/9, Encl. No. 3 in No. 127, Aug. 26, 1852, Note by Dr. Winchester.

(15)　FO663/9, Encl. No. 3 in No. 127, Aug. 26, 1852, Note by Dr. Winchester. 1838年の年始から4月頃までにシンガポールに渡来した中国人旅客は2,069人で，ほとんど全てが福建省から来たという。*The Canton Press*, Vol. 3, No. 34, Apr. 28, 1838. したがって，開港前からシンガポールだけでも年間数千人単位の福建からの移民が存在したと思われる。

(16)　小沢前掲論文，54頁。

(17)　Yen, *Coolies and Mandarins*, p. 42.

(18)　1847年6月15日の『ホンコン・レジスター（*Hong Kong Register*）』の記事によると，シドニー在住で廈門を訪問したボーグ（A. Bogue）は1846年12月6日付の『シドニー・モーニング・ヘラルド（*Sydney Morning Herald*）』への投書で，広東省の住民と比較して福建省の住民は質朴で従順であるためにオーストラリアへの移民にふさわしいと述べている。FO228/71, Encl. No. 1 in Layton to Davis, No. 61, July 16, 1847.

(19)　Wang, *op. cit.*, pp. 5–6, 119–120.

(20)　『鴉片戦争檔案史料』1冊，553頁「湖南道監察御史焦友麟奏為福建漳泉両府営務廃弛請旨査辦摺」（道光19年4月16日「原摺」）。

(21)　『鴉片戦争檔案史料』1冊，603頁「穆蔭奏為外国船隻収買幼孩請旨飭禁片」（道光19年5月17日「軍録」）。

(22)　『鴉片戦争檔案史料』1冊，604頁「著欽差大臣林則徐等査明外国船隻有否収買幼孩事上諭」（道光19年5月17日「上諭檔」）。

(23)　『鴉片戦争檔案史料』1冊，714–715頁「福建巡撫呉文鎔奏為英船実無収買幼孩事摺」（道光19年9月21日「軍録」）「惟王佐才，曾承基，劉捷鰲等数員言較詳，云数年前連値旱荒，聞有濱海貧民挈帯子女，往呂宋，実力等国謀生。該国頗以中華女子為貴，肯出重価売（買）娶為婦。各貧民以該国等去閩較近，向多内地民人往彼貿易，音信常通，故有情願将幼女売給者。然亦荒歳偶有之事，此外未聞有他」。

(24)　*The Canton Register*, Vo. 10, No. 9, Feb. 28, 1837.

（25） Gutzlaff, *op. cit*., p. 175.

（26） ただし，これらの「人身売買」ととらえられた事象が，幼女を将来の婿となる男児の親が買い取り養育する童養媳などの地域的慣習に基づくものであった可能性は高い。

（27） FO228/111, Layton to Bonham, No. 4, Jan. 15, 1850.

（28） FO663/9, Encl. No. 3 in No. 127, Aug. 26, 1852, Note by Dr. Winchester.

（29） FO228/188, Winchester to Bowring, No. 43 Feb. 26, 1855.

（30） Arensmeyer, *op. cit*., pp. 83, 98.

（31） Yen, *Coolies and Mandarins*, pp. 37–41.

（32） FO228/251, Encl. No. 2 in Morrison to Bowring, No. 46, June 2, 1858.

（33） FO228/285, Encl. No. 4 in Gingell to Bruce, No. 20, Feb. 21, 1860.

（34） バウリングはアヘン貿易の拠点が苦力積み出しに適した場所となったことを指摘する。*BPP*, *China*, Vol. 3, *Emigration*, No. 16, Bowring to Malmesbury, Jan. 5, 1853, pp.83–84（97–98）.

（35） Lin, *op. cit*., pp. 72–142.

（36） Yen, *Coolies and Mandarins*, p. 37 ; Wang, *op. cit*., p. 20.

（37） 1859年11月に黄埔で逮捕された誘拐犯25人の供述によると，全員が貧しく，何人かは独身で，年齢は24〜40歳であった。職業は船員など多様で，8人は父親がすでに死去していた。Wang, *op. cit*., pp. 53–54 ; *BPP*, *China*, Vol. 4, Correspondence respecting Emigration from Canton, Encl. 20 in No. 6, Parkes to Hammond, Nov. 13, 1859, pp. 32–40（136–143）.

（38） FO228/265, Morrison to Bruce, No. 14, June 22, 1859.

（39） FO663/9, Encl. No. 3 in No. 127, Aug. 26, 1852, Note by Dr. Winchester.

（40） *BPP*, *China*, Vol. 4, *Measures Taken to Prevent the Fitting out of the Ships at Hong Kong for the Macao Coolie Trade*, Encl. in No. 1, Kennedy, K. to Kimberley, June 7, 1872, pp. 1–2（313–314）, *A correct Statement of the Wicked Practice of Decoying and Kidnapping, Respectfully Laid before His Excellency.*

（41） FO228/70, Encl. No. 6 in Layton to Davis, No. 23, Feb. 25, 1847.

（42） FO663/9, Encl. No. 3 in No. 127, Aug. 26, 1852, Note by Dr. Winchester ; FO228/141, Incl. No. 2 in Backhouse to Bowring, No. 48, Sept. 23, 1852.

（43） FO228/98, Layton to Bonham, No. 22, Aug. 9, 1849.

（44） FO663/9, Encl. No. 3 in No. 127, Aug. 26, 1852, Note by Dr. Winchester.

（45） *BPP*, Command Papers（976）, *Correspondence on the Slave Trade with Foreign Powers*, 1847–1848, Consul-General Crawford to Viscount Palmerston, Havana, Aug. 4, 1847, p. 43.

（46） FO228/211, Encl. No. 1 in Backhouse to Bowring, No. 17, Jan. 30, 1856.

（47） *BPP*, *China*, Vol. 3, *Emigration,* Encl. No. 8 in No. 14, *Minutes of Evidence taken at a Court of Inquiry held at Amoy to investigate the Causes of the late Riots, and into the manner in which Coolie Emigration has been lately carried on at that Port*（以下 *Minute of Evidence* と略称）, pp. 62–63（74–75）.

（48） Lin, *op. cit*., pp. 86–87, 121–124.

（49） 開港時 1843 年 11 月頃の廈門におけるレートは，1 両が 1.11～1.13 各種ドルに相当している。FO228/31, Gribble to Pottinger, No. 3, Nov. 13, 1843.
（50） FO228/903, Chinese Enclosure,「廈門士商仝白」「而且音信不通，生死未卜到家人，父母家人肝腸砕烈。卒至覆宗絶嗣，害伊胡底。嗟呼，生為中華之人，死為異域之鬼」。
（51） FO228/405, Swinhoe to Alcock, No. 4, May 19, 1866.
（52） FO228/405, Encl. 2 in Swinhoe to Alcock, No. 4, May 19, 1866.
（53） この原理の下で，出稼ぎで得られた収入は家の会計に帰した。滋賀秀三『中国家族法の原理』創文社，1967 年，68-73 頁。
（54） FO228/98, Layton to Bonham, No. 37, Nov. 19, 1849.
（55） FO228/70, Layton to Davis, No. 23, Feb. 25, 1847.
（56） FO663/9, Encl. No. 3 in No. 127, Aug. 26, 1852, Note by Dr. Winchester.
（57） *BPP*, Command Papers（976）, *Correspondence on the Slave Trade with Foreign Powers*, 1847-1848, Consul-General Crawford to Viscount Palmerston, Havana, Aug. 4, 1847, p. 43.
（58） Irick, *op. cit.*, pp. 27-28.
（59） ペナンからモーリシャスへの華人移民においても，ペナン現地における「人間のくず」が送り込まれ，多くが送り返される事態となった。*BPP*, Command Papers（1204）, *Colonial Land and Emigration Commission, Tenth General Report, 1850*, Memorandum by Mr. Muir, of Hong Kong on the probability of inducing Chinese Labourers to Emigrates to the British West Indian Colonies, October 3, 1849, p. 87.
（60） *BPP*, *China*, Vol. 4, *Measures Taken to Prevent the Fitting out of the Ships at Hong Kong for the Macao Coolie Trade*, Encl. in No. 1, Kennedy, K. to Kimberley, June 7, 1872 , p. 3(315).
（61） 1852 年には需要が高まる中で苦力の価格が上昇し，貪欲な客頭が詐欺的に苦力を募集したことが指摘されている。Campbell, *op. cit.*, p. 95.
（62） Wang, *op. cit.*, pp. 56-64.
（63） FO228/251, Encl. No. 2 in Morrison to Bowring, No. 46, June 2, 1858.
（64） 広州附近の苦力貿易の被害者の事例でも，その多くが職業も農村から都市に来た肉体労働者であった。June Mei, "Socioeconomic Origin of Emigration : Guangdong to California, 1850-1882," *Modern China*, Vol. 5, No. 4, October 1979, pp. 479-481.
（65） FO228/188, Winchester to Bowring, No. 32, Feb. 14, 1855.
（66） FO663/65,「泉州府同安県正堂陳致英国領事照会」（咸豊 9 年 6 月）「其中惨境，或妻哭其夫，或親哭其子。甚至全家惟頼一人謀生，被拐則全家絶食，或数代只有一人継承，被拐則数代絶嗣。言之殊覚痛心，此情之可憫者也」。
（67） FO663/65,「廈防分府陶為英国領事馬照会」（咸豊 9 年 7 月 23 日）。
（68） もっとも，寡婦が承継人を立てる選択肢も存在しており，家が容易に断絶することはなかった。滋賀前掲『中国家族法の原理』111-113，311-339 頁。
（69） FO663/65,「廈防分府李廷泰致英国領事照会」（咸豊 7 年 4 月 3 日）「嵩等確查，廈門現有大客頭延慶，隷籍漳州，挈眷来廈，歴年以来，遍処拐騙良民，売番射利，枉害生靈，指不勝屈。即如南安県鳳坡郷郷飲賓梁鶴年之侄梁挺慘被延慶拐売，現有信拠。又如恵安県白鶴郷郷耆郭近之子郭南坤，同安県新店社寡婦彭氏之子洪臨均被延慶拐売，

倶有信拠」。

（70）　FO228/903,「廈門士商仝白為慣匪誘騙図陥民命告暁預防事」。

（71）　*BPP, China*, Vol. 3, *Emigration*, Encl. No. 7 in No. 14, Harvey to Bowring, p. 41(53).

（72）　開港直後から，外国人に雇用された広東人の横暴が廈門の商民からイギリス領事に訴えられていた。FO663/50,「大英駐廈管事府記致廈防分府霍照会」（道光23年11月初7日）。

（73）　FO228/903,「具稟人大清国廈門民人陳砂為英商包庇粤匪銃斃無辜乞提償究辦事」。

（74）　小沢前掲論文。Ng, *op. cit.*, pp. 423–440.

（75）　Campbell, *op. cit.*, pp. 102–103 ; *BPP, China*, Vol. 3, *Emigration*, Encl. No. 8 in No. 14, pp. 68–69(80–81). ただしジャーディン・マセソン商会はテート商会と関係があり，苦力の移民船を供給するなど，苦力貿易からも利益を得ていた。Arensmeyer, *op. cit.*, pp. 69–76.

（76）　FO228/70, Encl. No. 4 in Layton to Davis, No. 23, Feb. 25, 1847.

（77）　FO663/9, Bowring to Sullivan, No. 36, Aug. 3, 1852.

（78）　*BPP, China*, Vol. 3, *Emigration*, Encl. No. 5 in No. 14, Minutes of Consular Court of Amoy, p. 38(50).

（79）　FO663/9, Bowring to Backhouse, No. 67, Dec. 29, 1852. 五港一般規定第13条では，イギリス臣民が中国人に対して不平がある場合は，いかなる時でも必ず領事のところに赴き，苦情を申し立てなければならないとしていた。ADM125/95, General Regulations under which the British trade is to be conducted at the five ports of Canton, Amoy, Fuchow, Ningpo, and Shanghai.

（80）　*BPP, China*, Vol. 3, *Emigration*, Encl. No. 7 in No. 14, Harvey to Bowring, p. 42(54).

（81）　*BPP, China*, Vol. 3, *Emigration*, No. 12, Bowring to Malmesbury, Dec. 14, 1852, p. 29.

（82）　Arensmeyer, *op. cit.*, pp. 177–178.

（83）　1852年11月，イギリス人宣教師バーンズ（W. C. Burns）は，使用人の要請で使用人の知人の弟をサイム商会書記を通じてサイム商会の「猪仔館」から解放させた。またイギリス人宣教師のヤング（J. H. Young）も，彼の中国語教師の親戚の女性の要請で，テート商会のパートナーを通じて女性の甥をテート商会の苦力移民船から解放させた。*BPP, China*, Vol. 3, *Emigration*, Encl. No. 8 in No. 14, *Minutes of Evidence*, pp. 44–47 (56–59).

（84）　Yen, *Coolies and Mandarins*, p. 74.

（85）　*BPP, China*, Vol. 3, *Emigration*, Encl. No. 7 in No. 14, Harvey to Bowring, p. 43(55). これは具体的には，テートやサイムが廈防庁に赴いて客頭の釈放を要求したことを指す。FO663/9, Encl. No. 10 in No. 177, Nov. 1852 to FO, Account of the Interview at the Marine Magistrate on the 14th instant.

（86）　FO228/84, Layton to Davis, No. 12, Feb. 25, 1848.

（87）　FO228/903, Papers relating to Coolie traffic at Amoy brought by Mr. Harvey.

（88）　FO228/141, Encl. No. 1 in Backhouse to Bowring, No. 63, Dec. 18, 1852.

（89）　FO663/9, Encl. No. 10 in No. 177, Nov. 1852 to FO, Account of the Interview at the Marine

Magistrate on the 14th instant.

(90)　*BPP, China*, Vol. 3, *Emigration*, Encl. No. 8 in No. 14, *Minutes of Evidence*, p. 70(82).

(91)　小沢前掲論文，56–59 頁。

(92)　同安県綏徳郷嘉禾里の 21 都のうち，市街地を 4 社に分け，それは福山社 4 保，懐徳社 4 保，附寨社 5 保，和鳳前後社 5 保の計 18 保からなっていた。道光『廈門志』巻二，「分域略」，都図。ここでいう十八保はこれを指すのであろう。

(93)　FO228/903, Papers relating to Coolie traffic at Amoy brought by Mr. Harvey.

(94)　小沢前掲論文，59–60 頁。

(95)　FO228/141, Backhouse to Bowring, No. 59, Nov. 20, 1852 ; *BPP, China*, Vol. 3, *Emigration*, Encl. No. 7 in No. 14, Harvey to Bowring, p. 42(54).

(96)　FO228/171 Encl. No. 6 in Robertson to Bonham, No. 17, Feb. 27, 1853.

(97)　FO228/188, Winchester to Bowring, No. 46, Mar. 3, 1855.

(98)　FO228/188, Winchester to Bowring, No. 32, Feb. 14, 1855.

(99)　FO228/211, Encl. No. 2 in Backhouse to Bowring, No. 18, Jan. 31, 1856.

(100)　FO228/233, Morrison to Bowring, No. 14, Mar. 17, 1857.

(101)　第 8 章で述べるように Woo は後にアヘン釐金の請負を委任されている。FO228/285, Gingell to Bruce, No. 63, Aug. 7, 1860.

(102)　FO663/62,「廈防分府李廷泰致英国副領事巴克好照会」(咸豊 5 年 6 月 11 日)。

(103)　FO663/61,「英国副領事巴克好致廈防分府李廷泰照覆」(咸豊 5 年 6 月 14 日)。

(104)　FO663/65,「廈防分府李廷泰致英国領事照会」(咸豊 7 年 4 月 3 日)。イギリス側は延慶はサイム商会の買辦であって客頭ではなく，誣告であるとして，誣告した者の処罰を主張している。FO663/64,「英国領事馬致廈防分府王照会」(1857 年 12 月 20 日)。

(105)　FO228/188, Winchester to Bowring, No. 23, Jan. 30, 1855.

(106)　ゼトランド号はその後,漳浦附近のカトリック教徒の村落で募集を行っている。FO228/188, Winchester to Bowring, No. 32, Feb. 14, 1855.

(107)　FO228/211, Backhouse to Bowring, No. 15, Jan. 22, 1856.

(108)　18 & 19 Vict., c. 104.

(109)　Campbell, *op. cit.*, pp. 115–116 ; 可児前掲書，25 頁。

(110)　FO228/250, Malmesbury to Bowring, No. 28, Apr. 17, 1858.

(111)　FO228/233, Morrison to Bowring, No. 14, Mar. 17, 1857.

(112)　FO228/251, Morrison to Bowring, No. 49, June 16, 1858.

(113)　*China Mail*, Dec. 24, 1857, p. 206

(114)　FO228/251, Morrison to Bowring, No. 49, June 16, 1858.

(115)　FO228/265, Morrison to Bruce, No. 14, June 22, 1859.

(116)　Wang, *op. cit.*, p. 167.

(117)　モリソン領事は，中国人の外国人に対する感情は，外国人社会全体に関わるとスペイン領事に指摘している。FO228/265, Encl. No. 2 in Morrison to Bruce, No. 18, Aug. 22, 1859.

(118)　Irick, *op. cit.*, 1982, pp. 60–67.

(119) FO228/285, Gingell to Bruce, No. 20, Feb. 21, 1860 ; FO663/19, Haifang Yu to Gingell, No. 5, Feb. 10, 1860.

(120) 貴堂前掲書，62-63 頁。

(121) FO663/65,「興泉永道陳致英国領事照会」(咸豊 9 年 5 月 14 日)。

(122) FO228/265, Encl. No. 2 in Morrison to Bruce, No. 18, July 16, 1859.

(123) FO663/65,「泉州府同安県正堂陳致英国領事照会」(咸豊 9 年 6 月)「咸豊二年十月間，曾因此事罷市三日，外国人約自今以後不敢再販人口，詎料日久弊生。数年来外国買人之船，再至本地，誘人之計再生。至今日客頭仍旧結党成群，有可誘者則誘之，不可誘者則拐之，使在在皆成危地，人人具有危心。若非知会外国管事官預為禁止，誠恐衆怒一発，地方必至動揺」。

(124) FO663/65,「泉州府同安県正堂陳致英国領事照会」(咸豊 9 年 6 月)。

(125) FO228/265, Encl. No. 1 in Morrison to Bruce, No. 18, July 16, 1859 ; FO228/265, Encl. No. 2 in Morrison to Bruce, No. 18, July 16, 1859.

(126) 苦力貿易を停止させるために地方官僚が地域住民の感情を利用することは，上海など他の地域でもみられた。Irick, *op. cit*., pp. 15, 32.

(127) FO663/19, Haifang Yu to Gingell, No. 79, Nov. 21, 1860.

(128) FO663/19, Gingell to Taoutae Pan, No. 99, Nov. 22, 1860.

(129) Irick, *op. cit*., pp. 239-250.

(130) FO228/251, Encl. No. 3 in Morrison to Bowring, No. 46, June 2, 1858.

(131) FO228/285, Encl. No. 4 in Gingell to Bruce, No. 20, Feb. 21, 1860.

(132) FO228/251, Encl. No. 2 in Morrison to Bowring, No. 46, June 2, 1858.

(133) FO228/251, Encl. No. 3 in Morrison to Bowring, No. 46, June 2, 1858. ただし，証言によれば，藍査某は客頭ではなく，コックにすぎなかったともされる。FO228/251, Encl. No. 1 in Morrison to Bowring, No. 50, June 19, 1858.

(134) Wang, *op. cit*., p. 58.

(135) FO228/285, Encl. No. 4 in Gingell to Bruce, No. 20, Feb. 21, 1860.

(136) FO228/251, Gingell to Bowring, No. 26, Apr. 8, 1858 ; FO663/65,「興泉永道司徒致英領事馬照会」(咸豊 8 年 3 月 16 日)。

(137) 可児前掲書，83-84 頁は，苦力の総数を 50 万人以上とみなしている。廈門の総数は 1～2 万人と推測されるから，全体の総数からみれば一部であったと思われる。

(138) Campbell, *op. cit*., pp. 117-118.

(139) Ty-cheong & co. を通さない移民を行う者は地方官に処罰されることもあった。FO228/50, Sullivan to Davis, No. 84, Nov. 26, 1845.

(140) *ADPP*., Vol. 17, Minute of a meting held on boar the U. S. Ship "Levant" on the 5th July 1856, p. 42.

(141) FO228/251, Gingell to Bowring, No. 26, Apr. 8, 1858.

(142) FO228/251, Morrison to Bowring, No. 46, June 2, 1858.

(143) FO228/285, Gingell to Bruce, No. 87, Dec. 4, 1860.

(144) Wang, *op. cit*., p. 58. ただし，19 世紀後半，シンガポールにおいても客頭は中国内地

の人々をシンガポールで売却していると非難されており，苦力貿易と似たような問題を抱えていた。Wang, *op. cit.*, pp. 99-100.

(145) FO228/155, Backhouse to Bowring, No. 5, Jan. 11, 1853.

(146) FO228/285, Gingell to Bruce, No. 87, Dec. 4, 1860.

(147) FO663/9, Encl. No. 3 in No. 127, Aug. 26, 1852, Note by Dr. Winchester.

(148) 海関統計に基づく移民数の推移については，藤村是清「還流的労働移住の社会的条件」冨岡倍雄・中村平八編『近代世界の歴史像——機械制工業世界の成立と周辺アジア』世界書院，1995年，杉原前掲書，第10章を参照。

(149) イギリス商人によれば，シンガポール，ペナン，マニラとのジャンク貿易では，1隻あたり30〜40人が東南アジアから廈門に来て，廈門からはそれらの港に150〜180人が向かっていたという。FO228/60, Encl. in Sullivan to Davis, No. 1, Jan. 8, 1846.

(150) FO228/211, Morrison to Bowring, No. 61, Sept. 20, 1856.

(151) FO228/285, Gingell to Bruce, No. 87, Dec. 4, 1860.

(152) FO228/427, Swinhoe to Alcock, No. 24, Aug. 1, 1867.

(153) Arensmeyer, *op. cit.*, pp. 54-55.

(154) FO228/427, Encl. in Alcock to Swinhoe, No. 26, Aug. 10, 1867.

(155) FO228/565, Encl. No. 1 in Philips to Wade, No. 5, Apr. 10, 1876.

(156) 例えば1877年の廈門からの移民1万9,830人のうち，イギリス船によるものは1万6,266人に達した。FO228/606, Encl. No. 2 in Alabaster to Fraser, No. 17, Apr. 2, 1878.

(157) FO228/671, Gile to Wade, No. 10, Mar. 12, 1881. スペイン領事は1通3ドルのパスポートを発行することで，領事館経費をまかなっていた。FO228/623, Encl. in Alabaster to Wade, No. 13, Apr. 18, 1879.

(158) FO228/671, Brown to Wade, No. 17, Mar. 31, 1881.

(159) 1873年頃にも福建通商局司道と按察使によると，漳州・泉州一帯での客頭が「愚民」や年少の子女を誘拐あるいは騙して売却しているとされているが，これが事実とすれば，東南アジア向けであった可能性は高い。『華工出国史料匯編』1輯1冊，90-91頁「閩浙総督李鶴年為漳泉一帯拐人出洋承工擬責成地方官厳密緝査並厳定功過致総署咨文」(同治11年12月30日「総署清檔」)。

(160) 渡航費を自弁しなかった場合は，現地では給与なしの労働を課されるなどの様々な待遇の問題があった。Wilfred Blythe, "Historical Sketch of Chinese Labour in Malaya," *Journal of the Malayan Branch of the Royal Asiatic Society*, Vol. 20, 1947, pp. 71-72.

(161) 東南アジア現地における華人労働者の条件が改善されていったのは，1930年代以降であった。杉原前掲書，311-312頁。

(162) Irick, *op. cit.*, pp. 89-140. この章程をもとに，さらに労働基準法的な部分も追加されて，1865年の招工章程が定められた。箱田前掲書，49-52頁。

(163) FO228/285, Gingell to Bruce, No. 87, Dec. 4, 1860.

(164) FO228/721, Encl. in Forrest to Parkes, No. 18, Oct. 25, 1883.

(165) FO228/671, Giles to Wade, No. 9, Mar. 8, 1881.

(166) 例えば1893年8月に興泉永道の任に18ヶ月あった許秋槎が廈門を離任する際には，

万民傘11柄，徳政匾6方，徳政牌旗数十対が紳商軍民によって作製され，興泉永道衙門に掲げられたという。『申報』1893年9月12日「餞儀誌盛」。

(167)　岡本前掲『近代中国と海関』179-203頁。

第7章　アジア間競争の敗者

(1)　日本では濱下武志の研究が先駆的である。濱下前掲『中国近代経済史研究』238-247頁。海関統計を使用したものとしては以下の研究がある。藤村是清「『華僑ポート』における貿易の項目別推移表の作成——廈門と汕頭　一八六八—一九三一年」『商経論叢』34巻4号，1999年，廖美珠「清末廈門対外貿易研究 1867-1904」国立中興大学歴史学系修士論文，1998年。

(2)　林満紅『茶，糖，樟脳業与台湾之社会経済変遷（一八六〇～一八九五)』聯経出版，1997年，栗原純「清代台湾における米穀移出と郊商人」『台湾近現代史研究』5，1984年，陳国棟「清代中葉（約一七八〇～一八六〇）台湾与大陸之間的帆船貿易」『台湾史研究』1巻1期，1994年。

(3)　杉原前掲書，第10章，藤村前掲「還流的労働移住の社会的条件」。

(4)　朱徳蘭『長崎華商貿易の史的研究』芙蓉書房出版，1997年，廖赤陽『長崎華商と東アジア交易網の形成』汲古書院，2000年。また特に長崎華商と廈門商人との貿易関係については，朱徳蘭「近代長崎華商泰益号与廈門地区商号之間的貿易」『中国海洋発展史論文集』7輯，中央研究院中山人文社会研究所，1999年がある。泰益号については経営史観点からは，山岡由佳『長崎華商経営の史的研究——近代中国商人の経営と帳簿』ミネルヴァ書房，1995年がある。

(5)　茶についての研究は，福建北部を主たる対象としているが，閩南も部分的に取り上げられている。陳慈玉『近代中国茶業的発展与世界市場』中央研究院経済研究所，1982年，Robert Gardella, *Harvesting Mountains : Fujian and China Tea Trade, 1757-1937*, University of California Press, 1994. 砂糖は，生産に関しては技術史の点から検討した以下の文献が重要である。Christian Daniels and Nicholas K. Menzies, *Science and Civilization in China by Joseph Needham, Vol. 6, Biology and Biological Technology, Part 3 Agro-Industries and Forestry,* Cambridge University Press, 1996. 砂糖の生産と流通を世界史的視野から検討したものに次の文献がある。Sucheta Mazumdar, *Sugar and Society in China : Peasants, Technology, and the World Market*, Harvard University Press, 1998. 流通については，主に1890年代の全国流通においても取り上げられている。小瀬一「一九世紀末中国開港場間流通の構造——営口を中心として」『社会経済史学』54巻5号，1989年，宮田前掲書，第2章。

(6)　杉原薫は，これはアジア内部の国際分業体制を発展させることにより可能になったとしている。杉原前掲書，35-36頁。一方，木越義則は中国について分析し，当該期の銀貨下落の中で中国の対アジア貿易は拡大せず，対ヨーロッパ貿易（工業製品輸入と一次産品輸出）の拡大を招いたとする。木越義則『近代中国と広域市場圏——海関

統計によるマクロ的アプローチ』京都大学学術出版会，2012年，第1章。

(7)　外国貿易については「輸移入」，内国貿易については「移出入」の語を用いる。

(8)　開港場としては，福建省北部は福州，福建省南部は廈門，福建省西部の汀州府は汕頭と関係が深かった。省を単位とした福建の経済史については以下のものがある。廈門大学歴史研究所・中国社会経済史研究室編『福建経済発展簡史』廈門大学出版社，1989年，林慶元主編『福建近代経済史』福建教育出版社，2001年。

(9)　遠距離交易においては外国船舶の利用によりジャンク貿易は衰退していたが，台湾と閩南のあいだではジャンク貿易が活発であり，廈門―台湾間の貿易だけでは捉えきれないため，閩南の各港も考慮する。

(10)　FO228/903, Enclosure in Backhouse to Bonham, No. 53, Aug. 6, 1853.

(11)　濱下前掲『中国近代経済史研究』238-239頁。

(12)　同上，246-247頁。

(13)　FO228/39, Alcock to Davis, No. 97, Dec. 14, 1844.

(14)　FO228/125, Sullivan to Bonham, No. 21, Feb. 20, 1851.

(15)　FO663/64,「英国領事馬致廈防分府王照会」(咸豊7年7月20日)。

(16)　FO663/64,「英国領事馬致興泉永道照会」(咸豊8年11月12日)。

(17)　開港当初の福州における貿易の停滞も，「広東人仲買人の介在と援助」が欠如していたことが原因とされ，廈門と寧波の失敗もそれに起因するとされる。岡本前掲『近代中国と海関』243頁。もっとも，廈門においては，19世紀半ば以降，広東人商人の役割はそれほど大きくならなかった。

(18)　開港後に徴税を請け負った銀号になった商人らは，イギリス領事の反対にあって排除されている。Fairbank, *op. cit*., pp. 205-208.　これが有力な仲介者の欠如につながった可能性がある。

(19)　FO228/211, Encl. in Morrison to Woodgate, No. 44, June 30, 1856.

(20)　FO228/233, Morrison to Bowring, No. 29, June 2, 1857.

(21)　夷税徴収額については以下を参照した。『籌辦夷務始末補遺』105，131，173，224，241，257 282，303，332，378-379，407，432，443-444，555，668頁。

(22)　1864～1903年までの海関統計の輸移出入額は，商品の量と市場価格を乗じる計算方法が取られ，輸移入額には輸入税が含まれ，輸移出額には輸出税が含まれなかった。したがって輸移入はc.i.f.価額に直すために純輸移入額から輸入税を引き，その額の7％を差し引く必要がある。また，輸移出はf.o.b.価額に修正するために純輸移出額に輸出税を足し，その額の8％を足す必要がある。Hsiao, *op. cit*., pp. 266-267.

(23)　アヘンの場合，廈門は汕頭と漳州府の西部，北部と龍巌州，福州と泉州府，興化府の供給を争っていた。CIMC, I Statistical Series, No. 4, *Reports on Trade 1877*, Amoy, p. 182.

(24)　福建省の釐金の徴収は，1857年に太平天国軍が福建省に侵入したため，軍事費捻出のために同年9月にアヘンに課せられたことに始まる。さらに，翌年には雑貨釐金（後に百貨釐金）が，1859年には茶葉釐金の徴収が始まった。太平天国軍が漳州を占領した1865年には，税釐総局が設立されて釐金は増徴され，福建省の釐金収入は1864年の約111万両から，1865年には約202万両となった。なお，一般的に江蘇省

等の釐金の重さが指摘されることが多いが，1870年代までは福建省と江蘇省の釐金徴収額は同程度であることも多く，年によっては福建省が上回る場合もある。福建と江蘇の経済規模の格差を考慮すれば，福建の釐金負担が過大であることがうかがえる。羅玉東『中国釐金史』商務印書館，1936年，322-330，464，562，565頁。

（25）1866年の海関報告によれば，戦時の状態にある廈門の釐金は汕頭の6倍であったという。CIMC, *Reports on Trade 1866*, Amoy, p. 37. 翌年の海関報告でも，廈門の釐金は汕頭の2，3倍であり，撤廃が希望されていた。CIMC, *Reports on Trade 1867*, Amoy, p. 67. このように，福建省の釐金が清軍の漳州奪回後も軽減されなかったのは，協款として（回民反乱の起こっている）甘粛・貴州へ回される釐金支出が増加したこと，その後は日本の台湾出兵や清仏戦争，日清戦争等によって，沿海の軍事的緊張が高まり，福建省の軍事費が増加したことによる。羅玉東前掲書，565頁。また，佐々波智子「19世紀末，中国に於ける開港場・内地市場間関係——漢口を事例として」『社会経済史学』57巻5号，1991年，107頁でも，廈門と汕頭の関係を過重な釐金が合理的なルートを歪める例として挙げている。

（26）通過貿易を利用した商品は釐卡で足止めを食ったため，傷みやすい商品は損害を受け，さらに領事の圧力などで解放された商品も，その行き先が監視され，中国人の商品購入者が迫害された。FO228/533, Pedder to Wade, No. 15, Aug. 13, 1874.

（27）CIMC, *Reports on Trade 1874*, Amoy, pp. 162-163.

（28）1874年には，秘密の通告が全ての商人に送付され，通過証を利用した商品を購入した場合は釐金の脱税を図ったとして有罪とみなされるとしていた。FO228/533, Pedder to Wade, No. 15, Aug. 13, 1874.

（29）FO228/584, Phillips to Fraser, No. 28, May 19, 1877.

（30）CIMC, *Reports on Trade 1879*, China, p. 90.

（31）CIMC, *Reports on Trade 1874*, Amoy, p. 162.

（32）CIMC, *Reports on Trade 1880*, Amoy, p. 213.

（33）CIMC, *Reports on Trade 1880*, Amoy, p. 218.

（34）CIMC, *Reports on Trade 1880*, Amoy, pp. 219-220.

（35）CIMC, *Reports on Trade 1868*, Amoy, pp. 73-74.

（36）CIMC, *Reports on Trade 1880*, Amoy, p. 221.

（37）陳慈玉前掲書，187-195頁，Gardella, *op. cit.*, pp. 63-68, 86-87. 開港後の台湾北部における茶・樟脳の開発にともなう台湾経済の重心の北部への移動については林満紅が指摘している。林満紅前掲『茶，糖，樟脳業与台湾之社会経済変遷』180-188頁。

（38）CIMC, *Reports on Trade 1867*, Tamsui, p. 82 ; CIMC, *Reports on Trade 1876*, Amoy, pp. 180, 184.

（39）陳慈玉前掲書，191-193頁。

（40）戴国煇『中国甘蔗糖業の展開』アジア経済研究所，1967年，145-159頁。

（41）クリスチャン・ダニエルス「清代台湾南部における製糖業の構造——とくに一八六〇年以前を中心として」『台湾近現代史研究』5号，1984年，52-59頁。この台湾の砂糖を扱っていたのは廈門の北郊であった。『申報』1893年2月8日の「鷺江零拾」

にも「北郊出口貨物以糖為大宗，皆由台湾運来転販営口天津等処」とあり，1890 年代にも廈門の北郊と台湾糖の関係の深かったことがうかがえる。郊は商人団体であるが，会館・公所とは異なる性格を有していた。両者を比較した研究としては，邱澎生「会館，公所与郊之比較――由商人公産検視清代中国市場制度的多様性」林玉茹主編『比較視野的台湾商業伝統』中央研究院台湾史研究所，2012 年を参照。

(42) クリスチャン・ダニエルス「清末台湾南部製糖業と商人資本――一八七〇―一八九五年」『東洋学報』64 巻 3・4 号，1983 年，65-69，79-82 頁。

(43) 林満紅「清末台湾与我国大陸貿易之貿易形態比較」『歴史学報』6 期，1978 年。

(44) CIMC, *Reports on Trade 1871-2*, Tamsui, 1869-72, p. 165.

(45) 税の高い廈門を避けて，台湾経由で泉州へアヘンが移出されていた。CIMC, *Reports on Trade 1879*, Tamsui, pp. 173-174 ; CIMC, *Reports on Trade 1880*, Tamsui, p. 190.

(46) CIMC, *Decennial Reports 1882-1891*, Tamsui, p. 456.

(47) 開港後における台湾各港の結合の変化については，林玉茹『清代台湾港口的空間結構』知書房出版社，1996 年，第 7 章を参照。

(48) 栗原前掲論文，30-37 頁。

(49) 1867 年の打狗の米の総移出量は 24 万 7,144 ピクルであり，寧波に 12 万 1,999 ピクル，芝罘に 5 万 2,877 ピクル，上海に 3 万 8,252 ピクル移出していたが，廈門に移出されたのは 2,097 ピクルだけであった。CIMC, *Reports on Trade 1867*, Takow, p. 87.　また，打狗の 1870 年の移出 7 万 7,000 ピクルのうち，広東が 4 万 4,000 ピクル，廈門が 2 万 2,000 ピクル，福州が 1 万 3,000 ピクルを占めたという。CIMC, *Reports on Trade 1870*, Takow, p. 81.

(50) CIMC, *Reports on Trade 1870*, Amoy, p. 92 ; CIMC, *Reports on Trade 1872*, Amoy, p. 179.

(51) CIMC, *Decennial Reports 1882-1891*, Tamsui, p. 435.

(52) 1885 年の打狗海関統計では米の移出量が 190 ピクルであったが，実際は 7 万ピクルがジャンク貿易によって移出されていると推測されており，しかもこの年は日清戦争の影響を受けており，例年はこの倍の量だと述べている。CIMC, I　Stastical Series, No. 3 to 4, *Trade Reports and Returns 1885*, Takow, p. 276.

(53)『台湾新報』1898 年 4 月 13 日「台湾米輸出禁止の請願に付」。

(54)『台湾新報』1898 年 4 月 21 日「南部における米穀の輸出」。

(55) 堀前掲書，74-75 頁。

(56) 山本進は，清代後期に米禁政策が弛緩して台湾が江浙と直接取引を開始すると，福建―江浙間および台湾―江浙間の貿易は活況を呈するようになったが，福建―台湾間の流通はしだいに衰退したとする。山本前掲『清代の市場構造と経済政策』153-156 頁。しかし，19 世紀後半においては，台湾は閩南と米貿易で強く結びついていた。

(57) 輸出入品を問わず，19 世紀後半において上海の分配機能が高かったことについては，古田前掲書，第 6 章参照。

(58) 香坂前掲論文，52-61 頁。

(59) 足立啓二「大豆粕流通と清代の商業的農業」『東洋史研究』37 巻 3 号，1978 年，45-50 頁。

（60） 大豆価格は1877年には1ピクルあたり1.15海関両であったが，1879年には0.94海関両，1880年には0.82海関両になった。CIMC, *Reports on Trade 1880*, Newchwang, p. 9.

（61） 寧波では，福建の紅糖は，マニラと海峡植民地からのものと値段がほぼ同じであるために好まれていた。CIMC, *Reports on Trade 1877*, Ningpo, p. 122.

（62） 寧波へは白糖の消費量の8割はジャンクで運ばれた。CIMC, *Reports on Trade 1877*, Ningpo, p. 122. また，寧波からは福建への綿花はジャンクで運ばれ，外国船は使用されなかった。CIMC, *Reports on Trade 1878*, Ningpo, p. 146.

（63） CIMC, *Returns of Trade 1881*, Part 2, Amoy, pp. 319, 325.

（64） CIMC, *Reports on Trade 1880*, Amoy, p. 222.

（65） 1789〜1880年の廈門茶の東南アジア向け輸出は1万54ピクルであるが，輸出量が廈門の2倍に達する台湾茶のそれは173ピクルであった。CIMC, *Reports on Trade 1879*, Amoy, p. 199.

（66） CIMC, *Reports on Trade 1878*, Foochow, p. 187.

（67） CIMC, *Reports on Trade 1870*, Amoy, p. 89 ; CIMC, *Reports on Trade 1872*, Amoy, p. 177.

（68） 例えば，乾隆年間〜嘉慶年間にかけて呂宋の帆船は，廈門に燕の巣・蘇木・檳榔・米・海産物などをもたらし，反物・磁器・紙・雨傘・砂糖・薬材などを購入した。道光『廈門志』巻五，「船政略」，番船。斯波前掲『宋代商業史研究』268，302頁によれば，宋代にも泉州から真臘に紙・鉄鍋が輸出されており，清代廈門の対東南アジア交易の原型は宋代に成立していたと思われる。

（69） 濱下前掲『中国近代経済史研究』299-300頁，Gardella, *op. cit*., pp. 110-135.

（70） *Ibid*., p. 63.

（71） FO228/211, Encl. in Backhouse to Bowring, No. 23, Feb. 27, 1856. 安渓からは従来は年2万箱であったのが，1850年には5万箱が生産されて半分が外国人に売却され，その生産高は125万ドルになっていたともされる。FO228/125, Sullivan to Bonham, No. 21, Feb. 20, 1851. しかし，こうした数字は信用しがたい。

（72） *BPP, China*, Vol. 7, Commercial Report on China, 1865-66, Amoy, p. 191 ; CIMC, *Reports on Trade 1880*, Amoy, p. 218.

（73） CIMC, II Special Series, No. 11, *Tea*, 1888, Amoy, p. 169；陳慈玉前掲書，183-187頁，同『台北県茶業発展史』台北県立文化中心，1994年，22-24頁。

（74） CIMC, *Reports on Trade 1875*, Amoy, p. 244.

（75） *BPP*, *China*, Vol. 11, Commercial Report on Amoy, 1873, p. 4 ; CIMC, *Reports on Trade 1877*, Amoy, p. 184.

（76） CIMC, *Reports on Trade 1881*, Amoy, p. 11.

（77） ただし，台湾茶も中国人商人が多数参入したことにより，品質が低下して問題が生じていた。河原林直人『近代アジアと台湾――台湾茶業の歴史的展開』世界思想社，2003年，38-39頁。この問題に対して1889年に廈門の欧米人商人は一定以上の茶屑の混ざった茶を買い取らないことを決議して実際に実行した。『申報』1889年5月20日「淡茶到廈」。以後，このことは欧米人商人と中国人商人の紛争になっている。『申

報』1889年6月18日「廈茶近信」。

(78) 陳慈玉前掲『近代中国茶業的発展与世界市場』186頁。

(79) CIMC, II Special Series, No. 11, *Tea*, 1888, Amoy, p. 175.

(80) 濱下前掲『中国近代経済史研究』301-302頁。

(81) CIMC, *Reports on Trade 1872*, Amoy, p. 181.

(82) CIMC, *Reports on Trade 1881*, China, p. 15.

(83) CIMC, *Reports on Trade 1878*, Amoy, p. 238.

(84) モースによれば，最初に粗悪な中国茶に対してクレームがついたのは1754〜1755年のシーズンで，誤った包装をされ，人工的に着色されるか，粗悪品を寄せ集めたものであったためにロンドンから返送された。その後も1782年までに3,000ピクル以上が返送された。Morse, *The Chronicle of the East India Company Trading to China*, Vol. 5, pp. 24-25. 以後も屑茶の割合が大きいことから，欧米商人によるクレームが続いた。*Ibid.*, Vol. 2, pp. 88, 181, 417 ; *Ibid.*, Vol. 3, pp. 4-5, 29.

(85) CIMC, *Reports on Trade 1867*, Amoy, p. 70 ; CIMC, *Reports on Trade 1870*, Amoy, p. 95.

(86) CIMC, *Trade Reports and Returns 1888*, Amoy, p. 330.

(87) CIMC, *Decennial Reports 1892-1901*, Amoy, p. 124.

(88) CIMC, *Trade Reports and Returns 1895*, Amoy, p. 379.

(89) CIMC, *Decennial Reports 1892-1901*, Amoy, p. 124.

(90) 『申報』1898年6月11日「廈門茶市」。

(91) 本野前掲書，243-245頁。

(92) CIMC, *Trade Reports and Returns 1883*, Amoy, p. 292.

(93) 角山栄『茶の世界史——緑茶の文化と紅茶の社会』中央公論社，1980年，177-185頁。

(94) 『農学報』35冊，1898年7月「閩省減釐示」。

(95) CIMC, *Trade Reports and Returns 1904*, Amoy, p. 675.

(96) やまだあつし「台湾茶業における台湾人資本の発展——一九一〇年代を中心に」『社会経済史学』61巻6号，1996年，63頁，河原林前掲書，65-69頁。

(97) 『鷺江報』5冊，1902年6月26日。

(98) FO, Annual Series, No. 3066, Diplomatic and Consular Reports, China, 1902, Amoy, p. 6.

(99) 『商務官報』32期，1908年1月8日「閩省茶業改良情景形」『東方雑誌』5年2期，1908年3月27日「各省商務彙誌」。

(100) この工場施設は1923年に地方の混乱の中で破壊されている。Gardella, *op. cit.*, pp. 152-153. したがって，長期的には成功しなかったといえる。

(101) 林金枝・庄為璣『近代華僑投資国内企業史史料選輯』福建人民出版社，1985年，377-384頁。

(102) クリスチャン・ダニエルス「中国砂糖の国際的位置——清末における在来砂糖市場について」『社会経済史学』50巻4号，1984年，26-30頁。ジャワ糖は英領インド，中国，日本市場の急速な拡大によって生産を急増させた。加納啓良「ジャワ島糖業史研究序論」『アジア経済』22巻5号，1981年，76-79頁。

(103)　クリスチャン・ダニエルス「一七，八世紀東アジア・東南アジア域内貿易と生産技術移転――生産技術を例として」浜下武志・川勝平太編『アジア交易圏と日本工業化 1500-1900』リブロポート，1991 年，85-92 頁。

(104)　甘蔗糖業の労働力は，オランダ人幹部の支配・監督の下に少数のインドネシア人及び中国人スタッフ・技術者が頂点に立っていた。加納前掲論文，86 頁。

(105)　ダニエルス前掲「中国砂糖の国際的位置」44 頁。

(106)　*BPP, China*, Vol. 7, Commercial Report on China, 1865-66, Amoy, p. 192(456). 台湾総督官房調査課前掲『南閩事情』1919 年，101-105 頁，東亜同文会前掲『支那省別全誌 14　福建省』722-726 頁，クリスチャン・ダニエルス「明末清初における新製糖技術体系の採用及び国内移転」『就実女子大学史学論集』3 号，1988 年，84-108 頁。

(107)　『通商彙纂』明治 42 年 18 号，1909 年 4 月 3 日「廈門地方ニ於ケル砂糖ニ関スル調査」11 頁。

(108)　FO228/50, Alcock to Davis, No. 8, Feb. 4, 1845. 1881 年に行われた世界各地の粗糖の分析では，中国産粗糖の糖度，精糖率は最も低く，水分は最も高く，精製糖用原料としては最も品質が低かった。ダニエルス前掲「中国砂糖の国際的位置」42-44 頁。

(109)　FO228/233, Encl. in Morrison to Bowring, No. 21, Apr. 11, 1857.

(110)　*BPP, China*, Vol. 12, Commercial Report on Amoy, 1876, p. 72(210) ; *BPP*, *China*, Vol. 12, Commercial Report on Amoy, 1877, p. 7(229).

(111)　*BPP, China*, Vol. 12, Commercial Report on Amoy, 1877, p. 7(229).

(112)　CIMC, *Trade Reports and Returns 1900*, Amoy, pp. 447-448 ;『台湾日々新報』1900 年 9 月 29 日「北貨停止」。

(113)　FO, Annual Series, No. 3303, Diplomatic and Consular Reports, China, 1903, Amoy, p. 5.

(114)　CIMC, *Trade Reports and Returns 1903*, Amoy, pp. 596-598.

(115)　CIMC, *Trade Reports and Returns 1904*, Amoy, p. 650. 小瀬前掲論文，34-35 頁の表では，1904 年の大豆粕と砂糖の流通量が示されているが，1904 年は日露戦争中であり，数値の代表性には問題がある。

(116)　CIMC, *Trade Reports and Returns 1906*, Amoy, pp. 368-369.

(117)　CIMC, *Trade Reports and Returns 1907*, Amoy, p. 443.

(118)　『通商彙纂』明治 42 年 18 号，1909 年 4 月 3 日「廈門地方ニ於ケル砂糖ニ関スル調査」7-9 頁，『申報』1908 年 5 月 6 日「糖業漸次振興」。

(119)　遠心分蜜機を用いないために砂糖結晶と糖蜜が物理的に分離されず，不純物の多い含蜜度の高い砂糖は，分蜜糖や精製糖よりもかえって好まれ，広大な消費市場を有していた。ダニエルス前掲「中国砂糖の国際的位置」33-45 頁。

(120)　1882～1911 年までの 10 年ごとの平均輸移出量は 2 万 4,508 ピクル，18 万 4,489 ピクル，10 万 1,220 ピクルである。

(121)　雲霄では砂糖生産が盛んな際には華中・華南諸港に砂糖を搬出していたが，フィリピン糖の勃興によって農民や商人は多くが破産し，農民は甘蔗栽培を止めたが，それに代わる商品を生産することができなかった。『廈門日報』1909 年 11 月 18 日「糖値奇昂」。

(122)　台湾籍を取得した郭春秧の経済活動については，林満紅「印尼華商・台商与日本政府之間——台茶東南亜貿易網絡的拓展（1895-1919）」湯熙勇主編前掲『中国海洋発展史論文集』7輯，工藤裕子「ジャワの台湾籍民——郭春秧の商業活動をめぐって」『歴史民俗（早大・二文）』3号，2004年を参照。また，郭禎祥の尊孔運動という文化的側面については，森紀子『転換期における中国儒教運動』京都大学学術出版会，2005年，196-198頁に詳しい。外国籍を利用していた郭禎祥が，中国の伝統文化を強調していたことからは，当時の華人たちの多面性を読み取ることができる。

(123)　『廈門日報』1910年11月7日「石澘城有奉憲給照之実拠」。

(124)　『台湾日々新報』1910年11月25日「製糖場の紛紜」，『台湾日々新報』1910年12月7日「製糖場紛擾の続聞」，『通商彙纂』明治44年16号，1911年3月20日「福建省南部ニ於ケル機械製糖工場新設状況」1-3頁，胡剛「二十世紀初閩南蔗糖業的衰落及其原因探析」『廈門大学学報（哲社版）』1988年2期，1988年，95-96頁，CIMC, *Trade Reports and Returns 1909*, Amoy, p. 541 ; CIMC, *Trade Reports and Returns 1910*, Amoy, p. 574 ; FO228/1797, Sundius to Jordan, Separate, Intelligence Report, Jan. 20, 1911. なお，郭禎祥は釐金の各地の釐卡などでの徴税を避けるために生産地で一括納入する統捐を閩浙総督に対して要請していた。『廈門日報』1910年11月8日「稟請糖業統捐」。これも地方官僚の利権に抵触した可能性はある。なお，1899年に廈門で日本専管居留地問題をめぐり日本人への反発が高まり台湾籍民の商店が襲われたときに，郭春秧の商店も襲撃されて2,000円の被害を出しており，郭春秧が廈門の人々の反感を買っていた可能性も高い。外務省編『外務省警察史51』不二出版，2001年，43-44頁。

(125)　CIMC, *Trade Reports and Returns 1911*, Amoy, pp. 610-611.

(126)　CIMC, *Decennial Reports 1902-11*, Amoy, p. 109.

(127)　張其昀『中国経済地理』（第3版）商務印書館，1937年，96頁。この工場に対し，郭禎祥は5年間の機械制製糖業独占という章程の規定に反するとして勧業道に対応を要請している。『廈門日報』1910年11月11日「漳州華祥糖廠電稟勧業道文」。

(128)　『南閩事情』108-109頁。

(129)　三五公司前掲書，14-16頁。

(130)　クリスチャン・ダニエルス「一六～一七世紀福建の竹紙製造技術——『天工開物』に詳述された製紙技術の時代考証」『アジア・アフリカ言語文化研究』48-49号，1995年，273-285頁。

(131)　在廈門上野領事より外務大臣宛公161号「管轄内状況取調一件」1906年8月11日（外務省外交史料館所蔵文書1-6-126-19）。

(132)　『通商彙纂』明治40年21号，1907年4月8日「廈門ニ於ケル輸入紙状況」36-37頁。

(133)　『台湾新報』1898年3月15，16日「廈門の刻煙草」，『通商彙纂』122号，1899年1月28日「支那製刻煙草ノ景況」53頁。

(134)　台湾総督府淡水税関編『台湾税関十年史』台湾総督府淡水税関，1907年，294-313，338-340頁。

(135)　『台湾日々新報』1901年4月30日「支那煙草の騰貴」。

(136)　『台湾日々新報』1901 年 8 月 22 日「刻煙草の密輸入多し」。

(137)　台湾総督府財務局『台湾の関税』台湾総督府財務局，1935 年，45-46 頁。

(138)　井手季和太『台湾治績志』台湾日々新報社，1937 年，384-385 頁。台湾総督府の財政の中で専売事業はその収入の 3～4 割を占める重要な部分であり，専売事業の中で煙草からの収入は 1920 年代にはアヘンを上回り，酒・酒精（エタノール）と並んで重要な収入源となった。黄通・張宗漢・李昌槿合編『日拠時代台湾之財政』聯経出版事業公司，1987 年，33-38 頁。

(139)　『通商彙纂』明治 39 年 38 号，1906 年 6 月 28 日「福建省南部産煙草状況」1-3 頁。

(140)　CIMC, *Trade Reports and Returns 1908*, Amoy, p. 483.

(141)　東亜同文会前掲『支那省別全誌 14　福建省』615 頁，『通商彙纂』明治 44 年 26 号，1911 年 5 月 10 日「福建省泉州府下苧麻布製造状況」36-37 頁。

(142)　笹本重巳「広東の鉄鍋について――明清代における内外販路」『東洋史研究』12 巻 2 号，1952 年，39-46 頁。

(143)　CIMC, *Trade Reports on Trade 1881*, Amoy, p. 14.

(144)　『通商彙纂』明治 42 年 56 号，1909 年 10 月 10 日「廈門台湾間往来貨物最近ノ状況」6 頁。

(145)　三五公司前掲書，31-32 頁。

(146)　CIMC, *Trade Reports and Returns 1907*, Amoy, p. 444.

(147)　『通商彙纂』185 号，1901 年 2 月 25 日「清国福建省漳州」74 頁，『通商彙纂』明治 39 年 34 号，1906 年 6 月 8 日「廈門特産輸出物水仙花根状況」15-17 頁，CIMC, *Trade Reports and Returns 1907*, Amoy, p. 444.

(148)　廈門からの磁器の輸出は徳化産を主とし，一部江西産も輸出されていた。『通商彙纂』明治 38 年 4 号，1905 年 1 月 23 日「廈門ニ於ケル陶磁器輸出入情況」5-6 頁，『通商彙纂』明治 39 年 42 号，1906 年 7 月 18 日「福建省徳化製磁器状況」15-17 頁。

(149)　『台湾日々新報』1900 年 11 月 3 日「稟求減税」。

(150)　東南アジア華人のあいだでは葬式の際に死者の親族が各々の 1 本の雨傘を墓の傍らに捨てる風習があった。『通商彙纂』明治 39 年 37 号，1906 年 6 月 23 日「廈門ニ於ケル雨傘」7-8 頁。

(151)　『申報』1895 年 6 月 18 日「台廈続聞」。

(152)　台南府の安平からは 5 月下旬に官僚，幕友，紳士，商人などが汽船で続々と廈門に引きあげた。『申報』1895 年 6 月 24 日「紀台島戦事」。

(153)　方豪「台南之『郊』」『大陸雑誌』44 巻 4 期，1972 年，17-18 頁，卓克華『清代台湾行郊研究』福建人民出版社，2006 年，208-209 頁。

(154)　石井寛治「日清戦後経営」朝尾直弘ほか編『岩波講座日本歴史 16　近代 3』岩波書店，1976 年，56-61 頁。

(155)　小風秀雅『帝国主義下の日本海運――国際競争と対外自立』山川出版社，1995 年，259-267 頁，松浦章『近代日本中国台湾航路の研究』清文堂，2005 年，69-97 頁。台湾総督府命令航路については，片山邦雄『近代日本海運とアジア』御茶の水書房，1996 年，211-250 頁を参照。

(156) CIMC, *Decennial Reports 1882-1891*, Tamsui, pp. 449-450；台湾総督府鉄道部『台湾鉄道史』上，台湾総督府鉄道部，1910年，29-49頁。

(157) 同上，221-238頁。

(158) 台湾総督府鉄道部『台湾鉄道史』中・下，台湾総督府鉄道部，1911年。

(159) CIMC, *Decennial Reports 1882-1891*, Tamsui, p. 452.

(160) 1903～1946年までの観測によれば，11月～翌年2月の平均風速は3.7メートルであり，最大風速は16.7メートルに達した。陳正祥編『基隆市志概述』基隆市文献委員会，1954年，13頁。

(161) 『台湾産業雑誌』2号，1898年12月20日，鶴見祐輔著・一海知義校訂『〈決定版〉正伝・後藤新平3　台湾時代1898～1906』藤原書店，2005年，294頁。

(162) 陳正祥編前掲書，24頁，鶴見前掲書，294-295頁，『台湾日々新報』1901年3月1日「基隆築港の現在及将来の計画」。

(163) 『台湾日々新報』1907年5月1日「基隆港の今昔」，台湾総督府交通局『台湾の港湾』台湾総督府交通局道路港湾課，1925年，31頁，鶴見前掲書，298-302頁。

(164) 台湾総督府交通局前掲『台湾の港湾』31-33頁。

(165) 大稲埕における輸出商は，外国人商人がテート商会・キャス商会（Cass & Co.：嘉士洋行）・ボイド商会・ジャーディン・マセソン商会・スミス・バーラー商会（Smith Barer & Co.：隆興洋行）の5商会，中国人商人の商店が18あった。これらの商社の本拠は隆興を除き全て廈門にあった。また，日本人の輸出業者は台湾貿易会社のみで，台湾人の輸出業者はいなかった。『台湾日報』1908年1月16日「台湾茶業調査」。

(166) 『台湾産業雑誌』2号，1898年12月，6-7頁，呉文星「日拠時期来台華工之探討」張炎憲主編『中国海洋発展史論文集』3輯，中央研究院近代史研究所，1988年，159-164頁，安井三吉『帝国日本と華僑――日本・台湾・朝鮮』青木書店，2005年，73-78頁。

(167) 『申報』1896年4月27日「廈門近事」。

(168) 『申報』1897年4月2日「鷺島春雲」。

(169) 『台湾日々新報』は，大稲埕に対岸廈門地方から渡台する職工は1897年の同時期5,000人ほどであったのに本年は2,000，3,000人も召集されないとし，その理由として1897年の不況，渡台条令の励行，茶商の召集の手控え，天候の不順を挙げている。なお，前述した安渓の茶工の数が数万人であったということからも，1897年の段階でも茶工の相当数の減少がみられるといえる。『台湾日々新報』1898年5月19日「茶業不振に就いて」。そして茶工の労賃は茶工の規制にともない昨年が36銭ぐらいであったのが，本年は40銭前後となったとされる。『台湾日々新報』1899年5月6日「茶業談話」。

(170) 日本の台湾領有時には2,000人に達していた対岸からの茶工は，1905年には1,496人になっていた。その後，1918年行以降，台湾総督府の茶業奨励の影響もあり，さらに急減していく。松尾弘『台湾と支那人労働者』南支南洋経済研究会，1937年，11-12，40-42頁。

(171) 『申報』1898年4月16日「鷺島春雲」「廈門人之貿易於台湾者，開設大小茶幇棧行数

百家，大半隷籍日本，請領執照，回廈禀請日本領事掛号。其意蓋欲為釐捐取巧起見也」。

(172) CIMC, *Trade Reports and Returns 1899*, Amoy, p. 456 ; CIMC, *Trade Reports and Returns 1901*, Amoy, p. 472 ; CIMC, *Trade Reports and Returns 1902*, Amoy, p. 533.

(173) 『台湾日々新報』1899年8月26日「廈門媽振館の奸策」。

(174) 『申報』1900年12月1日「巨行虧倒」。1890年代末以降には，アメリカ系商社が台北に進出して烏龍茶を買い付けることになったために競争は激化し，イギリス系商社も廈門から台北に拠点を移動させることになった。谷ヶ城秀吉『帝国日本の流通ネットワーク――流通機構の変化と市場の形成』日本経済評論社，2012年，69-73頁。

(175) 台湾総督府財務局前掲『台湾の関税』35-37頁。

(176) 『台湾日々新報』1899年8月15日「烏龍茶の内地輸送」。

(177) 『台湾日々新報』1899年9月2日「茶の輸出税に対する抗議（上)」，1899年9月3日「茶の輸出税に対する抗議（下)」。

(178) 『台湾日々新報』1899年9月10日「澤村氏の廈門談」，1899年9月27日「在廈門外国商の抗議」。

(179) 『台湾日々新報』1901年5月16日「茶商ご本年」。

(180) CIMC, *Trade Reports and Returns 1905*, Amoy, p. 371.

(181) CIMC, *Trade Reports and Returns 1905*, Amoy, p. 371.

(182) 『台湾日々新報』1906年3月4日「基隆築港と烏龍茶（2)」。

(183) CIMC, *Trade Reports and Returns 1906*, Amoy, pp. 369-370 ;『申報』1907年2月20日「洋商購茶改章」。

(184) 劉素芬「日治初期台湾的海運政策与対外貿易」湯熙勇主編前掲『中国海洋発展史論文集』7輯，654頁。

(185) 『通商彙纂』明治39年37号，1906年6月23日「廈門茶商ノ南洋方面へ輸送セル茶ノ販賣状況」3-4頁。

(186) 『通商彙纂』明治45年6号，1912年1月25日「廈門ニ於ケル台湾包種茶再輸出事情」24頁。

(187) やまだ前掲論文，河原林前掲書，71-73頁。

(188) 『台湾日々新報』1899年5月3日。

(189) 『台湾日々新報』1905年3月8日「漳糸短銷」。

(190) 『台湾日々新報』1907年5月9日「対岸輸入品の商況」。

(191) 『台湾日々新報』1907年8月21日「対岸貿易に就いて」。

(192) 大豆生田稔「食糧政策の展開と台湾米――在来種改良政策の展開と対内地移出の推移」『東洋大学文学部紀要』史学科篇16号，1991年，30-36頁。

(193) 開港場であった鶏籠（基隆)・淡水・安平・打狗（高雄）に加え，日本領有後には，従来ジャンクが出入りしていた鹿港・旧港・後龍・梧棲・東石・東港・馬公・蘇澳・湖口が，1897〜1899年にかけて特別輸出入港に指定されて開港した。台湾総督府財務局『台湾の貿易』台湾総督府財務局，1935年，13-14頁。

(194) 『通商彙纂』明治42年56号，1909年10月10日「廈門台湾間往来貨物最近ノ状況」

3頁。

(195)　『台湾日々新報』1901年3月12日「本島の戎克貿易」。

(196)　『台湾日々新報』1907年8月21日「対岸貿易に就いて」。

(197)　『台湾日々新報』1907年9月10日「台湾の貿易に就いて（2）」。

(198)　台湾総督府交通局前掲『台湾の港湾』53–54，63–65，96–97，104–105，112–113頁。

(199)　『台湾日々新報』1907年9月11日「台湾の貿易に就いて（3）」，同9月12日「台湾の貿易に就いて（4）」，同9月13日「台湾の貿易に就いて（5）」。

(200)　佐藤三郎「明治三三年の廈門事件に関する考察——近代日中交渉史上の一齣として」『山形大学紀要（人文科学）』5巻2号，1963年，菅野正「一九〇〇年春，後藤新平長官の福建訪問について」『奈良史学』11号，1993年，50–65頁，斎藤聖二『北清事変と日本軍』芙蓉書房出版，2006年，234–277頁。

(201)　中村孝志「台湾と『南支・南洋』」中村孝志編『日本の南方関与と台湾』天理教道友社，1988年，6–14頁，菅野正『清末日中関係史の研究』汲古書院，2002年，36–58頁，同「一九〇〇年春，後藤新平長官の福建訪問について」67–70頁，鍾淑敏「明治末期台湾総督府的対岸経営——以樟脳事業為例」『台湾風物』43巻3期，1993年。

(202)　小風前掲書，267頁。

(203)　廈門のジャンクの入港数は，1892年の206隻から1901年の108隻に減少していた。CIMC, *Decennial Reports 1892–1901*, Amoy, pp. 140–141. 入港数の減少は，ジャンク数と台湾との往来回数がともに減少していたことによる。沢村繁太郎『対岸事情』中川藤四郎，1898年，130–131頁によると，廈門の台湾向けジャンクは44隻から22，23隻に，往復回数は8〜12回から4〜6回に減少していた。

(204)　東亜同文会前掲『支那省別全誌14　福建省』350頁。

(205)　『通商彙纂』明治42年5号，1909年1月28日「泉州府一般状況」57–61頁。

(206)　小風前掲書，268–269頁。1910年代以降になると，台湾と関東州・満洲との関係はいっそう深まっていく。堀前掲書，84–85頁。

(207)　林満紅『四百年来的両岸分台』自立晩報，1994年，33–38頁。

(208)　ただし，1910年代以降，台湾と廈門を含む華南の貿易関係は再び密接になっていく。その背景には台湾総督府の海運政策があった。谷ヶ城前掲書，96–104頁。

(209)　イギリス領事報告も内陸の鉱山を鉄道で廈門に結びつけることが重要と指摘していた。FO, Annual Report, No. 3882, Diplomatic and Consular Reports, China, 1906, Amoy, pp. 5–6. これは，廈門におけるイギリス商人の地位低下を打開する目的もあった。廈門周辺の鉱産資源は鉄鉱石が安渓・永春・太田・徳化・龍巌，石炭が龍巌から永定，徳化から永春州，永安から太田の地域といった内陸部に分布していた。ただし，他地域と比較すると，全体的には鉱産資源は不足していた。林慶元前掲書，35–36頁。

(210)　倉橋正直「清末，商部の実業振興について」『歴史学研究』432号，1976年，8頁。光緒新世紀の鉄道建設については，千葉正史『近代交通体系と清帝国の変貌——電信・鉄道ネットワークの形成と中国国家統合の変容』日本経済評論社，2006年，第7章を参照。

(211)　東亜同文会編『支那経済全書』5輯，東亜同文会，1908年，326–331頁，庄国土前掲

書，280-281頁。『商辦福建鉄路公司第一次股東正式会始末記』によれば，株主の多くは東南アジア華人であった。JACAR（アジア歴史資料センター）Ref. B0410930300, 南支鉄道関係雑纂第二巻（1-7-3-044）外務省外交史料館。

(212)　『廈門日報』1911年1月20，21日「閩路公司決算現在収入支出各欵並工程成績予算将来漳廈全路建築平均毎里価目清単」，CIMC, *Decennial Reports 1902-1911*, Amoy, p. 110 ; 東亜同文会前掲『支那省別全誌14　福建省』，234-235頁。史料によって使用した金額のずれがみられるが，最も詳細な『廈門日報』の数値を採用した。

(213)　『通商彙纂』明治43年45号，1910年8月15日「漳廈鉄道開通状況」22-23頁。

(214)　1914年には国有化を図っているが，経営状況の悪さのために交通部が補助を与えるにとどまった。東亜同文会前掲『支那省別全誌14　福建省』237-238頁。漳廈鉄路はその後の内戦でも被害にあい，最終的に1930年に廃止されている。廈門市地方志編纂委員会編前掲書，572頁。

(215)　朱陰貴『中国近代輪船航運業研究』中国社会科学出版社，2008年，22-26頁。

(216)　CIMC, *Decennial Reports 1892-1901*, Amoy, pp. 140-144 ;『通商彙纂』188号，1901年4月10日「清国廈門附近交通状況」72-75頁。

(217)　羅玉東前掲書，325，347頁。

(218)　1890年に輸移出の通過証の発行の80％は漳州向けであり，1891年には90％に達した。一方泉州向けは2〜3％程度であった。CIMC, *Trade Reports and Returns 1890*, Amoy, p. 361 ; CIMC, *Trade Reports and Returns 1891*, Amoy, p. 383.

(219)　CIMC, *Trade Reports and Returns 1886*, Amoy, p. 300.

(220)　『申報』1893年11月15日「論廈門整頓煤油釐金事」。

(221)　また，通過貿易の商品に対する釐金徴収・差し押さえも行われたが，廈門の各国領事の抗議を受け，賠償することが多かった。FO228/1113, Gardner to O'Coner, Separate, July 1, 1893, Intelligence Report Amoy ; FO228/1150, Encl. in Ford to O'Coner, Separate, Feb. 3, 1894, Intelligence Report ; FO228/1281, Gardner to Mac Donald, No. 14, Apr. 14, 1898.

(222)　廈門海関は1891年に通過証の期限短縮を提案して廈門商業会議所の外国人商人と駐廈門各国領事の反対を受けた。FO228/1063, Forrest to Walsham, No. 1, Jan. 22, 1891.

(223)　外務省通商局『清国釐金税調査報告集』外務省通商局，1909年，361頁。

(224)　1892年にジャーディン・マセソン商会は，手数料の高いイギリス領事発行の三聯単から他国の発行する三聯単に切り替えている。FO228/1113, Incl. No. 1 in Forrest to O'Coner, No. 5, Feb. 12, 1893, Intelligence Report.

(225)　『通商彙纂』明治44年49号，1911年8月23日「廈門四十二年度貿易年報」34頁。

(226)　汕頭では，釐金が子口半税以下に引き下げれられ，通過貿易は大打撃を受けた。CIMC, *Trade Reports and Returns 1908*, Swatow, p. 498 ; CIMC, *Trade Reports and Returns 1909*, Swatow, p. 559.

(227)　外務省通商局前掲『清国釐金税調査報告集』360-361頁。

(228)　宮田前掲書，26-27，100頁。

(229)　『通商彙纂』明治42年32号，1909年6月10日「廈門ニ於ケル豆及豆粕ノ輸入事情

並ニ本年一月以来ノ状況」24頁。

(230)　『申報』1902年4月25日「廈門米市」「廈門訪事人云，廈門食米全仗台漳接済，現因天時亢旱，漳州府属厳禁米糧出口，以致廈郡米価陡昂。廈門各紳董電致安南仰光運米接済，随由各輪船運到米五万余包，市価即因之平減」。

(231)　CIMC, *Trade Reports and Returns 1904*, Newchwang, p. 3 ; CIMC, *Trade Reports and Returns 1904*, Chefoo, p. 105 ; CIMC, *Trade Reports and Returns 1905*, Newchwang, pp. 1–2.

(232)　CIMC, *Trade Reports and Returns 1907*, Amoy p. 441 ; CIMC, *Trade Reports and Returns 1909*, Amoy, p. 541 ; CIMC, *Trade Reports and Returns 1910*, Amoy p. 573 ; CIMC, *Trade Reports and Returns 1911*, Amoy, p. 609.

(233)　『通商彙纂』明治42年32号，1909年6月10日「廈門ニ於ケル豆及豆粕ノ輸入事情並ニ本年一月以来ノ状況」23頁。

(234)　廈門は天津に対しては出超であったため，廈門から上海宛に為替を組み，上海で決済された。『通商彙纂』明治39年37号，1906年6月23日「廈門北清間貿易状況」5頁。

(235)　CIMC, *Trade Reports and Returns 1891*, Amoy, p. 383.

(236)　『通商彙纂』明治42年37号，1909年7月5日「廈門地方ニ於ケル最近麦粉状況」32頁。

(237)　同上，33–34頁。

(238)　19世紀後半，華南においてはインド糸による織布業が拡大していた。小山正明『明清社会経済史研究』東京大学出版会，1992年，462–464頁。

(239)　森時彦『中国近代綿業史の研究』京都大学学術出版会，2001年，37–41頁。

(240)　例えば，1899年に三都澳からは福安県産のアヘン約1,500ピクルが廈門と興化に（ジャンクで）移出されたといわれているが，このアヘンの価格が福建省産のアヘン価格の1ピクルあたり370海関両とすると，総額は55万5,000海関両となり，無視できない額となる（例えば，同年の廈門の芝罘からの中国製品移入額は60万9,507両である）。CIMC, *Trade Reports and Returns 1899*, Santuao, p. 426.

(241)　福州のマッチ生産は1900年と1901年に廈門への移出を拡大し，日本製マッチを駆逐する可能性があるとみられていたが，その後日本製品との競争に敗れて衰退した。CIMC, *Trade Reports and Returns 1900*, Foochow, p. 426 ; CIMC, *Trade Reports and Returns 1901*, Foochow, p. 448 ; 東亜同文会前掲『支那省別全誌14　福建省』805–807頁。

(242)　濱下前掲『近代中国の国際的契機』187–190頁，同『中国近代経済史研究』250–254頁。

(243)　『通商彙纂』明治44年49号，1911年8月23日「廈門四十二年度貿易年報」43頁。

(244)　東南アジア域内貿易における海峡植民地の役割の重要性については，杉原前掲書，76–82頁を参照。

(245)　FO, *Annual Report*, No. 4531, Diplomatic and Consular Reports, China, 1909 Amoy, p. 3. また，アメリカ領になると，1902年には本国と同様の中国人労働者禁止令が実施され，移民は大きく制限された。井手季和太『比律賓に於ける華僑』満鉄東亜経済調査局，1939年，15頁。

(246)　『通商彙纂』明治45年10号，1912年2月5日「南洋方面清国人分布状況」75頁。

(247)　『通商彙纂』248号，1903年1月15日「廈門輸入海産物商況」6頁。

(248)　各年度の海関報告。

(249)　濱下前掲『近代中国の国際的契機』56–57頁。

(250)　同上，200頁。

(251)　1903年までの貿易統計には修正が必要であるが，仕出地，仕向地別の税収は不明であり，廈門の貿易全体の輸移出入額の修正しかできない。また，1905年以降の仕出地，仕向地別の輸移出入額は不明である。したがって1904年の統計を用いる。ただし，1904年2月に日露戦争が勃発した影響で，上海での貿易決済予想額は例年よりも少ないと思われる。

(252)　この計算には，華北・華中諸港の上海以外での決済額はないものとしており，また福州，汕頭，台湾の貿易の上海での決済の可能性を省いてある点に問題がある。ただし，総額からみれば誤差は小さいであろう。

(253)　1904年の廈門における金銀の移出入は福州，汕頭を中心としている。貿易と金銀双方共福州・汕頭からの入超になっている。特に，福州からは54万4,644海関両，汕頭からは39万4,532海関両の銀貨の入超になっている。汕頭からの入超については，1902年に廈門では日本の貿易銀の需要が高まり，汕頭商人がこれをプレミアムつきで売却し，汕頭から大量の銀貨が廈門に送られたということがあり，投機的なものであった可能性はある。CIMC, *Trade Reports and Returns 1902*, Swatow, p. 383.

(254)　外国貿易の他に華南諸港との決済が香港で行われた可能性はある。

(255)　呉承禧「廈門的華僑匯款与金融組織」『社会科学雑誌』8巻2期，1937年，250頁。

(256)　『通商彙纂』明治45年6号，1912年1月25日「廈門ニ於ケル台湾包種茶輸出事情」24頁。

(257)　鄭林寛『福建華僑匯款』福建省政府秘書処統計室，1940年，80頁。

(258)　CIMC, *Trade Reports and Returns 1904*, Amoy, p. 648.

(259)　CIMC, *Trade Reports and Returns 1903*, Amoy, p. 596 ; CIMC, *Trade Reports and Returns 1905*, Amoy, p. 370.

(260)　ただし，外国製品輸入額の2割近くを占めていたアヘンを奢侈品に加えると事情は異なる。

(261)　下関条約による日本の台湾領有によって，条約批准から2年以内に台湾島・澎湖列島を退去しない住民は日本臣民となったが，廈門では台湾籍を詐称する仮冒籍民が問題となった。中村孝志「『台湾籍民』をめぐる諸問題」『東南アジア研究』18巻3号，1980年，68–71頁。

(262)　FO, Annual Series, No. 4322, Diplomatic and Consular Reports, China, 1908, Amoy, p. 5.

(263)　廈門の郊が協議するものとして十途郊所があったが，1903年に発布された「商会簡明章程」により，同年廈門でも商会が設立され，総理と協理4人を設けてその合議によって，商業上の紛争で軽微なものは商会内で処理し，重大なものは廈防庁，道台等に起訴した。その後，商会は商政局と改称し，合議制を廃して総理，協理を設け，議董と議員を選出した。さらに1904年に商務総会と改称し，廈門商務総会章程を作り，権限を拡張した。『通商彙纂』明治43年42号，1910年8月1日「廈門商務総会」15

頁。なお，「貢燕」とは，『申報』1909年3月5日の「専電」の電五に「査廈門貢燕一頁，始於乾隆初年，初由商人承辦，毎年例貢一百六十觔，毎觔約費七八十元，共需万元以上，後商人不堪賠累，改帰商務総会承辦。該会亦以例規騒擾，迭次稟控農部。故農部援従前停止鮒魚茘芰梨棗等貢献之例，奏請豁免也」とあるように，乾隆年間から行われていたもので，商人が請け負っていたが負担にたえられず，商務総会が請け負うようになった。しかし商務総会も騒動を引き起こして農部に訴えたため，農部も免除を求めるようになっていた。

(264)　CIMC, *Decennial Reports,* 1902–1911, Amoy, p.104 によると，廈門の金融市場の資本額は1901年の1,000万ドルから1911年には2,200万ドルに増加しており，廈門の金融市場の発展を裏づけている。

(265)　『申報』1891年4月25日「鷺江波影」は，廈門の各行が衰退する中で銀号・銭荘のみが日増しに盛んになっていると伝えている。もっとも，それは金融業が安定していたことを意味するのではない。1891年には銭荘が連鎖的に倒産している。『申報』1891年8月6日「倒帳新章」。恒宝源銭荘などは開設して96日で倒産している。『申報』1891年8月8日「鷺江録要」。むしろ，倒産と再編を繰り替えす中で拡大していったといえるだろう。1899年に10家であった銭荘は，1902年には20家に増大していたとされる。林慶元前掲書，235頁。

(266)　民信局は「批局」・「批館」・「匯兌荘」ともいわれ，華人の送金業を行った。鄭林寛前掲書，67頁。

(267)　ただし，図7–16，7–17にはジャンク貿易が含まれていないので，実際には台湾との交易量は図示した額よりも多い。もっとも1880年代には遠距離ジャンク貿易はすでに衰退しており，その他の地域との関係は図示した額と大差ないであろう。

(268)　当該期の華僑送金についての史料は少ない。1938年の閩南の華僑送金の地域別割合をみると，廈門を除いた場合，晋江県を筆頭として，南安県・安渓県・恵安県など泉州府に含まれていた地域が84％と圧倒的な割合を占め，その他は永春州が8％，漳州府は6％，龍巌州は2％にすぎなかった。また，廈門系信局の送金範囲は廈門・金門・同安・南安・永春・徳化・海澄・龍渓・漳浦・華安・長泰・南靖・雲霄・詔安・東山・龍巌の適中であり，これはほぼ閩南全域に及んでいる。鄭林寛前掲書，67–68，98頁。

(269)　緒論でふれたように泉州府は漳州府よりも開発が早く，台湾への移住においても先行しており，華僑の投資額も圧倒的に多い。

第8章　善堂とアヘン

(1)　例えば上海では，1851～1854年に広東香山県人の呉健彰が蘇松太道（上海道台）となり，広東人商人に便宜をはかり，道台衙門の役人や兵士に至るまで広東人が任命された。Leung, *op. cit.*, pp. 53–56.　第5章註(172)でみたように，福建人・広東人が中心となった小刀会の反乱後，上海における広東人商人の勢力は拡大したが，福建人商人

の活動は衰退した。高紅霞前掲書，160-172頁。

（2）　廈門とその周辺の人々が台湾籍民になることを希求した理由は，子口半税特権などの不平等条約特権を享受するためであった。中村孝志前掲論文，73-74頁。

（3）　1863～1906年の海関報告によれば，廈門はアヘン輸入において開港場の中で第3～7位を占めた。林満紅前掲「清末社会流行吸引鴉片研究」99頁。

（4）　1889年の各省における1人あたりの使用アヘン量の推計は，福建省は116ピクルで，浙江省の133ピクルに次いで，全国第2位である。林満紅前掲「清末社会流行吸引鴉片研究」341頁。

（5）　中国アヘンは価格が低いことから外国アヘンに代替していった。林満紅「清末本国鴉片之替代進口鴉片（1858-1906）」『中央研究院近代史研究所集刊』9期，1980年，426-431頁，杉原前掲書，62-65頁。アロー戦争後における福建省のアヘン貿易については，以下を参照。Joyce A. Madancy, *The Troublesome Legacy of Commissioner Lin : The Opium Trade and Opium Suppression in Fujian Province, 1820s to 1920s*, Harvard University Asia Center, 2003, pp. 54-63.

（6）　例えば1871～90年は相関係数が－0.7609と高い負の相関を示している。

（7）　CIMC, *Trade Reports and Returns 1885*, Amoy p. 291. アヘンは泉州から鹿港などの台湾諸港に輸出された。FO228/742, Forrest to Parkes, No. 17, Dec. 2, 1884.

（8）　Motono, *op. cit.*, pp. 119-165.

（9）　FO228/111, Layton to Bonham, No. 14, Mar. 21, 1850 ; FO228/111, Layton to Bonham, No. 18, Apr. 26, 1850.

（10）　FO228/644, Encl. No. 1 in Giles to Wade, No. 15, June 7, 1880.

（11）　1878年の段階でも，廈門周辺におけるアヘン生産は100～150ピクル程度とされている。FO228/606, Encl. No. 3 in Alabaster to Fraser, No. 5, Jan. 25, 1878. 1879年の生産も221ピクルであり，そのうち廈門に搬入されたのは10ないし20ピクルであったとされる。さらに1880年の収穫は95ピクルにすぎなかった。FO228/644, Encl. No. 1 in Giles to Wade, No. 15, June 7, 1880.

（12）　FO228/606, Encl. No. 3 in Alabaster to Fraser, No. 5, Jan. 25, 1878.

（13）　『福建事情実査報告』付録第7「廈門ニ於ル阿片調査」103-112頁。

（14）　CIMC, *Reports on Trade 1881*, Amoy, p. 5.

（15）　上海においても潮州人商人は外国アヘン取引を独占していた。本野前掲書，101-102頁，郭緒印『老上海的同郷団体』文匯出版社，2003年，120-121頁。

（16）　Hao, *op. cit.*, pp. 192-193.

（17）　Trocki, *Opium, Empire and the Global Political Economy*, pp. 108-118. 1870年代にはジャーディン・マセソン商会をはじめとするイギリス商社は，インドの産地に強い足場をもつサッスーン商会（David Sassoon & Sons）との競争の激化によってアヘン貿易から撤退を始めている。石井摩耶子前掲書，76-78頁。

（18）　FO228/585, Encl. in Alabaster to Fraser, No. 50, Sept. 15, 1877, Trade Report for the Year of 1876.

（19）　FO228/848, Encl. in Allen to Walsham, Separate, Jan. 17, 1887, Intelligence Report.

(20)　外国人商人は高い釐金徴収を回避するために上海から鎮江へ外国アヘン再輸出を行っていた。本野前掲書，99-100頁。

(21)　FO228/848, Encl. in Allen to Walsham, Separate, Jan. 17, 1887, Intelligece Report. イギリス領事の1876年の貿易報告でも，アヘン貿易で正直な商人はモラルの低い商人との競争で成功を収められないとしている。FO228/585, Encl. in Alabaster to Fraser, No. 50, Sept. 15, 1877.

(22)　FO228/584, Encl. in Alabaster to Fraser, No. 15, Mar. 2, 1877.

(23)　FO228/233, Encl. No. 1 in Morrison to Bowring, No. 62, Dec. 4, 1857.

(24)　羅玉東前掲書，562-563頁。

(25)　FO663/65,「興泉永道司徒致英領事馬照会」(1857年11月27日)「惟難保無内地官民藉図偸漏在於中途，先向洋船剝販転赴各私口起貨行銷，是各小口亦応一律稽査，以杜営私」; FO228/233, Encl. No. 1 in Morrison to Bowring, No. 62, Dec. 4, 1857.

(26)　FO663/64,「英国廈門副領事金致興泉永道司徒照会」(1858年3月17日); FO228/251, Encl. No. 2 in Gingell to Bowring, No. 9, Mar. 13, 1858.

(27)　FO663/65,「興泉永道司徒致英領事馬照会」(1857年11月27日); FO228/233, Encl. No. 1 in Morrison to Bowring, No. 62, Dec. 4, 1857.

(28)　FO663/64,「英国廈門領事馬致興泉永道司徒照会」(1857年12月4日); FO228/233, Encl. No. 3 in Morrison to Bowring, No. 62, Dec. 4, 1857.

(29)　FO663/65,「興泉永道司徒致英国廈門副領事金照会」(1858年3月23日); FO228/251, Encl. in Gingell to Bowring, No. 18, Mar. 29, 1858.

(30)　FO663/65,「廈防分府王・廈門釐金総局張致英領事馬照会」(1857年12月14日)。

(31)　その後もテート商会だけではなく，ボイド商会やカピス商会，ブラウン商会（Brown & Co.）の通訳もアヘン釐金逃れを行って摘発されている。FO663/65「興泉永道司徒為英国領事馬照会」(1859年3月13日)。

(32)　FO663/65,「泉州知府耿致英領事馬・柏照会」(1858年2月12日)。

(33)　FO228/265, Morrison to Bowring, No. 18, Mar. 10, 1859.

(34)　FO663/65,「興泉永道陳為英領事馬照会」(1859年5月11日)。

(35)　1859年5月にも興泉永道はイギリス船2隻が恵安県の臭塗の海上に浮かび，関税と利金を脱税しているとして，それらの商船の引き渡しを要求している。FO663/65,「興泉永道陳為英国領事馬照会」(1859年5月11日)。

(36)　FO228/265, Encl. No. 1 in Morrison to Bruce, No. 9, June 4, 1859.

(37)　FO228/265, Morrison to Bruce, No. 9, June 4, 1859.

(38)　Ibid.

(39)　Ibid.

(40)　FO663/65,「興泉永道潘為英国領事馬照会」(1859年9月19日)。

(41)　FO663/65,「前興泉永道司徒・興泉永道潘為英国領事照会」(1859年12月16日)。

(42)　FO228/285, Gingell to Bruce, No. 63, Aug. 7, 1860.

(43)　林満紅「晩清的鴉片税（1858-1909）」『思与言』16巻5期，1979年，428-432頁。

(44)　廈門の育嬰堂は，雍正8年（1730）に廈防同知李暲によって創設された。注生祠が淵

源で，乾隆 29 年に普済堂，嘉慶 20 年に育嬰堂と名を改めた。同治元年（1862）から外国商社の買辦から身を起こした商人の葉文瀾が育嬰堂の事業の責任を負ったが，赤字経営が続き，同治 10 年には洋薬局から援助を受けることになり，その後 1882 年に捐を募って修復を行っている。民国『廈門市志』巻 21，恵政志，『申報』1887 年 9 月 1 日「鷺島紀聞」。FO663/65「興泉永道陳為英領事馬照会」（1859 年 4 月 22 日）にあるように，1859 年には盗品売買を行った者への罰金が育嬰堂の経費に充当されており，19 世紀中葉までにはすでに安定した収入が得られていなかったことがうかがえる。1881 年の場合，育嬰堂の基金は主にアヘン郊からの毎月 1,000 ドルの寄付で，それに船舶への課税が加わっていた。CIMC, *Reports on Trade 1881*, Amoy p. 14. このほかに，東南アジア華人からも義捐金を募っていることもある。何丙仲編前掲『廈門碑誌彙編』123-124 頁。なお，育嬰堂で養われた幼女は成長すると娼妓あるいは妾・婢として売られ，廈門の現地出身の娼妓の大半が育嬰堂出身者であったとされる。『申報』1890 年 6 月 30 日「廈門近事」。善堂に関する総括的研究を行った夫馬進は，善堂の資金難からくる徭役的性格など本章の事例と共通する点も指摘している。夫馬進『中国善会善堂史研究』同朋社出版，1997 年，541-603 頁。また，小浜正子は，明清時代から現代の慈善団体を概観し，「捐」が強制的であるか自発的であるかは，解釈によっていかようにもとらえられる物事の裏と表であるとする。小浜正子「中国史における慈善団体の系譜――明清から現代へ」『歴史学研究』833 号，2007 年。ただし，本章にみられるように，官僚側が捐税を課す際に，商人が請願したという「自発的」な形にしてしまうこと，地方財政と捐税が関係していること，負担によっては商人側が捐税を拒否する場合もあることなどは，より考慮されるべきであろう。なお民国期の上海における社会団体については，同『近代上海の公共性と国家』研文出版，2000 年参照。

(45)　CIMC, *Returns of the Native Charges, as far as they can be Ascertained, Levied on the Principal Imports and Exports 1869*, p. 54.

(46)　FO228/511, Encl. No. 1 in Pedder to Wade, No. 8, Mar. 30, 1872.

(47)　FO228/489, Pedder to Wade, No. 9, June 25, 1870.

(48)　後述するように，洋薬局の請負責任者になるためには省当局の認可が必要であり，また海関により外国アヘン輸入量はほぼ把握されていたから，省当局に対してアヘン輸入量を大幅に偽ることは考えられない。

(49)　『申報』1885 年 1 月 25 日「廈台近事」。

(50)　廈門と競合する汕頭の課税額は約 37.6～39.6 海関両，福州は 28.2～75.9 海関両であった。CIMC, II Special Series, No. 4, *Opium*, 1881, pp. 60-63. ただし，1868 年の調査では，廈門がアヘンの諸税を廈門港で一括して徴収し，その後は徴収されなかったのに対し，汕頭では汕頭港から最大の消費地たる潮州までの途上の釐卡で諸税が徴収されている。したがって，消費地によっては，廈門と汕頭の負担額の格差はやや狭まる可能性がある。CIMC, *Returns of the Native Charges, as far as they can be Ascertained, Levied on the Principal Imports and Exports 1869*, pp. 54-55, 58-59.

(51)　1875～1878 年の廈門におけるアヘン釐金は目的地によっても異なっていた。廈門が

127.35 ドルであったのに対し，泉州は 102 ドル，安渓は 105.93 ドル，仙游は 98.3 ドル，龍巌は 68.31 ドル，華封は 118 ドル，台湾は 41 ドルであった。FO228/623, Encl. No. 1 in Giles to Wade, No. 31, Oct. 3, 1879.

（52） CIMC, *Trade Reports and Returns 1885*, Amoy pp. 291–292. ただし，先述のように，実際には釐金以外に地方財政や請負人の収入が存在しただろう。

（53）『申報』1883 年 4 月 9 日「命案甚奇」。

（54） 慣例では密告者・情報提供者への褒賞に罰金の 4 割をあてていたともされる。『申報』1885 年 9 月 14 日「台厦紀聞」。

（55）『申報』1884 年 9 月 22 日「廈門瑣録」。

（56）『申報』1885 年 5 月 5 日「廈門雜録」。

（57）『申報』1885 年 9 月 24 日「台厦掩言」。

（58） 例えば 1885 年 1 月 31 日には洋薬局の巡船が発砲して 4 名を死傷させている。『申報』1885 年 2 月 9 日「輯私釀命」。また同年 4 月 13 日には，洋薬局巡船と柏頭郷の密輸船が砲撃戦を交わしている。『申報』1885 年 4 月 23 日「廈事彙録」。

（59） 鼓浪嶼では，アヘン捜索を口実に若い女性の全身検査をした哨勇が群集に襲われる事件も発生している。『申報』1885 年 6 月 3 日「台廈要録」。

（60）『申報』1885 年 11 月 2 日「台廈雑録」。

（61）『申報』1887 年 1 月 15 日「廈門洋薬近信」。

（62） FO228/489, Pedder to Wade, No. 9, June 25, 1870.

（63） FO228/823, Encl. in Jordan to O'Conor, No. 24, Apr. 1, 1886.

（64）『申報』1885 年 1 月 20 日「廈門瑣彙」。

（65）『申報』1883 年 10 月 15 日「閩中郵音」。

（66）『申報』1884 年 3 月 10 日「福州近聞」。

（67）『申報』1885 年 4 月 8 日「厦島録要」。

（68）『申報』1885 年 5 月 5 日「廈門雑録」。

（69）『申報』1885 年 5 月 17 日「廈門瑣述」。

（70）『申報』1885 年 5 月 27 日「廈事彙録」。

（71）『申報』1885 年 6 月 9 日「廈門小録」。

（72）『申報』1885 年 9 月 24 日「台廈掩言」。

（73）『申報』1885 年 11 月 28 日「体恤商艱」。

（74）『申報』1885 年 11 月 2 日「台廈雑録」。

（75）『申報』1885 年 12 月 22 日「鷺江霏屑」。

（76）『申報』1886 年 4 月 5 日「鷺嶼紀聞」。

（77）『申報』1886 年 3 月 9 日「洋薬減釐」，FO228/855, Encl. in Mansfield to Walsham, No. 7, Apr. 28, 1887.

（78） FO228/824, Encl. in Hopkins to Walsham, No. 53, July 5, 1886, Intelligence Report for Period to 30th June 1886.

（79） FO228/823, Jordan to O'Conor, No. 32, Apr. 20, 1886 ; FO228/824, Encl. in Hopkins to Walsham, No. 53, July 5, 1886, Intelligence Report for Period to 30th June 1886.『申報』

1886 年 4 月 30 日「台廈紀事」の記事は還付金は 5 ドルとなっている。また，インド人と英籍華人の 3 つの商店がこれに加わっていないともされている。これらの商店もその後，契約を結んだのであろう。

(80) 1887 年初頭の場合，還付金は 5 ドルになっている。『申報』1887 年 1 月 21 日「鷺江雪浪」。

(81) 『申報』1886 年 8 月 19 日「鷺島雑聞」。

(82) 『申報』1886 年 9 月 2 日「廈門雑録」。

(83) 『申報』1886 年 9 月 8 日「鷺嶼客談」。

(84) FO228/824, Encl. in Hopkins to Walsham, No. 64, Oct. 1, 1886, Intelligence Report for Period to 30th Sept. 1886 ; CIMC, *Trade Reports and Returns 1886*, Amoy pp. 299–300 ;『申報』1886 年 9 月 19 日「鷺嶼紀聞」。現行の 225 箱の請負量に対して蔡は 250 箱の請負を申し出ていた。なお，董事の更迭については，ダグラス汽船が沈没して一族が全滅した際の処理が不適切であったことも原因とされている。『申報』1886 年 9 月 14 日「換董包釐」。

(85) 『申報』1886 年 9 月 22 日「廈門遴要」。

(86) 『申報』1886 年 10 月 5 日「廈門雑録」, FO228/824, Encl. No. 1 in Allen to Walsham, No. 9, Mar. 18, 1887, Trade Report for 1886.

(87) 『申報』1886 年 10 月 9 日「鷺江雑志」。

(88) 9 月 10 日に毎箱 80 両であったのが，96 両，112 両と増大し，11 月 8 日から 126 両になったという。『申報』1886 年 11 月 15 日「鷺江零拾」。

(89) FO228/848, Encl. in Allen to Walsham, Separate, Jan. 17, 1887, Intelligence Report.

(90) 『申報』1886 年 12 月 28 日「廈門洋薬近聞」。

(91) FO228/848, Encl. in Allen to Walsham, Separate, Jan. 17, 1887, Intelligence Report.

(92) FO228/824, Hopkins to Walsham, No. 72, Nov. 27, 1886 ;『申報』1886 年 11 月 26 日「廈島時事」。

(93) 『申報』1886 年 12 月 28 日「廈門洋薬近聞」。

(94) FO228/848, Encl. No. 1 in Allen to Walsham, No. 5, Jan. 31, 1887, Customs Notification No. 54, Amoy, Jan. 31, 1887.

(95) FO228/848, Encl. No. 3 in Allen to Walsham, No. 5, Jan. 31, 1887 ; FO228/979, Amoy Chinese, No. 1 of 1887.

(96) FO228/848, Allen to Walsham, No. 5, Jan. 31, 1887. 『申報』1897 年 2 月 20 日「鷺島紀聞」の記事でもまた，もともと海賊のような洋薬局の巡勇が失業することが警戒されていた。

(97) 『申報』1897 年 2 月 6 日「廈門洋薬情形」。

(98) CIMC, *Trade Reports and Returns 1887*, Amoy, p. 321. 同様の追加条項発効直前の駆け込み的輸入は，上海においても指摘されている。Motono, *op. cit.*, pp. 95–96.

(99) 『申報』1887 年 3 月 10 日「鷺嶼要聞」。

(100) 発効後，海関による密輸の摘発が頻発した。FO228/848, Encl. No. 1 in Allen to Walsham, Separate, July 4, 1887 ;『申報』1887 年 3 月 18 日「鷺嶼春鼓」。

(101)　『申報』1887年12月17日「廈門紀事」。

(102)　CIMC, *Trade Reports and Returns 1887*, Amoy, pp. 321-322.

(103)　洋務局董事であった蔡碧渓は早速，永春州・泉州府・廈門の百貨釐金の請負を申請している。『申報』1887年4月9日「廈門雑猟」。

(104)　これらの郷の人々は，シンガポールなどの汽船が到着するとむしろなどで船内の場所を確保し，移民から3，4ドル～数十ドルを巻き上げていたという。『申報』1889年9月5日「廈客談新」。

(105)　『申報』1887年3月18日「鷺嶼春鼓」。もっとも当時は善堂の収支については明確な勘定も，徴信録もなかった。『申報』1890年7月5日「鷺江消夏」。

(106)　『申報』1887年2月23日「鷺江漁唱」，1887年3月18日「鷺嶼春鼓」。

(107)　『申報』1887年2月23日「鷺江漁唱」。

(108)　『申報』1888年1月20日「鷺水采珊」。

(109)　『申報』1888年7月6日「厦事□登」。

(110)　『申報』1888年7月23日「承辦貢燕」。このほか，一時的に意味の貨物から徴税を行っていた。『申報』1888年9月16日「鷺島秋汎」。

(111)　『申報』1887年5月13日「番客抽捐」。

(112)　『申報』1887年9月1日「鷺島紀聞」。

(113)　『申報』1887年9月1日「鷺島紀聞」。

(114)　1888年3月に興泉永道の奎俊は福建布政使となり，劉倬雲が署興泉永道として代理を務めたが，興泉永道は重要なポストであるため，同年7月の閩浙総督の上奏により，杭州府知府の呉世栄が興泉永道となった。中国第一歴史档案館編『光緒朝硃批奏摺』5輯，中華書局，1995年，714-715頁，閩浙総督楊昌濬の光緒14年5月28日の上奏。

(115)　『申報』1888年7月1日「鷺嶼述新」。

(116)　1891年の『申報』の記事によれば，廈門の恤無告堂・育英堂・書院・塩館・貢商の経費は，十途郊商人が釐金10両ごとに別に1両を納め，それを10股に分け，恤無告堂，育英堂，書院，貢燕が各2股，塩館と担当者が1股を得たという。『申報』1891年5月8日「鷺江新事」。結局十途郊がアヘン釐金に代わる諸経費を納入したのだろう。ただし，その納入は順調に進まず，徴収される釐金の額は毎年12万両であったが，善堂などの費用として納められたのは本来の1万2,000両に対し2,000～3,000両にすぎなかったとされる。『申報』1893年11月11日「提追公欵」。

(117)　金永和は洋郊の代表であり，すでに1867年の史料にその名がみられる。FO228/927, Encl. No. 1 in Swinhoe to Alcock, No. 38, Sept. 28, 1867.

(118)　葉大鏞は廈門で源通銀号を開設し，その実弟で香港上海銀行の買辦であった葉鶴秋との関係から香港上海銀行の資金の融通で便宜を受けていた。しかし，源通銀号は香港上海銀行の外国人が買辦を換えて計算したところ，負債が23～24万両になることが明らかになって返済不能であったため1891年6月14日に倒産した。その影響を受けて山西票局も倒産したが，葉家に全負債の返済能力はなく，それらの票局が預かっていた廈門各郊や銭荘，各局の山東賑捐や廈門育嬰堂，善堂の公金まで不足することになり問題になっている。『申報』1891年6月20日「銀号忽倒」，張国輝『晩清銭荘和

票号研究』中華書局，1989年，57頁。したがって葉大鏞は銀号や票局及び様々な地位を利用して莫大な融資を受けていたことになる。

(119) FO228/862, Encl. No. 1 in Forrest to Walsham, No. 5, July 25, 1888 ; FO228/979, Amoy Chinese No. 1 of 1888.

(120) FO228/862, Forrest to Walsham, No. 5, July 25, 1888.

(121) FO228/862, Encl. No. 2 in Forrest to Walsham, No. 5, July 25, 1888 ; FO228/979, Amoy Chinese No. 2 of 1888.

(122) FO228/862, Forrest to Walsham, No. 5, July 25, 1888.

(123) FO228/862, Encl. in Forrest to Walsham, No. 6, Aug. 9, 1888 ; FO228/979, Amoy Chinese No. 3 of 1888 ;『申報』1888年8月12日「厦島新涼」。

(124) FO228/886, Encl. No. 2 in Forrest to Walsham, No. 21, Sept. 5, 1890 ; FO228/1037 Chinese Inclosure No. 15 of 1890.

(125) 錦興行も，慈善事業ではなく官僚自らの利益のための課税とみなしている。FO228/875 Encl. No. 1 in Forrest to Walsham, No. 10, Apr. 18, 1889.

(126) FO228/1037, Chinese Inclosure No. 5 of 1889.

(127) FO228/875, Encl. in Forrest to Walsham, No. 3, Feb. 15, 1889 ; FO228/1037 Chinese Inclosure No. 5 of 1889. この際に，興泉永道はアヘンを「土薬材」と称しており，フォレスト領事は，これは興泉永道が課税を外国アヘンと無関係にみせようとしたためだと考えている。FO228/875, Forrest to Walsham, No. 14, June 22, 1889.

(128) FO228/875, Encl. No. 4 in Forrest to Walsham, No. 10, Apr. 18, 1889 ; FO228/1037, Chinese Inclosure No. 8 of 1889.

(129) FO228/875, Encl. No. 6 in Forrest to Walsham, No. 10, Apr. 18, 1889 ; FO228/1037, Chinese Inclosure No. 10 of 1889.

(130) FO228/875, Encl. No. 7 in Forrest to Walsham, No. 10, Apr. 18, 1889 ; FO228/1037, Chinese Inclosure No. 11 of 1889.

(131) FO228/875, Encl. No. 6 in Forrest to Walsham, No. 10, Apr. 18, 1889.

(132) FO228/875, Encl. No. 1 in Forrest to Walsham, No. 10, Apr. 18, 1889.

(133) FO228/875, Encl. No. 2 in Forrest to Walsham, No. 10, Apr. 18, 1889 ; FO228/1037, Chinese Inclosure No. 6 of 1889.

(134) FO228/875, Encl. No. 3 in Forrest to Walsham, No. 10, Apr. 18, 1889 ; FO228/1037, Chinese Inclosure No. 7 of 1889.

(135) FO228/875, Encl. No. 5 in Forrest to Walsham, No. 10, Apr. 18, 1889 ; FO228/1037, Chinese Inclosure No. 9 of 1889.

(136) FO228/875, Encl. No. 3 in Forrest to Walsham, No. 10, Apr. 18, 1889 ; FO228/1037, Chinese Inclosure No. 7 of 1889.

(137) 先述のように，1883年10月には錦興行の台湾向けアヘンが洋薬局によって密輸とみなされて押収される事件が発生した。また，第9章で述べるように錦興行の関わる通過貿易に関する紛争も増大している。したがって，錦興行と地方官の関係は従来から良好ではなかったとみてよい。

（138）　FO228/875, Encl. No. 4 in Forrest to Walsham, No. 10, Apr. 18, 1889 ; FO228/1037, Chinese Inclosure No. 8 of 1889.

（139）　FO228/875, Encl. No. 5 in Forrest to Walsham, No. 10, Apr. 18, 1889 ; FO228/1037, Chinese Inclosure No. 9 of 1889.

（140）　FO228/875, Encl. No. 6 in Forrest to Walsham, No. 10, Apr. 18, 1889 ; FO228/1037, Chinese Inclosure No. 10 of 1889.

（141）　FO228/862, Encl. in Forrest to Walsham, No. 4, Mar. 23, 1888.

（142）　Madancy, *op. cit.*, p. 70.

（143）　1884 年には安海や龍巌州でのアヘン生産が増大したとされ，廈門周辺での生産は 700 ピクル, 30 万ドル相当に達したとされる。*BPP*, *China*, Vol. 15, Commercial Reports 1884, p. 2(14). 翌年にも，同安のアヘン栽培は急速に拡大し，鼓浪嶼においてさえ栽培されていたとされる。*BPP China*, Vol. 15, Commercial Reports 1885, p. 36(394).

（144）　『申報』1889 年 6 月 26 日「薬税紀聞」。

（145）　FO228/875, Forrest to Walsham, No. 15, July 13, 1889.

（146）　FO228/2416, Encl. in Butler to Jordan, No. 27, May 4, 1907.

（147）　FO228/886, Encl. in Forrest to Walsham, No. 4, Mar. 20, 1890, Trade Report for 1889.

（148）　アヘンの治療の医療用目的からモルヒネの使用が拡大した。FO228/788, Forrest to Parkes, No. 15, Mar. 10, 1885.

（149）　FO228/886, Forrest to Walsham, No. 6, June 6, 1890.

（150）　FO228/886, Encl. in Forrest to Walsham, No. 6, June 6, 1890 ; FO228/1037, Chinese Inclosure No. 4 of 1890.

（151）　FO228/886, Forrest to Walsham, No. 15, July 7, 1890. 罷市は課税に反対する商人側の対抗策である。例えば廈門においても 10 万ドルの強制的な寄付（捐のことであろう）に反対して，1859 年 6 月 5～8 日にかけて行われている。FO228/265, Morrison to Bruce, No. 10, June 11, 1859.

（152）　FO228/886, Encl. No. 3 in Forrest to Walsham, No. 21, Sept. 5, 1890 ; FO228/1037, Chinese Inclosure No. 16 of 1890.

（153）　FO228/886, Encl. No. 2 in Forrest to Walsham, No. 19, Aug. 6, 1890.

（154）　FO228/886, Encl. No. 1 in Forrest to Walsham, No. 19, Aug. 6, 1890 ; FO228/1037, Chinese Inclosure No. 12 of 1890.

（155）　FO228/886, Encl. No. 1 in Forrest to Walsham, No. 21, Sept. 5, 1890 ; FO228/1037, Chinese Inclosure No. 14 of 1890.

（156）　FO228/886, Forrest to Walsham, No. 22, Sept. 27, 1890.

（157）　FO228/886, Encl. in Forrest to Walsham, No. 22, Sept. 27, 1890 ; FO228/1037, Chinese Inclosure No. 17 of 1890.

（158）　CIMC, *Trade Reports and Returns 1890*, Amoy, p. 362.

（159）　三五公司前掲『福建事情実査報告』附録第 5「同安産阿片調査（二）」89-90 頁。

（160）　林満紅前掲「晩清的鴉片税」433-434 頁。1890 年以降の国産アヘン課税問題における各省の対応については，目黒克彦「光緒十六年の国産鴉片の課税問題に関する各省の

対応」『愛知教育大学研究報告（社会科学）』44輯，1995年を参照。

(161)　『申報』1890年10月4日「廈事摭聞」。

(162)　FO228/1063, Encl. No. 1 in Forrest to Walsham, No. 2, Jan. 28, 1891.

(163)　『申報』1891年1月4日「廈門近事」では，廈門の煙館に対しては，上中下の3等に分類して，若干の中国アヘンの使用を認め，月ごとに税を分割払いすることを命令している。

(164)　『申報』1891年2月1日「鷺島雜俎」では罷市に触れているが，課税方法については上記の記事通りの内容を記している。

(165)　FO228/1063, Encl. No. 1 in Forrest to Walsham, No. 4, Feb. 20, 1891 ; FO228/1037, Chinese Inclosure No. 1 of 1891 ; FO228/1063 Encl. No. 2 in Forrest to Walsham, No. 4, Feb 20, 1891 ; FO228/1037, Chinese Inclosure No. 2 of 1891.

(166)　FO228/1063, Encl. No. 4 in Forrest to Walsham, No. 4, Feb. 20, 1891 ; FO228/1037, Chinese Inclosure No. 4 of 1891.

(167)　FO228/1063, Encl. No. 3 in Forrest to Walsham, No. 4, Feb. 20, 1891 ; FO228/1037, Chinese Inclosure No. 3 of 1891.

(168)　FO228/1063, Encl. No. 1 in Forrest to Walsham, No. 6, Apr. 13, 1891 ; FO228/1037, Chinese Inclosure No. 5 of 1891.「誠以廈地土薬，查無大幇販運，其煙館所售者，聞係販自同安夾帯来廈，攙入洋薬銷售，実難稽查。是以酌量認銷，未嘗硬令配售」。

(169)　10年あまり後になるが，閩浙総督許応騤は，国産アヘンの課税が難しい理由として，国産アヘンは流通が零細で検査が困難であり，外国アヘンよりも検査漏れが生じやすいことを挙げている。中国第一歴史檔案館編『光緒朝硃批奏摺』78輯，479-480頁，閩浙総督許応騤の光緒28年4月10日の上奏。

(170)　FO228/644, Encl. No. 1 in Giles to Wade, No. 15, June 7, 1880.

(171)　FO228/1063, Consul Forrest to Walsham, No. 6, Apr. 13, 1891.

(172)　CIMC, *Trade Reports and Returns 1892*, Amoy, p. 384.

(173)　林満紅前掲「清末本国鴉片之替代進口鴉片」428-429頁。

(174)　CIMC, *Trade Reports and Returns 1893*, Amoy, p. 397.

(175)　CIMC, *Trade Reports and Returns 1895*, Amoy, p. 380.

(176)　林満紅前掲「清末社会流行吸引鴉片研究」376-377頁。

(177)　FO228/1113, Encl. in Forrest to O'conor, No. 8, Mar. 3, 1893, Report on the Trade of Amoy for the year 1892. また，1894年の海関報告も廈門の外国アヘン貿易は一つの例外を除き，完全に中国人の手中にあるとする。CIMC, *Trade Reports and Returns 1894*, Amoy, p. 402.

(178)　20世紀初頭，廈門において最有力のアヘン商店益豊は，中国人3人の合同経営とされていたが，その内実は台湾の富豪林維源の経営であった。三五公司前掲書附録，103-104頁。

(179)　FO228/1281, Gardner to MacDonald, No. 16, May 2, 1898 ; FO228/1281, Encl. No. 1 in Gardner to MacDonald, No. 17, May 10, 1898.

(180)　『申報』1901年12月25日「廈門雜志」。

(181) 『申報』1902年1月15日「鷺島寒雲」。
(182) 『申報』1902年6月7日「膏捐官辦」。
(183) 『申報』1903年3月26日「廈門春雲」，『鷺江報』46冊，「膏捐仍帰官辦」，1903年10月，『申報』1905年3月3日「廈門」。
(184) 『申報』1906年1月31日「電商廈門不肯照繳土捐」。
(185) 『申報』1902年5月4日「漳州匪乱」。
(186) 結局紳董が700ドルの罰金を支払い，犯人3名を引き渡すことで事件は決着している。『申報』1902年5月31日「鷺島晴雲」。同安では後にアヘン栽培が禁止されると哨官を銃撃して殺害する事件も生じている。『申報』1908年12月26日「電六」，1909年1月11日「続誌同安戕官案」。
(187) 『申報』1907年8月31日「閩省願繳巨欵包辦煙膏専売」。
(188) 廈門ではアヘン禁令は全く行われていなかったが，福州からの督促を受けて1907年7月10日，興泉永道は7月19日までに煙館を閉鎖するように布告を出し，それは実行された。FO228/2418, Butler to Jordan, No. 42, Aug. 8, 1907.
(189) FO228/1659, Encl. in Butler to Jordan, Separate, Intelligence report, Oct. 14, 1907.
(190) FO228/1766, Encl. No. 2 in Tours to Jordan, No. 46, Sept. 20, 1910.
(191) 後藤春美『アヘンとイギリス帝国——国際規制の高まり1906〜43年』山川出版社，2005年，41-42頁。
(192) 廈門周辺においても辛亥革命から半年も経たないうちにアヘン栽培は広範囲で再開していた。FO228/2447, Sundius to Jordan, No. 14, Apr. 2, 1912. その後，福建省内ではアヘン栽培に対する弾圧も行われており，福建南部での栽培も大きく抑制されている。FO228/2458, Encl. in Little to Jordan, No. 11, Apr. 2, 1914. しかし，中国全体でアヘン栽培が復活しているため，全体としての外国アヘンの衰退は避けられなかった。
(193) 佐々木正哉「寧波商人の釐金軽減請願五紙」『東洋学報』50巻1号，1967年，Susan Mann, *Local Merchants and the Chinese Bureaucracy, 1750-1950*, Stanford University Press, 1987, pp. 121-144.
(194) 本野前掲書，第3部。
(195) イギリス領事報告はアヘンの追加課税が原因としている。一方，『廈門日報』1910年9月10日「膏店会議罷市」では，金利源膏途数十軒が，差総が偽って差勇を派遣して徴税を行うことに対して反対し，課税は膏途が請け負うべきだとして罷市を決めたとする。したがって，請負利権をめぐる紛争か徴税そのものに反対しているかの区別は困難である。
(196) FO228/2434, Tours to Max Müller, Sept. 20, 1910.
(197) FO228/2435, Tours to Max Müllar, Dec. 1, 1910.
(198) もっとも，イギリス領事はすでにこの膏捐が芝罘協定追加条項に違反するとして撤回を求めていた。『廈門日報』1910年10月1日「英領事照請撤銷膏捐」。
(199) 外国人商人とりわけイギリス商社の衰退は，すでに有力商社が撤退していく1870年代に始まっていたといえるかもしれない。1880年にイギリス人のアンダーソン（J. L. Anderson）は，イギリス人のビジネスは年々大規模に中国人の手に入りつつあると述

べている。FO228/645, Encl. No. 1 in Gile to Wade, No. 35, Oct. 18, 1880.

(200)　上海においても独占的な商人の統制崩壊は，取引の信頼性を低下させている。Motono, *op. cit.*, p. 113.

(201)　後にアヘン販売が非合法とされたこともあり，廈門領事による1926年の報告「廈門ニ於ケル台湾籍民問題」によると，当時の廈門のアヘン関連業者の半数が台湾籍民であった。戴国煇「日本の植民地支配と台湾籍民」『台湾近現代史研究』3号，1980年，133-135頁。もっとも英籍華人も廈門市内においてアヘン売買に関与し，中国当局も不満を抱いていた。FO228/2462, Little to Jordan, No. 27, Oct. 29, 1915.

(202)　1910年頃，廈門で登記された外国人商店363のうち，日本が248を占めていた（イギリスは22)。当時の在華日本人は178名にすぎないから，この大半が台湾籍民の所有であっただろう。なお，当時の台湾籍民数1,532名に対し，イギリス籍に登録した華人は181名であった。Pitcher, *In and About Amoy*, p. 216.　もっとも，籍民を偽装する「仮冒」籍民の増大や，清国国籍法が国籍離脱の許可主義をとっていたことから，外務省の命令によって在華日本領事は1911年から翌年にかけて仮冒籍民の淘汰を行い，廈門だけで255名の登録を抹消していた。栗原純「台湾総督府文書と外交関係史料論——明治期の旅券と「仮冒」籍民問題を中心に」檜山幸夫編『台湾総督府文書の史料学的研究——日本近代公文書学研究序説』ゆまに書房，2003年，626-643頁。したがって台湾籍民も無制限に増大したわけではない。

(203)　台湾籍民の地位を利用した福建人の活動については，林満紅の研究がある。林満紅前掲「印尼華商・台商与日本政府之間」。

第9章　利用される「帝国」

(1)　華南から東南アジアへの移民数の変動については，藤村前掲「環流的労働者移住の社会的条件」，杉原前掲書，第10章を参照。ただし，1870年代の海関のデータには欠落も多く，またジャンクによる移民も多数存在したことと思われるから，華南からの移民を十分に把握できるのは1880年代以降になる。

(2)　杉原前掲書，第1・3章は，1880〜1913年のアジア域内貿易の発展を強調するが，その中で大きな伸びを示しているのが東南アジアと中国・香港の貿易である。

(3)　Yen, *Coolies and Mandarins*, pp. 135-339；荘国土前掲書。近年，海外における華人保護の問題については，外交史の文脈から清朝による領事派遣問題と関連して論じられている。箱田前掲書，第1章，青山治世「清朝政府による「南洋」華人の保護と西洋諸国との摩擦——一八八六年の「南洋」調査団の派遣交渉を中心に」『東アジア近代史』6号，2003年。

(4)　篠崎香織「シンガポール華人商業会議所の設立（1906年）とその背景——移民による出身国での安全確保と出身国との関係強化」『アジア研究』50巻4号，2004年。

(5)　不平等条約特権を利用した「英語を話す中国人」については，本野前掲書を，宣教師の保護を期待した教民の引き起こした問題については，佐藤公彦前掲書，第2・3・4

章を参照。外国籍を保持し，条約特権を利用する中国系の人々についても，林満紅前掲「印尼華商，台商与日本政府之間」，工藤前掲論文などの台湾籍民についての研究が進展している。

(6)　Yen, *Coolies and Mandarins*, pp. 28-31.

(7)　この点についての研究としては，篠崎香織「海峡植民地の華人とイギリス国籍——権利の正当な行使と濫用をめぐるせめぎ合いの諸相」『華僑華人研究』5号，2008年がある。

(8)　FO228/405, Encl. No. 1 in Swinhoe to Alcock, No. 6, June 11, 1866 ; FO228/405, Encl. No. 2 in Swinhoe to Alcock, No. 6, June 11, 1866 ; FO228/927, Encl. No. 1, Petition of Tsaiyih ; FO228/927, Encl. No. 2, Evidence of Tsaiyih.　この強請りについて，興泉永道は新年(恒例の？)の強請りであるとイギリス領事に述べている。FO228/405, Pedder to Alcock, No. 3, Feb. 10, 1866.

(9)　FO228/405, Pedder to Alcock, No. 3, Feb. 10, 1866.

(10)　FO228/405, Swinhoe to Alcock, No. 3, May 15, 1866.

(11)　FO228/405, Encl. No. 3 in Swinhoe to Alcock, No. 6, June 11, 1866 ; FO228/927, Encl. No. 3, Amoy Taotai's Letter to Mr. Swinhoe.

(12)　FO228/405, Encl. No. 4 in Swinhoe to Alcock, No. 6, June 11, 1866.

(13)　7 & 8 Vict., c. 65.66.　正式には「外国人に関する諸法を改正する法律（An Act to amend the Laws relating to Aliens)」。ただし，この法律に帰化イギリス臣民の海外における権利・資格が明記されていたわけではない。本法の意義については，柳井健一『イギリス近代国籍法史研究——憲法学・国民国家・帝国』日本評論社，2004年，209-228頁を参照。

(14)　FO228/405, Swinhoe to Alcock, No. 3, May 15, 1866.

(15)　双刀会は嘉慶期以降に福建省において官側に確認された会党の名称の一つであり，広東省東部にも分布している。荘吉発前掲『清代秘密会党史研究』95-113頁。

(16)　FO228/405, Swinhoe to Alcock, No. 6, June 11, 1866.

(17)　FO228/405, Encl. in Swinhoe to Alcock, No. 7, June 15, 1866.

(18)　FO228/405, Encl. in Swinhoe to Alcock, No. 7, June 15, 1866.

(19)　FO881/7061, No. 2, Memorandum by Sir. E. Hertslet respecting British Protection of Anglo-Chinese in China, Dec. 22, 1882.

(20)　FO17/1258, Notification in Alcock to Consul, Circular No. 10, Oct. 7, 1868.

(21)　FO228/450, Pedder to Alcock, No. 31, Dec. 24, 1868.

(22)　FO228/623, Giles to Wade, No. 34, Oct. 7, 1879.　1879年9月13日，廈門の英籍華人9名は楊伯臨の保護に関する請願を領事に対して行っており，その中心人物は楊必能であった。FO228/623, Encl. No. 9 in Giles to Wade, No. 34, Oct. 7, 1879 ; FO228/977, Encl. No. 9 in Giles to Wade, No. 34, Oct. 7, 1879.　楊必能がこの最も信頼できる英籍華人である可能性が高い。

(23)　FO228/623, Encl. No. 1 in Giles to Wade, No. 34, Oct. 7, 1879 ; FO228/623, Encl. No. 2 in Giles to Wade, No. 34, Oct. 7, 1879 ; FO228/977, Encl. No. 1 & 2 in Giles to Wade, No. 34,

Oct. 7, 1879.

（24） FO228/623, Encl. No. 3 in Giles to Wade, No. 34, Oct. 7, 1879 ; FO228/977, Encl. No. 3 in Giles to Wade, No. 34, Oct. 7, 1879.

（25） FO228/623, Encl. No. 4 in Giles to Wade, No. 34, Oct. 7, 1879 ; FO228/623, Encl. No. 6 in Giles to Wade, No. 34, Oct. 7, 1879 ; FO228/977, Encl. No. 4 in Giles to Wade, No. 34, Oct. 7, 1879 ; FO228/977, Encl. No. 6 in Giles to Wade, No. 34, Oct. 7, 1879.

（26） FO228/623, Encl. No. 13 in Giles to Wade, No. 34, Oct. 7, 1879 ; FO228/977, Encl. No. 13 in Giles to Wade, No. 34, Oct. 7, 1879. 外国人の帰化については，『万国公法』上海書店出版社，2002年，第2巻第2章第6節及びその原本となったとされる。Henry Wheaton, *Elements of International Law*, 6th ed., Boston : Little, Brown and Company, 1855, pp. 122–130に記述がみられる。したがって福建通商司道らは『万国公法』ないし原書第6版ではなく，別の英文版を用いていると思われるが，どの版を用いたのかは不明。なお，清末中国知識人の『万国公法』受容については，佐藤慎一前掲書，第1章を参照。

（27） FO228/623, Encl. No. 5 in Giles to Wade, No. 34, Oct. 7, 1879 ; FO228/623, Encl. No. 8 in Giles to Wade, No. 34, Oct. 7, 1879 ; FO228/623, Encl. No. 14 in Giles to Wade, No. 34, Oct. 7, 1879 ; FO228/977, Encl. No. 5 in Giles to Wade, No. 34, Oct. 7, 1879 ; FO228/977, Encl. No. 8 in Giles to Wade, No. 34, Oct. 7, 1879 ; FO228/977, Encl. No. 14 in Giles to Wade, No. 34, Oct. 7, 1879.

（28） FO228/644, Encl. No. 5 in Giles to Wade, No. 20, July 6, 1880 ; FO228/977, Encl. No. 5 in Giles to Wade, No. 20, July 6, 1880.

（29） FO228/644, Encl. No. 8 in Giles to Wade, No. 20, July 6, 1880 ; FO228/977, Encl. No. 8 in Giles to Wade, No. 20, July 6, 1880.

（30） FO228/875, Forrest to Walsham, No. 2, Feb. 13, 1889.

（31） FO228/875, Encl. No. 1 in Forrest to Walsham, No. 2, Feb. 13, 1889 ; FO228/1037, Chinese Enclosure No. 1 of 1889.

（32） FO228/875, Encl. No. 2 in Forrest to Walsham, No. 2, Feb. 13, 1889 ; FO228/1037, Chinese Enclosure No. 2 of 1889.

（33） FO228/875, Encl. No. 3 in Forrest to Walsham, No. 2, Feb. 13, 1889 ; FO228/1037, Chinese Enclosure No. 3 of 1889.

（34） FO228/875, Forrest to Walsham, No. 12, May 30, 1889.

（35） 本章では2種類のパスポートが出てくるが，外国人が中国内地に入る際に使用するパスポートを「護照」，植民地政府などのイギリス当局が発行するものを「パスポート」として便宜的に区別する。

（36） ただし，開港場から100里，5日以内の旅程の小旅行である場合は，護照は必要なかった。Kyuin Wellington Koo, *The Status of Aliens in China*, New York : Colombia University Press, 1912, pp. 268–269 ; 外務省条約局編前掲『英，米，仏，露ノ各国及支那国間ノ条約』19頁。

（37） FO228/886, Forrest to Walsham, No. 14, July 1, 1890.

（38） FO228/623, Encl. No. 1 in Giles to Wade, No. 41, Dec. 24, 1879 ; FO228/977, Encl. No. 1 in Giles to Wade, No. 41, Dec. 24, 1879.

（39） FO228/623, Encl. No. 3 in Giles to Wade, No. 41, Dec. 24, 1879 ; FO228/977, Encl. No. 3 in Giles to Wade, No. 41, Dec. 24, 1879.

（40） FO228/623, Encl. No. 2 in Giles to Wade, No. 41, Dec. 24, 1879 ; FO228/977, Encl. No. 2 in Giles to Wade, No. 41, Dec. 24, 1879.

（41） FO228/886, Forrest to Walsham, No. 12, July 1, 1890.

（42） 『申報』1889年7月4日「廈門雑述」には，泉州同安県人の章某は海外で貿易を行いイギリス籍に入り，資産は100余万で，昨年の秋に廈門に来て鼓浪嶼の西洋建築の建物十数ヶ所を購入し，その年の春にシンガポールから家族を連れて帰ったとする記事が掲載されているが，章某とは章芳林のことであろう。

（43） FO228/875, Encl. No. 1 in Forrest to Walsham, No. 13, June 3, 1889 ; FO228/1037, Encl. in Forrest No. 13 of 1889.

（44） FO228/875, Forrest to Walsham, No. 13, June 3, 1889.

（45） FO228/1402, Encl. in Mansfield to Satow, Separate, Apr. 8, 1901, Intelligence Report.

（46） FO228/2157, Butler to Jordan, No. 2, Jan. 7, 1909.

（47） 子口半税特権を利用した中国人商人の問題については，本野前掲書，第9・10・11章参照。

（48） FO228/565, Alabaster to Fraser, No. 51, Oct. 11, 1876.

（49） FO228/565, Encl. No. 1 in Alabaster to Fraser, No. 51, Oct. 11, 1876.

（50） FO228/565, Alabaster to Fraser, No. 51, Oct. 11, 1876.

（51） FO228/886, Encl. No. 1 in Forrest to Walsham, No. 5, May 21, 1890 ; FO228/1037, Chinese Inclosure No. 1 of 1890.

（52） FO228/886, Encl. No. 2 in Forrest to Walsham, No. 5, May 21, 1890 ; FO228/1037, Chinese Inclosure No. 2 of 1890.

（53） FO228/886, Encl. in Forrest to Walsham, No. 9, June 19, 1890.

（54） FO228/886, Forrest to Walsham, Telegram, June 17, 1890.

（55） FO228/886, Forrest to Walsham, No. 9, June 19, 1890.

（56） FO228/886, Forrest to Walsham, No. 16, July 7, 1890.

（57） FO228/886, Forrest to Walsham, Telegram, July 11, 1890.

（58） FO228/886, Encl. in Forrest to Walsham, No. 17, July 16, 1890.

（59） FO228/886, Encl. No. 2 in Forrest to Walsham, No. 23, Oct. 3, 1890 ; FO228/1037, Chinese Inclosure No. 3 of 1890.

（60） FO228/1063, Encl. No. 1 in Forrest to Walsham, No. 10, Oct. 8, 1891.

（61） FO228/1063, Encl. No. 2 in Forrest to Walsham, No. 10, Oct. 8, 1891. 福建省全体の釐金収入は光緒7年をピークに減少していく。羅玉東前掲書，562-563頁。

（62） 『申報』1891年8月22日「鷺島新涼」「廈門出入口各貨除子口分運外，毎年徴収釐金不下十数万。近来按月比較常不足額，良由司巡人等良莠不斉，難免串通奸商走漏舞弊也。廈門華民寄籍英美法呂宋各国，開設洋行者十数家，貨本有限，専以代報子口，漏

釐金為生計。所報入口暫存之貨，每年数以万，而転運出口者，曾無一件，不知此種貨物消帰何処。本地綢庄布疋還報釐金者十無一二，而售貨則毎年不止十万金。想有禔税之責者，必当設法整頓，以除積蠹，而裕利源也」。

（63）『申報』1892年11月29日「鷺島寒濤」。

（64）『申報』1900年4月24日「鷺口鳴梆」。

（65）海関側は広東で行われている規則を適用することを期待していた。FO228/1497, Encl. No. 1 in Hausser to Satow, No. 8, Sept. 10, 1903. もちろん，ハウザー領事はこうした海関側の見方に反論している。FO228/1497, Encl. No. 2 in Hausser to Satow, No. 8, Sept. 10, 1903.

（66）例えば，廈門の寮仔後にある客棧の多くは諸外国の外国商人の看板をかけて，坐賈捐や警捐の徴収に応じなかったため，廈防同知は各国領事の認可を得て各客棧から1ヶ月2ドルの警捐を徴収したという。『廈門日報』1909年10月18日「洋牌客栈一律繳警捐」。

（67）FO228/696, Encl. No. 1 in Forrest to Wade, No. 3, Apr. 5, 1882.

（68）FO228/721, Encl. in Forrest to Grosvenor, No. 4, Feb. 19, 1883.

（69）FO228/696, Encl. No. 3 in Forrest to Wade, No. 3, Apr. 5, 1882 ; FO228/973, Encl. No. 3 in Forrest to Wade, No. 3, Apr. 5, 1882.

（70）FO228/696, Encl. No. 4 in Forrest to Wade, No. 3, Apr. 5, 1882 ; FO228/696, Encl. No. 6 in Forrest to Wade, No. 3, Apr. 5, 1882 ; FO228/978, Encl. No. 4 in Forrest to Wade, No. 3, Apr. 5, 1882 ; FO228/978, Encl. No. 6 in Forrest to Wade, No. 3, Apr. 5, 1882.

（71）FO228/696, Encl. No. 1 in Forrest to Wade, No. 4, Apr. 20, 1882 ; FO228/978, Encl. No. 1 in Forrest to Wade, No. 4, Apr. 20, 1882.

（72）FO228/696, Encl. No. 2 in Forrest to Wade, No. 4, Apr. 20, 1882 ; FO228/978, Encl. No. 2 in Forrest to Wade, No. 4, Apr. 20, 1882.

（73）FO228/696, Forrest to Wade, No. 4, Apr. 20, 1882.

（74）*BPP, China*, Vol. 14, Commercial Report on China, 1881, Amoy, p. 3(12).

（75）FO228/696, Forrest to Wade, No. 4, Apr. 20, 1882.

（76）CIMC, *Trade Reports on Trade 1881*, Amoy, p. 14.

（77）総理各国事務衙門清檔「福建英人交渉（10）光緒十年五月福建交渉已未結案附件（福建通商局造送八年分清冊清檔）」（1884年）（中央研究院近代史研究所所蔵外交檔案01-16-21-4）。

（78）FO228/696, Encl. No. 4 in Forrest to Grosvenor, No. 13, Nov. 14, 1882.

（79）FO228/696, Encl. No. 5 in Forrest to Grosvenor, No. 13, Nov. 14, 1882 ; FO228/978, Encl. No. 5 in Forrest to Grosvenor, No. 13, Nov. 14, 1882.

（80）FO228/696, Encl. No. 6 in Forrest to Grosvenor, No. 13, Nov. 14, 1882 ; FO228/978, Encl. No. 6 in Forrest to Grosvenor, No. 13, Nov. 14, 1882.

（81）FO228/696, Encl. No. 3 in Fraser to Grosvenor, No. 15, Dec. 21, 1882 ; FO228/978, Encl. No. 3 in Fraser to Grosvenor, No. 15, Dec. 21, 1882.

（82）FO228/696, Encl. No. 4 in Fraser to Grosvenor, No. 15, Dec. 21, 1882 ; FO228/978, Encl. No.

4 in Fraser to Grosvenor, No. 15, Dec. 21, 1882.

(83) FO228/696, Fraser to Grosvenor, No. 17, Dec. 29, 1882.

(84) FO228/721, Encl. in Forrest to Grosvenor, No. 4, Feb. 19, 1883.

(85) FO228/721, Forrest to Grosvenor, No. 4, Feb. 19, 1883.

(86) FO228/721, Encl. No. 2 in Forrest to Grosvenor, No. 6, May 1, 1883.

(87) FO228/1281, Gardner to MacDonald, No. 5, Feb. 9, 1898 ; FO228/1281, Encl. No. 3 in Gardner to MacDonald, No. 5, Feb. 9, 1898.

(88) FO228/1281, Encl. No. 1 in Gardner to MacDonald, No. 5, Feb. 9, 1898.

(89) FO228/1281, Encl. No. 2 in Gardner to MacDonald, No. 5, Feb. 9, 1898.

(90) FO228/1281, Encl. No. 4 in Gardner to MacDonald, No. 5, Feb. 9, 1898.

(91) FO228/1281, Encl. No. 2 in Gardner to MacDonald, No. 14, Apr. 14, 1898.

(92) 入江啓四郎『中国に於ける外国人の地位』東京堂，1937年，244-247頁。

(93) FO228/606, Encl. No. 1 in Alabaster to Fraser, No. 40, Nov. 21, 1878 ; FO228/964, Encl. No. 1 in Alabaster to Fraser, No. 40, Nov. 21, 1878.

(94) FO228/606, Encl. No. 2 in Alabaster to Fraser, No. 40, Nov. 21, 1878 ; 総理各国事務衙門清檔「福建英人租地（4）福建海澄県英籍華民蔡徳喜買房地案」(1878年)（中央研究院近代史研究所所蔵外交檔案 01-18-11-4）。

(95) FO228/886, Forrest to Walsham, No. 11, June 19, 1890 ; FO228/886, Forrest to Walsham, No. 14, July 1, 1890.

(96) 総理各国事務衙門清檔「福建英人交渉（8）福建英人交渉已未結案。光緒三年福廈台三口領事名単及全年交渉清冊」(1879年)（中央研究院近代史研究所所蔵外交檔案 01-16-19-1）。

(97) FO228/671, Giles to Wade, No. 8, Mar. 8, 1881 ; 総理各国事務衙門清檔「福建英人交渉（10）光緒九年三月福建英人交渉已未結案附件（福建通商局造七年分領事及交渉清冊原檔）」(1883年)（中央研究院近代史研究所所蔵外交檔案 01-16-21-2）。

(98) FO228/1113, Gardner to O'Conor, Separate, Oct. 31, 1893, Intelligence Report.

(99) 植田捷雄『支那に於ける租界の研究』巖松堂書店，1941年，372-374頁，張洪祥『近代中国通商口岸与租界』天津人民出版社，1993年，45-46頁，費成康『中国租界史』上海社会科学院出版社，1991年，292-297頁。

(100) FO228/1281, Gardner to MacDonald, No. 8, Feb. 15, 1898.

(101) Ibid.

(102) FO228/1113, Gardner to O'Conor, Separate, Oct. 31, 1893, Intelligence Report.

(103) FO228/1150, Encl. in Ford to O'Conor, Separate, Feb. 3, 1894, Intelligence Report.

(104) FO228/1189, Encl. No. 1 in Gardner to O'conor, No. 10, July 8, 1895.

(105) FO228/1189, Encl. No. 2 in Gardner to O'conor, No. 10, July 8, 1895.

(106) 民国期になると，例えば内地の泉州・石獅においては1927～1937年には華人による大規模な不動産投資が行われているように，内地の不動産投資は活発である。この背景には，廈門のみならず，泉州や石獅において都市建設が進められたことがある。泉州市華僑志編纂委員会編『泉州市華僑志』中国社会出版社，1996年，185，220-223

頁。ただし，福建省内において1871〜1949年における投資の約63%が廈門に集中しているともされる。林金枝・庄為璣前掲書，54-55頁。したがって，廈門に資金が集中している状況に大きな変化はなかった。

(107)　20世紀初頭には，鼓浪嶼で最も立派な建物はサイゴン・海峡植民地・マニラ・台湾で財をなした商人が所有していた。CIMC, *Decennial Reports*, *1902-1911*, p. 115.　その後も華人の鼓浪嶼の土地・家屋への投資は1930年代にかけて増大していった。何其穎『公共租界鼓浪嶼与近代廈門的発展』福建人民出版社，2007年，108-109頁。

(108)　篠崎前掲「シンガポール華人商業会議所の設立（1906年）とその背景」48-49頁。なお，この問題は英籍華人に限らず，イギリス商社への債務者が東南アジアから閩南に逃亡する事例は存在した。例えば1873年にはオランダ領東インドのジャカルタで倒産した広興号の大股夥である陳越がイギリス商人への負債を払わないまま南安県に逃亡する事件が発生し，イギリス領事を通じて廈防同知が調査したが，結局は陳越がジャカルタに戻ったことによって「解決」したことになっている。総理各国事務衙門清檔「福建英人交渉（6）閩浙総督李鶴年咨送復福廈各口同治十三年秋冬両季交渉清冊」（1876年）（中央研究院近代史研究所所蔵外交檔案01-16-17-3）。

(109)　総理各国事務衙門清檔「福建英人交渉（4）福建閩海，台湾各口十年春季交渉事件清冊」（1872年）（中央研究院近代史研究所所蔵外交檔案01-16-15-3）。

(110)　FO228/644, Petition to Wade, Oct. 31, 1881.

(111)　FO228/644, Encl. No. 5 in Giles to Wade, No. 20, July 6, 1880.

(112)　FO228/644, Encl. No. 1 in Giles to Wade, No. 20, July 6, 1880 ; FO228/977, Encl. No. 1 in Giles to Wade, No. 20, July 6, 1880.

(113)　FO228/645, Giles to Wade, No. 28, Sept. 15, 1880.

(114)　FO228/645, Encl. No. 2 in Giles to Wade, No. 28, Sept. 15, 1880.

(115)　FO228/645, Encl. No. 1 in Giles to Wade, No. 52, Dec. 14, 1880. FO228/971, Encl. No. 1 in Giles to Wade, No. 52, Dec. 14, 1880；総理各国事務衙門清檔「福建英人交渉（10）光緒十年五月福建交渉已未結案附件（福建通商局造送八年分清冊清檔）」（1884年）（中央研究院近代史研究所所蔵外交檔案01-16-21-4）。

(116)　FO228/644, Petition to Wade, Oct. 31, 1881.

(117)　総理各国事務衙門清檔「福建英人交渉（11）光緒十三年二月〜十三年九月福建交渉已未結案附件（1）（福建通商局造送十一年分清冊原檔）」（1887年）（中央研究院近代史研究所所蔵外交檔案01-16-22-3）。

(118)　FO228/1248, Encl. in MacDonald to Gardner, Separate, May 5, 1897, Intelligence Report.

(119)　FO228/1281, Gardner to MacDonald, No. 31, Sept. 13, 1898.

(120)　FO228/1281, Gardner to MacDonald, No. 37, Dec. 11, 1898.

(121)　FO228/1320, Encl. in Gardner to MacDonald, Separate, Mar. 30, 1899, Intelligence Report.

(122)　Ibid.

(123)　FO228/1497, Hausser to Townley, No. 5, July 8, 1903.

(124)　蔡媽力は同郷の蔡媽鏗，南安県云頭郷の卓本宅および陳輝烈と1902年5月7日に，蔡媽力と蔡媽鏗が共同で3,000ドル，卓本宅が2,000ドル，陳輝烈が2,000ドル出資

する合股の契約を結んでいる。FO228/1497, Encl. in Hausser to Townley, No. 5, July 8, 1903.

(125) FO228/1497, Hausser to Townley, No. 5, July 8, 1903.

(126) FO228/1497, Townley to Hausser, No. 6, July 21, 1903.

(127) FO228/1497, Hausser to Townley, No. 5, July 8, 1903.

(128) 国籍は不明であるが，ある外国商社は45もの支店（分桟）をもっていたと伝えられている。『廈門日報』1910年1月18日「清査洋牌」。

(129) FO228/1497, Hausser to Townley, No. 5, July 8, 1903.

(130) FO228/2157, Encl. in Butler to Jordan, No. 21, May 19, 1908.

(131) FO228/2157, Butler to Jordan, No. 21, May 19, 1908.

(132) FO228/2157, Jordan to Lau Kiong Sin, June 5, 1908.

(133) FO228/1692, Butler to Satow, Separate, Jan. 22, 1908, Intelligence Report.

(134) FO228/1357, Encl. in Mansfield to MacDonald, Separate, July 14, 1900, Intelligence Report.

(135) FO228/1497, Hausser to Townley to, No. 5, July 8, 1903.

(136) 偽装英籍企業に対しては，駐廈門イギリス領事は疑いのある人物に対して新しい商店を開く場合に，資本，権利ならびに商売の資本についての半分以上が申請者個人に属するという宣誓申告書の作成を要求し，必要なら偽証で起訴できるというような制度も導入された。FO228/1797, Sundius to Jordan, Separate, Apr. 11, 1911, Intelligence Report. しかし，これは廈門に限定された制度であった。そしてイギリス政府にとっては，より深刻な問題を引き起こしていた偽装英籍株式会社への対応が必要となっていた。偽装イギリス籍株式会社に対するイギリス政府の対応については，本野英一「在華イギリス籍会社登記制度と英中・英米経済関係，1916～1926」『早稲田政治経済学雑誌』357号，2004年を参照。

(137) FO228/1248, Gardner to MacDonald, No. 18, Oct. 11, 1897.

(138) FO228/1248, MacDonald to Gardner, No. 4, Nov. 3, 1897.

(139) 胡坤雍事件で中国風衣服着用の有無が関係したことから，シンガポールで剪辮を主張する華人が現れたことが指摘されている。篠崎香織「シンガポールの華人社会における剪辮論争——異質な人々の中で集団性を維持するための諸対応」『中国研究月報』58巻10号，2004年，5頁。

(140) *The Times,* Dec. 8, 1897.

(141) FO228/1281, MacDonald to Gardner, No. 2, Jan. 13, 1898.

(142) FO228/1281, Gardner to MacDonald, No. 6, Feb. 11, 1898.

(143) CO273/235, Encl. in Mitchell to Chamberlain, No. 61, Mar. 4, 1898.

(144) FO228/1281, Encl. No. 1 in Gardner to MacDonald, No. 11 Mar. 19, 1898.

(145) FO228/1281, Gardner to MacDonald, No. 11, Mar. 19, 1898.

(146) Ibid.

(147) FO228/1320, Encl. in Gardner to MacDonald, Separate, July 17, 1899, Intelligence Report.

(148) Ibid.

(149) FO228/1150, Encl. in Ford to O'Conor, Separate, Feb. 3, 1894, Intelligence Report.

(150) Ibid.

(151) 先述した1844年に定められた領事館規則第2条の規定は，1864年の改定後も領事館規則第10条に引き継がれ，保護を受けたい場合は10日以内に領事館で登録するようになっていた。FO228/382, Encl. in Pedder to Wade, No. 26, June 29, 1865.

(152) FO228/405, Encl. in Swinhoe to Alcock, No. 7, June 15, 1866.

(153) FO17/1258, Ord to Alcock, Dec. 21, 1868.

(154) FO17/1258, Ord to Buckingham, No. 255, Dec. 23, 1868.

(155) FO17/1258, Braddel to Ord, Dec. 19, 1868.

(156) FO17/1258, Alcock to Clarendon, No. 49, May 6, 1869.

(157) FO881/7061, No. 3, Memorandum by Mr. Brant respecting British Protection of Anglo-Chinese in China, Nov. 8, 1898.

(158) FO881/5485, No. 6, Weld to Stanhope, Sept. 30, 1886.

(159) CO273/152, Encl. in Smith to Knutsford, No. 109, Mar. 14, 1888.

(160) CO273/152, Smith to Knutsford, No. 109, Mar. 14, 1888.

(161) FO881/7069, No. 2, Colonial Office to Foreign Office, Apr. 28, 1888.

(162) FO881/7069, No. 4, Foreign Office to Colonial Office, May 7, 1888.

(163) CO273/235, Encl. in Mitchell to Chamberlain, No. 61, Mar. 4, 1898 ; FO881/7069, Encl. No. 1 in No. 40, Mitchell to MacDonald, Dec. 6, 1897.

(164) FO881/7069, Encl. No. 2 in No. 40, MacDonald to Mitchell, Dec. 8, 1897.

(165) FO881/7069, No. 40, MacDonald to Salisbury, Dec. 16, 1897.

(166) FO881/7069, No. 41, Foreign Office to Colonial Office, Feb. 14, 1898.

(167) FO881/7069, No. 42, Colonial office to Foreign Office, Feb. 25, 1898.

(168) CO273/235, Mitchell to Chamberlain, No. 61, Mar. 4, 1898.

(169) CO273/152, Encl. in Smith to Knutsford, No. 109, Mar. 14, 1888.

(170) FO228/1497, Encl. No. 2 in Hausser to Satow, No. 11, Sept. 28, 1903.

(171) 1898年には広州領事ブレナン（Byron Brenan）が他人のオーストラリアにおける英籍証明書を借りて中国側に投獄された者を保護しようとする華人が出現したとしており，文字情報に依存する証明書そのものに限界もあった。FO228/1282, Brenan to MacDonald, No. 14, Mar. 24, 1898.

(172) FO228/521, Encl. No. 1 in Pedder to Wade, No. 15, Nov. 11, 1873.

(173) FO228/521, Pedder to Wade, No. 15, Nov. 11, 1873.

(174) FO228/533, Pedder to Wade, No. 12, Aug. 7, 1874.

(175) FO228/585, Alabaster to Fraser, No. 62, Oct. 29, 1877.

(176) FO228/623, Alabaster to Wade, No. 19, June 19, 1879.

(177) FO228/671, Encl. No. 4 in Giles to Wade, No. 6, Mar. 4, 1881 ; FO228/977, Encl. No. 4 in Giles to Wade, No. 6, Mar. 4, 1881.

(178) FO228/671, Encl. No. 5 in Giles to Wade, No. 6, Mar. 4, 1881 ; FO228/977, Encl. No. 5 in Giles to Wade, No. 6, Mar. 4, 1881.

(179) FO228/1113, Gardner to O'Conor, No. 21, Oct. 18, 1893.

(180) FO881/8972, No. 10, Satow to Lansdowne, Nov. 25, 1903.
(181) FO881/5485, No. 5, Rosebery to Walsham, Apr. 19, 1886.
(182) FO881/7069, Encl. in No. 15, Memorandum by Beauclerk, Nov. 19, 1891.
(183) CO129/252, W. Robinson to Knutsford, Confidential, Dec. 23, 1891.
(184) FO881/7069, No. 14, Memorandum by Hertslet, Feb. 12, 1892.
(185) FO228/1497, Encl. No. 2 in Hausser to Satow, No. 11, Sept. 28, 1903.
(186) 例えば1891年5月5日，香港総督デ・ボー（Sir G. William Des Vœux）は植民地省に対し，英籍華人の増大により，証明書申請が増え，中国政府の理解が必要であるとしている。そして，総督の意見としては厳格な服装規定がなければ困難が生じると述べている。CO129/249, G. Des Vœux to Knutsford, May 5, Confidential, 1891.
(187) CO129/317, Blake to Chamberlain, Confidential, Apr. 16, 1903.
(188) FO881/8972, Encl. in No. 2, Memorandum by Satow, June 15, 1903.
(189) CO129/318, Blake to Chamberlain, Confidential, Aug. 26, 1903.
(190) FO881/8972, No. 10, Satow to Lansdowne, Nov. 25, 1903.
(191) Ibid.
(192) FO881/8972, No. 11, Foreign Office to Colonial Office, Feb. 29, 1904.
(193) FO881/8972, No. 12, Colonial Office to Foreign Office, Mar. 15, 1904.
(194) FO881/8972, No. 13, Foreign Office to Colonial Office, Apr. 7, 1904.
(195) FO881/8972, No. 14, Colonial Office to Foreign Office, May 6, 1904.
(196) CO129/323, May to Lyttelton, Confidential, July 13, 1904.
(197) FO881/8972, No. 15, Lansdowne to Satow, May 21, 1904.
(198) FO881/8972, Encl. in No. 27, Circular, Satow to Consuls in China, Aug. 22, 1904.
(199) FO228/2157, Encl. in Jordan to Butler, No. 8, June 5, 1908.
(200) FO228/2157, Butler to Jordan, No. 2, Jan. 7, 1909.
(201) ペナンの華人系新聞への華人の投書では，2世代にわたってイギリス国籍を保持していたことを証明できなければ在華イギリス領事館でイギリス臣民として登録できないと指摘していたとされる。篠崎前掲「海峡植民地の華人とイギリス国籍」116-117頁。
(202) FO228/2157, Butler to Jordan, No. 2, Jan. 7, 1909.
(203) Yen, *Coolies and Mandarins*, pp. 267-280；荘国土前掲書，259-266頁，篠崎前掲「シンガポール華人商業会議所の設立（1906年）とその背景」43-45頁。
(204) 『申報』1900年12月20日，「鷺島寒雲」。
(205) 『申報』1905年8月6日「商部奏厦門商政局積弊請将保商事宜改帰商務総会経理摺」。
(206) 『大清法規大全』政学舎，1910～1912，巻2，民政部，国籍。
(207) 川島真『中国近代外交の形成』名古屋大学出版会，2004年，103-104頁。
(208) 箱田前掲書，261-263頁。
(209) 臨時台湾旧慣調査会『清国行政法』2巻，臨時台湾旧慣調査会，1910年，111-119頁。
(210) 『廈門日報』1909年10月28日「外部飭査寄籍僑民」。
(211) 『廈門日報』1910年1月18日「清査洋牌」。
(212) 『廈門日報』1910年1月20日「劉総査請査洋牌」。

(213)　『廈門日報』1910年9月3日「税釐総査之得人」。

(214)　1908年2月2日に福建鉄路公司の義援金などを資金として創刊された『廈門日報』は，商業紙であったが，帝国主義・植民地主義に対して反対し，不平等条約，領事裁判権を批判していた。許清茂・林念生主編『閩南新聞事業』福建人民出版社，2008年，23-24頁。

(215)　FO228/2158, Encl. in Sundius to Jordan, No. 13, May 11, 1911.

(216)　外務省編前掲『外務省警察史51』38-47頁。

(217)　廈門における台湾籍民については，鍾淑敏「日治時期在廈門的台湾人」江文也先生逝世二十週年紀念学術研討会，2003年，周子峰前掲書，261-282頁を参照。

(218)　『申報』1897年12月13日「奸商冒名」。

(219)　『申報』1898年4月16日「鷺島春雲」。

(220)　FO228/2242, Butler to Jordan, No. 11, June 15, 1908.

(221)　FO228/1281, Gardner to MacDonald, No. 6, Feb. 11, 1898.

(222)　岸本美緒は，清初の上海では当事者が「国家の裁判」と「民間の調停」を比較衡量の中で選択していたとする。岸本前掲『明清交替と江南社会』263頁。外国籍の入手は，こうした選択肢を増やすことであったといえる。

(223)　英籍華人を含む帰国した華人は富裕であったことから住宅が襲撃されることもあり【16】，帰国時に携帯する金銭が強奪されることも発生した。FO228/1063, Forrest to Walsham, Telegraph, Oct. 8, 1891 ; FO228/1452 Encl. in Hausser to Satow, Separate, Oct. 14, 1902, Intelligence Report.　また，こうした事件が民信局などの送金システムの発達を促したであろう。廈門における民信局の発展については，周子峰前掲書，84-88頁を参照。

(224)　彭楚漢が福建水師提督であったときには，水師の弁勇を派遣して保護にあたらせ，強盗は減少したが，なくなりはしなかったという。『申報』1895年5月16日「廈客傳言」。彭は1872～1892年まで20年にわたり福建水師提督を務めている。

(225)　『申報』1901年2月2日「鷺島寒雲」。

(226)　『鷺江報』35冊，1903年6月25日「恵商善政」。

(227)　『申報』1907年2月20日「華僑稟請重募練勇」。

(228)　1906年8月には，馬巷庁においてマニラで貿易をしていた家が兵勇に強奪され，1万ドル相当の被害を出したことが報じられている。『申報』1906年8月17日「営勇刧掠」。

(229)　華人に対する脅威に対して，華人は居宅の要塞化や，武装して帰郷することで対応した。FO228/1113, Gardner to O’Conor, Separate, July 1, 1893, Intelligence Report ; FO228/1497, Encl. in Hausser to Townley, Separate, Jan. 27, 1903, Intelligence Report.

(230)　錦興行の薛有文は，1890年には香港上海銀行シンガポール支店の買辦になり，その弟薛有礼も香港上海銀行で勤務したのち，シンガポールの中国語新聞『叻報』を創刊するなど，シンガポールを拠点に活動するようになっている。Song Ong Siang, *One Hundred Years’ History of the Chinese in Singapore*, Oxford University Press, 1984, pp. 103-104.

(231)　廈門において長年商売をしていて，名声を得た人物が多大な利益を得られる機会を得るや，突如不正にペナンや海峡植民地に向けて自分宛に荷物を送付して逃亡してしまった事例もあった。FO228/1724, Butler to Jordan, Separate, Feb. 15, 1909, Intelligence Report. また，賭博に100余両負けた17〜18歳ぐらいの漳州人が父兄の叱責を恐れてシンガポールへの渡航を図って連れ戻される出来事もあった。『廈門日報』1910年10月20日「赶回私逃出洋」。したがって，東南アジアへの移動は廈門周辺の人々にとってほとんど障壁はなかったといえよう。

(232)　篠崎前掲「シンガポール華人商業会議所の設立（1906年）とその背景」45–51頁は，シンガポール華人商業会議所設立の背景には，中国での安全確保と中国に逃亡した債務者の追跡があったとするが，商業会議所に期待されていたのは，まさにそうした問題を調停するための仲介者としての機能であろう。

(233)　例えばビルマ中華商務総会は，1909年8月5日に農工商部に対する文書で，東南アジア各地の商会から債務者の逃亡の案件が伝達された際に迅速に処理するように閩浙・両広総督に対して命令を出すように要請している。これに対して農工商部はすでに両総督に照会したと返答している。『廈門日報』1909年9月21日「緬甸中華商務総会稟　農工商稿」。

(234)　例えばジャワのスカブミの中華商会は，浦南地方の丐首が帰郷する華人に対して埠頭費十数〜数十ドルを強請っていることを訴えて保護を要求し，汀漳龍道が強請りを禁止している。『廈門日報』1909年11月11日「保護華僑之示諭」。

結　論

(1)　媽振館のような茶業の仲介者としては，開港以前の茶貿易においては，茶畑の経営者である製造者である山戸と行商のあいだに茶荘が仲介商人として存在した。波多野前掲書，110–112頁。19世紀後半の漢口の場合も茶荘が遠隔地取引の仲介者となった。重田徳は，茶荘の成立について，粗茶製造過程の担当者たる山戸の側における製茶経営規模の零細さ，それにともなう製品の無規格性と，他方の極における市場の拡大による商品の規格性の要請という互いに適合しない2つの極を媒介する流通過程の担当者，商人の存在意義が大きくなった。つまり，需要者への適応のために撰別・調合が不可欠となり，生産者と消費者とのあいだの結節点としての精製過程が現実的機構をともなって成立したとする。重田徳『清代社会経済史研究』岩波書店，1975年，271頁。これは台湾と同様に漢口においても19世紀後半の茶輸出の増大の中で生産者の零細性を克服する仲介者の役割が重要になったことを示している。

(2)　清末の保正・地保の仲介者としての役割については，以下を参照。Rowe, *Hankow: Conflict and Community in a Chinese City*, pp. 300–306.　清代における税糧徴収と徭役徴発が保甲制に依存していたことは，伍躍も指摘している。伍躍『明清時代の徭役制度と地方行政』大阪経済法科大学出版部，2000年，75–79頁。

(3)　番割については，林淑美「一九世紀台湾の閩粤械闘からみた「番割」と漢・番の境

界」『東洋史研究』68 巻 4 号，2010 年を参照。

(4)　上記の仲介者の多くが徴税請負を行っていた。清代における郷紳などの地方有力者の税請負については，西村元照「清初の包攬——私徴体制の確立，解禁から請負徴税制へ」『東洋史研究』35 巻 3 号，1976 年，山本英史前掲書，第 1-3 章を参照。また宗族の徴税請負についてみると，清代から民国前期において，福建では土地情報及び納税情報を宗族が掌握し，官府は宗族を通じて徴税を行っていたとされる。山本真「1930～40 年代，福建省における国民政府の統治と地域社会——龍岩県での保甲制度・土地整理事業・合作社を中心にして」『社会経済史学』74 巻 2 号，2008 年，9-10 頁。珠江デルタについては，片山剛が，同族組織が族人の土地所有額＝税糧額を把握・徴収し，そのことを通じて族人を支配していたとする。片山剛「清末広東省珠江デルタの図甲制について——税糧・戸籍・同族」『東洋学報』63 巻 3・4 号，1981 年，17 頁。また，フォールも，清末の珠江デルタにおいて宗族が納税で重要な役割を果たしたことを指摘している。Faure, *Emperor and Ancestor*, pp. 318-320.

(5)　清代初期から中期においては，市場の統制の方が徴税そのものよりも清朝にとって重要であったとされる。Mann, *op. cit.*, p. 42-44.

(6)　広州についてのモースの「公行」=「ギルド」=「独占」という認識の問題については，岡本前掲『近代中国と海関』79-109 頁を参照。

(7)　経済的に繁栄する 18 世紀の江南においても，牙行が機能を低下させている地域もあった。例えばの蘇州府・松江府や太倉直隷州では布商との競合によって，18 世紀においても牙行の成長が緩慢で衰退が続いている州県もあった。山本前掲『明清時代の商人と国家』162-184 頁。また，山東の事例でも牙行の活動の抑制がみられる。Mann, *op. cit.*, pp. 66-93. もっとも，牙行が機能を低下させていても，別の何らかの仲介者が同様の機能を果たしていた可能性は高い。

(8)　岡本前掲『近代中国と海関』第 2 章，補論。行商らの規模が拡大しても，その分だけリスクの高い取引を行い，経営が不安定であったことは，その利子率の高さからもうかがえる。カントンの外国人商人の利子率は 10～12％，中国人商人に対する利子率は 18～36％であった。Van Dyke, *op. cit.*, pp. 154-156.

(9)　村松祐次は，同郷団体は本来任意団体であり，その董事や会首が成員に対して及ぼす規制力は限定されていたとみなしている。村松前掲書，169 頁。

(10)　自律的秩序による契約履行として，ユダヤ系マグレブ商人の契約履行を実現するための多者間の懲罰戦略や，共同体間の取引における各共同体メンバーの債務不履行に対して共同体メンバー全員が責任を負う共同体責任論を検証している。グライフ前掲書，51-78，282 頁。しかし，これは流動性が高く，メンバーが全く固定しない場合は機能しない。

(11)　中国の資本が合股組織に拡散されていく背景に不安定な社会態制があることについては，村松祐次が指摘している。村松前掲書，226-227 頁参照。似たような事例として，各人が同時に複数の銭会に参加することが指摘されている。熊遠報「清民国期における徽州村落社会の銭会文書」『史資料ハブ：地域文化研究：東京外国語大学大学院地域文化研究科 21 世紀 COE プログラム「史資料ハブ地域文化研究拠点」』3 号，2004

年，140頁。

（12）廖赤陽前掲書，231頁。

（13）流動性が高い場合に投機や詐欺を行う可能性が増大することについては，明清時代の徽州の事例からも指摘されている。熊遠報『清代徽州地域社会史研究――境界・集団・ネットワークと社会秩序』汲古書院，2003年，179–180頁。

（14）中国の同業団体は市場秩序を維持するための最低限度の範囲で規制機能を遂行し，そのために規則では債務不履行者に対する同業取引の禁止などが規定されていた。村松前掲書，174–175頁。

（15）単位面積あたりの生産性では，零細農制の効率は低くなかった。工業においては，貨殖的な経営主，孤立的な労務者，収取的な中間請負人によって構成される中国の経営組織ゆえに，規模の拡大は能率を低下させた。村松前掲書，197–206，232–247頁。

（16）黒田明伸は，社会制度と市場構造の関係を検討し，中国において20世紀前半まで定期市が増大し続ける原因を解明している。黒田前掲『貨幣システムの世界史』204–215頁。

（17）商業の零細性の問題は当時の清朝官僚にも認識されており，例えば馬建忠も「富民説」の中で零細な中国人商人による取引が高コストにつながることについて指摘している。岡本隆司『馬建忠の中国近代』京都大学学術出版会，2007年，212頁。

（18）工業の零細性は20世紀前半に依然として続いていた。村松前掲書，58–64頁。

（19）ポメランツは長期間にわたり経営されてきた中国企業の存在を強調する。Pomeranz, *op. cit.*, p. 167. しかし，ごく一部の事例を除き，全体的な中国企業の不安定性は否定できない。例えば清代における広州の富裕な行商の成功が一時的なものであったこともよく知られた事実である。Van Dyke, *op. cit.*, p. 173. フォールも中国において祖先祭祀のための信託を除き合資が短期的であったと指摘する。Faure, *China and Capitalism*, p. 40.

（20）中林真幸は，日本製糸業と比較した場合の無錫の近代製糸業停滞の原因として，経営者が工場の所有者から短期間の契約で工場を貸借するという企業統治の仕組みが原因で，長期的な利益の最大化を目的とした商標の確立に努めなかったことがあるとする。中林真幸『近代資本主義の組織――製糸業の発展における取引の統治と生産の構造』東京大学出版会，2003年，216頁。租廠制についての同様の問題は，清川雪彦も指摘している。清川雪彦『近代製糸技術とアジア――技術導入の比較経済史』名古屋大学出版会，2009年，306–307，516頁。ただし，企業間の激しい競争の存在は重要で，すべての企業が長寿である必要はなかった。日本の近代企業は江戸期以来の商家の系譜をひくものもあるが，圧倒的多数の企業家は幕末明治期を生き残ることはできなかった。宮本又郎『日本の近代11　企業家たちの挑戦』中央公論新社，1999年，48–79頁。また，必ずしもより優れた企業が長寿になるわけではないことにも注意は必要である。現代日本（1975～1999年）の倒産した企業の分析から，創業後数年以内の企業の方が倒産率が低く，その後は倒産率が一定となることが示され，「より優れた企業は長生きする」という説は否定されている。安冨歩『経済学の船出――創発の海へ』NTT出版，2010年，142–145頁。

(21)　マーフィーは，条約港体制の意義をより効率的で特により集中した商業構造の始まりであるとする。Murphey, "The Treaty Ports and China's Modernization," pp. 51–52. しかし，清朝体制の下でも，貿易の主要港への集中が図られており，開港前はそれが崩壊していたことに注目すべきである。

(22)　開港当初において福州・廈門などの開港場で貿易の拡大に失敗したのは，比較的まとまった商人資本が広州に集中していたことが原因であり，その問題が解決されれば資本は開港場とその租界に集中していった。岡本前掲『近代中国と海関』243 頁。日本の横浜の輸入貿易においても，開港当初は日本商人の購入希望が少額であったことから，大規模な商会が有利な立場に立てなかったという。しかし，その後，大規模な江戸の引取商が横浜で取引することによって問題は解決した。石井寛治前掲書，114–132 頁。逆にいえば，開港後の上海などの取引において広州から移動した広東人商人の資本が重要であったことは，江南における各商人の資本規模がさほど大規模でなかったことを示唆している。

(23)　本野前掲書，186–209 頁のように，在華イギリス企業株主の有限責任制に中国人が引きつけられたのは，その先駆であろう。ただし，イギリスにおいても株式有限責任制は 1862 年の法律で確立されたことに注意しなければならない。

(24)　中華人民共和国成立初期における農業集団化や国有企業による重工業建設は，特定の「私人」に集束機能を付与することを回避しつつ零細化を回避するための一つの解決策であったともいえる。しかし，そうした手法は長続きせず，1970 年代末に方針転換を迫られることになる。1990 年代以降になると，情報伝達・技術移転及び資本調達のコスト減少は，仲介者の介在が多いという中国の制度の不利な側面を相当程度解消した。むしろ，現在のように世界的に流動性が高くなると，広範なネットワークをもつ仲介者の機能を生かして集散が容易な中国の経済制度の方が「効率的」となっている面が増えてきている。そして，近年の中国においても政府主導で国営企業の強化と零細企業の淘汰が図られており，これもまた，集束機能の付与・強化と零細性克服の試みが現在も続行していること，すなわち制度的な連続性を示すといえよう。

(25)　いくつもの仲介者を経て形成される構造を分節構造と表現したのは，岩井茂樹氏であり，ここではその表現を使用させていただいた。これは，これまで重層構造という表現でとらえられてきたものとも共通する。例えば中国における商業組織の重層構造については柏祐賢が指摘している。柏前掲書，169–176 頁。ただし，分節構造は人間関係，取引関係を具体的に示すのにより適切な説明となろう。

(26)　岩井茂樹は，中国の財政構造について「中心の領域が周辺の構造という柔らかいゲルに包まれていることによってのみ，社会という培養基から養分を吸収することができるのであるし，中心の領域における価値や機構の安定的持続を，培養基の変動にもかかわらず守ることができる」としている。岩井前掲書，479–480 頁。本書の外殻構造もゲルに相当するが，ゲルが肥大化して中心を枯渇させるような場合も想定している。

(27)　明末清初に「華人が外夷に入る」という，言語や種族を乗りこえた混成の集団が形成されたことについては，岩井茂樹が指摘している。岩井茂樹「16・17 世紀の中国辺境社会」小野編前掲書。清末の場合は，欧米人と中国人は明確に区別されており，海

賊集団などを除き，このような多国籍集団が形成されたわけではない。

(28) 中国においても，以下の郵政に関する文献を含め，海関の果たした多様な機能が評価されるようになってきている。繆心毫「海関郵政的拡張——従地理空間到制度空間(1866-1896)」廈門大学中国海関史研究中心編『中国海関与中国近代社会　陳詩啓教授九秩華誕祝寿文集』廈門大学出版社，2005 年。

(29) 検疫については「制度化」に着目した以下を参照。飯島渉「中国海関と「国際」の文脈——検疫の制度化をめぐって」和田春樹ほか編『岩波講座東アジア近現代通史 1　東アジア世界の近代　19 世紀』岩波書店，2010 年。

(30) 地域的には例えば 1902 年に廈門で導入された移民税も外国人商人が海関に納入する形をとっていた。FO228/1452, Encl. in Mansfield to Satow, No. 11, Mar. 12, 1902.

(31) 中国政府に雇用された西洋人顧問は，やがて中国人を使っているのではなく，中国人に使われていることを悟った。ジョナサン・スペンス（三石善吉訳）『中国を変えた西洋人顧問』講談社，1975 年，344 頁。これはそうした事態を自ら意識することになった西洋人顧問たちに限られたことではない。

(32) 先述した移民税の海関による徴税について，イギリス領事は中国人が請け負う際に，実際に徴税された額の多くが請負人，下級官僚と衙役らの手に落ちることと比較して有利なのは明確であるとする。FO228/1452, Encl. in Mansfield to Satow, No. 11, Mar. 12, 1902.

(33) 日清戦争の黄海海戦の際にも，北洋海軍には外国人 8 名が服務していた。姜鳴『龍旗飄揚的艦隊——中国近代海軍興衰史』生活・読書・新知三聯書店，2002 年，299 頁。もっとも，問題は外国人顧問の有無よりも，その導入に際しての人員の選抜や，受入のあり方にあった。馬幼垣前掲書，231-251 頁，姜鳴前掲書，299-306 頁。

(34) アロー戦争後，イギリス政府は砲艦政策から協力政策に転換し，教案事件においても武力行使を抑制していった。林文慧『清季福建教案之研究』台湾商務印書館，1989 年，198 頁。アロー戦争以降から日清戦争までのイギリスの対東アジア外交については，小林隆夫前掲書を参照。

(35) 佐藤公彦前掲書，第 4・5 章。

(36) もっとも，東アジア海域においてイギリスの海軍力の優位が失われるのは 19 世紀末のことであり，これが日英同盟の一因となる。相澤淳「東アジアの覇権と海軍力」和田春樹ほか編『岩波講座東アジア近現代通史 2　日露戦争と韓国併合　19 世紀末—1900 年代』岩波書店，2010 年，49-50 頁。

(37) 20 世紀初頭の廈門において，天理教の信徒が現地当局と問題を引き起こした際には，僧侶が援助し，罰金の場合は半分を支払うことで，人々を惹きつけていたとされる。FO228/1692, Encl. in Butler to Jordan, Separate, Intelligence Report, Oct. 17, 1908. もっとも，第 8 章註(202)で述べたように，台湾籍民に対しては制限を加えるようになり，無制限に拡大したわけではない。

(38) もちろん，山東半島の教案におけるドイツや，日清戦争後の福建や四川の教案でのアメリカなど，教民の保護をめぐって欧米諸国が強硬な態度をとるケースもみられた。佐藤公彦前掲書，同『清末のキリスト教と国際関係——太平天国から義和団・露清

戦争，国民革命へ』汲古書院，2010 年，第 3・4 章。しかし，そうしたドイツ・アメリカの強硬な姿勢が長期間続いたわけではない。

(39)　岸本美緒「時代区分論」樺山紘一ほか編『岩波講座世界歴史 1　世界史へのアプローチ』岩波書店，1998 年，同「東アジア・東南アジア伝統社会の形成」『岩波講座世界歴史 13　東アジア・東南アジア伝統社会の形成　16–18 世紀』岩波書店，1998 年。

(40)　岸本美緒「中国史における「近世」概念」『歴史学研究』821 号，2006 年，32–35 頁。

(41)　岸本美緒「「近世化」概念をめぐって」『歴史学研究』827 号，2007 年，48 頁。

(42)　吉澤前掲『天津の近代』6 頁。中国近代史研究の側からの「近世論」に対する反応は，吉澤以外には，以下の試みを除きほとんどない。田中比呂志「「近世」論をめぐる対話の試み」『歴史学研究』839 号，2008 年の村上衛，深町英夫，飯島渉のコメント。

(43)　松井透『世界市場の形成』岩波書店，2001 年，289–356 頁。

(44)　例えばイギリス東インド会社の対中国貿易は輸出だけではなく，茶などの輸入においても 1815 年を頂点として以後衰退していた。H. V. Bowen, *The Business of Empire : The East India Company and Imperial Britain, 1756–1833*, Cambridge University Press, 2006, pp. 256–257.